명말
  천주교와 유학의
상호작용

명말 천주교와 유학의 상호작용

지은이 쑨상양(孫尙揚)
옮긴이 윤양균 · 김설매
펴낸이 김기창

편집디자인 호문목
표지디자인 정신영
초판 1쇄 펴낸날 2016년 6월 15일

도서출판 문사철

서울특별시 종로구 창경궁로 265 상가동 2층 2호
전화 02)741-7719 / 팩스 0303)0300-7719
전자우편 lihiphi@lihiphi.com
출판등록 제 300-2008-40호
ISBN 979-11-86853-15-3 (93150)

책값은 뒤표지에 있습니다.

明末天主教與儒學的互動 by 孫尙揚
Copyright ⓒ2013 孫尙揚
All rights reserved
Original Chinese edition published by 宗教文化出版社
Korean translation rights arranged with 孫尙揚
Korean translation rights ⓒ 2016 Moonsachul Publishing Co.

이 책의 한국어판 저작권은 중국 저작권자와 독점 계약한 '문사철'에 있습니다.
저작권법에 의해 한국 내에서 보호를 받는 저작물이므로
무단전재나 복제, 광전자 매체 수록 등을 금합니다.

명말 천주교와 유학의 상호작용

쑨샹양(孫尙揚) 지음
윤양균(尹亮鈞)·김설매(金雪梅) 옮김

도서출판문사철

옮긴이의 말

본서는 북경대 철학과 쑨샹양孫尙揚 교수의 박사학위 논문(1991년)으로 당대 중국의 석학 탕이지에湯一介(1928 – 2014) 선생의 지도에 힘입어서 완성되었다. 탕선생은 400년 전 서학이 수입되기 시작하면서부터의 중국사 문제에 관해 세 분야를 지정하여 충분하고도 체계적인 연구를 시도하였는데 본서의 작자는 '400년 전 서학이 수입되기 시작한 시기'를 연구 범위로 선택하여 본서를 집필하였다.(다른 하나는 '중체서용中體西用'에서 '전반서화全盤西化까지' 즉 19세기 말에서 20세기 초의 서학 수입이고 또 하나는 『김악림철학사상연구金岳霖哲學思想硏究』 즉 20세기 중엽의 서학 수입이다.) 본서는 중국의 개혁개방을 지나는 시기, 비교종교학 방면에서 작자의 예리하고도 비범한 사고능력, 탁월한 학술 연구 성과와 그 가치를 보여주고 있으며 또한 그의 고도의 이론과 심도 있는 토론을 볼 수 있다. 일찍이 1993년 대만 문진출판사文津出版社에서 『明末天主教與儒學的交流和衝突』로 소개되었고 제1판은 1994년 동방출판사東方出版社(北京)에서 『基督教與明末儒學』으로, 수정 증보판은 2013년 종교문화출판사宗教文化出版社(北

京)에서 『明末天主教與儒學的互動』 제목으로 출판되었다.

본서는 대량의 고문헌 자료를 인용하였으므로 읽기에 어려움이 적지 않을 뿐더러 특히나 동서양 종교, 철학, 사상에 대한 지식 및 한어에 해박하지 않고는 이해하기 쉽지 않은 책이어서 접하기 수월치 않다가 성균관대학에서 박사과정을 밟고 있는 김설매 양과 함께 번역작업에 착수하고, 일부 국내 고전도서를 참고로 하여 작업을 마칠 수 있었다. 그러나 미진한 부분에 대하여는 추후 더욱 훌륭한 번역본을 기대할 뿐이다.

본서를 통하여 우리는 "기독교로 중국인을 귀화시키고 더 나아가 전체 유교문화권에 영향을 주려한" 프란치스코 사비에르 신부 및 그 뒤를 이어 '정신수렵精神狩獵'의 사명으로 중국에 들어오기 시작한 예수회전교사들의 전교 역정을 되돌아보고, 천주교가 전래되던 우리 조선시대의 실정에 비해 더욱 치열하였던 명대 사대부들과 예수회전교사 간의 윤리, 예의에 관한 논쟁에서 풍부한 그들의 옛 자료들을 접할 수 있을 것이다. 또한 본서에 비록 기독교 중국화 혹은 본토화本土化 문제에 대한 전문적 언급은 없을지라도 실제로 본서의 주된 관심사가 바로 이 문제라는 것을 보게 될 것이다. 명말 중국과 서양의 교류는 전반적으로 말해서 화평과 평등이었고 청말 시는 서양열강이 무력, 아편, 불평등조약을 빌어 강압적으로 만들어진 교류이고 상황이었으니 서로는 성격이 매우 다르다. 전자는 정상적인 대화에 속하여, 서로 다른 문화가 평등하게 토론해서 장점을 취하고 단점을 보완할 수 있으므로 설령 예민하고 치열한 논쟁이 있었을지라도 온당히 처리하면 모두가 쌍방의 이익을 촉진하고 문화 발전에 이로울 수 있었으나 후자는 그러하지 못한 지극히 비정상적인 대립이었다. 명말의 한 시기, 상층 전교사와 사대부 간 왕래한 인원은 적었지만 그 경험은 중국과 서양문화의 핵심부에 상당히 깊숙이 닿았으니 이러한 경험은 반복해서 연구 토론해야 할 과제이며 오늘날에도 참고가치가 매우 크다고 볼 수 있다. 또한 작자는 마테오리치와 서광계, 이지조, 양정균 등 중심인물을 구체적으로 분석하여 각자 핵심사상 중의 장점과 그들 간의 차이를 힘 있게 보여주면서 그들이 피차 존중하고 흡수하고 상호 해석하고 융통한 원인과 체계를 밝혀놓았다.

지금까지 기독교문화와 중국문화는 모두 다른 전통과 전승을 가졌다고 인식되었고 또한 양자는 각각의 대표성과 특색을 지니고 있어서 아직까지 진정으로 함께 길을 간적이 없었으며 더욱이 중요하고도 결정적인 어떤 중복이나 결합이 있었다고는 말할 수 없을 듯하다. 그러나 국제환경의 변화는 예전의 모순이 빈번하던 '교유'로부터 냉정하고 평화적인 '만남'으로 변하게 할 수 있고 일촉즉발의 위기상황과 쌍방 모두 피해를 입은 '저항'으로부터 서로 이해하고 '대화'를 실현할 수 있도록 변하게 할 수 있으니, 이리하려면 서로의 적극적인 영향이 필요한 바이다. 기독교는 중국에서 필요하며 반드시 '중국화'를 실현해야한다. 이는 필연적이고 반드시 거쳐야할 길로써 선택의 여지가 없는 듯하다. 그리하여 이러한 중에서 기독교 중국화는 독특한 가치와 의미를 가진다고 하겠다. 기독교는 기독교의 '보편성'을 강조하는데 '보편성'은 추상적인 것이 아니기에 반드시 그것의 '지역성'을 통하여 체현되고 실현되어야 한다. 이것이 바로 기독교가 세계 각지에서 널리 전파될 때의 '본토화', '상황화'이다. 본래 기독교가 중국에 전파된 뒤 '관습을 따르는' 곧 중국문화에 융합되는 것은 자연스럽고 당연한 현상이었으며 이러한 방법은 비교적 이상적인 효과를 얻었다. 그러나 청조 시 '중국 예의지쟁'으로 인한 정치와 문화 충돌로 정상적인 종교와 문화 전파는 중단되었고 이후 서양 전교사는 아편 전쟁을 통해 서방열강들이 승리를 거두자 중국이 불평등 조약을 맺도록 강요하였으며 강력한 전교를 통하여 '중국을 기독교회로'에서 '기독교로 중국을 점령'으로 대신하고자 했으니 이러한 문제는 복잡해지고 첨예화되어서 아직까지 극복하지 못한 후유증으로 남아있는 것이다. 중국에서 기독교의 정상적인 존재와 발전은 침략자로서의 영향을 전제로 하였으므로 현재의 기독교는 중국에서 반드시 중국화를 해야 하고 중국 사회문화의 전반적인 발전에 적응하고 융합해야한다.

현재의 '기독교 중국화'가 직면하고 있는 역사적 난제는 바로 서양전교사에 의해 전해진 천주교와 중국문화, 중국민족, 중국사회와의 모순 충돌에서 기인하니 이 역사적 난제가 바로 "기독교 중국화"를 실현해야 하는 근본 원인임을 표명한다고도 할 수 있다. 그래서 우리는 기독교전통 중심론과 그 배타적 사유 경향이 기독교가 중국문화에 뿌리를 내리고 중국의 주류 사회에 융합되고 진정으로 현지 토착화(indigenization), 상황화(contextualization), 중국화를 실현하는데 장애가 될 수 있다고 보는 것이다. 호교론적 '기독교의 보편성'과 유불도 학설의 정수를 수용한 중국고전철학전통을 논할 때 어째서 서양전교사가 전해온 기독교 신앙은 중국문화, 중국민족, 중국사회와 첨예한 모순 충돌을 발생시켰는지, 어찌하여 이런 논쟁이 지금에 와서도 중국종교사, 중서문화교류사 등 영역에서 끊이지 않는 화제가 되는지에 대한 근본적 원인을 찾고 해결하는데 있어 본서가 실마리를 제공할 수도 있을 것이다.

여러 종교가 문화를 넘어서 종파를 넘어서 진심어린 대화를 거쳐 충돌을 없애고 이해를 증진하고 우호적으로 합작하여 세계화 시대의 여러 문제와 위기 혹은 도전에 공동 대응하도록 '대화 관념'을 촉진시키고 있는 현시대에, 동아시아 문화권의 일원으로 종교간 대화가 활발히 이루어지고 있는 우리나라에서도 최종적으로 종교, 문화간 대화를 지향하는 본서의 학술 취지에 부합하는 연구 성과가 많이 나오기를 기대하며 또한 본서에서 인용된 자료서적들이 명말 천주교 연구자들에게 많은 도움이 되기를 바라마지 않는다.

끝으로 본서에서 보이는 계시이성, 천국지옥, 중세 신권통치 등에 대한 비판 및 신앙의 보편성, 기적에 대한 회의 등의 일부 견해를 역자는 가감 없이 옮겨놓았고, 원래 인용된 개신교 성경 문구를 천주교의 것으로 바꾸었을 뿐 아니라 또한 제6장(주로 왕징과 한림에 대한 연구)을 증보 간행한 것을 포함하여 번역하였음을 아울러 밝힌다.

2016. 5. 25
명륜동 서실에서 삼가 씀

참조: 상기 옮긴이의 말 중 일부 견해는 베이징대 철학과 탕이지에 교수, 양쉬楊適 교수의 본서에 대한 서언과 『基督教中國化硏究總書』 서언(卓新平. 張志剛)에서 인용하였다.

일러두기

1. 본서 제1판은 1994년 동방출판사(東方出版社.北京)에서 출판되었고, 수정 증보판은 2013년 종교문화출판사(宗敎文化出版社.北京)에서 출판되었다.
2. 저자가 각주에서 인용한 도서명은 그 책명, 출판사명, 년도를 원문 그대로 기재하였다.
3. 번역의 정확성을 기하기 위해 참고한 국내 도서는 다음과 같으며 그 중 일부의 글을 인용할 때는 서명과 그 책의 쪽수를 밝혀놓았는데 특히 서울대학교출판부에서 발행한 『천주실의』의 경우가 그러하다.

- 『성서』 공동번역 성서(가톨릭용) 대한성서공회발행
- 『천주실의』 마테오리치 지음, 송영배 외 옮김, 서울대학교출판부
- 『니코마코스 윤리학』 아리스토텔레스 지음, 최명관 옮김, 도서출판 창
- 『니코마코스 윤리학』 아리스토텔레스 지음, 최기철 번역, ㈜다락원
- 『토마스 아퀴나스 신학대전 읽기』 양명수 지음, 세창미디어
- 『서양철학사(상, 하)』 버틀란트 러셀 지음 최민홍 역, 집문당
- 『모두를 위한 서양철학사 김형석』 지음, 도서출판 가람기획
- 『중국철학사(상, 하)』 풍우란 저 박상규 옮김, 까치글방
- 『주자어류』 이주행 외, 소나무
- 『주자어류』 여정덕 편 허탁. 이요성 역주, 청계출판사
- 『효경』 박일봉 편역, 육문사
- 『정몽 장재』 장윤수 옮김, 책세상
- 『왕양명과 양명학』 유명종 지음, 청계출판사

- 『전습록』 왕양명. 정인재, 한정길 역주, 청계출판사
- 『논어상해』 박유리 역주, 도서출판 문사철
- 『논어집주』 성백효 역주, 전통문화연구소
- 『맹자집주』 성백효 역주, 전통문화연구소
- 『대학.중용집주』 성백효 역주, 전통문화연구소
- 『주역』 최완식 역해, 혜원출판사
- 『시경』 남두현 역해, 혜원출판사
- 『서경』 이기석 역해, 홍신문화사
- 『순자』 김학주 옮김, 을유문화사
- 『장자』 김동성 역, 을유문화사
- 『열자』 열어구 찬 임동성 역주, 동서문화사
- 『노자역주』 김경수 역주, 도서출판 문사철

4. 가톨릭 관련용어는 한국천주교주교회의에서 간행한 가톨릭교회교리서에서 인용하였다.
5. 역자의 각주 중 일부는 중국의 포털사이트 百度에서 탐색하고 이를 참고하였다.
6. 본문 중에서 사용하는 기독교란 용어는 일반적 의미에서의 기독교이지 개신교를 가리키지는 않으며, 또한 일부에서는 명말에 들어온 서양종교를 특별히 지칭하기 위해 단지 천주교란 개념을 사용하였음을 다시 밝힌다.

차례

옮긴이의 말	5
일러두기	10
서론	14

상편 : 마테오리치 연구

머리글	27
1장 마테오리치의 전교 책략	29
1. 사대부의 동정 쟁취하기	29
2. 마테오리치 규구	38
3. 학술 전교	49
부록 : 『변학유독』 작자 연구	72
2장 해석과 조화	89
1. 마테오리치의 유학관	89
부록 : 마테오리치의 중국문화관이 유럽에 끼친 영향	101
2. 조화와 부회	116
3장 유학에 대한 비판	173
1. 태극은 만물의 본원이 될 수 없다	175
2. 천하 만물을 한 몸으로 삼을 수 없다	189
3. 삼교합일	211
4. 입세와 출세	222
5. 대륜과 오륜	228

하편 : 명말 사대부의 '천학'에 대한 이해와 반응

머리글	241
4장 사대부와 전교사의 교유	247
1. "모두 그와 왕래하라"	249
2. 종교적 결합	267
3. 괴이한 것의 관용	281
5장 이해, 수용과 융합(상)	293
1. 종합과 경쟁	295
2. 과학진리로부터 '계시진리'로	351
3. 경건한 신자의 집착	386
6장 이해, 수용과 융합(하)	423
1. 인애와 성애의 융합	424
2. 중서의 대소 전통을 하나의 화로 안에 용해시키다	456
7장 배척과 비판	519
1. "설령 교묘하더라도 어찌 심신에 이롭겠는가?"	526
2. "오랑캐로서 중국을 변화시킨다"	534
3. "윤리에 반하고" "본성을 갈라놓음"	552
4. "하늘을 곡해함"	579
맺음말	588

서론

근대이전 중국과 유럽대륙의 교류는 전쟁 요소를 제외하고는 그 매체가 주로 탐험가와 전교사였으며 그 중에서도 가장 중요한 역할은 전교사가 하였는데 이는 곧 서양 중세의 종교적 특성 및 중국 봉건사회의 상대적 폐쇄성으로 인하여 초래된 것이다. 일찍이 당원唐元 양대에 기독교가 중국에 들어온 적이 있었으나 참으로 동서양의 철학과 종교, 과학의 실질적 접촉이 – 상호이해, 인식, 대화, 융합과 충돌 – 가능케 된 것은 명말明末 중국에 온 천주교 예수회전교사들 때문이었으니 양계초梁啓超는 명말 유럽 천문학의 유입을 중국학술 사상 가장 높이 평가할만한 대서특필의 사건으로 보았다.[1] 우리가 만약 객관적 역사를 부인하지 않고 동시에 또한 자각적으로 배경이 복잡한 학자들의 매우 단순치 않은 연구와 구별한다면 우리는 명말 중국과 서양철학, 종교 간의 교류에 관해서는 역시 양계초의 관점을 따를 수 있겠다.

---

1 梁啓超: 『中國近三百年學術史』, 北京: 中國書店, 1985年, 8쪽

이 현안 문제에 대해 역사적 고증을 벌인 결과 다량의 전교사傳敎史와 전기체傳記體 저작을 얻을 수 있었으며 근래 들어 종교적 배경을 가진 중국과 유럽의 학자들은 전교 체험이나 교훈에 대한 종합적 결론을 내린다는 시각에서 명말 유학과 천주교의 동이점同異点에 주목하기 시작하였다. 본문은 전교사傳敎史적 저서의 양적 증가를 시도하려 하지 않았고 전교 체험이나 교훈을 총결하는 "계시록"도 아니다. 우리의 가장 큰 관심은 마테오 리치를 대표로 하는 전교사가 확립한 전교노선 중의 전략성과 이지분석理智分析적 성분 및 이론, 교리 상 만들어진 유학의 기독화 작업이다.

동아시아지역에서의 전교활동 중 유학의 영향을 소홀히 할 수 없다는 사실을 일찍부터 깨달은 예수회전교사로는 프란시스코 사비에르沙忽略; S. Franciscus Xaverius가 있다. 그는 일찍이 가정嘉靖(명 世宗 1521~1566) 연간 일본에서 전교활동을 하였는데 유교에 깊은 영향을 받은 일본인이 그에게 이와 같이 물은 적이 있다.: "만일 당신들의 종교가 진리라면 모든 지혜의 근원인 중국인은 어째서 그것에 대해 아는 바가 없습니까?"[2] 이런 답하기 어려운 문제에 직면한 사비에르 신부는 이때 이런 생각을 품게 되었다.: "먼저 천주교로 중국인을 귀화시키고 더 나아가 전체 유교 문화권에 영향을 주자." 이를 위해 그는 중국 전교를 결심하게 된다. 가정 31년 천주교 특사자격으로 이 전교사는 광동廣東

---

[2] A. H. Robothan, Missionary and Mandarin, Berkeley: University of California Press, 1942, p.46

바다 밖 상천도上川島³에 다다를 수 있었지만 명제국의 해금海禁 조치로 바로 눈앞의 바다를 바라보며 탄식할 수밖에 없었고 전교를 꾀하려던 긴장감과 초조한 기다림 중에서 몸과 마음이 지칠 대로 지친 그는 그해 말 돌연 사망하였다. 죽기 전 이 전교사는 절망 속에서 중국대륙을 향해 외쳤다.: "바위야, 바위야, 너는 언제나 부서져 열리겠느냐?" 사비에르 신부가 중국에 진입하려던 꿈은 비록 실현되지 못했지만 그가 유럽에 보낸 서신은 예수회에 매우 큰 영향을 주었다. 그 후 예수회는 그 "정신 사냥"의 목표를 문명이 최고로 흥성하고 신비하기 그지없는 중국으로 향하기 시작하였다. 만력萬曆(명 神宗 1573~1620) 7년 예수회 원동순찰원遠東巡察員 알렉산더 발리냐니范禮安; Alessandro Valignano의 명을 받은 전교사 미카엘 루지에리羅明堅; Michael Ruggieri는 인도로부터 마카오에 도착하여 중국 내지로 들어갈 계획을 착수하다가 만력10년 조경肇慶(짜오칭. 지금의 광동성 중남부)에 진입하였다. 그는 중국문화에 순응하면서 전교목적을 이루고자 시도하였는데 불승과 동일하다는 전교노선을 확립하여 머리와 수염을 깎고 몸엔 승복을 입었다. 만력11년 루지에리는 마테오리치利瑪寶를 조경으로 데려왔고 거기서 마테오리치는 중국어와 문헌을 공부하며 예민한 관찰력으로 다음과 같은 사실을 발견하였다.: 중국인에게 전교하려면 반드시 중국을 통치하는 유학 및 사대부와의 연결점과 공동관심사를 찾아내야한다. 이를 위

---

3 광동성 대산시 주강(臺山市 珠江) 삼각주 서남부에 위치한 섬으로 마카오와는 53해리 떨어져 있다.

해 그는 유복儒服으로 갈아입어 선비의 예를 갖추었고 동시에 사대부를 끌어들일 수 있는 여러 가지 수단을 통해 그들과 적극적으로 교류하여 동정을 얻었으며 더 나아가 일부 사대부로 하여금 세례를 받아 천주교에 귀의하게 하였다. 마테오리치는 이론적으로 중국의 예의禮儀와 유가 경전에 대하여 각각 세속윤리 및 기독화적 해석을 부여하고자 노력하였고 동시에 중문저작을 통해 기독교와 유학 중 서로 공통되는 종교사상을 사람들에게 전하였다. 동시에 유학 중 천주교의 근본교리에 위배되는 관점이나 사상에 대해서는 비판을 가하였다. 마테오리치의 이 이론 작업은 본문 상편에서 다룰 주요 연구대상이 될 것이다.

　본문 상편에서 주로 마테오리치를 연구대상으로 삼은 것은 아래와 같은 사실 때문이다.: 마테오리치가 확립한 중국문화사상에 적응하는 전교노선은 그가 이론적 측면에서 진행한 유학에 부회하기[附儒], 유학 보완하기[補儒], 유학 넘어서기[超儒]의 작업으로 이는 명말 중국에서 활동하던 전교사들의 주요 노선이 되었다. 대체로 당시 사대부가 용인할 수 있었던 것은 전교사들이 비교적 철저히 이 노선을 관철했기 때문인데 그렇지 않을 경우 배척당했을 테고 최종적으로는 "천학天學"에 반대하던 사대부에 의해 기독교와 유학을 접목시키고자 했던 마테오리치의 이론적 성과 및 전교사가 들여온 서양과학은 원천에서부터 철저히 배척당했을 것이다. 마테오리치가 초기 전교사로서 중국에서 활동한 주도적 역할, 그가 당시 걸출한 사대부였던 서광계徐光啓, 이지조李之藻 등에 준 영향력, 그의 사후 반교反敎 사대부에게서 받은 체계적 비판은 그가 명말 동서교류사에서 핵심적 인물이었음을 표명한다.

　더욱 중요한 의의를 지녀 더욱 연구가치가 있는 것은 바로 명말 사대부의 "천학"에 대한 반응이다. 전교사들이 중국에 들어온 초기 주로 마테오리치가 조성한 기독교와 유학을 결합시키려는 분위기를 통해서 그들이 기본적으로 얻을 수 있었던 것은 동정과 사대부들이 여러 가지 목적을 가지고 전교사와 가진 적극적 교유였다. 만력31년 서광계로부터 시작하여 점차적으로 일부 고관대작이 천주교에 입교하였는데 이들 사대부들이 천학을 숭상하고 세례를 받아 입교하게 된 경위에는 각자 나름의 복잡한 특성이 있다. 그들 중 어떤 이는 "천학"을 통해 생사대사 등 문제의 답을 얻을 수 있다고 생각하거나 혹은 천학이 유학을 보완하여 절대적이고도 보편적으로 통용되는 도덕규범체계를 세울 수 있다고 생각하거나 어떤 이는 천학에 나오는 "인성因性(비초자연)"과 "초성超性(초자연)"의 이치가 사람들의 형이상학 방면에서의 이론적 요구와 종교적 욕구를 만족시킬 수 있다고 여겼으며 어떤 이는 천주교 신앙이 이론과 실천 중에서 삶과 존재의 의미를 해결할 수 있다고 믿는 등등 한 두 가지가 아니었다. 그러나 그들이 천학을 수용하고 이해하는 데는 또한 비슷한 취향을 보였으니 즉 처음에 유학과 천학의 접목점을 찾으려 노력하였고 또한 각각 천학에 실학의 의의를 부여하였다는 점이다. 물론 그들이 천학에 실학의 의의를 부여한 시각은 각각 다르다. 서광계, 이지조등은 전교사와 밀접히 왕래하며 서양과학을 적극 받아들였는데, 심도 있는 연구, 전파를 통하여 서양과학의 체계적 분석, 점차적으로 이치를 밝혀내는 논리사유방법 및 수를 기초로 하는 정량분석방법이 명말의 허황된 학술풍토를 몰아내고 사람들에게 실학을 따르는 학문적 분위기를 널리 확산시킬 수 있으리라고 생각하였다. 그들은 또한 천학이 사람들의 도덕실천 중 올바른 마음과 올바른 행동을 갖게 함으로써 진정 선한 사람을 만들고 악을 철저히 제거하는데 도움이 된다고 생각하였다; 양정균楊廷筠은 주로 천주교의 종교생활 방식에 실학적 의의를 부여하였다. 이들 사대부의 천학에 대한 이해는 하나하나 분석할 필요성이 있는 역사적 현상이다. 여기서 주목을 끄는 점은 그 중 서광계, 이지조 같은 선진적인 학자가 과학연구와 실천 중에서 비교적 예민하게 각 방면에서 이상화된 서양에 대한 경쟁의식을 만들어냈다는 사실인데 이는 그들의 천학에 대한 이해와 수용을 통해 부국강병을 추구하고자했던 현실적 요구와 애국주의적 본질에서 비롯된 것이라 하겠다. 전면적 서양화가 그들의 이론적 귀착점은 아니었으며 중국과 서양[中西]의 비교의 기초위에서 유학과 불교에 대한 검토를 통해 그리고 거기서 만들어진 오류를 보완하고 잘못을 바로잡아 서양과 경쟁해보겠다는 관념이 그들의 진정한 주장과 목적이었으니 이는 또한 그들로 하여금 "천학"에 대한 이해와 수용에 상당한 역사적 합리성을 지니게 한다.

적극적으로 전교사와 교제한 이들은 호기심이 많거나 마테오리치의 인품과 박식을 흠모한 사람들이었는데 전교사가 가장 신임하였던 대상은 주로 동림당인東林黨人[4]과 복사성원復社成員[5]

---

4 명대 말기 강남사대부(江南士大夫)를 주류로 한 정치집단. AD1604년 고헌성 등

그리고 동림당과 가까운 사대부였다. 그들은 전교사가 중문 저서를 쓸 때 서문을 써주거나(섭향고葉向高, 조우변曹于汴, 풍응경馮應京 등) 혹은 전교사를 인도하여 각지로 전교하거나(섭향고, 서광계, 양정균 등) 혹은 배외금교排外禁敎의 분위기 속에서도 자신의 지위와 영향력을 통해 "금지 조치를 완화"시키는데 도움을 주거나(장덕경蔣德璟) 하였다. 동림당인 및 "복사를 일으켜서 동림을 따른" 복사성원은 당시 많은 사람들에게 정통군자와 인품이 고결한 청류淸流인사로 불렸는데 그들의 전교사와 천학에 대한 태도를 보면 정통사대부가 한결같게 사회생활 중 보수와 배외의 주체세력이 결코 아니었음을 설명해준다. 섭향고 등은 고헌성顧憲成과 마찬가지로 이지李贄 같은 이들의 급진 사상이 위정자의 포위망을 벗어나려는 위험요소로 보았으면서도 배외적 사대부와 같은 시각으로 전교사와 그 수입된 천학을 대하지는 않았고, 따라서 상당한 자신감과 개방성을 보여주었다. 명말 후기 배외금교를 적극 주장한 사람으로는 주로 불교를 옹호하던 사대부, 거사居士, 승려 그리고 "그 당시 평판이 좋지 않던" 심최沈㴶가 있고 당연히 홍모이紅毛夷[6] 격퇴를 주도했던 고관 추

은 송대의 양시(楊時)가 학문을 닦았던 동림서원(東林書院)을 복원하여 고반룡 등과 더불어 그 안에서 강학하였다. "강습 이외의 시간에는 조정에 자주 완곡한 의견을 개진하며 인물을 판단하였고" 그러한 의견을 당시 '淸議'라 하였는데 광범한 사회적 영향을 형성하였다.

5 명말의 문사(文社). 문사는 취향이 서로 맞는 문인들이 결집한 단체로 문장의 토론과 연구를 주로 하였으나 명말 복사와 같이 정치를 상의하는 단체도 있었다. 숭정 2년 吳江(지금의 江蘇에 속함)에서 성립되었고 각지에 십 수개 단체가 만들어졌다. 주요 지도자는 장부(張溥), 장채(張采)이다.
6 AD1604년 명나라 군대가 네덜란드와 전쟁을 치룰 때 네덜란드인을 홍모이 즉 붉은 오랑캐라고 불렀다.

유련鄒維漣같은 이가 있다. 이런 상황을 초래한 주요 원인은 마테오리치의 불교에 대한 통렬한 비판과 배척, 그의 유학 중 일부 핵심사상과 윤리규범에 대한 비판 때문이었다. 그리고 마테오리치 사후 전교사가 실시한 더욱 엄격한 전교방침, 그들의 중국 사회생활 안정성에 대한 잠재적이고도 현실적인 위협, 더하여 유럽의 해적, 식민주의자들의 침략 등은 일부 선비와 승려들로 하여금 정통수호와 잠재적 우환을 배제하려는 생각을 갖게 하였고 이를 배척하게 된 것이다. 일부 사대부의 천학에 대한 부정적 반응에는 어느 정도 자기 나름의 해석을 붙여서 한 전면적 배척이 있고 또한 그들이 이해하고 수용한 유학을 통하여 전개한 "천학"에 대한 이론적 비판이 있다. 전교사와 일부 중국교도들이 온갖 방법을 동원하여 천주교가 유일한 진리임을 증명하고 특히 전교사가 천주교로써 유학을 대체하여(유학 넘어서기) 최종적으로 중국을 변화시키려 시도했을 때 반교 사대부가 벌인 천주교에 대한 비판과 배척은 객관적으로 중국의 중세기화(기독화)를 저지하는 역할을 할 것이었다. 그러나 이러한 객관적 합리성은 최종적으로 과학을 포함한 서학을 전면 부정하는 배타적 물결 속에 파묻혀버렸다. 이지조, 서광계가 실제 경험을 통해서 발견한 "오랑캐(서양인)의 선진 기술을 배워 외래 침략을 무찌르자[師夷制夷]" "소통하여 서양을 앞서자[會通以求超勝]"는 경쟁관념과 비교해 볼 때 반교 사대부가 벌인 전면적인 배외 활동은 또한 상당한 맹목성과 비이성적 특징을 지닌다.

사대부들이 "천학"에 대해 어떤 반응을 보였는가를 통해 그들 근대의식의 유무를 판단하는 일은 결코 설득력 있는 방법이 아니다. 그 이유는 사대부들과 대화를 진행한 예수회전교사는 종교개혁을 반대하던 이들로 당시 근대화로 향하던 서양문화를 대표할 수 없었고 또한 당시 중국의 경제, 사상, 문화는 자신의 발전적 특성을 지니고 있었기 때문이다. 사상가들의 학술적 성과 혹은 연구 작업이 역사발전에 순응하는 합리성을 지니고 있는가의 문제는 당시 아직 세계 조류와의 근본적 충돌, 대립이 발생하지 않았던 중국의 역사배경 안에서 고찰해야만 비로소 해답을 얻을 수 있다.

비교, 분석 그리고 역사적 고찰은 피할 수 없는 방법이 될 것이다. 객관성은 본문에서 노력하여 추구하려는 목표이며 역사자료의 수집과 정리 또한 중요한 작업이 될 것이다. 위에서 언급한 것 이외에 본문의 또 다른 목표라면 역사자료에 대한 객관적 분석을 통해 당시 중국과 서양의 철학, 종교의 유사한 문제에 대한 해결방법과 결론상의 심각한 차이를 발견하고 일부 겉으로는 비슷하나 내용은 전혀 다른 문제들에 대해 신중히 고찰하고 분석하는 일이다.

전교사들의 청초淸初 활동 그리고 청초 사대부와 최고 통치자의 서학에 대한 반응을 살펴보는 일 또한 매우 의미 있는 역사현상이다. 이 시기 예의지쟁禮儀之爭(전례논쟁)이 최고조에 이르렀는데 전례논쟁 그 자체와 그것이 유럽 사상계에 어느 정도의 영향을 끼쳤는가도 연구할 가치가 있겠으나 글의 분량과 시간상의 제한으로 필자는 이들 작업을 다음 연구계획으로 미루고자 한다.

본문 대부분에서 사용한 천주교는 명말 전교사가 중국에 들여온 서양종교를 지칭하고 일부에서는 기독교란 개념으로 사용되었다. 실제로 기독교는 천주교. 동방정교, 개신교(프로테스탄트) 그리고 기타 예수 그리스도를 숭배하는 종교 파벌들을 포함하며 현재 중국에서는(우리나라와 같이) 기독교와 개신교를 동일하게 사용하여 어느 정도의 혼란이 야기되고 있다. 본문 중에서 사용하는 기독교란 용어는 하나의 개념 즉 일반적 의미에서의 기독교이지 개신교를 가리키지는 않는다. 일부에서는 명말에 들어온 서양종교를 특별히 지칭하기 위해 단지 천주교란 개념을 사용하였다.

상편

마테오리치 연구

머리글

마테오리치에 대한 연구를 시작하기 전 우리는 먼저 아래와 같은 가설을 만들어보는 것도 무방할 듯하다.: 만일 명말 유럽과 아시아 두 대륙을 연결한 것이 명제국의 제재를 받지 않는 평화로운 대상隊商들이었다면 이들 상인이 가지고 들어온 것은 자기들이 폭리를 취할 서양 물건 예를 들어 자명종, 프리즘, 망원경 등등이었을 테고 그들이 유럽으로 가져간 물건은 아마도 중국 도자기나 비단 등 공예품들이었을 것이다. 호사가들 또한 유럽인의 호기심을 만족시켜 줄 몇 권의 여행기를 간행하였을 것이다. 이런 상황이었다면 동서 양대 문명의 심층부에 있는 문화, 사상 간의 틈은 아마도 더욱 오랜 시간 지속되었을지 모를 일이다.

그러나 역사는 천주교 예수회전교사를 선택하여 동서 양대 문명을 연결시켰다. 상인의 기본 성격은 이득을 챙기는 일이나 예수회전교사의 사명은 주로 "중국을 획득할" 일을 하는 "정신수렵精神狩獵"7 즉 천주교로써 중국인을 귀화시키는 일이었다. 그들은 이런 사명을 스스로 "호교護敎를 중심으로 하고, 숭교崇敎를 신념으로 하여" "지리적 원근, 문명과 야만을 따지지 않고"

"어디든 가서 정벌한다.[萬里長征]"[8]는 말로 함축하였는데 이러한 사명의 배후에는 유럽의 확장 및 천주교의 종교개혁에 대한 반대운동이 있다. 그러나 당시 유럽 확장의 실력을 보면 예수회전교사가 중국에서 "정신 사냥"을 하는데 있어 19세기 유럽인들이 드넓은 중화제국 땅에서 마음대로 총칼을 휘두르며 사냥하던 것과 같은 실력을 갖추고 있지는 못했다. 반대로 그들이 대면한 것은 해적과 왜구의 소요로 인한 고통으로 부득이 삼엄한 경계를 펼치고, 국력은 쇠퇴하였지만 반세기 넘게 전제통치를 유지하던 명 제국이었다. 이러한 역사적 조건 때문에 예수회전교사는 중국 전교에서 여러 가지 궁리 끝에 각종 방법을 채택하여 중국인, 중국문화와 더불어 평화적인 대화를 진행하였고 이러한 기초 위에서 그들의 "복음서"는 청중과 신도를 쟁취할 수 있었다. 이 장에서 우리가 연구할 범위를 마테오리치에 국한시킨 것은 바로 마테오리치가 위에서 언급한 특징들을 가장 전형적으로 반영하고 있기 때문이다.

---

[7] 니콜로 롱고바르디(龍華民)의 말. 『利瑪竇全集』 第4冊, 臺北: 光啓,輔仁聯合發行, 1986年, 521~522쪽. 이후로는 『全集』으로 간략히 표기.

[8] 이는 예수회 창립자인 스페인 귀족 출신 이냐시오 로욜라(1491~1556) 신부가 교황에게 한 선언이다. 朱謙之: 『中國哲學對于歐洲的影響』, 福州: 福建人民出版社, 1985年, 78쪽

1장
마테오리치의 전교 책략

1. 사대부의 동정 쟁취하기

마테오리치Matteo Ricci(1552 – 1610, 이태리인)[9]가 1583년 9월 10일 마카오로부터 중국 내지인 조경肇慶에 들어가려 계획할 때 그보다 조금 먼저 그곳에 왔던 미카엘 루지에리P. Michael Ruggieri(1543 – 1607, 이태리인)와 마찬가지로 그의 앞에 놓인 첫 번째 문제는 자유롭게 전교할 거처를 찾는 일이었다. 당시 명나라 법에 의하면 현직 공사公使나 공사와 동반한 상인 혹은 중국문화나 정치를 흠모해서 온 외국인이라야 중국내륙에 들어와 거주할 수 있는 권리를 얻을 수 있었다.[10] 마테오리치 등은 이에 하나의 구실

---

[9] 1552.10.6.~1610.5.11. 이태리 천주교 예수회전교사이며 학자. 명조(明朝) 만력연간 중국에 도착하여 살았다. 그의 이름을 중국어로 직역하면 瑪提歐.利奇이고 利瑪竇는 그의 중문 이름이다. 호는 西泰, 淸泰, 西江이다. 왕응린(王應麟)이 쓴 『利子碑記』에서는 말한다.: "서양 선비 이마두는 호가 서태로 만력 경진년 친구 여럿과 구만 리를 항해해 중국에 와 견학하였다."

[10] 裵化行:『天主教十六世紀在華傳教志, 上海:商務印書館, 1936年, 242쪽

(중국문화를 흠모한다는)과 중국황제[萬曆]의 신민이 되겠다는 약속을 하고 나서야 조경에 집을 짓고 거주할 수 있었다.[11] 이 시기의 전교사들은 몇 마디 중국어밖에는 할 줄 몰랐고 중국문화에 대해 아는 바가 별로 없었다. 이러한 이유로 루지에리 등 일행은 1583년 연초 처음 중국 내륙에 도착하였을 때 아무 망설임 없이 중국 관원이 하사한 승복을 입고 승려로 행세하였다. 마테오리치가 9월 루지에리를 따라 조경에 왔을 때도 이런 관례를 따랐는데 왜냐하면 그들이 막 중국에 도착해서 살펴보니 중국 사회에서의 "종교인사"란 불교 승려를 말하는 것이어서 전교사들이 승복을 입고 승려로 행세하면 일반인도 잘 받아들이고 동시에 사대부의 반감도 사지 않으리라 생각했기 때문이다. 그러나 얼마간의 시간이 지난 후 마테오리치는 중국 관료는 승려에 대해 전혀 존경심이 없음을 발견하였고[12] 또한 중국사회를 관찰해보니 과거시험을 통해 국가통치기구에 들어간 사대부가 가장 존경받는 계급임을 발견하였다. 이는 마테오리치로 하여금 루지에리로부터 이어져 내려온 선례를 바꾸게 만들었고 조경을 떠나서 소주韶州로 갈 때(만력23년) 마테오리치는 상관을 설득하여 유복으로 갈아입었다.[13] 이는 마테오리치가 적극적으로 옛 전교 책략을 바꾸어서 새로운 전략을 세우고 실시한 첫 걸음 즉 사대부로의 접근이다.

마테오리치가 유복을 채택한 이 첫 절차는 위와 같은 생각

---

11 『全集』第1冊, 140~141쪽, 第3冊 40쪽
12 『全集』第1冊, 140~141쪽, 第三冊 232쪽, 90쪽
13 『全集』第1冊, 233쪽

이외에 천주교의 배타성에도 그 원인이 있다. 경건히 전교의 사명을 다하려는 한 사람의 천주교도로서 그는 불교에 대해 본능적으로 배타적 감정을 가졌으며 불교도 전체를 우상숭배자라고 꾸짖었다. 심지어 어느 때는 불교를 인류의 적인 악마라고까지 하였고 『기독교진입중국사基督敎進入中國史』에서는 서양인에게 불교승려들은 도덕적 타락에 빠졌다고 과장되게 말하기도 하였다. 그가 종교로서의 불교가 유학과 비교해 볼 때 천주교와 더욱 많은 공통점이 있음을 인식하지 못한 바는 아니었다. 예로써 두 종교가 영혼불멸을 믿고 천당, 지옥의 관념을 가지고 있으며 불교 또한 모종의 삼위일체 사상을 가지고 있을 뿐 아니라(즉 법신法身, 보신報身, 응신應身의 삼신), 독신을 강조하고 심지어 종교의식 중에서도 일부 비슷한 곳이 있다고 보았다.[14] 그러나 마테오리치는 불교를 중국에서 천주교의 적수로 보았기 때문에 불승으로 인식되기를 거절하였다.

명말 불교가 처한 상황 또한 마테오리치가 불교를 배척하고 유교에 매달린 책략의 한 원인이기도하다. 만력15년(1587) 만력 황제는 예부의 요청으로 과거시험에서 불경의 인용을 금지시켰음에도[15] "그 관습은 여전하였다." 후에 마테오리치와 친밀하게 교제하던 예부상서 풍기馮琦는 마테오리치의 영향을 받아서 "다시 그 폐단을 말하였고 황제는 조서를 내려 금지시켰다."[16]

---

14 위의 책, 87~88쪽
15 『神宗實錄』 3415, 3455, 3548쪽
16 『明史』 卷104 『馮琦傳』. 마테오리치와 풍기의 교제에 관해서는 『全集』 第2冊 356쪽과 利瑪竇 『畸人十篇』중 두 사람간의 대화 참조.

프랑스 학자 제네(謝和耐; Gernet)는 "마테오리치의 불교 배척은 …… 착오"[17]라 했는데 기독교와 불교는 서로 비슷한 점이 너무 많아서 불교를 강력히 비판할 수 없다고 보았다. 제네의 논리는 두 종교가 교리 상 서로 비슷한 점에 기초하여 만들어졌다는 추론이다.; 마테오리치의 방법은 합유척불合儒斥佛 책략의 실행 가능성에 더욱 기초하였다. 『기독교중국진입사』에서 마테오리치는 아래의 사건을 통해 그 책략의 효용성을 증명하였다고 기술한다. 1599년 마테오리치가 남경에 도착하였을 때 그의 친구 구태소瞿太素의 주선으로 남경에서 존경 받는 관원 이여정李汝禎(불교 옹호자)과 한 차례 변론을 벌린 적이 있었다. 당시 공부주사工部主事 유두허劉斗墟도 그 장소에 있었는데 이여정의 불교옹호 주장과 마테오리치의 말을 듣고는 몹시 화를 내며 여러 사람 앞에서 크게 소리쳐 말하였다.: "여러분은 모두 중국인이고 공자의 유가교육을 받았으면서 공자를 반대하고 다른 나라에서 온 불교를 받아들이니 참으로 수치스러운 일이요." 유두허는 이어 "외국학자 마테오리치 선생도 오히려 공자의 사상을 존숭하고 불교에 대해서는 공개적으로 이단 사도邪道라고 주장하고 있습니다."[18] 이여정은 이 말을 듣고 말문이 막혔다. 이 사건은 마테오리치에게 깊은 인상을 주었는데 다시 한 번 그에게 사상계에서 주도적 지위를 차지하는 사대부의 동정과 이해를 받으려면 반드시 유교옹호 불교배척으로 나가야 된다는 점을 깨닫게 해

---

17 David E. Mungello, Curious Land: Jesuit Accommodation and the Origins od Sinology, Stuttgart: F. Steiner Verlag Wiesbaden, 1985, 66쪽
18 『全集』第2冊, 312쪽

주었다. 만약 천주교의 엄격한 배타성과 그 교리의 순결성을 견지한 나머지 유교, 불교, 도교를 전면적으로 배척하거나 혹은 불교교리와 연합하였다면 주위의 전부가 적이 되어 앞으로 한 발짝도 나갈 수 없었을 것이며 사대부 중에서 복음서를 들을만한 사람이나 혹은 신도 확보의 목적도 달성할 수 없었을 것이었다.

승복을 입는가 유복을 입는가의 문제는 바로 불승에 접근할지 사대부에게 접근할 지의 문제이기도 하다. 이 책략적 문제에서 마테오리치와 루지에리는 서로 의견이 달랐다. 둘 다 천주교를 중국문화에 적응시켜야한다고는 생각했으나 루지에리는 불교야말로(유학이 아니고) 천주교와 중국문화의 가장 좋은 결합점이라고 여겼다. 이로 인해 루지에리는 중국관원이 하사한 승복을 한 번도 벗으려 생각지 않았고 1584년에 발간된 『천주실록天主實錄』(이 책은 주로 루지에리의 저작이다.)에서 그는 심지어 자신을 불승과 동일시하며 자칭 서양승려라 말하기도 하였다. 마테오리치는 민감하게 이 문제의 중요성을 인식하였다: 모든 중국인을 천주교로 귀의시키고 천주교를 중국의 국교로 만들려면 신도는 반드시 최대한 이 나라 사회생활에서 주도적 위치에 있는 사대부 이어야하며 관리들에게 얕보이는 승려이어서는 아니 된다. 이 같은 목적에 도달하려면 전교사는 그다지 존경받지 못하는 불승의 신분으로 중국에 나타나서는 아니 된다. 이 때문에 마테오리치는 상사인 알렉산더 발리냐니范禮安; Alexander Valignani에게 유복으로 갈아입기를 요청했으며 그 상사를 설득하여 그와 의견이 대립되고 경솔한 행동을 하는(마테오리치의 말) 루지에리를 소환토록 설득하는데 성공하였다.[19]

유복을 입은 뒤 마테오리치는 모든 힘을 다해 영향력 있는 사대부들과 사귀었는데 이는 곧 전교사업에서 상류계층을 선택한 마테오리치의 전교 전략이다. 그는 유가경전을 깊이 연구하는데 노력하였고 사람들에게 자기는 신학자이며 유학자[20]라고 밝힘으로써 그가 전도하는 교리에 대해 사대부의 동의를 얻어낼 수 있었다. 그 결과는 이러했다.: "귀족과 관리는 우리와 왕래하기를 무척 좋아하나 승려와는 그렇지 않으며 남경뿐 아니라 중국의 다른 지역에서도 그러합니다. 제가 유가儒家라고 행세하기 시작한 이후 현재 더 이상 우리를 불승으로 여기는 사람은 매우 적습니다."[21] 마테오리치가 유럽인에게 말한 이와 같은 서술은 분명 과장된 측면이 있다.

최초로 마테오리치와 매우 가깝게 지낸 사대부는 구태소이다. 줄리오 알레니艾儒略; P. Julius Aleni(1582-1649 이태리인)는 『대서서태이선생행적大西西泰利先生行迹』 중에서 이와 같이 구태소를 소개하였다.: "소주蘇州의 구태소는 대종백大宗伯 문의공文懿公의 장자이다. 조계曹溪에 갔을 때 마테오리치 이름을 듣고 그를 방문하였다. 서로 이야기하는 사이 뜻이 같음을 알게 되어 그와 함께 돌아다니게 되었으며 그에게 권하여 유복을 입게 하였다."[22] 상서尚書의 이 아들은 또한 폭넓은 교유를 이용해서 사

---

19 마테오리치와 루지에리의 전교책략 상에서의 불일치 및 루지에리가 유럽으로 소환된 참된 원인에 관해서는 Paul A. Rule 『孔子或孔夫子? 耶蘇會士對儒學的解釋』(K'ung-tzu or Confucius?: the Jesuit Interpretation of Confusianism, Sydny; Boston: Allen & Unwin, 1986)에서 비교적 상세히 고증하고 분석하였다. 7~9쪽 참조
20 『全集』 제3冊, 202쪽
21 위의 책, 203쪽

대부에게 부단히 마테오리치 이름을 칭찬하였고 또한 항상 마테오리치를 사대부들 사이로 이끌어주었다. 마테오리치가 중국에 처음 왔을 때 전교사에 대한 구태소의 도움은 매우 열정적이었으며 그 영향 또한 매우 컸다. 마테오리치는 유럽에 보낸 서신과 그의 저서 『기독교진입중국사』에서 항상 구태소에 대한 고마운 마음을 언급하였다.

구태소는 엄격한 의미의 사대부는 아니나, 마테오리치가 보기에 구태소와 같은 지위와 영향력 있는 지식인의 역할은 첫 번째로 전교사의 중국 활동에서 정부당국의 지지를 받음으로써 (마테오리치는 이를 후대後台 즉 배경이라 칭하였다.)[23] 그 활동의 장애물을 감소시킬 수 있고 두 번째로 도덕생활, 종교생활 중에서 사대부의 시범효과가 지극히 크니 한 명의 사대부가 교를 믿으면 주위 평민들에게 영향을 줄 수 있는 "한 사람 지식인의 귀의는 많은 일반 교우와 비교해 더욱 가치가 있는 것"[24]이라고 생각하였다. 그래서 마테오리치가 천주교도를 쟁취하려 선택한 책략은 "모자랄지언정 넘쳐서는 안 된다."는 상층노선이었다.[25] 그 후의 활동에서는 이지가 위에서의 첫 번째 역할을 하였는데 그는 일찍이 마테오리치가 산동에서 북경으로 들어가는 계획을 도와주었다.[26] 서광계, 이지조, 양정균등 고관대작으로 말하자

---

[22] 鐘鳴旦, 杜鼎克: 『耶蘇會羅馬檔案館明清天主教文獻』 第12冊, 臺北:臺北利氏學社, 2002年 203쪽
[23] 『全集』 제1冊, 207쪽
[24] 『全集』 제4冊, 365쪽
[25] 위의 책, 265쪽
[26] 『全集』 제2冊, 332쪽

면 마테오리치 등 전교사는 이들을 교회 안 대들보로 여겼고 위에서 말한 두 가지 역할뿐 아니라 마테오리치 사후 이들 영향력 있는 중국교도들은 전교활동이 배척받는 어려운 시기에 나서서 천주교를 옹호하였다. 기타, 전교사와 밀접한 관계는 가졌지만 천주교에 입교하지 않은 사대부 섭향고, 이대李戴, 추원표鄒元標, 풍응경 등과 같은 사람들도 어느 정도 위에서 말한 첫 번째 역할을 했는데 이는 마테오리치의 전교책략에서 나온 직접적 결과라고 말할 수 있다.

중국에 와서 전교한 예수회전교사 모두가 이런 책략을 선택한 것은 아니다. "전교 열정이 불꽃같이 높던" 이태리 전교사 니콜로 롱고바르디龍華民; Niccolo Longobardi(1559 – 1654, 이태리인, 1597년 중국 도착)는 동네방네 다니며 복음을 직접 전하면서 "고관으로부터 어리석은 시골 촌부에 이르기까지 모두 그들에게 천주교를 믿도록 권해야한다."고 주장하였다.[27] 이렇듯 조급하게 효과를 보려다 결과적으로는 많은 문제점을 가져왔는데 중국백성은 늘 여러 가지 이유로 관부에 고발하거나 전교활동을 저지, 배척하였다. 이는 1598년 마테오리치가 남창南昌으로 옮긴 후 소주韶州에서의 상황이다.(그때 롱고바르디는 소주 전교소에 거주하고 있었다.) 1596년 로마 예수회총장 클로드 아퀴아비바阿桂委瓦; Claude Aquaviva(1543 – 1615. 1581 – 1615 제5대 예수회총장 역임)에게 보낸 서신에서 마테오리치는 두 가지 전교방식을 비교하였다.: "첫 번째는 전교자유권을 얻어냄으로써 짧은

---

[27] 『全集』제4冊, 521쪽

시기 내 수천만에 달하는 사람들을 그리스도게 귀의시키는 방법이 있고 두 번째는 상부의 허가를 무시하고 공개적으로 복음을 전교하는 방법이 있으나 이렇게 되면 이미 입교한 소수의 교우마저도 잃게 되는 결과를 초래하게 될 것입니다. 왜냐하면 지금껏 외국인은 대명제국에서 의심을 받지 않은 적이 없었고 특히 우리 같은 전교사는 지혜가 뛰어나서 큰일을 이룰 수 있는 정신적 능력을 지니고 있다고 생각하기 때문입니다. 그래서 저희는 반드시 일거일동을 신중히 해야 하고 감히 경거망동하지 않습니다."[28]

소위 첫 번째 방법은 사대부의 동정과 이해를 쟁취하는 고위층 접근전략이며 그 최종목적은 황제의 비준을 얻어내는데 있었다. 1601년 마테오리치가 북경에 도착한 후 만력황제는 전교활동에 대해 명문화된 허가를 내주지는 않았지만 실제적으로 북경에서 그들의 자유 활동을 묵인해 주었다. 두 번째 방법은 즉 롱고바르디가 자주 사용한 방법으로 이 때문에 많은 어려움을 겪게 되었고 마테오리치는 명확히 이런 방법에 반대하였다.

마테오리치가 사대부를 쟁취하려는 상층노선은 그의 전교활동 중 사고와 비교와 모색의 과정을 거쳐 확정한 것으로 이 책략은 위에서 서술한 두 가지 부분을 포함하고 있다: 첫째는 유학에 부합, 불교의 배척이며 둘째는 사대부의 생활권으로 들어가 그들에게 영향력을 행사하여 귀화시키려는 책략이다.

마테오리치 전교책략의 이론적 기초가 그의 유학에 대한 평

---

[28] 『全集』 第3冊, 230~231쪽

가라고 인식한다면 이는 사이비한 논리일 뿐이다. 우리가 보기에 마테오리치의 유학에 대한 평가와 그가 교리를 전할 때 유학에 부회하는 방법을 채택한 점은 대부분 위에서 서술한 실용적 책략의 기초 위에서 이루어진 것이다. 그의 유학에 대한 평가가 정확하였는지 유학에 부회하는 방법이 성공적이었는지에 관해서는 전적으로 하나의 해석상의 문제이다. 우리는 아래 글에서 다시 이 문제에 대해 논의 할 것이다.

2. 마테오리치 규구(規矩)

유복으로 갈아입은 것은 유자儒者의 외모로만 바꿀 수 있을 뿐이어서 외관상 사대부들로 하여금 전교사에 대하여는 (1) 불교 승려에 대해 가지고 있던 우월감 혹은 경멸감을 갖지 않게 하고 (2) 동질감을 증가시키거나 혹은 최소한 배척하지 않는 동정심을 일으키게 할 수 있을 뿐이었다. 소극적 의미로는 최대한 심리적 거리감을 좁히거나 없앰으로써 중국 천주교도가 종교생활 중 겪는 어려움을 덜어주려는데 있었고 다른 하나의 중요한 문제는 곧 중국의 예의, 풍속에 적절히 대응하기 위해서였다.

마테오리치의 이 문제에서의 태도는 분명했으니 중국인의 공자제사, 조상제사의 예의는 종교의식이 아니라고 생각하였다. 조상제사에 관해 마테오리치는 서양인에게 아래와 같이 소개하였다.: "황제로부터 평민에 이르기까지 유교에서 가장 성대하게 치르는 행사는 매년 어느 계절에 돌아가신 조상에게 제물을 바치고……그들은 이로써 효도를 다한다 생각하여 '죽은 이 섬기기를 산 이 섬기듯이 하고 없는 이 섬기기를 생존한 이 섬기듯 하는 것이 효의 지극함.'(『중용』)²⁹이라고 합니다. 그들은 결코 죽은 사람이 돌아와 위에서 말한 제물을 먹거나 혹은 그것을 필요로 하는 것이 아니라고 생각합니다. 그들은 조상에 대한 애정과 은혜의 정을 표현할 다른 방법을 알지 못하기 때문이라고 말합니다. 어떤 이는 우리에게 말하기를 이런 예법을 세운 것은 산사람을 위해서이지 죽은 이를 위함이 아니며 자기 자손과 무지한 사람들에게 현재 살아있는 부모에게 효도하는 법을 가르치기 위해서라고 합니다. 어떤 지위 있는 이가 죽은 사람을 산 사람 섬기듯 한 모습을 보면 자연히 교훈이 되기 때문입니다. 어쨌든 그들은 죽은 사람을 신이라고 생각하지는 않으며 그들에게 무엇을 바라거나 무엇을 비는 바가 없기 때문에 우상과는 무관하며 미신이 아니라고 말할 수도 있겠습니다."³⁰

마테오리치가 기술한 조상제사 습속에 대한 평가에는 아래와 같은 두 가지 의미가 포함돼 있다: 첫째, 조상제사는 중국인이 효도라는 하나의 윤리원칙을 유지하는데 사용해온 습속이다. 둘째, 천주교 입장에서 보아도 제사는 우상숭배가 아니므로 반드시 배척해야할 이교적 종교의식이 아니다. 그는 단지 중국인이 천주교에 귀의한 후 "이런 효심을 가난한 사람에 대해 은혜를 베풀어주는 일로 바꾸어서 죽은 이의 영혼을 달래주기" 바랐을 뿐이었다.³¹

---

29 『中庸』 事死如事生 事亡如事存 孝之至也 성백효 역주 『中庸集註』 참조. 이후 나오는 『中庸』의 역해 구절은 본서의 내용을 따름.
30 『全集』 제1冊, 85쪽

공자제사에 관해서도 마테오리치는 또한 유사한 평가를 내렸다. 그는 중국 관원이나 사대부가 공자묘에 가서 예를 행하는 것을 "공자가 책에서 전해준 숭고한 학설과 그들에게 공명을 이루고 관직을 받을 수 있게 한데 대하여 감사하기 위해서이다. 그들은 기도문 같은 것은 읽지 않으며 또한 공자를 향해 무엇을 바라지도 않으니 곧 조상제사와 같다."고 생각하였다.[32]

역사적으로 보아 조상제사가 중국전통 중에서 마테오리치처럼 한마디로 논할 수 있는 것은 아니며 그것은 변화와 발전과정을 겪은 예의다. 고고학적 발견은 밝힌다.: "은대殷代에는 조상숭배가 성행하였고 그 이전의 천신숭배와 점차 가까워지며 뒤섞이다가 은대 이후 중국 종교의식의 규범으로 자리 잡게 되었으니 곧 조상숭배가 천신숭배를 압도하게 되었다."[33] 이때의 조상제사는 아직 상당한 종교적 의미의 의식을 갖추고 있었다. 왜냐하면 은나라 사람은 그들 종족이 상제의 선택을 받아서 인간세계를 통치하고 땅 위의 왕조는 상제인 하느님을 대표하고 있다고 깊이 믿었기 때문이다. 그들은 상제가 땅 위의 보잘 것 없는 백성과는 접촉하지 않기에 일반인은 직접 상제께 기도할 수 없다고 생각하였다. 이로 인하여 만일 사람들이 기구할 바가 있으면 반드시 왕실을 이 세상[下界]의 대표로 삼아서 왕실 조상의 신령을 통해야만 비로소 하계의 기도를 상제 앞에 전달할 수 있었다.[34] 주나라 초기 사람들 또한 조상의 영혼이 화를 내리거

---

31 『全集』제1冊, 85쪽
32 『全集』제1冊, 86쪽
33 陳夢家:『殷墟卜辭綜述』北京: 中華書局1988年 561쪽

나 복을 내리는 능력이 있다고 생각하여 조상을 공경하였는데 『시경詩經.주송周頌.민여소자閔予小子』에서는 말한다.: "할아버지 문왕을 생각하니 뜰에 오르내리시는듯하여 이 소자는 밤이나 낮이나 삼가 공경하고 있나이다."[35]

주말周末에는 세속적 도덕교화에 대한 강조 혹은 "인문주의 정신의 충격"으로 인하여 조상제사의 사상과 심리적 기초가 "죽은 이를 생각하는 뜻과 사모하는 마음이 쌓여 이루어지는 것"[36], "나를 있게 한 분에게 보답한다."[37], "양친의 상사喪事에는 슬픔을 다하고 제사에는 공경을 다해야 백성들의 민심이 좋아진다."[38]는 등의 세속적 논리로 바뀌었다. 이 점을 가장 잘 설명한 것이 순자荀子의 『예론禮論』이다. 기본적으로 무신론자인 순자는 하늘의 신학적 이론을 부정하고 동시에 예禮의 기원과 의의를 탐구하는 과정에서 예가 "하늘의 질서"[39]라는 것도 부정하였다. 그는 다음과 같이 예의 기원과 기능을 해석하였다.:

---

34 洪德先:『俎豆馨香 - 歷代的祭祀』글 중 敬天與親人』, 臺北: 臺灣聯經出版事業公司 1983年.

35 『詩經.周頌.閔予小子』念玆皇祖 陟降庭止 維予小子 夙夜敬止 *혜원출판사 조두현 역해『詩經』참조. 이후 나오는 『시경』의 역해 구절은 본서의 내용을 따름.

36 『荀子.禮論』志意思慕之情 *을유문화사 김학주 옮김 『荀子』참조. 이후 나오는 『순자』의 역해 구절은 본서의 내용을 따름

37 『禮記.效特性』에서 보인다[報本返始]. 주나라 말 "인문주의 정신"의 흥기에 관해서는 徐復觀:『中國人性論史. 先秦編』第2章 참조, 臺北:商務印書館, 1987년3月第8版. 반드시 지적해야할 점은 이른 바 중국인문주의는 논쟁을 자주 일으키는 개념으로 필자는 다른 글에서 전문적으로 기술한 바 있다. 이 책에서는 주로 사상, 관념에서의 인(人)을 근본으로 하는 세속적인 의미에서 즉 종교의 신본주의와 대립되는 의미에서 이 개념을 사용하였다.

38 『論語. 學而』愼終追遠 民德歸厚矣 성백효 역주『論語集註』참조. 이후 나오는 『論語』의 역해 구절은 본서의 내용을 따름.

39 朱伯崑:『先秦倫理學槪論』第1章 第3節, 北京: 北京大學出版社 1984年

"예는 어디서 생겨났는가? 사람은 나면서부터 욕망이 있는데 바라면서도 얻지 못하면 곧 추구하지 않을 수 없고 추구함에 일정한 기준과 한계가 없다면 곧 다투지 않을 수 없다. 다투면 어지러워지고 어지러워지면 궁해진다. 옛 임금들께서는 그 어지러움을 싫어 하셨기 때문에 예의를 제정해 이들의 분계를 정함으로써 사람들의 욕망을 충족시켜 주고[養] 사람들이 원하는 것을 공급케 하셨던 것이다. 그리하여 욕망은 반드시 물건에 궁해지지 않도록 하고 물건은 반드시 욕망에 부족함이 없도록 해 이 두 가지가 서로 균형 있게 발전하도록 하였는데 이것이 예가 생겨난 이유다. 그러므로 예란 욕망을 충족시켜주는 것이다."[40]

여기서 양養은 두 가지 의미를 가지는데 즉 마음[情]과 욕망[欲]으로 하여금 만족을 얻게 하는 동시에 이런 만족을 방종에 흐르지 않게 절제시키니 이것이 바로 순자의 예로써(사람의) 욕망을 충족시킨다는 예이양정설禮以養情說이다. 이 예이양정설은 장례 때 쓰여서는 효자의 애통하고 공경하는 감정인 "죽었을 때 충실하게 장사지내지 못하고 공경스런 형식이 없는 것을 박薄하다 일컬음"을 나타내기 위해서이다. 제사에 쓰여서는 곧 "죽은 이를 생각하는 뜻과 사모하는 마음이 쌓여 이루어지는 것."[41]

---

40 禮起於何也? 曰人生而有欲 欲而不得 則不能無求 求而無度量分界 則不能不爭 爭則亂 亂則窮 先王惡其亂也 故 制禮義以分之 以養人之欲 給人之求 使欲必不窮乎物 物必不屈於欲兩者相持而長 是禮之所起也 故禮者養也, 荀子, 北京:中華書局, 1979年, 308쪽 *김학주 옮김『荀子』631쪽 참조

41 送死不忠厚 不敬文 謂之瘠, 祭者 志意思慕之情也荀子, 北京:中華書局, 1979年, 330쪽

이다. 이는 바로 "예이양정"과 관계된 "예이성문禮以成文"설로 순자는 더 나아가 다음과 같이 말한다.:

> "제사란 죽은 이를 생각하는 뜻과 사모하는 마음이 쌓여 이루어지는 것이며, 충성과 신의와 공경을 지극히 다하는 일이며 예절과 형식의 모양을 성대히 갖추는 행사이다. 진실로 성인이 아니면 그 뜻을 알 수가 없다. 성인께서는 그 뜻을 분명히 아시어 선비와 군자들은 그것을 편안히 시행하고 관리들은 그것을 자기의 수칙으로 삼고 백성들은 그것으로 풍속을 이루도록 하였다. 그것을 군자들은 사람의 도리라고 생각하고 있으나 백성들은 귀신에 관한 일이라 생각하고 있다."[42]

보다시피 순자의 예의(조상제사를 포함)에 대한 해석은 기본적으로 윤리기능의 시각에서 착수하였음을 알 수 있다. 조상숭배의 종교적 의미가 충효 등 세속적 윤리 관념으로 대체되었다. 아주 흥미로운 점은 천주교 신학자인 마테오리치의 중국 예의에 대한 해석이 뜻밖에도 무신론자인 순자와 서로 비슷한 곳이 많다는 것이다. 우리는 중국 전적典籍에 대해 이해가 깊은 마테오리치가 순자 쪽으로부터 사상적 자료를 얻었다는 확실한 증거를 가지고 있음을 밝혀둔다(아래에서 다시 이 점을 언급할 것이다). 여기에서 우리가 지적하고자 하는 점은 순자의 해석에서

---

[42] 祭者 志意思慕之情也 忠信愛敬之至矣 禮節文貌之盛矣 苟非聖人 莫之能知也 聖人明知之 士君子 安行之 官人以爲守 百姓以成俗 其在君子 以爲人道也 其在百姓 以爲鬼事也, 荀子, 北京:中華書局, 1979年, 330쪽 *김학주 옮김『荀子』681쪽 참조

는 또한 제례가 "군자들은 사람의 도리라고 생각하고 있으나 백성들은 귀신에 관한 일이라 생각함"을 인정하고 있는데 이것이 바로 당시 사람들이 말하는 제례 중 예禮와 속俗(즉 상층사회와 민간)의 양대 맥락이다.[43] 순자는 민간에서 행하는 제사활동은 종교 미신적 색채를 띠고 있다고 보았으나 마테오리치는 조상 제사에 대한 중국역사에서의 변화를 인식할 수 없었고 또한 인식할 필요가 없었으며 제사활동에서 예와 속의 구별에 주의하지 못하고(어쩌면 고의로 소홀히 하였는지도 모른다.) 일률적으로 논했기 때문에 그의 해석 중 중국예의에 대하여는 세속 도덕적 의미만을 부여했던 것이다. 이 또한 일종의 기교성을 띤 해석과 상호 관련된 책략이다. 우리는 뒷부분에서 마테오리치가 늘 이런 해석의 책략 즉 유학 중 표면상 천주교 핵심교리와 비슷하나 내용이 상이한 요소가 있을 때는 차이가 없다 생각하고 기본적으로 동의하는 의동擬同[44]적 조화방법을 채용하려고 진력하였음을 볼 것이다. 유학 중 천주교와 다르고(먼저 외관, 표면상 다름) 또한 확실히 종교적, 미신적 색채를 띤 사상, 관념, 습속, 예의에 대해서는 최대한 종교("이교")적 의의를 약화시키면서 서양인을 향하여 표명하였다.: 중국의 예의는 용인할 수 있는 것입니다. 그는 반드시 이렇게 해야만 비로소 전교활동의 본거지인 유럽 천주교회로부터 그의 책략에 대한 이해와 지지를

---

[43] 洪德先: 『俎豆馨香 - 歷代的祭祀』글 중 『敬天與親人』 365쪽, 臺北: 臺灣聯經出版社業公司1983년

[44] 擬同에 관한 상세한 개념 설명은 제6장 제1절 2. 성애관: 하늘을 두려워하고 이웃을 사랑함에서 참고하기 바람.

얻어낼 수 있었다.[45] 동시에 이렇게 해야만 비로소 중국인의 습관에 영합할 수 있었으니 비록 그가 이것은 유학을 향한 아첨이 아니라고 말했을 지라도 이 방법은 후에 "전례논쟁[禮儀之爭]" 문제에 불씨를 제공하였다.

마테오리치는 중국 생활에 적응하면서 공자숭경[敬孔]과 조상제사[祭祖]를 구별하여 "공자숭경은 사람이 본받아야할 스승을 존경하는 행위", 조상제사는 "정성을 다해 조상을 섬기는 행위"라는 비종교적 의식으로 해석하였다. 이런 해석의 기초위에서 그는 사대부와 평민의 제사습속을 존중하였는데 이렇게 함으로써 당시 중국교도 특히 상당한 정치사회적 지위가 있던 천주교도는 공자숭경과 조상제사 의식에 참여 시 종교적 장애와 곤란을 면할 수 있었다.; 동시에 마테오리치는 유가경전 중의 천天, 상제라는 칭호로써 천주교의 "유일하고 참된 신" 천주를 호칭하였는데(이 문제는 뒷부분에서 토론한다.) 후에 강희황제는 이를 "마테오리치 규구規矩(예법)"[46]라고 불렀다.

마테오리치 사후, 연이어 중국에 들어온 다른 단체(多明我會 St.Dominic회, 方濟各會 San Francesco de Assisi회, 파리외방전교회) 전교사들은 거듭 마테오리치 규구에 반대하였다.; 마테오리치로 인하여 예수회 중국 성구省區책임자가 된 니콜로 롱고바르

---

45 미국 역사학자 조나단 스펜스(Jonathan D. Spence 중국명 史景遷)는 전교사들이 이러한 방식으로 유럽인에게 중국의 형상을 지어낸 것은 주로 유럽에서 더욱 많은 자금을 모금하여 더 많은 전교사를 중국에 파송하는데 편의를 보기 위해서라고 솔직히 이야기하였다. 우리는 이는 전교책략을 형성하는 배경의 하나일 뿐이라고 본다. 史景遷: 『文化類同與文化利用』(北大講演錄), 北京: 北京大學出版社, 1990年, 21쪽

46 顧裕祿: 『中國天主教的過去與現在』, 上海: 上海科學出版社, 1989年, 37쪽

디 또한 반대의견을 지지하였고 예수회 내부의 다른 전교사 판토하龐迪我; Pantoja Diego de(1571 – 1618, 스페인) 역시 중국교도의 공자숭경과 조상제사의 금지를 주장하였다. "판토하를 따르는 어떤 이는 이르기를 공자제사의 예가 실은 신을 제사하는 예라고 한다. 조상제사의 예 또한 이단 교리로……그러므로 교인들에게 엄히 금하고 그 예의를 허가치 않았는데 이는 아마도 성교의 순결성을 해치게 될까 두렵기 때문이었으리라."[47] 당연히 "마테오리치 규구"에 대한 다른 소속회 전교사의 반대는 더욱 격렬하였다. 17세기 30년대로부터 시작하여 거의 일백 년에 걸쳐 "예의지쟁"은 지속되었고 교황과 강희황제에게 올리는 상소도 끊이지 않았다. 1704년 교황 클래멘트克來孟; Clement 11세는 중국 천주교도에게 "공자숭경과 조상제사를 금지하는 결정을 내렸는데 이보다 2년 앞서(1702) 교황은 이미 투르논鐸羅; Chales Thomas Maillard de Tournon(교황청 추기경)을 사자로 중국에 보냈다. 투르논은 1705년 연말 북경에 도착하여 강희황제를 접견하였다. 강희황제는 마테오리치 규구를 뒤집으려는 의도를 알게 되자 단호히 선포하였다.: "지금부터 만일 마테오리치 규구를 따르지 않는다면 절대 중국에서의 거주를 허락하지 않고 추방해버린다."[48] 그러나 여전히 허가증을 받은 전교사는(마테오리치 규구를 따르는 이) 중국에 거주할 수 있도록 허락하였다. 하지만 로마교황청은 자신의 의견을 고집하면서 1720년 재차 사자 카롤로스嘉樂;

---

47 樊國梁: 『燕京開教略』中篇, 北京: 救世堂, 淸光緖31年(1905), 46쪽
48 魏特 著, 楊丙辰 譯『湯若望傳』第1冊, 上海: 商務印書館, 1949年, 190~197쪽

Carolus Ambrosius Mezzabarba를 중국에 파견하여 "금지"를 거듭 피력하고 또한 누차 중국지방관원들이 천주교 금지령을 요청하므로 이에 강희황제는 전면적 금교령을 내렸다. 강희황제는 서양인은 "소인小人"이요 천주교는 "중이나 도사 같은 이단 잡교와 다를 바 없다."고 질책하면서 "이후 서양인은 중국에서 전교활동을 해서는 아니 되며 금지하여 시끄러운 일이 벌어지지 않도록 하라."[49]고 명하였다. 옹정雍正 황제는 즉위 후 천주교를 더욱 엄히 금지시켰는데 1724년 예부의 "북경에서 업무를 보는 사람을 제외한 나머지 모든 서양인을 마카오[澳門]로 이주시켜야 하옵니다."는 주청에 비준하였다. 각지의 "천주교당을 공공장소로 개조하고.", "잘못 천주교에 입교한 자는 엄히 다스렸다."[50] 중국의 대문은 이로부터 닫히게 되었으며 100여 년이 지난 후 서양의 대포로 인해 열리게 되나 근대사에서의 "전교"사는 또한 일부 중국인의 굴욕사로 변하게 된다.

만일 이 "예의지쟁"이 단지 몇 개의 명사(천, 상제, 천주)와 몇 가지 예의를 위한 논쟁에 불과해서 최초 중국에 온 전교사들의 심혈을 기울여 경영한 "성과"가 전부 상실되었다고 본다면 이는 매우 단순한 결론이다. 왜냐하면 마테오리치의 중국 예의 문제에 대한 태도가 주로 하나의 종교범위 내의 문제로 말하였다면 즉 천주교의 배타성 문제를 어떻게 해석하느냐의 문제로 말하였다면 후에 발생하는 예의지쟁은 서양 각국 간의 정치, 경

49　肖若瑟:『聖教史略』第2冊, 獻縣:獻縣張家庄天主堂, 1932年, 92쪽
50　肖若瑟『聖教史略』第2冊, 95쪽

제, 외교투쟁을 배경으로 하고 있기 때문이다. 16세기 말, 17세기 초 스페인, 포르투갈이 몰락하기 시작하면서 해양강국으로 뛰어오른 네덜란드, 영국, 프랑스는 자신의 국력을 외부로 확장하여 경제, 정치적 이익을 추구하였다. 일찍이 해외전교에서 스페인과 포르투갈 양국 예수회를 지지하던 로마교황청은 이때 프랑스와 더욱 밀접한 관계를 가졌고 포르투갈이 중국에서 획득한 "정신수렵"의 성과를 프랑스가 쟁탈하는 것을 지지하였다. 프랑스 전교사의 중국예의 문제에 대한 부정적 태도는 자연히 로마 교황청의 지지를 얻을 수 있었다. 만일 이러한 배경을 지나쳐버린다면 "예의지쟁"과 그 뒤에 나타나는 좋지 못한 결과가 왜 생겼는지 설명하기가 어려워진다. 이 점은 또한 "종교가 요구하는 배후에는 마찬가지로 많은 정치, 민족적 각축이 숨겨져 있음"[51]을 말해준다.

예의지쟁은 또한 사람들에게 "마테오리치 규구"가 명말 중국에 온 전교사의 중국예의나, 습속에 대한 최초의 해석으로써 고서적 및 당시 역사생활 중에서 중국예의의 원의原意를 탐구한 것이라기보다는 오히려 전교사들이 기독교 복음을 전파하는 과정에서 부딪치는 여러 어려운 문제를 해결하기 위해 사용되었음을 표명하며 – 이것은 실제로 당대 해석학의 일부 원칙을 체현하였다. – 바로 이런 의미에서 우리는 "마테오리치 규구"가 책략적이고 이지(분석)적 성분을 가졌다고 보는 것이다. 강희황제는 마테오리치의 해석을 수용하여 전교사가 "마테오리치 규구"

---

51 『馬克思.恩格斯論宗教』, 北京: 人民出版社1954年, 87쪽

를 수용하는지 않는지에 따라 그들의 거취를 결정짓는 표준으로 삼았는데 이 방법은 우리가 마테오리치 그 사람 및 그 책략에 대한 평가를 내릴 수 있는 좋은 설명이 될 수 있다.

3. 학술 전교

사대부의 동정을 얻고 중국의 습속을 존중하는 것이 전교의 장애를 극복하는 소극적 책략에 불과하다면 적극적 책략은 서양의 과학기술, 윤리와 종교사상으로(이른바 학술) 중국사대부를 흡인하는 것이었으니 이것이 곧 학술전교이다. 그 목적이 전교에 있었을지라도 그러나 객관적 효과는 중국으로 하여금 일부 서양 문화를 유입하게 하였다. 여기서 우리는 마테오리치의 학술 전교책략과 그 영향에 대해 두 갈래로 나누어 살펴보고자 하는데 그 하나는 과학이고 하나는 마테오리치의 저작이다.

중국에 처음 왔을 때 마테오리치는 중국인의 흥취를 가장 잘 불러일으키고 동시에 서양인을 알고자하는 중국인의 갈구를 증가시킬 수 있는 것은 천주교의 복음서가 아니라 서양의 과학과 기술이라는 것을 발견하였다. 1595년 11월 4일 로마 예수회 총장에게 보낸 서신에서 마테오리치는(그때 그는 남창南昌에 있었다.) 중국인이 자신의 거처를 방문하는 원인을 다섯 가지로 결론지었다.: ① 그는 유럽에서 온 외국인이다. ② 놀라운 기억력의 소유자이다. ③ 구태소瞿太素는 다니는 곳마다 마테오리치를 대수학가라고 선전한다. ④ 그는 삼능경三稜鏡(스펙트럼), 지구의地球儀, 혼천의渾天儀, 세계지도와 같은 물건을 가져왔다. ⑤

가장 마지막 원인이 바로 교회의 교리를 듣고 그와 더불어 의견을 나누고 싶어서인데 이 목적으로 그를 예방하는 사람이 가장 적었다. 이를 통해서 볼 때 그 중 두 가지 실질적 원인은 곧 마테오리치가 중국인에게 보여준 서양 과학기술이다.[52]

아직 조경肇慶에 있을 때(1585년) 마테오리치는 그가 벽에 걸어둔 외국어로 표시된 세계지도가 중국인들로 하여금 매우 큰 흥미를 자아내게 하고 또한 이로써 중국인의 중국 즉 천하의 세계관에 강렬한 충격을 주었음을 발견하였다. 지부知府 왕반王泮[53]은 그것을 본 후 이 지도의 최초 중국어판을(『산해여지전도山海與地全圖』라는 이름으로) 친히 감독하여 인쇄하였다. 왕반의 행위는 마테오리치의 속셈과 딱 맞아떨어져서 마테오리치는 즉시 이 작업의 처리에 착수하였는데 그 목적은 역시 전교의 또 다른 길을 여는데 있었다.[54] 그는 한편으로 중국인의 "화하중심華夏中心" 세계관에 영합하여 중국을 지도의 정중앙에 그려 넣었고 동시에 전교 목적을 오매불망 잊지 않으면서 지도상에 각 민족의 종교적 예의에 관한 주를 달아 표시할 때면 "보편적 가치"의 천주교 도리는 특별히 삽입하였어도 아랍인이 신앙하는 이슬람교는 제외시킴으로써 천주교만이 세상의 유일한 참 종교임을 표명하였다. 이런 작업과정에서 마테오리치는 중국인의 심리적 약점도 발견하였는데 그것은 중국인은 자신들이 가장 잘났고

---

52 『全集』第3冊, 208~211쪽
53 왕반은 조경에서 마테오리치의 전교활동을 지지하였고 그와 평등하고 우호적인 관계를 유지하였다. 만력 12년 출자하여 『산해여지전도』를 간행하였으며 마테오리치가 중국에서 서양과학기술을 전파하는데 도움을 주었다.
54 『全集』第1冊, 146쪽

중국이 세계의 전부라고 생각하지만 그 자만심이 크면 클수록 진실이 들어난 후에는 더욱 열등감에 빠져서 일단 외국 물건이 중국 물건에 비해 더 좋음을 발견하면 자기 것보다 외국 것을 더욱 좋아한다는 점이다. 당시 폐쇄된 제국 안에서 생활하던 중국인의 심리 상태에 대한 마테오리치의 묘사나 이해는 비교적 생동감 있고 정확하다고 말할 수 있으며 그가 이러한 심리적 약점을 이용했을 때는 또한 상당한 효과가 있었다.

이 지도의 영향력은 자못 커서 널리 퍼졌고 재판을 거듭하며 광범한 흥취를 불러일으켰다.[55] 이전에 직접 지도를 제작한 적이 있던 이지조는 북경에서 이 지도의 신판을 본 후 즉시 이 지도의 지리관을 받아들였고[56] 이로 인해 전교사의 막역한 친구가 되었다.(상세한 것은 다음 장에서 다룬다.)

이 지도가 보여주는 세계관은 지리상 대발견의 성과를 포함하며 (『明史』 326권 『이탈리아』에서는 5대주五大洲 설을 의심 없이 소개하였다.) 또한 중세의 신학관념(십중천十重天[57] 등과 같은)도 포함한다. 후자의 보수성을 지나치게 강조하고 전자의 의미를 등한시하는 일은 객관적인 태도가 아니다. 우리는 아래와 같은

---

[55] 대만 동해(東海)대학 역사학과 임동양(林東陽)은 그의 장편 논문 『利瑪竇的世界地圖及其對明末士人社會的影響』에서, 이 지도가 전해진 정황을 상세히 고증하였는데 이 지도 중에 포함된 지리관, 제작 방법과 당시 프래밍(Fleming)학파와의 관계를 분석하였고 동시에 명말 사대부 가운데 일어난 적극적, 부정적 반응을 고찰하였으므로, 이를 참고할 수 있다. 『紀念利瑪竇來華四百周年中西文化交流國際學術會議』論文集, 臺北: 輔仁大學出版社 1983년 311~378쪽

[56] 『全集』第2冊, 370쪽

[57] 단테의 신곡에서는 다음과 같이 묘사하였다. 즉 천당 아래는 7중 연옥이 있고 천당 위에는 9중 천당에 9등급 천사가 분별하여 대응한다. 9중천 위로는 가장 높은 하늘 바깥의 하늘이 있는데 이는 공간 속의 실제적 존재가 아닌 하느님이 살고 계신 곳이다.

가설을 받아들일 수 있다.: 만일 당시 서양의 선진 사상가나 과학자가 중국에 와서 서양문화를 전파하였다면 중국의 근대화를 더욱더 일찍 추진할 수 있었을 것이다.[58] 그러나 역사는 이런 가설의 성립을 받아들이지 않아서 선택의 여지없이 중국인으로 하여금 위에서 말한 방식대로 근대서양문화의 일부 성취를 함께 누리도록 허용치 않았기에 역사는 이미 필연성을 띠며 이와 같이 발생하였던 것이다.

이 지도가 중국인에게 주는 의의는 새로운 지리관(지구는 둥글고, 5대주 등의 개념)을 도입하였다는데 있고, 전교사에게는 사람들을 입교시키는데 기여했다는데 그 의의가 있다. 『기독교진입중국사』에서 마테오리치는 허서신許胥臣의 입교를 그 좋은 사례로 보았다. 허서신의 관직은 통정사通政司였는데 일찍이 전교사 알폰소 바그노니王豊肅[59]에게 솔직히 이야기하기를 자신은 마테오리치의 『천주실의』를 읽으면서는 하나도 흥미를 느끼지 못했다고 한다. 알폰소는 이에 그가 좋아하는 과학으로 허서신을 끌어들였는데 이 전교사는 허서신에게 혼천의渾天儀 한 개와 지구본 한 개를 만들어주고 또한 『곤여만국전도坤與萬國全圖』하나를 선사하였다. 허서신이 이것을 보고 나서 서양과학에 큰 흥미를 보이자 알폰소는 그 기회를 놓치지 않고 허서신에게 권하였다.: "지금까지 그대가 배운 것을 천주교의 깊고 오묘한 진리

---

[58] 이러한 가설은 『中國思想通史』 第4卷 下冊 第27章에서 볼 수 있다. 北京: 人民出版社1960年
[59] Alfonso Vagnoni 1566~1640 예수회 이태리 전교사. 자는 則聖. 1605년 중국에 왔고 1616년 남경의 반기독교 운동 시 축출되었다가 1624년 말 중국으로 되돌아와 山西에서 전교하였다.

와 비교한다면 하찮은 재주 밖에는 안 됩니다. 천주를 예배하는 일은 때때로 천체를 관측하는 일보다 크다고 할 수 있습니다. ……"⁶⁰ 허서신은 이로 인해 천주교의 신학영역에 이끌렸고 천주교 복음을 받아들여서 당시 새로운 신자 중 관직이 가장 높은 중국인이 되었다. 마테오리치는 자신만만한 태도로 다음과 같이 썼다.: "과학을 이용하여 중국학자를 입교하게 하였으니 이것이 가장 좋은 예이다."⁶¹

새로운 지리 지식 외에 서양수학도 사대부를 끌어들이는 중요 과학이 되었다. 중국과 외국학자가 가장 높이 평가하는 것으로 서광계와 마테오리치가 공동 번역한 『기하원본幾何原本』을 따를 만한 책은 없다. 여기에서 우리는 이 책의 번역이 처음 어떻게 이루어졌는지 잠시 짚고 넘어가기로 한다. 마테오리치의 기록에 의하면 1605년 8월27일 전교사들이 북경에 새로운 거주지를 찾아 옮긴 후 마테오리치는 "언뜻 보기에 전교와 직접적 관련이 없을 것 같으나 실제는 전교에 대단히 유리한 작업"⁶²을 착수하기 시작하였는데 이것이 바로 유클리드 기하학 번역작업이다. 1603년 세례를 받고 입교한 서광계가 이 책을 번역하려 한 의도는 "몇 가지 유럽문화를 연구하는 입문서를 만들어서"⁶³ 모든 사람의 환영을 이끌어내려 했다고 한다. 또한 "바오로 박사保祿博士(서광계의 세례명이 바오로)는 우리 자신과 우리의 학

---

60 『全集』제2책, 530쪽
61 『全集』第2冊, 530쪽
62 『全集』第2冊, 458쪽
63 『全集』第2冊, 458쪽

식이 사람들에게 존경을 받으면서 전교를 촉진할 수 있는 온갖 방법을 생각하다가 마테오리치 신부와 상의하여 몇 권의 과학서적을 번역해서 중국 사대부들로 하여금 우리가 어떻게 학술활동에 매진하고 어떻게 확실한 이유를 찾아서 증명하는가를 보이려 하였다. 이리하면 그들은 천주교 신앙은 절대로 가벼이 믿고 맹종하는 것이 아님을 볼 수 있기 때문이다. 그래서 각종 과학서적 중 가장 적합한 것을 선택하여 결정하였는데 그것이 바로 유클리드歐幾里得; Euclid 『기하원본』이다"[64] 라고도 말한다. 1년간의 힘든 작업을 거쳐 전前 6권의 번역을 끝내고 나서도 "태사太史(곧 서광계)는 뜻이 자못 왕성하였으나" 나는(마테오리치) 이렇게 말하였다.: "그만하고 여기까지만 전하도록 합시다. 뜻 있는 이들이 이를 배워서 이용할 수 있게 하고 나머지 부분은 후에 생각해 봅시다."[65] 마테오리치가 미완인 채로 끝낸 이유가 설득력이 있어 보이나 청대의 매문정梅文鼎은 여전히 다음과 같은 의문을 제기하였다.: "서양학자가 기하학을 과학의 첫째 원리라 하면서도 6권만 전한 데는 어떤 이유라도 있는 것일까? 그렇지 않으면 내용이 심오하고 번역이 쉽지 않아서 핑계를 대고 시간을 벌려고 했던 건 아닐까?"[66] 그러나 마테오리치가 서양인에게 한 솔직한 설명을 통해 그 진정한 이유가 일목요연하게 드러난다.: "서광계는 남은 기하학을 전부 번역하고자 했으나 리

---

64 羅光『利瑪竇傳』을 재인용, 臺北: 學生書局, 1983年, 143쪽. 서광계가『기하원본』를 번역한 진정한 의향에 관하여는 하편에서 다시 토론할 것이다.
65 『徐光啓著譯集』第5冊, 上海: 上海古籍出版社, 1983年, 6쪽
66 梅文鼎:『幾何通解』, 方豪:『中西交通史』下冊, 長沙: 岳麓書社1987年, 731쪽 참조

치 신부는 이미 번역한 양이 적지 않고 또한 이미 목적을 달성했다고 생각하였다."⁶⁷ 이 목적은 대체로 수학의 원리를 통해 중국인에게 천주교는 "이성적 종교" 즉 논리적 추리의 기초위에서 세워진 종교이니 역시 "절대 가벼이 믿고 맹종하지 않음"을 표명하는 것이었다. 이미 목적을 달성했다고 생각하였기에 자연히 미완인 채로 끝낼 수 있었다. 여기에서 과학전교 활동 중에서의 책략적 작용을 볼 수 있다.

『기하원본』은 만력35년(1607)에 간행되었고 그것은 확실히 마테오리치가 기대했던 목적을 달성하였다. 마테오리치 사후 『기하원본』은 그를 북경에 묻힐 수 있게 해준 중요 이유가 되었으며 『대서서태이선생행적大西西泰利先生行迹』에서는 이에 대하여 다음과 같이 서술한 구절이 있다.: "그때(마테오리치 사후) 한 내관이 상국相國 섭문충葉文忠(向高)에게 물었다. '머나먼 외국에서 온 외국인 치고 자고로 후한 장례를 치러본 사람이 없는데 오직 리치선생에게 장례를 잘 치러주는 이유가 무엇입니까?' 문충공이 말하였다.: '그대는 예로부터 외국에서 온 사람들 중 리치선생 만큼 덕과 학문을 겸비한 사람을 본 적이 있는가? 다른 것은 그만두고라도 그가 번역한 『기하원본』한 권만으로도 황상께서 장지를 하사하신 것은 당연한 일이네.'"⁶⁸ 이로써 『기하원본』 책 한 권이 당시 사대부들 마음속에 차지했던 위상을 잘 알 수 있다.

---

67 『全集』제2책, 458쪽
68 鍾鳴旦, 杜鼎克:『耶蘇會羅馬檔案館明淸天主敎文獻』第12冊, 221~222쪽

마테오리치는 잇따라 사대부와 다음과 같은 과학서를 번역하였다.: 『측량법의測量法義』1권 – 만력35년 마테오리치의 가르침을 받아 서광계가 번역; 『원용교의圓容較義』1권 – 만력36년 마테오리치의 가르침을 받아 이지조가 기록; 『동문산지同文算指』10권 – 만력41년 서양인 마테오리치의 가르침을 받아 절서인浙西人(절강서부 사람) 이지조가 기록하고 다음 해에 간행; 『혼개통헌도설渾蓋通憲圖說』2권 – 만력35년 인쇄, 이지조가 기록; 『경천해經天該』1권 – 이지조가 기록; 『건곤체의乾坤體義』2권 – 마테오리치가 『기하원본』을 번역한 뒤 직접 저술; 그 밖에 사바티노熊三拔; Sabbtino de Ursis(1577 – 1620 이태리인)가 마테오리치의 위탁을 받아 서광계와 공동 번역한 『태서수법泰西水法』[69]을 만력 임자년(1612)에 출간하였는데 이 책은 서광계의 『농정전서農政全書』에 수록되었다.

역법曆法은 더욱이 전교사들이 중국에 굳건히 뿌리내릴 수 있게 한 중요 수단이 되었다. 역법 수정작업은 주로 마테오리치 사후 숭정崇禎 연간 서광계의 주관 아래 진행되었는데 마테오리치는 생전에 이 작업을 그가 북경에 머물 수 있는 구실로 삼았다. 만력황제에게 올린 상소문에서 마테오리치는 다음과 같이 썼다.: "또한 신은 황공하게도 과거를 보아 공명을 얻기도 전에 이미 녹봉의 은혜를 받았사옵니다.[70] 천지도天地圖와 위도, 경도

---

[69] 측량법의는 기하학 원리를 이용한 측량 방법, 원용교의는 공학 기술, 동문산지는 서양 산술을 소개, 혼개통헌도설은 천문학 지식서, 경천해는 천체도감, 건곤체의는 천문학과 산술법, 태서수법은 서양 수리학에 관한 책이다.
[70] 1601년, 마테오리치 등은 명 신종(神宗)의 윤허로 북경에 오래 머물게 되었고, 유럽 사절의 자격으로 북경 자금성에 진입하였다. 이때부터 그는 임종 시까지

의 오묘함을 측량하기 위해 기기를 만들어 천체를 관측하였고 일귀日晷(해시계)도 실험해 보았는데 중국의 고대 측량법과 일치했사옵니다. 만약 황상께옵서 소인의 미약한 재주를 버리지 않으신다면 맡은 바 소임을 다하여 지존 앞에 보여드리고자 함이 소인의 작은 바람이오나 반드시 그리 해 달라는 말씀은 드리지 못하겠나이다."[71] 만력황제 또한 지도 제작과 전교사의 역산曆算지식 그리고 자주 수리가 필요한 자명종 때문에 마테오리치 등이 북경에 체류하는 것을 묵인하였다. 마테오리치는 유럽(로마)의 상사에게 보낸 서신에서 천문, 역산 등 과학기술에 정통한 전교사를 중국으로 보내서 과학으로 전교하기를 항상 요청하였다.

마테오리치로 대표되는 전교사들은 과학을 전교 도구로 사용함으로써 일부 사대부로 하여금 서양과학에 대한 흥미를 크게 일으키게 하였을 뿐 아니라 또한 어떤 면에서는 일부 사대부 더 나아가 황제의 필요를 만족시켜 줄 수 있었다. 바로 이러한 수요와 피수요被需要의 관계가 있었기에 비로소 전교사와 사대부를 중간매개 역할로 하는 동서 문명의 평화적 교류가 가능하였으니 이러한 결론은 본문 중에서 자주 분명하게 혹은 암시적으로 나타날 것이다. 우리는 이런 점을 부인하는 것은 객관적이지 못함을 보게 될 것이다.

그러나 전교사는 주로 복음을 전파하는 사람이고 그 다음으

줄곧 조정의 녹봉을 받았다.
[71] 『全集』 제4책, 551쪽

로 어느 정도의 세속 문화(서양 과학기술 포함)를 전파하는 사람임을 또한 반드시 지적해야 한다. 이로 인하여 과학을 전파하는 태도와 방법상에서 전교사들에게 또한 변화가 있었다. 만약 마테오리치가 상술한 전교 책략을 구체적으로 실시할 때에(과학전교를 가리킴) 그 상사와 의견이 서로 어긋나고 그래서 과학을 전교수단으로 삼았을 때에는 너무 큰 차이가 벌어져서 소위 "수단으로 목적을 삼는다."는 의심을 받았다고[72] 말한다면, 알렉산드로 바리그나노范禮安(마테오리치는 그와 견해차가 있었다.)와 마테오리치 사후(각각 1606, 1610년에 사망) 예수회의 전교책략은 전교를 근본으로 하는 방향으로 전환됨으로써 과학전파의 열정은 수그러들게 되었다. 이 점에 관해서는 서광계와 방이지 方以智의 서술을 통해 증명할 수 있다. 마테오리치는 생전 서광계에게 유럽의 수법水法(수리학)을 소개하였는데 그는 중국이 "수재와 한발을 맞게 되면 길에 굶어 죽은 사람이 널려있는데도 나라에서는 아무런 대책도 세우지 못하는 것"에 큰 관심을 가지고 서광계에게 다음과 같이 말하였다.: "수법이라는 말을 들은 본 적이 있을 텐데 이는 상수象數[73]의 흐름으로 말로 전하고 방식[器]으로 적을 수 있습니다. 만일 이를 반포해 널리 실시한다면 국가와 백성을 부유하게 만들 수 있고 시간이 얼마 안 돼서 효과를 볼 수 있습니다. 나는 이것으로 주상을 위하여 대신 나

---

72 이 점에 관하여는 劉建: 『十六世紀天主教對華傳教策略的演變』를 참조, 『世界宗教研究』 1986년제1期 게재
73 상수학은 고대 물상(物象)을 부호화, 수량화하여 사물의 관계와 변화를 추측하는데 쓰이던 학설이다.

라의 백성을 돕기 원하오." 말을 마치고 헤어진 뒤 하루는 전교사 우르시스熊三拔; Sabatino de Ursis와 서광계, 마테오리치 두 사람이 함께 있을 때 마테오리치가 서광계에게 다음과 같이 말하였다.: "지난번 말한 수법에 관한 책은 아직 얻지 못했으니 다른 날 이를 얻어서 공을 찾아뵈어도 되겠습니까?" 그러나 서광계가 탈상 후 다시 관직에 복귀하여 조정 일을 보게 되었을 때 마테오리치는 이미 세상을 뜬 뒤였다. 서광계는 할 수 없이 수법에 관한 일을 우르시스에게 물었더니 우르시스는 "불안감을 떨치지 못하였다." 그 원인에 대한 서광계의 추측은 매우 통찰력이 있다. 그는 말한다.: "그가 안절부절 한 이유는 이 수법이 널리 퍼져서 후세에 천하가 이 수법을 공수묵적公輸墨翟[74]으로 볼까 심히 염려하였고, 머나먼 이국땅에서 동양으로 와 목숨을 마다 않고 고난을 감수하면서까지 각 방면에 모두 유익함을 주려한 것은 아니기 때문이다."[75] 확실히 마테오리치를 포함한 중국 내 전교사는 모두가 중국인에게 공수묵적과 같은 뛰어난 재주꾼이나 심지어 과학자로 보여 지기를 원치 않았고 더욱 희망했던 바는 중국인에게 그들이 "온 세상에 보편성을 띤" 그리스도 복음을 전파하러 왔음을 알게 하려는 것이었다. 『태서수법』이 만력 임자년(1612)에 인쇄된 것을 고려한다면 서광계의 추측에서 우

---

[74] 노나라 공수는 전국 시 초국대부 노반(楚國大夫 魯班)의 字이고 묵적은 춘추 말 전국 초기 노(魯)나라 사람 묵자(墨子 BC468~BC376)의 이름. 묵자가 초나라에 사절로 가서 자기의 지혜로 초국대부 공수반(公輸班)과 초국 국왕을 설복하여 송나라를 침략하려던 기도를 포기시키니 사람들은 그 말의 수준과 마음을 쓰는 교묘함에 모두 경탄하였다고 한다. 公輸墨子는 『墨子』에 기술되어있다.
[75] 『增訂徐文定公集』卷1 『泰西水法序』

리는 나중의 목적(전교)이 마테오리치 사후 2년 이미 과학전교 수단을 배척하기 시작하였음을 볼 수 있다. 얼마 후 이 변화는 더욱 뚜렷해졌는데 방이지는 슬우신필膝寓信筆에서 숭정12년 (1639) 그가 전교사 프란치스코 삼비아시畢方濟; P. Franciscus Sambiasi (1582 – 1649, 이태리인)와 왕래할 때의 상황을 언급하며 매우 조심스럽게 말한다.: "역법과 기이한 도구에 대해 물어보면 상세히 언급하려 하지 않으면서 천주학에 대해 물어보면 답하였다." 마테오리치가 과학을 전파할 때 "묻는 대로 척척 대답(이지조의 말)해 주던 것"과 우르시스, 프란체스코 삼비아시 같은 사람들이 "안색을 변하며" "자세히 말하려 하지 않은 것"은 뚜렷한 대조를 보인다고 말할 수 있다. 이런 차이와 변화에는 원인이 있다. 그 하나는 마테오리치가 중국의 상황에 더욱 잘 적응함으로써 과학을 전교도구로 유효 적절히 사용할 수 있었으나 가장 중요한 점은 마테오리치의 이런 개인적 요소가 다시 존재하지 않은 후로, 예수회의 본질은 필연적으로 과학을 배척하던 본래의 그 모습이 들어날 수밖에 없도록 결정지었던 것이다. 마테오리치 사후 얼마 안 돼서 엠마누엘 디아즈陽瑪諾; Emmanuel Diaz(1574 – 1659, 포르투갈 신부)가 중국의 여러 전교소를 대리 시찰할 때 (1614 – 1615) 그는 명을 받고 수학 및 기타 복음과 무관한 과학의 이용을 금하였고 또한 중국의 역법 수정작업에 참여하는 것도 허락하지 않았다.[76]

예수회가 중국에 전파한 서양과학의 성질과 중국에 미친 의

---

[76] 憑承鈞譯『西域南海史地考證譯叢』第2卷, 北京: 商務印書館, 1995年, 203쪽

의에 대하여는 앞에서 이미 서술하였지만 여기서 다시 간단히 서술코자 한다.

먼저 반드시 집고 넘어가야할 점은 마테오리치가 중국에서 생활한 기간(1583 - 1610)은 근대 초기로 이때는 과학과 철학이 아직 완전히 분리되지 않았고 과학 자체 또한 아직 여러 분야로 나뉘지 않았다.[77] 근대과학이 처음 일어날 시기에는, 중세에서 신봉하던 희랍사상(아리스토텔레스)과 근대과학의 선구로써 복고적 경향 속에서 신봉되던 또 다른 희랍사상(피타고라스 정신)이 모순되게 유럽사상계 안에 공존하고 있었다.[78] 이로 인하여 엄격한 신학교육을 받고 동시에 일부 인문주의의 학술적 성과를 받아들인 마테오리치 등 전교사들이 중국사대부에게 전한 과학지식 중에는 지구중심설이나 천유십중天有十重설 같은 중세 톨레미의 천문학, 우주관이 들어있었고 동시에『기하원본』, 『동문산지』,『측량법의』같은 피타고라스의 과학도 있었으며 또한『곤여만국전도坤與萬國全圖』[79]와 같은 르네상스 후기의 지리학, 서광계가 그려서 제작한『견계총성도見界總星圖(성좌도)』와 같은 중국 전통을 근본적으로 바꾸어버린 근대천문학적 성과[80]도 들어있었다.

---

[77] 亞.沃尔夫(Wulf):『16, 17世紀科學技術和哲學史』,北京: 商務印書館1985年, 5쪽, 8~9쪽

[78] 위와 같음

[79] 『紀念利瑪竇來華四百周年中西文化交流國際學術會議』論文集, 臺北: 輔仁大學出版社, 1983年, 311~378쪽

[80] 潘鼐는『梵蒂岡藏徐光啓〈見界總星圖〉考證』에서『견계총성도』가 근대항성천문학 이론과 실천의 결합된 산물임을 설득력 있게 증명하였다. 潘鼐의 글은『文物』잡지, 1991年第1期에 게재.

그 다음, 마테오리치로 말하자면 적어도 그는 근대과학기술이 중국에 수입되는 것을 방애하려는 의향은 없었다. 예로써 16세기말 17세기 초에 발명된 망원경은[81] 이미 마테오리치를 통해 중국에 들어왔다.[82] 코페르니쿠스哥白尼, Nicolaus Copernicus가 1543년 뉘른베르크에서 출판한 『천체운행론天體運行論』에 관하여 마테오리치는 확실한 소개를 하지 않았는데 왜냐하면 코페르니쿠스 이론은 반세기가 훨씬 지나서야 과학계에 정설로 자리 잡았기 때문이다.[83] 1632년에 이르러 갈릴레이가 코페르니쿠스학설을 지지한 저서 『코페르니쿠스와 톨레미 양대 이론의 대화록』을 발표한 후에야 비로소 강렬한 반응을 불러일으켰다. 역사적 한계는 1610년에 죽은 마테오리치로 하여금 생전에는 최신 과학의 변두리에서 맴돌 수밖에 없도록 하였고[84] 이로 인하여 또한 더 이상 전파할 방법도 없었던 것이다. 물론 우리는 다음과 같은 가설을 세울 수는 있다. 즉 마테오리치가 생전에 코페르니쿠스 학설을 실제로 접하고 알 수 있는 기회가 있었다손 치더라도 그는 아마도 로마교황청의 규제 때문에 중국에서 학설을 전파하지는 못했을 것이다. 실제 코페르니쿠스 학설이 유럽에서 강렬한 반응을 불러일으키고 날로 사람들에게 수용되었을 때 중국에서 활동하던 전교사 아담 샬湯若望; Johann Adam

---

[81] 亞.沃尔夫: 『16,17世紀科學技術和哲學史』北京:常務印書館, 1985年, 90쪽
[82] 明 鄭仲虁 撰 『耳新』 卷7에서는 이른다.: "서양 승려 이마두는 천리경을 가지고 있었다.", "이마두가 죽고, 어떤 신도가 南洲를 유람하니 호사가들은 모두 그것을 볼 수 있었다. 方豪: 『中西交通史』下冊, 長沙: 岳麓書社, 1987年 709쪽
[83] 亞.沃尔夫: 『16,17世紀科學技術和哲學史』, 北京: 商務印書館1985年 30쪽
[84] 朱謙之: 『中國哲學對于歐洲的影響』, 福州: 福建人民出版社, 1985년도, 110쪽

Schall이나 페르디난트 페르비스트南懷仁; Ferdinand Verbiest는 감히 태양중심설(지동설)을 주장할 수 없었고 18세기 말엽에 이르러서야 전교사 미셸 베누아蔣友仁; Michel Benoist가 이를 명확히 주장하면서 중국인에게 코페르니쿠스 학설을 알려주었던 것이다. 그러나 또 지적해야할 것은 마테오리치 사후 로마교황청은 이미 수학과 같은 과학전교를 명확히 금지시켰고 전교사들도 과학을 전파하겠다는 열정이 예전보다는 확실히 줄어들었으나 일부 전교사는 중국에서 예수회의 지위를 공고히 하기 위해 여전히 중국사대부에게 과학을 전수하지 않을 수 없었고 당시의 최신 과학을 흡수하는데 최대의 노력을 기울였다는 점이다.[85]

셋째로 마테오리치 등이 중국에 들여와 큰 영향력을 발휘했던 과학은 주로 희랍과학(수학, 기하학 등)으로 근대 과학이론이나 방법과는 큰 차이가 있다고 말할 수 있다. 그러나 논리적이고 체계적이며 기호화된 과학체계가 결핍된 중국사대부에게 이 과학은 상당한 흡인력을 지녔으니 그 영향력이 심원하지 않다고는 말할 수 없을 것이다. 이 점에 관해서는 본문 후반부에서 다시 언급할 것이므로 여기서는 상세한 설명을 생략한다.

이 때문에 우리는 예수회전교사의 주관적 의도(즉 전교)와 방법(근대과학에 대한 전파가 충분치 못하고, 전면적이지 못하며 또한 과학에 대한 절대적 자신감의 결핍)을 그 객관적 영향 혹은 중국과학에 대한 의의와 구별해야 할 것이다.

아래에서 다시 중문저작 전교의 원인과 저술 상황으로 마테

---

85 위의 책, 107쪽

오리치를 고찰해 보도록 하자.

먼저 저술을 통한 전교 즉 소위 "벙어리 식 전교방법"은 사대부를 쟁취하려는 상층노선과 상응하는 방법으로 이는 마테오리치가 중문 저술에 공을 들인 원인 중 하나이다.

둘째로 마테오리치는 "벙어리 식 전교방법"이 중국인의 습관에 적합하다고 보았는데 "모든 종교교파가 대부분 말보다는 서적으로 선전하고 높은 벼슬, 높은 봉록도 좋은 글을 통해서이지 좋은 언변을 이용하여 얻어지는 것은 아니기 때문이다."[86] 뿐만 아니라 "중국인은 새로운 내용이 적혀있는 책에 대하여 대단한 호기심을 가지고 있으며 또한 상형문자인 중국글자는 중국인의 마음속에서 특별한 힘과 장중한 표현 능력을 갖기 때문이다.[87] 중국인은 또한 글로써 친구를 사귀는 습관이 있어서 이런 심리와 습관이 만들어내는 결과는 곧 이러하다.: "중국에서 책에 쓰인 것들은 모두 진리로 인식되며" "기독교교리에 관해 중국인은 비교적 책을 믿는 편이니 입으로 토론하는 것만으로는 충분치 못하다."[88]

셋째로 마테오리치는 저작을 통한 전교의 효과가 매우 크다고 생각하였다. "중국에는 전교사가 갈 수 없는 많은 지역이 있으나 서적은 어디든 들어갈 수 있으며 동시에 간결하고 힘 있는 붓과 믿음의 진리에 의지하여 명명백백하게 구절구절 독자의 마음속으로 깊이 파고든다면 말로 전달하는 것 보다 훨씬 효과

---

86 『全集』第4冊, 325쪽
87 『全集』第1冊, 139쪽
88 『全集』第1冊 220쪽, 『全集』第2冊 531쪽

적일 수 있다."⁸⁹ 그것은 심지어 유가문화권인 일본, 조선, 베트남에까지 영향을 줄 수 있다.

바로 위와 같은 이유로 마테오리치는 중국에서 근 30년을 생활하는 중 중문저작을 무려 20여 종이나 남겼다. 앞에서 소개한 몇몇 과학저작 이외에도 아래와 같은 종교, 윤리 등에 관한 저서가 있다.:

1. 『교우론交友論』, 이 글은 친구와의 우정에 관한 일부 서양인의 격언을 모은 책으로 옛날 로마의 키케로와 르네상스 시기 에라스무스 등과 같은 사람의 우정에 관해 쓴 격언집이다.⁹⁰ 이로부터 마테오리치가 일찍이 인문주의사상 자료도 흡수하였음을 알 수 있다. 당연히 종교에 해가 되지 않는 사상이며 그 중 일부 격언은 마테오리치가 중국인의 사상에 대한 이해에 근거하여 편집해서 썼다. 이 책은 남창南昌 건안왕建安王의 요청을 받아 쓴 것으로 초판은 1595년 재판은 1599년 남경에서 출판되었고 1601년 풍응경이 북경에서 출판하여 각각 10여 종의 총서에 수록되었다. 명말 사대부 사이에서 한때 인기가 많았으며 적지 않은 유명인사들이 자신의 저작 가운데 『교우론』중의 격언을 인용하였다. 마테오리치는 "또한 이 책을 통해 유명해졌다."고

---

89 "벙어리 식 전교방법[啞式傳敎法]"이란 말과 인용문은 裵化行『天主教十六世紀在華傳教志』261쪽에 보인다.

90 격언은 주로 1590년 파리에서 출판한 Sententiae Et Exempla란 책에서 발췌하였다. 『神學論集』第56期에서는 격언의 작자를 고증한 바 있다. 비록 거의 정확하다고 할 수 있으나 원서를 보지 못했으므로 글에서의 일부 결론은 추측이나 도리를 밝혀 검증한 것일 뿐이다. 필자는 북경도서관에서 마테오리치가 사용했던 그 격언집(라틴문, 희랍문 대조본)을 본 적이 있는데 그 중에는 확실히 소량의 에라스무스의 격언이 수록되었지만 미셸 몽테뉴(Michel Eyquem de Montaigne, 1533~1592)의 격언은 수록되지 않았다.

스스로 말한다.[91]

    2.『천주실의天主實義』, 또 다른 이름은『천학실의天學實義』이다. 1584년, 미카엘 루지에리는 마테오리치와『천주실록天主實錄』을 펴낸 적이 있었는데 당시 두 사람의 중국어가 능통하지 못하였기 때문에 통역관의 도움을 받아 완성되었다. 사서오경 연구와 사서의 라틴어 번역을 통하여 중국전통철학과 천주교를 어떻게 조화시켜야할지를 깨닫게 된 마테오리치는 1595년 저술을 시작한 지 1년 만에『천주실의』를 완성하였고 북경에 들어간 후 수정하였다. 이 책은 1603년(만력31년)에 처음 인쇄된 후 제2판은 1605년 광동에서 제3판은 1607년 항주에서 인쇄됐으며 1629년에는 이지조가 펴낸『천학초함天學初函』에 수록되었다. 이 책은 마테오리치 사상 연구에서 가장 중요한 자료 중 하나이다. 오늘날 신학자에게 있어 이 책은 최초로 중국인에게 체계적으로 하느님의 존재와 영혼 불멸, 사후 천국과 지옥의 상벌에 대해 논증하고 아울러 개인 구속救贖의 길을 지적하였다는데 그 의의가 있다. 일반 연구자들에게 있어 이 책은 동서 문화사상 최초로 자연이성에 근거하여 기독교로서 유학을 해석하고 동시에 또한 기독교(천주교)로서 유교, 불교, 도교를 비판한 비교종교학이자 철학서라는 점에 그 의의가 있다. 본서에서는 자주 이 책을 인용할 것이다.

    3.『25言』, 25절로 된 수신修身에 관한 격언으로 이루어져서 이렇게 이름 지었다. 1604년 북경에서 처음 출판되고 같은 해

---

91 『全集』제1책 255쪽

재판을 찍었으며 또한 『천학초함』에 수록되었다.

4. 『기인십편畸人十篇』, 이 책 이름은 『장자莊子.대종사大宗師』에 나오는 "사람에게 비정상적이면 하늘에 대해서도 마찬가지이다"[92]라는 말에서 구절을 따왔고 『천주실의』처럼 대화체로 되어있다. 내용은 천주교 윤리에 관한 것으로 주로 생사문제를 다루고 있으며 모두 10편으로 되었다. 마테오리치와 대화한 열 사람과 그 대화 시간을 편집한 순서에 따르면 다음과 같다.: (1) 이재李戴(1601), (2) 풍기馮琦(1603), (3) 서광계(1604 – 1607), (4) (3)과 같음, (5) 조우변曹于汴(1601 – 1607), (6) 이지조(1601), (7) 오재해吳左海(1599 – 1602), (8) 공대삼龔大參(1605), (9) 곽선생郭先生(1589) (10) 한 부유한 상인(1595 – 1598). 이 책은 1608년 북경에서 처음 출판되었고 1609년 남경, 남창에서 재판을 찍어 『천학초함』에 수록되었다.

5. 『변학유독辯學遺牘』, 이책은 1629년 『천학초함』에 수록되었다. 3통의 서신으로 이루어졌는데 각각 『우덕원전부여이서태선생서虞德園銓部與利西泰先生書』, 『이선생복우전부서利先生復虞銓部書』, 『이선생복연지대화상죽창천설사단利先生復蓮池大和尙竹窓天說四端』이다. 명말 반천주교 인사는 나중 두 통 서신의 저자에 대해 의문을 나타내면서 둘 다 마테오리치가 쓴 것이 아닌 중국학자가 마테오리치 이름을 빌려서 쓴 서신이라고 주장하였다. 역사자료의 고증을 통해 볼 때 필자는 『이선생복우전부서』는 확실히 마테오리치가 쓴 것으로 보이나 『복연지대화상서復蓮池大和

---

92 畸於人而侔於天

尙書;연지대화상에게 보낸 답서』는 서광계가 썼을 가능성이 있다. 상세한 고증 과정은 이번 장 부록『변학유독작자고〈辯學遺牘〉作者考』를 참조하기 바란다.

6.『서국기법西國記法』, 1596년 남창에서 쓰여졌으며 기억법을 소개하였다.

7.『서금곡의팔장西琴曲意八章』, 음악 작품으로『기인십편』뒤에 덧붙여 있다.

8.『재지齋旨』, 팔백 자 전후의 단문으로『기인십편』제6편의 부분적 개요이다.

9.『사원행론四元行論』, 기氣, 화火, 수水, 토土를 우주만물을 구성하는 기본원소(질료)로 삼았는데 그 사상적 자료는 분명 고대 희랍철학에서 유래하였다.『곤여만국전도』의 중문 주해 중에서 이 단편문을 볼 수 있다.

이외에 반드시 지적해야할 것은 마테오리치가 만년에 쓴 책『기독교진입중국사』가 중문으로 된 저작은 아니지만 또한 중요한 연구 자료라는 점이다. 이 책의 원문은 이태리어로 쓰였다. 1614년 니코라스 트리고 신부金尼閣; Nicolas Trigault(1577 – 1629, 프랑스 전교사)는 이 책의 원고를 마카오에서 로마로 가져갔는데 가는 길 선상에서 라틴어로 번역하며 첨삭을 가하였다. 1615년 독일 아우크스부르크에서 출판되었다. 이 책은 유럽에서 베스트셀러가 되었고 7년 사이 17개의 판본이 나왔다. 1942년 갤리거加萊格尔; Louis J. Callagher가 라틴어를 영문으로 번역하였는데 대륙중화서국大陸中華書局에서 출판한『이마두중국찰기利瑪竇中國札記』는 바로 위의 영문저작을 번역한 것이다. 그러나 이 책의 이태리어 원문원고는 금세기 초에 발견되었으며 1910년 피에트로 타키 벤추리汾屠立; Pietro Tacchi Venturi신부가 이 책 원고를 조판 인쇄하여 제목을 『이마두신부역사저작집利瑪竇神父歷史著作集(Opere Storiche de P. Matteo Ricci)』이라 명하였다. 1942년 빠 콰 레 엠 디엘리아德禮賢, Pas qua le M. D'Elia신부가 『이마두전집利瑪竇全集(Fonti Ricciane)』을 편집인쇄하였고 이태리어로 된 원고에 주해를 달아 세밀히 고증하였다. 본문에서는 주로 대만에서 출판된 『이마두전집』역본을 채택하였는데 이는 이태리어 원고로부터 직접 번역되었기 때문이다. 니코라스 트리고 신부가 쓴 마테오리치 사후의 정황을 제외한 기타 부분에서 니코라스 트리고 신부 본인의 의견은 비교적 적게 혼입되었으므로 만년 마테오리치의 확정적 관점을 대표할 수 있다고 하겠다. 대만판『전집』에 수록된 서신(작자는 마테오리치, 미카엘 루지에리, 니콜로 롱고바르디 등 예수회신부) 또한 귀중한 연구문헌이다.

앞에서 서술한 마테오리치의 중문저작 중에는 매우 뚜렷한 경향이 있다. 즉 그가 중국에 온 진정한 의도를 감추거나 혹은 천주교를 전교하고 전파할 때 중국인이 쉽게 받아들이기 어려운 "계시신학"을 최대한 언급치 않았으며 토마스 아퀴나스托瑪斯阿奎那; Thomas Aquinas(1224 – 1274)의 신학이론과 방법을 채택한 자신의 전교교리에 대하여는 이성적 논증으로 설명을 진행하였다는 점이다. 이런 책략은 그와 접촉한 사대부에게 아주 큰 영향을 주었는데 이는 뒤의 글에서 볼 수 있다.

사료의 고찰 및 기타 전교사와의 비교는 우리에게 아래와 같은 점들을 볼 수 있게 한다.: 마테오리치의 전교책략은 융통성靈活性을 가지고 있으며 이런 책략의 종교적 관용은 이미 천주교가 용인할 수 있는 한계에 이르렀다고 말할 수 있다. 이 때문에 마테오리치의 전교책략은 더욱 전형적으로 예수회의 본질을 체현할 수 있었는데 즉 전교라는 공리적 목적을 위해 그들이 "어떤 지방에 가면 그곳 풍속을 따르고, 유태에 가면 유태인이 되고, 희랍에 가면 희랍인이 될 수 있고" 중국에 와서 중국인이 됨은 "대중을 포섭할 수 있기 위해서였다."[93]

공리성功利性으로써 이런 전교책략의 영활성 및 그 관용성을 설명하는 것이 물론 가장 중요한 원인이기는 하지만 만일 우리가 예수회의 역사에 유의한다면 문예부흥시기의 영향 또한 마테오리치 전교책략의 관용적 원인의 하나가 될 수도 있다. 기독교도 철학자가 아닌 버트란드 러셀羅素; Bertrand Russell(1872 – 1970)은 일찍이 비교적 객관적으로 말하였다: "예수회가 실시한 교육이 신학과 얽매이지 않았을 때에는 언제나 더 바랄 바 없는 양호한 교육이었다."[94] 이런 양호한 교육의 내용에는 신앙과 도덕에 아무런 해가 되지 않는 인문주의 학술연구와 새로이 발전하는 과학에 대한 관심과 흡수가 포함된다.[95] 마테오리치는 인문주의자들이 추앙하던 태도와 마찬가지로 시세로西塞羅; Marcus Tullius Cicero, 세네카塞涅卡; Lucius Annaeus Seneca의 저작을 인용하였고 심지어 15세기말 16세기 초의 저명한 인문주의자 에라스무

---

93 裵化行:『天主教十六世紀在華傳教志』269쪽
94 羅素:『西方哲學史』下卷, 北京: 商務印書館, 1986年 43쪽
95 G.F. 穆尔(Moore):『基督教簡史』, 北京: 常務印書館, 1989年, 274쪽

스愛拉斯漢; Erasmus의 격언을 인용하기도 하였다. 만일 우리가 절대 대립적 관점으로 예수회 특히나 구체적으로 예수회전교사와 문예부흥 사이의 관계를 이해하지 않는다면 인문주의자의 그러한 인성(당연히 아직은 추상적 인성이다.[96])에 대한 그리고 다른 민족, 다른 종교문화의 이해와 동정에 대한 태도의 영향이 마테오리치 전교책략의 종교적 바탕색 위에 비교적 선명한 무늬를 띠면서 동시에 그 영활성, 변통성의 사상적 원인이 되었음을 인정할 것이다.[97]

마테오리치의 전교책략이 우리의 연구대상이 되는 이유는 예수회전교사의 유관儒冠, 유복儒服이 전교사와 사대부에게 교류 초기 이견은 미뤄두고 의견을 같이하는 부분부터 협력한다는 구동존이求同存異의 공통된 인식 중에서 유학과 천주교의 실질적 대화를 시작할 수 있게 하였고 이런 대화 중에서 서로를 이해하고(오해를 포함) 동시에 또한 일부 사대부들로 하여금 유학에 부회하는 본질을 확실히 인식시킨 후 천주교에 대한 배척과 비판을 발생케 하였기 때문이다. 전교사들이 채용한 학술전교의 상층노선은 일부 사대부에게 당시 서양의 과학과 종교를 수용하는 유일가능한 방식이 되게 하였고 동시에 정확치 않게도 과학 및 과학과 공존치 못하는 천주교를 '천학'이라 통칭하였는데 이러한 이해는 사대부

---

[96] 추상인성론(抽象人性論)은 인간의 사회성과 계급성을 피하고 인간의 사회발전을 벗어나 인간의 공동본질을 추상적으로 해석하는 학설을 말한다.
[97] 雅各布.布克哈特(Jacob Christoph burkhardt 1818.5.25.~1897.8.8 스위스 문화역사학자). 그는 『意大利文藝復興時期的文化』에서 이태리인의 융통성을 논하였다. 이 책 422쪽, 예수회와 인문주의의 관계에 관하여는 Ralph R. Cowell, Confucius, the Buddha and Christ: a History of the Gospel in Chinese, New york, 1986, 41쪽 참조.

들이 서양 종교, 철학, 과학에 대한 적극적 그리고 부정적 반응을 만들어내는 기초가 되기도 하였다.

부록 : 『변학유독辨學遺牘』[98] 작자 연구

숭정崇禎 2년(1629), 명말 중국에 온 전교사와 긴밀히 접촉하던 이지조는 서학을 소개하는 총서 한 질을 편집하여 발간하면서 이름을 『천학초함天學初函』이라 하였다. 『각천학초함제사刻天學初函題辭』에서 이지조는 "리理와 기氣 두 편으로 열거해 만들었고 편마다 각 10종을 엮어 모았다."고 밝혔다. 이편理編 중에 『변학유독』을 수록하였는데 이마두利瑪竇가 썼다고 적었다. 『변학유독』 전편은 마테오리치가 우순희虞淳熙(字가 德園)에게 쓴 답신[答虞德園先生之書]이고 후편은 주굉袾宏스님에게 보낸 답신으로 내용은 『죽창삼필천설竹窗三筆天說』(주굉[99] 지음)을 논한 것이다. 명말, 이지조를 대표로 하는 천주교도와 서양전교사 모두는 『변학유독』의 저자가 마테오리치라 믿고 의문을 갖는 사람이 적었으나 근래에 와서 진원陳垣(1880 - 1971, 중국 역사학자, 종교사학자) 선생이 그 중 몇 가지 문제에 대하여 의문을 제기하였다. 1918년 『중간변학유독서重刊辨學遺牘序』 중에서, 진원선생은 『변

---

98 『변학유독』은 1635년 출판되었으며 마테오리치의 천주교적 관점과 명말 정토종(淨土宗) 주굉선사 및 그 문하생 우순희의 불교적 관점을 교류한 서신을 수록하였다.
99 袾宏 1535~1615 항주(杭州) 사람. 속성은 심(沈) 이름이 주굉 호가 연지(蓮池)이며 항주 운서사(雲栖寺)에 오래 거주하였으므로 또한 운서대사(雲栖大師)라 불렸다.

학유독』 후편 『리치선생의 연지대화상죽창천설사단에 대한 답변利先生復蓮池大和尙竹窗天說四端』은 마테오리치가 쓴 것이 아니라고 주장하였다. 주굉의 자술에 의하면 『죽창삼필』은 만력43년 을묘(1615)에 간행되었는데 마테오리치는 38년 경술(1610)에 이미 죽었기 때문이다. 만일 주굉에게 보낸 답신이 마테오리치가 쓴 것이 확실하다면 이는 『죽창삼필竹窓三筆』은 아직 간행되지 않았으나 그 이야기가 먼저 나와서 이로부터 마테오리치가 얻어서 변론한 것일 수는 있다. 그러나 『천설』 네 편은 모두 『죽창삼필』 편말에 나오는 글이고 또한 복연지화상서復蓮池和尙書는 분명 『죽창삼필』이 간행된 뒤에 쓰인 것이니 이상의 가설이 성립될 수 없음을 증명한다. 진원의 결론은 이러하다.: "이는 천주교의 한 명사가 쓴 것이 틀림없다. 이름을 숨긴 채 그때 사람들이 서로 베껴 전하면서 첫 편을 이마두복우서利瑪竇復虞書라 하였으므로 마침내 이 편 전부를 마테오리치가 저술하였다고 적었다."[100] 중국 천주교 전교사傳敎史 연구 전문가인 방호方豪선생 역시 이와 유사한 주장을 한다.

사실 350여 년 전 『천학초함』이 간행되고 약 6년 후, 반천주교 사대부는 진원선생보다 더욱 철저히 극단적 의문을 제기하였다. 대표인물은 거사居士 장광첨張廣湉으로 이 사람은 스스로를 운서云栖(주굉) 즉 연지스님의 제자라고 칭하였다. 장광첨의 의문은 일부 서로 관련 있는 사건의 기초 위에서 제기되었으므로 여기에서 이 사건을 서술할 필요가 있다.

---

100 陳垣: 『陳垣學術論文集』(第1集), 北京:中華書局, 1980年, 68쪽

장광첨은 『증망설證妄說』(『파사집破邪集』 권7)에서 서술하기를, 숭정8년(1635년) 사명四明(즉 지금의 浙江省 寧波市)으로부터 무림武林(옛 杭州의 별칭)에 온 어떤 선승禪僧이 그를 찾아와 천동화상天童和尙(즉 密雲圓悟. 密雲은 圓悟선사의 호)의 변천초설辨天初說을 꺼내보였다고 한다. "내가(장광첨) 이것을 듣고 천주교당에 가서 답변을 받으려고 하니 그 교당에 부선생傅先生이라는 이가 나와서는 『변학유독』한 질을 주었다. …… 뒷면에 양발凉跋이 있어 나는 매우 놀라고 의심스러웠는데 마침 선객禪客이 민중閩中; 복건福建에서 판각한 유독(변학유독)을 가지고 있던 것과 맞아떨어졌고 거기에는 미격자弥格子의 발문도 들어있었다. ……"[101] 이곳의 부선생은 서양전교사 부신제傅迅際[102]를 말하며 양발은 이지조의 발문(이지조의 호가 양암凉庵이다)이고, 미격자발은 곧 양정균이 『변학유독』 복건판에 쓴 발문이다.(미격자는 양정균의 세례명 미카엘)

장광첨은 천주교를 적극 반대하였다. 원오가 『변천초설』을 무림 각 곳에 알려서 토론하기를 원했으나 그런 상황이 안 되자 장광첨이 『변천초설』을 손에 쥐고 천주교당에 들어가 전교사 혹은 신도들과 논쟁코자 하니 부신제가 그를 접대하며 『변학유독』한 질을 주었던 것이다. 그러나 그때 논쟁은 하지 않았고 부신제는 다음날 다시 논하기로 약속하였다. 3일 뒤 장광첨이 다시 교당으로 갔으나 그를 놀라게 한 것은 "문지기가 들어가는

---

[101] 張廣湉: 『證妄說』, 『破邪集』 卷7, 본문에서 참조한 것은 일본 安政乙卯(1855년) 판본이고 권수만 표기하였다.
[102] Francisco Furtado 1587~1653 포르투갈 예수회전교사

것을 막으며 그 스님(원오)은 작년에 와서 논쟁하였고 논쟁에 지자 성질을 내며 가버렸는데 지금 다시 와서 변론할 필요가 있겠습니까?"라고 말하는 것이었다. 원오는 매우 분노하여 썼다.: "나는 천동天童에 살면서 용동甬東(지금의 折江省 寧海縣)을 나가지 않은지 5년이 되었다. 작년에 무림에 가지 않은 것은 강남, 강북 사람 모두가 다 아는 바이다. 어찌 내가 만나서 논쟁을 하다가 졌겠으며 성질을 내고 갔다는 말인가?"[103] 이 일로 인하여 장광첨은 교회 안 사람들의 품행에 대해 더욱 의심을 품게 되었다.

이런 의심의 기초 위에서 장광첨은 먼저 단언하였다.: 『이선생복연지대화상죽창천설사단』은 마테오리치가 쓰지 않았다. 이유 중 일부분은 진원선생이 서술한 것과 비슷하므로 다시 서술하지 않는다. 그 외에 장광첨은 여러 이유를 열거하였는데 그가 적은 글은 다음과 같다.:

"미격자(양정균)는 발문에서 말한다.: '나는 심승沈僧(주굉의 속성이 심씨)의 『천설』을 보고 그를 매우 동정하였는데 몇 개월 지나지 않아 뜻밖에 세상을 떠났다.' 이 몇 구절에 의하면 그[104] 역시 『삼필』은 옛 스승(주굉)이 임종 시(1615년) 쓴 글이라고 스스로 말한 셈이다. 을묘(1615) 이전에는 『죽창삼필』이 없었는데 어찌 경술(1610)에 마테오리치가 쓴 기록이 있을 수 있겠는가?"[105] 장광첨은 여기서 미격자의 발문을 증거로 1615년 이전

---

103 圜悟:『辨天二說』,『破邪集』卷7
104 양정균은 일찍이 주굉의 문하생이었다.
105 張廣湉:『證妄說』,『破邪集』卷7

1장 마테오리치의 전교 책략　75

에는 『죽창삼필』이 없었음을 추론하고 있는데 사실이 어떠하든 장광첨의 추론에는 무리가 있는 듯하다. 양정균은 단지 그가 『천설』을 본 뒤에 "몇 개월이 지나지 않아", 주굉이 "뜻밖에 세상을 떠났다"고 말했을 뿐이지 『천설』이 주굉의 "임종 시 쓴 글"이라고 말한 것은 아니기 때문이다.

　　재차 장광첨은 양정균이 "세상을 속이는" 마음을 두었다고 생각하였다. 장광첨은 다음과 같이 썼다.: "미격자 발문은 또한 말한다.: '들으니 그는(주굉) 임종 시 스스로 뉘우치며 내가 잘못했구나. 더욱이 사람들에게 잘못한 일이 많구나.' 아아, 그러나 옛 스승은 이런 말씀을 하지 않으셨다. …… 스승은 죽음에 임해 맑고 밝았으며 미리 죽으리라 고하였다. 입적하시는 날에는 관리들이 구름같이 모여들었고 승려와 속인들이 에워쌌다. ……나는 (장광첨) 그때 실내에 있었다. …… 미격자가 직접 보고 듣지 않았으면서도 이런 근거 없는 헛된 말을 지어내니 참으로 얼마나 양심을 속이는지를 알지 못한다. 더군다나 이 발문은 민중에서 판각되었고 절강 판본은 없으니 천리 밖 민인(閩人; 복건 사람)은 속일 수 있으나 절강 사람의 눈과 귀를 가리기는 어려우리라. 옛 스승이 돌아가신 지 20여 년이 지난 이제야 이 변독辯犢이 나왔다. 그 시기에는 감히 출간치 못하다가 근일에야 비로소 나왔는데 그의(양정균) 잘못된 생각처럼 친히 스승의 가르침을 받은 제자는 거의 죽어서 남지 않고 사리에 어두운 자들만이 쉽게 장단에 놀아나고 있을 뿐이다."[106]

---

[106] 張廣湉: 『證妄說』, 『破邪集』 卷7

여기 일부 연관된 사실이 있는데 양정균이 말한 주굉의 임종 시 한 말이 전부 날조되지는 않았다. 주굉은 『죽창삼필서竹窓三筆序』에서 말한다.: "이에 팔순을 헤아리나 자못 79년의 그릇됨을 알게 되었고 아직도 마음이 안정되지 못함을 스스로 깨닫는다. ……"107 양정균이 말한 소위 주굉 임종 시 스스로 뉘우쳤다는 말은 여기에서 나온 말인데 당연히 좀 과장된 측면이 있다. 주굉의 서문은 만력 을묘년 봄에 쓰였고 주굉이 죽은 날은 그해 7월 초4일이기 때문에108 주굉의 서문임을 증명할 수 있으며 『죽창삼필』과 편말의 『천설』(천주교를 비판하기 위한 글)은 실제로 1615년에 간행되었다. 장광첨이 위에서 말한 『변학유독』의 복건판본은 지금까지 아직 볼 수 없고 절강판본 역시 보기 어렵다. 하지만 『변학유독』이 결코 주굉이 "돌아가신지 20여 년이 지난 이제야" 처음 발간된 것이 아니라는 사실은 분명하다. 이지조는 『천학초함』을 편찬, 간행하면서 『변학유독』을 수록하였는데 그때는 1629년으로 주굉이 죽은 지 14년이 지난 뒤다. 그 전에 더 이른 『유독』의 판본이 있었는지는 아직 자료의 발굴을 기다릴 수밖에 없다.

장광첨은 위에서 서술한 일부 사건에 근거하여 전교사와 당시 교인들의 품행에 대해 의심을 품게 되었고 더 나아가 이런 의심을 보편화하면서 『이선생복연지대화상지서利先生復蓮池大和尚之書』는 마테오리치의 이름을 빌린 위작으로 인식하였을 뿐

---

107 『竹窓隨筆, 二筆, 三筆』, 57쪽
108 『竹窓隨筆, 二筆, 三筆』, 57쪽

아니라 또한 단언하였다.: "우덕원 선생에게 보낸 답서[答虞德園先生之書]를 알고 있기 때문에 또한 허구 인물이 지었을 것이다."[109] 따라서 장광첨의 결론은 이러하다: 모든 『변학유독』은 마테오리치의 이름을 빌린 "허구 인물이 지은 작품"이다.

이제 이상의 의문점에 대하여 사적史籍을 상세히 고찰하면서 필자의 의견을 피력코자 한다.

마테오리치와 우덕원(순희)는 서로 서신을 왕래한 일이 있는가? 이는 우리가 반드시 먼저 고려해야할 문제이다. 『천주실의살생변天主實義殺生辨』(『파사집』5권12쪽)에서 우순희는 말한다.: "이청태마두利淸泰瑪竇; 淸泰는 그의 호)가 서신을 보내어 나와 변론하고 싶다고 한다.……" 이 부분의 말은 우리에게 이상의 문제에 대한 긍정적 답을 얻어낼 수 있게 한다. 『운서법회云棲法匯.유고遺稿』(이 책 30권) 중에는 주굉답우덕원전부서袾宏答虞德園銓部書가 있는데 이야기하기를 "마테오리치의 답신은 분명 경성의 한 사대부가 지은…"라고 하였다. 여기서 "마테오리치의 답신"은 역시 마테오리치가 우덕원에게 쓴 답신[利瑪竇復虞德園書]을 가리킨다.(주굉이 우순희에게 답한 글의 어조와 내용에 의거하여 이런 결론을 얻을 수 있다.) 진원선생의 『중간변학유독重刊辨學遺牘』에서도 역시 이 논리를 주장하고 있다. 네덜란드 라이든대학의 스탠다트N. Standaert는 그의 박사논문 『양정균의 일생과 사상』 글에서 주굉을 언급한 위의 한마디 말로써 마테오리치와 주굉이 서로 서신을 주고받았다고 추정하였다. 그것은

---

109 張廣湉:『證妄說』,『破邪集』卷7

"利瑪竇回柬"을 번역할 때 목적어 "나(me)"를 더하여 "Mr. Ricci has written(me) a letter in reply 리치씨가 (나에게) 답장을 썼다."110로 번역하였는데 이는 순전히 언어상의 착오라 하겠다.

그 밖에 1623년에 발간한 『우덕원선생집虞德園先生集』에는 마테오리치에게 보낸 『答西利泰』(이 책 24권)라는 서신이 수록되었는데 이 서신은 더욱 더 우순희와 마테오리치의 교신을 직접적으로 증명하는 것이고 마테오리치가 예수회 로마총장 아퀴아비바阿桂委瓦 신부에게 보낸 서신에서도(대만광계보인연합臺灣光啓輔仁聯合발행 『利瑪竇全集』 4卷369쪽) 이와 연관된 단락이 서술되어 있다.: "절강성에는 불교, 도교가 모두 흥성합니다. 한 학자가 일찍이 북경 조정에서 중요한 직무를 맡았는데 지금은 고향에 돌아와 크게 불교를 받들고 있습니다. 나의 『기인십편畸人十篇』을 보고서는 내게 장문의 편지를 보내왔는데 내용이 풍부하고 인생에 도움이 된다며 크게 찬양하였습니다. 그러나 내게 불교를 반대하지 말라고 공손히 권하면서 만약 그렇지 않으면 화를 입게 되리라고 합니다. 나는 그에게 답장을 써서 하느님에게 의지하고 진리에 집착하는 우리의 입장을 알려주었습니다. ……이 학자는 위의 두 서신을 모두 인쇄, 출판하였습니다. ……"111

『변학유독』 중 마테오리치와 우순희의 교신내용은 마테오

---

110 Nicolas Standaert, Yang Tingyun, Confucian and Christian in Late Ming China: His Life andThought, Leiden; New York : E. J. Brill, 1988, pp.175~176
111 『利瑪竇全集』第4冊, 369쪽

리치가 위에서 서술한 아퀴아비바 총장에 보낸 보고서와 신표의 두 쪽처럼 꼭 합치하며 역시 우순희 본인의 정황과 매우 부합된다.(우순희전虞淳熙傳『절강통지浙江通志』)

　　이상의 사료에 근거하여 우리는 단정할 수 있다.:『이선생답우전부서利先生答虞銓部書』는 확실히 마테오리치가 지은 것이고 장광첨이 말하는 "허구인물이 지은 작품"이 아니다. 그 교신 시기는 1607년 말 혹 1608년 초일 것인데 마테오리치가 아퀴아비바 총장에게 보낸 서신의 서명 일자가 1608년 3월 8일이기 때문이다. 마테오리치의 서술에서 우리는 우순희가 일찍이 그와 마테오리치의 왕래한 서신을 간행하였고 또한『변학유독』전반부는 마테오리치 생전에 이미 유행하였음을 알 수 있다. 이 사실은 아직 아는 사람이 드물다.

　　『변학유독』후편『이선생복연지대화상죽창천설사단』의 작자 문제는 장광첨과 진원선생의 결론이 정확한 듯싶다. 장, 진이 열거한 이유 외에도 다른 증거들을 책의 여러 곳에서 볼 수 있다.『복우전부서復虞銓部書』에서 마테오리치는 두竇라고 스스로를 칭하였는데 복연지서復蓮池書에서는 서사西士라 칭하였고 어떤 곳은 서쪽에서 온 인사[西來人士]라 칭하였으니 어투로 보아 이 서신은 중국인이 쓴 글로 보인다.

　　진원선생의 결론은 매우 정확하고도 합당하다: "이는 교회 안 한 명사가 쓴 글이 분명하다." 그 서신의 내용을 보면 이 "교회 안에 명사"는 천주교를 받아들이고 천주교교리를 잘 이해하는 것 외에 필시 아래와 같은 조건에 부합한다.:

　　첫째, 불교교리와 중국 불교사에 능통한데 이 서신을 쓴 이는 동진東晉 이래 불교가 중국 문화사상에 부회하고 널리 유포

된 사실史實을 언급하면서 말한다.: "대개 진晉 이래로, 사람의 일생은 짧고 쉬이 늙어서 문적文籍 또한 마땅히 많았을 것이나 지금은 모두 사라져 전해지지 않고 당시의 주장과 학설, 풍부하고 기세 찬 담론, 미묘하고 주도면밀한 도리가 모두 불경 안으로 들어갔다."112 즉 불학이 현학玄學113에 부회하여 중국화 된 정황을 언급하였는데 전교사들은 중국 불교사에 대해 이처럼 상세히 알 수 없다. 마테오리치가 주로 관심을 가지고 연구한 것은 유학이었고 불교에 대해서는 불교가 중국에 들어온 년대, 불교 중의 불살생, 윤회 등의 대략적 교리 이외는 아는 바가 별로 없었을 것이다. 실제로 『복우순희서』에서 마테오리치는 우순희가 그에게 불경을 연구하자는 건의에 우순희 본인 또한 천주교 성경을 연구하면 모르겠다면서 이를 거절하였다.

서신 중에는 불교교리와 관련된 내용이 도처에 있고 서신의 격식은 주굉의 천설 중 한 조목을 먼저 나열한 후 논박을 가하는, 이처럼 사단四端이 책 전체를 구성하니 그 가운데 언급된 불교교리, 이론을 미루어 알아볼 수 있다. 논박하는 이는 당연히 불교 이론에 정통한 사람이다.

둘째, 작자는 서학에 정통한 사람이다. 여기서 서학은 천주교교리 이외에 당시 수입된 천문, 지리 등 지식도 포함된다. 서신에서 이야기하는 지구가 5대주로 나뉜 것과 십이중천十二重天114은 전교사와 접촉한 적이 있는 이들은 대개가 모두 조금씩

---

112 陳垣校刊本 『辨學遺牘』, 1919年, 6쪽
113 노자, 장자와 주역에 대한 연구와 해설. 위진(魏晉) 시기의 주요 철학 사조로 도가와 유가가 융합하여 출현한 철학, 문화 사조이다.

은 알고 있으나 서신에서 언급한 몇 가지 경험들은 일반인으로서는 알 수 없는 문제들이고 작자가 불교의 삼천대천세계三千大千世界115설을 논박할 때에는 과학적 두뇌로써 문제를 사고하였는데 그 말은 이러하다.: "만일 삼천대천을 부처의 눈으로 보고 알아서 명확히 인식했다고 한다면 불가가 말하는 것을 당연한 근거로 삼을 수 있다. 그런데 이 일천—天 중의 일들을 불가가 더욱 잘 알아야할 것임에도 어찌 여러 경전에서 말하는 해와 달, 별자리의 도수度數가 하나도 일치하지 않고 서로 뒤얽혀있는가?"116 우리는 작자가 천문을 측정해 본 실천적 경험이 있음을 한눈에 볼 수 있다. 이는 전교사와 일반적 접촉만으로는 얻기 어려운 일로 연구와 실천이 있지 않고는 이렇게 쓸 수 없다.

서신 중에서 우리를 더욱 놀라게 하는 것은 작자가 책이름은 말하지 않고『경천해經天該』를 논하며 다음과 같이 말하는 점이다.: "서양에는 천문을 52상相으로 나누어서 큰곰자리, 작은곰자리 등이 있고 황도에 가까운 12상으로는 사자자리, 물병자리와 같은 부류가 있는데 그 설명에 그림과 풀이가 있으며 자리의 위치를 나누어서 배열하였다.……"117 서조준徐朝俊이 간행한『고후몽구高厚蒙求』에는『경천해』가 수록되었는데 그는 다음과 같

---

114 陳垣校刊本『辨學遺牘』, 1919年, 5쪽
115 불교의 우주관. 수미산(須彌山)을 중심으로 구산팔해(九山八海)와 네 개의 큰 대륙(四洲)과 해와 달[日月] 등을 합쳐서 1세계(一世界)라 한다(현대적 의미의 태양계). 이 세계가 일천 개 모인 것이 소천세계(小千世界)이고(현대적 의미의 은하계) 소천세계가 천 개 모인 것이 중천세계, 중천세계가 천 개 모인 것이 대천세계가 된다. 하나의 대천세계에는 소, 중, 대 세 종의 "千世界"가 있으므로 三千大千世界라고 칭한다.
116 陳垣校刊本『辨學遺牘』, 1919年, 7쪽
117 陳垣校刊本『辨學遺牘』, 1919年, 7쪽

이『경천해』를 소개하였다: "명나라에는 태서泰西 이마두가 있어『경천해』을 짓고 일명『경천결經天訣』이라 하였다. 또한 박자각薄子표 작이라 칭하였는데 누가 썼는지 살펴보지는 않았다. 요컨대 모든 구절에는 그림이 있고 설명 가운데 형상이 있으며……" 복주굉서復袾宏書에서 말하는 서국西國 이야기는 실은『경천해』의 내용이다. 전교사 버나런惠澤霖; H. Vernaeren(네덜란드 신부)과 방호方豪(1910 – 1980, 역사학자, 중국 천주교 신부) 선생의 고증에 의하면『경천해』는 이지조와 마테오리치가 1601년에 함께 번역하였고 책 가운데 서양 별자리 지도는 실제 마테오리치의 손에서 나온 것으로 이지조가 수나라 단원자丹元子의『보천가步天歌』중에서의 별자리와 이름을 서양의 성도에 더한 것이다.『보천가』는 이렇게 개편된 후 서양 천문서로 알려졌으며 또한 당시에는 황제의 윤허 없이는 마음대로 천상天象 도서를 변경할 수 없었으므로 마테오리치와 이지조는 비밀로 하고 넘겨주지 않다가 강희33년(1694)에 이르러서야 매문정梅文鼎의 동생 매문멱梅文鼏이 인쇄하였다[118]. 그래서 우리는 말할 수 있다: 천문학 내용에 관해 말한 것을 보면 이 서신을 쓴 사람은 마땅히 마테오리치, 이지조와 밀접한 관계를 가지고 있던 사람으로 그는 두 사람의 "비밀로 하고 공개하지 않던" 서적을 함께 나눌 수 있었다.

셋째, 유교, 불교, 기독교의 "시비"를 변별하는 문제에 있어 작자는 일관된 주장이 필요하였다. 이 서신에서 작자는 유교,

---

[118] 方豪:『李之藻研究』第7章, 臺北:臺灣商務印書館, 1966

불교의 시비를 논하며 말한다.: "만일 시비를 논하고자 한다면 시험 삼아 다른 여러 사람을 불러서 경전을 가져오게 하고 다시 그 중 재사 몇 명을 찾아서 함께 배우고 번역하여 진위를 따지게 한다면 바로잡을 것이 있는지 없는지 자연 명확히 알 수 있습니다."[119]

이상의 조건에 부합되는 사람은 "교회 명사"들 중에 서광계로 추정할 수 있는데 그 이유는 아래와 같다.

1, 서광계의 불교 이론에 대한 이해는 그의 저작 『벽석씨제망辟釋氏諸妄』에서 증명할 수 있다. 그 밖에 당시 교회의 세 큰 대들보 중 한 사람인 양정균과 내왕이 잦았던 복건福建 진강晉江 사람 장갱張賡 또한 우리에게 자못 믿을 수 있는 증거를 제공한다. 양정균의 『천석명변天釋明辯』을 위해 쓴 서문에서 장갱은 말한다.: "나는 선禪의 이치를 깊이 공부한 다음 바꾸어 천학으로 들어가면 한층 더 훌륭하다고 생각한다. 대저 사람이 깊은 골짜기에 갇혀있지 않으면 넓고도 높은 하늘과 빛의 존귀함을 알 수 없다. 우리 천주교 모임 중 현호玄扈 서상공徐相公과 양경조楊京兆는 초기에 들어온 이들로 총명하고 지혜롭고 책을 많이 읽어서 박식한데 잘못 오래도록 불교에 빠져들었다가 고심 끝에 천학을 얻었음에도 오히려 너무 늦게 귀의하였다고 이를 한탄한다."[120] 여기에서의 현호 서상공은 곧 서광계이다.

2, 서광계는 당시 수입된 서학의 전문성에서 소위 "교회의

---

119 陳垣校刊本『辨學遺牘』, 6쪽
120 徐宗澤:『明淸間耶穌會譯著提要』, 113쪽

세 큰 대들보"(서광계, 이지조, 양정균) 중 가장 출중하였고 기하에서 수학, 천문, 화기火器, 지리, 수법에 이르기까지 정통하지 않음이 없었다. 그와 마테오리치, 이지조의 친밀한 관계에서 볼 때 오직 그 만이 앞에서 말한 두 사람이 비밀로 하고 공개하지 않던『경천해』책 안의 지식을 향유 할 수 있었으리라 단정할 수 있다. 양정균 또한 경천해의 지식을 공유할 수는 있었다. 그러나 그는 천주교에 대한 흥미가 과학에 대한 것보다 강하였으니 그 원인은 그가 쓴 글에서 확인할 수 있다: "나는 서태 마테오리치 선생이 북경에 온 후로부터 그와 교류하였는데 여러 날에 걸쳐 이름의 변별과 이치의 분석[名理]에 대하여 담론하면서 교분이 깊어져 자못 금란지교라 불렸으나 다만 기하의 원과 현의 문제들에서는 이해할 수 없었다." 공은 탄식하며 말한다.: "내가 중국에 와서 총명하고 통찰력 있는 사람을 본 바로는 다만 이진지李振之, 서자선徐子先[121] 두 선생뿐이다."

당연히 우리는 이지조가 자신이 번역한『경천해』의 내용을 인용하여 복연지화상서復蓮池和尙書를 썼으리라는 점도 배제할 수는 없으나 많은 사료 중에서 아직 이지조가 불경이론에 정통하다는 증거는 발견하지 못하였고 그가 전적으로 호교를 위해 쓴 글은 거의 볼 수 없으니 이지조가 이 서신의 작자라고 단정하기에는 위의 세 가지 조건을 만족할 수 없을 뿐더러『변학유독발辨學遺牘跋』에서 그가 "우연히 친구로부터 이 초본을 얻고 감탄하여 인쇄하였다."[122]는 말에서 보면 이 초본의 작자는 마땅

---

121 振之와 子先은 각각 이지조, 서광계의 자

히 다른 사람이어야 한다.

3. 유교, 불교, 기독교의 시비를 변별하는 문제에서 서광계는 일관된 주장을 하였다. 1616년 남경에 체류하던 예부시랑 심최가 천주교 배척에 관한 상소를 올리자 서광계는 의연히 천주교를 변호하였다. 유명한 글 『변학장소辨學章疏』에서 서광계는 전교사가 전하는 하늘 섬기는 학은 왕화에 이롭고 유학을 도우며 불법佛法을 바로잡을 수 있다고 하였다.[123] 만력황제로 하여금 그의 주장을 믿게 하기 위해 서광계는 세 가지 시험방법을 제출하였다. "그 하나는 상주문 중의 유명 전교사들을 모두 북경으로 불러들이고 내외 신료를 택하시어 서양에서 전래한 경전을 함께 번역하게 하시며, 사천애인지설事天愛人之說, 격물궁리지론格物窮理之論, 치국평천하지술治國平天下之術⋯⋯하나하나 책으로 만들어 폐하의 명을 받은 전교사들로 하여금 그 시비를 함께 확정하게 하시되 만일 상리에 어긋나거나 부당한 술수가 있다면 즉시 내쳐버리시옵소서. 신은 감히 그 기망한 죄를 받겠나이다. 그 둘은 여러 전교사들의 말이 유가와 서로 부합하나 석가, 노자와는 서로 어긋나 승려와 도사들이 분노하여 훼방하고 헐뜯는다는 말이 들리면 반드시 그 시비를 가려야하오니 전교사들에게 명을 내려서 유명한 승려, 도사와 서로 논박케 하고 탐구, 궁구케 하여 하나의 결론을 내도록 해야 하옵는데 유학 신하로 하여금 함께 결론을 내리게 하여서 만일 더 취할 말이

---

122 陣垣校刊本『辨學遺牘』, 14쪽
123 王重民: 『徐光啓集』, 432쪽

없고 도리에 어긋난다면 바로 몰아낼 일이오니 신은 더불어 그 죄를 받겠나이다."[124] 『변학유독』 후편에서도 역시 시비 가리기를 극력 주장하고 있는데[125] 논법은 『변학장소辨學章疏』와 비슷하다. 당연히, 양정균은 『호란불병명설鴞鸞不幷鳴說』에서 천주교와 백련교를 변별키 위해 역시 유사한 방법을 제기하였다.: "바꾸거나 믿지 못하겠다면 사리에 밝은 한두 사람을 천주교에 들여보내고 한두 사람을 백련교, 도교 등에 들여보내서 탐구하여 그 진상을 파악케 한 후 옳고 그름을 분별하면 어느 것을 남겨야할 지 어느 것을 버려야할 지가 쉽고 명확해질 것이다."[126] 그러나 양정균의 방법은 추구와 탐구뿐이어서 서광계의 주장과 같이 일관되고 상세, 구체적이지 못하다. 서광계의 방법은 이러하다.: 번역, 융회관통融會貫通, 변별. 만일 양정균을 『변학유독』 후편의 작자로 본다면 위에서 서술한 두 번째 조항을 만족시킬 수 없다. 만일 이 서신을 양정균이 썼다면 그는 마땅히 복건판본의 발문에서 언급하였을 것이다. 양정균은 발문 중에서 말하기를 "내가 이 글을 읽으니 흥미진진하고 논리가 분명하나 또한 중생이 이(禪을 말함) 위험한 못에 빠질까 두려울 뿐이다."[127]라고 하였다. 양정균은 경건한 신앙심을 가진 교인으로서 마테오리치의 이름을 빌어 글을 쓰고 또한 스스로 자랑할 사람이 아니었다.

---

[124] 『徐光啓集』, 434쪽
[125] 陳垣校刊本 『辨學遺牘』, 6쪽
[126] 『天主敎東傳文獻續編』 第1冊, 45쪽
[127] 陳垣校刊本 『辨學遺牘』, 7쪽

서광계의 손자 서이묵徐尔黙은『서문정공집인徐文定公集引』에서 서광계 저작에 대해 종합적으로 서술하였는데, 그 중에『의복죽창천설擬復竹窓天說』이 수록되어있고 『서씨가보徐氏家譜·한묵고翰墨考』역시 이 서신을 수록하였으니 이 또한 하나의 유력한 방증이 되며『변학유독』후편의 작자가 서광계임을 추정할 수 있다. 이지조가 말한 "우연히 친구로부터 이 초본을 얻었다"고 하는 이 친구는 당연히 서광계 혹은 그 자손 혹은 천주교 내의 다른 친구일 것이다. 그러나 후편은 답서로 서광계가 서명치 않았고 이 초본을 준 사람 역시 누가 작자인지 명확히 말하지 않았으며 또한 이마두복우순희서利瑪竇復虞淳熙書의 뒤에 붙여 넣어서 이지조는 마테오리치 저작이라 생각하고 더는 따지지 않은 채 출간하였으므로 이로부터 3백여 년이 되도록 해결할 수 없는 문제를 남겨주었던 것이다. 이제 이 사료들을 종합적으로 고찰해 볼 때, 이런 설을 제기하는 것 역시 하나의 설이 될 수도 있을 따름이다.

2장
해석과 조화

만일 마테오리치의 전교책략이 다분히 임기응변의 실리적 색채를 띠고 있다고 한다면 그 책략을 관철하고 실시한 몇 가지 구체적인 방법, 예를 들어 이론상 유학에 대한 기독화적 해석, 기독교와 유학간의 적응과 조화 및 유학 중 일부 사상관념에 대한 비판은 더욱 이지적 분석과 종합의 어려운 정신적 작업을 필요로 할 항목이다. 이 장에서의 주요 과제는 마테오리치의 유학에 대한 총체적 평가, 해석과 이 기초 위에서 만들어진 유학과 기독교의 조화와 융합에 대한 고찰이다.

1. 마테오리치의 유학관

고찰에 앞서 반드시 지적해야할 두 가지 점이 있다. 첫째로, 마테오리치의 유학에 대한 전체적 평가를 그의 서신과 중문저작에서 산발적으로 볼 수 있다하더라도 가장 체계적인 논술은 만년 이태리어로 쓴 『기독교진입중국사』에서 보인다. 그래서 우리는 시간상 앞뒤의 의미에서 먼저 유학에 대한 평가가 있었고 후에 조화와 비판이 있었다고는 말할 수 없다. 우리가 이런 체계적 평가를 그가 유학에 적응하고 유학을 비판한 기초라고 보는 이유는 이와 같은 평가 중의 기본 태도와 정신이 그의 전 작품 중에서 일관되게 나타나기 때문인데 그러할지라도 우리는 일치하지 않는 부분도 발견할 수 있다.

둘째로, 우리는 마테오리치가 니드햄[128] 등 현대 한학자처럼 중국문화를 연구, 평가할 수 있으리라고는 기대할 수 없는 것이 - 니드햄은 자신이 중국문화, 과학을 객관적으로 연구할 수 있는 조건을 구비한 몇 안 되는 서양인들 중 한 사람이라며 이를 대단한 긍지로 여겼고 그는 전교사나 상인이 아니었으므로 중국과 서양문화, 과학에 대해 비교적 깊고 확실히 접촉하고 이해할 수 있었으나[129] - 마테오리치는 무엇보다 먼저 한 사람의 전교사였으므로 이는 그가 중국문화(먼저 유학)를 고찰하고 평가하는데 있어서의 참조체계가 필연적으로 먼저 천주교 그 다음 비로소 이 종교와 연관된 서양문화, 철학이도록 결정지었기 때문이다. 그러나 우리는 마테오리치가 서양 중심주의자들과 같이 이 참조체계를 사용치 않았음을 보게 될 것이다.

전교사의 신분은 우선적으로 서양인들에게 마테오리치가 대면한 유학의 특성이 종교성을 띠었는가 아니면 무신론적이며

---

[128] 李約瑟 Joseph Terrence Mongomery Needham(1900~1995) 영국 근대 생물화학자, 과학기술사가. 저서로는 『中國的科學與文明』이 있고 현대 동서 문화교류에 큰 영향을 주었다.
[129] 李約瑟: 『中國科學技術史』 第1卷, 第1冊, 北京: 科學出版社, 1990年, 9~10쪽

세속적 사상체계인가를 결정짓게 하였다. 마테오리치의 이 문제에 대한 답변은 두 가지이다.: 유학은 일종의 종교이다; 유학은 정식 종교가 아니다.

유학이 종교인 이유는 이러하다.: (1) "유럽이 알고 있는 모든 이교도 계파 중에서 나는 어떠한 민족도 고대 초기의 중국인보다 착오를 덜 범했다는 사실을 알지 못한다. 그들은 그들의 역사가 시작될 때부터 문서로 그들이 인정하고 숭배하는 최고의 천신을 기록하였는데 그를 천제天帝로 칭하거나 혹은 다른 존호를 더해서 그가 하늘과 땅을 지배한다고 밝혔다. 고대 중국인은 하늘과 땅을 생명이 있는 것으로 보고 동시에 그들 공통의 영혼을 최고신으로서 숭배한 듯하다.130" (2)유학(혹은 유교)에서도 상천上天은 악한 사람에게 징벌을 내리고 선량한 사람에게 상을 준다고 말한다. (3) 영혼불멸에 관하여 중국인은 어떠한 의심도 없는 듯하다.131 다시 말해 원시유학 혹은 고유古儒(先秦儒學)는 종교적 핵심관념을 가지고 있었다.: 유일지상신, 영혼불멸 그리고 신의 상선벌악을 말하였으므로 유학은 종교이다. — 그러나 여기서 가리키는 유학은 초기유학이다. 마테오리치의 유학에 대한 긍정적 평가는 주로 그의 고유에 대한 종교적 해석과 이해에 기초하였는데 그는 일찍이 우순희에게 분명히 말하였다.: "그대가 근거하는 바는 한漢 이후의 성현이나 내가 생각하는 바는 삼대三代 이전의 성현입니다."132 해석과 이해가 정확

---

130 『全集』, 第1册, 80쪽, 83~84쪽, 여기서의 인용문은 大陸版 『利瑪竇中國札記』, 北京: 中華書局, 1983年, 99쪽에 보인다.
131 위와 같음

한지 아닌지의 여부는 아래의 글에서 다시 토론해야할 다른 문제이다. 여기서 우리가 지적하고자 하는 것은 이 문제가 마테오리치에게 가장 중요한 문제는 아니었으리라는 점이다.

마테오리치가 보기에 유학은 또한 정식의 종교가 아니었으니 그 이유는 이러하다. (1) "인성의 타락으로 인하여"(여기서는 원죄 개념을 이용한 것 같다.), "일부 가련한(중국) 사람들은 점차 원초에 확연히 드러났던 이성의 빛을 상실하였다."[133] 유교(고유)를 신봉하던 문인들은 우상 숭배에 빠지거나(미신적 불교) 혹은 무신론으로 나아갔다.; (2)일부 문인들은 사후에 영혼은 완전히 소실된다 생각하고 내세에 천당과 지옥이 있다고 믿지 않는다. (3)제사를 주관하는 계층이 없다. 즉 신직神職을 맡은 인원이 없고 정식 기도문이 없으며 상제에 지내는 제사는 황제의 특권일 뿐이다. (4) 진정한 철학자는 창세설을 언급치 않는다.[134]

매우 분명히, 마테오리치가 유교는 정식 종교가 아니라고 말했을 때 그가 지적한 것은 유학의 현실적 품격과 특징이었다. 그의 판별 기준은 두 방면의 내용을 포괄한다.: 내재적 관념과 외재적 조직, 행위, 제도. 이러한 판별 방법은 오늘의 종교학에서도 여전히 볼 수 있다. 그 중 몇몇 구체적 결론 또한 막스 베버馬克斯 韋伯; Max Weber(1864 – 1929) 등의 중국 종교에 관한 연구 저작에서 자주 볼 수 있다.

유학은 그 현실성을 두고 말할 때는 정식 종교가 아니다. 마

---

132 陳垣校刊本『辨學遺牘』, 출판자는 자세치 않음, 1919年, 4쪽
133 『全集』第1冊, 81쪽
134 위의 책 第1冊, 85~86쪽, 83쪽

테오리치가 보기에 천주교와 유학의 관계는 이 때문에 천주교와 불교의 관계와 같이 대립, 배척하는 관계가 되어서는 안되며 유학은 공자를 스승으로 삼기 때문에 후세 유학은 모두 공자의 철학을 채용하였고 공자철학은 자연율을 기초로 한 것이어서 천주교리와 서로 위배되는 점이 매우 적거나 혹은 "유가의 도리는 어떠한 천주교 도리와도 상호 충돌될 부분이 없다."[135]고 말한다.

마테오리치의 결론은 이러하다.: "유교는 정식 종교가 아닌 단지 하나의 학파이며 집안을 가지런히 하고 나라를 다스리기齊家治國 위해 만든 것이다. (아래 인용문은 대륙판 『찰기札記』에는 보이지 않는데 니콜라스 트리고 신부가 마테오리치의 원문을 수정할 때 마테오리치의 주요 사상을 왜곡했다고 보여진다.) 그러므로 그들은 이 학파에 속하면서 또한 기독교도가 될 수 있다. 왜냐하면 원칙상 천주교의 기본 도리에 위배되는 부분이 없고 천주교 신앙은 유가경전에서 관심을 두는 사회 안녕과 평화 실현에 대하여 해가 없을 뿐더러 도리어 크나 큰 도움을 주기 때문이다."[136] 이러한 결론은 마테오리치를 위해 사대부 혹은 일반 백성의 생활방식과 그 사상적 관념에 해를 주지 않는 정황 아래에서 그들을 귀화시키기 위한 편의의 문을 활짝 열어주었고 동시에 이는 유학과 천주교를 조화시키는 그의 이론적 전제이기도 하였다.

---

135 『全集』 第2冊 428, 430쪽
136 위의 책, 第1冊, 86쪽

마테오리치는 유학의 기본 특성을 분석, 평가할 때 유학에 대한 적극적인 긍정, 찬양의 태도를 보여주고 있다. 처음 중국에 왔을 때 중국의 과학, 정치, 사상문화 모두는 그에게 심대한 영향을 주었다. 1584년 9월13일 스페인 세관장 루오만羅曼에게 쓴 서신에서 그는 진심으로 중국 문화를 찬양하고 있다.: "중국인의 지혜는 그들의 총명한 발명에서 알 수 있습니다." 이어 그는 역대 중국의 문자, 의약, 일반물리학, 수학, 천문학, 예술과 기계 각 방면에서의 성취를 열거하면서 중국인은 지금까지 유럽과 교류한 적이 없었음에도 "모두가 자신의 경험을 통해 이런 성취를 거두었으니 우리가 전 세계와 교류하여 얻은 모든 성적과 비교해도 우열을 가릴 수 없을 것 같습니다."라고 지적하였다. 심지어 그는 중국정부의 치국능력은 다른 어떤 나라보다 우수하다고 보았다.: "내가 보건대 희랍철학자 플라톤도 정치이론 분야에서는 중국인보다 못합니다."[137] 다음해 다른 서신에서 마테오리치는 다시 중국의 정치를 이야기하면서 "중국 정치의 우수함은 전해 듣던 것 보다 더욱 훌륭하며 어떠한 종교 조직도 중국정치의 계급의 분명함이나 각 기관들의 엄밀한 체계와는 비교되지 않는다."[138]고 하였다. 마테오리치가 찬양한 중국정치는 명말 대정치가 장거정張居正이 개혁에 착수하여 약간의 성과를 본 정치를 말하는데 장거정 사후 만력황제는 정치에 소홀하여 조정이 날로 부패해 갔음에도 이것이 마테오리치가 중국을

---

[137] 『全集』第3冊 52~53쪽
[138] 위의 책 81~82쪽

하나의 큰 꽃밭으로 묘사하는 데는 아무런 영향을 주지 못했고 또한 만년에는 중국 정치체제를 이상적 공화共和로 묘사하였다.[139] 마테오리치가 음모와 암살로 가득 찬 정치생활, 사회적으로 불안정한 국가에서 왔다는 점을 주목한다면 우리는 그가 이토록 고도로 집중되고 비교적 안정된 중국정치를 찬양한 점에 대해 이상하거나 놀랄 일은 아닐 것이다.

중국의 문화사상에 대하여도 마테오리치는 찬사를 아끼지 않았다. 앞에서 서술한 바와 같이, 그는 유학(공자의 철학)은 자연율을 기초로 삼았다고 인식하였으며 여기에 그치지 않고 서양의 허다한 철학자들도 공자와는 동렬에 놓고 평가할 수 없으리라고 보았다.[140] 그는 사서四書에서 서술한 윤리는 마치 세네카Seneca의 두 번째 작품과 같으며 고대 로마의 그 어떤 저명한 작가의 작품에도 뒤지지 않는다고 보았다.[141]

중국에 와서 여러 해가 지난 후(1604), 서광계가 천주교 성경을 함께 번역하자고 요청했을 때, 마테오리치는 그가 처음 중국에 왔을 때의 감회를 이렇게 술회하였다.: "서방으로부터 8만 리 바다를 건너고 길을 찾아 지나온 곳이 수백 나라로 마치 가시밭길을 지나온 듯합니다.; 중국에 도착해서야 인의仁義, 예악禮樂을 보았고 문물의 왕성함을 알게 되었으니 마치 구름과 안개 속에서 빠져나와 푸른 하늘을 본 것 같았습니다."[142] 마테오

---

[139] 위의 책 第1冊 36쪽
[140] 『全集』第1冊, 24쪽
[141] 위의 책 第3冊 135쪽
[142] 徐光啓: 『跋二十五言』, 徐宗澤: 『明淸間耶蘇會士譯著提要』北京: 中華書局, 1989년, 329쪽

리치가 이처럼 구름과 안개 속에서 빠져나와 푸른 하늘을 본 것 같았다는 감탄은 진심이라 말할 수 있다.

그러나 중국문명 전체가 모두 위에서 말한 것처럼 아름답다면 유럽의 대중은 마테오리치 등의 전교사업이 후에 반천주교 사대부의 생각과 같이 불필요한 것이라고 여겼을 것이다. 이런 이유로 마테오리치의 중국에 대한 평가 중에는 훈계도 적지 않고 심지어 앞뒤가 불일치하는 견해를 보이기도 한다.

마테오리치는 중국인의 미신(신선방술과 같은)과 도덕생활 중의 부패현상을 크게 비판하였다. 그는 명말의 음란한 풍속을 매우 증오하였는데 이는 사조제謝肇淛가 『오잡조五雜俎』에서 묘사한 것과 매우 유사하다.[143] 이런 중국인의 도덕생활에 대한 묘사는 서양인을 향해서 천주교가 중국에서 "이교도"의 도덕생활을 순화시키는 "사명"을 완성하고 동시에 그들을 구원의 길로 인도할 수 있음을 표명하였고 또한 전교사가 유학에 적응하여 중국인을 천주교로 귀의케 하는 이런 책략에 대한 서양인의 반감을 일으키지 않게 하였다.

그러나 마테오리치의 중국문화에 대한 평가 중 불일치하는 부분에 대해서는 달리 해석이 필요하다.

위에서 서술한 바와 같이 마테오리치는 처음 중국에 왔을 때, 중국의 과학적 성과를 찬양하였는데 1584년 9월 13일 서신에서 그는 중국인이 "계산해 낸 일식과 월식은 매우 분명하고 정확하나 쓰이는 방식이 우리와 같지는 않다."[144]하였고 후에 저술한

---

[143] 『全集』第1冊 第1卷 9章, 謝肇淛: 『五雜俎』卷8

『기독교진입중국사』에서는 천문학, 우주관에서 서양인의 우월감을 드러냈다.[145] 이러한 불일치는 마테오리치의 중국과학에 대한 인식이 점점 더 깊어지면서 해석을 가한 것일 수도 있다.

그러나 이런 해석이 보편적으로 적용되지는 않았다. 예로써, 유학을 논할 때 그는 그 목적이 국가의 화평과 안정, 가정과 개인의 양호한 관계에 있다고 주장하고 단언하기를 이는 자연이성에 부합하고 천주교의 진리에도 부합한다고 하였다.[146] 그는 이런 일치성이 어디에 있는가는 지적하지 않았지만 유럽인에게 이 점만은 단언하였다. – 분명 『기독교진입중국사』는 뜻이 맞는 사람에게 전해주려해서가 아니고 "유럽인에게 보여주기 위해서"[147] 저술하였다. 그러나 1596년 10월 15일 까오스타高斯塔신부[148]에게 보낸 서신에서 그는 중국인이 "물론 윤리도덕을 이야기하지만 나라의 안정과 백성의 안위[國泰民安]만을 중시할 뿐" 즉 사후의 일을 물어보지 않고 개인의 구원을 추구하지 않으니 이로써 미루어보건대 유학의 목적은 천주교의 "진리"에 부합되지 않는다고 하였다. 1594년, 마테오리치가 사서를 라틴어로 번역하고 위 서신을 쓸 때는 물론 유학에 대해 더욱 깊은 이해를 가졌을 것이나 만년의 결론은 오히려 이 서신의 관점과 일치하지 않는데 이는 그의 유가에 대한 평가에 동요가 있었음을

---

144 『全集』第3冊, 52~53쪽
145 『全集』第1冊, 24쪽
146 『全集』第1冊 86쪽
147 『全集』第1冊 4쪽
148 마테오리치와 친했던 로마의 친구

말해준다. 이와 비슷한 예는 또 있다. 서양 대중에게 남긴 글에서 그는 서양의 허다한 철학자들도 공자와는 동렬에 놓고 평가할 수 없다고 하였으나 사적인 편지에서는 중국에는 진정한 철학자가 없으며 위대한 철학자도 없다고 하였다.[149] 이런 동요와 불일치의 원인은 공과 사의 차별에 있는데 즉 대중에 대하여는 유학과 천주교의 합치점을 최선을 다해 소개하고 이 기초 위에서 유학을 긍정, 찬양함으로써 유럽인의 예수회 전교책략에 대한 이해와 지지를 쟁취하였으나 개인에 대하여는 양자의 불일치점을 남김없이 소개하고 중국에서 전교의 어려움을 설명함으로써 진일보하여 친구 혹은 상사의 동정을 쟁취하였다.

다시 말해, 『서신집書信集』에서 우리는 더욱 마테오리치의 진실 된 면을 볼 수 있는데 이 결론이 억측이 아님을 설명키 위해 우리는 또 다른 예를 들고자 한다. 유럽의 대중에게 보낸 서신에서 마테오리치는 예수회 중국전교의 전망에 대하여 낙관적인 태도를 보였으나 만년(1608년 8월 23일)의 서신에서 그는 솔직하게 친구 파브르法比, Fabre 신부에게 말한다.: "나의 전교하려는 열정에 비해 이처럼 냉담하니 나로 하여금 항상 '헛되이 내달리는'[150] 느낌을 들게 합니다." 이 서신이 쓰인 때는 그가 『기독교진입중국사』를 쓴 때와 거의 같다. 그러나 여러 해에 걸친 노력과 동시에 그 당시 서양인에게 여전히 흥미롭게 이야기할 성과를 얻은 뒤에도, 그의 전교 열정에 이처럼 냉담하였다고 하니

---

[149] 『全集』 제4책, 393쪽, 클로드 아퀴아비바 신부에게 보낸 이 서신은 1608년 8월 22일 썼고, 그해 말 마테오리치는 『기독교중국진입사』의 저술에 착수하였다.
[150] 『全集』, 第4冊, 398쪽. "白白地奔跑"는 『신약. 갈라디아서』 2장 2절 내용 참조

그 가운데서 표출되어 나오는 의미가 매우 크다고 하겠다. 그것은 유학 및 유학을 신봉하는 중국인의 개괄하고 파악하기 어려운 특성이 예수회 전교사의 전교 사업을 희망과 절망 가운데서 필사적으로 몸부림 칠 수밖에 없도록 결정지어 주었고 정치적 간섭이 발생하기 전 이러한 필사적 몸부림의 주요 원인은 천주교와 유학의 종교와 철학사상 사이에 존재하는 심각한 차이로 인한 것이라고 설명할 수도 있다.

위에서 서술한 "공과 사의 차별" 이외에 또 다른 "중국과 서양의 차별"이 있다. 즉 마테오리치는 서양대중에게 비교적 긍정적으로 유학을 찬양하였으나 (비판한 것은 주로 유학을 신봉하는 중국인의 도덕생활이었다.) 북경에서 사대부의 폭넓은 동정을 받은 후, 사대부와의 대화 중에서 유학 중 일부 천주교 전파에 장애가 되는 관념, 사유방식에 대하여는 많은 비판을 가하였다. 명말 일부 사상가들은 왕학말류王學末流를 항상 "낡아빠진 속된 선비", "어리석은 선비", "편협한 선비"라면서 질책하였다.[151] 마테오리치도 일부 중문저작 중에서 자주 이와 유사한 언사를 유학 위에 붙이고 또한 폭 넓게 사용하면서 왕학말류와 기타 사조를 구분하지 않았다. 마테오리치는 중국인의 인지결함은 보고 듣는 감각기관의 인지에 한정되어서 무형의 정신실체에 대한 상상과 인식이 부족하기 때문에 영혼불멸을 인정하지 않으며 하늘과 땅을 주재하는 하느님이 계심을 알지 못한다고 생각하였다. 그는 이를 냉정하게 "어리석다"고 표현하였다.[152] 하지만

---

[151] 陳寶良: 『明代文化歷程新說』, 西安: 陝西人民出版社1988年, 166쪽

서양 대중에 대해서는 몇 차례 중국인이 논리와 추리를 결핍하였다고 말한 것 외에는 그가 중국사대부를 대하듯 중국과 서양 문화의 이런 심각한 차이에 대해서는 뚜렷이 밝히지 않았다. 오히려 마테오리치의 전교책략을 반대하는 다른 전교사 니코라스 롱고바르디가 서양인에게 이런 차이를 적극적으로 진술하였다. 마테오리치의 유학 평가에 대한 "중국과 서양의 차별"은 한편으로 서양인에게 중국인을 귀화시키는 일에 맹목적이고도 낙관적인 정서를 조성하여 예수회가 유럽에서 지원자금을 얻어내는 중요한 기초가 되었으나 다른 한편으로는 반천주교 사대부의 반대비판 이론을 진행시키는 근거로 되었다.

마테오리치의 유학관에는 확실히 위에서 서술한 두 가지 차별 즉 우리가 결론지은 "공과 사의 차별"과 "중국과 서양의 차별"이 존재하고 있다. 이들 차별이 생긴 데는 인식상의 원인과 책략상의 요인이 있다. 그가 사대부에게 복음을 전할 때 담론한 천주교와 유학의 사유방식 상에서의 심각한 차이가 아마도 그의 진정한 생각이었을 것이나 서양인에게는 이런 차이점을 거의 이야기하지 않았다. 유럽 대중의 지지를 받으려는 의도는 그로 하여금 이러게 되는 것을 피하게 하였는데 이는 확실히 책략적인 방법이라 할 수 있다. 그러나 이 점을 과장하고 더 나아가

---

152 『天主實義』第2編, 여기서 채택한 것은 利氏學社에서 간행한 영한(英漢)대조판 (Matteo Ricci S.J., The True Meaning of the Land of Heaven[T'ien-chu Shih-I], Taipei-Paris-Hongkong: Ricci Institute,1985) 128쪽이고 또한 臺灣 影印本 『天學初函』 418~419쪽에서도 보인다. 이하로는 영한대조판본의 해당 쪽 수만을 명기한다. 이 영한대조판은 제1판(1603)에 근거하고 제2판(1605) 및 제3판(1607)을 참조하여 수정, 번역한 것으로, 역주자는 藍克實(Douglas Lancashire)와 胡國楨이다.

마테오리치가 주견 없는 전교사라고 볼 수는 없는 것이 아래의 토론에서 우리는 그가 유학이 종교라고 생각한 요소 및 천주교와 서로 일치한다고 생각한 유학 중의 관념과 사상이 그의 중문 저작에서 힘써 긍정하고 조화하는 부분으로 구성되고 있음을 볼 수 있기 때문이다. 그러나 그가 중국 사대부에게 분명히 보여준 유학과 천주교의 불일치한 부분(차이)은 그의 일관된 비교, 분석, 비판의 대상이 되었고 혹은 그가 천주교로써 대체하여 넘고자 했던 대상이기도 하였다.

부록 : 마테오리치의 중국문화관이 유럽에 끼친 영향

만력22년(1594), 마테오리치는 수년간의 작업과정을 거쳐 『사서四書』를 라틴어로 번역하였고 뒤이어 그 번역본을 유럽에 보냈다. 마테오리치의 자술에 의하면 사서 번역은 후일 전교사들에게 주어 사용토록 하기 위해서라고 하였다.[153] 그는 전교사가 중국에 와서 유가 경전에 정통하지 못하면 결코 소정의 성과를 거둘 수 없다 보았고 동시에 사서가 유럽인들에게 중시되어지기를 희망하였다. 『대서이선생행적大西利先生行迹』에서 알레니艾儒略는 말한다.: "마테오리치가 중국 사서를 서양어로 번역하여 본국으로 보내왔다. 나라 사람들이 이를 이야기하면서 중국의 고서를 알고 그 근원을 알 수 있었으니 군신[主奴] 관계를 혼동

---

[153] 『全集』第3冊, 245쪽

치 않은 것은 모두가 마테오리치의 공로다."¹⁵⁴ 마테오리치는 처음으로 사서를 서양어로 번역한 사람이고 그의 사후 중국에 온 알레니 등 전교사들은 이 번역본으로부터 많은 도움을 받을 수 있었다.

    1615년 마테오리치의 『기독교진입중국사』는 니콜라스 트리고 신부에 의해 수정, 증보, 번역된 후 처음 라틴어로 독일에서 간행되었고 그 후 잇따라 3종의 라틴어본이 나왔으며 또한 독일어, 스페인어, 이태리어본이 나왔는데 (이 이태리어본은 니콜라스 트리고 신부의 라틴어본에서 번역된 것으로 마테오리치의 원본이 아니다.) 7년이란 짧은 기간에 17개 판본이 나왔으니¹⁵⁵ 이 많은 서양어 번역본으로 보아 그 영향력의 일면을 볼 수 있다. 이 책의 영문본 번역자 루이스 제이 갤래거加菜格尔; Louse J. Gallergher는 다음과 같이 말한다.: "한학자와 중국사 연구자 외에는 니콜라스 트리고(실제는 마테오리치의 저작이다. - 작자 주)의 책이 사람들에게 많이 알려지지 않았지만 이 책이 유럽의 문학, 과학, 철학 그리고 종교 등 생활에 준 영향은 17세기의 그 어느 역사 저술을 능가한다고 하겠다. 이 책은 유럽에 공자를 소개해주었고 코페르니쿠스와 유럽을 중국에 알려주었으며(마테오리치는 아직 코페르니쿠스를 중국에 소개하지 않았다. - 작자 주) 새로운 세계를 열어주고 새로운 민족을 보여주었다······"¹⁵⁶

    17세기 중국과학이 유럽에 준 영향을 담론한다는 것은 조금

---

154 陳垣校刊本 『大西利先生行迹』,1919年, 2쪽
155 판본 수는 史景遷(Jonathan D. Spence) 『文化類同與文化利用』 21쪽에 보인다.
156 『利瑪竇中國札記』 1978년 佛語版 序言, 下册, 651쪽

모험적인 과제이기도하다. 이 시기 유럽과학은 이미 근대화를 시작하였고 중국과학은 바로 이때부터 낙후되는 추세를 보여준 시기이기 때문이다. 그러나 중국과학은 이때 유럽과학의 근대화를 촉진하는데 있어 확실히 일정한 작용을 하였으며 또한 마테오리치의 저작이 이러한 작용을 발생케 하였다고도 말할 수 있다.

앞에서 서술한 바처럼 마테오리치는 일종의 우월감에 젖어 서양인에게 중국과학(주로 천문학)의 결점을 소개하였다. 그러나 그에게 이런 우월감을 발생시킨 것은 근대 코페르니쿠스의 이론 체계가 아니라 중세기 톨레미의 천동설 체계였다. 이 학설은 우주는 지구를 중심으로 하는 수많은 동심同心 고체의 수정구水晶球로 구성되었다고 주장하는데 마테오리치는 이러한 세계구조가 중국 고유의 선야설宣夜說[157]보다 훌륭하다고 생각하였다. 후자는 천체는 무한한 공간에 떠있다는 인식이다. 1595년 10월 28일과 11월 4일 두 통의 서신에서 마테오리치는 이런 우월감이 생긴 원인을 아래의 여러 점들을 들어 결론지었다.:

1. 중국인은 땅은 평평하고 네모나며 하늘은 둥글어 덮개와 같다고 인식하는데 공 모양의 지구 위에서 사람들이 대척점을 이루며 산다고 여태껏 생각해본 적이 없다.

2. 다만 하나의 하늘이 있고(십중천이 아니다) 천상은 공허하고 아무 것도 없으며(고체가 아니다) 별은 태공太空 가운데서

---

[157] 중국 고대의 우주학설. 개천(蓋天), 혼천(渾天)의 체계에 따르면 일월성신은 모두가 천구(天球)에 붙어서 천구를 따라 함께 운동한다고 보았는데 선야설은 이런 견해를 부정하였다. 즉 우주는 무한한 것이며 기체로가득 차있어서 모든 천체는 기체 안에서 떠다니며 운동한다고 생각하였다.

운동한다(하늘에 고정되어있지 않다).

   3. 그들은 공기가 무엇인지 모르며 우리가 공기가 있다고 생각하는 곳(각 수정구 간의 공간을 가리킨다)을 태공이라 생각한다.[158]

   사적 서신에서 보이는 이러한 비판적 결론과 소개가 유럽 과학계 인사들에게 알려지기는 어려웠을 것이나 1615년에 출판된 책의 원고에서 마테오리치는 또한 이와 유사하게 서술하였다(『기독교진입중국사』 4권 5장 『남경강학南京講學』, 『찰기』의 서술이 이와 유사하다). 이로 인하여 마테오리치의 중국과학에 대한 소개도 당시 유행하던 이 책의 원고를 따라서 전파되었다. 그러나 중국인의 이러한 과학 관념을 이해하고 있던 일부 유럽 지식인은 마테오리치와 같이 우월감에 도취되지는 않았다. 만일 마테오리치를 대표로 하는 전교사가 "기본적으로 부정확한 도식을(고체수정구설) 기본적으로 정확한 도식(이 도식은 옛 선야설로부터 나오는 즉 별들이 무한한 태공에 떠다닌다고 인식한다.)에 한사코 강요했다"[159]고 말한다면 유럽의 과학계는 비교적 정확한 이 도식으로써 수정구설과 유럽중세의 모든 우주관의 붕괴를 가속화시켰던 것이니 이는 근대 천문학의 탄생과 전파에 공헌한 요인의 하나가 되는 셈이다. 이 점에 관해서는 셰니에謝涅尔; Cheniers의 1625년 평론에서 논증할 수 있다.:

---

[158] 『全集』 第3冊 178, 209쪽
[159] 李約瑟: 『中國科學技術史』 第4卷第2分冊 646쪽 여기서의 논설은 니드햄(李約瑟)의 중서문화교류사에 대한 연구에서 발췌하였다.

"중국인은 이제까지 그들의 무수히 많은 우수한 학원에서 하늘이 고체라는 학설을 가르치지 않았다.; 지금껏 2천 년이 지난 그 어느 시기에 출판된 책을 보더라도 모두 이런 결론을 얻을 수 있다. 이로써 보건대 하늘이 유체流體라는 이론은 확실히 역사가 오래되었고 또한 증명하기 용이하다. 이 외에, 사람들은 결코 이 한 가지 사실을 등한히 할 수 없으니 즉 이런 이론은 보편적으로 진행된 과학계몽을 위해 제기된 듯하다는 점이다. 중국에서 돌아온 사람의 말에 의하면 중국인은 이 이론을 꽤 믿고 있으며 따라서 반대이론(고체 수정구설)은 전혀 터무니없는 이야기로 본다고 한다."[160]

세니에는 한어漢語 분야에서 니콜라스 트리고 신부의 도움을 받았을 것이니 인용문에서 이야기하는 "중국에서 돌아온 사람"은 중국에서 유럽으로 돌아온 니콜라스 트리고 등의 전교사를 가리키는 것이 분명하다. 니콜라스 트리고 신부가 정리, 번역한 그 책이 출판되고 10년 후, 세니에가 위의 글을 쓸 때『기독교진입중국사』로부터 사상적 자료를 흡수하였음은 틀림없다. 그러나 이런 중국의 과학 자료를 이용할 때 그 의도는 마테오리치와 달랐으니 이것이 바로 헤겔이 말하는 "이성적 간지奸智"이다. 마테오리치 등의 본래 의도는 중국 고대과학을 소개할

---

160 中國人從不在他們的無數出色的學院中講授天是固體的說法; 從他們過去兩千年中任何時期出版的書來看, 都可作出這一結論. 由此可見, 天是流體的理論確實十分古老, 而且易于證明. 此外, 人們絶不能忽略一項事實, 卽這種理論似乎是爲普遍進行的科學啓蒙而提出的. 據從中國回來的人說, 中國人非常相信這種理論, 因而把相反的看法(固體水晶球說完)全視爲無稽之談. 위의 책 655쪽. 세니에가 한어 분야에서 니콜라스 신부의 도움을 받았다는 말은 같은 쪽 주(注)를 참조.

때 사람들로 하여금 유럽중세 우주관의 우수성을 믿게 하고자 함이었으나 결과는 오히려 이런 우월감을 만드는 기초(수정구설)의 붕괴를 가속화하였고 사람들의 새로운 우주관에 대한 신념을 증강시켰던 것이다.

이러한 "이성적 간지"가 철학영역에서 발생하였을 때, 그것의 중세신학에 대한 파괴성 및 근대 계몽사상에 대한 건설적 의의는 더욱 컸다.

우리는 마테오리치가 이론상의 주요 원인에서 유학(특히 공자 철학)을 긍정하고 찬양한 것은 그가 이 철학이 자연이성 혹은 자연법칙에 부합하는 즉 유학은 정식 종교가 아니고 자연법칙의 기초 위에서 만들어진 철학(학파)이라고 믿는데 있다고 앞글에서 소개한 바 있다.

자연이성 혹은 자연법칙은 여기에서 연구할만한 가치가 있는 개념이다. 마테오리치가 생활하던 시대 유럽의 종교계 내부에서는 아우구스티누스[161]주의의 부활을 이론적 기초로 하는 개신교와 토마스 아퀴나스를 정통 신학이론으로 하는 구교간의 첨예한 싸움을 이미 경험하였다. 우리가 비록 아우구스티누스의 마테오리치 사상에 대한 영향을 부인할 수는 없으나 마테오리치가 이야기한 자연법칙은 주로 토마스 아퀴나스주의적 개념이다. 토마스 아퀴나스의 학설 중에서 자연법칙은 인간이 이성에 맞게 하느님의 영원법에 참여하고 품부 받는 것을 가리키며

---

[161] Aurelius Augustinus, 354~430. 고대 로마제국의 기독교 사상가, 철학자. 중세의 새로운 문화를 탄생하게 한 선구자로 유럽 중세기 기독교 신학. 교부철학의 대표적 인물. 저서로는 고백록, 삼위일체론이 있다.

"자연이성은 하느님의 영광이 사람의 몸 위에 남긴 흔적으로 우리는 선악의 판별을 자연이성의 빛에 의지한다." 그는 사람은 이로 인하여 무엇이 정의롭고 선한 가에 대하여 충분한 지식을 가지며 이로써 자신의 행동을 규범화 하고 자신의 이성에 근거하여 보편적 선으로 향할 수 있고 하느님의 진리를 충분히 인식할 수 있다고 생각하였다.[162] "인간은 하느님의 진리에 관하여 인식할 수 있는 자연적 경향을 가지고 있다."[163] 토마스 아퀴나스는 개혁적 방식으로 아리스토텔레스 철학을 운용할 때 이성이라는 개념을 끌어들였는데 그 목적은 계시신학과 자연과학 간의 관계를 조화하려는데 있었고 그 취지는 사람들로 하여금 인간은 계시를 통해서도 자연이성(천지만물과 인간사에 대한 관찰과 사고로부터)을 통해서도 하느님에 관한 "진리"를 얻을 수 있다고 믿게 하려는데 있었다. 마테오리치는 기본적으로 이러한 신학이론을 계승하였다. 그는 고대 중국인은 자연이성에 의거하여 하느님 진리에 관한 인식을 얻었고, 심지어 문왕, 공자는 이미 구원받았다면서(천당에 들어갔다 하였으나 후에 알레니는 복건에서 사대부에게 "문왕은 아마도 지옥에 갔을 것"이라고 이야기한다.) 다음과 같이 말한다.: "이 때문에 자연법에 따라 생활하던 허다한 옛 사람들이 구원을 받았고 최선을 다한 사람들은 언제나 하느님이 내려주시는 특별한 도움을 받을 수 있음을 무한히 자비로운 하느님께 희망할 수 있다."[164]

---

[162] Summa Theologiae, Ⅰ~Ⅱ, 94. 2.
[163] Summa Theologie, Question ⅩCⅠ, 2nd Articles. Great Traditions in Ethics, p.117, 이 책은 논평 자료집이다, 美國西北大學出版社1984年第5版

마테오리치 이후 이런 중국문화관은 근대 서양계몽사상가에게 직접적인 영향을 주었고 라이프니츠와 같은 근대 대철학자와 긴밀하게 내왕한 전교사 대다수는 마테오리치의 유학관을 직접적으로 수용하였다(마테오리치에 반대하던 니콜라스 롱고바르디 등은 제외). 그들의 본래 의도는 서양인에게 아래와 같이 믿게 하고자 하는 것이었다.: 유학에 적응하고 그와 더불어 조화하는 전교책략은 합당하고 정확한 것이다.; 중국인은 자연이성의 지도 아래 자연법칙에 따르는 선량한 도덕생활을 하고 있으며 또한 전교사의 귀화사업으로 분명 하느님 품에 안길 수 있다.

그러나 17, 8세기 일부 서양사상가는 서양사상 자체의 발전적 논리를 따르는 동시에 전교사의 중국 철학, 종교에 대한 소개에 근거하여 오히려 전교사들의 간절한 소망과는 완전히 상반되는 사상관념을 이끌어 내어 발전시켰다.

마테오리치 등 전교사의 소개에 의하면 중국인은 모두 그리스도 복음의 광명을 조금도 받은 적이 없는[165] 즉 계시신학에 대해 조금도 아는 바가 없음에도 중국 옛 사람들은 자연법칙에 따라 선량한 도덕생활을 하였고 또한 그 정치적 흥성과 발달로 말하자면 다른 나라들이 미치지 못하는 바로 문화 또한 매우 발달하였다. 그렇다면 이는 "온통 무신론자로 조성된 사회가 가능함"을 설명하며 바꿔 말해 사회발전은 종교가 없이도 가능하다

---

[164] 『全集』,第1冊, 80쪽
[165] 『全集』, 第1冊, 95쪽

는 이야기다. 이는 17세기 최후의 형이상학자이며 18세기 최고의 철학자인 베일培尔; Pierre Bayle(1647 - 1706)이 그의 저명한 저서 『역사비평사전歷史的批評的辭典』에서 보인 추론이다.[166] 베일은 중국의 이러한 실례를 빌어 종교의 권위를 낮추고 이성적 지위를 높임으로써[167] 이로부터 계몽운동의 시작을 위한 첫발을 내딛었다.

독일철학자 라이프니츠菜布尼玆(1646 - 1716)는 처음에 롱고바르디龍華民의 유학관을 받아들여서 중국인을 모두 무신론자로 생각하였다. 그러나 나중에 전교사 부베[168], 그리말디[169]와의 친밀한 교류를 통해 예수회 마테오리치 파에 서기 시작하면서 마테오리치를 대표로 하는 예수회전교사의 중국문화관을 받아들였고 당시 유럽에서 유학에 대해 가장 연구를 많이 하는 중국문화 찬성론자가 되었다. 그는 일찍이 공자를 중국철학자의 왕이라 칭하였으며 공자 이후의 중국인은 모두가 리理를 신으로 여기는 자연신론자自然神論者로 생각하였다. 이 자연신론은 중국인으로 하여금 가장 덕성 있는 민족이 되게 하였는데 비교연구를 거쳐 라이프니치는 아래와 같은 결론을 얻었다.: "누가 이전에 생각해본 적이 있었는가? 지구상에 이런 민족이 존재하고 있음

---

166 『馬克思恩格斯全集』第2卷, 162쪽
167 베일이 중국사상을 이해한 자료의 출처에 관하여는 朱謙之: 『中國哲學對于歐洲的影響』 204~206쪽 참조
168 중국명 白晉. P. Joachim Bouvet 1656~1730. 1687년 寧波에 도착하였다. 프랑스 예수회 전교사. 근대 중국과 서양의 문화 교류에 탁월한 공헌을 하였다. 자 明遠
169 중국명 閔明我 P.Philippus Maria Grimaldi 1639~1712. 1669년 중국에 왔다. 스페인 도미니크 수도사.

을. 이들은 모든 면에서 교양을 가진 민족이라 생각하는 우리보다 더욱 도덕적 수양을 갖추고 있지 않은가? 우리가 중국을 인식한 후로부터 그들에게서 이 점을 발견했는데 만일 우리가 수공업적 기능면에서 그 상하를 구분하기 어렵고 사변적 과학 분야에서 조금 낫다고 말한다면 실천철학방면, 곧 생활과 인류의 실제적 분야인 윤리학과 치국治國 학설 분야에서는 우리의 부족함이 여실히 드러난다."[170]

라이프니치는 서양 사회생활 가운데 죄악에 대해서는 살을 도려내듯 한 고통을 느꼈고 중국인의 이성에 부합하는 도덕규범은 그가 보기에 인류의 죄악을 구제하는 양약이었다[171].

이에 라이프니치는 아래와 같이 제창하였다.: "우리는 당연히 그들(중국인)의 실천철학과 이성에 부합하는 생활방식을 배워야 한다. 우리의 도덕이 급격히 쇠퇴하는 현실에 비추어 볼 때 나는 중국에서 전교사를 파견하여 우리에게 자연신학의 운영과 실천을 가르쳐야한다……매우 필요한 일이다."[172]

라이프니치 철학의 신봉자 울프沃爾夫; Wolfe는 이러한 중국문화관을 진일보 발전시켰다. 라이프니치는 늘 선을 표준으로 중국문화를 평가하고 찬미하였으나 울프는 참[眞]을 표준으로 삼았다. 그는 "철학의 진정한 기초는 인류이성의 자연성과 서로 일치하는 것으로 인류이성의 자연성과 어긋나는 것은 진정한

---

170 菜布尼玆: 『〈中國近事〉序言: 以中國最近情況闡釋我們時代的歷史』, 『德國史想家論中國』, 南京: 江蘇人民出版社 1989年 4~5쪽
171 위와 같음
172 위의 책 9쪽

기초라고 볼 수 없고 그것은 허위다."라고 주장하였다. "자신이 기초를 가진 것을 포함하면 곧 진이고 자신이 기초를 가진 것을 포함하지 않으면 곧 허위이니 이 시금석으로 판단한다면 중국 철학의 기초는 그 커다란 진[大眞]을 가지고 있다."¹⁷³ 울프는 중국인이 신의 계시에 의지하지 않고 다만 자신의 이성적 역량을 숭상하는 이러한 생활태도를 높이 평가하였다. 그는 이러한 생활태도는 중국인의 행위가 "습관에서 비롯되지 않고, 주재자[主宰]에 대한 두려움에서 비롯되지 않고, 개인의 자유의지에서 비롯되므로" "중국인의 행위는 완전한 자연 권력을 포함하고 있으나 우리 유럽인의 행위 중에서는 이러한 권력이 조금 존재하고 있을 뿐"¹⁷⁴이라고 주장하였다.

객관적으로 말해서 라이프니츠와 울프의 중국철학과 사회 상황에 대한 찬미는 모두가 현저히 과장되거나 상상적인 색채를 띠고 있으며 그들 마음속의 중국에 대한 형상은 모두 마테오 리치 등 제1세대 중국에 온 전교사로부터 영향을 받아 유럽인의 마음속에 형성된 것이다. 그들의 중국철학에 대한 긍정적 이해, 평가 또한 정확한 것은 아니며 심지어 오해한 부분도 있겠으나 그들의 목적은 나무랄 바가 없다.: 그들 상상 속에 이상화된 중국을 빌어서 인성人性을 노래하고 이성과 인간의 권력을 찬미하였다.

프랑스 백과전서파百科全書派¹⁷⁵에 이르러서도 또한 조금씩

---

173 沃尔夫:『中國人道德學的演講』,『德國史想家論中國』 32~34쪽
174 『德國史想家論中國』 40쪽, 42쪽
175 18세기 프랑스 계몽사상가들이 『백과전서』를 편찬하는 과정 중에서 형성한 집

중국철학, 종교사상을 빌려서 서양종교의 허위성을 비판하였고 중국 철학언어, 구호를 빌리거나 심지어 공자를 수호신으로 삼아 계몽운동의 발전을 위한 공헌에 이바지하였다.(이에 관하여는 이미 많은 사람들이 논술하였으므로 여기서는 중복해 말하지 않는다.)

이 시기의 역사에 대하여 미국학자 페어뱅크費正淸; John King Fairbank(1907 – 1991)가 비교적 객관적으로 냉정히 서술한 바 있다.: "19세기 계몽운동가들(18세기이어야 한다. 작자 주)의 이러한 중국관은 이차적이고, 이상화된 것으로 그것은 후일 시장을 열고 들어와 철학에 흥미를 느끼지 못하던 상인과 영사領事의 비방에 의해 난폭하게 분쇄되었다."[176] 유럽중심주의 또한 바로 이러한 상인과 영사들의 비방 가운데에서 서서히 자라기 시작하였다.

우리가 여기에서 이 시기와 낯설지 않은 역사를 거듭 이야기하는 목적은 아래의 문제를 설명하기 위해서이다.:

1. 두 이질적 문화전통(특히 철학사상) 간의 소통, 이해는 그 매체의 주관적 의도가 어떻든 간에 반드시 매체 그 자체를 초월하는 더욱 큰 범위 안에서 건설적인 전파, 해석과 운용을 이끌어낸다.; 예수회전교사가 서양인에게 소개한 것은 의심할 바 없이 중국 봉건문화 중의 일부 사상적 요소였지만 그러나 그것은 객관적으로 자산계급이 상승하는 시기의 계몽사상에 이성정신

단.
[176] 費正淸:『美國與中國』,北京: 商務印書館 1989年, 113쪽

으로 충만한 재료를 제공하였다.[177] 이는 이질문화간의 상호해석과 운용이 민감한 창조성으로 충만 될 수 있다면 그 객관적 의의는 예상하기 어려울 테고 그것은 어느 정도 새로운 시대의 탄생을 촉진할 수 있음을 표명한다.

   2. 예수회의 본질은 의심할 바가 없이 종교개혁을 반대하는 것이었으나 마테오리치 등을 대표로 하는 예수회전교사의 소위 이교문화로서의 중국철학에 대한 관용적 해석과 호의적인 소개는[178] 객관적으로 서양 계몽사상가들이 창조적으로 중국철학을 빌려서 사용하는 전제가 되었음은 의심할 바 없다. 그들은 서양인에게 정치가 발전하고 문화가 발달하였으며 국력이 강성한 중국의 형상을 심어주었다. 이는 중국에 관한 정보를 수집하여 마침내 무력으로 중국을 정복코자 했던 식민주의자에 대하여도 의심할 바 없는 각성제였다. 이런 의의로 봤을 때 우리는 마테오리치 등의 사람은 인류문명발전사에서 마땅히 합당한 지위에 있어야한다고 말해야 할 것이다.

   3. 계몽시대 사상가가 봉건문화로서의 중국철학을 운영하여 그들의 사상관념을 창조적으로 논증, 발전시켰다면 우리는 일부 중국의 선진적 사대부가 전교사가 들여온 중세의 서양 종교사상 및 완전히 근대화되지 않은 과학을 이용하여 중국 문화

---

[177] 埃里克.夏普(Eric. J. Sharpe)가 『比較宗敎學史』에서 객관적으로 제시한 관점, 上海: 上海人民出版社1988년, 19쪽. 이 책의 역자는 Matteo Ricci를 馬特奧.里西로 직역하였는데 기존의 번역인 利瑪竇로 하는 것이 적당할 듯하다.

[178] 마테오리치는 일찍이 편지에서 중국인을 이교도, 천주의 원수라고 불렀는데 이것은 그가 처음 중국에 들어왔을 때의 태도였고 이후로는 거의 이와 같이 중국인을 부르지 않았다. 『全集』 第3冊, 77쪽, 1585년 11월 10일 나포리의 마르세유(馬塞利) 신부에게 보낸 서신

사상과 과학의 발전에 유리한 공헌을 해냈음을 발견할 때, 또한 이를 해석하기 어렵다고 생각해서는 안 될 것이다.

4. 비교종교학자들이 마테오리치의 중국철학, 종교에 대한 해석 작업이 비교종교학의 효시라고 보았을 때[179] 우리는 마테오리치의 중국문화에 대한 태도가 서양 중심주의와는 비교적 융합하기 어렵거나 혹은 서양 중심주의에 대하여 비판적 요소를 띄고 있다고 말할 수 있을 것 같다. 비교종교학의 전제는 곧 어떠한 문화중심론에 대한 배척(연구자들이 이 점에 도달하였는지 안 했는지를 막론하고)이며 그 경향은 문화가치의 다원론이다. 19세기 서양 중심주의자의 중국문화에 대한 비난(헤겔을 포함)이 동, 서양 사회경제, 정치발전의 불균형으로 인한 직접적 결과이기는 하지만 아래에서 서술하고 있는 사실과도 무관하지만은 않다: 당시 서양의 총과 대포를 뒤따르던 전교사들은 "한 손에 칼을 한 손에 복음서를 들었으며" 그들 대부분이 중국문화의 깊은 연구를 거절한 가운데 소수 전교사만이 마테오리치 시대의 평화, 평등사상, 문화교류의 의의를 지니고 있었다. 중국 및 그 모든 것 또한 "상인과 영사들"의 난폭한 비방에 맡겨질 수밖에 없었다. 일찍이 마테오리치는 중국은 유럽과 접촉하기 전 이미 사람들로 하여금 흠모케 할 문명을 드러내 발전시켰다고 생각했으나 후에 금교禁敎로 인하여 친중국적 예수회전교사의 보고서는 사라져 다시는 나오지 않았고 또한 유럽인은 중국, 인도를 확장의 대상으로 보았기 때문에 초기 서양 중심주의자들

---

[179] 埃里克,,夏普(Eric. J. Sharpe):『比較宗敎學史』19쪽

은 일부 신뢰할 수 없는 보고서에 근거하여 중국은 "인류의 사유능력……정체되어 앞으로 나아가지 못하는 수치스런 상황에 빠져 있다"(콩도르새[180]의 말) 하였고 "이 나라 현재의 정황과 우리가 아는 고대의 정황은 똑같으니 이러한 의미로 말한다면 중국은 역사가 없다."(헤겔의 말) 하였으며 "유럽에서만 인류의 생활이 진정한 역사를 갖추었고 중국, 인도와 미주의 인디언들은 모두가 진정한 역사진보가 없고 어떤 것은 단지 정체, 불변하는 문화일 뿐"[181]이라고 하였다. 19세기 후기와 20세기 서양 중심주의자들도 마찬가지로 이러한 중국역사에는 발전이 없다는 관점을 견지하였다. 더욱 진일보하여 "정체하여 발전하지 못하고 깊은 잠에서 깨어나지 않는 중국"은 "활력으로 충만 되고 역사의 변화를 가득 실은 서양이 그를 역사의 변화가 없는 불행한 사태로부터 구원해 주는 것이 필요하다."[182]면서 중국으로 하여금 발전 없는 전통사회에서 근대사회로 나아가게 하였다고 보았다. 마테오리치의 중국사회, 과학 등은 자신의 발전역사를 가지고 있다고 생각하는 관점 및 그의 유학에 대한 해석, 평가는 서양중심주의와는 구별된다고 말해야 할 것이다. 당연히 마테오리치를 대표로 하는 예수회도 초자연적인 종교로서 중국철학

---

[180] 孔多塞; Marquis de Condorcet(1743~1794) 18세기 프랑스 철학자, 수학자, 정치가
[181] 柯文(Paul A. Cohen): 『在中國發現歷史:中國中心觀在美的興起』, 北京: 中華書局 1989年, 46~47쪽
[182] 위의 책 45쪽. "충격-반응", "전통-근대". "제국주의" 등 서양 중심주의 태도로써 중국 근대사를 연구하는 양식은 근래 미국 일부 학자들의 호된 비판을 받았고, 코헨 저작의 "중국 중심관"에 대한 연구양식은 총론적이고 긍정적 평가를 보였다.

의 "부족"을 보완하고 심지어 어떤 면에서는 대체하기를 희망하였는데, 그러나 만일 우리가 이런 목적을 종교적 배타성의 범위 내로 한정시킨다면 더욱 적절한 것일 수도 있다.

2. 조화(調和)와 부회(附會)

1) 퇴화사관

마테오리치는 실제로 서양인들에게 중국 사회와 과학은 그 스스로 진보의 과정을 거쳤고 뿐만 아니라 이러한 진보는 유럽과의 교류가 없던 상황에서 얻은 것이었음을 인정하였다. 그러나 이런 발전적 관념이 그가 이론상 기독교와 유학 중의 퇴화사관을 조화시킴으로써 유학중국의 국가적 상황과 사대부의 사유방식에 적응하는 데 결코 방애가 되지는 않았다.

마테오리치가 중국에서 활동한 기간은 만력 중후기로 이 시기 유럽은 종교상의 대분열을 경험하였거나 이미 경험하고 있었으며 "라틴 기독교세계의 통일은 이미 깨어졌다." 마테오리치의 조국 이태리의 정치는 장기간 "뒤얽혀져 복잡한 거미줄처럼 되었으며 각종 음모와 모략으로 가득한 미궁이 되어버렸다."[183] 16세기 20년대 말(1527), 로마는 역사상 유례가 없는 굴욕적 약탈을 당하였다.[184] 유럽의 혼란과 불안에 비하여 일체화된 중국

---

[183] 두 인용문은 帕爾默(R. R. Palmer), 科爾頓(Joel Colton) 공저 『近現代世界史』上卷, 北京: 商務印書館1988年, 109, 77쪽에 보인다.

은 마테오리치가 보기에 정치문화가 발달한 하나의 커다란 화원과 같이 보였겠으나 명제국은 실제로 이미 쇠락한 모습을 드러내고 있었다. 관직이 형부시랑刑部侍郎에 이르렀던 사상가 여곤呂坤은 매우 전형적으로 제국 내부의 사회위기를 의식하고 그 정세에 대해 말하기를 "민심은 폭탄과 같아서 조금만 눌러도 맹렬한 화염이 하늘을 진동시킬 듯하다.; 국세는 문드러진 오이와 같아서 손이 한번만 움직여도 진액이 흘러 바닥에 찰 듯하다."[185] 고 하였다. 여곤의 말은 결코 과장된 말이 아니다. 당시 조정은 재정상의 원인으로, 환관을 광감세리鑛監稅使로 삼아 사방으로 파견하고 백성의 재산을 수탈하였는데 이는 객관적으로 신흥 생산요소의 발전을 저애하였고 동시에 민란이 끊임없이 일어나 민심과 국세는 이미 피폐하여 되돌릴 수 없는 지경이 되었다. 사회생활의 기타 영역 역시 위기가 도처에 잠복하였고 사대부들은 그들이 가장 중히 여긴 도덕생활 중에 부패가 만연했다고 생각하였으며(실제로는 시민 생활방식의 영향이 광범하게 스며들었을 수 있다.), 학풍 역시 공허한 중에서 극단으로 향하는 추세였다. 조금 뒤 환관이 전권하여 제국의 내부는 이미 활력을 잃게 되었고 농민봉기와 외족의 침략에 의해 끝내 멸망하고 말았다. "하늘이 무너지고 땅이 가라앉다.[天崩地陷]", "하늘이 기울고 땅이 갈라진다.[天傾地裂]"란 말은 사대부들이 보편적으로 받

---

[184] 1527년 5월6일 로마를 침략한 신성로마제국의 일부 군대가 통제를 벗어나 무차별적으로 로마를 약탈한 사건.
[185] 呂知畏編刻『去僞齋集』卷5『答孫月峰』, 여곤이 이 서신을 쓸 때 마테오리치는 남창에 있었다.

아들인 명말 국세를 이야기하는 통절한 논설이 되었다.

국운의 쇠퇴는 일부 사대부로 하여금 신화와 같은 삼대의 통치를 더욱 동경하게 하였고 서광계도 당우삼대唐虞三代[186]를 정치, 과학, 군사적 실천이 도달하고자하는 사회정치의 이상으로 여겼다.[187] 이러한 표면상 적극적인 이상과 동경의 배후에는 실제로 옛 문화를 높여 소중히 여기는 숭고崇古 퇴화사관이 은밀히 내포하고 있다. 이러한 역사관은 기원이 선진先秦시기의 제자백가로 거슬러 올라가며 유가의 존고尊古이론을 포괄한다. 그때의 사상가 대부분은 갑옷과 병기를 쓰지 않고도 잘 통치되었다는 삼황오제[188]의 "지치지극至治之極" 환상[189]이 매달렸는데 이를 빌려서 현실생활 중의 폭력과 분란을 비판하며 고대의 권위를 자기학설의 근거로 삼았다. 송대에 이르러 소옹邵雍의 『황극경세皇極經世』는 다시 존고론 퇴화사관에 기초한 철학적 근거를 만들었다.[190] 퇴화사관의 핵심관념은 "인류의 황금시대는 과거에 있었지 미래에는 없다. 황금시대가 지난 뒤의 역사운동은 끊임없이 점차적으로 퇴화하는 운동이기 때문에 인류의 구원은 새로운 것을 만드는 창신創新에 있지 않고 과거로 돌아가는 복고復古에 있다"[191]고 주장한다.

---

186 唐堯, 虞舜과 夏,商,周 三代

187 徐光啓: 『辨學章疏』, 王重民輯校 『徐光啓集』下冊, 上海:上海古籍出版社, 1984年, 433쪽

188 三皇은 중국 고대 전설에 나오는 세 임금으로 천황씨, 지황씨, 인황씨 설과 복희, 신농, 황제로 보는 설이 있다. 五帝는 중국 고대 전설상의 다섯 성군으로 황제, 전욱, 제곡, 요, 순 설과 소호, 전욱, 제곡, 요, 순이라는 설이 있다.

189 丁山:『中國古代宗教神話』 205~207쪽

190 馮友蘭:『中國哲學簡史』, 北京: 北京大學出版社1985年, 318쪽

천주교 창세설 중의 역사관과 유학 중의 퇴화사관은 본질적으로 유사한 면을 가지고 있다. 하느님은 무에서 세상을 창조하였고 자기의 형상에 따라 인간을 창조하였으며 인류의 원조 아담과 하와는 최초에 낙원에서 살았으나 지혜의 과일을 몰래 따먹었기 때문에 분노한 하느님에 의해 낙원에서 쫓겨났던 것이다. 인류역사는 이로 인하여 타락한 자의 구속救贖을 청하는 역사가 되었다. 마테오리치 시대 신학 중에서 유행한 신학사관은 역사는 본질상 하나의 부단한 계시의 과정이며 또한 천주는 "성교性教(모든 사람에게 보편적으로)", "서교書敎(모세 오경을 통하여)", "은교恩敎(예수그리스도의 은총을 통하여)로써 인류 역사를 계시하신다고 생각하였다.[192]

천주교 신학사관은 마테오리치에게 교리에 어긋나지 않는 정황 아래서 유학사관에 조화하는 편의를 제공하였고 마테오리치가 스스로 깨달은 조화는 무엇보다 먼저 그의 사대부에 대한 숭고사상의 이해를 전제로 하였다. 우순희에게 보낸 서신에서 마테오리치는 이러한 숭고 사상을 이용하여 불교를 비판, 배척하면서 천주교의 사회적 기능을 선양하였다.:

> "불교가 중국에 들어온 지 2천 년, 사원은 서로 마주보고 승려는 길에 넘치나 귀국의 인심과 사회 풍조는 요순 삼대보다

---

[191] 위의 책 188쪽
[192] 마테오리치 등이 이 계시 과정을 중문으로 "性教", "書敎", "恩敎"라고 서술하였고 양정균 등은 이 관념을 받아들였다. 『代疑續篇』 2쪽, 『我存文庫』 第7種, 浙江正楷書局, 1936年版, 2쪽. 上海圖書館, 浙江省圖書館 소장.

못합니다. 매번 선비들은 말하기를 오히려 지금은 옛날만 같지 못하다고 합니다. 우리나라는 천주교를 받든 이래 천육백년 사이 풍속을 자랑할 만 하여도 감히 두려워서 책으로 남기지 않았습니다.……"193

사대부와 말을 주고받는 중에서 마테오리치는 또한 힘써 현세의 고통을 과장하였고 아울러 현세의 고통은 하느님과의 약속을 어긴 원죄와 한 사람 한 사람마다 현실생활 중의 새로운 죄에서 기원하며 동시에 지금은 옛날만 같지 못하다는 퇴화사관을 선양하였다. 서광계와의 대화 중에서 마테오리치는 상술한 인용문 중 사대부의 "지금은 옛날만 같지 못하다."는 이러한 관념에 대한 인용과 이용을 바꾸어 기독교 신학사관에 대한 주관적인 선양으로 처리하였다.: "그대는 세상이 더욱 바닥으로 떨어지고 습속이 더욱 타락하는 것을 보지 못하십니까? 아버지 세대는 선조 세대보다 못하고 나를 낳은 세대는 할아버지 세대보다 못하니 내 이후로 이롭지 못할 자는 후손입니다. 사람은 허물을 더하고 하늘은 벌을 더하니 선하지 못한 자는 재앙을 입을 것입니다."194 여기서 이야기하는 퇴화는 도덕영역에 한정되었으나 이는 곧 사대부가 가장 관심을 가진 영역이었으니 일반적으로 도덕화道德化적 사유방식이 사대부들로 하여금 도덕은

---

193 且佛入中國旣二千年矣,琳宮相望,僧尼載道,而上國人心世道,未見其勝于唐虞三代也. 每見學士稱述,反云 今不如古. 若敝鄉自奉敎以來,千六百年中間習俗,恐涉夸詡未敢備著……『辨學遺牘』陳垣校刊本, 3쪽

194 『畸人十篇』, 臺灣影印『天學初函』本, 臺北:臺灣學生書局, 1978年, 140쪽

정치 및 전체 사회생활과 더불어 가장 밀접히 관계하는 것이라 인식하게 하였기 때문이다.

유학에서 퇴화사관과 복고, 숭고사상은 본래 상호 관련된 것이다. 마테오리치는 역사의 퇴화가 일부 사대부의 상고정치와 문화사상에 대한 흥취 내지 경모와 존숭을 환기시킬 수 있다고 강조하였다. 마테오리치가 보기에 "고유古儒" 중에는 그가 사대부들에게 힘써 전도하고자 하는 하느님의 "진리"가 포함되어 있었다. 이처럼 고유에 호소하는 일은 곧 마테오리치가 중국본토 사상에 적응하기 위해 반드시 거쳐야 할 길이 되었다. - 당연히 이는 조화방법 중 하나일 뿐이다.

그러나 고유의 권위성이 명말 모든 사대부에게 흡인력과 믿음을 주었던 것은 아니다. 이때의 사상계는 이미 이상異常적으로 활발한 기상을 표출하고 있었는데 우리가 이야기하는 명말 비판사조 중에서 성인의 도는 이미 알게 모르게 그 장엄과 위력을 상실하였다. 마테오리치와 가깝게 접촉하였던 이지는 대표적 주요인물의 한 사람으로 시비와 표준을 토론할 때 전삼대前三代에 대하여는 제쳐두고 논하지 않는 태도였으나 공자의 시비로써 시비를 가리는 것에는 반대하였다. 그는 다음과 같이 말한다.: "전삼대를 나는 논하지 않겠다.; 후삼대는 한당송漢唐宋으로 그 사이 천 수 백년에서만 유독 시비를 가리지 않으니 어찌 그 사람들에게 시비를 가리려는 마음이 없어서이었겠는가? 모두가 공자의 시비로써 시비를 가리니 시비가 없을 뿐이다……무릇 시비의 다툼은 계절이 바뀌고, 낮과 밤이 갈마들 듯 일치하는 것이 아니다. 어제는 옳지만 오늘은 그르고 오늘은 그르나 내일은 옳을 수도 있다. 공자가 지금 다시 살아난다 해도 또한 어떠한 시비를 만들지는 모를 일이다."¹⁹⁵ 고대의 권위에 대한 회의는 이지의 정신적 특질의 하나가 되었는데 그의 글은 이러한 특질을 매우 뛰어나게 개괄하였다.: "배우는 사람이 의심치 않으면 이를 큰 병이라 하니 다만 의심하고 자꾸 깨뜨려야한다. 그러므로 의심을 깨뜨린 즉 깨닫게 된다."¹⁹⁶ "의심"은 이지로 하여금 도道에 반기를 드는 사상가가 되게 하였다.

명말 각종 사상의 활약은 고유가 일부 사대부들에게 서광계, 양정균이 고유를 대하던 것과 같은 권위성과 흡인력을 갖게 하지는 못했다. 일방적으로 고유에 호소하여 사대부들로 하여금 숭고, 복고의 분위기 속에서 고유 경서 중 상제의 품안으로 들게 한다는 것은 보편적이고 효과적인 방법이 되지 못하였다. 마테오리치는 유학과 조화할 때 한편으로는 고대 유가경전에 호소하였고 다른 한편으로는 중국인이 "자연이성"을 지니고 있다는 깊은 믿음을 통하여 사대부들에게 하느님[上帝]에 관한 "진리"를 이야기하였다. 후자의 방법을 채용할 때 그는 맨 먼저 고대 희랍과 중세의 일부 철학사상, 사유방법을 중국인에게 소개하였다.

2) 영혼과 육체·천당과 지옥

서양 중세의 전형적 특징은 대립으로 충만 되었으니 "승려와 속인의 이원 대립, 라틴족과 튜튼족의 이원대립, 천국과 지상의

---

195 李贄:『藏書.世紀列傳總目前論』
196 李贄:『焚書』卷4『觀音問.答澹然師』

대립, 영혼과 육체의 이원대립 등등이 있다."[197] 일찍이 영혼불멸 및 그것과 감각세계(육체)와의 대립을 논증한 희랍인은 철학자 플라톤인데 차별과 대립을 특징으로 하는 세계관은 이교도로서의 희랍인을 매우 용이하게 기독교도가 되게 하였고 동시에 매우 용이하게 그 철학을 중세 철학의 이론적 기초가 되게 만들었다. 하지만 "이교도"로서의 중국인은 이러한 대립에 비교적 생소하였다. 그러나 영혼과 육체, 천당과 지옥의 대립은 천주교에서는 지극히 중요한 교리로 핵심관념의 하나라고까지 말할 수 있으며(당연히 "천주"가 가장 중요) 그들은 영혼이 구원받는 궁극적 관심終極關切(ultimate concern) 및 상선벌악이란 신학도덕의 기초이기도하다. 『천주실의』 제3편에서는 말한다.: "사람의 영혼은 정신[神]이며 소멸될 수 없다고 말하는 것입니다. 이런 (영혼불멸의) 이치[理]가 있기 때문에 실제로 (사람들이) 도리를 닦아야 하는 기반이 되는 것입니다."[198] 마테오리치는 이러한 교리의 중요성을 그 자신의 중문저작 가운데서 명확하게 서술하였고 이런 중요성을 이해하지 못하는 중국인에 대하여는 부득이 유학에 부회하는 기초 위에서 사대부들에게 주입하려고 노력하는 수밖에 없었다.

확실히, 이러한 주입은 여전히 선명한 마테오리치(조화)적 색채를 지니고 있었고 중세 승려의 각고수행과 금욕주의적인 그러한 영혼과 육체의 긴장된 대립이 마테오리치의 중문저작에

---

[197] 羅素(러셀): 『西洋哲學史』 上卷 377쪽
[198] 서울대학교출판부 『천주실의』 138쪽 참조

서 적지 않게 보일지라도 그러나 그는 중국 선비에게 영혼의 존재와 그 불멸의 증명에 더욱 많은 주의력을 기울였으며 그리고 이러한 증명은 "인간이 하는 일로 말미암아 증명하였습니다."[199] 라는 말과 같이, 계시신학에 호소치 않고 유가경전 중에서 부회성附會性의 증거를 찾으려 진력하였다.

    토마스 아퀴나스의 정통신학이론 중에서, 인간은 물질적 신체와 정신적 영혼의 실체를 가졌고 영혼은 곧 인간의 본질형식이다. 중국어에서 이성영혼理性靈魂에 상응되는 개념을 찾기는 쉽지 않다. 마테오리치는 정령精靈 혹은 인혼人魂(사람의 혼) 혹은 영재靈才(이성적 재능)를 이성영혼이라 일컬었다. 확실히 혼을 불사의 정신실체인 이성영혼이라고 칭하는 것은 모험적이기도 하다. 유학에서 혼과 기는 나눌 수 없는 것으로『예기禮記.교특생郊特牲』에서는 말하기를 사람이 죽은 뒤, "혼기魂氣는 하늘로 돌아가고, 형백形魄은 땅으로 돌아간다."[200]고 하였다. 주희는 리理가 먼저이고 기氣가 나중이라 주장하면서 사람은 리를 얻으므로 삶이 있다고 하였다. 그러나 혼은 그에게 있어 아직 이성적 실체가 아니었으므로 "기는 혼이라 하고 체體는 백魄이라고 한다. 사람은 많은 기를 가지고 있지만 반드시 (그 기가) 다하는 때가 있다. (기가) 다하게 되면 혼기는 하늘로 돌아가고, 형백은 땅으로 돌아가서 죽게 된다."[201]고 하였다. 기와 백은 주로 지각

---

199 『天主實義』第4篇 182쪽 *위의 책 164쪽 참조 전문은 "인간이 하는 일로 말미암아 인간이란 흩어져 없어질 수 없는 영혼을 가지고 있음을 증명하였습니다."이다.
200 魂氣歸于天 形魄歸于地 *혼기는 혼령을 형백은 형체와 형체에 붙어 나타나는 정신을 말한다.
201 『朱子語類』권3-19 *소나무판『주자어류』참조. 이후 나오는『주자어류』역해

하고 움직이는 것과 상관이 있다.: "지각하고 움직이는 것은 양陽의 작용이고"[202] 그것은 종래 한번은 흩어지니 이로 인하여 또한 죽지 않고 영원한 것이 아니다. 마테오리치는 중국 선비로 하여금 갑자기 너무도 강렬한 감정을 느끼지 않게 하기 위해 혼백이라는 개념을 채택하였다.: "사람은 혼과 백이 있습니다. 이 둘이 온전하면 살아있는 것입니다." 여기에서 백은 형백形魄을 가리키는데 사람이 "죽으면 백은 흩어지고 변하여 흙으로 돌아가고 혼은 늘 있으면서 없어지지 않습니다."[203]라고 하였다. 혼은 이성영혼으로 그것은 식물의 생혼生魂과 동물의 각혼覺魂을 포함하고 있으며 또한 "사람(몸)의 성장과 발육을 돕고, 사람으로 하여금 사물의 실상을 지각하게 하며, 또한 사람들로 하여금 사물들을 추론하게 하여, 이치와 의리를 명백하게 분석할 수 있게 합니다."[204] 라고 하였다.

『천주실의』에서 마테오리치는 중국인에게 이러한 이성영혼의 존재와 그 영원함을 증명하려고 많은 지면을 할애하였다.

마테오리치는 사람으로 하여금 동물과 구별 짓게 하는 것은 바로 영혼으로 즉, "사람의 영혼은 정신이지만 동물(의 혼)은 그렇지 않음"[205]을 누차 강조하였다. 사람은 보편적 이치[公理]가 명하는 바를 따를 수 있기 때문에, 무형의 사물을 좋아하고 싫

구절은 본서의 내용을 따름
[202] 『朱子語類』卷3
[203] 『天主實義』第3篇 144쪽 *서울대학교출판부 『천주실의』 123쪽 참조
[204] 위와 같음 *위의 책 124쪽 참조
[205] 『天主實義』第3篇 *위의 책 129쪽 참조

어 할 수 있다. - 초자연, 초감각 사물로써 좋아하고 싫어하는 대상을 삼아, 사물의 형태를 벗어나 추상적 관념을 형성할 수 있고, 귀신과 여러 무형한 것들의 본성[性]을 분명히 인식할 수 있고(眞, 善 같은 것), 자기를 인식할 수 있으며, 자아인식을 가지고 있는 것들("자기 자신에게 돌이켜 보아서 자기 본성의 모습을 명백하게 이해할 수 있다"[206]) 모두를 사람으로 하여금 동물과 구별케 하는 이성영혼의 존재로 설명하였다.

의심할 바가 없이, 이런 증명에는 사대부에게 익숙지 않은 많은 이질적 철학사상과 관념이 존재하는데 그 내용의 기초는 바로 고대 희랍철학에서의 감각세계와 추상적 이념세계의 구별과 대립이다. 동시에 마테오리치의 증명은 또한 중국인에게 하나의 새로운 철학적 임무를 제기하였다.: 자기를 인식함. - 도덕적 반성뿐이 아니고 자기 이성영혼의 본질을 인식함이다. 마테오리치 사후 14년, 서광계는 아직도 이 임무를 잊지 않고 전교사 프란체스코 삼비아소畢方濟의 구술을 통한 『영언여작靈言蠡勺』을 번역하여 간행하였는데 아니마(영혼)[207]의 본성을 인식하고 아니마의 존숭을 논하였다. 서광계는 마테오리치부터 프란체스코 삼비아소 등 전교사에 이르기까지 이들이 주입한 이러한 이질적 철학사상을 의심 없이 수용하였는데 즉 "자기 인식을 (이성영혼의 본성) 세상 사람들의 백 천만 가지 학문의 근원으로 생각하였고 사람마다 마땅히 가장 중히 여겨야할 것으로 간주

---

[206] 『天主實義』 150~156쪽(第3篇) *위의 책 137~138쪽 참조
[207] 亞尼瑪. Anima 라틴어로 혼을 의미한다.

하였다."²⁰⁸

마테오리치의 이성영혼의 존재에 대한 증명이 많은 철학적 의미(당연히 주로 중세 스콜라철학 중에 포함된 희랍사상)를 띠고 있다면 그의 영혼불멸에 대한 증명은 신학 도덕적 색채를 더욱 많이 띠고 있다.

마테오리치는 세상의 모든 사물은 불, 공기, 물, 흙 네 원소가 서로 결합하여 생성되었는데 이 네 원소의 모순운동(서로 모순되고 서로 해치는)으로 사물은 모두 부서지고 없어지게 되나 영혼은 즉 정신적 실체에 속하고 (물질적인) 네 원소들과는 관계 없는 단일 실체이기 때문에 죽지 않는다고 생각하였다.²⁰⁹ 이 논증은 플라톤『파이돈Phaidon; 斐多編』²¹⁰의 철학논증을 취한 것이 틀림없으나 이러한 형이상학적 철학논증이 마테오리치가 논증하려는 핵심의 전부는 아니다. 많은 지면을 차지한 것은 여전히 경험사실로부터 출발하거나 혹은 도덕으로부터 출발한 논증이다.: 사람의 마음(人心)은 모두 좋은 이름을 전파하고자 하며 (죽고 난 다음에) 나쁜 평판을 남기는 것을 꺼린다.; 사람은 오래 사는 것을 바라고 애착하며 또한 내세의 진복을 바라고 기구한다.; 사람의 마음은 현세 사물로부터 만족을 얻기가 어렵다; 사람은 본성적으로 죽음을 두려워한다.; 선악의 인과응보와 현세에서 만들어지는 업보의 불공평(천주께서는 일단 그가 죽기를 기다렸다가 착한 영혼을 택하여 상을 주고, 그 악한 영혼을 택하여 벌

---

208 『靈言蠡勺』引, 徐宗澤:『明淸間耶蘇會士譯著提要』, 201쪽
209 『天主實義』第3篇 148쪽 *서울대학교출판부『천주실의』128쪽, 138쪽 참조
210 플라톤 저서 중의 하나로 주로 영혼불멸과 이데아론을 전개하였다.

을 주신다.)²¹¹, 모두가 마테오리치에 의해 영혼은 불멸하다는 경험사실(사실은 주로 심리현상들이다.)을 증명하고자 하는 논증이 되었다. 주의할 점은 첫 번째 증명 중에서 (사람의 마음은 모두 좋은 이름을 전하고자 한다.) 마테오리치는 중국인의 조상제사 습속으로써 영혼불멸을 증명하였다.:

"저들 효성스런 아들과 사랑스런 자손들이 중국의 고례古禮에 (따라서) 제 계절(마다) 그 조상의 사당을 보수하고 그 의복을 차려놓고 그 계절의 음식을 올려서 돌아가신 부모님을 기쁘게 합니다. 만약 그 (부모의) 육신[形]과 정신[神]이 모두 없어져서 (그 혼령들이) 우리(인간)들이 고하는 애도의 말을 들을 수 없고 우리(인간)들이 머리를 조아리며 절하는 것도 볼 수 없고 우리(인간)들이 '죽은 이 섬기기를 산 이를 섬기듯이 하고, 없는 이 섬기기를 생존한 이 섬기듯이 한다.'²¹²라는 (효성의) 마음을 알지 못한다고 한다면, 진실로 나라의 임금으로부터 서인庶人에 이르는 '중대한 의례[大禮]가 아니라 바로 어린아이들의 공허한 놀이일 뿐입니다."²¹³

여기에서 마테오리치는 중국인 조상제사 예禮의 전제는 영

---

211 『天主實義』第3篇 158~166쪽 *서울대학교출판부 『천주실의』 138~145쪽 참조
212 『中庸』事死如事生 事亡如事存
213 彼孝子慈孫, 中國之古禮四季修其祖廟, 設其裳衣, 薦其時食, 以說考妣, 使其形神盡亡, 不能聽吾告哀, 視吾稽顙, 知吾'事死如事生, 事亡如事存'之心, 則固非自國君至于庶人大禮, 乃童子空戲耳 『天主實義』第3篇 160쪽 *서울대학교출판부 『천주실의』 140쪽 참조

혼불사를 인정하는 것이고 영혼이 죽지 않기 때문에 조상은 비로소 "내가 슬피 고하는 소리를 들을 수 있다"고 생각하였으니 이러한 친근한 생활현상으로 심원한 신학적 결론(영혼불멸)을 증명하는 방법이 아마도 일부 사대부들로 하여금 손쉽게 천주교교리를 이해하고 받아들이게 했을지도 모른다. 그러나 정주이학程朱理學에 깊이 빠져 들어간 사대부에 대해 말한다면 분명히 이런 효과를 얻을 수는 없었다. 주희는 조상제사 전례를 위한 철학적 이론의 기초를 제공할 때에 아래와 같이 논술하였다.: "세대가 먼 선조는 그 기가 있는지 없는지 알 수 없다. 그러나 제사를 지내는 사람이 그의 자손이라면 결국 같은 기이기 때문에 감응하여 통하는 이치가 있다."214 사람의 조상제사란 죽은 이를 생각하는 뜻과 사모하는 마음이 쌓여 이루어지는 것이라 할 수 있는데215 그 전제는 이 "감격의 이치216"가 있기 때문이다. 사람이 죽어서 령이 없음은 설령 성현이라 하더라도 역시 그러하다. "성현의 경우에는 죽음을 편안하게 받아들이니, 어찌 흩어지지 않고 괴이한 귀신이 되겠는가? 황제黃帝, 요堯, 순舜 같은 분들이 죽어서 귀신이 되었다는 말을 듣지 못했다."217

확실히, 절대적 죄악감이 없고 죽음에 대한 두려움이 없으며(存順沒寧218을 추구) 심지어 죽음(未知生, 焉知死219)을 이해하

---

214 『朱子語類』卷3 *『朱子語類』소나무판 참조
215 『荀子.禮論』志意思慕之情
216 感格之理 내가 느끼는 바를 다른 사람에게 전하는 도리
217 『朱子語類』卷3
218 옛 사람들은 생사는 기(氣)가 모이고 흩어지는 것에 불과하며 삶과 죽음은 하나의 이치이므로 죽음을 두려워 하거나 걱정할 필요 없이 살아서는 인간사에 충실

고 사고하기를 원치 않는 사람 혹은 민족에 대해 말한다면 영혼 불멸은 새롭고 이해하기 어려운 교리였다. 주희의 논술에 따르면 그것은 심지어 괴이한 이야기에 상당하였다. 그러나 이러한 결론은 절대화될 수 없었으니, 유학에는 철저한 현실적 이성주의 전통이 있고 또한 이러한 이성주의에 기초하여 만들어진 전대前代 선현의 철학을 의심하고 비판하는 정신도 있었다. 명말 사상계의 이런 회의적 비판은 비교적 활발하였으며 소위 인문주의, 계몽사상으로부터 유학전통에 대해 만들어진 비판이 그당시 사람이 종종 언급하는 과제이기는 하였으나 종교적 시각으로부터 전통에 대하여 만들어진 비판은 사람들에게 많은 주의를 일으키지 못했다. 하지만 이런 비판은 확실히 객관적으로 존재하였고 마테오리치 본인 또한 더욱 많은 사대부들이 유가에서 생사대사에 관심을 갖지 않는 것에 대해 불만을 가지고 있음을 여러 차례 이야기한 바 있다.[220] 확실히, 적지 않은 사대부가 생사대사에 관심을 가지고 있었고 또한 유학 중에서 만족스러운 답안을 찾지 못했으므로 세상을 등져 참선하고 불교로 들어갔던 것이다. 송대에 장상영張商英(호는 無盡居士)은 어느 탑의 명문銘文에 이러한 정황을 서술하였다.: "대체로 출가한 사람은 본래 생사의 일을 크게 여기는데 생사문제가 닥치면 어찌 처리할지를 몰라 삼가촌三家村(인적이 적고 편벽하고 황량한 농촌)의

하고 죽어서는 편안히 쉰다는 인식을 가졌다. 유가의 평온하고 초월적인 삶과 죽음에 대한 태도이다.
[219] 『論語.先進』아직 삶을 알지 못하는데 어찌 죽음을 알겠는가?
[220] 『全集』第3冊 220쪽; 第4冊 256쪽

사리에 밝은 자 보다도 못하다……불도의 수행을 순수하고 정결히 하면 착한 일을 이루는 것이 확고해지고 심령이 맑고 뚜렷해지며 죽음을 미리 알게 되어 자기의 죽음을 두려워하지 않는다."[221] 다시 말해서, 출가한 사람이 보통 사람과 다른 점은 전자는 생사대사의 오묘한 비밀에 스며들어 있다는 것이다. 명말에는 도선출세逃禪出世[222]의 기풍 역시 성행하였는데 유종주劉宗周의 문하생 동창董瑒은 말한다.: "문성文成(왕양명의 시호) 이후로, 학자의 현묘하고 허무한 도리[玄虛]를 논하는 것이 성행하여 온 천하가 모두 선학禪學이다."[223] 알레니艾儒略는 선禪을 즐기는 사대부와의 대화 중에서, 불교와 천주교는 "대체로 각각 생사대사를 중히 여길 뿐임"을 솔직히 인정하였다.[224] 이러한 생사대사에 대한 관심(개인적 관심)뿐 아니라 실심실학實心實學을 추구하고 그로써 겸하여 천하를 구제하고자 했던 사대부들은 세상을 등지고 참선하던 이들과 한 무리가 되기를 원치 않았다. 바로 그들이 마테오리치의 청중이었다. 이들 많지 않은 사대부의 내세에 대한 관심은 마테오리치가 영혼불멸을 증명하고 동시에 이것으로써 사대부로 하여금 천주교를 신앙케 하는 사상적 기초가 되었다.

영혼불멸을 증명할 때, 마테오리치는 처음부터 이를 천당과

---

[221] 『大正大藏經』 卷47, 『大慧普覺禪師宗門武庫』 947쪽. 普濟: 『五燈會元』 下, 北京: 中華書局, 1984년, 1198쪽 참조

[222] 은둔하여 참선함을 도선이라 하고, 불교도는 인간세상을 속세라고 하니 인간세상의 속박을 벗어나는 것을 출세라고 한다.

[223] 『劉子全書』 卷40 『劉子年譜. 萬曆40年條』

[224] 艾儒略: 『三山論學記』, 『天主教東傳文獻續編』 1, 435쪽 참조

지옥의 상선벌악과 연계시켰다. 바로 이런 연계 중에서 마테오리치는 그의 자연이성을 기초로 하는 신학적 증명의 부자족성不自足性을 나타냈고 동시에 이런 자족치 못하는 신학적 증명으로 인한 혼란을 드러내보였다. 영혼불멸을 증명키 위해 마테오리치는 중국 선비에게 현세의 선악이 현세에서는 충분하고도 완전한 상벌을 받을 수 없음을 믿게 하려고 노력하였다. : "현세에서의 보답은 미미하여 사람 마음의 욕구를 채워주기에도 부족합니다. (그것은) 또한 성심誠心으로 덕을 닦은 공로(에 대한 보답)를 채워 줄 수 없습니다."[225] 이와 같다면 반드시 내세의 응보를 기다려야 하고 내세의 상벌대상은 불교에서 말하는 육신[形身]이 아닌 불사의 정신성 영혼인 것이다. "도리를 닦은 사람은 내세에 반드시 천당에 올라가서 무궁한 복락을 받고……그러므로 (우리들은) 사람의 순수한 영혼은 언제나 살아있고 소멸되지 않음을 알고 있습니다."[226] 여기에서 천당과 지옥의 존재는 곧 "증명할 필요 없이 자명한" 신학적 전제가 된다. 그리고 중국 선비와 사후 천당, 지옥의 응보를 토론할 때 마테오리치는 거듭 소멸될 수 없는 것(영혼)을 중요하다고 여기는데[227] 이는 영혼불멸을 전제로 하는 명백한 순환논증循環論證(circular argument)이라 할 수 있다. 그것은 다음과 같은 점을 표명한다.: 기독교리를 소위 자연이성의 기초 위에 세우려는 시도는 자기 논점의 정당성에 이론적 힘을 가질 수 없으며 "이중적 진리"는 조화하기 어

---

[225] 『天主實義』 318쪽(第6篇) *서울대학교출판부 『천주실의』 311쪽 참조
[226] 『天主實義』 142쪽(第3篇) *위의 책 123쪽 참조
[227] 『天主實義』 308쪽(第6篇)

렵다.

  사람들이 마테오리치가 유가사상에 적응하고 영합한 것을 질책할 때의 그 원인은 그가 직접 성경을 가지고 중국인들에게 "복음"을 전하지 않았기 때문에 중국인들로 하여금 이도저도 아닌 종교로 이해하게끔 만든 데 있었다는 점이다. 확실히, 마테오리치가 많은 지면을 할애하여 사후 천당지옥의 상벌을 담론할 때, 그는 중국 선비에게 천주교는 내세의 이득을 말할 뿐 행위의 "의로움[義]"은 꾀하지 않는다는 인상을 남겼다.[228]; 게다가 정통적 천주교리를 일탈하는 위험이 있었다. 마테오리치의 이른바 상벌은 주로 행위에 초점을 맞추어 말한 것이고 천주교가 비록 선한 공로가 사람을 구원할 수 있는 예비조건이 될 수 있다고 보면서 "사람의 아들이 아버지의 영광에 싸여……각자에게 그 행한 대로 갚아줄 것이다"[229]라고 할지라도 천주교는 결코 일부 연구자가 말하는 것처럼 사람의 선한 공로에 의하여만 구원받을 수 있는 종교가 아니며 그것은 마찬가지로 하느님에 대한 신앙이 구원받을 수 있는 근본임을 강조한다. 마테오리치가 천당, 지옥의 인간행위에 대한 상벌을 강조하고 특히 일부 사대부가 주로 이런 시각에서 천주교를 이해하고 수용하였을 때에 현대의 신자는 자연히 신앙에 관한 교리의 전도를 망각한 그를

---

[228] 『天主實義』 第6篇 "내세의 이득을 중시하는 이는 반드시 현세의 이득을 경시하며 현세의 이득을 경시하면서 윗사람을 범하고, 뺏으려고 다투고, 아비를 죽이고, 군주를 시해하는 일들을 좋아한다는 것을 아직 듣지 못했습니다. 사람들로 하여금 내세의 이득을 바라게 하는 것이 정치를 함에 무슨 어려운 문제가 되겠습니까?" *서울대학교출판부 『천주실의』 294~295쪽참조
[229] 『마태오 복음』 16:27

질책할 것이다.

    그러나 문제의 의의는 어떤 시각에서 이런 질책이 공평한지 아닌지를 지적하는데 있지 않고 마테오리치가 어떻게 자각적으로 양쪽(사대부와 순결파 교도)으로부터 비평받을 수 있는 방법을 선택하였나를 밝히는데 있다. 확실히 이는 매우 자각적 선택이었고 우연한 "실수"나 소홀이 아니었다. 그는 일찍이 명확히 지적하기를 사람이 선을 행하는 정당한 동기는 세 가지 형태가 있다고 하였다.: "하급은 천당에 오르고 지옥(의 고통을)을 면하려는 의지이며, 중급은 천주의 은덕을 두텁게 입은 것에 보답하려는 의지이며, 상급은 천주의 성스런 뜻에 화합하여 순명하려는 의지이다."[230] 다시 말하자면 선을 행하는 최고의 동기는 하느님에 대한 순명(자연히 신앙을 포함한다.)이니 다만 송대 이학가[宋儒]들처럼 "천당이 있으면 군자는 반드시 그곳에 오를 것이요 지옥이 있으면 소인은 반드시 그곳에 들어갈 것"[231]을 믿고 스스로 깨달아 군자가 된다는 것은 여전히 충분치 않은 까닭에 모름지기 하느님에 대한 신앙이 있어야만 했다. "하느님이 계시다는 것을 믿지 않는다면, 그는 군자입니까? 아닙니까?"[232]

    그러나 왜 절대적으로 많은 지면을 할애하여 천당과 지옥의 상벌을 담론함으로써 중국 선비에게 행위로서의 의義를 모모치 않는다는 인상을 남겼으며 동시에 이로 인하여 신앙에 관한 교리를 숨겼는가? 마테오리치의 대답은 아주 간결하고 솔직하다.:

---

[230] 『天主實義』 312쪽(第6篇) *서울대학교출판부 『천주실의』 304쪽 참조
[231] 『天主實義』 第6篇 *위의 책 327쪽 참조
[232] 『天主實義』 334쪽(第6篇)

이는 완전히 "소인(사대부를 포함?)에게 에돌아 다가가려는 뜻을" 위해서이다. "우리가 사람들을 이끌어 덕행으로 인도하려고 하면서 만약 단지 덕성의 장점만을 열거한다면 - (그러나) 무릇 이 사람들이 이미 사욕私欲에 눈이 멀어 있다고 한다면 - 무엇으로써 이들을 깨우칠 수 있겠습니까? (좋은) 말씀은 그들의 마음속에 들어가지 않을 것이니 곧 듣기를 원하지도 않게 되어서 떠나가 버릴 것입니다. 오직 먼저 지옥의 고통으로써 겁을 주고 두려운 마음을 갖게 하고 이들을 천당의 즐거움으로써 유도하여야만 (이들은) 바야흐로 반드시 귀를 기울여 들으려고 할 것입니다. 그러면 선을(선 그 자체 때문에) 좋아하고 악을(악 그 자체 때문에) 싫어하는 뜻을 이루는 데로 점차 나아가게 될 것입니다…"233 마테오리치는 또한 심지어 "공자가 위나라에 갔을 때, 먼저 부유하게 해 준 후에 가르쳐야 한다."234라는 말을 인용함으로써 그 자신 개인의 수준에 맞게 가르치고 교리를 전하려는 합리성을 증명하였다.

    도덕규범과 우주질서, 규율의 일치성으로써 전자前者의 객관보편성과 지상성을 논증하여 그로부터 주체적인 "경계하고 삼가고 조심하고 두려워하는[戒愼恐懼]" 윤리의식과 감정을 이끌어내는 것이 주희 이학의 한 특징이다. 이런 윤리의식은 일종의 준종교적 특성을 지닌다. 마테오리치는 천주교 도덕규범의 실천을 지옥 고통의 공포라는 종교적 심리의 감정 위에 세우고

---

233 『天主實義』 312쪽(第6篇) *위의 책 305쪽 참조
234 『論語. 子路』 孔子入衛欲先富而後教之

자 하였고 객관적으로는 일부 사대부의 도덕의식에 영합하였다. 사실, 어떤 사대부는 이런 마테오리치의 "두려움(지옥의 괴로움)"과 "유혹(천당의 즐거움)"에 대한 생각 때문에 전통 도덕에 대한 회의와 비판을 높였고 동시에 천주교리를 이해하고 접수하였던 것이다.

사대부의 도덕의식에 영합하는 것 외에도 마테오리치는 고대 경전에 부합하여 영혼불멸과 천당, 지옥의 존재를 논증하였다.:

> "반경盤庚은 이른다.: '나는 정사에 실책을 범하고 또 이곳에 너무 오래 머물렀다. 이 이상 머문다면 덕이 높은 선왕들께서 중한 벌과 재앙을 나에게 내릴 것이며' '어찌하여 나의 백성을 학대하는가?'라고 말할 것이다."[235]

마테오리치의 해석은 이러하다.: "반경은 성탕成湯의 9세손으로 서로 거리가 4백년이 되었는데도 오히려 그(성탕)에게 제사를 지냈으며 또 오히려 그를 두려워하였습니다. 그리고 (반경은) 그(성탕) 임금이 벌을 내리고 불행을 내리며 (또한) 자기 자신을 독려해 주고 백성들을 (바르게) 권장할 수 있다고 생각하였습니다. 그렇다면 반드시 탕임금이 (하늘에) 여전히 존재하여 아직도 (그의 영혼이) 흩어지지 않았다고 (반경은) 생각하고 있

---

[235] "盤庚曰:'失于政,陳于玆,高后否乃崇降罪疾.曰:'何虐朕民'?"
『天主實義』 174~176쪽(第4篇) 『書經.盤庚 中』 *이가원 감수, 이기석 역해 『書經』 참조

을 것입니다."²³⁶ 이런 유교 경전을 인용한 영혼불멸의 증명에 억지스러움이 있다고 우리가 말하는 이유는 마테오리치의 조상제사에 대한 해석과 그의 서양인에게 대한 소개가 서로 다르기 때문이다. 『기독교진입중국사』 중에서 그는 중국인이 제사를 지내는 것은 "마음으로 사모하는" 예의에 불과하다고 보았는데 여기서는 오히려 영혼불멸을 논증키 위해 원의原意를 잃지 않으면서 도리어 제사의 대상(조상)은 "불행을 내리고 백성을 격려하며 권장"할 수 있다고 보았다. 이 해석에 따르면 이미 죽은 조상은 적어도 신의 역할을 담당하고 있다. 다시 말해 조상제사는 "이교異敎"의 종교의식이다. 전례논쟁禮儀之爭 중 예수회와 대립적인 전교사들은 비교적 객관적으로 이런 의식의 본래 종교적 의미에 주의를 기울였으나 이 의식의 부단한 변화에는 아직 주의하지 못했으므로 용인하지 않았던 것이다. 마테오리치의 서양인에 대한 소개와 중문저작 중의 해석은 일치를 유지할 수 없었고 또한 전례논쟁에 복선을 깔아두었다. 이는 그가 천주교리를 논증하고 전하려는 목적을 이루기 위해 자주 이런 부회附會적 요인 그리고 쉽게 혼란을 야기 시키는 조화방법을 사용하였음을 말해준다.

마테오리치는 또한 유사하게 오경五經을 인용하는 방법을 채용하여 천당, 지옥의 존재를 증명하였는데 여기서는 길게 이야기하지 않겠다.

당대 신학자들은 마테오리치의 전교사업에 대해 항상 유감

---

236 『天主實義』 174~176쪽(第4篇) *서울대학교출판부 『천주실의』 156쪽 참조

스러운 감정을 가졌다. 그가 중국인에게 보여준 상제(천주)는 단지 철학적인 천주였으며 영혼, 천당 또한 단지 철학적 의미에서의 영혼, 천당이었다. 다시 말해 마테오리치의 부회적 증명과 교리를 전하는 가운데 "자연이성"의 색채는 너무 농후하였고 성경과 계시에 대하여 말한 부분은 너무도 적었다.[237] 그의 중문저작 중에서 "삼위일체" "예수의 수난과 부활" 등 계시진리에 관한 부분은 매우 적게 보인다. 객관적 연구자에게는 당연히 마테오리치 전교사업의 득실을 총결하고 더 나아가 더욱 효과적인 전도와 귀화의 방법을 생각할 이유와 의무가 없으며 중요한 점은 이런 현상을 드러내서 그 배후의 원인을 고찰하는 일이다. 객관적으로 말해, 마테오리치의 방법은 당시 일부 사대부의 종교, 도덕의식과 감정에 순응하였고 동시에 어떤 면에서는 이 분야의 수요에서 일부 사대부를 만족시켜주었다. 주관적 면에서 마테오리치는 또한 중세의 지배적 지위를 점했던 토마스 아퀴나스 신학이론을 관철하고 구현하였다. 아퀴나스와 동시대에 있었던 일부 스콜라철학자 예를 들어, 둔스 스코투스鄧斯. 斯科特[238]는 이성이 만능은 아니라고 생각하였다. 그가 보기에 삼위일체, 말씀이 육신이 되신 도성육신道成肉身 등의 교리 뿐 아니라 하느님의 이지理智, 예정, 인간의 영혼불멸 모두는 이성으로 파악하거나 논증할 수 없는 것으로 그들 모두는 초이성, 계시진리의 범위에 속하는 것이었다. 그러나 토마스 아퀴나스는 상술한 교

---

[237] 『神學論集』 제56期, 輔仁大學附設神學院編, 283쪽
[238] 요한네스 둔스 스코투스(Johannes Duns Scotus 1266-1308) 스코틀랜드 출신의 중세 스콜라 철학자이자 신학자

리가 초이성적이기는 하지만 결코 이성을 위반하지 않는다고 강조한다. 예로써 영혼불멸, 하느님 존재와 같은 교리는 이성적 인식을 통하여 증명할 수 있다는 것이다. 아퀴나스는 특히 윤리의 사변적 가치를 강조하였는데 이러한 특징은 분명 아리스토텔레스 철학에 대한 운용과 관련이 있으며 종교사가宗敎史家는 바로 이러한 이지론理智論이 아퀴나스 신학이 오래토록 쇠퇴하지 않는 원인을 구성한다고 보는 것이다.[239] 성경의 권위가 중국인에게는 아무런 의미가 없음을 인식한 후 마테오리치는 자각적으로 "자연이성"(아퀴나스) 증명법과 유학에 부회하고 유학에 영합하는 방법을 채용하였다.

명말의 사조, 사대부의 정신적 관심과 중세 정통신학 등의 요소, 그리고 마테오리치의 주관적 일부 판단 모두가 전교방법을 구성하는 배경이다. 이러한 배경의 이해가 있어야만 비로소 어찌하여 그 신학적 증명 가운데서 혼란이 나타났으며 마테오리치의 전교가 어찌하여 "예비복음서"의 범위 안에 국한될 수밖에 없었는지 이해할 수 있을 것이다. 사실상, 이처럼 더욱 계시성을 띤 신학적 진리일수록 더욱 사대부들의 반감과 거부를 일으키기에 용이하였다. 결국 마테오리치가 직면한 대상은 주로 이성이 비교적 발달하고 또한 세계의 세속성에 집착하는 사대부 계층이었다.

---

[239] 앞서 인용한 『基督教簡史』, 85 – 87쪽 참조

3) 인성과 도덕

1963 - 1965년, 로마 천주교회는 제2차 바티칸공의회를 소집하였는데 천주교와 각 종교 간 대화의 강조가 이 회의 주요정신의 하나다. 이후, 일부 신학자와 종교학자는 더욱 적극적으로 천주교와 유교(학) 사이의 결합점을 찾으려고 시도하였다. 어떤 논자는 도덕영역 중의 선악문제가 기독교와 유학 간 최선의 결합점이며 동시에 기독교 중의 풍부한 인문주의와 유학 인문주의가 심도 있는 대화를 전개하리라고 보았다.[240] 이런 방법의 제기에 대해 많은 이의가 있을 수 있으나 이로부터 우리는 형세의 변화에 따라 천주교가 지난날의 엄격했던 배타성을 더는 유지할 수가 없다는 점을 간파할 수 있다.

객관적으로 말해 천주교 가운데 최초로 이러한 종교적 관용정신을 가지고 유학과 더불어 인성과 도덕문제에 다가가 대화를 전개한 사람으로는 마테오리치를 들 수 있다. 마테오리치는 처음 중국에 왔을 때 윤리학이 공자로 대표되는 유학의 핵심이고 사대부들은 항상 인성문제를 깊이 논하고 있음을 발견하였는데 이는 곧 그에게 이 문제의 중요성을 더욱 인식시켰다.[241] 만력萬曆 중기, 사대부들 사이에서는 인성문제에 관한 논쟁이 일어났는데 관지도管志道, 주여등周汝登, 도망령陶望齡을 대표로 하는 왕학말류王學末流[242]는 양명陽明의 "무선무악無善無惡이 심心

---

[240] Julia Ching, Confucianism and Christianity: A Comparative Study, Tokyo; New York: Kodansha International, 1977, 30쪽, 73쪽
[241] 『全集』第3冊, 315쪽; 第1冊, 23쪽

의 본체"임을 힘써 제창하였고 성선性善을 종지로 여기고 "실학"을 숭상하던 고헌성, 고반룡 등은 "'무선무악' 네 글자를 힘을 다해 반박하였다."²⁴³ 당시(만력27년) 남경에 있던 마테오리치는 한 모임에서 유자儒者와 승려 사이에 그다지 중요하지도 않은 문제로 논쟁이 이는 것을 보고 천주교 신학의 입장에서 그의 관점을 서술하였다.: "우리는 반드시 천지의 신을 무한한 선으로 간주해야 하며 이에 의심을 두어서는 안 된다. 인성이 결국 이처럼 나약하고 심지어 그 자체가 선인지 악인지에 대하여 의심한다면…… 그렇다면 우리는 필경 신이 선인지 악인지에 대해서도 의심해볼 필요가 있음을 인정해야한다."²⁴⁴ 바꿔 말해, 인성의 선함에 의심을 품어서는 안 된다는 말이다. 서양인에게 이 쟁론을 소개할 때, 마테오리치는 쟁론에 참가한 유자와 승려는 논리적 규칙이 결핍되었고 또한 자연 선과 도덕 선의 구별을 알지 못하며 인간의 본성[人性] 중 고유한 것과 인성이 획득한 것을²⁴⁵ 혼동하고 있고 더욱이 인성이 어떻게 원죄에서 타락하였는지와 하느님이 베푸는 은사를 알지 못한다고 생각하였다.²⁴⁶ 이 논쟁은 마테오리치로 하여금 『천주실의』 제7편 『인간 본성의 본래적 선을 논하고 천주교인의 올바른 배움을 서술함』을

---

242 말류는 이미 쇠락하여 근본정신을 상실한 학술·문예 등의 유파를 말한다.
243 顧與沐: 顧端文公年譜』(萬曆26, 27년), 1886년 각본
244 『全集』 第2冊, 316쪽. 여기서 인용한 글은 大陸版 『札記』下冊, 367~368쪽에 보인다. 니콜라스 트리고 신부의 기술이 마테오리치 본인의 것과 조금 다르기는 하나, 마테오리치 본인의 원의(原意)에 어긋나지 않으므로 사용할 수 있다.
245 자연의 선은 본성의 선인 양선(良善), 도덕의 선은 덕행의 선인 습선(習善), 인성 중 고유한 것은 이치 추론의 능력, 인성이 획득한 것은 인의예지를 말한다.
246 『全集』 第2冊, 316쪽, 大陸版 『札記』下冊, 367~368쪽

쓰도록 재촉하였는데 상술한 유학에 대한 조화 및 비판의 태도와 방법을 그 편에서 볼 수 있다.

일반적으로 말해, 기독교가 인간의 타락(원죄)을 강조하는데 비추어볼 때 특히 아우구스티누스가 인류의 시조는 자유의지를 남용함으로 인하여 타락하였고 인성은 이로부터 부패해졌으며 인류가 자유의지로써 선을 선택하는 능력을 상실하였음을 강조하였기 때문에, 그 후 자유의지는 단지 악을 선택하는 자유의지일 뿐 인간은 자유의지로써 선을 선택하여 구제받을 수가 없고 오직 신의 은총에 의존할 수 있을 뿐이다. - 임의적이고, 신비하고 또한 불가해한 선택만이 인간으로 하여금 구원받을 수 있게 한다. 이러한 신학이론은 우리에게 매우 수월하게 기독교는 인성의 악함을 주장하는 종교로 생각하게 한다. 사실 죄와 악은 변별하고 분석할 만한 가치가 있는 두 가지 개념으로 원죄설은 인류의 시조가 금지된 지혜과일을 훔쳐 먹은 것을 가리켜 말하는데 이로부터 한편으로는 선악을 구별하는 능력(지혜)을 얻고 동시에 또한 하느님의 뜻에 반하여 사람과 하느님을 갈라지게 만들었으니 이것이 곧 인성 중 원죄의 최초 의미다. 바꿔 말하자면 원죄설 최초의 의미는 주로 도덕적 의미상의 인성선악론이 아니었다. 당연히 후에 와서 사람들은 원죄가 인성을 부패시켰다 생각하였고 원죄설은 인성이 악하다는 도덕적 명제로 변화 발전된 것인데 이 명제가 지적하는 점은 인간의 현실적 본성이 악하다는 것이다. 연구에 의하면 마테오리치가 생활한 시대에 유행한 인성론은 인성이 세 단계를 포함한다고 생각하였다.: 원초의 성(Original nature), 그것은 하느님이 자기의 형상대로 인류의 시조를 창조하였을 때 부여한 인성으로 선善하다 ; 타락한 성(fallen nature), 악하다; 구원 받은 성(redeemed nature), 이것은 인간이 하느님의 은총으로 새롭게 얻은 인성으로, 선하다.[247] 윗글의 마테오리치가 말한 서양인의 설명으로부터 볼 때 그는 기본적으로 이러한 인성론을 수용하였고 이러한 논술은 주로 그의 서양어로 된 저서에서 보인다.

또한 반드시 설명해야 할 점은 마테오리치가 생활하던 시대에 통치적 지위(천주교 내부에서)를 차지하던 토마스 아퀴나스 신학이론 중 인론人論이 마테오리치 중문저작의 논술에 큰 영향을 주었다는 것이다. 아퀴나스는 인간은 이성적 동물임을 강조하면서 "인류 행동의 준칙과 척도는 이성이다. 왜냐하면 이성은 인류행동의 제일 원리이기 때문이다" "이성에 따른 행동을 힘써 추구함은 인간 특유의……이성은 일반 원리로부터 출발하여 사소한 일에까지 도달한다."고 보았다.[248] 우리는 마테오리치의 성선론이 이상의 인성 3단계설과 이성을 강조하는 토마스 아퀴나스의 신학이론으로부터 출발한 것임을 보게 될 것이다.

마테오리치는 그의 성선론을 엄격한 정의定義의 기초 위에 세우고 본성[性]을 "각 사물 부류의 본체"[249]로 규정하였다. 여기에서 본체는 분명 토마스 아퀴나스의 본질개념일 가능성이 있다. 토마스 아퀴너스는 형식(형상)과 질료만이 함께 사물의 본질을 구성할 수 있으며 사람의 본질은 즉 영과 육체 두 부분으로 구성되었다고 보았다. 그러나 사람과 자연물 모두가 형식과

---

247 Julia Ching, Confucianism and Christianity: A Comparative Study 75쪽
248 『阿奎那政治著作選』, 北京:商務印書館, 1963年第1版, 104쪽, 112쪽
249 『天主實義』 348쪽(第7篇)

질료로 그 본질을 구성한 것이라 하여도 여전히 차별이 있는 것으로 생각하였다. 사람과 사물의 차별은 형식의 구별에 있으니 즉 실체형식과 비실체형식의 구별이다. 실체형식은 정신성을 가지고 있어 오직 신, 천사, 사람만이 실체형식을 가지고 있다. 인간의 실체형식 즉 인간의 이성영혼은 이미 정신성을 가졌고 또한 실체성을 가졌으므로 영원불멸하다. 그리고 자연물은 모두 비이성적 존재로서 그들의 형식은 비실체형식이며 이런 형식은 실체성을 갖지 못하고 사물과 연관하여 존재할 뿐이니 만일 구성물이 파괴되면 이런 형식 또한 존재하지 않게 된다.[250] 마테오리치는 기본적으로 이런 사상을 흡수하였고 비실체 형식을 가진 것을 번역하여 의뢰자依賴者로 실체형식을 가진 것을 번역하여 자립자自立者라고 하였다. "그 개체가 실체(자립자)로 존재하면 그 본성 역시 실체이고 속성(의뢰자)으로 존재하면 그것의 본성 모두가 속성이 됩니다."[251] 그 뜻은 실체 형식을 가진 것은 그 본성(본체) 역시 독립적으로 존재할 수 있고 비실체 형식을 가진 것은 그 본성 역시 독립하여 존재할 수 없음을 말한다.

　　마테오리치가 선은 인간이 사랑해야하고 소망해야할 것으로[252] 규정한 것은 『맹자孟子. 진심 하盡心 下』에서 말하는 "가욕可欲스러움을 선인善人이라 이르고"[253] 라는 말과 비슷하다.

---

[250] 車銘洲: 『歐洲中世紀哲學槪論』, 天津: 天津人民出版社 1982年, 92~93쪽
[251] 『天主實義』 348, 350쪽(第7篇) *서울대학교출판부 『천주실의』 339쪽 참조
[252] 『天主實義』 第7篇
[253] 『孟子. 盡心 下』可欲之謂善 *추구할만한 가치가 있는 것을 선이라 부르니 천하의 이치가 선한 자는 반드시 가욕스럽다. 가욕의 내용은 사단(四端)과 인의예지 사덕(四德)으로 규정된다.

이상과 같은 정의의 기초 위에서, 마테오리치는 그의 성선론을 서술하였다. 그는 사람을 이렇게 정의하였다.: "살아서 지각하는 자이며 이치를 추론할 수 있다."²⁵⁴ 사람은 살아있기 때문에 금석金石과 다르고 지각하기 때문에 초목과 다르며 추론할 수 있기 때문에 짐승들과 다르다.²⁵⁵ 그는 단언하였다.: "이치를 추론할 수 있음이 인간을 (자기) 본래의 부류로 만들어 주고 (사람이라는) 개체를 다른 개체들과 구별해 주니 바로 '인간의 본성'(인성)이라고 하는 것입니다. 인의예지仁義禮智는 (사람들이) 도리를 추론하고 난 다음에 있게 된 것입니다."²⁵⁶ 그 결론은 이러하다.: "만일 (모든 존재를) 그 '본성'을 가진 '개체[體]'들과 그것들의 실정[情]들로 논의한다면, 모두가 천주에 의하여 창생된 것입니다. 그러니 '리理'로써 주재해 나간다면 모두가 다 사랑할 만하고 소망할 만한 것이니 근본은 선한 것이요 악한 것은 있을 수 없겠습니다."²⁵⁷ 마테오리치가 이곳에서 설명한 인성론은 사실 사람과 자연만물의 구별을 말한 것이다. 실질을 추리할 수 있다고 하는 바가 사람의 실체형식 – 영혼의 기능인데, 그 중 종교적 요소를 제외하고 일반적 의미에서 이치를 추리 할 수 있는 것이 인류의 본질[類本質]로 마테오리치는 그것(이치를 추리할 수 있는 능력)을 인성이라고 정의하였다. 앞에서 인용한 『찰기』에서 마테오리치는 인성은 원죄(타락)로 부패되었다고 했는데 이

---

254 『天主實義』 第7篇 아리스토텔레스의 말
255 『天主實義』 第7篇 *서울대학교출판부 『천주실의』 339쪽 참조
256 『天主實義』 第7篇 *위의 책 340쪽 참조
257 『天主實義』 348, 350쪽(第7篇) *위의 책 341쪽 참조

는 그가 인성은 그 현실성을 따라 말하자면 타락한 성이며 인성이 악하다는 생각을 수용하였음을 표명한다. 그러나 중문저작 『천주실의』에서 마테오리치는 인성을 인류의 본질로 삼았고 또한 "원초의 성(Original nature)"이란 의미에서 단정하기를 이런 이치를 추리할 수 있는 본성은 "천주에 의하여 창생된 것"이므로 선하다고 하였다. 『천주실의』 제7편 전체에서 마테오리치는 원죄 문제를 언급하지 않았고 성선론이 그의 논증의 주제이다.

유학의 역사에서 순자는 사람을 사람 되게 하는 것은 사람이 분별할 수 있고[辨] 인식할 수 있기[知] 때문이라 생각하여 지식론과 도덕이론의 기초 위에서 사람과 자연만물을 구분하였다. 그러나 순자는 결코 이 때문에 성선론을 주장하지는 않았고 반대로 그의 인성론은 모두가 잘 알고 있는 성악론性惡論이다.[258] 그 때문에 우리는 유학사에서 매우 일찍이 인간의 본질과 인성에 대해 구분한 사람이 있었다고 말할 수 있다. 일찍이 순자의 사상 자료를 인용한 마테오리치가 이를 모를 리 없었을 것이다. 그러나 마테오리치는 인성 문제가 사대부들에게 민감한 문제임을 의식하고 "이 때문에 그의 원죄에 대한 해석은 애매모호하고 혼돈스럽고 명확치 않은(원죄라는 말을 꺼내지도 않았다.) 성선性善만을 강조하였다."[259] 이런 방법의 의도는 분명히 사람의 본성이 선하다고 주장하는 정통유학과 조화하고자 한데 있었다.

그러나 이런 조화는 다만 형식적인 것이었고 그 내용은 정

---

[258] 朱伯崑:『先秦倫理學槪論』98쪽
[259] Nicolas Standaert, Yang Tingyun, Confucian and Christian in Late Ming China: His Life and Thought, Leiden: New York: E.J. Brill, 1988, 143쪽

통유학과 그 취지가 완전히 달랐다. 주희는 인성과 우주의 객관적 질서, 규율[天]의 합일성으로부터 출발하여 도덕규범의 객관보편성과 지상절대성을 논증하고자 시도하였다. 그 논리는 '성은 곧 리[性卽理]'로 "이 리가 천지간에 있을 때는 오직 선할 따름이고, 선하지 않은 것이 없다. 사물들이 생겨난 뒤에야 비로소 성性이라 일컫는다. 다만 리理일 뿐이니, 천天에서는 명命이라 말하고 사람에서는 성性이라 말한다."260하였는데 이 성이 곧 인의예지이다.

마테오리치는 이런 성선론을 반대하였다. 그가 보기에 리는 바로 (사물에 속한) 속성[依賴之品]이니 독립적으로 존재할 수 없고 사람의 실체형식은 영혼으로, 영혼 중에는 이성능력[司明悟]이 있다. 바로 영혼의 이런 실체형식으로의 이성(추리할 수 있는) 능력이 인간을 인간으로 되게 하였고 동시에 이로 인하여 인성이 되었다. 하지만 리는 독립적으로 존재할 수 없는 의뢰지품(비실체형식)으로 인성이 될 수 없다.: "리는 곧 속성이므로 '사람의 본성[人性]'이 될 수 없습니다."261 리가 무엇인가에 대해 마테오리치는 명확한 해석을 하지는 않았다. 그러나 그의 정주이학에 대한 비판을 보면 그가 이해한 리는 아마도 사물의 본질, 형식으로서의 리일 것이다. 그는 말한다.: "원래 (우주에) 아무 것도 없었던 원초에 (스스로 존립할 수 없는 속성에 불과한) '리'가 어떻게 필연적으로 존재하였다고 말할 수 있겠습니까?" "(경

---

260 『朱子語類』 卷5 *소나무판『朱子語類』 224쪽 참조
261 『天主實義』 350쪽(第7篇)

험 세계에) 사물이 실재하면 그 사물의 '리'가 있게 되고[實理] (경험 세계에) 실재하지 않으면 바로 '리'도 (경험 세계에) 실재함이 없게 됩니다."262 철학적 의의에서 말할 때는 마테오리치가 논술하는 '리'와 '사물'의 관계가 아마도 더욱 정확할 것이며 그는 중세 스콜라철학으로부터 일종의 온건한 유명론唯名論적 사상을 선택한 듯하다.

"성", "리"와 마찬가지로 "심心", "정情" 또한 송명이학에서 가장 자주 볼 수 있는 중요한 범주이다. 마테오리치는 사대부들의 인식구조와 언어 및 사유방식에 적응하기 위하여 이 범주에 대한 전반적 나래주의拿來主義263를 실행하였다. 도덕행위의 선과 악을 논할 때 그는 악을 선의 결핍이라 정의하면서 "악은 실제로 존재하는 것이 아니요 '선의 부재[無善]'를 말하는 것입니다."264라고 하였다. 이는 의심할 바 없이 아우구스티누스의 종교적 도덕관념으로 그는 "악은 실체가 아니며 부패한 의지가 최고의 본체(천주)를 배반하여 ……스스로 하류下流265로 향한다."266고 보았다. 마테오리치는 이 사상을 계승하였으나 또한 근본적인 수정을 가하였다. 아우구스티누스는 악의 기원 문제만을 심도 있게 논하였기 때문에 그에 있어서 인간은 원죄로 인하여 자

---

262 『天主實義』 110, 112쪽(第2篇) *서울대학교출판부 『천주실의』 88, 90쪽 참조
263 전통 혹은 외래문화에서 일단 가져온 다음 자신의 입장에 맞춰 취사선택하자는 주의.
264 『天主實義』 352쪽(第7篇)
265 『論語·子張』 사람의 몸에 더럽고 천박한 실제 행실이 있으면 또한 악명이 모여드는 것과 같음을 비유하였다.
266 奧古斯丁(아우구스티누스): 『懺悔錄』, 北京:商務印書館, 1982年, 130쪽

유의지로써 선을 선택하는 능력을 이미 상실하였으나 마테오리치는 자유의지를 도덕행위의 선악(악만이 아님)의 원인으로 여겼다.: "(그러나) 그 (본성)의 쓰임새로 말하자면, 그 동인動因은 또한 '우리 자신[我]'들로부터 말미암습니다. 저는 혹 사랑받을 만하게, 혹 미움을 받을 만 하게 될 수도 있습니다. (이와 같이) 행동한바(결과)가 다르다면 (본성의) '쓰임새[用]'에는 선함과 악함이 (원래부터) 확정되어 있는 것이 아닙니다."267 "세상에는 선을 행하려는 '의지'(자유의지)가 없었는데도 선을 실천할 수 있는 법은 없습니다. 억지로 우리(자신)에게 선을 행하라고 하지 않아도, 우리들 스스로 나아가서 그것을 행할 수 있으면 비로소 선을 행하는 군자라고 말할 수 있습니다."268 여기에 자유의지 개념은 없지만 행위의 선악이 자유의지 사상에서 기원한다는 점은 아주 명백하다. 하지만 마테오리치는 이런 아우구스티누스 사상에 대한 계승과 수정에 만족하지 않았고, 적극적 순응적으로 유학의 사상관념과 언어를 선택하고 운용하였다. 그는 본래 천주교의 자유의지에 관한 교리를 전파하는 것으로 선악 문제를 자세하고 심도 있게 전도할 수 있었겠으나 도리어 자각적으로 "정情"을 논하는 쪽으로 방향을 바꾸어서(본성의 쓰임새에는 선함과 악함이 원래부터 확정되어 있는 것이 아니요, 오직 마음의 정에 의해서 그렇게 결정되는 것입니다.) 정은 본성[性]의 발동이며, 본성에 붙어있는 사족蛇足과 같은 것269이라고 보았다. 그

---

267 『天主實義』第7篇 *서울대학교출판부 『천주실의』 341, 342쪽 참조
268 『天主實義』 352, 354쪽(第7篇) *위의 책 344쪽 참조
269 『天主實義』 第7篇 *위의 책 342쪽 참조

가 보기에 본성은 그 자체로 선한 것이니 그것은 언제나 존재하는 양능良能[270]이기 때문이다. 정은 본성의 발동이며 본성에 붙어있는 발(사족)과 같은 것으로써 항시 문젯거리를 드러내는데 "'본성[性]'과 '정욕[情]'이 이미 병들어서, 사물을 접할 때에 감응이 착오를 일으켜 도리에 어긋나게 되면, 그것들(즉 性과 情)의 좋아함과 싫어함[愛惡], 그것들이 옳다거나 그르다고[是非] 여기는 것에는 올바름을 얻는 것도 적고 '진리'와 합치하는 것도 매우 적게 됩니다."[271]라고 하였다. 여기에서 인성은 유본질로서 논리를 추론할 수 있는 능력인 양능을 가지고 있기 때문에 인성의 선함 또한 이런 지식론적 의의와 동시에 도덕적 의의를 가지고 있다. 그런 까닭에 본성에서 발동한 정이 만약 치우쳐서 '문젯거리'를 드러낸다면 (사물을 접할 때에 감응이 착오를 일으켜서 도리에 어긋나게 된다면 性과 情의) 옳고 그름은 참되지 못하고 (인식) 좋아함과 싫어함도 올바르지 못할 것이니(도덕) 이에 곧 잘못[誤]과 악惡을 낳는다는 것이다.

위에서 서술한 바와 같이 마테오리치는 구체적 내용에서 주희가 인의예지를 사람의 본성으로 여긴 성선론을 거부하였지만 그러나 이것이 그가 주희(이학)를 이용하여 문제를 토론하려는 언어 내지 일부 관념을 배제하였다는 의미는 아니다. 위에서 말한 오와 악을 낳는 문제에 대한 심도 있는 분석에서 마테오리치는 자각적 혹은 비자각적으로 주희 이학 중의 그 사상적 내용을

---

270 『孟子.盡心上』 人之所不學而能者 其良能也 所不慮而知者 其良知也 사람이 배우지 않고서도 능한 것은 (본성적 능력) 양능이요, 생각지 않고도 아는 것은 양지이다.
271 『天主實義』 352, 354쪽(제7편) *서울대학교출판부 『천주실의』 342쪽 참조

흡수하였거나 혹은 최소한 어느 정도로는 주희 이학과의 유사성을 나타내고 있다. 주희는 주경궁리主敬窮理[272]의 심성론에서 성은 발하지 않음이요[未發] 정은 이미 발함[已發]이라 하였고 마테오리치 역시 정은 본성의 발동이라고 하였다.; 주희는 심주성정心主性情[273]을 제창하면서 그러하지 않으면 "천성을 혼미하게 할 것이다."[274] 하였고 마테오리치는 성과 정 모두 문제점[偏疾]을 드러낼 수 있다고 생각하였다.; 두 사람 모두 이런 "혼미[昏]"와 "병病"은 성을 선하다고 일컫는데 방해되지 않는다고 보았다: 주희의 천성은 리이고 리는 다만 선할 뿐인데 마테오리치는 즉 본성과 정욕[情]이 이미 병들어서 사물을 접할 때에 비록 리를 거스르고 좋아함과 싫어함, 옳고 그름이 올바르지 않고 참되지 않을 지라도 "이는 또한 선하다고 일컬어도 무방하다."[275]고 주장한다.; 주희의 주경궁리의 심성론은 인간의 정신경계精神境界를 제고시킬 수 있었고 또한 궁리치지窮理致知의 충분한 주관적 조건을 마련해주었다.[276] 마테오리치의 인성론과 도덕이론 또한 이 두 분야의 의미를 포함하고 있다. 그 밖에 주희의 도덕철학 중 존재하는 도리[理]와 욕망[欲]의 대립(물론 주희의 목적은 양자

---

[272] 主敬은 중국 송대 이학가인 정이(程頤)가 내세운 도덕수양방법으로 敬을 수양방법으로 삼았다. 송대 유학자들은 敬으로써 몸을 다스리는 근본으로 삼았고 窮理는 사물의 이치를 철저히 탐구함을 말한다.
[273] 주희의 心主性情論: 마음은 성과 정을 통괄한다는 의미로 즉 마음은 性과 情 양 방면을 포함한다. 성은 본성 즉 인의예지이며 정은 인성이 외부영향을 받아 각종의 좋은 것과 나쁜 행위를 일으킨다고 한다.
[274] 陳來:『朱熹哲學研究』제2부분『心性論』, 北京: 中國社會科學出版社, 1988年
[275] 『天主實義』제7편
[276] 陳來:『朱熹哲學研究』129쪽

의 조화와 통일의 달성이다.)을 마테오리치는 인심人心과 수심獸心으로서 이 대립을 부각시켰다.[277] 『천주실의』마지막 편에서 부차적으로 예수 그리스도가 인간의 몸을 입고 친히 이 세상에 오시어 죄인을 구원한[道成肉身] 원인을 논할 때(이는 마테오리치의 중문저작 가운데에서 "진리 계시"에 대하여 이야기한 몇 안 되는 부분 중 하나이다.) 마테오리치는 거리낌 없이 리와 욕을 대립되는 범주에 넣었다.: "욕망을 따르는 사람은 날로 많아지고 도리를 따르는 사람은 날로 드물어지게 되었습니다. 이 때문에 (천주께서) 자비를 크게 베푸시어, 친히 오셔서 세상을 구원하고……"[278] 리와 욕의 대립을 논할 때에 이 둘이 강조하는 것은 모두 도덕규범으로서의 금욕주의이다. 그러나 매우 분명히, 마테오리치가 마치 이학가理學家인양 도리와 욕망의 문제를 논할 때 그는 도리어 천주교의 영혼과 육체의 대립에 관한 중요한 교리를 위배하였다. 왜냐하면 마테오리치가 보기에 리가 인성의 내용이 아니고 자립적인 실체형식이 아닌 이상 리와 욕의 범주에서는 영靈과 육肉이 포함되는 종교적 의미를 가지고 있지 않으며 "리와 욕"의 대립은 "영과 육"의 대립과는 같을 수 없기 때문이다.

　우리가 이미 지적한 바처럼 마테오리치가 사대부를 향하여 하느님의 존재와 영혼불멸 등 천주교의 핵심교리를 증명할 때, 한편으로 그는 자연이성에 호소하면서 동시에 또한 고유에 호

---

[277] 『天主實義』 150, 446쪽(第3篇)
[278] 위와 같음 *서울대학교출판부 『천주실의』 422, 423쪽 참조

소하였다. 그리고 인성과 도덕문제를 토론할 때, 그가 정통 천주교 신학이론을 견지하려 시도하였을지라도 그러나 사대부의 인식구조와 도덕의식에 적응키 위해 언어, 관념상에서 송명이학(당연히 거부하였어도)에 부회하지 않을 수 없었는데 이는 곧 인성과 도덕문제에 있어 다소간의 세속 철학적 본성 및 이학은 일부문제 상의 이론적 역량에 의해 결정되기 때문이었다. 마테오리치가 중국문화와 조화롭게 성공한 부분이 그가 자각적으로 고유古儒와 근유近儒를 구분하여 고유에 부회하고 근유(송명이학)를 전면적으로 비판하고 거부한 데 있다고[279] 생각하는 것은 조금 불공정한 결론이다. 확실히 마테오리치는 일찍이 우순희에게 보낸 서신에서 그가 긍정하고 찬동한 것은 삼대三代의 고유라고 강조하였으나 사실, 마테오리치는 고유를 따랐을 뿐 아니라 또한 근유에도 자각적으로 적응하였다.; 근유를 비판하였을 뿐만 아니라 고유도 비판하였다(다음 장 참고). 다시 말해 마테오리치의 중국 철학(유학)에 대한 비판과 유학과의 조화는 전면적인 성격을 띠고 있다.

 이런 조화의 복잡성과 이로써 나타난 혼란(예로써 천주교교리에 대한 위배 및 유학에 대한 곡해)의 원인은 마테오리치가 타협과 불타협의 사이에서 언제나 동요하고 있기 때문이었다. 유가도덕철학의 핵심내용의 하나는 성선론인데 만일 마테오리치가 순자의 성악론에 부회하고 또한 인간의 유본질이 이치를 추론할 수 있는 것임을 견지하였다면 이론상으로는 매우 편리

---

[279] David Mungello, Curious Land. 18쪽

하였을 것이다. 그러나 그는 유학 성선론의 중요 인식에 기초하여 형식상으로는 정통유학에서 유행하는 성선론(타협)을 선택하면서 내용상으로는 토마스 아퀴나스의 인론人論(불타협)을 고수하였고 동시에 또한 천주교의 원죄설(타협)을 소홀히 하지 않을 수 없었다.; 그는 본래 영혼과 육체 대립의 교리를 고수해야 하고, 이런 대립을 강조하는 중에 천주교의 금욕주의를 천명해야했으며, 또한 확실히 어떤 면에서는 이 교리를 고수했는데 『기인십편畸人十篇』에서 현세의 감각적 생활의 즐거움에 대한 비판과 내세에 영혼이 구원 받을 영원한 복락에 대한 진술이 모두 그 예이다. 그러나 그가 송명이학 중 사대부들에게 익숙한 범주인 리理와 욕欲을 인용할 때엔 그 또한 이학理學에 부회하는 중에서 천주교의 교리를 위배하였다.

    양선良善과 덕선德善을 토론할 때 마테오리치의 논술은 불타협의 정신이 우위를 점하는 것으로 표현된다.: 그는 유학의 복성설復性說[280]을 배척하였다. 『천주실의』 제7편에서 중국 선비는 말한다.: "본성에는 반드시 덕성이 있어야 하는데 덕성이 없으면 어떻게 선할 수 있겠습니까? 이른바 군자란 또한 그 원초[性]에로 돌아감을 말합니다."[281] 이는 주희의 복성설에 대한 표현이다. 주희는 "올바른 도리는 원래 몸과 마음에 있던 것이지만, 잃어버려서 그것을 어떻게 회복해야 할지 모른다." "배우는 사람은 반드시 인욕을 모두 제거하고 천리를 완전히 회복해야

---

[280] 성리학에서는 자기 수양의 이상을 자기의 본성으로 복귀함으로 마음의 안정과 인격의 완성을 지향한다고 본다.
[281] 『天主實義』 354쪽(第7篇) *서울대학교출판부 『천주실의』 345쪽 참조

하니, 바야흐로 이것이 배우는 것이다."²⁸² 라고 하였다. 이런 복성설은 명말 정통 사대부 중에서 여전히 영향이 컸으며 고반룡高攀龍이 이 복성설을 직접 계승하였다. 『고자유서高子遺書』 권5 『회어일백칙會語一百則』에서 정몽양程夢暘은 다음과 같이 말한다.: "선생(고반용)의 학문은 복성을 가장 중히 여겼고……대개 궁구하여 깨달은 바가 깊다." 하지만 마테오리치는 이학 중 주경궁리의 수양방법을 거치는 복성은 단지 양선良善(자연의 선)으로 보았다. "'본성'의 선은 (천부적인) 양선이고, 덕행의 선은(나중에 배워서 쌓은) 습선習善입니다. 무릇 '양선'은 천주께서 원래 창생한 본성 생명의 덕성이니, 우리(인간)들은 (그것에 기여한) 공로가 없습니다. 제가 말씀드리려는 공로란 다만 (우리 인간들) 스스로 배워서 쌓아올리는 선(습선)에 있을 뿐입니다."²⁸³ 마테오리치는 덕행의 선은 사람이 (후천적으로) "새롭게 알아낸" 것이고 사람의 선한 공로임을 강조하였는데 만일 선이 다만 그 원초[性]에로 되돌아감을 말한다면 사람은 모두 태어나면서부터 성인인 것이요 이러면 후천의 도덕적 노력을 무시할 것이다. 여기에는 분명 정주이학에 대한 오해가 존재하고 있다. 소위 복성설의 전제는 확실히 인성이 선하다는 것이고 이학 또한 이 전제하에서 사람은 모두 요순이 될 수 있음을 인정하는 것이다. 주희는 천명의 성[天命之性 – 善]이 몸체와 기[形氣] 속으로 떨어져 들어가 곧 현실적 인성이 되었으나 그것은 이미 온전한 성

---

282 『朱子語類』 13권 *소나무판 『朱子語類』 557쪽, 556쪽 참조
283 『天主實義』 356쪽(第7篇) *서울대학교출판부 『천주실의』 346쪽 참조

의 본체가 아니므로 사람은 반드시 주경궁리하여 기질을 변화시키고 오래토록 쌓아야 비로소 관통할 수 있으며 비로소 원초에로 돌아갈 수 있다고 생각하였다. 여기에서 결코 후천의 도덕적 노력을 배제하지 않았으며 오히려 이 점을 매우 강조하였다. 마테오리치는 오해의 기초 위에서 이 복성설을 비판하였는데 인간이 그 원초(원죄?)를 상실한 것 자체가 이미 크게 죄를 지은 것이고 지금 (없어진) 그것을 회복한다고 해도 (그것이 결코) 큰 공덕이 될 수는 없으며[284] 인간 자신의 공로란 다만 스스로 배워서 쌓아올리는 선(습선)에 있을 뿐이라고 주장하였다.

    복성설에 대한 배척의 기초는 오해에서 비롯되었고 이 오해에는 이론상의 원인이 있다. 이학에서 복성[復之性]은 곧 천명의 성[天命之性]이고 이 리는 다만 선할 뿐이며 복성은 즉 본래의 선으로 돌아가는 것이므로 지선至善에 그쳐 옮기지 않는다.[285] 그러나 마테오리치 성선론중의 본성은 천주에 의하여 창생[化生]된 바의 도리를 추론할 수 있는 양능으로 이 성선론은 형식상 인성 3단계설 중 원초의 본성[善]적 관념을 채용하였으나 그 내용 자체는 도덕적 경계가 아닌 단지 하나의 잠재적 능력인 것이다. 이런 양능은 본래 상존하므로 소위 돌아간다는 복復, 물러난다는 퇴退를 말하지 않으며 돌아간다고 해도 또한 "공로가 없음"에 속한다. 서로 같은 명제(인성은 선함)에, 서로 다른 내용은 자연 혼란과 그에 기초한 오해와 배척을 초래하였다.

---

[284] 『天主實義』第7篇 위의 책 346쪽 참조
[285] 朱熹: 『四書集注』, 長沙: 岳麓書社, 1985年, 3쪽

복성설의 배척은 신학교리 상에도 그 원인이 있다. 예를 들어 앞에서 지적했듯이 정통 천주교는 하느님에 대한 신앙을 강조하고 동시에 또한 선한 공로를 쌓아올려야 구원받을 수 있음을 강조하였는데 그 오랜 폐단은 면죄부를 판매하는 데까지 이르렀으며 이는 종교개혁이 발생한 원인의 하나이기도하다. 마테오리치는 양선良善과 덕선德善을 구별하고 동시에 (우리 인간들) 스스로 배워서 쌓아올리는 선을 강조하였는데 자연 이와 서로 관련이 있다. 확실히 마테오리치는 선한 공로가 죄를 사해준다는[善功贖罪] 교리를 견지함으로써 선공을 구원받는 기본조건의 하나로 삼았다.[286] 이렇게 말한다.: "천주께서 우리들을 이 세상에 태어나게 하신 것은 우리(인간)들로 하여금 오로지 덕업에 부지런히 힘씀으로써 언제나 (우리들) 스스로 무궁한 복락을 얻게 하시려는 것이며, 번거롭게 (마음) 밖의 (다른 것들)에 의존하지 않게 하시려는 것입니다."[287] 바로 선공속죄의 이 교리는 마테오리치와 유학이 조화를 이루는 신학이론 기초의 하나를 구성한다. 그의 수도를 강조하여 도리[理]로써 욕망을 다스리고, 인심으로 수심獸心을 극복하고 형성形性(육신적 성품)으로 신성神性(정신적 본성)을 따를 것을 강조하고 오만과 색욕의 극복을 강조하는 등등은 모두가 선공속죄의 교리가 그로 하여금 유학과 조화할 수 있는 편리함을 얻게 해주었다. 만일 그가 개신교와 같이 지나치게 "믿음으로 인하여 의롭게 됨"[288]을 강조하거나 신

---

[286] 선한 공로는 주로 교회 안에서의 영성체, 고해 등의 성사를 가리키나 또한 일반적 의미에서의 선행도 포함된다.
[287] 『天主實義』 358쪽(第7篇) *서울대학교출판부 『천주실의』 349쪽 참조

앙주의를 강조하였다면 그는 사대부 중에서 중문저작을 통해 발붙이며 한 발자국도 나가기 어려웠을 것이다.

우리는 마테오리치의 유학에 대한 이해가 매우 정확하였거나 그와 유학이 만들어낸 조화가 합리적이었나 하는 것에 지나치게 기대한 적이 없으며 그가 천주교교리를 전할 때 앞뒤가 일치된 지속성을 유지하였나를 의심해볼 이유가 또한 있다. 앞에서 서술했듯이 기독교의 종교도덕과 유가의 윤리철학 사이의 조화를 위해 마테오리치는 선공속죄라는 교리를 아주 편리하게 운용하였고 이런 교리는 마테오리치 시대의 천주교에서는 매우 중요하였는데 그 전제는 곧 아퀴나스 신학이론의 이성에 대한 강조이다. 아퀴나스 신학이론 중에서 의지는 이성의 지배를 받는 것이고 원죄가 인간으로 하여금 이성의 지배를 받는 자유의지를 통하여 선을 선택하는 능력을 완전히 상실케 하지는 않았다. 이로 인하여 인간은 선을 쌓음으로써 하느님에게 다가가고 동시에 구원받을 수 있는 것이다. 위에서 서술한 바와 같이 마테오리치는 기본적으로 이 사상을 견지하였다. 그러나 『천주실의』 마지막 편에서는 천주의 인간 구속의 절대중요성을 강조하기 위해 역시 아우구스티누스 신학이론으로 돌아가 원죄의 인성에 대한 타락을 강조하면서 이런 타락은 인간으로 하여금 자유의지를 통하여 선행을 선택하고 구원 받을 수 있기 어렵게 한다고 인식하였다. "인류 조상은 인류 본성의 뿌리를 이미 망쳐놓았으므로 그 자손 된 자들은 그 물려받은 잘못에 따라서 본성

---

288 『로마서』 4장13절

의 온전함을 계승할 수 없고 태어나면서 결함을 지닌 것입니다. …… 그러나 백성의 착한 본성은 이미 사라졌고 또한 추악한 것에 습관 들어 쉽게 악에 빠져 들기 때문에 (자신을) 선에 세우기가 어려울 뿐입니다."[289] 이에 하느님이 사람의 몸을 취하여 친히 세상을 구하러 올 수 밖에 없었던 것이다. 여기에서 구세주 하느님의 지상성을 강조하기 위해 인간이 자유의지로써 선을 쉽게 이룰 수 있는 능력을 부인하였다. 이로써 볼 때, 중세 스콜라철학 중 교리 상의 모순은 여전히 마테오리치 신부를 혼란스럽게 하고 있다. 마테오리치 본인은 이런 모순에 대해 의식하는 바가 있었을 것이어서 이에 그 역시 이 모순에 대한 조화를 만들어냈다.: "비록 그렇지만 본성 자체는 스스로 선하며 악으로 인하여 없어질 수 없습니다.(저자 주: 윗글에서는 "백성의 착한 본성은 이미 사라졌다."고 하였다.) 그래서 모든 사람이 발분하여 (나쁜 짓을 고쳐) 선으로 나아가고 (저자 주: 윗글에서는 "선에 세우기가 어려울 뿐이다."라고 말하였다.), 천주께서도 또한 반드시 그들을 도와주십니다."[290] 분명히 마테오리치는 덕을 닦고 잘못을 뉘우치고 바른 길로 들어가려는 사람들에게 천국에 갈 수 있다는 약속을 했다.(이는 분명 수덕修德을 중시하는 사대부에 대한 "유도"이다) 아우구스티누스의 절대 예정론[291]은 이에 이르러 숨겨져 볼 수 없게 되었고 교리의 모순은 첨예한 충돌 중에서 약

---

[289] 『天主實義』 446, 448쪽(第8篇) *서울대학교출판부 『천주실의』 421, 422쪽 참조
[290] 『天主實義』 446쪽(第8篇) *위의 책 422쪽 참조
[291] 구원은 인간의 의지나 노력에 의함이 아니고 하느님 은혜의 선택에 의해 정해진다는 교리

간 조절은 되었으나 여전히 커다란 흔적을 남겼다.

막스 베버로부터 논자들은 중국과 서양문화의 차이의 하나로써 내재적 초월과 외재적 초월의 차이를 많이 언급한다. 서양철학의 아버지로 불리는 플라톤과 아리스토텔레스는 세계를 두 가지 측면에서 관찰하고 생각하였다.: 하나는 초월적인 본체 혹은 진리세계이고 다른 하나는 현실세계이다. 기독교는 다시 이런 이분법을 극도로 발전시켰다.: 하나는 하느님이 통치하는 천국이고 다른 하나는 구원을 갈망하는 인간세상인데 이는 전형적인 외재초월형外在超越形적인 문화이다. 그러나 중국의 초월세계[道, 理]는 서양형태의 외재화外在化의 길로 가지 않아서 그것과 현실세계의 "일용지간의 인륜[人倫日用]"과의 사이는 가까이하지도 멀리하지도 않는 관계 속에 놓였고 사람들은 현세의 "인륜일용" 안에서 인격완성의 발전을 시도하였는데 이는 내재초월형內在超越形적 문화이다.[292] 이 논술은 우리가 거시적으로 중국과 서양문화의 일부 본질적 차이를 이해하는데 도움이 되거나 혹은 최소한 하나의 이해와 연구의 시각을 제공한다고 분명히 말할 수 있다. 마테오리치는 이런 차이에 대하여 자각하고 있었을 것이나 다만 그 표현방식이 더욱 예스러웠고 중국화된 의미를 풍부히 지니고 있었다. 선을 행하는 정당한 동기를 논할 때, 마테오리치는 그 최상의 동기는 당연히 "천주의 거룩한 뜻[聖旨]의 의미를 순순히 따르는 것"이며 동시에 "덕은 수신에 근거하여 하느님을 섬기는데서 이루어진다."고 생각하였다. 그러

---

292 湯一介:『論利瑪竇會合東西文化的嘗試』,南京大學宗教研究所編『宗教』雜誌, 1988年 第2期:余英時:『士與中國 文化.自序』,上海:上海人民出版社,1987年 게재.

나 사대부들이 보기에 옛날의 학자들은 자신을 위한 학문을 하였으니, "순순히 따르는" 학문은 의심할 바 없이 남을 위한 외학外學이었다. 마테오리치는 이런 차이의 심각성을 알고 있었으므로 힘써 이런 외학을 내학內學으로 포장하였다.: "우리가 논하려는 '배움'은 오직 '내면' (즉 마음에 관한 것)이요, 자신을 위한 것일 뿐입니다. 한마디로 요약하면, '자기를 이룸(자기완성)'을 말합니다."293

자신을 위한 학문은 유학의 중요 관념의 하나로 그것이 관심을 갖는 것은 학문을 하는 경향과 목적이다. 『논어論語. 헌문憲問』은 말하기를 "옛날의 학자들은 자신을 위한 학문을 하였으나, 지금의 학자들은 남을 위한 학문을 한다."294하였는데 주희의 해석은 이러하다.: "정자程子가 말씀하셨다.: 옛날의 학자들은 자신을 위한 학문을 하여 끝내는 남을 이루어 주는데 이르렀고 지금의 학자들은 남을 위한 학문을 하여 끝내는 자신을 상실하는데 이른다. 내가 상고해 보니 성현이 학자들의 마음에 대한 잘잘못(득실)의 사이를 논한 말씀이 많으나, 이 말과 같이 절실하고도 긴요한 것이 있지 않으니, 이에 대하여 밝게 분변하고 날마다 살피면, 거의 따르는 바에 어둡지 않게 될 것이다."295 그 말은 "자신을 위한 학문"을 성현은 학문을 논하는 가장 중요한 논리로 삼았고 이러한 관념이 이학 중에서 가장 중요함을 볼 수 있다. 명말 사상계에 큰 영향을 끼친 태주학파泰州學派의 창시자

---

293 『天主實義』 362쪽 (第7篇) *서울대학교출판부 『천주실의』 353쪽 참조
294 古之學者 爲己 今之學者 爲人
295 朱熹: 『四書集注』, 長沙: 岳麓書社, 1985년, 189쪽 *성백효 『論語集註』 290쪽 참조

왕간王艮은『대학』에서 말하는 소위 "천자로부터 서인에 이르기까지 일체는 모두 수신을 근본으로 삼는다."는데 근거하여 안신입본설安身立本說을 제기하며 말하였다.: "격물格物은 근본을 앎이다; 근본을 세운다 함은 몸을 편안히 함이다. 몸을 편안히 함으로써 집안을 편히 하여 집안이 가지런해지고 몸을 편히 함으로써 나라를 편안히 하여 나라가 다스려지며 몸을 편히 함으로써 천하를 편안히 하여 온 천하를 평안케 한다.……"296 이것 또한 학문을 하는 목적이 자기를 이루는 성기成己(安身)와 남을 이루어주는 성물成物(修齊治平)에 있음297을 논술한 것이다.

마테오리치는 그가 담론한 종교이론(도덕철학을 포함)을 자신을 위한 학문으로 분장하였는데 유학 역사상 그리고 당시(명말) 극히 중히 여긴 도덕사상과 조화시켜서 사대부의 "천학"에 대한 공통인식을 증가시키고자 하였다. 아래에서 우리는 이런 조화가 결코 용이치 않음을 볼 것이다.

중세 신학에서 영과 육의 대립을 부각시킬 때 정신(神; 靈)은 귀히 여기고 육신(形; 肉)은 천히 여길 것을 강조한다. 수도사들의 금욕주의적 고된 수양은 감성욕망에 대한 억압적 조정("육신을 원수로 여기고, 분노를 경계하고 욕망을 제어한다.")을 통하여 영성생활의 승화에 이르기 위해서이다. 그래서 마테오리치는 말한다.: "우리(인간)들의 본체인 '정신[神]'은 단지 '핵심적[精]'으로 '귀중[貴]'할 뿐만 아니라 또한 육신의 본래의 주인입니다. 따

296『心齋王先生全集』권3『答問補遺』
297 成己,成物論은『中庸』25장 참조

라서 정신을 수양하면 곧 육신도 수양되는 것입니다. 정신이 이루어지면 육신도 이루어지지 않을 수 없습니다. 이렇기 때문에 '올바른 지식인[君子]'의 본업은 특히 정신 곧 선비님의 나라(중국)에서 말하는 '눈에 보이지 않는'(무형無形의) '마음[心]'에 있는 것입니다."[298] 이 마음(정신, 영)은 우리(인간)의 참된 자아[眞己]이고 정신수양은 즉 자기완성[成己]인데 정신수양과 자기완성이 가능한 것은 무형의 신神; 영혼)이 세 가지 효능(삼사三司)을 가지고 있기 때문이다.: 기함記含(기억), 명오明悟(이성), 애욕愛慾(의지)으로 나중 두 가지 효능이 가장 중요하다. 이성능력[司明悟]은 시비선악을 판단하며 의지력[司愛欲]은 선을 사랑하고 원하게 하고, 악한 것을 싫어하고 악한 것을 버리게 한다. 이성의 효능은 의義를 밝히는데 있고(사회적 의의 인식에 있고) 의지는 인仁을 근본으로 하여 존재하니(인을 실천함에 있으니)[299] 두 가지 효능을 충분히 발휘하면 즉 "자신을 닦는다[淑己]"고 말할 수 있다. 어진 군자는 인의仁義를 중히 여긴다.: "그러나 인은 또한 '의'의 최고의 핵심입니다. '인'이 지극하면, 이성(의 활동)은 더욱 분명해집니다. 따라서 '올바른 선비'(군자)의 배움은 '인'을 위주로 하는 것입니다."[300] 여기에서 마테오리치는 또한 그 성선론 중 "도리를 추론할 수 있는 것" 다음에 있다고 보는 인과 의를 부각시켜 자기완성[成己]의 주요 경로와 규범으로 삼았다.

위의 논술을 자신을 위한 학문으로 간주한다면 중국 선비는

---

[298] 『天主實義』 362쪽(第7篇) *서울대학교출판부 『천주실의』 353쪽 참조
[299] 『天主實義』 第7篇 *위의 책 354~355쪽 참조
[300] 『天主實義』 366쪽(第7篇) *위의 책 356쪽 참조

결코 이해하거나 수용하기 어렵지 않았을 것이다. 확실히 마테오리치가 인仁의 신학적 내용을 서술하기 전 이상의 논술이 비록 이질적 사상성분(정신의 세 가지 기능과 같은)이 있고 동시에 견강부회하는 면을 포함하고 있었을지라도(유학에서의 심心은 결코 영원불멸하는 영혼이 아니다.) 그 내용은 주로 세속생활의 도덕 이론, 관념에 매우 가까웠다. 하지만 마테오리치가 "학문의 높은 뜻은 오직 이와 같이 자기를 완성함으로써 천주의 '거룩한 뜻'에 합일하는 것이다"라고 단언할 때, 중국 선비는 충분한 이유를 가지고 말하였다.: "이와 같다면, 그런 '자기완성'은 천주를 위한 것이지, '자기를 위함'이 아닙니다. 그렇다면 '(자기)밖의 것을 위한 배움[外學]'이 아니겠는지요?"[301]

이에 이르러 종법인륜宗法人倫의 도덕규범과 인생철학은 종교 신학과 더불어 이 분야의 교리에서 근본적 차이를 드러내고 있다. 유학의 자신을 위한 학문이 비록 남을 이루어 주는[成物][302] (자기) 밖의 것을 위한 공로를 추구할 지라도[外學] 그 목적은 하나의 몸이 하나의 초월적 외재적 실체와 연관된 것이 아니며 그 목적에 이르는 것은 오히려 인간 본성[性體] 함양의 자연적 과정과 결과라고 하는 편이 나을 것이다. 그리하여 중국 선비가 보기에 유학은 자기를 위한 내학內學이며 천주교가 비록 개인의 구원을 강조함으로써 자신을 위한 학문의 색채를 띠고 있으나 이 목적에 이른 즉 신도는 외재 초월적 인격신의 절대명

---

[301] 『天主實義』 368쪽(第7篇) *위의 책 357쪽 참조
[302] 『中庸』誠者 非自成己而已也 所以成物也

령[聖旨]에 절대적으로 순종하는 것과 연결되므로 그것은 여전히 중국 선비에게는 "외학"으로 보여졌던 것이다. 이런 첨예한 대립을 제거하기 위해 마테오리치는 보기에 아주 교묘한 해석을 냈다.: 첫째, 천주는 바로 사람이 자기완성을 의존하는 근거가 되고 또한 공자는 인은 오직 남을 사랑하는 것이라고 말씀하셨는데 유교의 선비들은 (이 공자의 말씀을) 결코 '자기 밖의 것을 위한 배움[外學]'으로 여기지 않습니다. 그렇다면 '어짊[仁]'이란 말은 바로 천주를 사랑하고 그리고 무릇 사람을 사랑하는 일이니 역시 외학으로는 볼 수 없는 것입니다. 둘째, "이처럼 천주는 항상 (개개의) 사물 속에 존재하고 계시기에 스스로를 '밖(의 존재)'로 보시지 않습니다."303

만일 이 조화를 위한 해석이 표면상 내학과 외학의 충돌을 없애려는 목적을 이루었다면 그것이 포함하는 내재적이고 보다 심각한 차이와 모순은 더욱 위험성을 띠게 된다. 비록 마테오리치가 유가의 인학仁學에 접근하려 시도하고 군자의 배움은 인을 위주로 한다고 단언하였을지라도 그는 인의 내용은 먼저 하느님을 공경하고 하느님을 자기를 완성하는[成己] 근거로 삼는다고 분명하게 밝혔다. 그가 "사람들 중에 가깝기가 부모와 같을지라도, 천주와 비교한다면, 그는 오히려 '밖의 사람'이 됩니다."304라고 단언하였을 때 여기에는 어느 정도 유학의 자각도덕自覺道德(마음속에서 생기는 도덕; 仁, 義, 忠, 信 등)에 대한 부정을

---

303 『天主實義』 368쪽(第7篇) *서울대학교출판부 『천주실의』 358쪽 참조
304 仁의 내용에 관해서는 利瑪竇 『二十五言』 13단에 보이는데 원문은 이러하다.: "仁之端在于恭愛上帝": 이 문단의 인용문은 『天主實義』 368쪽(第7篇)에 보인다.

포함하고 있으며 동시에 하느님 사랑의 종교적 계율로서 혈연으로 맺어진 친족사랑을 기초로 하는 유가 종법인 삼강오륜에 대한 근본적 부정을 포함하고 있는데 원인은 후자는 효제孝悌(부모에 대한 효도와 형제에 대한 우애)를 종법인륜의 근본으로 삼기 때문이다. 그 다음 그가 "천주는 항상 (개개의) 사물 속에 존재하고 계시기에, 스스로를 밖의 존재로 보시지 않습니다."라고 단언하였을 때에 그는 신학 중의 내재론內在論으로 나아갔다. 이것이 바로 그가 『천주실의』 제4편에서 비판한 이단이다(제4편에서는 귀신 및 사람의 혼에 관한 이론異論을 비판하였다). 유가적 종법인륜에 대한 부정은 조금 후에 이야기할 정통 사대부가 "천학"을 전면적으로 거부하고 비판하는 중요 원인이 되었고(본문 하편 참조) 마테오리치의 신학이론 중 약간의 내재론적 색채 역시 정통 교도들로부터 비난당할 것이었다. 이러한 조우는 동서(지역, 민족성 차이), 천지(종교와 인륜관념) 간의 탐구와 중서中西철학, 종교의 상봉이 어렵고도 힘든 모험적 작업임을 잘 설명해 준다. 중서문화사상 첫 번째 시도자로서 마테오리치가 만든 것 모두는 획기적인 개창성開創性을 띠고 있다. 전교사의 신분과 이런 작업의 개창성은 마테오리치가 만든 취합[會合]이 필연적으로 많은 혼란과 모순을 초래할 것임을 결정지었다. 그러나 마테오리치의 유학에 대한 오해 내지는 왜곡 및 일부 분야에서 천주교교리에 대한 일탈에 근거하여 유학과 천주교의 상호 이해, 회합의 가능성을 근본적으로 부인한다면 이는 마테오리치의 유학과 기독교는 근본적으로 충돌하지 않는다는 생각과 같은 것으로 모두가 일방적이고도 무익하며 경솔한 논리이다. 전자는 중국 혹은 서양철학, 종교, 윤리사상의 깊은 이해와 나아가 대화와 교류의 진행 또한 거절하는 극단적 행위를 초래할 뿐이다. 마테오리치 사후, 순결한 전교사의 엄격한 실천방법과 중국 정통사대부들의 서학에 대한 전면적 배척은 모두 이 점을 설명해주고 있다. 후자는 인류 이성 혹은 신념의 공통성에 대한 맹목적이고 낙관적인 생각을 초래함으로써 자각 혹은 비자각적으로 겉으로는 서로 비슷하나 배후로는 심각한 차이 및 이로 인해 초래할 수 있는 충돌을 덮어버린다. 양정균 같은 명말 소수의 사대부는 마음이 같으면 이치도 같다[心同理同]는 낙관적인 신념에 근거하여 "천학"에 대해 거의 전반적인 수용을 택하였는데 이것이 가장 좋은 예이다.

마테오리치를 대표로 하는 전교사가 중국철학, 종교, 윤리사상(주로 유학적인 것)과 진행한 대화와 융합이 비교적 평화롭고 평등하였다 할지라도 그러나 전교사는 서양문화를 수출, 전파하는 주체였다. 그들은 먼저 회합점을 선택할 주도권을 장악하였다. 마테오리치가 일찍이 유가의 많은 경전을 읽고 사서오경을 인용하여 그 논증적 역량과 권위를 강화했을 때, 그는 명말 일부 사대부가 생각한 것처럼 이미 쇠락하였거나 사람들에게 오해를 받은 유학 도통을 회복시키는데 도움을 주려한 것이 아니었으며 반대로 고유古儒 중 약간의 종교사상적 요소를 선택하여 "나를 위해 사용하는" 해석을 만들었던 것이다. 즉 "유교의 창시자 공자가 남긴 몇몇 상세치 않은 자구를 해석하여 "나를 위해 사용하는" 식이었다. 공자의 "귀신을 공경하되 멀리하라"[305]는 확실히 매우 애매모호한 태도의 말인데 마테오리치는 이런 분명치 않은 점을 이용하여 공자의 태도에 대해 완전히 기독화의 해석을 내렸다.: "중니仲尼는 '귀신을 공경하되 멀리하라'

고 말했습니다. (사람들에게) 복록을 주고 죄를 사면하는 그런 일들은 귀신들은 할 수 없으며 오직 천주만이 할 뿐입니다. 그런데 요즘 사람들이 (귀신에게) 아첨하고 (천주를) 모독하며 이들(귀신)로부터 복록을 얻으려고 한다면 그것은 그런 것들을 얻는 길이 못 됩니다. 무릇 (『논어』에서) '멀리한다.'는 뜻과 '하늘에 죄를 지으면 빌 곳이 없다'는 (말은) 같은 (뜻)입니다. '그것을 멀리한다.'를 '그것을 없는 것으로 본다.'로 풀이하여, 어찌 '귀신을 없는 것으로 보았다.'는 의혹에 중니를 빠지게 할 수 있겠습니까?"[306] 공자는 이에 유신론자의 색채를 띠게 되었고 공자의 귀신을 공경하되 멀리하라는 말은 귀신이 아닌 천(주)으로부터 복과 죄 사함을 받는 것이며 성현조차 이러하니 후세의 선비는 더욱 마땅히 이를 따라야 한다는 것이 바로 마테오리치가 사대부에게 증명하고자 하던 결론이다. 종교에 대한 격정과 열광을 결핍하고 실천이성(라이프니츠의 말)이 발달한 민족으로 하여금 이러한 중국과 서양의 융합 중에서 주조된 종교를 전면적으로 수용토록 하려는 시도는 결코 쉬운 일이 아니었다.

    마테오리치와 사대부가 인성과 도덕문제를 심도 있게 토론할 때, 그는 고유에 부회하였고 또한 명말 여전히 비교적 큰 실천, 이론적 역량을 가지고 있던 정주이학 중의 일부 관념에 부회하였다. 동시에 변함없이 그 종교교리를 견지하고자 시도했으나 그가 토론한 문제는 상당한 철학적 성질(완전히 종교문제

---

305 『論語．雍也』敬鬼神而遠之
306 『天主實義』202쪽(第4篇) *서울대학교출판부『천주실의』189쪽 참조

는 아니다.)을 띠고 있었기 때문에 그가 선택한 회합점은 이성이라는 특징을 강조하는 토마스 아퀴나스의 스콜라철학 중 인론人論과 유학 중 이와 상당한 융합 가능성을 지닌 관념과 사상이었다. 초기에 쓴 중문저작『교우론交友論』중에서 그가 편찬한 우정을 논한 격언은 더욱 비종교적인 세속성을 띠었고『이십오언二十五言』또한 주로 고대 희랍 스토아학파의 윤리사상을 핵심으로 한 소책자이다. 이상의 사실로 인하여 마테오리치가 중서문화를 회합하려던 입장은 매우 용이하게 중서철학 중의 인문주의로 생각되었다.[307] 확실히 마테오리치가 마주 대하고 깊이 이해하고자 시도했던 것은 유학에서의 사람을 근본으로 하는 철학, 윤리사상이지만 이런 사상체계의 사람을 근본으로 하는 특징은 문예부흥 시기의 인문주의가 아니라 종법인륜을 핵심과 기초로 하는 도덕적 교화, 인생철학체계였다.[308] 마테오리치가 사대부를 향하여 서양과학, 종교, 철학사상을 전파할 때 그는 또한 문예부흥시기 인문주의자들이 즐겨 사용하던 고아한 대화문체(예로써『천주실의』,『기인십편』)와 설득력 있는 웅변술을 채용하였고 더하여 사대부로부터 많은 환영을 받았는데 이는

---

[307] Paul Rule(保羅,魯爾)은 말한다.: "마테오리치가 한 작업은 유럽 인문주의전통과 유학 인문주의전통 사이에 연결점을 이루어놓았다." K'ung-tzu or Confucius? 21쪽. David Mungello(大衛,夢杰羅)는 명확히 표명하였다.: 마테오리치 저작 중에서는 문예부흥의 인문주의 전통이 매우 뚜렷이 나타나는데 왜냐하면 마테오리치는 문예부흥 대가들이 자주 사용하는 고아한 문체, 교화적인 웅변술을 즐기며 저작하였기 때문이다: 대화체는 플라톤에서 시작되어 사람들에게 환영받은 고전창작 방식이다. 수많은 문예부흥시기의 인문주의자는 모두 플라톤으로서 아리스토텔레스를 반대하였고 마테오리치의『天主實義』같은 주요저작은 곧 중국 선비와 기독교철학자의 대화를 통하여 구성되었다. … DE. Mungello, Curious Land: Jesuit Acommodation and the Origins of Sinology, Honolulu: University of Hawaii Press, 1989, 28쪽

[308] 楊適:『人倫與自由 - 中西人倫的沖突與前途』香港: 香港商務印書館, 1990年

그 자체로 그러한 독단적인 종교신앙주의(예로써 테르툴리아누스[309]의 "불합리하기 때문에 나는 믿는다.")의 포기를 의미하고 있다. 중국인의 자연이성에 대한 그의 신념 또한 이 점을 설명한다. 게다가 그의 『교우론』에서의 토론이 비록 벗을 사귀는 도리[交友之道]라 하여도 그곳에 잠재된 사상적 내용은 우도友道를 인륜 관계의 으뜸으로 삼았는데 하느님의 사랑으로 삼강오륜을 부정하기 전 그의 이러한 함축된 사상은 자못 큰 의미를 가진다고 하겠다. 마테오리치와 자주 왕래한 이지가 당시 유행하던 『교우론』을 읽어보았을 가능성은 크며, 『하심은』의 "교섭의 도리는 벗에서 다한다[交盡于友]."는 사상을 평가할 때에 이지는 『하심은론何心隱論』에서 다음과 같이 썼다.: "인륜에는 다섯 가지가 있는데 공公은 그 네 가지를 버린 채 홀로 스승과 벗과 성현 사이에 몸을 두었다." 벗과의 관계를 인류사회 관계의 극치로 삼은 것은 연구, 토론할 관념이기도 한데 그것은 신분제도가 엄격한 봉건사회에서 최소한 사상을 활기차게 한 의의를 갖는다. 이지의 이런 관념에 대한 앞장선 주장과 찬양이 마테오리치의 영향을 받았는지 않았는지는 아직 연구할 가치가(하심은의 사상은 확실히 독립성을 갖추었고 마테오리치의 영향을 받지 않았다. 그가 1579년 살해당했을 때 마테오리치는 아직 중국에 들어오지 않았다.) 있는데, 이것은 마테오리치의 논리가 일부 분야에서 명말 사상 중 몇몇 관념과 더불어 확실히 비교적 잘 어울리는 선율이 되었음을 표명한다. 하지만 이 결론을 너무 과

---

[309] 德爾圖良; Tertullianus. 150~230. 카르타고의 기독교 신학자, 철학자. 그리스도교 신자들의 순교에 감동 하여 개종하고 사제가 되었다.

장해서는 안 된다. 마테오리치가 글을 쓰면서 채용한 문체와 그의 유학에 대한 참을성 있는 꾸준한 연구 및 이 기초 위에서 진행한 유학과의 대화, 그의 중국 예의에 대한 관용, 그의 저작 중 일부 비종교적인 세속화된 사상, 관념들이 어느 정도 문예부흥시기의 정신분위기를 체현하였을지는 모르나 "그가 문예부흥의 이상을 대표했다"고 볼 수는 없다.[310] 우리는 마테오리치가 위에서 이야기한 사상, 인격적 특징, 전교방법을 종교적 관용의 범위 내로 한정시키는 것이 더욱 합당할지 모른다고 생각한다. 이러한 관용은 "이교도" 사상문화(유학)의 존재이유 및 그 가치의 긍정으로 표현되었고 심지어 유학에 대한 일부 분야에서의 찬미로 표현되었다. 어느 면에서 그것은 확실히 문예부흥시기의 정신적 영향을 받았다. 그러나 마테오리치는 본질적으로 인문주의자가 아닌 무엇보다 먼저 전교사이고 신학자였으며 그의 진정한 의도는 중국인에게 중세의 신학사상을 전파하여 종국적으로 중국인을 천주교에 귀의시키는 일이었다. 전교사가 직접적으로 중국 근대화를 촉진시켰으리라는 생각은 지나친 기대일 것이나 그러나 마테오리치를 대표로 하는 전교사를 중국과 서양의 철학, 종교, 윤리사상, 과학을 소통시킨 범례로 보며 동시에 사대부가 이러한 교류로부터 일부 서양의 사고방식과 구체적 과학기술 성과의 혜택을 받고 또한 서양철학과 종교사상으로부터 중국 민족의 사상전통을 반성하는 새로운 시각을 얻어 비교하고 심사숙고하고 실천하는 기초 위에서 서양과 경쟁하여

---

[310] David Mangello, Curious Land: Jesuit Accommodation and the Origins of Sinology p.29

이로부터 중국으로 하여금 세계민족권에 우뚝 서게 할 진보적 관념을 만들었다고 보는 것은 합리적 결론이다.

3장
유학에 대한 비판

마테오리치가 유학을 긍정하고 심지어 찬미할 때에 그가 긍정한 점은 이러하다. : (1)고대 유학 경전 중의 종교적 성분; (2)유학 중 천주교의 종교도덕과 더불어 일부 유사성을 가진 세속적 도덕관념, 규범 즉 이른바 자연이성에 부합하는 것. 이것 또한 그가 중문저작 중에서 표현해 낸 유학에 대한 관용의 한계였다. 일단 유학 중의 철학, 윤리사상이 이 한계를 뛰어넘어 이로부터 천주교 혹은 중세 스콜라철학이 용인할 수 없게 되었을 때 마테오리치는 곧 조화와 부회의 방법을 포기하고 돌아서 비판의 무기를 행사하였다. 서양 독자에게 『천주실의』라는 중문저작을 소개할 때, 마테오리치는 이 책을 일부 이교도에게 제공하여 사용하는, 기독교교리를 이해하는 예비 복음서로 묘사하면서 지적하였다.: "이 책이 중국의 각종 종교 파벌을 비판하였으나 자연율을 기초로 한 종교는 제외하였는데 이런 자연율을 기초로 한 종교가 바로 공자의 철학이고 후세 학자들이 채용한 유가사상입니다." 그가 논술에서 비판하지 않은 원인은 유가사상이 천주교리와 서로 위배되는 면이 많지 않기 때문이었다.[311] 이러한 소개가 또한 17, 8세기 일부 서양사상가들이 다른 시각에서 유가사상을 긍정하고 찬양하고 이용하는 원인의 하나가 되기는 하였으나 『천주실의』의 실제 내용과는 거리가 아주 멀다. 사실상 마테오리치의 『천주실의』와 기타 중문저작에서는 유학에 대한 비판이 적지 않게 보이는데 마테오리치가 서양인에게 자신의 중문저작을 소개할 때 이런 사실을 감춘 것은 분명하다.

만일 사실상 존재하는 유학에 대한 비판이 단지 『성경』 혹은 이른 바 계시진리를 근거 혹은 출발점으로 한 것이라면 우리는 전적으로 이러한 비판은 수많은 이론적 의의를 갖출 수 없으리라 확신하는 이유가 있기에, 그러므로 이러한 비판을 연구고찰의 범위 밖으로 배제할 수 있다. 그러나 마테오리치의 유학에 대한 비판은(우리는 그의 불교와 도교에 대한 비판은 비교적 조금 언급할 것이다.) 전적으로 계시신학을 기초로 하는 독단적 비판이 아니며 그 중에 일부 신학적 독단을 포함하고 있을지라도 더욱 많은 내용은 스콜라 철학사상과 방법에 근거하여 유학에 대해 전개한 비판이다. 따라서 우리는 이런 비판 중에서 중서 철학, 종교의 일부 유사한 문제 즉 우주론, 세계관, 인생관에서의 사상적 차이 및 이러한 관념의 배후에서 문제를 사고하는 방법상의 차이를 찾아볼 수 있다. 더욱 중요한 것으로 우리는 마테오리치의 유학에 대한 비판을 명말 사상이라는 큰 배경 속에 놓고 이런 비교의 시각 속에서 어느 정도 당시 사상의 일부 특질

---

[311] 『利瑪竇全集』 제2冊, 428쪽

을 찾아낼 수도 있는데 이는 어쩌면 당연히 역사를 연구하는 정당한 목적 중 하나가 될 수 있을 것이다.

1. 태극은 만물의 본원(本原)이 될 수 없다

『구약. 창세기』 첫 장은 전능하신 하느님이 무에서 우주, 만물 그리고 인류를 창조하는 과정을 서술하였다. 중세 정통 기독교 신학자는 톨레미 이론에 근거한 폐쇄적 우주체계를 만들어낸 것[312] 말고는, 발생론 혹은 본체론적 철학적 시각에서 우주 자체의 생성, 변화 그리고 법칙을 심도 있게 이야기한 예가 그리 많지 않다. 만약 간단히 사대부만을 향하여 이런 창세설을 설명하였다면 마테오리치 역시 이러한 철학적 토론의 진행을 거절하였을 것이다. 그러나 그가 대면한 것은 이학무신론理學無神論을 거쳐 세례를 받은 지식계층이었고 신비로운 창세설은 지극히 사람들에게 받아들이기 어렵다는 점을 탐지하였다. 그는 사대부를 향해 하느님이 최초 천지를 창조하고 아담과 하와를 만들어 인류의 조상으로 삼았다는 것을 막연히 말한 것 외에는 창세설을 상세히 그려내려고 힘쓰지 않았다. 그러나 중국문화와 거듭 타협하려 하였을지라도 그는 전능하신 조물주-하느님이라는 신앙의 대상을 포기할 수는 없었다. 이에 이학적 우주론을 비판하고 그 영향을 없애는 동시 조물주란 관념을 설명하려 시

---

[312] 천동설에 의한 천체의 운동을 수학적으로 기술하였다.

도하는 것 외에 그에게는 확실한 다른 방법이 없었다.

이러한 비판은 사실 유신론의 무신론에 대한 비판이지만 그러나 그 의의는 중세 스콜라철학과 송명이학의 대화를 열어놓은 데에 있다.

마테오리치는 일찍이 노자의 부負[313]와 유사한 방법을 채용하여 불가사의하고 말로는 이를 수 없는 상제[天主]에 대하여 기술하였다. : 천주는 시작도 끝도 없고 모습도 소리도 없으며 그 능력은 망가짐도 쇠함도 없고, 그 지능은 몽매함도 오류도 없고 그 선은 순수하여 찌꺼기가 없고 그 은덕은 미치지 않음이 없습니다.[314] 이를 종합하면 사람의 일체 세속적 역량의 집중이 외화外化[315]하여 천주의 전지전능을 구성하였다는 것이다. 이 때문에 마테오리치가 천박한 오해에 근거하여 불교와 도교의 비어있다[空]와 없다[無]를 바탕으로 하는 것이 사물의 허망하게 없는 것[虛無]이라고 생각하였을 때 그는 당연히 중국 선비로부터 힐문을 받았다. : "그러나 (불교나 도교의) '공'과 '무'라는 것은 실제로 '공'과 '무'를 말하는 것이 아니라, 다만 (물질적인) 형체나 소리가 없는 '정신'을 말한다고 저는 들었습니다. 그렇다면 (그리스

---

313 노자의 부정적 사유방식의 현대적 의의를 풍우란(馮友蘭)은 일찍이 다음과 같이 지적하였다. : 형이상학에는 기본적으로 정의방법(正的方法)과 부의방법(負的方法) 두 가지 방법이 있는데 부의 방법의 본질은 그것이 무엇이 아님을 말하는 것이고 정의 방식은 인의예지신(仁義禮智信)이 형성하는 자강불식(自强不息)의 정신이다. 그렇다면 무위(無爲)에 이르면 하지 않음이 없게 되어(无不爲) 유연함이 굳셈을 이긴다는 인식방법이 곧 부의 방법이다. 『老子』 48장 참조
314 『天主實義』 第1篇 *서울대학교출판부 『천주실의』 56, 66, 69쪽 참조
315 헤겔이 사용한 철학용어. 헤겔 철학 중에서 외화는 어떤 존재가 자기 안에 있는 것 또는 자기의 본질을 자기 밖으로 외화 시켜서 자기에게 낯설고 대립되는 것으로 정립함을 뜻한다. 주로 물질이 절대정신을 거쳐서 외화 되어 오는 것을 가리킨다.

도교의) 천주와 무엇이 다르겠습니까?"³¹⁶ 불교적 의미에서 마테오리치가 공을 텅 비어 아무 것도 없는 사물로 이해한 것은 공에 대한 그릇된 이해[惡取空]이다. 왜냐하면 공은 분석적 의미로 이야기할 때 일체 사물의 환상적이고 진실치 않음[虛幻不實]을 가리키거나 혹은 본체의 불변하고 고유한 실체가 없는 공적空寂하며 밝고 맑은[明淨] 상태를 가리키는 것이지 결코 텅 비어 아무 것도 없는 사물로서의 공이 아니기 때문이다. 도가의 무 또한 만물의 최종적 근원에는 아무 규정성이 없음을 말한 것이지 텅 비어 아무 것도 없는 사물을 말한 것이 아니다. 마테오리치는 오해에 기초하여 불교와 도교의 본체론 혹은 우주생성론을 간단히 배척한 것을 제외하고 중국 선비의 반박에 대해서는 힘써 대답하지 않고 유야무야 얼버무릴 뿐이었다. 그러나 중국 선비가 태극[理]을 만물의 근원으로 제기했을 때에는 조심스럽게 이에 대응하였다. 한편으로 그는 송명이학 중 리[理]를 근본으로 하는 우주생성론 혹은 본체론을 수용할 수 없었으니 이는 창세설의 절대배타성이 결정지은 것이다.: 다른 한편으로 그는 또한 "태극지설太極之說"의 이론적 의의를 절대적으로 부정할 수 없었는데 이는 유학에 부회하고 사대부에게 해를 끼치지 않으려는 책략으로 결정된 것이다. 이는 곧 그의 비판이 온건한 색채를 띨 것임을 의미하고 있다.

　　이러한 비판은 여전히 아리스토텔레스의 형이상학을 기초로 하였다. 마테오리치는 추상적 존재론을 인용하여 "물物"을

---

316 『天主實義』第2篇, 106쪽 *서울대학교출판부 『천주실의』 80쪽 참조

존재로 규정하였다.: "'물' 자는 실재하는 모든 것의 총칭으로 모든 사물은 모두가 '물'이라 부를 수 있습니다."³¹⁷ 리理는 무형의 물이다. 여기에서는 아직 존재라는 개념이 나타나지 않으나 마테오리치가 말하는 물은 금석金石, 초목 등 형태를 가진 사물을 이미 포괄하였고 또한 소리, 색깔, 기氣, 냄새 그리고 "리" 등의 무형 물체도 포괄하였으므로 이 실재하는 모든 것의 총체적 명칭으로써의 "물"은 분명 아리스토텔레스 철학 중의 존재개념이다. 이를 출발점으로 마테오리치는 더 나아가 존재를 자립자自立者(實體)와 의뢰자依賴者(偶性)로 구분하였는데 전자는 하늘과 땅, 귀신, 사람, 쇠와 돌, 초목 등을 포괄하고 후자는 5색五色, 5상五常, 5미五味 등을 가리킨다. 그는 "리"를 사물의 원리, 형식으로 이해하여 후자(우성)에 귀속시켰다. 엄격히 말해 마테오리치는 여기에서 아리스토텔레스의 형식(형상)을 제일 실체로 하는 유심론적 관점을 포기하고 토마스 아퀴나스의 두 우성관偶性觀 즉 색과 맛 등을 실체로 하는 구체적으로 느낄 수 있는 우성과 "오상(관계)"과 "리"(형식)를 실체로 하는 추상으로서의 우성을 답습하였다.³¹⁸

    정주이학程朱理學과 육왕陸王 심학의 리가 모두 의뢰자임을 총체적으로 설명하기 위해 마테오리치는 구체적으로 다음과 같이 분석하였다.:

---

317 『天主實義』114쪽(第2篇)
318 安東尼.肯尼(Anthony Ken):『阿奎那』, 北京: 中國社會科學出版社 1987年, 64쪽

"중국의 문인이나 학자들이 '리'를 따져서 말할 때에는 두 가지 경우로 '리'는 마음속에 있다거나,[319] 혹은 '리'는 사물 속에 있다고"[320] 말합니다. 사물의 실정이 마음속에 있는 '리'와 합치하면, 그 사물은 비로소 참으로 실재한다고 말합니다. 사람의 마음이 (마음 밖의) 사물 속에 있는 그 '리'들을 끝까지 파고들어가 그것을 다 알아 낼 수 있으면 그것을 '사물에 나아가 인식함[格物]'이라고 합니다. (리가 오직) 이 두 경우('리'는 마음속에 있거나 혹은 '리'는 사물 속에 있음)에 의거한다면 '리'는 진실로 속성입니다. ……두 경우, 모두 (우선) 사물(물, 실체)이 있은 뒤에 (나중에 '리'가)있음을 말한 것입니다."[321]

소위 "리는 마음속에 있다", "사물의 실정이 마음속에 있는 '리'와 합치하면 그 사물은 비로소 참으로 실재한다."라 함은 분명 양명심학을 가리켜 말한 것이다. 왕양명은 주장하기를 "무릇 사물의 리는 내 마음 밖에 있지 않으니 내 마음 밖에서 사물의 리를 구하면 사물의 리는 없는 것이다."(『답고동교서答顧東橋書』)라 하면서 이 마음을 양지良知라고 하였다. 양지는 사물이 진실로 존재하는 근거이며 풀과 나무, 기와와 돌, 하늘과 땅에 만일 사람의 양지가 없다면 풀과 나무, 기와와 돌, 하늘과 땅이 될 수

---

[319] 陸九淵과 王守仁의 주장
[320] 程頤와 朱熹의 주장
[321] 中國文人學士講論理者, 只謂有二端: 或在人心, 或在事物. 事物之情合乎人心之理, 則事物方謂眞實 焉; 人心能窮彼在物之理而盡其知, 則謂之格物. 據此兩端, 則理固依賴, …… 二者皆在物後
『天主實義』110쪽(第2篇) *서울대학교출판부『천주실의』87쪽 참조

없다는 것이다. 양명의 리가 분명 사물에 의뢰하여 존재하는 사물로써의 실체적 우성이 아님에도 마테오리치는 마음과 리 그리고 리와 사물의 관계를 명확히 밝히지 않은 채 논하기를 리가 의뢰자에 속한다고 단언했으니 이는 분명 성급하고도 경솔한 논리이다. 그러나 그에 대해 말하자면 가장 중요한 것은 결론이다.

"리는 사물 속에 있음", "사람의 마음이 (마음 밖의) 사물 속에 있는 그 '리'들을 끝까지 파고들어가 그것을 다 알아 낼 수 있으면, 그것을 '사물에 나아가 인식함(격물)이라고 합니다."라고 한 것은 주희의 이학을 겨누어 한 말일 수 있다. 주희는 일찍이 어느 자리에서 "사물이 있고나서 비로소 리가 있다", "리(이치)는 그 기(기운) 속에 있다[理在其中]." "리는 (드러난) 일 속에 있다[理在事中]"[322]고 주장하였다. 마테오리치가 말하는 소위 격물은 문자 상으로 주희의 『대학장구大學章句. 격물보전格物補傳』과 매우 비슷하다. 주희의 리는 원래 본원론本源論과 구성론構成論의 두 가지 의미를 갖는데 구성적 의미로 말하자면, 리는 기를 따라서 머무를 곳이 있게 되므로, 이 또한 마테오리치가 이해한 리가 사물 속에 있다는 말일 것이다. 그러나 본원적 의미로 말하자면 리가 먼저이고 기가 나중이니 기氣(物)는 생과 소멸이 있으나 리는 형이상적인 본질과 규율(일반적으로)로서 즉 생과 소멸이 없고, 독립적으로 존재할 수 있으며, 더욱이 아직 사물이 나오기 전에 이미 존재하였다.[323] 마테오리치는 주희의 리를 의

---

322 馮友蘭: 中國哲學史新編』 제5冊, 北京:人民出版社1988년도, 160~161쪽

뢰자로 정의하고 그로부터 독립적 존재 능력을 부인하였는데 이는 최소한 일종의 온건한 유명론唯名論[324]임을 표현하고 있다.

태극(리)의 독립 존재적 능력을 부인한 다음 마테오리치는 진일보하여 그가 증명하고자 노력한 결론을 추론해 냈다.: "태극이라는 것이 단지 리라고 해석된다면 (그 태극은) 천지 만물의 근원이 될 수 없을 것입니다. '리' 역시 속성의 부류이니 스스로 자립할 수가 없는데 어떻게 다른 사물을 존재케 할 수 있겠습니까?"[325] 여기에는 분명 본체론으로부터 우주생성론으로 향하는 과도적인 면이 존재하고 있다. 그 논리는 이러하다.: 리理는 의뢰자로서 스스로 독립적으로 존재할 수 없고 또한 다른 사물이 존재하는 근거로 될 수 없으므로 만물의 근원이 될 수 없다. 이런 이학에 대한 비판은 아리스토텔레스의 형이상학 중 유물론적 성분을 계승하였으므로 어느 정도 합리적 성분을 가지고는 있으나 그 목적은 창세설이라는 신학적 결론을 논증하기 위해서라고 말해야 할 것이다.

마테오리치는 마찬가지로 리가 사물에 앞서 있다는 것을 비판하였다. 리는 의뢰자이므로 스스로 존립할 수 없고 (아무것도 없었던 원초에 스스로 존립할 수 없는 속성에 불과한 리는) 사물에 앞서 존재할 수 없는데 리가 다만 아무것도 없는 것[空虛]에 종속

---

[323] 陳來 『朱熹哲學研究』 22, 26쪽
[324] 아벨라르두스(프랑스 철학자, 신학자 1079~1142)는 처음 유명론을 지지하고 후에 실재론을 따르다가 마침내는 "보편은 실재성을 갖지만 이는 다만 개별의 사물 속에, 개별적 사물에 따라 존재한다."는 의미 없는 조정론(온건론)을 주장하였다. 의미 없다함은 그 시기 유명론을 따를 수 없게 되자 만들어낸 이론이라는 인상 때문이다.
[325] 『天主實義』 110, 112쪽(第2篇) *서울대학교출판부 『천주실의』 87쪽 참조

되어 있었다고 말한다면 (리는) 장차 떨어져 나감을 면치 못할 것이라 하였다. '리'의 의뢰성은 그것과 사물의 관계에서 나타난다.: "(경험세계에) 사물이 실재하면 그 사물의 리가 있게[實理]되고 (경험세계)에 실재하지 않으면 바로 그 '리'도 (경험 세계에) 실재함이 없게[虛理] 됩니다."[326] 이런 비판은 중국과 서양 철학 중의 유물주의가 결합된 결과라고 말할 수 있다. 소위 '리'가 의뢰자가 된다는 것은 아리스토텔레스의 철학에서 기원하였고 소위 '리'가 사물보다 앞서 있었다면 떨어져나감을 면치 못한다는 말은 즉 순수하게 중국화된 철학적 언어와 관념으로 그 기원은 왕정상王廷相(1474 - 1544)[327], 나흠순羅欽順(1465 - 1547)[328]의 철학 사상에서 찾아볼 수 있다. 위의 장에서 서술한 것처럼 마테오리치가 유학과 더불어 만들어 낸 회합 중에는 부차적인 비판이 있었다. 여기서는 상반되게, 유학에 대한 비판 중에서 또한 부차적인 조화가 있으니, 비판과 조화는 상호 결합되었다.[329]

마테오리치는 다시 '리'에게 움직임과 고요함[動靜], 의지[意], 이성능력[靈], 지각능력[覺]이 있음을 부인하면서 그것은 자기 의

---

[326] 『天主實義』110, 112쪽(第2篇) *서울대학교출판부『천주실의』88, 90쪽 참조

[327] 왕정상은 유물주의 사상가로 그는 원기(元氣)가 세계의 본원이며 기는 불멸하는 것으로 기가 있고 비로소 리가 있다고 인식하였다. 그가 말하는 기는 곧 물질로이는 송유(宋儒)의 "천지에는 먼저 이 리(理)가 있다."는 유심주의 세계관과 서로 대립한다. 즉 원기 위에는 물(物), 도(道), 리(理)도 없으며 다만 원기만이 있을 뿐이라는 기일원론(氣一元論)을 주장하였다.

[328] 나흠순은 기를 떠난 리는 없다는 이기일체론(理氣一體論)을 주장함으로써 정주이학에 대한 수정을 가하였으며 기학(氣學)에 대한 창건, 불학(佛學)에 대한 비판으로 중국철학사에 큰 영향을 끼쳤다.

[329] 謝和耐(Jacques Gernet)『中國文化與基督教的沖撞』이 책은 마테오리치와 중국문화가 만들어 낸 어설픈 조화에 더욱 주목하였으며 마테오리치가 한 비판을 무시하였다.

지에 근거하여 동정을 제어하고 만물을 만들어 낼 수 없으며 더욱이 이성능력과 지각능력이 있는 사물을 만들어 낼 수 없다고 하였다. 이러한 비판은 마찬가지로 중국 선비들의 반박을 받았다. 중국 선비는 주희의 이학에 근거하여 태극(리)은 움직여 갑자기 사물을 만들어내는 것이 아니고 먼저 음양이기(二氣)를 낳고 그런 후에 천지만물을 조화, 생성한다고 지적한다.; 그리고 '리'가 움직여 양을 낳았으니 그 사이에는 자연히 이성능력과 지각능력이 있습니다.(양이 바로 자연의 이성능력과 지각능력이라는 주장)330 마테오리치의 반박은 경험과 종극원인이론에 호소한다.: 이미 '리'가 양과 음을 낳은 후 다시 만물을 낳는다고 하는데 지금 여기 수레의 '리'가 있다면 어찌하여 음, 양 이기가 수레 한대를 만들어내지 못하는 것인가? '리'는 일단 (자율적으로 선택하는) 의지(will)도 없는 것이기에, 이때의 만들어내지 못한다 함은 자연히 자기를 억제하면서 스스로 만들어내지 않는 것이 아니다.; '리'에 설령 이성 능력과 지각 능력이 있더라도 그것은 또한 어디로부터 왔는가? 이러한 비난과 비판의 이론전제는 여전히 선험적 형이상학적 명제이다.: 사물의 생성, 변화 그리고 그 성질의 근본원인은 사물 내부에 있는 것이 아니요 다만 하나의 전능한 종극원인으로서의 제1추동자推動者331로부터 찾을 수 있는 것이다. 이런 초자연주의적 세계관과 중국 사대부들이 익히 알고 있는 유기적 자연관은 시종 상호 용납되지 않는

---

330 『天主實義』 第2篇 *서울대학교출판부 『천주실의』 94쪽 참조
331 아리스토텔레스가 상정한 외부의 것으로부터 원인을 받지 않으면서 스스로가 동인(動因)을 가지며 목적이 되는 제일원인(第一原因)을 말한다.

것이었고 사대부들이 익히 알고 있는 우주생성변화를 해석한 이론은 리일원론理一元論 혹은 기일원론氣一元論이었다. 기일원론은 잠시 논의하지 않는다. 중국 선비가 보기에 리일원론 중의 태극太極-理은 형이상形而上의 도道가 되고 일정한 초월성을 가진 만물의 근원이나 그것은 형이하形而下의 기器(氣)와 더불어 여전히 가까이도 멀리하지도 않는다. "천하에는 리 없는 기가 없고 기 없는 리도 없다."³³² 주희의 이학은 이미 현묘하고도 심원한 형이상학에 속하였고 여전히 초월의 도는 형이하形而下인 기器와 더불어 가까이도 멀리하지도 않음을 강조하였다. 우리는 고유한 전통에 대한 집착이 장차 사대부들이 절대 초월적 외재적 신을 필요로 하지 않고 이로써 그들 우주관의 최후 근거로 삼을 것임을 상상할 수 있다.

"태극[理]"은 정통 이학 중의 핵심범주로 상제(천주)가 기독교교리 중에서 하는 역할과 유사하다고 말할 수 있다. 그것은 사대부들이 우주, 인성, 도덕을 해석하는 버팀대로 이 범주에 대한 전면적 부정과 배척은 "천학"과 유학의 전면적이고도 첨예한 대립의 조성을 의미한다. 마테오리치는 이에 대한 분명한 의식을 가졌으므로 그 역시 추상적이면서도 언급은 하되 상세히는 말하지 않겠다는 그러한 긍정성을 띨 수밖에 없었다. "무릇 태극의 도리에 관하여는 본래 정밀한 이론이 있어서, 저도 비록 그것을 일찍이 책에서 읽었습니다만, (여기에서는) 그에 대한 분석을 번잡하게 늘어놓지 않겠습니다. 혹 (제가) 다른 책을 (지어

---

332 『朱子語類』 卷1

서) 그 요점을 전하도록 해 주십시오."³³³

그러나 우리는 마테오리치의 저서(중문저작) 중에서 태극의 도리에 관한 명료한 내용을 발견하지 못한다. 자못 의미 있는 것은 『천주실의』가 출간되고 1년 뒤, 마테오리치는 예수회 총장(1604년)에게 보낸 서신에서 "태극의 도리"에 대한 전반적 해석을 가하였다는 점이다.:

"이 태극론은 새로운 견해로 50년 전(년대가 분명 잘못 되었다. - 인용자)에 나왔습니다. 만약 총장님께서 자세히 고찰하신다면 그것은 어떤 면에서 중국 옛 성인이 말한바와는 모순되는 것으로, 후자는 상제에 대하여 더욱 명확한 개념을 가지고 있었습니다. 만약 그렇다면, 저는 태극은 우리들 철학자가 말하는 원동原動 문제에 지나지 않는다고 생각하는데 왜냐하면 그들은 그것이 절대로 실체가 아니고 심지어 사물이 아니며 만물에 관통해 있다고 말하기 때문입니다. 그들은 그것이 이성능력[精靈]도 아니요 인식능력[悟性]도 가지고 있지 않다고 말합니다. 비록 어떤 사람이 그것은 만물의 도리[理]라고 말할 지라도 그들이 말하는 리는 진실 혹은 지성적인 것이 아니며 또한 그런 설은 일종의 이성적 리라고 하기 보다는 추상적 리라고 하는 편이 더욱 적합하겠습니다. 사실상 문제는 그들마다 각자의 해석이 있을 뿐더러 또한 많은 황당한 해설이 있다는 점입니다. 이 때문에 우리는 본서(『천주실의』)에서

---

333 『天主實義』 120쪽(第2篇) *서울대학교출판부 『천주실의』 98쪽 참조

되도록 그들이 말하는 것을 비난하지 않고 상제와 비슷한 개념이라 하는 것이 가장 좋을 듯합니다. 이와 같으면 우리가 원작을 해석할 때 완전히 중국인의 개념을 따를 필요가 없고 원작으로 하여금 우리의 개념을 따르게 할 수 있을 것입니다. 동시에 중국을 통치하는 사대부를 범하지 않기 위해 우리는 각종 해석에 대하여 다른 의견은 제기할지언정 원리(태극) 자체를 해칠 수는 없겠습니다. 만약 최후에 그들이 마침내 태극을 기본적이고 지성적이며 무한한 물질 원리로 이해한다면 우리는 이것이 바로 상제上帝라고 말하는데 동의할 것입니다."334

이 서신은 마테오리치의 유학을 대하는 실용주의 태도 중 그의 전략적 비밀을 전반적으로 말해주고 있다. 확실히 중국 선비와 태극의 도리를 논할 때 그는 중국 선비를 향하여 태극[理]의 설이 비록 원동 문제를 깊이 논한 것이기는 하나 태극은 실체가 아니며 이성영혼과 의지를 가지고 있지 않으므로 하느님

---

334 "此種太極論是一種新的論說, 它産生于50年前(年代顯然有誤 – 引者). 如果你仔細考察, 它在某些方面同中國古聖人的說敎是矛盾的, 後者對上帝有更爲正確的槪念. 倘按時下所說, 我認爲太極不過是我們的哲學家所說的原動問題, 因爲它絶不是一種實體, 他們甚至說它不是一種事物, 它貫穿于萬物. 他們說它不是一種精靈, 它沒有悟性. 盡管有人說它是萬物之理, 但他們所說的理不是某種眞實的或智力的東 西, 而且與其說是一種理性的理, 不如說是推想的理. 事實上, 問題不僅僅是他們各有各的解釋 而且還有很多荒唐的說法. 因此, 我們認爲在這本書(『天主實義』)中, 最好不要抨擊他們所說的東西, 而是把它說成同上帝的槪念相一致, 這樣我們在解釋原作時就不必完全按中國人的槪念, 而是使原作順從我們的槪念. 同時, 爲了不冒犯統治中國的士大夫, 我們寧可對各種解釋提出不同看法而不針對原理(太極)本身. 而如果最後, 他們終于理解太極是基本的, 智力的和無限的物質原理, 那麼我們將同意說這 正是上帝."
臺灣中譯本 『利瑪竇全集.書信集』은 이 서신을 수록하지 않았다. 여기서는 射和耐 『中國文化與基督敎的沖撞』 17~18쪽에서 재인용하였다.

이 세상을 창조하고, 만물을 변화 생성시키는 것과 같을 수 없음을 증명하려고 노력하였다. 그러나 중국 선비가 태극[理]은 능동적이고 이성능력과 지각능력을 가지고 있으며 아울러 만물을 변화 생성할 수 있다는 견해를 고수했을 때 마테오리치는 타협하며 양보안을 내놓았다.: "만약 선비께서 '리'가 만물의 이성능력을 함유하고 만물을 조화, 생성한다고 말씀하신다면 그것은 바로 천주입니다. 어찌 유독 '리'라고만 말하고 '태극'이라고만 말하십니까?"335 다시 말해서 만일 그것에 상제와 유사한 성질 혹은 기능을 부여한다면 마테오리치는 태극(중국 선비가 이해한 능동적이고 이성능력이 있는 리)이 상제라고 하는 말에 동의하지 않을 바 아니었다. 이와 같이 양자로 하여금 겉으로 일치하듯 하는 중에서 마테오리치는 "원작으로 하여금 우리의 개념에 따르게 하는" 목적에 도달하였으며 이학에 대한 비판이 도달한 결과는 마침내 일종의 기이한 타협과 조화였다.

유학에 대한 이해와 비판은 마테오리치가 유학중국에서 존재하고 활동하는 방식이 되었고 이러한 이해의 선결조건으로서의 "옛 관념[先見]"은 곧 마테오리치 본인이 특이한 중세 기독교 유럽에서 획득한 특수한 역사존재 상태였다. 마테오리치의 "선견" 중 가장 중요한 것은 라틴어(언어) 가운데 존재하는 일련의 전통 관념이다: 신앙 대상으로서의 전능하신 하느님, 불멸성으로 인하여 사람들이 의지하고 구원의 기초가 되는 이성영혼…… 등등이다. 이러한 표현은 전통적 서양 역사문화의 "선

---

335 『天主實義』 118쪽(第2篇) *서울대학교출판부 『천주실의』 97쪽 참조

견"이 되어서 먼저 마테오리치 신부의 마음을 점유하였고 그가 유학을 이해하고 비판하는 "시각[視界]"이 되었다. 그가 이런 특수한 역사존재 상태로서의 "시계"를 가지고 다른 민족의 철학, 문화전적文化典籍을 대할 때 그는 이미 그 자신의 "선견"을 벗어날 수 없었고 동시에 또한 제 마음대로 자신의 특수 존재형식(서양 기독교문화에 대한 이해와 신앙)을 완전히 다른 "선견"을 가지고 있는 사대부에게 강요할 수가 없었다. 남은 유일한 경로(유학중국에서 존재하는 방식)는 단지 유학의 역사문화에 대한 이해 중에서 사대부 "시계"와의 융합에 도달하여 이로부터 진정한 피차상호간의 이해가 형성될 수 있을 뿐이었다. 이는 상술한 마테오리치의 유학에 대한 비판이 어찌하여 결국은 조화로서 결말나게 되었는가의 원인이 된다.[336] 이러한 결말은 또한 유학의 기독교화 가능성을 표명하였다.

그러나 가능성이 현실로 변하는 것은 결코 쉬운 일이 아니다. 마테오리치의 유학에 대한 이해가 물론 "합법적 선견"을 유지하고 또한 유학의 원의原意 파악을 추구하지 않을 수도 있었겠으나 사대부들 또한 똑같은 태도로 기독교를 대하였을 때 그 결과는 다음과 같을 가능성이 있다.: 두 가지 시계가 융합된 후의 결과는 즉 유학화한 기독교이거나 혹은 전면적 기독교에 대한 거부였을 것이다(만일 사대부가 이런 융합을 거절하였다면).

---

[336] 이러한 원인은 존재론과 인식론적 의미상에서의 해석학적 원인으로, 이러한 원인을 지적하는 것은 해석학이론을 운용하는 초보적 시도이다. 사상적 자료는 폴. 리쾨르(Paul Ricoeur;利科尔)를 참조: 『解釋學與人文科學』石家莊: 河北人民出版社 1987年, 64~78쪽

2. 천하 만물을 한 몸으로 삼을 수 없다

발생학적 의미에서 볼 때 중세 천주교교리는 희랍철학 중 대립, 차별적 사유방식의 극단화된 산물이다. 천국과 현세, 사악한 육체와 영원불멸한 이성영혼의 대립은 기독교도의 종교생활 중 마음속 긴장상태[張力]의 기초를 구성하였다. 인간영혼이 구원받을 수 있는 가능성 또한 이러한 대립으로 인해서였다. 이러한 "선견"으로 점유된 마테오리치로서는 유학경전에 대한 송명 양대 해석자들의 시계에 융합되도록 허락할 수 없었고 또한 불가능하였다. 후자의 "선견" 중 가장 근본적인 하나의 개념으로 일체 차별을 없앤다는 "만물일체" 설은, 이에 융합될 수 없는 비판 대상이 되었다.

논자가 일반적으로 천인합일天人合一을 유학의 "천지만물을 한 몸으로 삼는다."는 경계관境界觀[337]에 포함시키고 표준으로 삼는 데는 익숙하나 그 가운데 언급되는 각종 관계는 이러한 개괄 중에서 명백히 드러내기 어렵다. 마테오리치는 이지적 분석으로 "만물일체" 중에 포함된 아래의 여러 관계를 의식하였다.: 사물과 혼(귀신), 하늘과 사람, 하늘과 사물, 사람과 사물, 사람과 사람, 사물과 사물, 그리고 이상의 여러 관계를 "일체"론으로 볼 수 없는 이유를 하나하나 분석하였다.

마테오리치는 일찍이 중국 선비에게 이성영혼의 존재와 그

---

[337] 경계는 사람의 사상적 자각과 정신수양을 말하는데 예를 들어 우리가 한 사람의 사상적 경계가 어떤가 말한다면 이는 실제상 한 사람의 정신적 자각과 정신수양의 수준이 어떠한가를 가리킨다.

불멸성, 혼신魂神(soul)과 인간의 육신[人形]이 합쳐지면 인간은 이성적 재능을 가진 부류에 선다는 것을 논증한 적이 있었으나 여기서는 아직 혼魂과 사물[物]의 관계를 언급하지 않았다. 그러나 주희의『사서집주四書集注』를 선견으로 하는 중국 선비는 기를 귀신이나 영혼으로 여기고 이로부터 귀신과 사물의 관계를 밝힌다.: "음양 두 기운이 사물의 본체[體]이니 (음양의 기가) 있지 아니 한 곳이 없다"고 말합니다. 하늘과 땅 사이에 어느 한 사물도 음양(의 氣)가 아닌 것이 없으니(백유伯有[338]처럼 귀신이 결국 '기'라고 한다면), 어느 사물 하나라도 귀신 아닌 것이 없다고 하겠습니다."[339] 이는 명백히 주희의『중용장구』에서 인용한 말이다.『중용』에서 말하기를 "공자께서 말씀하셨다.: 귀신의 덕이[爲德] 그 지극하다!" "보아도 보이지 않으며 들어도 들리지 않되, 사물의 본체가 되어 빠뜨릴 수 없다."[340] 주희의 해석은 이러하다.: "두 기운으로써 말하면 귀鬼는 음의 영靈이요 신神은 양의 영이며, 한 기운으로써 말하면 이르러 펴짐은 신이 되고, 돌아가 되돌아감은 귀가 되니, 그 실제는 한 사물일 뿐이다. 위덕爲德은 성정性情과 공효功效라는 말과 같다."[341] "귀신은 형체와 소리가 없으나 사물의 시작과 종말은 음양이 합하고 흩어짐의

---

[338] 죽으면 기가 흩어져 흔적 없이 사라지는 것이 정상이다. 도리가 그런 것이다. 그러나 살아있는 경우에 의탁하는 경우는 우연히 기가 모여서 흩어지지 않고 있다가 어찌어찌하여 저 살아있는 기에 붙어서 다시 살아나는 것이지만 정상적인 것은 아니다. 이천(伊川) 선생이 "『좌전』에서 백유(伯有)가 악귀가 되었다는 일은 또 다른 이치이다"라고 말한 것은 그 일이 삶과 죽음의 정상적인 이치가 아니라는 것을 말한 것이다. 소나무판『주자어류』권3-41 참조
[339]『天主實義』186쪽(第4篇) *서울대학교출판부『천주실의』169쪽 참조
[340]『中庸』子曰 鬼神之爲德 其盛矣乎 視之而弗見 聽之而弗聞 體物而不可遺
[341] 성백효『中庸集註』77쪽 참조

소위가 아님이 없으니, 이는 그 사물의 본체가 되어, 사물이 능히 빠뜨릴 수 없는 것이다."[342] 주희는 기로써 귀신과 그 덕을 해석하고 동시에 또한 음양을 사물의 본체로 삼았으니 소위 "어느 사물 하나라도 귀신 아닌 것이 없다."라는 말이 그 안에 함축되어 있는 듯하다. 『주자어류·권3』은 말한다.: "귀신은 음과 양이 줄어들고 늘어나는 것에 지나지 않는다. …… 정精과 기氣가 모여서 사물이 되니, 어떤 것엔들 귀신이 없겠는가!"[343] 주희는 사물과 귀신을 동일시하지는 않았고 다만 모든 사물에는 귀신이 있다고 인식하였다. 하지만 마테오리치는 중국 선비의 입을 빌려 이것을 "어느 사물 하나라도 귀신 아닌 것이 없다고 하겠습니다."라고 표현한 후 힘써 비판하였다. 여기에는 분명히 주희 사상에 대한 이해에 있어 편차가 존재하고 있다. 이런 오해의 기초 위에서 마테오리치는 반복하여 지적한다.: 『중용』에서 이른바 "(귀신은) 사물의 본체가 되어 (그 어느 것도) 빠뜨릴 수 없다."는 말은 비유적인 말일 뿐이고 그 뜻은 귀신의 성덕을 말하고 있습니다. 만약 이것을 실제언어[實言]로써 말한다면 사물들의 부류에 대한 실제이름[實名]을 문란하게 하는 것입니다.[344] (올바른 가르침을 세우려면, 모든 '부류'의 관념(리)들이 각각 그 '부류'에 합당하게 본래대로 이름을 지어야 합니다.) 마테오리치는 또한 그의 주장에 대한 권위를 고유에서 찾았다.: 옛 경서 중에 기재하기를 귀신에게 제사 지낸 일은 있으나 기氣에게 제사지냈다는

---

342 앞서 인용한 『四書集註』, 41쪽 *성백효 『中庸集註』 78쪽 참조
343 소나무판 『朱子語類』 권3 - 6 참조
344 『天主實義』 188, 230쪽(제4篇) *서울대학교출판부 『천주실의』 170쪽 참조

것은 아직 듣지 못했다고 했으니 귀신은 기가 아니라고 볼 수 있습니다. (사실 『예기』역시 기를 혼으로 해석하였다.) 그 다음, 혼(귀신)이 사물 속에 있다는 것과 혼신이 인간 속에 있다는 것은 (그 의미가) 같지 않습니다. 혼은 사람의 육신에서 (인간의 육신과 하나의 몸이 되므로 인간은 이것으로 이치를 논할 수 있음으로써) 인간을 이성적 재능[靈才]을 가진 부류에 속하게 하나 사물에서는 단지 천주께서 사물을 인도하여 그 목적에 이르게 하려는(귀신에게 명하여 그들 본래의 자리로 가게 하는) 방식이므로 혼과 사물을 일체라고 말할 수 없습니다.[345] 마테오리치의 혼이 사물과 더불어 일체(어느 사물 하나라도 귀신 아닌 것이 없다.)라는 것에 대한 비판은 아직 두 선견의 상호 대립이라고 말하는 편이 나을 것이다. 주희가 이미 귀신을 기로 여기고, 사물의 본체로 삼았으니 중국 선비는 자연히 이것으로써 "어느 사물 하나라도 귀신 아닌 것이 없다."고 추론할 수 있었다.; 마테오리치의 영혼(귀신)은 즉 정신실체이고, 지각이 없는 사물은 자연히 영혼이 없으니 사물과 일체가 된다고 말하기 두려운 것이었다. 근본적으로 상이한 개념은 당연히 건설적 대화를 이끌어 낼 수 없는 것이었다. 이로써 보건대 다른 민족의 철학, 종교 간 상호이해는 해석학에서 말하는 "융합의 시계視界"[346]란 결론에 도달하기가 결코 쉬운 일이 아니라는 점이다.

---

[345] 『天主實義』第4篇 *위의 책 170~172쪽 참조
[346] 가다머의 해석학에서는 낯선 텍스트나 문화의 이해를 위한 특정으로 융합의 시계를 말하는데 이해자의 상대 이해에 대한 시계는 역사상 가지고 있던 시계와 함께 서로 접촉하며 두 시계가 한데 섞여서 하나를 형성한 후 "시계융합"에 도달한다고 한다.

하늘과 사람(천인), 하늘과 사물(천물)의 관계를 토론할 때에, 중국 선비는 일종의 기독화된 유학의 천인, 천물 합일론슴一論을 꺼내들었다.:

"우리 중국의 옛날 선비들은, 우주 만물의 본성은 모두 선하며 큰 이치[理]를 가지고 있어서 (그것을) 다시는 바꿀 수 없음을 분명하게 살폈습니다. 사물들이 (비록) 크거나 극미한 차이는 있어도, 그것들의 '본성[性]'은 (동일한) '하나의 몸[一體]'이라고 생각했습니다. 그렇다면 "천주이신 (완전한) '하느님[上帝]'은 바로 개개의 사물에 내재하여, 만물들과 더불어'하나'가 된다."고 말하였습니다. 그러므로 "악행을 저질러서 자기 본래의 선함을 더럽히지 말 것이며, 의義를 어겨서 자기 '본연의 도리[本理]'를 범하지 말 것이며, 또 만물들을 해쳐서 그것들 내심의 '하느님'을 모독하지 말라!"고 사람들에게 권면하였습니다.……"347

이 논리는 사실 "사물마다 하나의 태극을 갖는다."는 말을 바꾼 것으로 즉 만물의 성체性體348는 "큰 이치"(태극)로써 모두 선하며 또한 그것은 만물의 내적 천주이다(이는 앞에서 서술한

---

347 吾古之儒者,明察天地萬物本性皆善,俱有宏理,不可更易. 以爲物有巨微,其性一體,則曰天主上帝卽在物內 而與物爲一. 故勸人忽惡以玷己之本善焉,勿違義以犯己之本理焉,勿害物以悔其內心之上帝焉……
『天主實義』202쪽(第4篇) *서울대학교출판부『천주실의』190쪽 참조
348 본심(本心), 인체(仁體) 혹은 양지(良知)를 말한다. 성체는 절대적이고 무한한 것이며 인간도덕행위의 초월적 근거이다.

3장 유학에 대한 비판   193

태극[理]을 천天, 천주天主로 여긴 것이다). 이 논리는 사실 고유의 논리가 아니고 주희 사상의 기독화된 형식이다. 주희는 일찍이 "사물마다 하나의 태극을 갖추고 있다."는 명제로써 만물은 모두 천지의 리理를 품부 받아 성이 되었으므로 하늘과 사람[天人], 하늘과 사물[天物], 사람과 사물[人物]은 모두 하나의 리理에 이른다고 생각하였는데 그 취지는 유가전통인 성선론을 위한 본체론의 근거를 탐구하는데 있었다.[349]

그러나 이 천인, 천물 합일론이 비록 기독화 된 형식을 취했다 하더라도 마테오리치가 보기에는 역시 이단의 논리였다. 소위 천인일체天人一體는 사람 마음속의 오만한 사악함이 드러난 것이며 천(주)는 만물을 낳을 수 있지만 사람은 그럴 수 없는 것이다. 천(주)와 사물의 합일론에 이르러서는 아래의 세 가지 형식이 존재할 수 있다.: (1)천주가 바로 개개의 사물이다. (2)천주가 그 사물 속에 있으며 (이런 사물들의) 내면적 성분의 하나가 된다. (3)만물은 천주가 사용하는 것이다. 만일 천주가 바로 개개의 사물이라고 한다면 곧 사물 사이의 차별을 부인하고 또한 우주에 만물이 존재함을 부인하며(천주와 만물이라는 두 가지 본성은 당연히 없을 것이다.) 사물마다 서로 해치고 죽이려는 본능(사물들에는 불변하는 본능이 있는데 모두 스스로를 온전하게 하고 싶어 하고 스스로를 해치려고 하지 않는다.) 또한 해석할 수 없을 것이다.; 만일 천주를 사물의 내면적 성분이라 한다면 곧 만물의 근원이 (이렇게 되면) 바로 그것에 의해 생겨난 사물들보다

---

349 陳來:『朱熹哲學硏究』58~59쪽

작아지고 무릇 (모두 각각 나누어진 것이) 온전한 것보다 크다[350]는 잘못된 논리로 이끌 것이다.; 만일 만물은 천주가 사용하는 것이라 한다면 (만물은 몸체와 같은 것이니 천주가 그것들을 사용하는 것이라고 말한다면, 천주는 더욱이나 그 사물자체는 아닌 것이다. 천주는 자기가 창제한 사물이 아닌데, 어째서 이것 즉 천주와 사물들을 똑같은 한 몸이라고 말하는 것인가?) 곧 사물은 장인이 사용하는 것과 같은 것이니(석공은 자기가 돌을 쪼는데 쓰는 정이 아니고 어부는 자기가 쓰고 있는 그물이 아니니) 역시 (천주와 사물들을) 똑같은 한 몸이라고 말할 수 없는 것이다[351] 엄격히 말해서 이러한 천인, 천물 합일론에 대한 비판은 별로 이론적 의미가 없으며 그 전제는 천(주)가 만물을 낳고 사람을 낳았다는 창세설이다.

사람과 사물, 사물과 사물의 관계를 고찰할 때, 마테오리치는 편리하게 순자의 사물 분류방법을 취하여 각 유형별 사물의 차이를 논증하였다.:

> 사물들의 부류를 나눔에 있어서, 귀국(중국)의 선비는 이렇게 말합니다. "혹 형체를 가진 것이라면, 쇠와 돌 같은 것이 그런 것들입니다. 혹 그와는 달리 '생명의 기운'을 얻어서 자

---

[350] 『天主實義』 第4篇 *서울대학교출판부 『천주실의』 201~204쪽 참조
[351] 『天主實義』 第4篇 *천주는 (자기가 창제한) 사물이 아닌데 어째서 이것(즉 천주와 사물)들을 똑같은 한 몸이라고 말하는 것입니까? (만물은 천주가 사용하는 것이라는) 이 논변을 따라가면, 그 주장은 "만물들의 행동은 그 사물들에 달려 있지 않고 – 마치 기계나 도구의 일이 모두 기계나 도구를 사용하는 사람의 공인 것처럼 – 모두 천주가 한 일들"이라는 것입니다.서울대학교출판부 『천주실의』 205~206쪽 참조

라고 커지는 것이라면, 풀이나 나무 같은 것이 그런 것들입니다. 혹 그와는 달리 지각을 얻은 것이라면 날짐승 들짐승 같은 것이 그런 것들입니다. 혹 더욱더 정교하고 이성적 재능을 얻은 것이라면 인류 같은 것이 그런 것입니다."[352]

여기에서 이름을 밝히지는 않았지만 소위 "귀국의 선비"는 순자를 말함이 틀림없는데 이는 바로 『순자荀子.왕제王制』중의 사상이기 때문이다. 마테오리치는 명백히 고유에 부회하는 조화 중에서 정신과 물질의 대립관을 사람과 사물의 관계 안으로 끌어넣었고 동시에 자연, 만물간의 차이를 강조하였다. 확실히 고유, 예로써 맹자, 순자와 같은 사상에서는 모두 사람의 금수와 다른 도덕 혹은 본질[類本質]을 부각시켰다. 고자告子가 말하는 "생의 본능을 성이라 한다."[353]는 것에 대하여 맹자는 반박하였다. "그렇다면 개의 성이 소의 성과 같으며, 소의 성이 사람의 성과 같다는 말인가!"[354] 여기에서는 자연의 사물(소와 개)적 차이를 강조했을 뿐만 아니라 사람과 동물의 차이도 강조하였다. 순자가 사물과 사물, 사람과 사물의 차이를 강조한 사상은 더욱 명백하다.(여기서는 상세하게 논하지 않는다.) 그러나 천인합일天人合一, 만물일체의 관념은 송명시대 각종 형태의 도학에서 크게

---

[352] 分物之類,貴邦士者曰:或得其形,如金石是也,或另得生氣而長大,如草木是也,或更得知覺,如禽獸是也. 或益精而得靈才,如人類是也
『天主實義』190쪽(第4篇) *서울대학교출판부『천주실의』173쪽 참조
[353] 『孟子.告子章句上』生之爲性 여기서 생은 사람과 외물(人物)이 지각하고 운동하는 것을 가리킨다.
[354] 『孟子.古子章句上』. 然則犬之性 猶牛之性 牛之性 猶人之性與

유행하였다. 고대 유가전적을 주석한 산물로서의 송명도학이 사람과 사물의 관계를 처리하면서 서술한 관념이 어떤 의미를 가지고 있든 간에(본체론 혹은 경계관) 모두 어느 정도는 사물을 희생한 특수성, 차이성을 대가로 한 것이므로 고유古儒의 "천지 간에 천지의 기를 받아 생겨나는 것들 중에 인간만큼 귀한 존재는 없다."(『효경』공자의 말을 인용)[355]는 취지와는 현저히 다르다. 이런 현상은 확실히 해석학 연구의 특별한 사례가 될 수 있으며, 그것은 경전에 대한 주석이 실제로는 언제나 "원의原義"을 찾으려는 것이 아님을 표명하는데 해석자들은 언제나 경전에 대한 이해, 주석 중, 이론 혹은 실천 상 그들 자신이 구체적 역사 현실 중에서 만나는 곤혹을 해결하고자 시도한다. 이로 인하여 이해 및 이해에 대한 응용은 곧 그 존재 방식이 되었다.

마테오리치의 이런 "이해"(만물일체에 대한 비판)가 비록 고유의 원의를 회복하려는 외관을 채택했을지라도 그 비판의 실질은 여전히 본인이 대면한 난제를 해결하려는 것이었으니 즉 어떻게 정신과 물질, 영혼과 육체의 대립관념을 사대부의 정신 생활 속에 끌어넣느냐 이었다. 마테오리치 본인은 일찍이 그의 목적에 대하여 반어적인 풍자로 서술하였다.: "제가 만약 외국 선비들에게 새, 짐승, 풀, 나무, 쇠, 돌이 모두 '이성적[靈]'이어서 사람들과 똑같다고 말하는 선비가 중국에 있다고 한다면 어찌 그들을 놀라게 하는 것이 아니겠습니까?"[356] 확실히 마테오리치

---

[355] 『孝經.聖治章』. 天地之性人爲貴
[356] 『天主實義』 194쪽(第4篇) *서울대학교출판부 『천주실의』 175쪽 참조

의 목적은 도학가[道學家]들이 새, 짐승, 풀, 나무, 쇠, 돌에게 부여한 성[理]을 거듭 새롭게 되찾아 인간의 특성을 만들고 인간의 영성을 진일보 전개하여 논술한 종교생활을 위한 이론적 배경을 만들어 주는 것이었다. 이 때문에 마테오리치는 "만물일체"의 관념은 반드시 제거해야할 장애로서 전면적 비판을 가하였다.

주희는 일찍이 소위 사람과 사물은 각각 하나의 태극을 갖추고 있다는 점과 맹자 이래 유가의 사람과 사물의 본성에는 차이가 있다는 점을 강조하는 전통이 첨예한 모순을 발생시킴을 의식하고 이런 모순을 극복하기 위하여 이치(성)는 같으나 기운은 다르다[理(性)同氣異], 이치가 다르고 기운이 다르다[理異氣異][357]는 등의 여러 각도에서 사람과 사물은 차별이 있다는 사상을 상세히 설명하였다.[358] 사대부와의 토론에서 마테오리치는 마찬가지로 (주희 사상이) 사대부에게 끼친 영향과 마주쳤다.:

> 중국 선비가 말한다.: 비록 우리나라에 "새와 짐승의 본성이 사람과 같다"고 말하는 이가 있더라도 새와 짐승의 본능은 '바르지 않으나[偏]', 인간은 그 기[氣]의 올바름[正]을 얻은 것입니다. 비록 새나 짐승이 '이성적 능력[靈]'을 가지고 있다 하더라도, 그들의 '이성적 능력'은 미미하고 작습니다. 사람이라면 이성적 능력의 넓고 큼[廣大]을 얻었습니다. 그 때문에 그 부류가 다른 것입니다.[359]

---

357 『朱子語類』 卷4 性理 1 人物之性氣質之性 참조
358 陳來: 『朱熹哲學研究』 第1部分 第4章에는 여기에 관한 상세한 연구와 분석이 있으니 참고할 수 있다.

바꿔 말해서 사람과 새, 짐승의 성性(理)은 같지만 사람과 새, 짐승은 다른 부류에 속하는데 왜냐하면 새, 짐승은 다만 성[理]의 바르지 않음(치우침; 偏)과 미미하고 작은 것을 얻었을 뿐이고 사람은 성[理]의 완전함[全]을 얻었기 때문이다. 여기에서 사람과 사물이 성의 치우침과 완전함을 품부 받은 원인은 언급하지 않았는데 즉 형체[形]와 기운[氣]의 같지 않음이 어떻게 이런 치우침(바르지 않음)과 완전함을 품부 받았는지에 대하여는 논하지 않았다. 그러나 이 논술이 주희가 말하는 사람과 사물의 성리性理에는 완전하거나 치우침이 있다는 사상을 답습하였음은 의심할 바 없이 확실하다.[360]

마테오리치가 보기에 이른 바 바르거나 바르지 않음(치우침), 크고 작음은 사물의 부류를 구별하기에 부족하였고 이는 단지 같은 부류 사물의 등급을 구별할 뿐이었다. 소위 큰 산과 작은 산은 다 같이 아울러 산의 부류에 속한다.; 성性(靈, 이성적 능력)의 큰 것을 얻음은 지혜롭고, 작은 것을 얻음은 어리석으며 이성적 능력의 올바름을 얻은 이는 슬기롭고 바르지 못함을 얻은 이는 못났다고 하나 지혜롭고 어리석고 슬기로움은 못난 것과 더불어 여전히 사람의 부류에 속하는 것이었다.[361] 지금의 철학 언어를 사용해 말하자면, 마테오리치는 양적 차별(품부의 크고 작음, 치우침과 완전함)로서는 사람과 사물을 본질적으로

---

[359] 『天主實義』194쪽(第4篇) *『朱子語類』卷4, 性理 1 〈人物之性氣質之性〉 참조
  *서울대학교출판부 『천주실의』 175쪽 참조
[360] 陳來: 『朱熹哲學研究』 61쪽
[361] 『天主實義』 第4篇 *서울대학교출판부 『천주실의』 176쪽 참조

구별해 내지 못하며 그것은 단지 동일한 부류의 사물을 구분하는 표준을 만들 뿐이라고 의식하였다. 본질적으로 사람과 사물, 사물과 사물을 구분하는 표준은 오로지 있다와 없다 뿐으로 즉 형체가 있느냐 없느냐, 삶이 있느냐 없느냐, 윤리능력과 논리능력이 있느냐 없느냐이다. 객관적으로 말해서, 마테오리치가 윤리능력을 사람과 사물을 구별하는 유본질로 삼은 것이 여전히 추상적 인성론이라 할지라도 그러나 그가 사물의 특수성과 차별을 강조한 데에 합리적인 면이 있었던 것은 확실하다. 이런 서양철학으로부터 온 관념은 동시에 주희의 리를 세계의 본원, 본체로 여기고 동시에 그것으로 하여금 세계적 통일성의 기초가 되게 하려는 정통 유학에 대한 또 하나의 도전이었다.

　　기일원론氣一元論을 기초로 하는 천인합일, 만물일체론 또한 마테오리치의 비판을 받았다. 비판에 앞서 마테오리치는 중국 선비의 입을 빌어 기일원론을 기초로 하는 만물일체론의 이해를 표명한다.:

> "중국 선비가 말한다.: 비록 "천지의 만물이 '기' 하나一氣를 공유하고 있다."고 말합니다만, 그러나 만물의 모습과 형상들은 같지 않습니다. 이렇기 때문에 각각 자기의 부류로 나누어집니다. 만약 몸을 본다면 단지 겉껍데기일 뿐입니다. 껍데기의 안과 밖은 하늘과 땅의 음양의 '기'가 아닌 것이 없습니다. 기로써 만물들이 만들어지나, 만물들은 (그 모양으로) 부류가 달라집니다. 물고기가 물속에 있으면, 물고기 밖의 물과 뱃속에 있는 물이 동일하고 쏘가리 뱃속의 물과 잉어 뱃속의 물이 동일한 것과 같습니다. 오로지 그 모습과 형상이 언

제나 한결같지 않은 즉 물고기의 종류 또한 한 가지가 아닙니다. 따라서 천하의 모든 모습들을 보고서 모든 부류들을 검증할 수 있습니다."362

여기서는 갑자기 만물이 기 하나를 공유한다고 제기할 뿐이고, 주로 서술하는 것은 만물이 어떻게 기 하나를 공유하느냐가 아니라 만물이 기 하나를 공유한 후 어떻게 모습을 보고서 부류를 검증하는 가이다. 그 의미는 아래와 같다.: 유학이 비록 기 하나를 공유함으로써 만물일체라고 말하나 일체의 만물에 대하여는 여전히 그 모습에 따라 그 부류를 검증하고 만물을 구분해 낼 수 있다. 이는 분명 만물일체(기 하나를 공유)를 지지하는 선비[儒者]가 차별, 대립 원칙을 견지하는 "서양 선비"에 대한 철학적 도전의 응답이다. 그 사상적 자료의 근원을 말하자면 이 단락의 논술은 장재張載, 주희 모두와 관계를 가지고 있는 듯하다. 장재의 학문은 만물은 모두 동일한 기 하나의 변화에 속하고, 사람과 사물의 성은 본래 동일하므로 나와 사물, 안과 밖 역시 간격이 없다.363 그밖에 장재는 이렇게 말한 적이 있다.: "기의 본래 상태인 허虛는 맑아서 본래 형체가 없으나, 감응하여 곧 기가 모인 즉 형상을 갖게 된다."364 또한 이르기를 "조화가 만들어

---

362 "中士曰:雖云天地萬物共一氣,然物之貌像不同,是以各分其類.如見身只是軀殼,軀殼內外莫非天地 陰陽之氣,氣以造物,物以類異如魚之在水,其外水與肚里之水同,鱔魚肚里之水與鯉魚肚里水同,獨其貌像常不一,則魚之類亦不一焉. 故觀天下之萬像,而可以驗萬類矣."『天主實義』198쪽(第4篇) *위의 책 184~185쪽 참조
363 張岱年 :『中國哲學史大綱』, 北京: 中國社會科學出版社1982年版, 338쪽
364『正蒙.太和』,『張載集』, 北京:中華書局1978年,10쪽

낸 것에는 서로 닮은 것이 하나도 없어……" 이치상으로 보면, 중국 선비의 논설 앞부분은 장재의 사상과 아주 비슷한데 다만 장재는 "만물이 많기는 하나 그 실상[太虛氣]은 한 가지."임을 더욱 강조하였고 중국 선비의 논설은 만물이 기 하나를 공유하고 있고, 그 실상은 한 가지임을 강조할지라도 그러나 여전히 모습에 따라 분류할 수 있다고 하였다. 이 단락에서 논술한 뒷부분의 말과 비유는 『주자어류朱子語類. 권3』(賀孫錄)한 단락의 기록과 아주 비슷하다. 이 단락의 문답에서 주희는 음양이 서로 감응하면 모두 귀신 아닌 것이 없다는 말을 설명하기 위해 몸 껍데기의 안과 밖은 모두 음양이기陰陽二氣라고 지적하였는데 이는 마치 물고기 밖의 물과 물고기 뱃속에 있는 물이 동일하고, 쏘가리 뱃속의 물과 잉어 뱃속의 물이 모두 동일한 것과 같다는 것이다. 여기에서는 여전히 같고 하나임을 강조하였다. 중국 선비의 논리는 이 비유를 빌어서 비록 몸 껍데기 안과 밖이 천지 음양의 기 아닌 것이 없고 사물이 기로서 이루어졌다고 할지라도 그 형상들의 같지 않음으로 인하여 이에 근거해 그 부류의 차이를 명확히 할 수 있다고 지적한다. 그러나 여기에서 채용한 주희 식의 비유는 여전히 앞부분의 천하의 모든 모습을 보고서 모든 부류를 검증할 수 있다는 사상을 설명하기 위해서이며 따라서 우리는 "중국 선비가 말하는 논리"의 주요 사상의 출처는 장재의 기일원론과 유관한 논술임을 알 수 있다.

마테오리치 역시 중점을 만물이 기 하나를 공유하고 있다는 비판에 두지 않고 (생긴) 모습으로는 사물의 부류를 구분하기에 부족하고 본성으로 비로소 사물을 분류 할 수 있음을[365] 힘써 지적하였다. 이렇게 말하는 의미는 이러하다.: 기일원론 중의 모습을 보고서 부류를 검증한다는 것이 성립할 수 없는 이상 곧 만물이 하나의 기를 공유하고 있다는 설 자체 역시 성립할 수 없다. 따라서 만물일체라는 말은 틀린 것이다. 당연히 마테오리치는 또한 고대 희랍철학자 엠페도클레스의 4원소 설을 인용하여 기(공기)는 오로지 만물을 구성하는 네 가지 질료인質料因(火, 土, 水, 氣)의 하나이기 때문에 만물은 기로 한 몸이 될 수 없다고 하였다. 그래서 말한다.: "만약 기가 하나의 원소임을 알게 된다면, 기의 본체와 작용을 설명해 드리기가 어렵지 않습니다."366

양명심학 중의 만물일체론도 마테오리치의 비판을 받는 운명을 벗어나지 못했다. 중국선비는 토론 중 사람과 만물은 모두 하나라는 논리를 꺼내며 이런 사람과 사물이 모두 하나라는 논리를 양명심학의 기초 위에서 세우려 하였다. 마테오리치의 문제에 회답할 때(어떤 의미에서 인간은 천하의 만물들과 모두 하나인가?),

> "중국 선비는 말한다.: 몸을 같이하는 '같음'을 말합니다. '올바른 선비[君子]'라고하면, 천하 만물을 한 몸으로 삼습니다. 형체(있는 사물)들을 구분하여 너와 나를 나누는 것은 (비루한) 소인들 입니다. '올바른 선비'가 만물을 한 몸으로 여기는 것은 (일부러) '지어낸 뜻'에 의해 말미암은 것이 아닙니다. 우리(인간)들의 (본) 마음을 따르는 것이니, '어진 본체[仁體]'367

---

365 『天主實義』198쪽(第4篇)
366 『天主實義』200쪽(第4篇)
367 역사상 유학은 송대 이래로 이미 "인체" 관념을 매우 중시하였다. 그들은 대체

가 (진실로) 이와 같은 것입니다. 어찌 오직 군자뿐이겠습니까? 비록 소인의 마음이라도 그렇지 않음이 없습니다."368

이 논술은 분명 왕양명의 『대학문大學問』에서 따온 것으로 약간 문자만 바꾸었을 뿐이다. 대조를 위해 『대학문』 중의 상관된 부분을 발췌하면 다음과 같다.:

"양명자陽明子는 말한다.:'대인大人은 천지만물을 한 몸[一體]으로 여기는 사람이라 천하를 마치 한 집안같이 여기고, 중국을 한 사람처럼 본다. 이에 저 형체를 사이에 두고 너와 나를 나누는 자는 소인이다. 대인이 능히 천지만물을 한 몸으로 여길 수 있음은 의도해서가 아니요 그 마음의 어짊[仁]이 본래 이와 같아서 천지만물과 더불어 하나가 되는 것이다. 어찌 오직 대인뿐이겠는가? 비록 소인의 마음일지라도 또한 그러하지 않음이 없지만 그는 자기 스스로를 작게 돌아볼 뿐이다.'"369

로 다음과 같이 운영하였는데 심학은 인체를 심성의 본체로 여겼고 이학은 인체를 우주의 통일적 실체로 여겼다. 송명이학에서의 인체는 만물의 존재가 끊이지 않고, 전체가 생성 변화하는 혼연히 하나가 되는 총체이다. 그러므로 천(天), 지(地), 인(人), 물(物)은 함께 존재하며 나눌 수 없는 것이었다.

368 "中士曰:'謂同體之同也. 曰:君子. 以天下萬物爲一體者也;間形體而分尔我,則小人矣. 君子一體萬物非由作意, 緣吾心仁體如是,豈唯君子,雖小人之心亦莫不然.'"
『天主實義』226쪽(第4篇) *서울대학교출판부『천주실의』213쪽 참조

369 "陽明子曰:'大人者,以天地萬物爲一體也, 其視天下猶一家,中國猶一人焉. 若夫間形骸而分尔我者, 小人矣. 大人之能以天地萬物爲一體也,非意也,其心之仁本若是其與天地萬物而爲一也. 豈惟大人,雖小人之心,亦莫不然,彼顧自小之耳.'"
『王文成公全書』卷26 *전인재, 한정길 역주『傳習錄』2,934쪽 참조. 이후 나오는 『傳習錄』역해 구절은 본서의 내용을 따름.

중국 선비가 말하는 "우리 마음의 어진 본체가 이와 같다[吾心仁體如是]".라는 말은 즉 왕양명의 "그 마음의 어진 본체가 이와 같다[其心之仁本若是]"이다. 왕양명은 마음이 곧 리[心卽理] 즉 마음이 자연 고유의 도덕의식임을 주장한다.; 그 "순수하게 지선한[粹然止善]" 것이 곧 양지良知인데 사람은 본래 이 양지가 있으므로 천지만물과 더불어 일체의 어진 마음[仁心]을 가진다. 이른바 "그 마음의 어진 본체가 이와 같다."는 말은 천지만물과 더불어 일체가 되는 사람 마음의 본래 상태를 가리키며 소인이 소인 되는 바는 형체에 마음을 두고 나와 너를 나누니 그런 까닭에 천지만물과 더불어 일체가 되는 본심을 존양存養[370]하고 넓게 펼칠 수 없는 것이다.

마테오리치가 이런 만물일체 설을 전적으로 부정하지는 않았다. 그는 도덕적 의미상에서 이러한 학설의 동기는 과거의 선비들이 (만물일체설을 빌려서) "어리석은 백성들이 인仁을 기쁘게 따르기를 바란 것"[371]임을 긍정하였으나 그러나 이 일체一體는 하나의 근원[一原(천주)]이라고 해석해야 마땅하였다. 만일 정말로 만물을 일체라고 여긴다면 도리어 인과 의[仁義]의 도리를 없애버리는 것이었다. 마테오리치는 여전히 서양철학 가운데 주체와 객체가 대립 분리하는 사유방식을 취하며 지적하기를 "'인'과 '의'가 서로 베풀어지려면, 반드시 (서로 주고받는) '두 존재'가 있어야 하고 만약 여러 사물들을 실제로 '한 몸'이라고

---

370 存心養性. 本心을 보존하고 善性을 배양하는 유가의 수양 방법
371 『天主實義』 228쪽(第4篇)

여긴다면, 이것은 여러 사물들을 실상 하나의 사물로 간주하는 것이요 단지 허상들만으로 그것들을 다르게 보는 것일 뿐이니 그런 허상들이 어찌 서로 사랑하고 서로 공경할 수 있습니까? 그러므로 인을 실천하는 것은 (허상이 아니라 실제로) 자기를 미루어 남에게 미치는 것이라고 말하는 것입니다."[372]라고 하였다. 다시 말해서 도덕실천은 주체와 객체의 분리 존재를 기초로 하고 반드시 행위주체 및 대상의 객체가 있어야만 도덕행위[仁義]가 비로소 가능하며 특히나 인애仁愛 등 도덕행위가 가까운 곳으로부터 먼 데까지 이를 때 이런 분리, 차별은 중요한 전제가 된다. 만일 만물이 모두 한 몸이라면 도덕행위의 선악과 상벌은 누가 담당할지 또한 명확히 할 수 없다. 그리고 미학적인 의미에서 말하더라도 사물은 다양성을 아름다움으로 여기는데 만물을 모두 붉은 색으로 한다면 누가 그것에 싫증내지 않겠는가? 만일 악곡의 소리가 모두 궁宮(오음의 하나)소리만을 낸다면 또한 음악이라고 할 수 없는 것이다.

    마테오리치는 천일합일, 만물일체가 이론과 실천 상에서 "해로운" 이유를 아래 몇 가지로 요약할 수 있다고 보았다.: 하느님을 소홀히 하고, 상과 벌을 섞어 놓고, 사물 분류의 구별을 제거하고 인과 의를 없앤다.[373]

    앞의 내용을 종합하면 마테오리치는 송명도학가宋明道學家 중 세 가지 주요 형태(理, 心, 氣)의 천인합일, 만물일체론에 대한

---

[372] 『天主實義』 228쪽(第4篇) *서울대학교출판부 『천주실의』 214쪽 참조
[373] 『天主實義』 第4篇

전면적인 비판을 가하였다. 이런 비판 중에서 특히 천인天人, 천물天物의 관계를 논할 때에, 창세설의 그림자는 이른바 이성분석의 명료함을 거의 가려버렸다. 그가 사람과 사물, 사물과 사물의 관계를 고찰할 당시, 대답해야 할 문제는 하나의 세속성을 띠는 철학문제였다: 현실[實然] 세계는 어떤 모양인가? 그는 그가 분석한 해답을 중국 선비가 수용할 수 있기를 희망하였다.: 현실의 세계는 차별과 대립으로 충만 되었고 이러한 차별과 대립은 사물로 하여금 이것 아니면 저것이란 둘 중의 하나가 되게 하였으며 또한 사람과 사물, 사물과 사물, 사람과 사람의 분리, 차별, 대립이 도덕행위를 가능케 하여 비로소 세계가 심미審美의 대상이 될 수 있게 한다. 이러한 차이와 대립을 견지하는 지성사유방식知性思維方式은 마테오리치가 유학을 비판하는 근본 원칙이 되었다. 그가 이 원칙을 견지하면서 "천인합일" "만물일체"을 비판할 때 우리는 또한 그가 진정으로 이 관념의 사상적 내용을 이해하였는지를 의심해볼 이유가 있다. 지금까지 우리는 마테오리치가 주로 이러한 관념을 일종의 영혼과 육체, 천주와 인간의 대립관이 사대부의 정신생활로 파고드는데 방해되는 장애물로서(즉 무차별적이고, 유기적으로 조화하는 사유방식) 비판하였음을 알 수 있는데 다만 어떤 곳에서는 이러한 관념의 윤리적 동기가 "어리석은 백성이 인仁을 기쁘게 따르기를 바란다는 것"을 긍정하기도 하였다. 바꿔 말해 그는 그가 비판하고 대체하려고 시도한 것이 사대부들이 항상 부지런히 얻고자 하는 초월적 의미의 인생경계임을 의식하거나 이해하지 못했다. 도학자들이 현실의 우주, 세계가 어떠한 것인가에 대해 관심을 가지지 않은 바가 아니었고 그들 스스로 각종 이론으로 우주의 생성변화를 해석하였다. 그러나 그들이 더욱 관심을 가진 것은 우주의 일원인 사람으로서 어떠한 정신생활을 갖추어야 비로소 이상적인 인격 완성에 다다를 수 있는가 이었다. 그들에게 있어 이상세계에 대한 탐구는 현실세계에 대한 분석, 고찰보다 더욱 높은 가치를 가지고 있었다. 장재와 같은 위대한 철학자가 그의 기일원론을 서술할 때 현실세계가 천차만별의 세계임을 의식하지 않은 바는 아니었으나 ("조화가 만들어낸 것에는 서로 닮은 것이 하나도 없다"), 최종적으로 "만물이 비록 많기는 하지만 그 실상[太虛氣]은 한 가지"[374]로 돌아왔던 것이다. 바로 이러한 결론의 기초 위에서 장재는 기백이 드넓은 인생의 이상을 세웠는데 즉 커다란 자기 마음을 통하여, 천하 사물을 체득하고, 천하에 어느 사물 하나도 나 아닌 것이 없음을 본 후 이로부터 사물과 나의 차별을 없애고 안과 밖의 다름을 합하였던 것이다. 이리하여 "알면 반드시 두루 알고, 사랑하면 고루 다 사랑하고, 홀로 이루지 않는다."[375]는 것이다. 그의 사람과 일체 물류를 사랑하고[民胞物與][376], 편안하고 초월적인 생사에 대한 마음의 태도[存順沒寧]는 많은 사대부 생활의 최고 준칙이 되었다.

이런 경계 혹 경계에 도달한 생활(수도)은 실로 도덕적 의미를 지니고 있다. 왕양명은 『답고동교서答顧東橋書』에서 말한다.:

---

[374] 『正蒙.太和』萬物雖多 其實一物. 기가 형체를 가지게 되면 천차만별의 모습을 띠게 되나, 이것은 모두 형체 없는 태허기에서 생겨난 것임을 말한다. *장윤수 옮김 『정몽』 178쪽 참조

[375] 『正蒙.誠明』, 『張載集』 21쪽 知必周知 愛必兼愛 成不獨成

[376] 民은 同胞, 物은 同類로 일체는 상천이 내려주는 바이다. 일반적으로 사람과 만물을 사랑함을 가리킨다.

"무릇 성인의 마음은 천지만물을 한 몸으로 삼으니……천하 사람의 마음은 처음에는 역시 성인과 다름이 없으나 다만 내가 있다는 사사로움에 서로 멀어지고 물욕의 장애에 가로막혀서 큰 것이 그 때문에 작아지고 통하는 것이 그 때문에 막혀버렸다."377 이로 인하여 보통 사람은 모름지기 "내가 있다는 그 사사로움"를 제거하고 "물욕의 장애"를 이겨야만 바야흐로 천지만물을 한 몸으로 삼는 인심仁心을 회복할 수 있다. 양명심학보다 시기적으로 이른 주희의 이학과 관련하여 철학사가哲學史家 장대년張岱年 선생은 주희는 "만물일체"에 대하여 즐겨 말하지 않았다"378고 지적한바 있는데 이는 바른 말이다. 그러나 주희가 반대한 것은 "널리 같은 몸[同體]이라고 말하는 것"이다. 구체적으로 이 문제를 담론할 때 또한 사심을 버리고 자기 욕구를 이길 것[去私克리을 강조하였다.: "사사로움이 없는 것은 인仁의 먼저 일이고 천지만물과 한 몸이 되는 것은 인의 나중 일이다. 오로지 사사로운 욕심이 없어진 다음에야 인하고 오로지 인仁한 다음에야 천지의 만물과 한 몸[一體]이 된다."379 앞에서 서술한 바와 같이 마테오리치가 "만물일체"의 도덕적 의미에 주의하였지만 분석적 태도로서 도덕행위가 "반드시 두 존재가 있어야한다"고 했을 때 그는 분명 사대부들이 추구하던 "만물일체"가 일종의 가치목표 혹은 이상세계로서 초도덕적 의미를 지니고 있음을 이해하지 못했다. 이러한 초월성은 일종의 합내외合內外380 즉 사물과

---

377 『傳習錄中.答顧東橋書』 *정인재. 한정길 역주 『傳習錄』 1,421쪽 참조
378 張岱年: 『中國哲學史大綱』 353쪽
379 『朱子全書』 卷47 *소나무판 『朱子語類』 322~323쪽 참조

나를 버려서 범속을 초월하고 속세를 벗어나는 인생체험으로 표현되었으며 정이伊川의 이른바 "인자仁者는 혼연히 천지만물을 일체로 여긴다."는 곧 사물과 대립이 없는 극락의 정신상태인 것이다. 분석적 태도로 이러한 인생경계관人生境界觀을 비판한 것은 서양철학에서 차이를 중시하는 사유 방식의 특징을 보여주었고 동시에 마테오리치 또한 이러한 인생경계와 거리감을 가졌음을 말해준다. 정통 천주교도로서 마테오리치는 중세 후기의 종교가 일종의 내심생활內心生活이고, 개인체험(이로써 차별적인 인간의 세계로부터 차별 없는 신의 세계로 들어가 하느님과 결합하는)을 중시하는 그러한 신비주의 이단(내재론 같은)임을 강조하는데 대해 역시 비판적 태도를 견지하였는데[381] 이는 아마도 상술한 거리감의 종교적 원인의 하나일 것이다.

객관적으로 말해 마테오리치가 분석적 태도로서 유학 중의 "천일합일", "만물일체"등 핵심관념을 비판할 때에 비록 이해 상 거리가 존재하고 있었더라도 차별, 대립이라는 분석정신을 사대부의 의식구조에 끌어넣으려던 노력은 매우 의미 있는 작업임에는 틀림없다. 현대 사상가들이 이러한 시각으로 중국과 서양문화의 차이 및 중국 전통문화의 특징을 새로이 고찰할 때에, 이 하나의 의미 있는 작업은 또한 그것의 중요성을 드러낸다.

마테오리치의 분석정신은 사실상 현실의 물질세계와 도덕행위에 대한 고찰과 분석에 한정되었다. "사물은 본성 때문에

---

[380] 왕양명은 마음과 사물을 통합하는 合內外 사상을 자기의 새로운 철학적 입장으로 삼았다.
[381] 중세 후기의 신비주의에 관하여는 C. F. Moore 『基督敎簡史』 189~195쪽 참조

구별된다."거나, "인을 베풀고 의를 행하려면 반드시 (주고받는) 두 존재가 있어야 한다."는 말은 모두 현실적 물질세계와 도덕 행위에 한정된 명제들로 이들 명제가 비록 중세철학의 외관만을 사대부들에게 드러냈을지라도 그러나 그것들이 사람들에게 유가 윤리학의 결점을 인식시키고 극복하는데 도움이 되게 하였음은 분명하다.: 즉 사실과 가치를 똑같이 취급하여 논하고 마침내는 가치에 대한 일반적 서술과 추구로써 사실에 대한 고찰과 분석을 대체하는 일이다. 만일 우리가 이런 각도에서 마테오리치의 유학의 "천인합일", "만물일체"에 대한 비판을 고찰한다면 또한 그로부터 일부 계시를 받아서 더욱 명확히 전통 유가 문화의 특질을 고찰하고 동시에 우리의 보존에 필요한 취사선택을 결정할 수도 있을 것이다.

3. 삼교합일
- "천하의 인심을 세 가지(교파의) 도리에로 결단짓다."

절대적 대립, 배척의 관점은 중국 철학, 문화사상에서는 일반적으로 많이 찾아보기 힘들다. "천일합일", "만물일체"는 유가가 차이와 대립으로 가득 찬 물질세계와 도덕실천 영역에서 어떻게 화합을 추구하고 있는가를 가장 잘 표현해 주고 있다. 마찬가지로 각종 종교의 모순과 대립을 처리할 때에도 절대배타적 관념이 어느 파 교도의 정신생활을 지배한 적은 극히 적었다. 이로 인하여 소위 절대 진리, 절대 유일의 진교眞敎 또한 사대부들에게는 익숙하지 않았고 심지어 수용하기 어려운 관념이기도

했다. 확실히, 역사상으로는 유교, 불교, 도교의 격렬한 충돌이 있었고 마테오리치가 힘써 비판한 송대이학은 바로 불교, 도교 이단을 비판함으로써 유가도통의 계승을 기치로 삼은 것인데[382] 그러나 이것은 도학가들이 실질적으로 불교와 도교의 사상을 흡수하여 자신의 체계를 세우는 것을 결코 방해하지 않았으므로 모순과 충돌은 항상 표면적 비판 아래서 실절적인 이론융합이 되거나 혹은 공개적으로 드러난 융합으로 결말지어졌다.

명대에 이르러, 명 태조는 『삼교론三敎論』과 『환석론宦釋論』을 친히 만들어 불교와 도교에 대한 관용을 표시하였고 또한 그 뒤 왕양명의 "한 집에 방 셋이 있다[一間三廳]."는 비유로 삼교 융합은 절정에 이르렀다. 우선 "삼일교주三一敎主" 임조은林兆恩이 세운 삼함교三函敎를 논하지 않더라도 임조은과 같은 시기 명말에 영향력이 큰 사상가들 중 일부는 삼교 융합의 이론적 작업에 몰두하였다. 이런 사상가 중에서 가장 걸출한 대표적 인물로는 초횡焦竑, 이지李贄 그리고 왕학말류인 관지도管志道 등이 있다.

『명사明史·초횡전焦竑傳』은 기록하기를 초횡은 많은 책을 널리 읽고 각 가家의 설에 대하여 깊이 알지 않음이 없었는데 생전에 문인 사대부들은[士林] "자못 선학禪學을 가지고 그를 조롱하였다." 초횡 본인은 이에 대해 별로 개의치 않은 듯하며 일찍이 장상영張商英의 말을 인용하여 언급하였다.: "나는 불교를 배우고 나서 유학을 알았다."[383] 명말 심학말류로서 초횡은 불교를

---

382 樓宇烈: 『漫談儒釋道"三敎"的融合』, 『文史知識』 1986年第8期에 게재
383 『澹園集.答友人問』

편애하고 힘써 송대 유학을 비판하였는데 그 말은 매우 통렬하였다.: "석가모니가 밝힌 바가 공자, 맹자의 정수이고 한, 송 제유諸儒가 밝힌 바는 그 남은 찌꺼기에 불과하다."384 이런 편애의 배후에서, 초횡이 논점의 전제로 삼은 것은 오히려 자못 이성적인 관용정신이었다. 그는 천하의 도는 오직 하나이니 어느 학파를 막론하고 이 도를 알고 있다면 응당 인정하고 받아들여야 한다고 생각하였다.

이지는 독립적 성격을 가진 사상가로 각 가家를 연구하면서도 어느 한 학파에 종속되기를 원치 않았고 여기저기서 객이 되기를 즐겼지 주인 되기를 원치 않았다.385 설령 이렇다 해도 그는 여전히 유, 불, 도 3교가 하나로 돌아가기를 주장하였다.: "유, 불, 도의 학문은 하나이며 모두가 도를 듣기 바라는데서 시작하였다."386 볼 수 있듯이 삼교를 포괄하는 이론의 전제로서 천하에는 다만 하나의 도가 있고 각 가는 모두가 견식을 넓혀서 밝힐 수 있다는 것이다. 왕학 내부의 말류와 이지 등의 사상을 구별하기 위해 논자는 이지의 이단사상은 반봉건정통의 성질을 가지고 있어 명말의 사상해방에 큰 도움이 되었고 관지도管志道 등이 제창한 삼교귀일三敎歸一은 즉 불교와 도교의 공무론空無之論을 선양하기 위해서라고 보기도 한다.387 이런 구별이 성립할 수 있든 없든 간에 삼교합일론은 오히려 정주학의 부흥을 사명

---

384 焦竑:『焦氏筆乘』, 北京: 中華書局, 2008年, 286쪽
385 李贄:『焚書』卷1『與李淮淸』
386 李贄:『續焚書』卷2『說匯』
387 侯外廬이 책임 편집한『宋明理學史』下卷 第2冊, 北京:人民出版社1987年 569쪽

으로 하는 다른 일파 사상가의 비판을 받았는데 그 대표적인 사람이 동림당 고반룡이다.

고반룡이 삼교합일을 비판한 것은 그의 왕학에 대한 태도에서 비롯되었다. 그는 왕학이 쉽고 간편함[易簡]을 마음(천하의 마음)으로 삼는다고[388] 생각하나 실은 이단의 논리이며 그 전해진 폐단이 "오늘날 무기력한 증상[虛症]을 보이는데"까지 이르렀으니 "우리는 응당 함께 그 폐단을 멈추고 실학으로 돌아가야 한다."[389]고 주장하였다. 그가 직접 논쟁을 진행할 대상은 관지도였으나 실제 그 칼날이 가리키는 바는 전체 왕학이었다. 삼교합일을 비판할 때에도 역시 마찬가지였는데 그 비판의 목적은 공자, 맹자와 정주程朱의 정통적 지위를 지키기 위해서였다. 그는 "지금 유자가 되어 불교를 드높이고 유학을 경시하는데" 대해 매우 걱정하면서 "이것을 참을 수 있으면 무엇을 못 참겠는가?"라며 분개하였다.[390] 초횡, 이지 두 사람과 비교하면서 하나의 도를 여러 학파들이 견식을 넓혀 밝힐 수 있다고는 생각지 않았으며 반대로 정통 유학은 원만하여 스스로 족하다고 생각하였다.: "공자의 도는 부족함이 없어서 본래 불교, 도교 양가의 도움을 필요로 하지 않는다."[391] 고반룡의 논리는 오히려 유학 일파의 배타성을 나타내고 있다.[392] 실학을 제창하는 사상가로

---

[388] 以天下之心爲心則簡易 以一己之私意爲心則繁難
[389] 『高子遺書』卷4
[390] 『高子遺書』卷3
[391] 『高子遺書』卷3
[392] 고반룡은 1616년 남경교안(南京敎案) 후, 반교의 주요인물 심최에게 서신을 보내어 지지를 표시하였다. 『與沈銘鎭二』중에 이런 말이 있다.: "심대인께서 벼슬

서 그 논리는 해방사상의 작용을 지닌 이지의 논리와는 모순, 대립된다. 그와 마찬가지로 매우 적극적 의미를 지닌 사상은 도리어 서로 용납되지 않으니, 이는 심각히 고려해야할 사상적 현상으로 적어도 가치의 이상에 대한 추구는 언제나 초현실성을 지니고 있어서 현실 탈피의 잠재적 위험성을 지니고 있으며 현실에 집착하는 사상은 종종 인도한다는 의미를 지닌 초전성超前性을 결핍하리라는 점을 표명한다.

마테오리치의 삼교합일에 대한 비판은 마침 때가 잘 맞았다. 그 출발점이 어떠하였냐는 논하지 않더라도 그것은 적어도 정통 사대부들이 이 문제에서 공감이 일어나도록 시도하였고 그리고 어느 정도 이 목적을 달성하였다. 예부시랑 풍기馮琦는 마테오리치와의 대화에서 인간세상의 고통을 이야기한 후 탄식하며 말한다.: "이렇다면 우리들은 아직 (현세의) 사람의 도리[人道]도 미처 깨닫지 못한 셈입니다. 하물며 (이것을 초월하는) 다른 도리를 어찌 알 수 있겠습니까? 어떤 이는 석가모니를 따르고 어떤 이는 노자에 연유하고 어떤 이는 공자를 스승으로 삼기도 하는데 어찌 천하의 인심을 이 세 가지 (교파의) 도리에로 결단 지을 수 있겠습니까?"[393] 마테오리치에 따르면 풍기는 "천주

을 받고 나라의 중임을 보실 적에 이미 그 능함을 볼 수 있더니 오랑캐 마테오리치의 일에 이르러서는 그 능함이 더욱 숭고하고도 탁월하셨습니다. 곽흠(郭欽)이 서쪽 오랑캐를 외지로 쫓은 것이 바른 일이 아니었던가요? 창려(昌黎; 韓愈)가 불교를 비방한 일이 나라를 위한 도략이 아니었던가요? 심대인의 공은 이들을 겸하셨습니다. 아, 참으로 기쁩니다!"『高子遺書』卷八下, 『景印四庫全書』集部 第1292冊, 臺北: 臺灣商務印書館, 1985年, 517쪽上. 이 자료는 肖請和 박사로부터 제공받아 특별히 기재하며, 동림당인 모두가 친천주교라는 설의 그릇됨을 보여준다.

393 利瑪竇『畸人十篇』袞州府天主堂印書局1930年, 7쪽 *『天主實義』第3篇 서울대학교

의 바른 도[正道]에 큰 뜻을 가졌고………또한 여러 차례 상소하여 허망하고 헛된 이야기[空幻之說]를 배척하며 천주 섬기는 학문을 중국의 여러 학교에서 배우기를 바랐다"[394] 이 또한 마테오리치가 유교에 부회하여 불교를 배척하려는 책략에서 나온 하나의 작은 승리일 수도 있다.

소위 삼교합일이 "천하의 인심을 세 가지 도리에로 결단 짓는다."는 말은 또한 마테오리치가 전달코자 했던 관점이기도 하였다. 하지만 그의 출발점은 풍기처럼 삼교三敎가 사람의 마음을 세 가지 도리[三道]에로 결단을 지어서 현세의 고통을 초래할까 걱정한 것이 아니고 그 목적은 천주교가 유일한 진교임을 논증하기 위해서였다.

삼교합일을 비판할 때에 마테오리치는 자연히 초횡, 이지의 도와 같은 천하의 공정한 도구[公器]라는 관용정신을 갖추지 못하였고 매우 능숙하게 서양철학에서 이것 아니면 저것이라는 식의 형이상학적 사유방식을 운용하였다.:

> "'세 교리'(삼교: 즉 유, 불, 도)는 혹시 각각이 참되고 완전하거나, 혹시 각각이 거짓되어 불완전하거나, 혹시 하나는 참이고 완전하지만 그 (나머지) 둘은 거짓되고 불완전할 것입니다. 가령 각각이 참이고 완전하다면 오로지 그 하나를 따르면 충분하지 그 (나머지) 둘은 무엇 하자는 것입니까? 만약 각각

출판부 『천주실의』 116쪽 참조
[394] 위의 책 『畸人十篇』 9쪽

이 거짓되고 불완전하다면 필경 마땅히 물리치고 치워버려야 합니다. 무엇 때문에 셋을 뒤섞어 놓습니까? 한 사람에게 잘못된 교리 하나를 배우게 한다면 그 잘못도 이미 심한 것인데, 하물며 '세 가지 교리'의 잘못을 아우르게 하겠습니까? 오직 하나만이 참되고 완전하면 그 둘은 거짓이고 불완전한 것입니다. 그렇다면 오직 참된 하나만을 좇는 것이 마땅합니다. 그 거짓된 것들을 어디에 쓸 것입니까?"[395]

이것 아니면 저것이라는 논리에 근거하여 마테오리치는 "삼교합일"을 칭하여 요괴라 하였다.: "무릇 과거의 중국에는 삼교가 각기 (따로따로) 하나씩이었습니다. 최근세에는 어디서 나왔는지 알 수 없지만, 하나의 요괴로 (합쳐져서), 몸은 하나요, 머리는 셋이니, 삼함교三函敎라고 합니다. ……그것에 엎드려 절하고 모범으로 섬기니, 어찌 더욱 사람의 마음을 해치고 망치는 것이 아니겠습니까?"[396]

이 "요괴"는 마테오리치가 보기에 논리적 형식에서 뿐 아니라 내용상에서도 모두 조화할 수 없는 것이었다.

"세 종교는 하나(도교)는 무無를 숭상하고 하나(불교)는 공空을 숭상하며 하나(유교)는 '성誠과 유有'를 숭상합니다. 세상에

---

[395] 三教者, 或各眞全, 或各僞缺, 或一眞全, 而其二僞缺也. 苟各眞全, 則專從其一而足, 何以其二爲乎? 苟各僞缺, 則 當竟爲却屛, 奚以三海蓄之哉? 使一人習一僞敎 其誤已甚也, 況兼三教之僞乎? 苟唯一眞全, 其二僞缺, 則惟宜從其一眞, 其僞者何用乎?『天主實義』402쪽 (第7篇) *서울대학교출판부『천주실의』386~387쪽 참조
[396]『天主實義』400쪽(第7篇) *서울대학교출판부『천주실의』386쪽 참조

서로 동떨어진 사실 중에서 허와 실, 유와 무보다 더 거리가 있는 것은 없습니다. 저(이단)들이 '유'와 '무', '허'와 '실'을 합쳐놓는 것(속임수)을 (우리들이) 빌릴 수만 있다면 우리들은 물과 불, 네모와 원, 동과 서, 하늘과 땅이라도 융합할 수 있을 것입니다. 그러면 세상에서 할 수 없는 일이란 없을 것입니다."[397]

유학과 불교, 도교와의 모순을 숭실崇實(誠과 有)과 귀허貴虛, 본무本無[398]와의 충돌로 서술하였는데 이는 적어도 형식상에서 고헌성, 고반룡, 서광계 등이 실학 창도로부터 출발하여 전개한 불교와 도교에 대한 비판과 일치하므로 그것은 아마도 많은 사대부들이 "천학"을 실학으로 여기고, 이를 위해 변호한 원인의 하나이기도 할 것이다. 동시에 이는 또한 마테오리치가 유교에 부회하고 불교와 도교를 배척하는데 성공한 것 중의 하나이기도 하다.

삼교의 모순과 충돌이 조화를 이룰 수 없다는 이유를 진술한 후, 마테오리치는 사대부에게 삼교에서 유학만이 유일한 정

---

[397] 三教者, 一尙無, 一尙空, 一尙誠, 有焉. 天下相離之事, 莫遠乎虛實有無也. 借彼能合有與無, 虛與實, 則吾能合水與火, 方與圓, 東與西, 天與地, 而天下無事不可也. 『天主實義』404쪽(第7篇) *서울대학교출판부『천주실의』388쪽 참조

[398] 『列子. 天瑞』 누군가가 열자(列子)에게 "그대는 어찌하여 허를 귀히 여기십니까?"하고 물으니 열자는 "허란 것은 귀함[貴]이 없습니다. 그 명(名)을 두고 하는 말이 아닙니다. 정(靜)하고 허(虛)만한 것이 없으니 정하고 허하게 산다면 그는 삶을 터득한 것이요 취하고 주기만 한다면 그는 처하는 법을 잃은 것이 됩니다."라고 대답하였다. 만약 능히 '有'와 '無'조차도 잊는다면 마음이 매우 허정하여 귀명(貴名), 천명(賤名) 등의 우려나 고통도 모두 사라지고 없어진다는 뜻.임동석 역주 『열자』 64쪽 참조. *본무는 절대불변의 실체 즉 진실을 가리키는 불교 용어로 선종에서는 진여(眞如)가 일체 속물(俗物)을 벗어나 자유에 도달하는 마음의 상태로 인식한다.

도正道라고 표명하지는 않았다. 서양인에게 유학을 소개하고 평가할 때에 그는 유학과 천주교의 "진리"는 어떠한 충돌도 없음을 지적하였지만 사대부와의 대화에서 마테오리치는 유학의 진리성에 대해 결코 이와 같이 긍정하지는 않았다.:

> "도교나 불교에서 '무'니 '공'이니 하고 말하는 것은 천주의 도리와는 서로 크게 어긋나므로 그것을 숭상할 수 없음은 분명합니다. 유교에서 말하는 '有유'니 '誠성'399이니 하는 것은 비록 그 해석을 다 듣지는 못하였으나 진실로 (도리에) 가까운 듯 합니다."400

유학이 유를 숭상하고 성을 귀히 여긴다함은 참되고 바른 말인가? 다만 그와 비슷하다는 말인가? 이는 분명 온건하고 부득이한 관용이거나 혹은 의구심을 가지고 있는 태도이다. 이런 의구심을 갖는 태도에 기초한 한 사람의 전교사로서 사대부에게 기꺼이 유교의 도를 취하게 할 수는 없었다.

> "삼교를 (한꺼번에) 따르려고 하기보다는 차라리 따를 만한 교파가 하나도 없게 되는 편이 낫습니다. 따를 만한 교파가

---

399 有는 만물의 근원인 태극을 말하고 誠은 사람을 대함에 성실해야 함을 이르니 『中庸』은 성실한 자는 하늘의 도요 성실히 하려는 자는 사람의 도라 하였고 『孟子.離婁上』은 이러므로 성실히 함은 하늘의 도요, 성실히 할 것을 생각함은 사람의 도라고 하였다.

400 二氏之謂, 曰無曰空, 于天主理大相刺謬. 其不可崇, 尙明矣. 夫儒之謂, 曰有曰誠, 雖未盡聞其釋, 固庶幾乎? 『天主實義』 98쪽(第2篇) *서울대학교출판부 『천주실의』 73~74쪽 참조

없으면, 반드시 따로 바른 길을 찾을 것입니다.……하느님의 바른 도리를 배우지 않고서, 사람들이 꿈속에서 떠들어 대는 도리를 좇아가야 합니까?"[401]

여기에 숨겨진 명제는 이러하다.: 하느님의 올바른 덕을 배우는 일만이 유일한 정도이다. 삼교합일을 비판할 때에 그는 사대부를 하느님 품속으로 이끌었는데 이는 매우 자연스럽게 마테오리치의 진정한 목적이 되었다. 그러나 마테오리치가 이론상 이 목적에 도달한 수단은 도리어 자각적이고 시의적절한 선택의 결과였다.

"삼교합일"의 사상적 융합은 중국 문화역사에서 특유한 현상으로 일부 사상가의 이성적 관용정신을 표현하였다. 동시에 이런 현상의 공개성으로 인하여 삼교합일이 어떤 때에는 객관적으로 봉건 정통문화의 울타리를 돌파하는데 유리하였고 이러한 적극적 의의는 이지의 사상에서 더욱 두드러지게 표현되었다. 그러나 동림당인을 위주로 한 사상가들은 강렬한 현실감에서 출발하여 자못 전투적 내용의 격문으로 사대부들의 귀허와 본무, 도선출세逃禪出世가 초래하는 무기력한 증상을 규탄하면서 "실학實學", "실행實行"을 힘써 제창하며 이론상의 장애를 바로잡았는데 이러한 작업의 현실적 의의는 나라의 위태로움과 간난에 시달리는 백성을 쇠락한 국면에서 구제하려는데 있었다. 사상계의 이러한 모순이 교차되는 현상은 그것으로 하여금

---

[401] 于以從三敎, 寧無一敎可從, 無敎可從, 必別尋正路, …… 不學上帝正德, 而殉人夢中說道乎?『天主實義』404쪽(第7篇) *서울대학교출판부『천주실의』389쪽 참조

상당히 실질적 개방성을 띠게 하였고 마테오리치의 "삼교합일"에 대한 날카로운 비판은 이러한 객관적 상황으로 인하여 가능할 수 있었다. 이러한 의미에서 본다면 우리는 마테오리치가 최소한 형식상으로나마 명말 문화사상의 새로운 분해와 통합에 참여하였고 이런 형식상의 참여가 일부 사대부로 하여금 적극적으로 마테오리치와 교류하고 동시에 "천학"을 실학으로 여겨서 이를 수용케 하였다고도 말할 수 있다.

"삼교합일"을 비판한 사대부와 마찬가지로 마테오리치 비판의 중점은 주로 불교였다. 『천주실의』 대화체 중문 저작에서 마테오리치는 별도의 한 장을 할애하여 중국 선비와 토론하며 불교를 비판한다. 불교에 대한 비판 중에서는 유학을 대하던 온화한 태도가 완전히 절대적 배타성으로 대체되는데 이는 나중에 불교를 옹호하던 사대부와 불교 승려들이 천주교를 전면적으로 배척하고 규탄하는 직접적 원인이 된다. 마테오리치는 공자가 말한 "자기가 하고자 하지 않는 것을 남에게 베풀지 말라"는 도덕원칙에 대하여 탄복하기를 마지않으며 이를 인용하였는데[이 원칙 역시 칸트 식 준칙으로 서술할 수 있다.: 즉 너의 준칙(구체적인 경우의 개인의 의지)이 보편적인 법칙이 될 것을 네가 동시에 원할 수 있는 그러한 준칙에 따라서만 행위 하라.] 절대적 배타성을 가지고 불교와 도교를 대할 때 그는 의심할 바 없이 "인仁의 규범(마테오리치의 말)"을 위반하였던 것이다. 이로 인하여 그 또한 불교를 옹호하는 사대부와 승려들이 이 "인의 규범"을 "천주정교天主正教"에 적용하기를 희망할 이유가 없었고, 행위와 원칙의 위반은 마테오리치 본인이 전하고자 하는 종교가 사방으로부터 포위당하도록 함정을 만들었던 것이다.

4. 입세(入世)와 출세(出世)[402]
  - "나는 일찍이 비웃으며 또한 그 경국지사를 애석하게 여겼습니다."

종교에 대한 유형화類型化 비교연구를 진행 시 막스 베버는 유학(교)은 "완전히 속인의 입세 도덕을 대표하며 그 취지는 세계에 적응하고 세계의 질서와 규범에 적응하는 데에 있다."고 보았다.[403] 이런 입세적 경향은 동시에 이성주의적이기도 하다. 소위 나라를 다스려 천하 백성을 평화롭게 한다는 치국평천하治國平天下는 유학의 입세적 경향을 가장 잘 표명하며 "공자께서는 괴이함, 폭력, 문란, 귀신에 대해서는 말하지 않는다[子不語怪力亂神]"는 말은 유학의 신비, 마술을 대하는 이성주의적 경향을 나타낸다. 당연히 이런 이성주의와 입세 경향 모두가 매우 완전한 것은 아니다.

종교개혁을 거친 후의 개신교가 입세적 금욕주의에 속하는데 그 특징은 세상에 개입하는 태도로써, 일상생활의 실제 노동을 통해 이를 금욕방식으로 삼아 구원에 이르는 것이다. "세속 활동에 대한 도덕적 변호는 종교개혁의 가장 중요한 결과의 하나다."[404] 이러한 이론적 성과는 청교도들에게 실천 중에서 "여유로운 향락이 아닌 다만 노동이 바야흐로 하느님의 영광을 더

---

[402] 出, 入은 떠나가고 들어온다는 의미로 世는 속세를 가리킨다. 출세는 한 개인이 인간생활 중 모두가 추구하는 공명, 권력, 재산 등에 다시는 관심을 갖지 않음을 표시하는데 출세하는 사람은 세상 사람의 생활을 초탈하여 더욱 더 정신적 추구를 희망한다. 입세는 그와 서로 반대로 한 개인이 현실생활 중에서 자기 가치의 실현을 갈망한다.

[403] Max Weber, Religion of China, The Macmillan Company, 1964, p.152

[404] 馬克斯.韋伯:『新教倫理與資本主義精神』, 北京: 三聯書店, 1987年版, 60쪽

할 수 있고" 또한 "더 나아가 노동 자체를 인생의 목적으로 간주한다."는 인식으로 나타났다. 이렇게 "시간의 허비는 곧 모든 악의 으뜸이 되고 또한 원칙적으로 가장 용서할 수 없는 죄가 되며…… 시간은 값으로 따질 수 없으니 일촌광음이라도 허비하면 곧 하느님의 영광을 위해 힘쓰는 고귀한 시간을 상실하는 것이다. 이처럼 하는 일 없는 공상과 묵상은 응당 조그마한 가치도 없고 만일 그것이 사람의 일상 노동에 대한 희생을 대가로 얻는 것이라면, 최후에 반드시 더욱 준엄한 질책을 받을 것이다."405 막스 베버가 보기에 이러한 노동을 '천직'으로 여기는 관념은 자본주의 정신이 종교윤리 상에서 흥기하는 전제를 구성하였다.

마테오리치의 중문저작에서도 마찬가지로 시간을 소중히 여기는 그의 태도를 발견할 수 있는데 그 또한 시간의 허비를 죄로 생각하고 있다. 이부상서吏部尚書 이대李戴(?-1607. 자는 仁夫. 명조 정치 인물로서 진사 출신)와 이야기하던 중 그는 이러한 시간에 대한 종교적 열정을 천명한 적이 있다.: "군자는 하루를 바르게 사용하고 항상 스스로 하루를 소중히 여깁니다. 오호라, 세상사람 중 누구는 시간을 소중히 하고 누구는 하루를 가벼이 여겨 쉽게 허비하지 않습니까? 어찌 하루의 공덕을 알겠습니까? 나는 (하루에도) 수많은 선한 일을 할 수 있으며 수많은 과실을 면할 수 있습니다……" "무릇 어떤 날을 잠시도 그대의 허물을 줄이는데 쓰지 않고 잠시도 그대의 덕행을 수양하는데 쓰지 않

---

405 위의 책 123, 124쪽

는다면 이 날도 상서롭지 못한 날이라 말할 수 있습니다."⁴⁰⁶ 시간을 소중히 여기고 허물을 줄이고 덕을 쌓는 일이 이에 이르렀어도 천주교, 개신교와 유가윤리의 근본적 충돌은 드러나지 않았으며 심지어 이상의 논술은 일부 인생에 관한 진리의 빛을 포함하고 있다고까지 말할 수 있었다.

그러나 다만 이뿐이었다. 일단 마테오리치가 시간을 소중히 여기는 방식과 목적에 관해 서술할 때면 천주교, 개신교와 유가적 입세 윤리의 근본적인 충돌은 남김없이 드러난다.:

"예전 나의 마을에 한 선비가 살았습니다. 항상 천주를 묵상하였는데 일을 하면서 하느님 뜻과 부합됨을 자랑스러워하였고 세상 일 때문에 이를 잊은 적이 없었습니다. 하루는 일이 급해 몇 시간 잊고 있다가 곧 깨달아 회개하면서 말하기를 '몇 시간 동안 천주를 잊고 있었다니 짐승과 같구나.'라고 하였습니다. 이 선비는 몇 시간 동안 천주를 생각지 않아서 자신을 짐승이라 욕하였는데 어떤 사람은 종일 생각지 않고 일 년 내내 잊고 지내니 자신을 나무나 돌과 같다고 꾸짖어야 하지 않겠습니까?"⁴⁰⁷

천주 묵상은 잠시도 잊을 수 없고 잠시라도 그 생각을 잊으

---

406 『畸人十篇』 4, 3쪽
407 昔吾鄉有一士, 常黙思對越天主, 務以行事仰合其旨, 不得爲俗所脫. 一日, 値事急, 茫然一辰, 忘而勿思, 旣而猛醒, 卽悔嘆曰: '嗟嗟'盡一辰弗念天主, 如禽獸焉'. 玆士一辰不思道, 咤己爲禽獸, 有人終日无是念, 期年忘之, 奚不詈己爲草木土石乎哉?"

면 나무나 짐승으로 여겼다. 이런 시간을 소중히 여기는 방식은 의심할 바 없이 속세에 대한 부정을 초래할 수 있다.:

"세상 사람들은 어리석어서 큰 업적을 만들어내고 논밭을 개간하고 명성을 날리고 장수를 빌고 자손을 도모하고자 하는데……이 어찌 위태롭지 않겠습니까?"[408]

막스 베버가 서술한 바와 같이 개신교에서는 아무 하는 일 없는 공상과 묵상은 일고의 가치도 없을 뿐더러 더욱이 이러한 묵념이 일상 노동의 희생을 대가로 하게 된다면 응당 더욱 엄격히 이를 질책해야한다고 보았다. 하지만 마테오리치가 전파하고자 하는 천주교는 모든 속세의 생업을 희생하는 대가로 천주의 은덕을 마음에 두고 묵상하고자 하였으므로 속세의 일이 묵념의 생활을 빼앗을 때에는 반드시 이를 비웃으며 애석하게 여겼다.:

"나는 일찍이 비웃으며 또한 그 세상 다스리는 선비[經世之士]를 애석하게 여겼습니다. 안락을 도모하나 늘 고통에 빠져있습니다. 힘써 고생을 참아냄은 공을 세우고 관직을 높이기 위해서인데 나라의 법 또한 공적과 작위를 더해주더이다. 누군들 내가 고통으로써 고통을 사고 조정 역시 고통으로써 고통을 보상함을 알겠습니까? 이제 그대가 (공대삼龔大參을 가리킴) 전원으로 돌아가 은거하려 한다니 돌아가 사람과의 인연

---

[408] 世人昏愚, 欲于是爲大業, 闢田地, 圖名聲, 禱長壽, 謀子孫…… 豈不殆哉?『畸人十篇』7쪽

을 멀리하고 스스로의 생사대사에 전념하면 좋겠습니다."⁴⁰⁹

이는 사대부의 경세사상에 대한 가장 분명하고도 근본적인 부정과 비판이다. 천주를 생각하고 개인의 구원을 얻기 위해 ("오로지 자신의 생사대사에 힘쓰는") 천주교는 사대부가 전원으로 돌아가서 은거하고 세상을 등져 마침내 사람과의 인연을 멀리하도록 격려하기를 마지않는다. 중세 수도원의 승려주의는 바로 이러한 방식으로 출세금욕하였으니 그 본질은 세속 활동에 대한 근본적인 부정이다. 마테오리치가 지금 이 세상은 본래의 세계[本世]가 아닌 금수의 세계이고 오직 내세만이 영원한 본세라고 힘써 선양하였을 때⁴¹⁰ 신앙주의僧侶主義의 본질은 더욱 남김없이 드러난다.

1609년 2월 15일 마테오리치는 예수회 원동부성장遠東副省長 파시오 프란체스코巴范濟; Pasio Francesco(1544 - 1612) 신부에게 서신을 보냈다. 서신에서 그는 유, 불, 도 삼교를 배척하였고 동시에 "본 세기(17세기) 전통을 따르지 않는 사대부가 제창한 "새롭고 기이한 사상[新奇思想]"이 있어 나도 사양치 않고 이를 반박하였습니다."⁴¹¹라고 언급하였다. 여기에서의 "신기사상"에는 이지 등의 삼교합일론과 또한 당시의 경세실학을 포함할 수도 있다. 그러나 어째서 사대부들 대부분이 '천학'을 실학으로 여겼는

---

409 吾誉笑且惜彼經世之士, 謀安而溺于陑, 努力攻苦以立功增職, 王法亦按頒功疏爵次第加之. 雖知吾以苦市苦, 朝廷亦以苦償苦乎. 今子(指糞大參)謀歸田耶, 歸而能竟却人緣, 專務一己生死大事, 則得矣, 위의 책, 59쪽
410 『畸人十篇』第2篇 與馮琦의 對話
411 『利瑪竇全集』第4冊, 416쪽

지? 여기에는 실학에 대한 서로 다른 이해가 관련돼 있다. 서광계가 말하는 실학은 도덕영역 중의 실심實心, 실행實行을 가리키며 또한 "천학" 중에서 경세치용經世致用할 수 있는 과학기술을 가리킨다. 그러나 이대李戴가 마테오리치의 시간을 소중히 여기고 허물을 줄이고 덕을 쌓는 일이 "행실에 큰 도움이 되고" "서양의 실학"으로 이해하였을 때[412] 그 의미는 도덕적 영역에 한정될 뿐이었다.

마테오리치가 천주와 사후세계에 대한 깊은 사고와 비판으로 "신기한" 경세관념을 대신하려했을 때, 그는 종교개혁 이전 천주교의 속세를 떠난 출세의 금욕적 생활태도와 방식을 중국 사대부에게 전하려 시도하였음이 분명하다. 그리고 사대부들 대다수는 이미 강렬한 입세적 유학전통에 빠져있었기 때문에 세속적 생활취향과 출세금욕적 종교생활의 사이에 충돌이 형성되지 않을 수 없었다. 개인주의 정신으로써 개인의 구원을 모색하는 일부 사대부로 말한다면 이러한 충돌을 현세에서 퇴출하는 생활방식 가운데서 해소할 수 있었으나(예로서 공대삼의 "귀전歸田") 개인의 구원을 중시하며 또한 나라와 세상을 건지고, 명말의 위기정국을 구하고자 기도하는 사대부(예로서 이지조, 서광계 등)로 말한다면 이러한 충돌은 사회생활과 개인 정신생활이 긴장, 대립하는 원인을 구성하였다.

그러나 만약 전교사들이 출세금욕적 종교생활 방식을 전하고 그들이 전파한 것이 주로 근대과학이 아닌 고대과학이여서

---

[412] 『畸人十篇』 2쪽

중국의 역사발전을 가로막았다고 생각한다면 이는 분명 과대평가된 말일 뿐더러 다른 형태의 서양 중심주의를 은밀히 내포하고 있다. 사실상, 코헨[柯文; Paul A. Cohen(중국사상사 학자, 미국 1934 -) 등 당대 서양학자가 제창한 "중국 중심관"은 명, 청 시대 역사연구에 매우 적당하다.: 명제국의 쇠퇴를 구성한 진정한 원인은 마땅히 당시 중국 자신의 사회정치, 경제제도, 구조와 사상의 상황 내부에서 탐구해야 하고 외부로부터 원인을 찾는 것도 분명 필요하고 의미 있는 작업이라 하겠으나 그러나 이로 인해 일방적 외부원인론[外因論]을 주장해서는 아니 되며 최종적으로 이로 인한 "서양 중심주의"를 다시 야기 시켜서는 아니 된다.

5. 대륜(大倫)과 오륜(五倫)
- "사람은 세 아버지를 가지고 있다."

출세금욕과 입세적 생활취향 사이의 충돌은 유학 중 봉건 효도와 왕권의 문제를 어떻게 다루는가에서 더욱 구체적으로 표현되는데 제2장에서 이미 이 문제를 간략히 서술한 바가 있다. 이 문제가 천주교와 유학의 근본적인 차이를 가장 잘 표현할 수 있으므로 우리는 마테오리치가 이 문제에서 유학에 대한 비판을 통해 나타낸 그의 태도를 상세히 알아볼 필요가 있다.

  천주교에 하나의 근본적 계명은 즉 하느님을 사랑하고 또한 하느님을 사랑하는 것같이 이웃을 내 몸처럼 사랑하라는 것이다. 그러나 사랑의 본질적 의미는 하느님을 사랑하는데 있으며 만일 하느님을 사랑하지 않는다면 이웃을 내 몸처럼 사랑하는 것은 전혀 의미가 없다. 십계명 중에 한 조목은 부모에 대한 효도인데 이런 혈연으로 맺어진 사랑과 하느님, 예수그리스도에 대한 사랑이 모순을 발생할 때에는 무조건적으로 하느님과 예수그리스도에게 사랑과 생명을 바쳐야 한다. 『마태오복음』에서 이르기를 제자 중 한사람이 예수에게 말하였다.: "주님, 먼저 가서 아버지 장례를 치르게 해주십시오."하고 청하니 예수는 "죽은 자들의 장례는 죽은 자에게 맡게 하고 너는 나를 따르라."[413] 이르고 또한 이렇게 말하였다.: "아버지나 어머니를 나보다 더 사랑하는 사람은 내 사람이 될 자격이 없고 아들이나 딸을 나보다 더 사랑하는 사람도 내 사람이 될 자격이 없다. ……나를 위해 자기 목숨을 잃는 사람은 얻을 것이다."[414] 이와 같이 기독교도의 모든 생활의 의미는 곧 하느님을 신앙하고 사랑하는데 있다. 부모에게 효도하고 이웃을 내 몸처럼 사랑하는 등 도덕규범의 준수와 실행이 만일 하느님에 대한 신앙과 사랑을 절대적 전제로 하지 않는다면 가치와 의미를 상실한다. 이 계명에 대하여 현대 신학자들 또한 의심 없이 굳게 믿고 있는데 제임스 리드詹姆士.里德; James Reid는 말한다.: "기독교 윤리사상과 그 종교를 분리하려는 시도는 이해하기 어렵다. ……예수의 윤리적 가르침과 그의 신앙과의 연계를 단절시키려는 것은 곧 예수의 윤리적 가르침과 동시에 그의 윤리적 가르침에 부여된 의미로서의 생명선을 단절시키는 것이니 예수의 목적, 예수의 순종, 예수의

---

[413] 『마태오복음』 8장 21~22 대한성서공회 공동번역(가톨릭용) 『성서』인용. 이후 나오는 성서 구절은 본서의 내용을 따름.
[414] 『마태오복음』 10장 37~39

역량은 모두가 그의 하느님에 대한 신앙으로부터 온다."[415] 조건 없는 사랑이라야 비로소 기독교도의 생활에 의미를 부여 할 수 있다.

정통 천주교도의 한 사람으로서 마테오리치는 이 절대 계명을 벗어날 수 없었다. 제2장에서 서술했듯이 마테오리치는 "인仁의 요지는 하느님을 공경하고 사랑하는 것"이라고 명확히 밝힌 바가 있다. 신앙의 절대적 중요성을 강조하기 위해 마테오리치는 "인륜"이라는 유학의 윤리 개념을 빌려서 봉건 삼강오륜의 오륜에 "대륜大倫"을 더하였는데 이것이 곧 하느님에 대한 인식과 신앙이다.[416]

종교적 신앙 그리고 도덕과 유학의 세속적 윤리인 삼강오륜 사이의 충돌은 이에 와서 최고조에 이른다. 마테오리치가 이러한 충돌에 대해 충분히 인식하지 못한 바는 아니었으니 『천주실의』서문에서 이렇게 말한다.: "(온 천하를) 화평하게 하고 (나라를) 다스리는 일상의 도리는 궁극적으로 (마음을) 오직 하나로 함에 있을 뿐입니다. 따라서 현자와 성인들은 신하들에게 충성스런 마음을 권하였습니다. 충성은 두 (마음)이 없음을 말합니다. 오륜은 군주에 관한 것을 첫째로 삼으며 군주와 신하[君臣]의 관계는 삼강 중에서 으뜸입니다. 무릇 바르고 의로운 사람들은 그 점을 깨닫고 그것을 실천합니다."[417] 이는 삼강에 대한 명확한 긍정으로 서광계의 이른 바 전교사의 "그 어떠한 말도

---

415 詹姆士.里德『基督的人生觀』, 北京: 三聯書店, 1989年, 20쪽
416 『天主實義.引』62쪽
417 서울대학교출판부『천주실의』29쪽 참조

충과 효의 취지에 부합되지 않는 것이 없다."는 말은 대개 이로부터 나왔다. 그러나 이는 단지 표면에 나타난 현상일 뿐 심각한 충돌이 튀어나왔을 때에는 조그만 타협도 허락하지 않았다.:

"나라의 임금과 '제 자신[我]'은 서로 임금과 신하가 됩니다. 집안의 가장과 '제 자신'은 서로 아버지와 자식이 됩니다. 만일 하느님이 '만인의 아버지[公父]'인 점에 비견하면, 세상 사람들은 – 비록 '임금과 신하', '아버지와 아들'이라는 (차별이) 있지만 – 평등하게 (모두) 형제가 될 뿐입니다. 이러한 인간관계를 (명백하게) 이해하지 않으면 안 됩니다."[418]

"만인의 아버지[人主]"의 "대륜大倫"이 오륜을 대신하게 되었다(이를 일컬어 유학 넘어서기[超儒]라고 한다). 여기에는 분명 왕권과 부권에 대한 근본적인 부정이 내포되어 있으며 하느님 앞에서는 사람마다 평등하다는 원칙을 또한 나타내고자 하였다.

효도에 관해서는 마테오리치가 보기에 또한 토론할 수 없는 절대원칙은 아니었다. 예수회신부가 출가하여 여색을 멀리하고 결혼하지 않는 여러 이유를 이야기한 후 그가 당면한 임무는 이러했다.: 맹자가 가장 먼저 창도한 이후로 중국인을 근 2천 년 동안 지배하고 있는 효도를 부정하고 비판하는 일: "불효에는 세 가지가 있는데 (그 중) 후손이 없는 것이 가장 크다."[419]

---

418 國主于我相爲君臣, 家君于我相爲父子, 若使比乎天主之公父乎, 世人雖君臣父子, 平爲兄弟焉, 此倫不可不明矣, 『天主實義』 434쪽(第8篇) *위의 책 412쪽 참조
419 『孟子. 離婁章句上』 不孝有三 無後爲大

이런 부정과 비판은 그다지 이론적 의의를 가질 수 없는 일종의 변론술辯論術에 불과하다.

마테오리치는 그의 중문 저작에서 여러 차례『맹자』의 말을 인용하며 옛 유교 성현의 취지에 부회하였다. 그러나 효도를 부인하기 위해 "불효에는 세 가지가 있는데 (그 중) 후손이 없는 것이 가장 크다."는 말은 "성인이 전한 말이 아니라 바로 맹자의 말" 이라고 단언하였다.[420] 즉 맹자의 말은 성인이 전한 말이 아니므로 믿을 수 없다. 공자가 중국의 성인이나 공자는 결코 이런 말을 전하지 않았다: 게다가 공자는 백이숙제伯夷叔齊를 현인으로 여겼고 비간比干을 은나라 세 명의 어진 분 중의 하나로 여겼는데 세 명의 어진 분들은 모두 후손이 없으니 맹자의 효도에 따르면 세 사람은 모두 불효의 부류에 속하게 된다. 이렇다면 공자와 맹자는 서로 일치하지 않으며 따라서 맹자의 말은 중국의 앞서 나가신 분들의 뜻이 결코 아닌 것이다.[421] 맹자에 대한 칭찬과 폄하는 고유에 부회하려는 그의 책략적 성분을 충분히 보여주고 있으며 효도에 대한 비판에도 궤변이 내포되었음을 보여주고 있다.

조금이나마 이론적 의미를 갖는 것은 만약 후손의 유무로 표준을 삼는다면 도덕적 평가의 불공정을 조성할 수 있다는 그의 생각이다.:

---

[420] 『天主實義』 428쪽(第8篇) *서울대학교출판부『천주실의』 407쪽 참조
[421] 『天主實義』 430쪽(第8篇) *서울대학교출판부『천주실의』 408쪽 참조

"예를 들어 만일 필부가 있는데 후손이 없으면 효가 아니고 후손이 있어야 효라고 생각하여 곧바로 여러 명의 첩을 얻어 늙도록 그 고향에서 자식을 지극히 많이 낳았다고 합시다. 본래 그 사람에게 선善이라고 할 만한 것이 없는데 (자식을 많이 낳았으니) 효를 했다고 할 수 있겠습니까? 도리를 배운 선비는 평생 타향을 멀리 돌아다니며 임금을 보필하여 나라를 바로잡고 많은 백성을 교화하며 충성과 신의를 지키면서 자식 낳는 일을 고려하지 않습니다. 이것은 앞에서 논한 것을 따르면 바로 큰 불효입니다……"[422]

효와 불효를 가늠하는 표준은 내재적일 수밖에 없다.: "효를 했느냐 안했느냐는 마음속에 있지 밖으로 드러난 것에 있지 않습니다. 본인이 어떻게 했느냐에 달린 것이지 어찌 다른 것들에 말미암는 것이겠습니까?"[423] 이른 바 불효의 표준은 세 가지가 있다.: 부모를 죄악에 빠지게 하고, 부모를 살해하고, 부모 재산을 빼앗는 일이지 후손이 있느냐 없느냐는 효와 불효를 가늠하는 표준이 될 수 없다.

그러나 가장 큰 불효는 천주이신 대부大父의 뜻을 거역하는 일이다. 천하에 도리가 있으면 세 아버지(天主, 國君, 家父)의 뜻은 서로 어긋나지 않아서 (아버지) 한 분에 순명하게 되면 곧 세

---

[422] 譬若有匹夫焉,自審無後非孝,有後乃孝,則娶數妾,老于其鄉,生子甚多,初無他善可稱,可爲孝乎? 學道之士,平生遠游異鄉,輔君匡國,教化兆民,爲忠信而不顧産子,此隨前論乃大不孝也,『天主實義』430쪽(第8篇) *위의 책 409쪽 참조
[423] 『天主實義』430쪽(第8篇) *위의 책 410쪽 참조

분(아버지) 다에게 효도를 한 셈이 된다.; 천하에 도가 없으면 세 아버지의 뜻은 서로가 어긋나니 이때의 선택은 당연히 하느님[天主]의 뜻을 따라야 한다. 이와 같으면 혹 국군의 명령을 범하더라도 "그가 효도를 하는 데에 지장이 없습니다."[424]라고 하였다. 여기서는 곧 효도에 대한 부정에서 왕권에 대한 부정으로 재차 상승되었다.

명말 사상가에 대한 분석 연구에서 우리가 만약 하심은何心隱[425]의 "교섭[交]의 도리는 벗에서 다한다[交盡于友]."는 관념이 평등한 벗의 관계를 인간 사회관계의 으뜸으로 삼는 원칙을 내포하고 있고 이지의 "이단" 론의 속내가 봉건 삼강오륜의 그물에서 벗어나려는 것이며 고헌성의 "시비是非는 천하의 시비이니 스스로 천하의 소리를 들어야한다."는 말이 봉건 전제에 대한 비판을 의미한다고 생각할 수 있다면 우리는 이와 같은 새로운 관념이 조성한 정신적 분위기가 마테오리치의 신권神權과 하느님의 사랑으로부터 왕권과 효도를 비판하는 객관적인 조건을 마련해주었다고 말할 수도 있을 것이다. 다시 말해 만일 명말

---

[424] 『天主實義』 434쪽(第8篇) *위의 책 411쪽 참조

[425] 何心隱(1517~1579) 중국 명대 사상가. 왕양명 "심학"의 태주학파(泰州學派) 제자로 본명은 양여원(梁汝元) 자는 주건(柱乾) 호는 부산(夫山) 강서 길안(江西 吉安) 사람이다. 그는 오륜 중 朋友를 가장 중시하였다. 혁신적인 자유사상가로 젊은 시절 과거를 포기하고 사회개혁에 힘쓰며 전통사상을 비판하였다. 이 때문에 탄압을 받아 투옥되기도 하였는데 당시 세도가 장거정(張居正)을 비판하다가 1579년 체포되어 처형되었다. 그는 "사람은 천지의 마음(天地之心)이어야하고, 인심(人心)은 인의(仁義)이며, 심은 태극이니 심이 곧 리(理)"라고 생각하였다. 태극은 만물의 근원이며 심(心), 인(仁), 태극을 같은 것으로 인식하였으므로 인(仁), 심(心)이 만물의 근원이 된다고 보았다. 특히 그는 인욕을 긍정하여 욕(欲)은 인간성 본연의 욕구이며 만족시켜야 하는 것은 욕구로 지나치지 않는 과욕(寡欲)과 백성과 함께하는 육욕(育欲)을 주장하였다. 그러므로 그에게 있어 과욕과 육욕은 하늘의 본성[性]을 다하는 것으로 본성이 곧 욕인 것이다[性卽是欲]. 유명종 지음 『왕양명과 양명학』 189쪽 참조

사상계가 생동감 있고 활발한 개방성을 나타내지 않았다면 마테오리치의 왕권과 효도에 대한 비판은 가능하지 못했을 것이다. 객관적 조건의 허용이 마테오리치로 하여금 이러한 합창에 참가할 수 있게 하였으나 당연히 그의 기본 정신은 신권과 하느님의 사랑이었으므로 결코 조화를 이루어내지 못했다.

정통적 사대부에 대해 마테오리치가 노래한 "신곡神曲"은 당연히 귀에 거슬렸다. 사실상 마테오리치의 군신, 부자 등 인륜 규범에 대한 부정과 비판은 얼마 후 사대부가 천주교를 공격하는 가장 중요한 표적이 되었다.

당대 신학자들은 항상 아래와 같은 문제에 대해 혼란스러워하고 이해하지 못하는데 즉 어찌하여 외래문화인 불교는 중국 문화 속에 깊이 뿌리내려 열매를 맺었으나 기독교는 중국에서 발을 붙이지 못하는 가이다. 이는 분명 매우 복잡한 문제로 그 어떤 시각에서도 만족스러운 해답을 주기는 어렵다. 그러나 우리는 적어도 이러한 점을 지적할 수 있다. 즉 불교가 성공적으로 중국의 본토 문화로 완성되고 동시에 사람들의 정신생활에 오랫동안 영향을 주는 요인이 될 수 있었던 이유는 불교가 중국에 전파된 후 승려들은 끊임없이 불교 경전을 번역, 서술하였고 유교와 도교에 부회하여 불교교리를 전파하였을 뿐더러 또한 불교와 중국의 문화, 정치전통 중 가장 중요한 삼강오륜 사이에 충돌이 발생했을 경우, 종종 불교의 타협으로 이런 모순을 없앤 데 원인이 있다. 예를 들어 효도 문제에서 "불교로 몸을 세우고 도를 행하여 영원토록 부모를 빛내니 이것이 가장 근본적 효도라는 등등으로 불교의 출가가 결코 가정의 전통적 효도에 어긋나지 않음을 증명한다."이다. 왕권에 대한 태도에서 혜원慧遠이 지은 『사문불경왕자론沙門不敬王者論』[426]은 그 취지가 실제적으로는 왕권에 복종하면서 형식상으로 "무릎 꿇는 예[形屈之禮]"의 면제를 바꿔 받은 것으로 이러한 타협은 불교가 중국에서 뿌리를 내리고 발전할 수 있는 가장 중요한 조건의 하나가 되었다.[427]

마테오리치는 유가문화에 부회하면서 천주교교리의 전파를 시도하였다. 그러나 효도와 왕권 등 가장 중요한 문제에서 그는 실천 중에서는 중국의 예의를 용인하였으나 이론상으로는 타협치 않는 태도를 보였다. 마테오리치 사후, "전례논쟁" 중 마테오리치의 전교책략에 대해 부정적 태도를 가진 전교사는 천주교의 배타성을 더욱 극단적으로 발전시켜 마테오리치가 이룬 조그만 타협(중국 신도의 공자숭경과 조상제사)마저도 용인할 수 없었다. 이처럼 천주교는 처음 중국에 들어왔을 때 그 교리의 "순결성"을 고집한 나머지 중국에서 뿌리를 내리지 못하고 발전할 수 있는 가장 중요한 조건을 상실하였고 청초淸初의 금교는 곧 천주교의 비타협적 배타성의 직접적인 결과였던 것이다. 이

---

[426] 불교가 처음 중국에 전해질 무렵 승려는 제왕에게 무릎 꿇지 않고 양손을 합장하여 경의를 표시할 뿐이었는데 이는 중국 전통 예제(禮制)와는 맞지 않았다. 동진남북조 시에 이르러 불교가 조야에서 숭상되자 승려가 제왕에게 무릎 꿇지 않는 것은 봉건 황권과 유가의 삼강오륜 도리와 엄중한 모순을 형성하였고 이에 여러 차례에 걸쳐서 승려[沙門]는 응당 제왕에게 무릎을 꿇어야하지 않는가 하는 논쟁이 일어났다. 『사문불경왕자』는 중국 동진의 승려 혜원의 불교 철학 논문으로 안제 원흥(安帝 元興) 연간(403) 태위 환현(桓玄)이 승려의 왕자에 대한 예경(禮敬) 문제를 제기하면서 혜원에게 서신을 보내 의견을 물으니 혜원은 답서를 보내 이를 반대하였으며 환현은 제위에 오르자 예경문제에 대한 주장을 철회하였다. 404년 혜원은 자신의 의견을 부연하여 『사문불경왕자』5편을 저술하였는데 사문은 세속을 떠난 사람이니 세속의 준칙에 따라 자기 어버이나 국왕을 예경할 필요가 없다는 내용의 논문이다.
[427] 이러한 관점과 자료는 주로 婁宇烈: 『漫談儒釋道 "三敎"的 融合』에서 인용하였다. 『文史知識』1986년 第8期에 게재.

러한 종교, 문화적 차이로 조성된 "장애"가 오늘날에는 그다지 완강하지 않으나 기독교가 여전히 중국에서 소수 사람들의 정신생활에만 영향을 주고 있는 원인은 기독교가 다신론자 혹은 무신론자의 필수품이 되기 어렵기 때문이며 또한 기독교 자체도 중세 때처럼 모든 것 위에 군림할 수 있지는 않고 사람들이 반드시 기독교의 방식을 빌려서 서양의 과학기술, 사상관념 등을 얻을 필요가 없기 때문이기도 하다. 당연히, 기독교에 대한 연구와 흥취가 또한 서양 철학, 정치, 법률의 사상적 근원을 더욱 깊이 이해할 필요성을 증가시키기도 하겠지만 이는 별개의 문제이다. 순수한 개인적 심경으로부터 출발하여 유교, 불교, 도교에 대한 전면적 반성, 비판, 부정을 거쳐서 "신성한 하느님"을 존재 의의와 가치로 삼아 최상의 형이상학적 근거를 찾아내고 또한 사회생활 가운데 각종 합리적 규범을 위한 절대적이고도 보편, 유효한 근원과 기초의 제공을 희망하기에 이르러 각종 현대사상의 철학, 종교적 시도가 있었다고 하여도 그것이 창의적 행위는 못되는 것이 서광계 등이 일찍이 이와 같은 시도를 한 적이 있었기 때문이다. 중서中西의 역사실천은 그것이 어떤 신성한 후광後光으로 꾸며진 철학자의 꿈일지도 모르는 바꿔 말해, 이런 종교 신앙의 보편성은 의심해 볼만한 가치가 있음을 표명한다.

하편

명말 사대부의
'천학'에 대한 이해와 반응

머리글

개성 혹은 창조성 있는 사람이 되기 전, 사람들은 언제나 이미 역사에 먼저 속하게 된다. 이로 인하여 우리는 아래 열거한 논술의 치밀성을 인정하지 않을 수 없다.: "사람들은 자기가 자기의 역사를 창조한다. 그러나 그들은 제 마음대로 창조하거나 그들 자신이 선택한 조건 하에서 창조하는 것이 아니라 직접 부딪치고 이미 정해진, 과거로부터 계승해 내려온 조건 하에서 창조한다."[428] 우리가 보기에 여기에서 말하는 과거로부터 계승해 내려온 조건에는 이미 정해진 경제생활 분야의 물질조건을 포함할 뿐 아니라 전통으로서의 역사문화도 포함된다. 역사창조의 주체는 역사의 제한을 받게 되며 이는 바로 인간의 존재적 유한성의 본질소재이다. 게오르그 가다머[429]는 해석학적 시각으로 마르크스가 위에서 이야기한 사상과 모순되지 않는 관점을 서술하였다.: "인류의 유한성은 무엇보다 먼저 그가 전통의 핵심

---

[428] 『馬克思.恩格斯選集』第1卷 603쪽
[429] 漢斯.格奧爾格 伽達黙爾 Hans Georg Gadamer 1900.2.11~2002.3.13 독일 철학자

중에서 그 자신을 발견한다는 사실 속에 존재한다.", "개체의 선입견成見은 그의 판단을 크게 초월하며 그가 존재하는 역사현실을 조성한다."[430] 인간 존재의 역사성으로부터 인간이 이해하는 합법성 안에서 옛 관념[先見] 혹은 성견成見을 긍정하는 것이 게오르그 가다머 해석학 이론의 중요 사상이다. 그 의의는 다음과 같다.: "인간의 이성은 역사와 전통으로부터 완전히 독립해 나올 수 없으므로 인간의 이성적 이해는 역사가 형성, 계승해 온 선견이나 성견이 없는 맑고 분명한 상태에서는 시작될 수 없다." (급진적이고도 전면적인 반전통은 아마도 이성의 완전한 독립성을 지나치게 강조하는데 있을 것이다.) 반대로 선견 혹은 선이해[前理解]는 인간이 거부할 수 없는 역사존재이며 어떠한 새로운 이해의 선결조건이 되므로 인간은 반드시 기존의 이해상태에서 시작해야만 비로소 새로운 이해로 발전할 가능성을 열 수 있다. 인간의 역사 존재방식으로서의 여러 선견 중 가장 중요한 것은 언어의 작용이다. 언어는 단지 사상을 표현하는 도구만이 아니며 언어 중에서 역사와 문화전통을 보존한다. 사람들이 언어를 수용하고 언어를 소유하는 그 때가 바로 역사와 문화전통을 수용하는 때이다. 이렇게 구성된 인간의 역사 존재방식을 구성하는 선견 혹은 전이해가 이해의 출발점이 된다. 이 점을 인정하는 것이 바로 이해 및 인간 존재의 역사성에 대한 긍정이다.

    선견의 "합법성"을 긍정하여 인간이 존재하고 활동하는 역

---

[430] 伽達默尔: 『眞理與方法』영문판 244, 245쪽, 保羅·利科尔(Paul Ricoeur): 『解釋學與人文科學』, 67쪽 참조

사성을 인정하면 우리가 이론상 허무주의로부터 벗어나는데 도움이 된다. 동시에 또한 우리에게 다음과 같이 경고한다.: 특정한 역사 환경에서 활동한 사람들에 대한 사학적 연구를 진행할 때에 성급하게 가치판단을 해서는 아니 된다. 그러나 이런 역사성에 대한 긍정이 동시에 우리가 숙명론적 역사 결정론을 벗어나거나 배척하는데 방해가 되어서도 아니 된다. 만일 선견의 합법성에 집착함으로 인하여 역사적 인물의 활동을 전면적으로 긍정한다면 역사를 긍정하는 것이 즉 합리적이라는 잘못된 판단을 초래할 수도 있을 것이다. 그러므로 선견을 높은 담으로 세워서 그것으로 하여금 제약성을 지닌 역사와 창조성을 지닌 활동을 분리하게 해서는 안 된다. 지적해야 할 점은 이러하다.: "합리적인 것은 다만 창조정신과 전통정신의 대화과정으로부터 온다."[431] 명말 전교사가 들여온 서학이 지금의 연구자에게는 당연히 그 자체적 특성이 선명하고 완전히 근대화된 색채를 갖추었다고 말할 수는 없겠으나 당시 사대부에게는 신선한 이질 문화임이 틀림없었다. "다르기" 때문에 "새로웠다." 표제에서 보듯이 본문 제2부의 연구과제는 명말 사대부의 "천학"에 대한 이해와 반응이다. 이 분야에서 이전 사람들의 일부 연구 토론이 있었는데 진수이陳受頤 같은 이는 명말 전교사와 교류한 사대부를 네 가지 유형으로 나누었다.: 첫째 부류는 천주교를 믿고 좇으며[奉敎] 과학도 추구하던 서광계, 이지조, 왕징王徵 같은 사람, 둘째 부류는 봉교만 할 뿐 과학을 추구하거나 그에 접근하지 않

---

[431] 保羅.利科尔(Paul Ricoeur): 『解釋學與人文科學』 73쪽

은 양정균 같은 사람, 세 번째 부류는 과학만 추구하고 봉교는 하지 않은 방이지方以智, 주자우周子愚 같은 사람, 네 번째 부류는 봉교도 않고 과학도 추구하지 않고 간혹 서양 전교사와 왕래하며 견문을 넓힌 왕긍당王肯堂, 심덕부沈德符 같은 사람.[432] 이러한 유형학적 의미의 분석은 어느 정도의 가치가 있고 진일보하여 우리가 심도 있게 토론할 출발점이 될 수도 있으나 오늘날 보기에는 부족한 점이 많다. 왜냐하면 첫째 이러한 분류는 면밀치 못하다. 명말 글로 자못 이름을 떨친 우순희는 일찍이 마테오리치와 교유하고 『기인십편』 서문을 썼지만 나중에는 천주교를 반대하는 대표 인물의 한 사람이 되었으니 그는 당연히 다른 한 유형에 속해야 한다. 둘째 진수이의 연구는 이런 현상을 간단한 서술단계에서 멈추었으니 이는 우리를 만족시킬 수 없게 한다. 동시에 또한 우리가 제기한 과제에는 연구할 만한 부분이 없지 않음을 말해준다.

프랑스 학자 자크 젠네謝和耐; Jacques Gernet(1921-)는 그의 연구의 초점을 기독교에 대한 중국 사대부의 반응에 두었고 한 역본漢譯本 『중국문화와 기독교의 충돌中國文化與基督敎的沖撞－(China and the Christian Impact, A Conflict of Cultures)』은 대체로 그의 관점과 연구 성과를 대표한다. 그의 연구는 분명 우수하다. 그가 중국인에 비해 천주교를 더욱 정확히 이해한다고 말할 수 있겠으나 그러나 니콜라스 롱고바르디龍華民 관점에 대한 편애로 인하여 중국문화와 천주교간의 근본적 차별에 지나치게

---

432 陳受頤:『明末淸初耶蘇會士的儒敎觀及其反應』,『國學季刊』第5卷, 第2號(1935년)

집착하였다. (이들은 모두 사실이며 자크 젠네의 이 사실들에 대한 진술은 모두가 비교적 정확하다.) 결과, 그의 우수함은 그의 기본적 경향으로 인해 빛을 잃게 되었다. 자크 젠네는 많은 분량의 중국과 서양 사료의 인용을 통해 다음과 같은 점을 증명하고자 노력하였다.: 마테오리치를 대표로 하는 예수회전교사가 명말 중국인에게 설명한 것은 순수한 천주교교리가 아니며(부회가 있었기 때문에) 중국사대부가 수용한 천주교는 이도저도 아닌 잡탕("천학")으로 되었다. 이외에 일부 사대부가 천주교에 대해 벌인 단호한 반박과 공격이 있는데 이 모든 것은 자크 젠네로 하여금 중국인은 근본적으로 순정한 천주교를 수용할 수 없다고 믿게 하였으며 이것이 또한 그의 결론이다.[433] 공정하게 말해서, 만약 종교의 순정성純正性을 강조한다면 자크 젠네의 관점은 거의 보편정확성을 갖는다고 말할 수 있다. 왜냐하면 역사경험이 이미 증명했듯이 종교 혹은 더 넓은 의미의 문화전파와 도입은 일정한 본토문화의 방해를 받으며 상호인식, 이해, 충돌 및 흡수, 전파된 후 접수자가 수용한 대부분은 종합된 후의 산물이기 때문이다.

이 때문에 문제의 관건은 사대부의 반응에 대한 유형학적 의미를 서술하는데 만 있지 않으며, 또한 사대부가 순정한 천주교교리를 수용하지 않았거나 혹은 수용할 수 없었다는 사실을 지적하는데 있지만도 않다. 반대로 이 과제의 의의는 당시 사대부가 그들의 선견 혹은 이해의 시야에 근거하여 서학(천주교뿐

---

[433] 謝和耐: 『中國文化與基督教的沖撞』 32쪽

만 아니라)을 어떻게 수용 혹은 배척하였는가를 지적하는데 있다. 그리고 더욱 의미 있는 작업은 유사한 역사존재를 지니고 있음을 지적하는 일 즉 유사한 역사문화를 수용했던 사대부가 어찌하여 서학에 대해서는 서로 다른 이해를 나타내었나이다. "군중이 있는 곳에는 좌중우左中右가 있다."[434]는 훈계가 직관적이고 명료하게 그리고 보편성을 띤 해석을 제공할 수 있을지 모른다. 하지만 가장 중요한 작업은 심도 있고 세밀한 역사분석과 탐구일 것이다.

명말 사대부의 "천학"에 대한 각종 이해와 태도의 사이에서 일부 비교 혹은 가치판단의 작업은 불가피하겠으나 이러한 판단은 마땅히 신중해야 하며 이는 우리가 노력하고 견지할 원칙이기도 하다. 만일 이런 탐구와 판단이 현대인이 직면한 이론과 실천 중의 문제를 위해 조금이나마 계시를 줄 수 있다면 우리의 연구 또한 의미가 없지만은 않을 것이다.

---

[434] 모택동 주석이 한 말로 예의와 차서(次序) 등 사람마다 마땅히 따라야할 현실적 규칙

4장
사대부와 전교사의 교유

아편전쟁 후, 전교사들은 강하고 우세한 대포, 함선을 믿고 한 손에 칼을 한 손에 복음서를 들고 중국 각지 깊숙이 들어와 경제, 문화적 침투를 진행하였다. 중국인민의 민족 감정에 대한 난폭한 상해, 중국 사회구조에 대한 교란은 자주 반기독교 운동[敎案]을 불러일으키고 조야를 진동시켜서 중국사회에 대한 충격이 지대하였다. 이와 달리 명말 중국에 온 전교사의 목적 역시 종교적 침투였으나 당시 세계구도와 경제, 군사적 실력의 상황은 그들의 활동이 아직은 평화적인 문화전파와 교류의 색채를 띠고, 영향범위 또한 크지 않게 결정지어 주었다. 그래서 그들의 행동은 아편전쟁 후와 같은 거대한 진동을 일으키지는 않았으며 사대부, 평민백성에 대한 사상, 물질적 이익에서의 충격 또한 특별히 강렬하지는 않았다. 이 시기 중국의 사회, 사상문화는 여전히 전통적 형식 속에서(경제생활과 사상영역 중에는 당연히 일부 새롭고 기이한 적극적 성분도 있었다.) 봉건사회의 난숙한 말기에 진입하고 있었다. 『미국의 중국 근대사 연구在中國發現歷史』의 작가 코헨柯文의 말을 빌리자면 그 당시 중국사회의 발전은 그 자신의 주선율에 근거하여 진행되었다. 조정과 민간에 직접적 영향을 줄 수 있었던 것은 여전히 중국 사회내부에서 만들어진 일련의 문제와 동시에 북방 소수민족으로부터 오는 위협이(『만력萬曆15년』이란 책은 우리에게 비교적 생동감 있는 역사의 화면을 보여준다.) 포함되었고 기타 방면에서 오는 영향 혹은 충격은 부차적인 지위로 밀려나있었다.

그러나 이때 서양 자본주의의 발전은 민족 간의 좁은 울타리를 타파하고 있었으므로(마르크스의 말) 전교사의 중국 진입은 서양 분위기의 변주곡을 중국사회 발전의 "주선율" 속으로 유입시키는 결과를 불러일으켰고(코헨의 말)[435] 비록 그들이 가져온 문화가 중국에 대해 강렬한 충격을 조성하지는 않았으나 사대부에게 상당한 영향을 주었으며 파급된 범위가 결코 좁지만은 않았다. 『명사明史. 이탈리아전意大里亞傳』은 말한다.: 마테오리치 등이 중국에 온 뒤, 만력황제는 "멀리서 온 것을 치하하노라. 큰 집을 빌려주고 음식을 대접하고 후히 하사하라. 공경公卿 이하…모두 그와 왕래하라."(하니 마테오리치는 이에 안정되어서 마침내 머무르고 가지 않았다.)

사대부와 전교사들이 교유한 원인 및 그 태도는 특이하며(접수자와 반대자에 대한 연구는 다음 세 장을 참조.) 사료도 비교적 많다. 근대의 진원陳垣 선생은 지적하였다.: 『천학초함』(이지조 편) 총서 중에서만도 각 가家의 서문, 발문이 수십 편 이상 보인다. "모두가 당시 명인들이 천주교를 칭송한 글로 만일 기타

---

[435] 柯文『在中國發現歷史』11쪽

여러 서문과 발문을 종합해서 편집한다면 천주교 홍명집弘明集[436]을 만들 수도 있으리라."[437] 진원 선생의 호교적 태도를 오늘날의 사람이 모두 논의할 수는 있다. 그러나 그의 말은 매우 진실 되게 명말 전교사와 교유한 사대부에 대해 일일이 연구, 토론할 것을 표명한다. 하지만 그들 모두를 철저히 연구, 토론하기란 분명 어려운 점이 있으니 혹 그 중 어느 정도 대표성을 띤 인물 및 그 언론에 대해 분석하고 담론하는 것이 더 합당할 수도 있다.

1. "모두 그와 왕래하라"

마테오리치 등의 사적인 서신이나 로마교황청에 써 보낸 보고 중에서는 중국전교 활동 중 봉착하는 각종 어려움을 누누이 서술하고 있지만 만력 40년(1616) 제1차 반천주교 "운동"이 일어나기 전 사대부의 전교사들에 대한 태도는 대체로 상술한 바와 같이 온건하고 적극적인 수용이었으니 『명사』에서 이른바 "모두 그와 왕래하라[咸與晉接]"는 말에서 확실히 엿볼 수 있다.

전교사와 교유한 사대부는 일반적으로 개방적 생각을 가지고 있었다. 마테오리치는 일찍이 한 개인 서신에서 "중국인은 모든 외국인에게 아주 민감해서 마치 모든 외국인이 그들 영토

---

[436] 불교 문집. 남조(南朝)시 양(梁)나라 승려인 우(祐)가 천감(天監) 년간에 저술하였다. 14권
[437] 『陳垣學術論執』 제1集, 北京: 中華書局1980년, 210쪽

를 강점할 수 있는 듯 생각하는 것 같습니다."⁴³⁸하고 불만을 토로한 적이 있다. 확실히 항상 외국의 침략을 많이 받았고 명나라 때도 잦은 "왜환倭患"으로 인해 중국인은 외국인에 대해 무척 경계하였는데 이러한 경계심은 중화중심주의와 결합되어 일부 사대부들로 하여금 문호를 닫고 외부와 왕래치 않는 폐관자수閉關自守와 망자존대妄自尊大의 심리상태를 낳게 하였다. 그러나 당시 전교사와 교유한 사대부는 오히려 대부분 이러한 전통적 울타리를 벗어나 있었으니 심덕부沈德符의 말이 대표적이다.: "마테오리치는 자가 서태西泰로 중국에 와서 머무르며 가지 않는다.……예전에 내가 북경에 갔을 때 서로 이웃하였는데 과연 보통 사람이 아니다.……만약 중국을 몰래 정탐한다 생각하여 경계해서 대했다면 그를 멀리 했으리라."⁴³⁹ 심덕부의 이 말은 당시 중국에 온 서양인에게 어떤 사람은 침략의 의사가 있다 의심하고 혹 어떤 사람은(심덕부를 포함하여) 그러한 의심이 없었음을 말해준다.

『천주실의』등의 책을 간행하기 전 마테오리치 등 전교사는 줄곧 그들이 중국에 와 전교하면서 동시에 천주교로서 유학을 보완하고[補儒], 유학을 넘어서려[超儒] 시도하는 목적을 감추는데 유의하였고 특히 계시진리에 관해서는 설명을 하지 않거나 혹은 적게 하도록 주의하였다. 1596년 10월 13일 마테오리치는 로마 예수회 총장 클라우더 아퀴아비바阿桂委瓦; Claude

---

438 1596년 10월12일 마테오리치는 로마의 푸리가티(Fuligatti 富利卡提) 신부에게 편지를 보냈다. 『全集』第3冊, 218쪽
439 沈德符『野獲編』卷30『大西洋』

Acquaviva(1543 - 1615) 신부에게 보낸 서신에서 말한다.: "지금까지 저는 우리의 신비하고 오묘한 신앙의 행적을 중국인들에게 들려주지 않았습니다."[440] 이는 전교사가 중국에 온 목적에 대해 일부 사대부를 곤혹스럽게 하였고 이해할 수 없게 만들었다. 이지는 남경, 산동성 임청臨淸에서 마테오리치와 여러 차례 만난 적이 있었는데 그는 마테오리치가 중국에 온 진정한 의도를 이해하지 못했다. 감히 어지러운 도를 창도한[441], 성인도 아니요 현인도 아닌 이 사상가는 말한다.: "여기에 왜 왔는지 모르겠다. 내 이미 세 번을 만나보았으나 필경 여기에 뭐 하러 왔는지 모를 일이다. 생각건대 자신이 배운 바로 우리의 주공과 공자의 학[周孔之學]을 바꾸고자하는데 또한 매우 어리석은 일이며 그렇게 되지는 않으리라."[442] 이지의 의구심은 마테오리치가 중국에 처음 왔을 때 유학에 부회하고 진실한 의도를 감추려는 책략이 상당한 성과를 거두었음을 나타내며 동시에 사대부들이 처음 전교사들과 왕래할 때 주공과 공자의 학문이 천주교에 의해 대체될 가능성을 결코 믿지 않았음을 설명해준다. 바꿔 말해 유학의 중국 사회에서의 지위와 그 사상적 역량이 일부 사대부들로 하여금 중국에 온 전교사들이 기독교로서 유교를 대체한다는 의구심을 갖게 하지는 않았음을 말해준다. 근대 사대부들이 강대한 서양의 면전에서 만들어낸 '나라를 일으키고 끊어진 세대

---

[440] 『利瑪竇全集』第3冊, 231쪽
[441] 최후에 명나라 정부는 "敢倡亂道 惑世誣民"의 죄명으로 이지를 체포하였다. 이지는 공맹학설을 부정하고 정주이학을 비판하고 개성의 자유를 창도하고 남녀평등을 주장하였으나 군주전제를 비난하지는 않았다.
[442] 李贄: 『續焚書』, 北京: 中華書局1975年, 35쪽

를 계승하는[存亡繼絶]' 통절한 위기감이 이때에는 아직 나타나지 않았다.

이상의 두 가지 우려와 의심(군사침략과 문화적 침투 혹은 대체)의 결핍 혹은 해소는 일부 사대부가 상류 사교생활 중에서 전교사를 받아들이는 심리적 배경이 되었고 사대부들이 아직 전교사의 진실한 의도와 "천학"의 사상 내용을 깊이 이해하기 전 그들이 전교사의 열정을 받아들인 것은 주로 마테오리치 등의 품행, 재능에 대한 인식과 높은 평가에 있었으니 다시 말해서 사대부들은 무엇보다 먼저 전교사(특히 마테오리치, 알레니 등)를 나라 밖 기인奇人, 덕 있는 선비로서 받아들여 주었던 것이다. 이지의 서술이 가장 생동감 있는데 『속분서續焚書·답우인答友人』에서 말한다.:

"공께서 물어보신 이서태(西泰는 마테오리치의 字)로 말하면 서태는 대서역大西域 사람으로 십만 리 길을 거쳐서 중국에 왔습니다. 처음 항해 후 남천축南天竺에 이르러 처음 불교를 알게 되었는데 이미 4만여 리는 걸었을 것입니다. 광주廣州 남쪽 바다에 도착하였고 그런 후 우리 대명국 땅에는 먼저 요순이 후에 주공周孔이 있었음을 알았다고 합니다. 남해 조경肇慶에서 거의 20여 년을 살았는데 우리나라 서적을 읽지 않은 것이 없으며 선배들에게 한자음에 대한 해석을 요청하거나 사서와 성리학에 밝은 사람에게 그 대의를 묻거나 육경에 밝은 사람에게 그 해설을 청하였습니다. 지금은 능히 이곳 말을 하고 이곳 글을 쓰고 이곳의 예의를 행하는 매우 훌륭한 사람입니다. 안으로는 매우 영리하고 밖으로는 극히 신실해서 수

십 명 군중이 모여 요란스럽고 서로 적대하고 있어도 다가가
그 사이에서 싸움이 일어나지 않게 합니다. 내가 본 사람 중
이와 같은 사람은 없어서 너무 거만하지도 너무 아부하지도
않거니와 총명함을 드러내지도 않으니 우매하여 사리를 밝
히지 못하는 것은 모두 그에게 사양해야 하겠습니다."[443]

동심진성童心眞性[444]을 추구하는 사상가로서 이지는 마테오 리치를 거의 이상적 인격자로 서술하였으며 뿐만 아니라 품평의 표준은 이지 본인의 개성적 특성을 확연히 갖고 있다.: 즉 사람의 재능과 영성靈性을 더욱 중시하고 유가의 윤리표준은 비교적 적게 사용하였는데 (당연히 유가의 예의까지 언급하였다.), 그 중 인물의 좋고 나쁨에 대한 평론은 『세설신어世說新語』[445]의 영향으로 볼 수 있다.

송대 석개石介의 『중국론中國論』은 중국인의 기나긴 역사발전 가운데서 형성된 문명의 우월감과 중국 주변 이민족에 대한

---

[443] 承公問及利西泰(按西泰爲利瑪竇之字), 西泰大西城人也, 到中國十萬餘里, 初航海至南天竺始知有佛, 已走四萬餘里矣. 及抵廣州南海, 然後知我大明國土先有堯舜, 後有周孔. 住南海肇慶幾二十載, 凡我國書籍無不讀, 請先輩與訂音釋, 請明于四書性理者解其大義, 又請明于六經疏義者通其解說, 今盡能言我此間之言, 作此間之文字, 行此間之禮儀, 是一極標致人也. 中極玲瓏, 外極樸實, 數十人群聚喧雜, 仇對各得, 傍不得以其間鬪之使亂. 我所見人未有其比, 非過亢則過詭, 非露聰明則太悶悶瞶瞶者, 皆讓之矣

[444] 이지는 『童心說』에서 이르기를 "무릇 동심은 진심이다. 만일 어린아이의 순진한 마음(동심)을 옳지 않다고 한다면 이것은 진심을 옳지 않다고 하는 것이다. 동심이란 가(假)를 끊어버린 순진이고 최초의 일념의 본심이다. 만일 동심을 잃어버린다면 곧 진심을 잃는 것이며 진심을 잃어버린다면 진인(眞人)임을 잃은 것이다. 사람이 진실 되지 않으면 전혀 처음을 회복할 수 없다. 어린이는 사람의 처음이고 동심은 마음의 처음이다. 마음의 처음을 어찌 잃어도 옳단 말인가?" 라고 하였다. 유명종 『왕양명과 양명학』 200쪽 참조

[445] 『세설신어』는 위진(魏晉) 사대부의 현학(玄學), 언행, 일화를 기술한 이야기 모음집으로 그중에서는 인물평론에 관한 여러 가지 유형과 방법을 제시하였다.

경시를 가장 잘 드러낸 대표적 작품으로 말하기를 "하늘은 위에 놓이고 땅은 아래 놓였다. 하늘과 땅의 가운데 머무는 것을 중국이라 이르고 하늘과 땅의 외진 곳에 머무는 것을 사이四夷라고 이르는데 사이는 밖이요 중국은 안"이라고 하였다. 이夷는 춘추시대 이래로 줄곧 중국인의 화하 문명을 알지 못하고 예의와 천자의 은택을 받지 못한 소수 민족에 대한 멸칭이 되었다. 명대에 와서도 이런 전통은 중단되지 않았다. 전교사와 밀접한 접촉을 했던 내각수보內閣首輔[446] 섭향고는 일찍이 『사이고四夷考』를 찬술하였는데 그는 이 칭호를 계속 사용하면서 그 의미를 조금 바꾸어 중국연해를 침략한 네덜란드인을 "홍모이紅毛夷"라고 칭하였다."[447] 그러나 중국에 온 전교사들은(이태리인이 많았다.) 네덜란드인, 스페인인과의 구분에 주의하였고 또한 그들 "대부분은 총명하고 특출 난 선비로 종교만을 전파할 뿐 봉록을 추구하지 않았으며"[448] 더욱이 마테오리치 등은 이지가 말한 바처럼 "이곳 말을 하고 이곳 문자를 쓰고 이곳의 예의를 행하는" 사람이었으므로 대부분 이들과 교유한 사대부는 동화同化의 인식구조로서, 동시에 유가의 문명과 야만을 구분하는 표준으로서 전교사들을 "사람[人]" "선량한 사람[善人]" "특별한 재능이 있는 사람[異人]" "도를 갖춘 사람" 나아가 "지극히 덕이 높은 사람[至人]"의 범주 안에 넣었으니 다시 말해서 더 이상 "짐승[禽獸]" "오랑

---

[446] 명 중기 이후에는 대학사(大學士)가 실제 재상이 되었는데 그를 보신(輔臣)이라 불렀고 수석 대학사를 칭하여 "首輔" 또는 "元輔"라고 하였다. 수보 직책은 가장 귀하고 중하여서 내각을 주관하였으며 권력이 가장 컸다.
[447] 葉向高: 『福堂葉文忠公全集.蒼霞餘草』卷5 『平紅毛夷序』
[448] 『明史.意大里亞傳』

캐[夷狄]"라는 시선으로 보지 않았던 것이다. 사조제謝肇淛는『오잡조五雜俎』에서 감탄하며 의미 있는 말을 한다.:

"천주국天主國은 불국佛國 서쪽에 있는데 그 사람들은 사물의 이치를 깨닫는 문리文理가 트였다. 학문의 깊이가 중국과 다를 바 없다. 마테오리치라는 이는 그 나라에서 왔다……사람과 말할 때면 공손하고 예의가 있고 언변이 뛰어나니 이역 땅에도 사람이 있다고 말할 수 있겠다!"[449]

사조제가 보기에 문리가 트이고 태도가 온화하고 거동이 고상하고 예의를 아는 것이 사람을 사람 되게 하는 바이었다.(이는 또한 사대부들이 유학적 전통 중에서 언어 사용하는 문명과 야만을 구별하는 표준이기도하다.) 마테오리치는 이상의 표준을 모두 갖추고 있는데다가 언변까지 뛰어났으므로 사조제는 이역 땅에도 사람이 있고 모두 "오랑캐" 같은 금수의 부류가 아님을 인정하였던 것이다.

이일화李日華는 만력 임신년(1592)에 진사가 되었는데 만력, 천계天啓 연간 동기창董其昌, 왕유검王惟儉에 버금가는 박학다식한 군자라는 칭송을 받았다.[450] 그는 일찍이 천주교를 반대하던 우순희의 문집에 서문을 썼으며[451] 우순희의 품행과 글재주를

---

[449] 天主國在佛國之西, 其人通文理. 儒雅與中國無別. 有利瑪竇者, 自其國來…… 與人言恂恂有禮, 詞辯扣之不竭, 異城中亦可謂有人也已!
[450] 『明史.文苑四』,『浙江通志』179권
[451] 『虞德園先生集.李日華序』

매우 칭찬하였다. 성품이 매우 온화한 이 사람의 마테오리치에 대한 칭찬은 사조제보다 더하다.:

"대서국大西國은 중국 서쪽에 있다. ⋯⋯세묘世廟(명 세종) 말년 마테오리치가 항해하여 광동에 와서 20여 년을 살았는데 중국 언어와 문자에 매우 능통하고⋯⋯사람을 보면 공경의 예를 갖추니 사람들 역시 그를 좋아하며 그를 선한 사람이라고 믿는다."[452]

이일화가 쓴 글에 따르면 그는 정유년(1597) 가을 남창에서 마테오리치를 만났다고 한다. 이일화는 마테오리치를 선한 사람이라 칭하며 그의 기이함에 감탄하였다.: "그는 참으로 천지를 계단과 문으로 삼고 삶과 죽음을 꿈같이 여기는 사람으로 비교하자면 달마가 사막을 건너 온 것과 같이 아주 기이하다."[453] 기이하다는 말은 마테오리치가 "아득히 먼 이곳까지 와서 돌아갈 생각을 않는다." "늘 떠도는 세상에 몸을 맡기고 은거하는 곳이 곧 집"[454] 이라는 데 있다.

『명사·이탈리아전』에서는 "새롭고 기이함을 좋아한 것[好異]"이 당시 사대부와 전교사가 왕래한 주요 원인으로 보고 있다 ("한때 새롭고 기이한 것을 좋아하던 이들은 모두가 그를 존경하

---

[452] 大西國在中國西⋯⋯ 至世廟末年, 國人利瑪竇航海入廣東, 居廣二十餘年, 盡通中國語言文字⋯⋯ 見人膜拜如禮, 人亦愛之, 信其爲善人也
李日華:『紫桃軒雜綴』卷1,『檇李遺書』第5冊
[453] 위와 같음
[454] 위와 같음

였다"). 확실히 일부 사대부가 서양인과 교유를 즐긴 것은 "단지 많은 견문을 넓혀서" 이역의 기이한 일로써 사람들에게 자랑하려는데 있기도 하였다. 지윤견支允堅은 『이림異林』에서 『성경』의 겉모양에 대해 묘사하였고 (그의 말은 이렇다: "대서양국大西洋國의 마테오리치가 중국에 왔다.…… 지니고 있는 기이한 보물은 하나하나 셀 수 없을 정도이나 그 중 가장 신기한 것으로는 네모난 금덩이 모양에 길이가 한자 정도로 이를 세워서 한 겹 한 겹 펼쳐볼 수 있는 곧 천주경天主經이다."), 장이기張爾岐는 『호암한화蒿庵閑話』에서 마테오리치가 처음 중국에 들어와서 한 행위를 생동감 있게 묘사하였는데 (그의 말은 이렇다: "처음 광동에 온 마테오리치는 배에서 내려 머리를 깎고 어깨를 들어내 보였다. 사람들이 서양 승려로 여겨 불교 사찰로 안내하였으나 머리를 흔들며 즐겨 절하지 않았고 자기는 유자儒者라고 통역해 말하였다.") 모두가 기이한 부류에 속한다. 이일화가 마테오리치를 "오랑캐"로 보지 않고 선한 사람으로 칭하였을 지라도 그러나 그의 서술 역시 대부분 터무니없고 기이한 이야기에 속하는데 예로써 마테오리치에게는 기이한 술책이 있어서 항해하여 동쪽으로 올 때 죽을 고비를 면할 수 있었다던가, 서양 종이는 아름다운 여인의 피부와 같다는[455] 등에서 이일화 역시 새롭고 기이한 것을 좋아하는 문인에 속한다고 볼 수 있다.

    그러나 "새롭고 기이함을 좋아하는 것"을 전교사와 왕래한 사대부의 목적으로 모두 표현하거나 개괄해서는 안 된다. 실제

---

[455] 위와 같음

로 위에서 말한 일부 사대부들은 동화同化적 인식구조를 가지고 전교사를 "대유大儒" "지인至人[456]"의 범주로 받아들여서 이들과 교유했던 것이다.

복사성원復社成員 황경방黃景昉은 미사씨眉史氏(陸世儀의 별칭)가 쓴 『복사기략復社紀略』 2권에서 "중국의 명망 있는 분"으로 불리었는데 알레니와 교유한 적이 있는 황경방은 『삼산논학기서三山論學記序』[457]에서 다음과 같이 말한다.: "내가 만난 사급思及(알레니의 字) 선생은 공손하고 청렴하며 대유大儒의 품격을 지닌 대인이다."[458] 마테오리치를 지인至人이라 칭한 주병모周炳謨는 『중각기인십편인重刻畸人十篇引』에서 말한다.: "나는 마테오리치와 교유하며 그에게 배웠는데 그는 옛날에 칭하던 지인至人이라 불릴 만하다."[459]

지인이라 칭하고, 대유라 부른 원인은 마테오리치, 알레니 등이 천주교교리가 요구하는 수신과 성찰 중에서 교회 규범을 엄격히 잘 지키고 결혼하여 처를 두지 않고 색과 재물을 멀리하고 공손성실하고 청렴한 데 있었으니 이는 본래 이질적 종교생활 방식으로 사대부들은 그로써 엄하게 덕을 닦는, 출중한 대유, 지인의 품격을 갖춘 사람으로 보았던 것이다. 전교사의 이런 품행에 대하여는 천주교를 반대하는 사대부들조차도 이를 비난하

---

[456] 고대에 매우 높은 도덕적 수양을 갖춘 세속을 초탈하고 자연에 순응하며 장수하는 사람으로 진인(眞人)의 범주에 속한다. 공자를 존칭하여 성인이라 하면 노자는 존칭하여 지인이라 한다.
[457] 『삼산논학기』는 알레니가 한문으로 쓴 천주교 교리서이다.
[458] 徐宗澤『明淸間耶蘇會士譯著提要』153쪽
[459] 위의 책 150쪽

고 책망할 이유가 없었다. 복주 진후광福州 陳候光은 『변학추언서辨學芻言敍』에서 말한다.: "근래 대서국 오랑캐가 배를 타고 와서 하늘 섬기는 학문을 외치는데 그 수준이 매우 높고 그 주장은 매우 명확하며 자신을 돌봄이 심히 순결하다……세상 사람이 혹 즐겨 이를 믿으며 더하여 성인이 났다고도 한다."460 진후광의 말에서 어떤 이는 심지어 전교사(복주에서 전교한 알레니를 가리킨다. 그는 "서양에서 온 공자"란 호칭을 얻었다.)를 칭하여 성인이라 하였음을 알 수 있다.

사대부가 전교사와 동질감을 조성한 원인은 한편으로 그들이 유학으로부터 계승한 "군자", "지인" 등 개념구성이 전교사들의 언행을 용납할 수 있었고 다른 편으로는 마테오리치 등이 "불교와 도교를 비판하고 공자를 숭상하며"(진후광의 말) 자각적으로 유학에 부회하여 사대부들의 동화적 인식구조에 영합한 데 있다. 여기에서 말하는 동화란 인식주체가 자신이 이미 가지고 있는 개념구성을 객체에 응용하고 동시에 객체에게 의의를 부여하는 과정을 가리키는데 이 과정은 반드시 주체 자신이 변화를 만들어내어 그것의 환경에 적응할 수 있기를 요구하지 않는다.461 우리가 개념구성의 이 개념을 사용할 때에 실제로는 그것에 "선견先見", "선이해[前理解]"와 유사한 의미를 부여하지만 개념구성은 발생인식론發生認識論462 중에서 부단히 재조정하려

---

460 『破邪集』 권5
461 皮亞杰(장 피아제 Jean Piaget 1896~1980) : 『發生認識論原理.英譯者序』, 北京: 商務印書館, 1981년, 8쪽
462 스위스 심리학자 장 피아제는 어린이의 정신 발달 특히 논리적 사고 발달에 관한 연구를 통해 인식론과 관계된 문제를 연구하였다.

는 성질을 가지고 있으므로 "선견"에 비해 더욱 변동, 발전적 특성을 가지고 있으며 보다 더 우리가 명백히 밝히고자 하는 사상(여기에서 우리는 발생인식론을 해석학과 결합하여 운용하고자 시도하며 이러한 도전이 너무 어색하거나 억지스럽지 않기를 희망한다.)을 표현하는데 적합하다.

사대부들의 이 같은 동화적 인식구조를 잘 나타내주는 것은 추원표鄒元標가 마테오리치에게 보낸 한 서신이다. 마테오리치가 오경五經에 부회하여 천주가 즉 중국에서 말하는 상제임을 증명하고 천을 천주로 말해도 된다고 하니 명말 이학의 명신 추원표는(『동림점장록東林点將錄』은 그를 天傷星武行者[463]라고 칭하였다.) 천주교를 점차 이해한 뒤로는 "옛적에 이미 있었다."는 판단을 내리고 『답서국이마두서答西國利瑪竇書』에서 다음과 같이 말한다.:

> 곽앙노郭仰老(다른 전교사 곽거정郭居靜[464]을 가리킨다)를 만난 것으로도 뜻밖의 일인데 또한 그대의(마테오리치) 가르침을 직접 받고 보니 참으로 보기 드문 이인異人을 보는 듯합니다. 그대의 몇몇 형제가 천주학을 중국에 퍼뜨리고자 하는 취지는 아름답고도 훌륭합니다. 내 일찍이 그 오묘함에 대해 살

---

[463] 天啓5년(1625년) 위충현(魏忠賢)과 한 패인 좌부도어사 왕소휘(左副都御史 王紹徽)는 『水滸傳』의 방식을 모방하여 동림당 108인을 엮어서 『동림점장록』을 만들었다. 천상성은 『수호전』중 36천강(天罡)의 하나인 행자무송(行者武松)이다.

[464] Lazzaro Cattaneo (1560~1640). 이탈리아 예수회 신부로 1593년 마카오에 와서 1594년 마테오리치를 따라 북경에 도착하였으며 1608~1611 상해에 성당을 건립하고 1611년 이후 절강에서 전교 후 1640년 항주에서 선종하였다.

펴보았더니 우리나라 성인의 말씀과 다르지는 않으나 우리나라 성인과 선비들이 더욱 상세하고 빠짐없이 잘 표명하였습니다. 그대는 그 다르지 않은 것을 기꺼이 믿으시겠습니까? 그 중 조금 같지 않다면 관습이 아직 다른 것일 뿐입니다. 그대는 역경을 읽었을 것으로 건乾은 곧 천도天道를 통할하는 근원이라 하는데 그대는 그러하다고 생각지 않으십니까?[465]

이와 같이 옛적부터 있었고 또한 "우리나라 성인과 선비들이 더욱 상세히 빠짐없이 잘 표명하였다"는 서두른 판단은 한편으로 사대부들로 하여금 특이한 방식으로 중국[華夏] 민족문화의 우월감을 만족할 수 있게 하였고 동시에 또한 자신의 지식구조, 인식개념에 대하여는 어떠한 조정을 할 필요가 없이 다만 사람들로부터 잊힌 옛 전통(하늘을 섬기고 하늘을 공경함) 중에서 찾아내어 손을 좀 보면 아무런 충돌 없이 전교사들과 더불어 학문과 도를 논할 수 있다고 생각하였다.

또 다른 보편적 현상으로 전교사와 왕래하며 도를 논하던 일부 사대부, 전교사의 저작에 서문이나 발문을 써주며 즐겨하던 사대부는 모두가 "서로간의 공통점을 찾아내는[求同]" 방법을 위한 철학적 이치의 근거를 찾아낼 수 있다는 것이다.: 즉 사람의 본성 혹은 이성의 보편성, 공통성을 믿었다. 발해 왕가식渤海

---

[465] 得按郭仰老(按指另一傳敎士郭居靜), 已出望外, 又得門下手敎, 眞不啻之海島而見異人也. 門下二三兄弟, 欲以天主學行中國, 此其意良厚. 僕嘗窺其奧, 與吾國聖人語不異, 吾國聖人及諸儒發揮更詳盡無餘, 門下肯信其無異乎? 中微有不同者, 則習尙之不同耳, 門下取易經讀之, 乾卽曰統天, 不知門下以爲然否?, 鄒元標『吉水鄒忠介公全集. 願學集』卷3

王家植은 『제기인십편소인題畸人十篇小引』에서 말한다.: "오호라, 세상에는 두 개의 리理가 없고 사람은 두 마음[心]이 없으며 사물에는 두 가지 선善이 없고 하늘에는 두 주인[主]이 없다. 마테오리치 선생의 기이함[異]을 말하나[466] 이는 우리도 늘 하던 바인데 어찌 기이하다고 하겠는가?"[467] 전교사와 접촉하며 우호관계를 가진 사대부는 대부분 이와 같이 "마음이 같고 이치가 같다[心同理同]"는 논조를 지녔다. 육구연陸九淵은 말한다.: "동해에 성인이 나왔으니 이 마음[心]이 같고 이 이치[理]가 같구나.; 서해에 성인이 나왔으니 이 마음[心]이 같고 이 이치[理]가 같네."[468] 이 철학적 명제는 마침내 명말 사대부와 서학이 동일점을 찾는 근거가 되었다.

    서로 같은 언어 혹은 유사한 개념만이 비로소 사람 혹은 문화 사이에서 원초적 대화를 만들어낼 수 있으므로 최초의 동화는 피할 수 없는 것이다. 마테오리치의 유학에의 부회 및 사대부들의 전교사에 대한 구동求同에 기초해 만들어진 수용은 모두가 이러한 불가피성을 설명한다.

    만일 사대부 모두가 그 "선견"을 고집하고 유가의 전통문화를 고수하고 그 인식구조에 대한 조정을 거절하여 그로써 중국문화 혹은 사대부의 완고한 폐쇄성을 증명했다고 생각한다면 이는 또한 성급하고도 공정치 못한 논리이다. 사실, 명말 전교

---

[466] 마테오리치의 기이함은 그가 멀리 항해하여 중국에 왔고[利子航海遠來], 선과 윤리를 중시하며 하늘을 섬기고[利子崇善重倫事天], 중국 습속을 따르고[利子從中州習俗], 욕심을 없애고 속세 일에 관여하지 않음[利子能杜欲離俗]을 이른다.
[467] 徐宗澤: 『明淸間耶蘇會士譯著提要』 151쪽
[468] 陸九淵: 『象山全集』 36卷

사와 교유한 일부 사대부는 중학과 서학의 차이와 장단점을 인식한 뒤 결코 중국문화의 우월성을 고수하지는 않았다. 그들 중 어떤 이는 서학(과학과 천주교)에 대해 많은 연구가 없을 수도 있었겠으나 그들의 마음은 건강하고 개방적이었다. 초천樵川의 미가수米嘉穗는 줄리우스 알레니艾儒略의 『서방답문西方答問』(숭정10년에 각인, 즉 1637년)을 위해 쓴 서문에서 다음과 같은 건강한 사상과 태도를 드러냈다.:

"우리가 보고 기록하여 미친 바는 일찍이 미치지 못한 바만 같지 못하다. 『중용』이 도의 지극함을 말하면서 비록 지인至人이라도 알지 못하고 능하지 못한 바가 있다고 하니[469] 이는 그 마음과 생각이 경계를 만든 것이 아니요 아마도 이목耳目이 그를 제한한 것이리라. 학자가 매번 상산象山(육구연)선생의 동해서해東海西海, 심동이동心同理同설을 말하나 편견이 만들어지면 옛 것으로 마음이 가득 차서 기록되지 않은 것에 대하여는 이상한 눈으로 본다. 그러나 우주의 크기를 생각하면 얼마나 보고 기록할 수 있겠는가? 드넓은 대해 중에 중국이 있고 중국에 내가 있는데 내가 우연히 보고 들은 견문을 천백세千百世의 무궁무진한 견문으로 개괄한다면 우물 안의 개구리요 한 줄기 반딧불에 불과하리라. 스승의 말씀에 안주하여 육합내외六合內外를 일컬으면서 힘써 따지고 논할 수 없다면 이것이 어찌 사리에 통달한 논리라 하겠는가?"[470]

---

[469] 『中庸』及其至也 雖聖人 亦有所不知焉…… 亦有所不能焉

추원표와 달리 미가수는 성인의 학문이 키우고 포용하는 바를 인정하지 않았고 경험의 한계로 인하여 지인 역시 알지 못하는 바가 있으니 이로 인하여 옛날에 들은 바와 같지 않다고 해서 단순히 괴이한 것으로 질책해서는 아니 되고 스승의 말씀에 안주해서도 안 되며 마땅히 우물 안 개구리의 한계성을 돌파해야 한다고 하였다.

줄리우스 알레니의 『서방답문』은 주로 서양의 풍토와 민심, 교육, 법제 등을 소개한 책이다. 미가수의 주된 관심이 기이한 것을 수집하고 견문을 넓히고 우물 안 개구리 같은 협착에 구애되지 않는 것이라면 공정시孔貞時는 서양과학과의 피상적 접촉 가운데에서 맑고 분명한 이지理智, 남을 알고 나를 알고[知彼知己] 그리고 진보를 바라고 현상에 안주하지 않는 속내를 나타내고 있다. 『천문약소서天問略小序』에서 공정시는 다음과 같이 말한다.:

"옛적 위종偉宗이 녹단傳檀⁴⁷¹의 견해를 살펴보고는 그 기이함에 찬탄하면서 오경을 배우지 않고도, 중국의 관리 외에도 저마다 사람이 있으니 반드시 중화를 기준으로 할 필요는 없고

---

470 吾人覩記所及, 豈不若所未及. 『中庸』語道之至, 至人所不知, 所不能, 非其心思域之, 抑亦耳目周之也, 學者每稱象山先生東海西海, 心同理同之說, 然成見作主, 舊聞塞胸, 凡紀載所不經, 輒以詭見目之. 抑思宇宙大矣, 覩記幾何? 于瀛海中有中國, 于中國有我一身, 以吾一身所偶及之見聞, 槪千百世無窮盡之見聞, 不啻井蛙之一窺, 螢光之一炤也. 乃囂囂守其師說, 而謂六合内外, 盡可以不論不議, 此豈通論乎?
『西方答問序』, 徐宗澤: 『明淸間耶蘇會士譯著提要』, 300쪽

471 녹단은 동진(東晋)시 남양(南凉)의 왕. 이는 위종이 남양군주 독발녹단(禿髪傳檀)을 칭찬하였던 고사에서 나온 말로 세계문명의 결실이 반드시 중국 땅에서 다하지만은 않음을 이야기하였다.

또한 팔괘를 논하고 중국의 기록[八索九丘]⁴⁷²을 으뜸으로 할 필요도 없다고 생각하였다. 참으로 훌륭한 말이다. 본디 기이한 글과 묘한 이치가 먼 곳에서 발한 것이라도 우리는 멀리 가지 않고 여기에서 편안히 살펴보고 그를 기인奇人이라 부른다. 나는 마테오리치의 글에서 처음으로 그 기이함을 배웠고 나아가 그것을 탐구하여 천지 사이에 이미 이와 같은 도리가 있음을 알게 되었다. 서양선비가 발하고 동방의 선비가 그것을 살펴서 아니 이는 서양선비의 능력이 기이함 때문이 아니요 우리 동방의 선비가 일찍이 전심전력 연구하지 않았기 때문이다.……"⁴⁷³

『천문략天問略』⁴⁷⁴은 전교사 임마누엘 디아스陽瑪諾의 저작으로 만력 을묘(1615)에 인쇄되었고 이지조가 이를 『천학초함』에 수록하였다. 이 책에서는 "제천중수諸天重數⁴⁷⁵, 칠정七政⁴⁷⁶의 행

472　옛 책이름. 팔괘의 설을 일컬어 팔삭이라 하고 구주(九州) 즉 중국의 기록을 일컬어 九丘라 한다.

473　昔韋宗睹傅檀論議, 因歎絶其奇, 以爲五經之外, 冠冕之表, 各自有人, 不必華宗夏土, 亦不必八索九丘.旨哉斯言, 固有奇文妙理, 發于呬聞之外者, 第吾人望步方內, 安睹所謂奇人而稱之.予于西泰書, 初習之奇, 及進而求之, 乃知天地間預有此理. 西士發之, 東士睹之, 非西士之能奇, 而吾東士之未嘗求心也……, 『天問略小序』, 徐宗澤:『明淸間耶蘇會士譯著提要』278쪽

474　屈原이 쓴『天問』은 실전되었으므로 서양천문학을 소개하면서 이를 빌려『천문략』이라 하였다.

475　임마누엘 디아즈는 『천문략』에서 지구를 둘러싸고 있는 12번째의 움직이지 않는 천(天)은 성인들이 사는 천당인데 천주를 믿으면 이곳에 오를 수 있다고 하였고 이지조는 『천학초함』에 임마누엘 디아즈의 『천문략』을 소개하면서 "하늘에는 겹겹의 층이 있다"고 하였다.

476　고대 천문 술어로 日, 月과 金, 木, 水, 火, 土 5성 또는 북두칠성, 또는 天, 地, 人과 봄 하늘인 蒼天, 여름 하늘인 昊天, 가을 하늘인 旻天, 겨울 하늘인 上天 즉 四時를 가리킨다는 설이 있다.

렬, 태양의 절기, 낮밤의 길고 짧음, 일식과 월식의 원인, 지형의 크기, 반사태양복사反射太陽輻射와 대기층, 여명과 황혼 빛[朦影]에 대한 문답을 만들어 반복해서 그 의미를 밝혔다. 맨 끝에는 몽영각분표朦影刻分表를 기재하여 초승달, 보름달, 그믐달 등 달의 변화와 개기 일월식, 부분 일월식의 원인에 대해 상세하게 해설하였는데 모두 그림을 곁들인 설명으로 더욱 자세히 밝혔다."477 공정시가 그 중 일부 이론을 왕충王充, 장형張衡의 학설과 같다고 생각하였을지라도 ("일식이 달 때문이라는 말은 왕충의 태음태양太陰太陽설478과 비슷하고 달이 일광을 빌린다는 말은 장형이 『영헌靈憲』에서 말한 생백생명生魄生明 설479과 비슷하다.") 그러나 그는 이런 중세적 천문학을 매우 반기는 태도였고 그 기이함에 탄복하여 "크게 도움이 되겠다." 생각하였으며 오경 이외에도 "기이한 글과 묘한 이치"가 있다는 점을 인정하였다. 그리고 위종이 남양군주南凉君主 독발녹단을 칭찬한 고사를 빌어서 "중국의 관리 외에도 저마다 사람이 있으니 반드시 중화를 기준으로 할 필요는 없으며 또한 팔괘를 논하고 중국의 기록을 으뜸으로 여길 필요가 없다."고 지적한 것이다. 여기에서는 오랑캐와 중화의 구별을 조금도 볼 수 없다. 공정시는 서학의 장점을 인정하였을 뿐 맹목적인 열등감을 갖지는 않았고 또한 그 원인을 잘 결론지었는데 "우리 동방의 선비가 일찍이 전심전력 연구하

---

477 『四庫全書總目』上冊, 北京: 中華書局1987年第4版, 895쪽

478 동한 시 왕충은 그의 저서 『論衡』에서 "涛之起也, 隨月升衰" 즉 밀물, 썰물은 달의 지구에 대한 인력으로 생긴다고 보았다.

479 동한의 천문학자 장형은 『靈憲』에서 "달빛은 해가 비추어서 생기고 저녁달빛[魄]은 해가 가려져서 생기는 것"으로 보았다.

지 않아서" 천문관측이 매번 정확하지 않게 된 원인을 조성하였다고 생각하였다.

동림당인 고반룡은 다음과 같이 말한다.: "공자의 도는 모자람이 없어서 본래 불가와 도가의 도움이나 보완이 필요치 않다."[480] 그 취지는 불교를 거부하고 도가를 배척하며 성학도통의 완전성을 수호하는데 있었다. 선禪의 헛된 병폐를 멀리한 것이 본래 치우친 것을 바로잡고 폐단을 없애려는 역사적 의의를 가지고는 있지만 그 말은 그가 수용하고 이해한 "공자의 도"의 폐쇄성을 나타내고 있다. 이에 비해 서학과 접촉한 사대부는 오경 이외에도 기이한 글과 묘한 이치가 있으며 오랑캐[夷狄]와 중국[華夏]이란 둑을 타파하여 나라 밖에도 사람이 있다 생각하였고 또한 "우리 동방의 선비가 일찍이 전심전력 연구하지 않았기 때문"이라는 사리가 있었으며 더욱이 빌려서 도움을 받고자하는 비교적 건강한 개방정신을 표출하였다.

2. 종교적 결합

위에서 서술한 사람들은 기이한 것을 수집하여 견문을 넓히거나 혹은 외국의 풍속과 민심을 이해하려는 갈망이 있거나 혹은 서양과학(중세 천문학)을 알고 싶어서 전교사와 접촉하고 왕래하였으나, 그들이 전교사와 더욱 밀접한 관계가 있었는지는 아

---

480 『高子遺書.與管東溟』

직 사료의 발굴을 기다리고 있다. 사대부 중에 전교사와 밀접히 왕래한 두 사람이 있다. 이들은 천주교교리에 대해 비교적 깊은 이해를 가지고 있으면서 아직 천주교를 수용하지 않았고 또한 서양과학을 깊이 연구하지도 않은, 명말 사림에서 명망이 높던 풍응경馮應京과 섭향고葉向高이다. 그들의 천주교와 전교사에 대한 태도에는 자못 의미가 있어서 깊이 연구할만한 가치가 있다.

풍응경은 자가 가대可大, 우이盱眙사람으로 만력20년 진사에 급제하였다.[481] 그는 정직하여 아부하지 않았고 호광湖廣에서 첨사僉事로 있을 때(만력28년에 도임하였다.) 세감 진봉稅監 陳奉과 싸워 민심을 크게 얻었으나 진봉의 무고로 29년 감옥에 수감되었다가 32년(1604) 석방되었다. 풍응경의 세감에 대한 반대활동은 동림당인의 지지를 얻었다.[482]

풍응경은 "유용한 것을 찾아서 배우고, 실제에 안 맞는 헛된 말을 하지 않으며"[483] 또한 친구 사귀기를 즐겼다. 마테오리치의 기록에 의하면 풍응경은 호광에서 관청 일을 볼 때 학생 유씨劉氏를 강서江西, 남경南京으로 파견하여 마테오리치를 찾아가 수학數學을 배우게 하려했으나 만나지 못했다. 북경으로 붙잡혀 들어갈 때에도 그는 이 학생을 북경에 데리고 가 마테오리치를 만나러 보냈다. 마테오리치는 풍응경이 아직 감옥에 들어가기 전 풍응경을 보러 갔었고 그들의 우정은 이때부터 시작되었다.

---

481 『明史』 卷237 『馮應京傳』
482 許大齡: 『論明後期的東林黨人』참조, 『明淸史國際學術討論會論文集』, 天津: 天津人民出版社1982年, 133쪽
483 『明史』 卷237 『馮應京傳』

마테오리치가 풍응경을 매우 친한 친구로 칭한 것은 풍응경이 자비로 마테오리치의『교우론交友論』을 내주고 서문을 써주었으며(만력29 초얼사楚臬司의 명덕당明德堂에서 썼다.) 마테오리치를 존경하여 이자利子, 서태자西泰子라 부르니 그 뒤로는 누구도 감히 그에게 좋지 못한 칭호를 쓰지 않았으므로 마테오리치는 풍응경에 대해 지극히 고마운 마음을 가졌다고 말한다. 그리고 풍응경은 일찍이『천주실의』서문을 썼고(만력29년),『이십오언 二十五言』의 서문도 썼다(만력32년). 마테오리치에 의하면 풍응경은 옥중에서『천주실의』를 정독하여 천주교교리를 잘 이해하였고 매일 마테오리치가 보낸 예수 성상에 경배하며 자신의 전 가족(대륙판은 하인이라 하였다.)에게 모두 천주교를 믿게 하였다고 한다.[484]

　　서종택徐宗澤은 말하기를 풍응경은 "1602년 천주교에 귀의하였다."하고[485] 방호方豪는 "풍응경은 1601년 우연한 기회에『천주실의』를 읽고 크게 감복하여 대신 서문을 쓰고 이듬해 세례를 받았다…"[486]하고 진수이陳守頤는 분류연구를 진행 시 풍응경을 "교우"로 분류하는 등 모두가 말들이 많으나 그 근거가 어디에 있는지는 밝히지 않았다. 마테오리치의 기록에 의하면 풍응경은 세례를 받지 않았다고 하는데 그가 해석한 원인은 이러하다.: 풍응경은 출옥 후 북경에 며칠밖에 머무를 수 없었는데 이 사이 대신들의 방문을 받고 접대하기 바빠서 마테오리치는

---

[484]『利瑪竇全集』第2冊, 368~369쪽
[485]『明淸間耶穌會譯著提要』142쪽
[486]『方豪六十自定稿』上冊, 211쪽

그에게 세례를 줄 기회를 찾지 못했다. 그리고 풍응경이 고향으로 돌아간 뒤 명을 받은 남경의 신부가 기회를 놓치지 않고 그에게 교리를 가르쳐서 세례를 받게 하려하였으나 갑자기 세상을 떠났다.[487] 다시 말해 풍응경은 세례 받을 시간이 없었다는 것이다.

마테오리치의 기록은 서종택, 방호의 결론이 억측에 불과하며 근거가 없음을 증명한다. 풍응경은 결코 천주교도가 아니었다. 지금에서의 문제는 마테오리치가 해석한 원인이 정확한가 아닌가이다.

건륭 연간에 수정본 『우이현지盱眙縣地』는 기록하였다.: 풍응경은 갑진년(만력32)[488]에 죽었는데 즉 출옥한 바로 그해이다. 만약 그렇다면 마테오리치의 설이 성립될 수도 있다. 하지만 『명사明史』에서는 풍응경이 "출옥하고 3년 뒤에 죽었다" 하니 즉 만력34년이 된다. 어느 것을 믿을 수 있을까? (황종희黃宗羲의 『명유학안名儒學案·강우왕문학안江右王門學案·첨사풍모강선생응경僉事馮慕岡先生應京』에서는 생졸년을 표기하지 않았다.) 전교사 및 서광계와 접촉, 왕래하였던 동림당인 조우변曹于汴은 (『동림점장록』에서는 조우변을 천귀성소선풍天貴星小旋風이라 칭하였다.) 우리에게 비교적 믿을만한 자료를 제공해준다. 『풍모강선생년보서馮慕岡先生年譜序』(풍응경의 자가 慕岡)에서 조우변은 말한다.: "그 문하생 대군 임戴君 任은 풍자馮子 서거 후 문호가 황량해지고 왕래

---

[487] 『全集』 第2冊, 370쪽
[488] 『盱眙縣地』 권17 『甲科』

하던 문생들이 사방으로 흩어지자 각처로 돌아다니면서 연보年譜를 수집하여 만들었고 천리의 간난을 무릅쓰고 와서 내게 서문을 요청하였다."[489] 연보를 지금은 확인할 수 없으나 조우변은 풍응경 문생이 만든 풍씨 연보(당연히 믿을 수 있는)에 기초하여 풍응경의 묘지명墓志銘을 썼는데 이 묘비의 글 역시 대임戴任이 "먼 길을 걸어 경도京都에 와서" 조우변에게 요청한 것이다. 유관된 부분을 발췌하면 다음과 같다.:

"나는 모강慕崗 풍공과 사귀었고 임진년 같은 해 진사에 급제한 후……(공은) 갑진년 조서를 받고 석방되었으나 두문불출 관부官府와는 발을 끊었다. 일족을 거느리고 조상제사를 봉행하고 향약鄕約을 만들었다. 그리고 저술에 여념이 없다가 한가할 때는 소년들에게 시가와 예, 활 쏘는 법을 가르쳐주었다. 하루는 문득 문하생에게 말하였다.: '내가 밤에 꿈을 꾸면서 두 마디 말을 들었는데 이르기를 흐르는 것은 세월이요 흐르는 것은 흩어진다고 하니 나는 곧 죽을 것이다.' 열흘이 지나 갑자기 배가 아프다면서 친구에게 말하였다.: '백년은 한 순간일 뿐이네. 우주는 곧 나의 집이고 만물은 나와 동기同氣로 소위 나의 몸은 사사로운 몸일세. 생과 사가 하늘에 달렸거늘 어찌 내가 사사로이 주재할 수 있겠는가?' 3일이 지나 병은 더욱 심해져 한마디 말도 하지 못하였다. 3경에 창문 아래 앉아 있다가 5경에 돌아갔는데 안색은 살아있는 듯하였다. 열흘

---

[489] 曹于汴:『仰節堂集』卷1

가량 천지가 흐렸고 원근에서 모두 슬퍼하며 애도하였다. 때는 만력 34년 병오丙午 5월 20일로 가정 34년 을묘 5월21일에 태어나 52세로 세상을 떠났다."490

조우변은 풍응경과 같은 해491 진사가 되었고 서신 왕래를 하였는데 항상 시로써 주고받았으며(『앙절당집仰節堂集』 권11에 『복풍모강復馮慕崗』이란 서신 한 통이 있고 권12에는 『화풍모강년형오시和馮慕崗年兄五詩』가 있다.) 두 사람의 관계는 매우 친밀하였다. 비문 중에 기록된 풍응경이 출옥한 후의 생활상 역시 자못 상세하고, 생몰 연대를 상세히 빠짐이 없이 적어놓았는데 그 근거는 조우변과 풍응경 두 사람의 교류에 있을 뿐 아니라 풍응경 문하생이 제시한 연보에 있으므로 매우 믿을 만하다. 『명사明史』의 기록은 실제 틀리지 않았고 양가면梁家勉 역시 풍응경은 1606년(만력 34년)에 죽었다고 하였다.492 이러므로 마테오리치가 해석한 원인(갑자기 죽어서 세례 받을 시간이 없었다.)은 최소한 정확하지는 않으며 어쩌면 일방적인 소망이거나 어찌해볼 도리가 없어서 말한 구실일 수도 있다.

그러나 부인할 수 없는 사실로, 풍응경은 전교사와 밀접한

---

490 余交于慕崗馮公也, 在壬辰同弟之后……(公)甲辰奉詔釋還, 杜門簡出, 足不涉公府, 率族衆擧祖先之祀, 田夫擧鄉社之約, 而纂述不輟, 暇則課少年歌詩, 習禮習射. 一日忽謂門人曰:'吾夜夢聞二語云, 其流行者光輝, 而其所以流行者散也, 我將去矣.'越旬日腹疾作, 謂親友曰:'百年頃刻耳'宇宙卽吾家, 萬物吾同氣, 所謂我身是私身也.生死公于天, 吾何得私宰之?'病三日劇, 密存不發一語, 丙夜恭坐漏下, 五更而逝, 面色如生, 天地晦冥者十許日, 遠近悲悼. 是爲萬曆三十四年丙午正月二十日, 距生嘉靖三十四年乙卯五月二十一日年僅五十有二, 曹于汴『仰節堂集』卷5『湖廣按察使僉事慕崗馮公墓志銘』

491 만력 20년(1592년)

492 梁家勉:『徐光啓年譜』82쪽

관계를 가졌고 천주교에 대해 비교적 강렬한 흥미를 가졌다는 점이다. 풍응경이 왜 세례를 받지 않고 입교하지 않았는가의 원인은 위에서 서술한 것처럼 시간이 없어서가 아니며 그 참된 원인을 연구하여 밝히는 것 또한 쉬운 일은 아니다. 더욱 의미 있는 점은 그의 천주교에 대한 이해, 시각, 해석의 탐구일 것이다.

앞에서 인용한 『명사』는 말하기를 "응경은 지조가 뛰어나고 유용한 것을 찾아서 배운다."고 하였는데 확실히 풍응경은 나라가 강하고 백성이 부유하기를 탐구하던 경세지사에 속한다 하겠으니 "예전에 비원직방備員職方[493]으로 있을 때 그가(마테오리치) 임금께 그림 바치는 것을 보고" 이에 "서문을 써서 전하였고" 그 문하생인 정백이程百二에게 그것을 편찬하도록 분부하였다.[494] 정백이가 편찬한 『방여승략方輿勝略』을 위해 쓴 서문에서 사흥보師興甫는 다음과 같이 말한다.: "우의盱眙 사람 풍공馮公은 직방 관직을 역임하였다……뜻을 천하에 두었을 뿐 아니라 힘써 백성을 재난 중에서 구하였고…"[495] 갑신년 10월 17일 풍응경은 석방되어 출옥하였다(출옥 날짜는 『국권國權』에 보인다). 서광계가 가서 "그를 만나 보니 고생한 것은 언급하지 않고" 곧 걱정스러운 얼굴로 "근래에 부세의 징수가 날로 번거로워 천하는 온통 부세일 뿐이고, 관리들은 힘써 국가대사 논하기를 게을리 하니 비유컨대 독창毒瘡에 걸린 것 같아서 원기를 생각할 겨를이

---

493 명대의 병부(兵部)에는 직방랑(職方郎)과 원외랑(員外郎)이 있어 천하의 지도, 성곽, 진수(鎭戌), 봉화대, 주변 소수민족의 내부 상황 등의 일을 관장하였다.
494 程百二 『方輿勝略·外夷』 卷1 『總序』 引馮應京語
495 위의 글, 師興甫序

없다 하겠으며……치료방법으로는 농업을 중히 여기느니만 같지 못합니다." 등으로 이야기하므로 서광계는 "어진 사람의 말씀입니다!"하고 탄식하였다.[496]

조옥詔獄(황제가 친히 관장하는 감옥) 안에서 풍응경은 『황명경세실용편皇明經世實用編』(만력 연간 각본으로 북경도서관 선본부善本部에 소장)을 편찬하였고 뒤에 그 문하생 대임(위에서 서술한 조우변에게 비명을 요청한 사람)이 "이를 널리 알리고 해석하였는데" 제목을 『월령광의月令廣義』(북경대학교 선본실善本室에 소장)로 바꾸었다. 내용은 달에 따른 정교政敎, 사문事文[497], 물후物候[498], 수시授時[499], 점후占候[500], 섭생攝生, 잡기雜記 등의 사항을 나누어 서술하였으며 기본적으로 농사를 위주로 하였다. 자신이 서술한 『실용편』 중에서 풍응경은 경세지학經世之學을 제창하며 "대저 옛날과 지금, 지금과 이후 끝없이 이어지는 것이 세상이다.; 천하의 인재로써 천하를 다스리는 것이 경세이다. 사람은 일곱 자가 몸인 줄 알면서 온 세상이 모두 몸인 줄은 모른다. 온 세상이 모두 몸인 줄 알게 되면 곧 경세가 바로 수신修身하는 이유일 것이다." 풍응경은 헛된 노장老莊의 학[玄虛之學]을 극력 반대하였고 경세실학을 제창하며 지적하였다.: "사실됨[實]이 존재

---

496 徐光啓『農政全書.農本編』附注, 臺灣影印『四庫全書』731冊, 梁家勉『徐光啓年譜』 72쪽
497 문화, 교육
498 계절에 따른 동식물의 성장, 발육, 활동 법칙과 비생물 변화의(예로서 서리나 눈이 처음 내리고 얼음이 얼고 녹는 등의 현상) 반응
499 역서(曆書)
500 천상(天象) 변화에 근거한 길흉의 예언

하지 않는데 헛됨[虛]이 어떻게 덧붙겠는가? 공자는 실제에 맞지 않는 말[空言]에 기뻐하지 않았고 맹자는 한갓 선[徒善]만을 취하지 않았으니[501] 사실됨을 숭상하는 데로 돌아가야 할 뿐이다."[502]

풍응경은 공맹 성학을 경세실학으로 이해하고 이를 강력하게 제창함으로써 명말 "원기를 생각할 겨를이 없던" 쇠락한 국면에 도움을 주기 바랐던 것인데 이것이 바로 그가 "천학"을 이해한 배경이다. 풍응경의 "천학"에 대한 이해와 태도는 다음과 같이 개괄할 수 있다.:

첫째, 풍응경은 고반룡처럼 공맹의 도가 본래 결점이 없어서 보완할 필요가 없다고는 생각지 않았으며 그는 일종의 기본적으로 차이가 없다고 동의하는[擬同] 태도로써 천학은 성학과 전혀 다를 바 없는 신학新學이라고 생각하였다. "(사람의) 본성은 금수와 크게 다름을 논하고 있다. 학문은 인仁을 행함에 귀결되고 사욕을 버림에서 시작된다고 말한다." 그러나 "때로 어떤 것은 우리나라에서 전혀 들어보지 못한 이론이다."[503] 그래서 그는 중국과 서양이 각 방면에서 포괄하여 함께 겸용할 것을 주장하였는데 "중국 성인의 가르침을 서방에서는 들은 적이 없고 천하에 옛 성인(서양)이 전한 책을 나 또한 들은 적이 없다. 이에 상호 상세히 밝혀나간다면 서로 도움이 될 것이다. 오직 천하가 한 집안이어야만 서로 마음이 통하니 그러므로 동으로는 바다

---

[501] 『孟子.離婁章句 上』徒는 空과 같다. 善心만 있고 善政이 없는 것을 일컬어 徒善이라 이른다.
[502] 馮應京『皇明經世實用編』自敍
[503] 馮應京『天主實義序』, 『明淸間耶蘇會士提要』144쪽 *서울대학교출판부『천주실의』20쪽 참조

에 닿고 서로는 사막[流沙]에까지 미쳐서[東漸西被]504 어긋나지 않으리라."고 하였다. 그는 "응당 (천학을) 넓은 의미의 가족적 계보로 보아야 자연스레 이를 포용할 생각이 일어난다."505고 여겼다.

둘째, 마테오리치 중문저작의 영향을 받은 풍응경은 "천주"를 실제로 존재하며 육경 중에서는 상제로 기록되었다고 이해하였다. 그리고 천주교는 실학이니 동시대 사람들의 증상에 맞게 약을 처방해 주고 공허한 병을 고칠 뿐더러 옛 성인이 하늘을 숭배하고 섬기던 실학을 회복시키는데 도움이 될 수 있다고 생각하면서 말하였다.: "천주는 무엇인가? 하느님이다. 實실이라 함은 공허하지 않은 것이다. 우리나라의 육경과 사서에서 여러 성현들은 "하느님을 두려워하라, 하느님을 도우라, 하느님을 받들라, 하느님과 교감하라"고 말하였다. 누가 (하느님을) 공허한 것이라 하겠는가?"506 고반룡, 고현성과 같이 풍응경은 불교는 허병虛病의 근원이라 인식하였으므로 불교에 대해 비판적인 태도를 취하였다.: "불교는 서쪽으로 피타고라스閉他臥剌; Pythagoras (이는 마테오리치가 진술한 이론이다.)가 우매한 세속인들에게 권유하는 말을 훔쳐서 윤회설을 늘어놓았다. 중국으로부터는 노자의 만물을 풀강아지로 보는 이론[芻狗萬物之說]507을 훔쳐내

---

504 『尙書.禹貢』東漸于海 西被于流沙
505 程百二『方輿勝略·外夷』卷1『山海輿地全圖總序』引馮應京語
506 馮應京『天主實義序』*서울대학교출판부『천주실의』15쪽 참조
507 芻狗(추구)는 고대 제사 때 쓰던 지푸라기로 만든 개를 말하는데 제사 때는 정 중히 쓰다가 제사가 끝나면 버리므로 후에 미천하고 쓸데없는 사물 혹은 말을 비유하는데 사용하였다. 제사에 진열한 까닭은 장식을 극진히 하여 제사를 받들고자 함 때문이며 다 사용하게 되면 버려서 길가는 자가 이것을 밟고 지나가는

고 그것을 부연하여 (만물의 진상이) 적멸寂滅(아무 것도 없이 고요)함을 말하였다. (그리고) 모든 것 – (하찮은) 티끌이나 풀잎이나 (무지하게 큰) 육합六合(하늘과 땅과 사방) – 에서 단지 초탈하고자 하는 것만을 고상하다고 여긴다. 중국에서 성인(의 자취)는 멀어지고 그 말씀도 없어지니 불가佛家의 마음을 극복하여 그 기세를 막을 수가 거의 없다." 이로 인하여 "어떤 이는 마음속으로 (불교의) 한가로운 여유와 (마음의) 허정虛靜[508]의 이로움을 즐기며, 밖으로는 (규범에서 벗어나) 멋대로 마음대로 하는 기벽을 사모하기도 한다. 전자(의 경우)는 명리名利를 뒤쫓는 고생을 싫어하고 후자(의 경우)는 육도六道[509]에 떨어지는 고통을 두려워한다."[510] 옛 성현의 실학은 이로 인하여 사라지고 거의 남지 않게 되었다.: "옛날에는 (사람들이) 극도로 지치게 되면 하느님[天]을 외쳐댔다. 그러나 지금은 부처님[佛]을 부른다.; 옛날에는 하늘과 땅, 토지신[社]과 곡식신[稷], 산천(의 귀신)과 조상의 신묘祖禰에게 제사하였다. 그러나 지금은 부처에게 제사 드린다.; 옛날의 선비들은 '하늘'을 알고 '하늘'에 순명하였다. 그러나 지금은 염불을 하고 불상을 만든다.; 옛날에 벼슬하는 사

데 이는 모두가 좋아하고 싫어해서가 아니라 마침 그러했을 뿐이다. 천지는 저절로 그러함에 맡기기 때문에 행함도 없고 조작하려 함도 없음을 말한다. 道德經 5장 天地不仁 以萬物 爲芻狗 聖人不仁 以百姓 爲芻狗 천지는 어질지 않으므로 만물을 추구처럼 내버려둘 뿐이며 성인은 어질지 않으므로 백성을 추구처럼 내버려 둘 뿐이다. 도서출판 문사철 『노자역주』김경수 역주 80쪽 참조

508 虛靜之心:사람의 정신을 무욕(無慾), 무득실(無得失), 무공리(無功利)의 극단적 평정(平靜) 상태로 나아가게 하는 마음.

509 중생이 윤회전생(輪回轉生)하는 여섯 가지 세계로 삼악도(三惡道)인 지옥도(地獄道), 아귀도(餓鬼道), 축생도(畜生道)와 삼선도(三善道)인 천도(天道), 인도(人道), 아수라도(阿修羅道)

510 馮應京『天主實義序』서울대학교출판부『천주실의』16~17쪽 참조

람들은 하늘이 맡긴 직무[天工][511]를 삼가 공경하고 믿음으로 받들었다. (그들은) 감히 스스로 한가롭게 즐기면서 하늘의 백성들을 못 되게 만들 수가 없었다. 그러나 지금은 대체로 조정에 숨어있거나 선문으로 도피하여 세상을 떠나있다[逃禪出世]."[512] 마테오리치가 이야기한 學은 "좋고 나쁜 점들을 진술함으로써 대중에게 본성이 공허하지 않음을 드러내고 사욕을 멋대로 부리지 못하게 하였으니 백성에게 소용되는 바가 매우 크다." "만일 그 말대로 한다면", 즉 "증상에 대해 약을 처방할 수 있고" 사람으로 하여금 "경건하게 생각을 깊이 움직여서 일체 안을 중히 여기고 밖을 가볍게 여겨 위로 하늘의 덕성[天德]에 이르게 할 수 있게 한다."[513] 그래서 풍응경은 『천주실의』가 "공空을 논하는 잘못을 깊게 비판하고 있다"[514]고 생각하였으므로 천학을 실학을 이야기하는 논리로 여겨 기꺼이 듣기를 바랐던 것이다.: "먼저 헛됨을 논하는[譚空] 폐해를 목격하였고 그리고 사람들의 실학에 관한 담론[譚實]을 즐겼다."[515]

풍응경이 이해하고 창도한 실학은 도선출세와 상반되는 세상으로 걸어 들어오는[入世] 태도와 정신으로 아직 과학이 포함되지는 않았으나 구체적으로는 천공天工을 받들어 하늘을 공경

---

[511] 옛 임금은 하늘을 법(法)으로 해서 관직을 세우고 하늘을 대신해서 직무를 행한다고 생각하였다. 즉 하늘이 백성을 다스리는 조화.
[512] 『明淸間耶蘇會士譯著提要』 145쪽, 馮應京 『天主實義序』, *서울대학교출판부 『천주실의』 17~18쪽 참조
[513] 馮應京 『重刻二十五言序』, 『明淸間耶蘇會士譯著提要』 329쪽
[514] 『天主實義序』
[515] 徐宗澤: 『明淸間耶蘇會士譯著提要』 145쪽

하고 섬기고, 본성을 밝혀서 사실됨[實]으로 삼고, 사욕은 멋대로 부리지 못하게 하고, 백성의 쓰임에 절실한 것 등등이 포함된다.

셋째, 풍응경은 확실히 중국과 서양을 아우르고 포용해서 생겨난 하늘을 공경하고 하늘을 섬기는 종교적 감정을 지니고 있었다. 그는 불교의 성행이 이런 옛 전통에 해를 주었으니 응당 회복시켜 주어야 한다고 보았다. 그의 이러한 종교적 감정은 마테오리치의 중문저작을 위해 쓴 서문 중에서 나타날 뿐 아니라 그가 편찬한 『황명경세실용편』에서도 나타난다. 명 태조明太祖의 『어제심법御制心法』에 주를 달면서 풍응경은 만일 상제를 경외하는 종교적 감정을 가지고 있으면 일을 행하는데 있어 바르고 거짓됨을 쉽게 구분하며 바른 일을 행하고 거짓된 일을 없이한다고 생각하였다.: "상제에 대하여 만물이 감응하고 나의 정신이 이에 응하면 이때 무엇이 바른 행위인지 무엇이 거짓된 길인지를 명명백백히 홀로 비추신다. 슬기로움[聖]과 어리석음[狂]의 차이는 이 사이에서 결정되는데 그 바른 것은 즉 나의 사사로움에는 적절하지 않아 이로써 제왕의 사업으로 삼으니 반드시 굳세고 떳떳하다. 거짓된 것은 즉 나에게는 심히 적절하여도 상제가 두려워 감히 하고자 하지 못하니 이러한 이치를 삼가서 일을 해 나간다면 큰 길을 밟으며 성인의 영역에 이를 것이다."[516] 여기에서 말하는 상제는 실은 도덕행위의 감독자이고 또한 도덕원칙의 근원으로 "하늘이 들으면 스스로 우리 백성이 듣

---

516 『皇明經世實用編』卷1, 2쪽

고 하늘이 보면 스스로 우리 백성이 본다."는 뜻을 갖는다. 하지만 다른 한편으로 풍응경이 이해한 상제[天]는 또한 인격신적인 의의를 가지고 있으며 상제에 대한 조심스럽고 두려운 종교적 감정을 나타낸다.: "두렵대[畏]는 이 글자는 만세에 걸쳐서 제왕의 마음 쓰는 법[心法]이다. 하늘은 지극히 높아서 묵묵히 생사여탈의 권세를 차지하고 있고 사람은 지극히 많아서 은밀히 향배向背의 기틀을 다루는데 혹 제멋대로 하고 난 다음 부끄러워서 우러러 본즉 두렵지 않던 것이 두렵게 될 것이니, 두려움은 죽음에 들 때 스스로 하찮게 보는 잘못이 없으며 두려움은 조정에 있을 때 스스로 편향된 말을 듣는 과오가 없다."[517]

마테오리치는 고대 유학과의 부회를 통해 사대부들이 이미 쇠퇴한 종교적 전통(하늘을 경외하고 하늘을 섬기는)에 대한 흥미와 열정을 일으킴으로써 그들이 상제(천주)의 품에 안기기를 희망하였는데 이 희망이 적어도 풍응경의 사상 중에서는 일부 실현되었다. 비록 방호方豪, 서종택徐宗澤 등 현대의 천주교도가 일찍이 풍응경 『경세실용편』의 사상을 주목하지는 못했을지라도 풍응경을 "교우"(그가 세례 받았다고 생각하였다.)로 여긴 것이 또한 아무 근거가 없는 것만은 아니다.

---

517 위의 책 10쪽

3. 괴이한 것의 관용

그러나 마테오리치의 희망이 섭향고에게서는 좌절되었는데 그는 비교적 냉정한 이성주의자였다. 여기에서 우리는 그의 천주교에 대한 이해를 간단히 분석하고 그가 왜 천주교를 받아들이지 않았는가를 밝히고자 한다.

섭향고는 자가 진경進卿, 복청福淸(지금의 福州) 사람으로 만력11년 관직에 나갔고 만력, 천계 연간 내각수보內閣首輔가 되었다. 『명사. 섭향고전』에서는 "사심 없이 충직하고 너그러운 마음씨를 가졌고 도덕적 소양과 포용력을 갖추었으며 덕 있는 선비의 육성에 힘썼다."고 말하는데 동림당인에게 신임이 두터웠다. 『동림점장록』에서는 그의 서열을 천괴성급시우天魁星及時雨[518]에 놓고 동림당 우두머리로 간주하였다. 정통적 사대부의 한 사람으로서 섭향고의 정치적 태도와 학술적 성향은 동림당인인 고반룡, 고헌성과 비슷하다. 고반룡, 고헌성 두 사람은 일찍이 정주이학의 정통적 입장에서 왕양명의 심학에 대해 비판을 가한 적이 있었는데 그들은 이지와 하심은을 왕학말류로 여겨 비방하고 배척하였다. 고헌성은 말한다.: "하심은 무리가 이익과 욕망으로 가득한 자들의 마음을 부추길 수 있었던 까닭은 다만 그가 조금 총명하였기 때문이다."[519] 또한 말한다. "이탁오卓吾(이지의 호)는 대체로 남의 잘못을 옳다하고 남의 올바름을

---

[518] 水滸 108장수 중 첫째인 송강(宋江)
[519] 『小心齋札記』, 『明儒學案.東林學案一』, 北京: 中華書局1985年, 1388쪽

그르다 여기며 또한 성패로써 시비를 가릴 뿐이어서 학술은 이에 이르러 진실로 도탄에 빠지고 말았다."[520] 그들은 왕학과 그 말류들이 봉건윤리도덕과 사회질서에 극히 큰 위해를 가했다고 생각하였는데 일종의 공리功利와 법도權衡에 기초하여 고헌성은 주자학을 숭상하고 왕학을 억제하는 태도를 표명하였다. 『소심재찰기小心齋札記』 권3에서는 다음과 같이 밝힌다.: "고정考亭으로 종지를 삼으면 그 폐단은 제약[拘]이다.; 요강姚江[521]으로 종지를 삼으면 그 폐단은 방탕[蕩]이니 제약은 하지 않는 바가 있고 방탕은 하지 않는 바가 없다. 제약은 인정人情이 싫어하는 바이나 거스르지 않고 이를 결정하면 쉬워진다.; 방탕은 인정이 편히 생각하는 바이나 거슬러서 이를 돌려세우지 않으면 어려워진다. 옛날에 공자는 예의 폐단을 논하며 이르기를 예는 사치하기 보다는 차라리 검소해야 한다고[522] 하였으니 그런즉 학문의 폐단을 논함에는 또한 방탕보다는 차라리 제약을 말해야 한다." 비록 왕학과 주자학에 각각 폐단이 있을지라도 그러나 방탕의 폐단은 속박을 타파하는 데 있어 수습하기 어려우므로 주자학을 선택하여 사회의 안정을 유지하는 것만 같지 못하다는 것이다. 섭향고 또한 유사한 논리를 제창하였는데 그는 유학 안에서 불교를 인용하고[援佛入儒], 주자학을 폄하하고 억누르는[貶抑朱學] 태도가 공맹성학을 쇠락케 하는 근본원인이라 보면서 그 폐단이 성학의 법도를 파괴하는 데까지 이르렀다고 하였다.

---

520 『顧端文公文集』卷五
521 考亭은 주희, 姚江은 왕양명을 일컬음.
522 『論語.八佾』禮與其奢也寧儉

『주자어류서朱子語類敍』에서 말한다.: 주자의 학이 세상에 퍼지고……하늘의 뜻이다. 근세의 신학新學하는 자들이 주자 비방하기를 좋아하는데 그 시작은 주자를 바르게 하려했을 뿐이었으나 서서히 물들어 공자에까지 스며들고 말았다. 대체로 지금의 사대부가 석가모니 정토淨土의 업을 수행하니……공자의 도는 이에 크게 곤경에 처하였다. 그 발단은 모두가 주자를 쉽게 신복한데서 비롯되어 이에 이른 것이다. 공자는 왜 요약[約]을 말하는가? 그 길이 있어 그것을 따를 수 있고 법도와 준칙[規矩準繩]이 있어 그것을 지킬 수 있어서이다. 대저 따르고 지킬 수 있는 것이 공자가 말하는 요약이나 지금의 간단명료함[簡易直截]으로 말하면 들을 수는 있으나 사실 따를 수 없고 지킬 수 없다. 따를 수 없으면 그 길은 갈라지게 되고 지킬 수 없으면 반드시 방탕하여(큰 한계를 넘어서) 법도와 준칙밖에 처하게 된다." 이 때문에 왕학과 그 유파는 이미 변하여 "공자의 예로써 요약하는 (단속하는)[523] 가르침과는 현저히 달라져서 서로 융합되어 들어갈 수 없게 되었고" 또한 "하늘의 도리에서 벗어나고 성인을 모독하며 고황제高皇帝의 칙령을 저버리고 말았다."[524] "하늘의 도리를 벗어나고 성인을 모독하며 고황제의 칙령을 저버렸다"는 말로 섭향고 등 동림당인의 학문하는 취지가 성학도통을 지킴에 있고 또한 명 태조가 규정한 제도[祖制]를 유지하는데 있음을 볼 수 있으니 이것이 바로 그들 "정통성"의 소재인 것이다. 그러

---

[523] 『論語.雍也』君子博學於文 約之以禮 亦可以弗畔矣夫 군자가 글을 널리 배우고 예로써 그것을 요약한다면 또한 (도에) 어긋나지 않을 것이다.
[524] 葉向高『福堂葉文忠公全集.蒼霞餘草』卷5『朱子語類敍』

나 섭향고는 고헌성과는 조금 달라서 방탕을 배척하고 제약(拘)을 조소하였는데 방탕은 즉 진실치 못하고 제약은 즉 고루하기 때문이다.[525] 그가 선택한 것은 중용의 길로 이로써 도통의 신성성을 유지하고 또한 시국에 대처하는 융통성을 잃지 않기 바랐다. 섭향고의 천주교가 세상에 도움이 된다는 도덕이론으로서의 긍정적 이해와 찬양 및 그의 천주교에 대한 비이성주의적 종교로서의 비판 모두는 그의 정통적 입장과 약간의 융통성, 개방성을 출발점으로 한 것이다.

섭향고의 전교사에 대한 태도는 너그러워서 마테오리치를 위해 북경에서 장지(葬地)를 구하는데 크게 힘써주었고, 관직을 사임하고 고향(福建 福請)으로 돌아갈 때는(1624년) 항주를 거쳤으며, 다음해 알레니를 복건으로 끌어들여 전교하게 하였고[526] 또한 그와 도를 논하였다. 섭향고는 그들의 토론 결과를 책으로 모아 발간하며 이름을 『삼산논학기三山論學記』라고 하였는데 이 책과 섭향고가 전교사의 저작을 위해 써준 서문은 섭향고의 천주교에 대한 이해를 연구하는 주요한 자료가 된다.

위에서 서술한 바와 같이 섭향고는 방탕은 진실치 못하여 배척하고 제약은 고루하여 폄하하였으므로 비교적 개방적인 태도로써 서학을 대할 수 있었다. 섭향고는 "학문을 배우는 길은 여러 가지"라고 인정하면서 서방에서 온 전교사는 "모두가

---

525 위의 책 卷7 『馮少墟先生語錄序』

526 섭향고가 사직하고 고향으로 돌아간 시간은 『明史.葉向高傳』에 보이고 알레니가 복건에 들어간 시간은 『三山論學記』 첫 페이지에 보인다. 臺灣學生書局影印本 『中國史學叢書』第40種 『天主教東傳文獻』臺北: 學生書局, 1982年, 435쪽 참조.

당대에 비할 바 없이 총명한 사람들"이고, "기술제작의 정밀함은 중국인이 미칠 수 없음"을 인정하였고[527] "중국인의 이목과 견문은 제한적이다.……옛 장건張騫이 서역에 갔으나 그 족적은 총령葱嶺,[528] 천축天竺을 넘어가지 못했고 원나라 사람이 말하는 수원水源의 끝도 곤륜산에 이르러 그친다. 우리나라의 진성陳誠, 정화鄭和가 사막을 지나고 바다를 건넜지만 기록한 것은 모두가 역내일 뿐"이라 하였으며 그리고 알레니의 『직방외기職方外記』에서는 "모두 우리 중국이 예로부터 들은 바 없었던 것이고 생각지 못했던 것이며" "그 말은 모두 근거가 명확해서 도가의 제천諸天이나 석가모니가 말하는 항하恒河, 수미산須彌山 모양으로 끝도 없이 사람이 이르지 못하는 터무니없는 것이 아님"[529]을 인정하였다.

    서학의 과학기술, 지리지도에 대하여 섭향고는 겸허히 칭찬하는 태도를 취하였다.(하지만 깊이 연구하여 수용하지는 못했다.); 천주교교리에 대하여 섭향고는 유학과 비슷한 범주에 대하여만 긍정적 태도를 취하였고 "서학십계西學十誡"에 대하여는 "우리의 공자가 천명을 경외하고, 삼가하며 두려워하던 정도에 부합하는 학[正學]"으로 이해하였으며 "세상 사람이 배우기만 하고 살피지 않았으나" "서양인은 이를 능히 밝혀놓았으니" 그러므로 "동이東夷와 서이西夷, 앞의 성인과 뒤의 성인이 그 헤아려

---

527 葉向高『西學十誡初解序』, 全集『蒼霞餘草』卷5
528 파미르 고원. 중국 고대에는 이를 부주산(不周山), 총령이라 불렀고 옛 비단길이 이곳을 지났다.
529 葉向高『職方外紀序』,『蒼霞餘草』卷5

봄에 똑같음530"을 증명할 수 있었다.; 천당과 지옥설에 대하여 섭향고는 "불가는 업보報應로써 말하나 서양인은 이치[義理]로써 말하니" 믿을 수 있을 것 같다. "만약 (천당지옥이) 막연하여 근거 없다고 말한다면 나는 인간의 정신이 집중되면 경계境界를 이루게 된다는 점을 말하겠다.…… (이백시李伯時가 말 그림을 좋아하니 사람들은 그가 항상 말을 생각하므로 장차 죽어서 말 관리하는 벼슬아치로 떨어지리라고 하였다.) 어찌 하늘만 생각하고 있는데 그 정신이 하늘로 돌아가지 않겠는가?"531 이는 천당지옥설에 대한 그다지 명확치 않은 긍정이기도하다.

섭향고가 일찍이 정주이학 중의 태극이 만물을 낳는다는 이론을 주제로 알레니와 논한 적이 있었고 또한 결국에는 천주가 만물을 낳았다는 신학이론을 수용하듯 하였을지라도532 그러나 그가 주로 관심을 가진 것은 전통유학이 가장 중시한 도덕선악 문제였고 또한 천주교의 영혼불멸과 천당지옥설이 일정한 도덕적 기능을 발휘할 수 있음을 인정하였다. "사람의 영혼은 영원히 존재하며 세상 만물과 함께 같이 썩지 않는다. 선과 악은 생전에 이를 자세히 살피고 죄와 복은 사후에 이를 확정하니 그 선은 여한이 없고 악은 빠져나가지 못해서 사람의 마음을 억제할 수 있는 것이다."533 그뿐 아니라 "인간 세상을 각성시키기에 가장 친근하다."534 이들은 모두 섭향고가 "방탕을 배척하고 제

---

530 『孟子.離婁章句下』先聖後聖 其揆一也
531 葉向高『西學十誡初解序』,『蒼霞餘草』卷5 참조
532 『三山論學記』,『文獻』 444~453쪽
533 위의 책. 477쪽

약을 폄하하는" 입장에서 자못 긍정하고 수용할 수 있었던 것들이다. 차이가 없다고 생각하거나[擬同] 혹은 동화된 인식구조 속에서 자기는 서학의 취지를 깊이 알고 있다고 생각하였는데 『사급알레니 선생께 드리는 시贈思及艾先生詩』는 그의 관점을 아주 잘 개괄하고 있다.:

天地信无垠 小智安足拟?
하늘과 땅의 가없음을 믿노니, 작은 지혜가 어찌 족히 헤아릴까?
爰有西方人 来自八万里.
여기 서양인이 있어, 팔만 리 먼 곳에서 왔다.
跋蹶历穷荒 浮搓过弱水.
짚신 신고 불모지를 지나, 뗏목 타고 험한 강을 건넜다.
言慕中华风 深契吾儒理.
말은 중화의 풍습을 흠모하고, 우리 유학의 도리와 마음이 깊이 통한다.

著书多格言 结交皆名士.
저서에는 격언이 많고, 교우를 맺으니 모두가 명사들이다.
俶诡良不矜 煕攘乃所鄙.
기이함을 자랑 않고, 오가는 사람에게 얕보여도,
圣化被九埏 殊方表同轨.[535]

---

534 葉向高『西學十誡初解序』, 全集『蒼霞餘草』卷5 참조

성인의 교화는 온 땅에 미치고, 먼 원방이 같은 길을 간다.

拘儒徒管窺 达观自一视.

유학에 얽매임은 한갓 좁은 소견일 뿐,

달관하여 스스로 하나를 보네.

我亦与之游 泠然得深旨.

나 또한 그들과 교유하며, 냉철히 그 깊은 취지를 알게 되었다.

그러나 섭향고가 긍정하고 찬양하고 수용할 수 있었던 것은 다만 서학 중의 기술, 지리 그리고 세상 사람을 좋은 말로 타일러 깨우치게 하는 천주교 도덕이론이었는데 천주교리 중 삼위일체 등 이른바 계시진리에 대하여는 이해하고 수용하기 어려웠던 것 같다.

섭향고가 쓴 글에 의하면 당시 "교회의 세 큰 대들보" 중 한 사람인 양정균(호는 淇園, 다음 장에서 그에 대해 논한다.)이 여러 차례 천주교에 귀의하기를 권유하였다. 그 말은 이러하다.: "경조京兆의 기원 양공淇園 楊公은 때때로 나에게 천주교의 심오한 섭리를 말해주었다.", "또 십계를 내게 알려주었는데" 그 의도는 매우 분명하다. 알레니는 『삼산논학기』에서 섭향고에게 천주교 교리가 진실로 믿을 수 있다는 점을 힘써 증명하였고 책 말미에 섭향고의 말을 인용하며 그는 천주교를 의심치 않고 깊이 믿는 사대부라고 서술하였다.:

---

535 『中庸』今天下 車同軌, 書同文, 行同倫

"상국相國(섭향고)은 말한다.:'천주교는 해와 달이 하늘로 솟구치듯 사람의 마음을 비추어줍니다. 보통 사람은 옛 학문에 깊이 빠져있고 학자는 새롭고 기이한 것만을 좋아해서 아무렇지도 않게 잘못된 길을 생각지 않고 달려갑니다. 선생이 논한 바는 두터운 안개를 헤치고 푸른 하늘을 본 듯 분명하고 의심할 것이 없습니다. 제게 성경을 보여주시니 탄복할 뿐입니다."536

알레니가 인용한 섭향고의 말을 믿을 수 있을지 에는 문제가 있다. 알레니와 섭향고가 도를 논한 시기는 1627년으로『명사』의 기록에 의하면 섭향고는 희종熹宗과 같은 해 같은 달에 죽었고(1627년) 그리고『삼산논학기』가 인쇄된 때는 섭향고가 죽은 후이다.537 혹 이 설에 의문점이 있다고 한다면 우리는 아래의 예를 들어 증명하는 것도 무방하다.

섭향고가 수용할 수 없었던 것은 신비한 하느님의 계시진리로 다음과 같이 말한다.:

"천주는 천지만물을 만들었으니 곧 조물주입니다. 세상을 만들 수 있는데 어찌 세상을 구원할 수 없겠습니까? 그러나 육신이 되어 강생했다고 하니 이는 무슨 말입니까? 게다가 지

---

536 相國(葉氏)曰: 天主之敎, 如日月沖天, 照人心目, 第常人沈溺舊聞, 學者競好新異, 無怪乎岐路而馳也. 先生所論, 如披重霧睹靑天, 洞乎無疑矣. (請)示我聖經, 以便佩服『天主敎東傳文獻文獻』493쪽

537 方豪:『中國天主敎史人物傳』上冊, 194쪽

극히 존귀한 분은 둘이 아니요 천지만물의 주인이 될 텐데 만약 다시 내려와서 사람이 되었다면 어찌 지나친 것이 아니겠습니까? 이런 이치는 있을 수 없으며 천지가 개벽한 이래 우리 중국 땅에서는 들어본 적이 없습니다. 문자가 시작되어 전해져 내려온 이래 고증할 만한 기록이 없는데 어찌 과연 강생降生이란 말을 알겠습니까?"[538]

또 묻는다.

"(천주는) 어찌하여 우리 중국 땅 문명 지역에 내려오지 않았습니까? 더욱 쉽게 널리 알렸다면 굳이 선생께서 수고로이 구만 리 먼 길을 올 필요는 없었을 것입니다."[539]

알레니는 천주의 불가지론에 관한 신앙주의적 관념을 주입하면서 동시에 천주강생에 관한 믿음성을 증명한 다음 섭향고를 윗글에서와 같은 믿음이 깊고 의심 없는 사람으로 묘사하였는데 섭향고는 『천학십계초해天學十誡初解』서문에서 아래와 같이 분명히 말한다.:

"오로지 천주가 그 나라에서 강생하였다고 하니 이는 괴이怪異

---

[538] 天主化成天地萬物, 則造世者也. 能造世, 豈不能救世? 而必躬爲降生, 何也? 且其至尊無二, 爲天地萬有之主, 若復降爲人, 豈不甚褻? 此于理自不可, 自開闢以來, 我中土未之前聞, 書契肇興, 傳載訖無可考, 安知果曾降生也?
『天主教東傳文獻』482쪽
[539] (天主)何不降我中土文明之域, 尤易廣布, 則不煩先生九萬里之勞. 위의 책 488쪽

를 이야기하는 말에540 가까운듯하다. 성현의 삶은 스스로의 목적하는 바가 있어서 목적하는 바가 작게는 사람에게 공덕을 갖는 것이 마치 산악과 같고 별을 벌려놓은 듯하며 크게는 조화를 주재하고 만세의 태평을 연 요, 순, 공자와 같거늘, 상제가 강생한 바가 아님에도 어찌 이 같이 큰 역량을 가질 수 있겠는가?"541

섭향고는 계시진리를 괴이를 이야기하는 부류로 분리한 후 천주강생의 해석을 그가 이해할 수 있는 요, 순, 공자의 탄생으로 해석함으로써 그 중 불가사의한 계시진리의 신비로운 요소를 제거하였다. 이성주의자가 충분히 이해할 수 있는 범위에서만 비로소 온건하게 긍정하였다.

섭향고 서문은 자신이 선택하여 그의 『창하여초蒼霞餘草』 권5에 수록하였으나 전교사들이 복건에서 『서학십계초해西學十誡初解』를 각인할 때에는 위의 인용서문을 수정하였다. 발췌하면 다음과 같다.:

"다만 천주가 강생하였다는 구절이 이상하게 들릴지 모르나 성현의 삶은 모두 목적하는 바가 있다. 작게는 사람에게 공덕을 갖는 것은 반드시 묵묵히 베풀고, 크게는 조화를 주재하고

---

540 『論語.述而』子不語怪力亂神
541 唯天主降生其國, 近于語怪. 然聖賢之生旨有所自, 其小而有功德于人者, 猶必以山嶽以列星, 則其大而主宰造化, 開萬 世之太平如堯舜孔子, 非上帝所降生安得有許大力量? 복건판 및 서문은 찾기 어렵고, 로마 교황청에 소장본이 있다. 이에 관해서는 전에 인용한 Standaert의 Yang Tingyun 187쪽을 참조 바람.

만세의 태평을 여는 것은 천주라고 칭하는 바와 같다. 강생하여 세상을 구원한다는 것이 이상한 듯해도 이는 실제 정황이거늘 또한 어찌 의심하겠는가?"542

둘을 서로 비교하면 차이가 매우 크며 섭향고의 관점은 완전히 곡해되었다. "怪"자는 보이지 않고 의문을 갖는 태도가 천주교도의 경건한 믿음으로 대체되었으니 전교사들이 내각수보 섭향고의 지위와 영향을 이용하여 전교를 유리하게 전개할 수 있으리라 생각하였음을 충분히 볼 수 있다.

섭향고의 이성주의적 태도는 그가 천주교도가 되기 어려운 주요 원인일 수도 있는데, 그의 천주교를 포함하는 서학에 대한 이해와 태도가 비록 동화의 사유방식을 벗어나지 못했을 지라도 당시의 역사 조건하에서는 오히려 비교적 독립적 성격을 띠었고 또한 취할 수 있었던 것이다.

---

542 唯謂天主降生一節創開似異, 然聖賢之生皆有所自. 其小而有功德于人者, 猶必默有簡畀, 又況 大而主宰造化, 開萬世之太平若所稱天主也者, 則其降生救世似異而實情又奚容疑乎?
복건판 및 서문은 찾기 어렵고 로마 교황청에 소장본이 있다. 이에 관해서는 전에 인용한 Standaert의 Yang Tingyun 187쪽 참조.

5장
이해, 수용과 융합(상)

명말 사대부 중에서 서양과학을 받아들이고 연구하고 전파하고 또한 천주교를 받아들인 사람은 그다지 많지 않다. 비록 『명사.이탈리아』에서는 전교사가 중국에 온 이후 "공경 이하는 그 사람을 중히 여겨 모두 그와 왕래하라.", "한때 새롭고 기이한 것을 좋아하던 이들은 모두가 그를 숭상하였다."고 말하나 "깊이 흠모하고 독실하게 믿어서 진정으로 생명의 학[性命之學]을 얻고 생사대사를 만족시켜준다고 여길만한 사람은 몇 사람에 지나지 않았다."(섭향고의 말)543 섭향고의 말은 천주교를 믿는 사람만을 논하였고 만약 과학과 종교를 탐구하고 더욱이 일정한 영향력을 가진 사람을 논한다면 아래 몇 사람이 있을 뿐이다.: 이지조, 서광계, 손원화孫元化, 왕징王徵, 이응시李應試 등. 그 중에서 영향력이 가장 큰 사람은 이지조와 서광계였고 또한 서양과학에 감탄하면서도 지식의 한계로 깊이 연구하지 못하고, 다만 경

---

543 葉向高:『蒼霞餘草』卷5『西學十誡初解序』

건히 천주교를 신봉하던 항주 인화杭州 仁和 사람 양정균이 있다. 『명사』에서는 비평적 어조로 서광계와 이지조 두 사람의 역할을 서술하였다.: "한때 기이한 것을 좋아하던 자들이 모두 따랐는데 예를 들어 서광계, 이지조 무리 같은 부류가 가장 먼저 그 학설에 우호적이고 또한 문장을 다듬어주었으므로 그 교가 빠르게 흥하였다." 전교사와 신도들은 서광계, 이지조, 양정균을 천주교에 귀의한 본보기로 삼았고 그들을 일컬어 교회의 "세 큰 대들보"라고 하였다. 그런 이유로 명청 양대와 근현대에서 중국과 서양 인사들의 이 세 사람에 대한 서술, 연구 역시 매우 심도 있게 들어갔는데 혹은 중국 천주교사天主教史에서 그들의 명성과 "공적"을 널리 알리거나 혹은 그들의 중국 과학기술상의 공헌을 연구하거나 혹은 그들이 이해하고 접수한 천주교리의 비순정성非純正性을 비평하는 등등 각양각색이다. 우리가 해야 할 일은 각양각색의 연구의 기초 위에서 이 세 사람이 명대 사회와 사상이란 역사적 배경에서 출발하여 서학을 어떻게 이해하고 접수했는지에 대한 탐구이다. 즉 그들이 서학(혹 천학)에 어떤 의미를 부여 했는가 이다. 그들의 종교적 귀착점에 대해 어떠한 태도를 취하든 간에 우리는 이 세 사람이 적어도 동서와 천지간을 탐색하면서 종합적, 선택적, 전환적 탐구정신으로 나아갔음을 보게 될 것이다. 따라서 그들이 한 일들이 일부 계시와 교훈을 제공할 수도 있을 것이다.

1. 종합과 경쟁

명말의 역사 현실에서 말하자면, "천학"을 수용한 이들의 가장 귀중한 관념은 중국과 서양 철학, 종교, 과학을 소통會通시킴으로써 부국강병의 달성을 기대하고 동시에 상상 속의 낙토와 같은 서양과 경쟁하기 위한 목적에 있었는데 서광계의 철학 탐구와 그가 이룬 업적이 가장 빛나는 모범적인 예이다.

서광계(1562 – 1633)는 자가 자선子先, 상해 사람으로 만력25년 향시 1등에 급제하였고 7년 뒤 진사가 되었으며 관직이 예부상서禮部尚書 겸 동각대학사東閣大學士에 이르렀다. 서광계가 태어난 명 말기는 외우내란이 빈번하고 나라가 부패하여 곪을 대로 곪은 상태였다. 개혁하여 조정을 공고히 할 필요성, 새로운 생산 요소가 객관적으로 조성되어 과학기술을 발전시킬 필요성, 사상계의 학풍을 개변하고 현실에 관심을 갖자는 목소리 및 부국강병의 기술에 대한 부단한 추구가 서광계와 같은 한 시대의 위인을 만들어냈다. 그에게는 위대한 애국 정치가, 과학자로 묘사될만한 충분한 이유가 있다. 동시에 그가 사상가로 서술 될 이유도 있는데 이는 조금도 의심할 바가 없다. 그러나 서광계 인생의 전환점은 적어도 시간상으로는 그가 서학과 실질적 접촉을 가진 뒤에 발생하였는데 이는 마땅히 연구자가 주의해야 할 점이다. 사실상 사람들은 객관적으로 서학의 서광계에 대한 적극적 영향을 중시하고 나아가 그가 경건한 천주교도임을 재삼 부인하지 않으므로 그의 종교사상에 대하여도 역시 약간의 연구는 하는 편이다.[544] 그러나 여전히 일부 사람들은 "서광계의 서양과학기술에 대한 열정적인 면을……그가 천주교를 신봉한 것과 직접적으로 연계시키기를" 거부한다.545 그 취지는 천주교도들의 서광계의 종교 신앙에 대한 과장된 묘사로 그의 위인적 이미지에 대한 훼손을 피하려는데 있기도 하다. 우리는 이와 같은 우려가 비록 합리적이기는 하나 오히려 불필요한 것임을 보게 될 것이다. 사실, 이 위인의 이미지는 그의 역사적 공헌과 같이 풍부하고 다면적인데, 모순되지만 도리어 그에게서 통일된다는 점이다.

一

서광계의 초기 사상 및 그 후 생애에 대한 영향은 자못 중요한 문제임에도 주목 받지 못하고 있는데, 이 문제의 탐구는 서광계 사상의 변화, 발전을 깊이 연구해 들어가는데 도움이 된다.

서광계는 어릴 적 아버지 사성思誠의 영향을 받아 "육경과 제자백가를 널리 읽고 그 정수를 얻지 않음이 없었다."546 그러나 양명심학이 그에게 준 영향은 매우 컸다. 16세에 서광계는 황체인黃體仁을 스승으로 섬겼는데 황체인은 일찍이 왕수인을 사숙하여 힘써 심학을 배웠고 서광계를 자못 신임하였다. 스승과 제자 두 사람은 갑진년 동시 진사에 합격하였다. 『상해현지上海縣志』는 기록하였다.: "황체인은 자가 장경長卿으로 만력 갑

---

544 吳德鐸:『試論徐光啓的宗教信仰與西學引進者的理想』,『徐光啓硏究論文集』, 北京: 學林出版社1986年 게재.
545 高健:『試論徐光啓的科學道路』, 위에서 인용한『徐光啓硏究論文集』30쪽 참조
546 全天敍『壽懷西徐翁序』語, 梁家勉:『徐光啓年譜』, 上海:上海古籍出版社, 1981年, 60쪽

진년 진사에 오를 때 이문절 정기李文節 廷機(이정기의 시호가 文節의 집에 머물렀다. 정기가 그를 시관직試官職[547]으로 보내려 하니 체인은 감사하며 말하였다.: '저는 나이 들고 부족해서 이렇게 뽑힌 것이 부끄럽습니다. 문하에 서광계라는 자가 있는데 박학하고 재능 있고 덕행이 바르고 우수한 인재이니 저 대신 그를 선발해 주십시오." 서광계는 60세가 되는 황체인의 추천으로 한림원翰林院에 들어가 한림원 서길사庶吉士[548]가 되었다.

일반 사대부와 마찬가지로 서광계는 과거에 합격하여 공명을 도모하는데 많은 시간을 보냈으나 순탄치 만은 않았다. 네 차례 향시에 참가하여 모두 낙방하였는데 관학과 다른 양명심학의 서광계에 대한 영향이 그 순탄치 못했던 원인의 하나일 것이다. 만년에 서광계가 자손에게 "소년과제少年科弟"[549]의 법을 가르칠 때 스스로를 비웃으며 다음과 같이 말한 적이 있다.: "우리는 이제껏 권세에 빌붙어 살아왔으니 심히 가소롭구나."[550]는 대개 이를 가리켜 한 말이다. 서광계는 다섯 번째로 순천부順天附 향시(만력 정유, 1597년)에 응시했으나 여전히 낙방하였다. 그런데 이때의 주 시험관은 양명심학의 취지를 깊이 터득한 저명한 유학자 초횡焦竑(호는 의원漪園으로 역시 여러 번 과거에 낙방하고 50세가 되어서야 진사에 급제하였다.)으로 서광계의 아들 서기徐驥는 『문정공행실文定公行實』에서 다음과 같이 말한다.:

547 고시(考試)를 주관하는 직책
548 명·청시대 한림원 안의 단기직으로 오늘날의 연구생, 견습생과 같은 직책.
549 과거제도는 관리예비인원을 시험보아 선발할 때 분야별로 나누어서 채용하였는데 매 과(科)는 성적에 따라서 순위(等第)를 배열하였고 이를 과제라 불렀다.
550 『家書』,王重民輯『徐光啓集』, 上海: 上海古籍出版社 496쪽

"그해, 대사성 의원 초공大司成 焦公이 시험을 주관하였는데 합격자를 발표하기 이틀 전 일등으로 뽑을 사람이 없음을 유감스럽게 생각하다가 낙방된 시험지 가운데서 문정공의 것을 보고 크게 감탄하여 세 번을 읽고는 다시 책상을 치며 말하기를 '이는 명사대유名士大儒임이 틀림없구나.' 하고 1등으로 선발하였다."551 서광계는 이로써 '이름이 세상에 널리 알려졌다.' 낙방에서 1등으로 선발된 것은 초공의 서광계와 같은 종파인 양명심학에 원인이 있다고도 할 수 있다. 이 견해는 서광계가 쓴 『순임금이 깊은 산중에 거처할 적에』552(시제試題의 하나)에서 증명할 수 있는데 그 글의 서두는 이러하다.: "성제聖帝의 마음은 다만 허虛하여 통할 수 있다. 대저 깊은 산에 거처한다는 것은 순舜의 마음이 무심하기 때문이다. 무심하니 곧 통하지 않는 바가 없다." 이 무심은 무릇 사사로움[私]이 없는 바로 이 마음[心], 사사로움[私]의 의미에는 세 가지가 있다. 하나는 아집[聞見]이다.: "지식의 작용은 마음을 갖는데서 스스로 일어나므로 이에 스스로 그 아집을 갖는다.; 그리고 천하의 아집은 나의 헤아림과 더불어 시작되니 서로 걸림 없이 융합하지 못한다." 둘은 남과 나[人我], 사물과 내[物我]를 대함이다.: "무릇 사람은 아집이 없을 수[無我] 없으니 곧 어디에나 모두 나의 사사로움[私]이 있다." 셋은 의지[意]이다.: "사람에게는 의지가 없을 수 없으니 곧 언제나 의지가 생겨나는 만남이다." 이로 인하여 서광계는 허虛를 주장

---

551 徐驥:『文定公行實』,『徐光啓集』552쪽
552『孟子.盡心上』舜之居深山之中

하고 무위無爲(집착 없음)를 제창하고 무아無我를 주장하고 의지를 버리도록 인도하면서 "나에게 가려지지 않고" "남에게 구애되지 않고" "나와 남이 상호 감응하고" "무심無端 안에서 일깨우고" "비록 사물의 한 모퉁이지만 전체로 융합되는" 성심聖心의 경지에 도달하기를 기대하였다.553 이 전체로 융합되는 성심의 경지는 사실 왕양명 『대학문』중의 너와 나의 나눔을 제거하고 형체의 나눔을 제거하여 도달한 대인大人이 천하 만물과 더불어 하나가 되는 경지이다. "무심無心하면 즉 미치지 않는 곳이 없다"는 말은 즉 왕양명이 불가에서 말하는 "머무는 곳이 없되 그 마음을 낳는다."554를 인용한 것이다.555 서광계의 글이 이와 같은 논리를 세우니 초횡은 이를 1등으로 하지 않을 수 없었고 또한 "명사대유"로 본 것이다.

    7년 뒤, 서광계는 진사에 올랐다. 한림관에서 공부하면서도 여전히 왕학에 대한 편애를 바꾸지 않았다. 『갑진한림관과甲辰翰林館課』에는 서광계가 편찬한 『적자지심과 성인의 마음은 어떻게 풀이하는가?赤子之心556與聖人之心若何解』가 수록되었는데 이것으로 그 증거를 삼을 만하다. 그 논리는 사람은 처음에 "본래 하늘과 더불어 하나일 뿐이다.", "그러므로 적자지심은 성인지심과 동일하다.", "본성의 도를 따르고, 하늘의 법칙을 좇고, 천

---

553 『舜之居深山之中』, 『徐光啓集』 522쪽
554 無所住而生其心 『金剛經』에 나오는 말로 無住心, 非心으로도 칭한다. 여기서 주(住)는 사람의 세속과 물질에 대한 미련을 갖는 정도를 가리키며 심(心)은 불교 이치에 대한 깨달음을 말한다. 사람은 세속과 물질에 미련이 없어야 비로소 깊게 부처를 깨달을 수 있다.
555 王陽明 『答陸原靜書』, 『王文成公全書』 卷2 참조
556 『孟子.離婁下』 갓난아이처럼 선량하고 순결한 마음씨

하와 더불어 크게 함께함[大同]을 일컬어 성인이라 한다.", "한 순간의 마음이, 맑고 무위하면[澄然无事] 곧 천지만물을 감지하고 깨달아 막힘이 없으니 이 적자지심은 그 단초를 드러내고 성인지심은 그 실마리를 연다."557고 주장하였다. 이 맑고 무위하며, 깨달아 막힘이 없는 적자지심이 즉 양명陽明의 "맑은 거울처럼 밝아서 조그마한 그늘도 없는" "양지양능良志良能"558이다. 그러므로 서광계는 밝히 말하였다.: "맹자는 적자지심을 말하였고 훗날 또한 이를 자세히 설명하여 '양지양능'이라 하였다."559 서광계가 말하는 "적자지심"은 이지 동심설童心說의 복제판이라고도 할 수 있다.560

주목할 점은 위의 글은 1605년에 썼는데 이는 서광계가 세례를 받고 입교한(1603) 후 2년이 지나서다. 알레니의 기록에 의하면 서광계는 "(만력) 31년 계묘년 남경에 와서 천주교당을 방문하고 천학의 도를 논하며 저녁이 되도록 돌아가지 않더니, 『실의實義』등 여러 책을 구하여 집에서 밤새 읽고는 뜻을 세워 천주교를 받아들였다."561 이에 전교사 장 더 호샤羅如望; Jean de Rocha(포르투갈 신부)로부터 세례를 받았다. 『천주실의』가 서광계의 입교에 준 영향은 작지 않지만 그 중 마테오리치가 각종 형태의 천인합일론天人合一論(왕학 포함)에 대하여 모두 비판을

---

557 『赤子之心與聖人之心苦何解』, 『徐光啓集』509쪽 참조
558 王陽明『答陸原靜書』, 『王文成公全書』卷2 참조
559 『徐光啓集』510쪽
560 武仁: 『徐光啓:中西科學的第一個交叉点』, 『徐光啓研究論文集』34쪽 참조
561 艾儒略: 『大西利先生行蹟』, 陳垣校刊本, 5쪽

가했음에도 서광계는 세례를 받은 뒤 여전히 고집하고 버리지 않았으니 여기서 그의 양명심학에 대한 편애를 엿볼 수 있다.

만년에 서광계는 왕양명의 무공武功을 찬양하였고(천계 7년)562 양명과 초횡의 문장은 "뛰어남과 아름다움을 함께 갖추었다."고 칭하였다."563

양명심학이 서광계에 준 영향은 한편으로 그의 과거科擧 역정에 순탄치 못한 어려움을 조성하였고 다른 한편으로는 심학이 이지 등에게 준 영향과 비슷한 즉 회의와 비판 정신을 배양시켰다. 진사가 되기 전 서광계 또한 기타 사대부와 마찬가지로 유가경전의 장구지학에 힘을 쏟았으며 편찬한 책으로『모시육첩毛詩六帖』(1603년 저작)이 있는데 위에서 서술한 회의와 비판 정신이 그 장구지학 중에서도 나타나고 있다. 당국사唐國士의『모시육첩서毛詩六帖序』는 말한다.: "『시육첩詩六帖』은 서태사徐太史 현호선생玄扈先生이 학생을 가르칠 때 모은 것이다." "(나는) 이 책의 묘한 곳으로 자양紫陽(주희)의 부족한 부분을 보완하고 주석 가운데 현묘한 점을 명백히 밝히고 있다는 점을 잘 알고 있다. 당대에는 자양의 주석을 존숭한 외에 모든 것을 말살하였고……"564 당국사의 말에 따르면 서광계의 학문연구가 관학에 의해 "말살"된 학學을 숭상하는 경향이 있었음을 볼 수 있다. 서광계의『모시육첩자서毛詩六帖自序』또한 이른다.: 이 책이 "다만 그리 된 까닭의 원인을 찾고자 하였으나 그 원인을 찾지 못하

---

562 『陽明先生批武經序』,『徐光啓集』64쪽
563 1611년 撰『焦氏澹園續集序』,『徐光啓集』89쪽
564 『徐光啓著譯集』第12冊『毛詩六帖書』,上海: 上海古籍出版社, 1988年

였다. 비록 선유先儒들이 답습하고 명사가 논술하고 근거를 끌어들여 논증을 수없이 했을지라도 의심이 가는 바를 경솔히 믿거나 한 글자라도 함부로 쓰면 안 된다."565 분명히 서광계는 의심이 가는 선유의 말(권위적인)에 대해 맹목적으로 믿고 따르지만은 않았다.

서광계 일생에서 학문연구의 기본정신 중 하나는 "의심" 혹은 "의문 제기를 잘 하는 곧 회의하고 비판하는 학문 정신인 선의善疑"이다. 『모시육첩』에서 그는 맹자 성선논의 이론적 기초를 의심하며 비판하였고 후세 사람의 주석에 대하여 다른 의견을 제시하였다. 『대아大雅.증민烝民』은 이른다.: "하늘이 뭇 백성(사람)을 내시니 사물이 있으면 법이 있도다. 사람들이 마음에 떳떳한 본성을 가지고 있는지라 이 아름다운 덕을 좋아한다.[天生烝民 有物有則 民之秉彝 好是懿德]" 주희의 주석은 이러하다.: "사물이 있으면 반드시 법이 있음은 예를 들면 이목耳目이 있으면 총명한 덕이 있고 부자父子가 있으면 자애로운 효심이 있는 것과 같으니 이것은 사람들이 잡고 있는 바의 떳떳한 본성이다. 그러므로 사람의 정情이 이 아름다운 덕을 좋아하지 않는 자가 없는 것이다. 이것으로써 관찰한다면 사람의 본성은 선함을 볼 수 있다"566 서광계의 주석은 이러하다.: "맹자는 본문에 물物과 즉則 자, 호好 자, 의덕懿德 자가 보인다 하여 마침내 이를 성선性善의 증거로 인용하였는데 이는 문장의 일부분을 취하여 멋대로

---

565 『毛詩韻譜說』위의 책 5쪽
566 朱熹『四書集注.孟子.告子章句上』*성백효『孟子集註.告子章句上』참조

해석한 방법에 불과하다. 만약 길보吉甫[567]가 당일 시 짓는 뜻을 논하였다면 어찌 성선을 말하였겠는가? 그 이후로 이 사구四句를 이해하지 못한 채 또한 성선의 뜻으로 사용하니 모두 잘못되었고 우스운 일이다."[568] 여기에서 말하는 그 이후로 이 사구를 말한 사람은 주희도 포함된다. 서광계가 비록 체계적으로 자신의 인성론을 서술하지는 않았지만 그의 성선론에 대한 비판은 그가 학생을 가르치고 저술할 때 양명사구교陽明四句敎[569]에 대해 찬동의 관점을 지녔으리라는 점을 설명한다. 그리고 위에서 이야기한 "선의", 성인의 도를 비방하는 비성비현非聖非賢의 학문 연구정신[治學精神] 또한 뚜렷이 볼 수 있다. 만력 32년(1604) 『발이십오언跋二十五言』중에서 서광계는 다음과 같이 밝힌다.: "계啓는 평생 선의를 잘하였다."[570] 이는 확실히 핵심을 찌르는 자아 묘사이다. 바로 이런 회의懷疑 정신은 나중에 그의 중국과 서양의 철학, 윤리, 종교사상의 비교에서 성현제왕의 시비, 상벌에 대한 반성과 비평을 불러일으킨다.

그러나 심학의 서광계에 대한 영향이 그를 도선출세逃禪出世의 길로 걷게 하지는 않았는데 이런 영향은 대체로 그의 선의善

---

[567] 周 宣王 때의 현신인 尹吉甫로 兮伯吉父(父는 甫라고 여긴다)라고도 한다. 성은 兮 이름은 甲 자는 伯吉父 尹은 관명이다.

[568] 『徐光啓著譯集.毛詩六帖.大雅』

[569] 無善無惡心之體, 有善有惡意之動, 知善知惡是良志, 爲善去惡是格物. 선도 없고 악도 없는 것은 마음의 본체이고, 선도 있고 악도 있는 것은 의지의 발동이며, 선을 알고 악을 아는 것이 양지이고, 선을 행하고 악을 제거하는 것이 격물이다. 즉 마음의 본체는 선도 없고 악도 없으므로 선을 알고 악을 알 수 있다.; 의지의 발동은 선도 있고 악도 있기 때문이니 반드시 양지를 사용하여 선을 행하고 악을 제거한다.

[570] 『增訂文定公集』卷1『跋二十五言』

疑의 개방성을 기초로 하는데 만 한정되어서 그로 하여금 정통 권위의 설에 구속되지 않게 하였고 또한 자신이 이미 수용하고 편애하던 이론에 얽매이지 않게 하였다. 그런 까닭에 다른 사람의 장점을 널리 받아들여 자신을 위해 소통할 수 있었다. 한림원에서 나오기 전후하여 서광계의 치학정신과 사상경향 및 그 실천에는 더욱 현저한 변화가 일어났다. 『농정전서.장보서農政全書.張溥序』(장보는 서광계의 문하생으로 복사復社의 영수였다.)는 말한다.: "공은 처음 관직에 들어가 몸은 천하사를 감당하고, 치도治道를 강구하며 많은 책을 두루 읽어 박식하였다. 시, 부, 서법에 모두 능했다. 글의 자구나 수식의 기교는 보잘 것 없는 학문으로 치부하여 모두 물리치고 하지 않았으며 오로지 정치, 법령, 군사, 농사의 이치를 밝힘으로써 하늘과 사람의 종지를 철저히 규명하였다." 일찍이 "고금 정치의 득실에 대하여 두루 살피기" 시작하였고[571] "장구章句, 서법書法, 오음육율五音六律"에 힘쓰다가 경세치용의 학문으로 전향하였다. 서광계의 문하생 진자룡陳子龍은 『농정전서범례農政全書凡例』에서 다음과 같이 말한다.: "서문공은 충성스럽고 지조가 굳으며 만물의 이치에 통달하여 모든 일을 잘 처리하므로 나라 안에서 그를 높이 우러러본지 오래다. 평생 배운 바는 하늘과 사람에 관한 깊은 연구로 모두 실용을 가장 중히 여긴다."[572] 이 말은 실로 관직에 들어간 후 서광계의 치학정신을 고도로 개괄하였다.

---

571 徐驥『文定公行實』,『徐光啓集』522쪽
572 徐光啓:『農政全書』, 長沙:岳麓書社, 2002年, 17쪽

진사에 급제한 후 서광계는 명말 유행한 허무玄虛 학풍을 비판하기 시작했는데 특히 석가와 노자의 학풍에 대한 영향의 반성과 청산에 주목하였다. 32년(1605)에 쓴 『제도사행운벽도가題陶士行運甓圖歌』에서 말한다.:

"絶代风流是晋家 절대풍류는 동진 때로다
　廷臣意气凌青霞 조정 대신의 기개는 푸른 하늘도 뛰어 넘고
　霏屑玄谈未终席 하찮은 한담은 연석에서 끝나지 않는데
　胡骑蹂人如乱麻 오랑캐 군대가 난마처럼 사람을 짓밟는다.
　白玉尘尾黄金垺 백옥으로 만든 진미[573]와 황금의 담
　甕间酒龙声嗑嗑 항아리 술 따르는 소리에 잡담뿐
　谁使神州陆沈者 누가 중국을 망쳤던고
　空复新亭泪成血 헛된 신정의 눈물[574] 핏물 되었네."[575]

이는 시로써 뜻을 이야기하고 옛날을 빌어 지금을 풍자한 글로 그 취지는 "청담淸談이 나라를 그릇되게 하였음"을 설명하기 위해서이다. 같은 해, 한림관에서 수업할 때 직접 현허 심성지학心性之學, 특히 도선逃禪의 폐단을 비판하였다.: "사람은 수행하여 성인이 되고자 하는 것이 자연적 형세이다. 이를 위해 노

---

[573] 위진(魏晋) 시대 청담가들은 담론할 때 상아나 나무로 만든 긴 손잡이에 짐승털이나 마(麻) 등을 묶은 진미(麈尾)를 손에 쥐고 사용하는 습관이 있었는데 그 후 승려들 사이에서도 이 진미(麈尾)를 손에 쥐는 풍조가 널리 유행되었다.
[574] 新亭은 옛 지명으로 지금의 남경시 남쪽에 옛터가 있다. 동진 시 이곳에서 자주 주연을 베풀었는데 新亭淚는 국난에 몹시 상심하고 어찌할 도리라 없는 심정을 표시한다.
[575] 徐光啓: 『農政全書』, 長沙:岳麓書社, 2002年, 536쪽

력하지는 않고 갑작스런 깨닫기[頓悟]를 바라거나, 과장하여 말하기를 견종見宗576한 날이 바로 지금이라면서 견성개오見性開悟의 경지에 이르렀다 하고 망령되이 뜻을 세워 적자지심을 구하려 하나 공자, 맹자와는 거리가 멀다."577 이 글의 윗부분에서 적자지심을 논할 때 일부 사상적 자료를 왕양명에게서 취하였으나 이것이 그가 명말 왕학 중의 도선적 기풍을 비판하는데 방해가 되지는 않았다. 이는 그가 편애한 사상과 그 실사구시 정신이 그의 사상 전환기에서 모순되게 한 곳에 공존하기 시작했음을 설명해 준다. 『각자양주자전집서刻紫陽朱子全集序』를 본떠 만든 또 다른 책에서 서광계는 불교와 노자 그리고 당시 풍조를 비판한 기초 위에서 치학治學의 우열을 변별하는 표준을 만들어냈다. 즉 유용有用과 무용無用의 구별인데 다음과 같이 말한다.: "지금 세상이 공자 숭상을 명분으로 다른 학문을 배척하고 유일한 표준으로 삼으니 이에 석가와 노자 양가의 설이 실제로 사람마다의 마음에 깊이 들어가 그 윗자리를 차지하려든다. 이에 관한 옳고 그름[是非], 그릇됨과 올바름[邪正]을 심도 있게 말하자면 많아서 일일이 말할 수 없겠으나 나의 생각으로는 삼가 두 마디로 말할 수 있으니 쓸모있음[有用]과 쓸모없음[無用] 일 뿐이다." 학문의 정수는 유용에 있으니 이것이 즉 유학의 효용이다.: "대저 학문의 정수란 심신心身과 생명性命을 위하여 그 혜택이 나라와 천하에 미침으로써······사, 농, 공, 상인으로 하여

---

576 견종은 곧 정지정견(正知正見)으로 정지정견의 훈습(薰習) 아래에서 본성을 인식함을 말한다.
577 『徐光啓集』510쪽

금 저마다 일에 종사할 수 있게 하는 것으로 천하가 평정되고 다스려짐은 유학의 효용일 뿐이다." 유용과 무용의 논리학적 표준에 근거하면 불교와 도교는 세상에 이익 됨이 없을 뿐더러 부정적 영향이 매우 크므로 "불교와 도교의 정수란 것은 현자로 하여금 잠시 집을 잃고 돌아갈 줄 모르게[578]할 수 있다. 그 사실을 한데 모아서 백성으로 하여금 명하여 모두 그 길로 가게 한다면 사람마다 신선이 되고 부처가 될 수 있다는 말인가? 사람마다 신선이고 부처면 이것이 변화무쌍한 인간 세상이라 할 수 있는가? 내가 아는 바로 그것은 절대로 불가능하니 석가와 노자는 과연 세상에서 쓰일 바가 없다." 그는 주희의 학문이 "공자를 계승하여 공자의 사상, 학술을 말한 것", "그 실제로 행함[實行]과 실제적 공적[實功]은 본체[體]가 있고 작용[用]이 있어서[579]" "천하국가로 하여금 실제로 유학의 혜택을 보게" 할 수 있다고 생각하였다. 그러나 당시 학자는 "역逆을 취할 뿐"이었으니, "근래의 학자는 멋대로 방향이 뒤엉켜져 잘못 선유先儒를 이어받고 본말이 전도되어 이르기를 나 홀로 거룩한 종지를 받들고 공자의 직계 제자라 하나 실제는 은밀히 석가와 노자의 정수를 이용하여 글마다 그것을 억지로 갖다 붙이고 후진 선비들로 하여금 마음을 흔들어놓고 따르게 하니 그런 즉 주자의 학맥을 헌 빗자루 보듯 본다."[580]

---

[578] 弱喪忘歸. 『莊子.齊物論』予惡乎知惡死之非弱喪而不知歸者邪

[579] 어떤 학자의 견해로는 "실학의 본 취지는 실제적으로 유용한 학문이다. 본체[體]로부터 말하면 진실 되고 실용적인 일이며 작용[用]으로부터 말하면 실용(實用), 실행(實行), 실공(實功), 실효(實效)로 실학의 본질적 특징은 실을 높이고 허를 몰아내는[崇實黜虛] 것"이라고 하였다.

이 서문은 고헌성, 고반룡 같은 부류의 불교와 도교 비판 및 당시 학자에 대한 비판 같이 보이며 진정한 유학의 정통적 지위로서의 정주이학을 지키려 하는 것 같으나 그 취지는 사실 유용과 무용의 논리학적 표준을 관철하는데 있었다.

이후, 서광계의 치학은 줄곧 유학의 효능, 부국강병, 양호한 도덕정치의 추구에 있었으며 또한 항상 유용과 무용이라는 표준의 보편성을 견지하였다. 『치노친가서致老親家書』에서 서광계는 일체 글로써 응대하기를 포기한 원인을 설명한 바가 있다.: "무엇 때문인가요? 지금 세상은 논문집이 수 만 가지나 되어 모자람이 없어도 나를 위해 쓰일 것은 하나도 없습니다. 이전에는 비록 쓰임에 절실치 않았을 지라도 반드시 지금의 시문詩文보다 무용하였다고는 할 수 없습니다."[581] 그렇지만 서광계는 이러한 논리가 도리어 풍속에 어긋나고 오만하며 분수에 넘친다고 생각하였으므로 조심스레 사돈老親家에게 다음과 같이 청하였다.: "사돈양반이 아니라면 어찌 감히 이처럼 오만하고 분수에 넘치는 말을 하겠습니까? 제발 비밀을 지켜주시기 바랍니다."[582] 그러나 국세의 쇠락은 결국 "몸이 천하사를 맡게 된" 서광계로 하여금 비통한 논리로써 이러한 "오만하고 분수에 넘치는" 용기를 표현해 내게 하였다. 숭정황제 2년(1629년) 국정을 논할 때 서광계는 솔직히 아래와 같이 말한 적이 있다.: "지금의 시문時文은 참으로 무용합니다." 이는 "주례삼물周禮三物[583]은 덕행德行을 우

---

580 『刻紫陽朱子全集序』, 『徐光啓集』 94~95쪽
581 『致老親家書』, 『徐光啓集』 497쪽
582 위와 같음

선으로 하고, 아래로 예악사어서수禮樂射御書數⁵⁸⁴에 이르는데 오히려 이와 같이 유용한 학"인 것만 같지 못합니다.⁵⁸⁵ 서광계가 비판하고 지적한 것은 시문으로 시문은 무엇을 말하는가?『사고제요四庫提要』에서는 이렇게 말한다.: "명대 유생은 시문을 중히 여기고 시문은 사서四書를 중히 여긴다."⁵⁸⁶ 시문은 대개 장구학章句學과 팔고문八股文⁵⁸⁷을 가리킨다. 서광계는 선진유학先秦儒學과의 비교 중에서 시문과 당시 학자의 터무니없고 진실치 못한 점을 들추어냈다. 이는 마테오리치와 함께 고유(주된 경향)에 부회하여 불교와 도교 그리고 후세 유자(後儒; 二程, 朱子)를 배척하고 비판한 것과 외관상 일치성을 갖는다. 그러나 서광계의 논리는 실제로 과거로 돌아가는 복고復古를 빌려서 새로움을 창조하려는 창신創新의 비판정신을 더욱 많이 표현해 냈으므로 양자 간에는 큰 차이가 있다.

만력 46년, 누르하치는 군사를 일으켜 무순撫順, 동주東州 등

---

583 삼물(三物)즉 삼사(三事)는 육덕, 육행, 육예를 가리키는데『周禮,地官,大司徒』에서 六德은 知, 仁, 聖, 義, 忠, 和 六行은 孝, 友, 睦, 姻, 任, 恤 六藝는 禮, 樂, 射, 御, 書, 數를 이른다.

584 중국의 고대 유가는 학생이 숙달해야할 여섯 가지 기본 재능을 요구하였는데 예는 예절, 악은 음악, 사는 활쏘는 기술, 어는 마차 부리는 기술, 서는 서법, 수는 산법을 말한다.

585『對講三則』,『徐光啓集』441쪽

586『四庫全書總目』卷37『經部,四書類存目』,『四書人物考提要』, 北京: 中華書局, 1987年, 310쪽

587 장구학은 한나라 때 유가 경전을 연구하던 훈고학을 이르는데 글의 편장(篇章)과 자구 해석에 치우쳐 대의를 자세히 밝히지 못하였다. 팔고문은 시문(時文)이라고도 부르는 명, 청대 고시제도가 규정하던 특별한 문체로 오로지 형식만을 논할 뿐 내용이 없었다. 문장의 매 단락마다 고정된 형식을 지키고 글자 수에 일정한 제한을 두었으니 사람들은 다만 제목의 자의(字義)에 따라 부연 설명하고 글을 쓸 뿐이었다.

지를 잇달아 점령하고 이어 광녕廣寧의 관군 만여 명을 대파하였다. 국세가 위기에 처하니 일시에 "안팎으로 겁을 먹고 놀라 허둥대고" "의견이 분분하였다."⁵⁸⁸ 이때 서광계는 그의 스승 초횡에게 편지를 보내 속내를 털어놓았다.: "항시 국세의 쇠락을 걱정함은 송 말기보다 열배는 됩니다. 매번 사람들에게 부강의 방법을 이야기합니다.: 부국은 반드시 농업을 근본으로 하고 강국은 반드시 정병正兵이 있어야 합니다. 20년 내내 사람을 만나면 이야기하였건만 듣는 사람은 고지식하거나 허황되다고 말합니다. 만약 고지식하고 허황된 말을 일찍이 취하여 사용하였다면 어찌 오늘의 일이 있겠습니까?"⁵⁸⁹ 그 뜻은 원대하고 실제적이며 그 말의 절실함은 지극하다 하겠으나 그 논리를 세상에서 알아주지 않으니 또한 어쩔 수가 없었다.

"선의"(그러나 도리에 어긋나지 않는)의 비판정신, 하늘과 사람을 연구하고 실용을 주장하는 치학 태도, 부국강병의 원대한 뜻은 서광계의 정신적 풍격을 구성하는 주요 내용이다. 이 또한 그가 서학을 이해하고 수용한 시각이며 출발점이었다. 선의하므로 자신이 깊숙이 빠져있던 사상전통에 대하여 다시 생각하고 비판할 수 있었다.; 실용을 주장하고 부국강병을 추구하였기에 중국 중심의 이하夷夏 관념이란 사유구조에서 벗어날 수 있었고 서방문화에 대해 개방적인 태도를 가질 수 있었으며 타인의 장점을 취해서 나 자신의 단점을 보완하고 동시에 소통하여

---

588 梁家勉:『徐光啓年譜』119쪽
589『復太史焦座師』,『徐光啓集』454쪽

서양을 앞서기를 바랐던 것이다.

二

만력31년, 32년은 서광계 일생에서 가장 중요한 전환점이다. 31년 서광계는 천주교에 입교하였고 이후로 서양 전교사와 매우 친밀히 왕래하였다. 다음 해 진사에 급제하였는데 이는 그의 후일 정치, 학술 생애에 유리한 조건을 제공하였다. 앞에서 서술한 바와 같이 진사가 되기 전 서광계는 주로 공부를 가르치며 생계를 유지하였고, 과거에 합격하여 공명을 도모하려거나 전통 장구학의 학습에 힘썼으므로 과학에 관해 일할 기회는 매우 적었다. 다만 31년 상해지현 유일광上海知縣 劉一燝에게 수리공정水利工程에 관한 한편의 단문을 제출한 적이 있는데 즉 전통방법으로 치수공사의 계산과 지세를 측량한『양산하공급측량지세법量算河工及測量地勢法』이다. 객관적 사실은 서광계의 주요 과학적 공헌이 그가 마테오리치 등과 사상적으로 실질적 교류가 있은 뒤에 이루어졌음을 말해주고 있다.

시간상 전후 관계는 사람으로 하여금 매우 용이하게 인과적 추론을 얻어내게 한다.: 서광계의 입교는 전적으로 서양 과학지식을 비교적 편리하게 얻기 위해서였다. 이는 매우 유행하는 또한 역사가 오랜 관점이다.

1906년 황절黃節은『서광계전徐光啓傳』을 저술하여『국수학보國粹學報』에 발표하였는데 논점은 서광계가 "표면적으로는 천주교를 숭상하였으나 한편으로는 은밀히 상수지학象數之學(서양 과학기술)을 취하여 자신을 위해서 썼고……그런즉 그 종교를 믿고 따르면서 이익을 도모한 것을 볼 수 있다."고 하였다. 황절의 논점은 이유가 있어서인데 그 당시 "외족을 빌어 동족을 해치고 부귀를 얻는 자가 있었기 때문이다."590 그 주장의 취지는 대체로 서양을 높이고 외세에 아부하며 심지어 외족을 빌어 동족을 해쳐서 부귀를 얻는 악랄한 현상을 통렬히 꾸짖는데 있었다. 서광계의 입교 원인에 대한 논의의 해석은 사실상 그가 사람들의 비참한 현실적 문제를 해결하기 위해서였으므로 동기는 크게 비난할 바가 못 된다. 이와 같이 서광계의 입교가 단지 서양 과학기술을 획득하기 위한 것이라는 판단은 지금까지도 영향력이 있다. 확실히 전교사들이 과학으로 사대부를 흡인하고 사대부들을 과학진리로부터 계시진리로 인도하려 했던 목적은 매우 분명하다. 이런 책략은 또한 사람들로 하여금 상술한 결론의 정확성을 쉽게 믿게 하였다. 마테오리치 사후, 이런 책략에도 변화가 와서 전교사들은 그전처럼 열정적으로 과학지식을 전수하려 하지 않았는데 방이지方以智(명대 철학자, 과학자 1611 – 1671, 자는 밀지密之, 호는 만공曼公가 말하는 "찾아가서 역법의 계산이나 기이한 기계에 대해 물어보면 상세히 답하지 않으나 하늘 섬기는 일에 대해 물으면 좋아하였다."591는 것은 적어도 상술한 결론이 일부 객관적 사실을 반영하고 있음을 설명해준다. 즉 입교하여 하느님을 섬기면 역법의 계산, 기이한 기구 등 과학지식 분야를 편리하게 얻을 수 있었다.

---

590 『國粹學報』 1906年 1:10
591 『桐城方氏七種遺書.膝寓信筆』

서광계의 종교 신앙에 대한 또 다른 태도와 해석이 있는데 이는 전교사와 중국 천주교도에 의해 과장되게 묘사된 부분으로 그 목적은 자연히 말하지 않아도 알 것이다. 필립프 구플레柏應理; P. Philippus Couplet(1624 - 1692 벨기에 전교사, 1656년 중국에 옴)는 『서광계행략徐光啓行略』을 저술하여 서광계의 입교과정과 신앙을 받아들인 이후의 "행복한 삶"에 대해 상세히 서술하였다. 일부 발췌 부분은 다음과 같다.:

"경자년(1600), (서광계는) 다시 남경에 가서 마테오리치가 서양에서 온 것을 알고 안부를 물으며 그가 온 취지를 간단히 물었다. 돌아와 꿈을 꾸면서 보니 둥근 건물 중앙에 세 개의 대가 세워졌는데 하나는 형상이 있으나 다른 둘은 형상이 없었다. 깨어나 어떻게 해몽할지 몰라 매우 이상하게 생각하였다. 계묘년(1603)에 또 남경에 가서 마테오리치를 찾아보았으나 그때 마테오리치는 마침 북경에 가고 없었고 미카엘 루지에리羅明堅 선생이 나와서 맞으며 천주상 있는 곳으로 인도하였다. 루지에리는 천주 삼위일체를 이야기하면서 이것은 제2위로 강생하여 사람이 되신 상이라고 하니 공은 홀연히 전에 꾼 꿈을 생각하고는 비로소 놀라 의아해하였다……"(이하로는 서광계가 『천주실의』를 읽고 세례를 받는 과정을 썼으며 알레니의 것과 비슷하다. 한편 나와서 서광계를 맞은 사람이 루지에리일 수는 없는 것이 그는 이미 1588년 유럽으로 돌아갔다.)

구플레는 서광계가 입교 후 곧 손자를 얻었고 재앙이 복이 되었으며 그의 어머니는 승천하였다고 생생하게 묘사하고 있다. 구플레 등의 서술은 "교회의 세 위인" 중 한 사람인 서광계의 명성을 이용하여 천주교를 전파하고자 함이 분명하다. 서광계가 마치 처음부터 꿈의 계시를 받고 삼위일체의 "계시진리"를 수용하였다는 인상을 사람들에게 남겨주었다. 뒤에서 서술한 기적의 발생은 당연히 새로운 복음을 믿는 청중들에게 한 약속이었으나 부지불식간 서광계의 종교 신앙을 미신의 수준으로 낮추었다.

서광계 입교에 관한 원인문제는 큰 틀로 보아 하나의 종교심리학적 문제와 같아서 해석의 다양성과 임의성이 이 문제의 난이도를 이야기해주고 있는데 - 역사적 인물 혹은 사건에 대한 심리학적 연구는 확실히 사람들에게 만족스러운 해석을 얻기 어렵게 한다. 그러므로 만일 우리가 연구의 각도 혹은 문제 제기를 전환하여 연구한다면 이는 더욱 의미 있는 일일지도 모른다. 윗글에서 우리는 서광계의 치학 태도와 사상적 특징을 개괄적으로 서술하였다. - 이런 특징 중 어느 것은 서학과 접촉하기 전에 이미 형성되었고 어느 것은 서학과의 접촉과정 중에서 발전하였으며 어느 것은 명말 일부 사대부가 공통적으로 지닌 경향인 경세실학의 탐구 같은 것이다. 그래서 순환해석循環解釋[592]의 문제는 아마도 존재하지 않을 것이며 현재의 문제는 서광계가 어떻게 자신의 시야 범위 안에서 중국 문화전통과 서학을 이

---

[592] 해석학 용어. 본문에 대하여 해석을 진행할 때 이해하는 사람은 본문의 세부적 묘사에 근거하여 그 전체를 이해하며 역시 본문 전체에 근거하여 그 세부적 묘사를 이해하는 끊임없이 순환하는 과정인 즉 이해의 구조를 가리킨다.

해하고 반성하였는가? 혹은 그가 자신의 인식구조 또는 개념구성 안에서 – 이러한 구성은 고정적이지 않으며 계통적 특징을 지닌다 – 서학에 어떠한 의의를 부여하였는가? 이다.

명대에 이르기까지 중국의 사상적 전통에서 서방 "종교"에 대응하는 순수개념을 찾는다는 것은 쉬운 일이 아니다. 사대부는 흔히 "배우고[學]", "가르치는[教]" 것을 선현들이 만들어 전해 내려온 문화유산으로 칭송하였다. 그리고 "배우고", "가르치는" 것은 포용성이 매우 큰 개념이었다. 서광계 또한 예외 없이 이 개념을 계승하고 사용하였다. 그가 보기에 "배우고" "가르치는" 것에는 형이상학으로서의 도道를 포함할 뿐만 아니라 또한 사람을 위한 "보잘 것 없는" 말기지학末器之學[593]을 포함하고 있었다. 『각동문산지서刻同文算指序』(1614)에서는 다음과 같이 말한다.: "우리 중하中夏는 황제黃帝가 예수[隸首][594]에게 산수算數를 만들도록 명하여 용성容成[595]을 도와주웠고 주나라 때에 이르러 완비되었다. 주공은 이를 사용하여 관학에서 선비를 선발하였다. 과거에서 재덕을 겸비한 사람을 뽑아 관가에서 썼다. 공자의 제자들은 육예六藝에 능통하였는데 이는 기예가 높은 수준에 달하였음을 말해준다. 수학數學을 폐하라 하니 이는 주공과 공자의 가르침에 어긋나는 일이다."[596] 분명 여기에서의 주공과 공자의 가

---

[593] 道를 중시하고 器(기물)를 경시하던 중국 고대의 철학사상. 『易經.繫辭』形而上者爲之道 形而下者爲之器(형상이 있기 이전의 형상을 있게 하는 것을 무형의 도(道) 곧 법칙이라 하고, 형상이 갖추어진 이후의 것을 도를 담는 그릇 곧 기물(器物)이라 한다) *『周易』최완식 역해 참조. 이후 나오는 『주역』의 역해 구절은 본서의 내용을 따름

[594] 황제의 사관(史官)으로 산수를 처음 만들었다.

[595] 황제의 대신으로 역법(曆法)을 발명하였다고 전한다.

르침은 육예를 포함하고 있고 수학은 당연히 주공과 공자의 가르침 밖에 있지 않다. "배우고" "가르치는" 이러한 포용성은 지금 사람이 말하는 문화와 비슷한 의미를 갖게 하였다. 서광계 등은 바로 이와 같은 개념으로 전교사들이 들여온 "천학"을 이해하고 수용하였던 것이다. – 그래서 사람들이 서광계 등 교인이 수용하고 신앙한 것이 단순한 천주교교리가 아니고 그 안에 과학기술을 포함하고 있는 "잡탕[大染燴]"임을 발견하였을 때 만일 위에서 서술한 전통적 영향을 이해한다면 이 현상에 대하여도 크게 놀라지는 않았을 것이다. 서광계가 보기에 "선생(마테오리치)의 학은 대략 세 가지였다.: 큰 것은 수신과 하늘 섬김[事天]이고 작은 것은 격물하여 그 이치를 구함[格物窮理]이며 물리의 한 부분[一端]은 달리 상수象數가 된다."[597] 서광계의 "천학"에 대한 개괄과 분류에 대해 지금 사람의 말로 표현하면 다음과 같다.: 수신, 사천의 도덕, 종교와 격물궁리의 철학, 과학 및 그 "나머지"로서의 상수(과학의 일단). 이러한 분류는 중국 고유의 개념으로서 "교"와 "학"의 "천학"에 대한 동화同化적인 이해와 수용이므로 창조적이고 새로운 개념을 필요로 하지 않는다. 수신, 사천이란 큰 문제에 대하여 서광계 역시 이와 비슷한 성향의 이해를 하였다.: "일찍이 반복하여 의심된 점을 고찰하고 문제점을 제거하면서 각종 학설과 한담에 이르는 수많은 말 중 충효의 취지에 맞지 않는 것, 세상인심에 이롭지 못한 것을 찾고자 하

---

596 『刻同文算指序』, 『徐光啓集』 80쪽
597 『增訂徐文定公集』 卷1 『幾何原本序』

었으나 마침내 찾을 수 없었다."[598] 충효의 요지에 부합된다고 하여 이를 천주교의 중요교리로 서술한다는 것은 질책 받을 순수치 못한 천주교에 대한 이해와 수용임이 틀림없으나 그러나 서광계도 기타 사대부들처럼 의동擬同 경향을 띄고 있었음을 설명해준다. 그는 일찍이 마테오리치가 고유에 부회하고 천주를 옛 경서 중의 상제라 부르는 방법을 수용하였는데 이렇게 말한다.: "그 배운 바를 살펴보지 않은 바 없으며 그 큰 것은 상제에게 정성된 마음으로 의탁하여 하늘에 제사 지내는 것을 종지로 삼고…… 몸이 선종善終하기를 바라는 것……."[599] 그러나 그럼에도 불구하고 그의 이러한 의동적 논술과 마테오리치의 유학에 부회하는 방법은 똑같이 모두 일정한 편의성을 가지고 있다. 왜냐하면 실제적으로 그는 천주교의 천주와 중국 고대경전 중의 상제 둘 사이에 실질적 차이를 인식하고 있었기 때문이다. 전교사 니콜라스 롱고바르디龍華民는 마테오리치의 방법에 반대하였는데 전교사들은 "당연히 성경의 본래 뜻을 견지해야하며 ……성경을 곡해함으로써 그와 상반되는 철학자 혹은 자연이성自然之光 혹은 양심의 판단에 영합할 수는 없다"고 생각하였다.[600] 천주교의 천주와 유가경전 중의 상제가 근본적으로 같지 않다는 것을 증명하기 위해 그는 여러 모로 궁리한 끝에 한 가지 조사방법을 꾸몄는데 즉 사대부들이 상제에 대한 이해를 구

---

598 위의 책 卷1『跋二十五言』
599 위의 책
600 Longobardo, An Account of the Empire of China, in A Collection of Voyages and Travels. I, London, 1744. p. 168. 北京大學圖書館善本室에 소장.

할 때 일부러 그들에게 자기가 마테오리치를 논박하기 위한 조
사를 진행하고 있다는 사실을 알지 못하게 하였다. 롱고바르디
는 말한다.:

"나 또한 똑같은 문제를 서보록박사徐保祿博士(서광계의 천주
교 본명이 보록 즉 바오로)에게 물어보았더니 그는 매우 솔직
하게 대답하더이다.: '황천상제皇天上帝(king of the upper
region)는 우리의 천주가 아닙니다.' 그는 옛날이나 지금이나
중국인은 모두 천주가 무엇인지 모른다고 굳게 믿고 있습니
다. 그러나 신부님들이 이미 선의적으로 천주를 상제로 불렀
으니 그렇다면 중국 선비는 반대해서는 안 되며 또한 이 칭호
를 받아들였으니 우리가 장차 천주에게 돌아간다는 특성으로
'상제'에게 돌아가는 것은 유익하리라고 그는 단정하였습니
다. 그는 영혼에 관해서 중국인이 대략은 알고 있으나 아는
바가 그다지 완전치만은 않다고 생각하고 있습니다."[601]

롱고바르디는 종교의 순수성과 엄격한 전교책략을 견지하
기 위해 그 자신의 관점에서 서광계 등을 증인 혹은 전교사들의
책사로 묘사하였으나 그의 말은 오히려 서광계가 천주교의 천
주숭배와 중국 옛 사람의 하늘공경, 하늘 섬김, 천신(황천상제)

---

[601] 我也以同樣的問題問及徐保祿博士(按光啓之教名爲保祿), 他回答得很眞率, 他認爲: 皇天上帝(the king of the upper region)不是我們的天主. 他深信, 古今中國人都不知道天主是什麼. 但旣然神父們出于善意稱天主爲上帝, 那麼中士就不得反對. 而且由于這個稱號保留下來了, 他斷定我們將歸給天主的特性歸與'上帝'將是有益的. 至 于靈魂, 他認爲中國人略有所知, 但所知不甚完滿
위의 책 200쪽

숭배를 구별하고 있었음을 표명한다. 롱고바르디의 말은 믿을 만한가? 서광계는 진정으로 이런 차이를 인식하고 있었는가? 우리는 서광계 자신이 쓴 저작 중에서 답을 찾을 수 있다.

천계 계해天啓 癸亥(1623)년 서안西安 사람이 땅을 파다가 우연히 당대진경교당비唐大秦景敎堂碑[602]를 발견했는데 서광계는 이를 위해 『당경교비기唐景敎碑記』를 써서 말한다.:

"우리 중국이 천주의 존재를 안 것은 마테오리치가 온 뒤로부터이다.…… 마테오리치는 외로이 구만 리 길을 걸어와 명주 明主를 알게 맺어주었다. 심오하고 고귀한 말과 통찰력 있는 이론으로 떳떳한 상도常道를 제창하니 나라 안에 수행하는 선비들이 밀려들어 그를 따른다. 그러나 믿는 자 수 천만이 의심하는 자 한 사람을 이길 수 없음은 어째서인가? '서양 선비의 지론은 옛적에 들은 적이 없기 때문!'이라고 말한다. 오호라, 옛사람[古] 이전에는 고인이 없었거늘 어찌 창조가 없을 수 있겠는가? 천지만물은 모두 창조된 것이로다. 중국에서는 천교天敎가 있은 지 이미 천여 년이 되었고 새로 만들어진 것이 아니다. 어찌 알 수 있는가? 천계 계해년 관중關中 사람이 땅에서 파낸 당나라 비석으로 이를 알 수 있다."[603]

---

602 경교는 당나라 때 기독교 종파가운데 하나인 네스토리우스교가 전래되어 붙여진 이름이다.

603 我中國之知有天主也, 自利于瑪竇來賓始也……利子以九萬里孤踪, 結知明主. 以微言至論, 倡秉彝之好, 海內實修之士波蕩從之. 而信者什百千萬不能勝疑者之一, 何也? 其言曰: '西儒所持論, 古昔未聞也!' 嗚呼, 古人之前未有古人, 孰能无創乎? 天地萬物皆創矣. 仰中國之有天敎已有一千餘年, 非創也, 何從知之? 以天啓癸亥關中人掘地而得唐碑知之也.
『唐景敎碑記』, 『徐光啓集』, 531쪽

사대부들이 "옛적에 들은 적이 없다."는 이유로 천주교의 접수를 거절하고 또한 한 사람의 의심이 수천만 사람의 믿음을 이길 수 있다고 하는데 이는 확실히 숭고崇古의 동화성同化性[604] 인식방식이 주는 영향이 매우 컸음을 반영한다. 서광계는 사람들의 이런 회의를 해소키 위해 천주교가 옛적부터 있었고(실은 당 태종 정관貞觀 시 처음 들어왔다.) 새로 만들어진 종교가 아니라고 해석한다. 그러나 전편의 논지는 오히려 만물은 모두 창조되었음을 긍정하고 중국이 알고 있는 천주는 마테오리치가 중국에 온 때로부터 시작되었음을 인정하는데 있다. 바꿔 말해 천주교가 중국인에게는 새로운[新創] 종교이니 중국의 하늘을 공경하고 섬기는 종교와는 당연히 다르다는 점을 인정하였다. 창創이란 글자는 그가 이질적 종교에 순응하고 접수하였음을 표명한다.

그러나 상술한 토론은 서광계가 "옛 사람들이 말한바"에 구애받지 않고 "새롭고 이질적인" 서양종교의 접수를 설명해주는 외에는 다른 어떤 것도 설명할 수 없다. 그렇다고 이 점이 여전히 사람들의 굳은 믿음을 방해하지는 않았다.: 서광계가 유학과 기독교의 차이점을 인식한 기초 위에서 이질적 종교를 수용한 것은 다만 그 작은 것(과학)을 얻기 위해서였으니 그래서 그는 일찍이 "나는 절실하게 그 작은 것을 전한다."고 명백히 말하였다. 여기에서 우리는 서광계의 논술을 전면적으로 연구해볼 필요가 있다. 앞서 인용한 『기하원본서』에서 서학에 대한 분류를

---

[604] 동화성 변화의 특징은 위에서부터 아래로 내려오는데 원래 있던 고유의 경험구조가 상위 구조이고 새로운 경험구조는 하위 구조이다.

진행한 후 서광계는 말한다.: "그래서 이에 나는 절실하게 그 작은 것(상수 등 서양과학을 가리킨다.)을 전하니 먼저 그것을 쉽게 믿게 하고자 사람들로 하여금 그 글의 실마리를 찾아서 그 뜻을 알아볼 수 있게 하고 선생의 학學을 알아서 의심 없이 믿을 수 있도록 하고자 한다. 대개 이와 같으면 이 책은 날마다 쓰임새가 더욱 클 것이다."[605] 여기에서 말하는 바는 아주 명확한데 "절실히 그 작은 것을 전하는" 목적은 그 실마리를 찾아서 사대부들이 쉽게 과학기술을 수용하고 믿게 하기 위해서이고 "선생의 학"은 의심스럽지 않으니 소위 "선생의 학"은 "수신과 사천"의 "큰 것"도 포함하고 있음을 자연스레 증명하는데 있었다.

역사적 사실은 서광계의 종교적 신앙은 경건하였고 이런 신앙은 마음속의 회의를 통하여 도달하였음을 말해준다. 『발이십오언』은 말한다.: "나는[啓] 평생 선의善疑하였다." 그러나 "선생학"의 "큰 것이 하느님께 순종하고 하늘을 믿고 섬김을 종지로 하는 것임"을 이해한 뒤로는 "마치 구름을 헤치고 난 듯 조금도 의심되는 바가 없었고 늘 백성을 구제할 수 있었다.; 망망한 바다를 떠돌 듯 한 상황에 이르러 죽음을 이해할 수 있었으니 이에 진심으로 신복하며 일을 할 수 있다."[606] 그는 다시 마테오리치에게 적극적으로 천주교 성경번역을 요청하였고[607] 일찍이 가족에게 보낸 편지에서 "교회 일은 심혈을 기울여 열심히 해야 하고 냉담할 수 없으니 한번이라도 방심하면 타락하기 쉽다"[608]

---

605 『增訂徐文定公集』卷1 『幾何原本序』
606 『增訂徐文定公集』卷1 『跋二十五言』
607 위와 같음

는 등등 훈계를 하였다.

　이런 사실들이 사람들에게 수용되기 어려운 일은 아니었다. 문제는 서광계가 이런 신앙에 어떠한 의미를 부여하였나이다. 그가 관심을 가진 것은 무엇인가?

　마테오리치는 일찍이 사대부들과 도를 논한 말들을 『기인십편畸人十篇』에 모아 1608년 북경에서 인쇄하여 책으로 냈다. 이 책은 마테오리치와 서광계 두 사람 생전에 나왔으므로 그 두 사람이 도에 대해 논한 말들은 믿을 만하다. 그 중 제3편, 제4편은 서광계와 마테오리치 두 사람이 생사문제에 관해 심도 있게 토론한 기록이다. 마테오리치의 취지는 사대부에게 영혼불멸과 사후 심판 등의 종교적 관념을 주입시키는데 있었는데 그의 기록에 의하면 서광계는 이를 들은 뒤 아주 큰 충격을 받았다고 한다. 마테오리치는 다음과 같이 말한다.:

"서태사는 이튿날 다시 나의 집으로 찾아와서 말하였다.:'선생이 어제 한 말씀은 사실 인생에서 가장 긴급한 일로 저는 그 말을 듣고 크게 놀라고 두려웠습니다. 깨닫지 못함을 용서받을 수 있겠습니까? 오늘 대략 이 일들을 열거하여 대충 조목으로 만들어 주실 것을 청하니 기록하여 스스로를 경계하는 첫 번째 잠언으로 삼겠습니다."[609]

---

608 『家書』, 『徐光啓集』 489쪽
609 徐太史明日再就余寓, 曰:'子昨所舉, 實人生最急事, 吾聞而驚怖其言焉. 不認可得免乎? 今請約舉是事, 疏爲條目, 將 錄以爲自警之首箴
　臺灣影印本 『天學初函.畸人十篇』 153쪽

천주교에서 사람이 죽은 후 영원한 복락을 누린다(천당에 간다)는 허락 및 지옥에 가면 영원히 고통을 겪는다는 과장된 묘사는 확실히 서광계에게 영향을 주었고 그로 하여금 "항상 죽은 후를 걱정하는 것이" 인생의 가장 긴급한 일로 보이게 하였다. 이런 개인구원에 대한 관심은 그가 집에 보낸 서신에서도 진실하게 나타나고 있는데 그는 가족에게 간절히 훈계하였다.: "진심으로 회개하면 용서받지 못할 것이 없으리라."610

알레니艾儒略는 『대서이선생행적大西利先生行蹟』에서 다음과 같이 말한다.:

"대종백 서공현호大宗伯 徐公玄扈(호가 玄扈)는 박학다식한 분으로 생사대사 문제를 철저히 터득코자 하였으나 유자儒者들이 이를 상세히 말한 바가 없어 애석해 하였다. 모든 현학玄學, 선학禪學과 훌륭한 스승을 찾아 물어보았으나 생사대사 문제에 이르러는 명확한 대답을 들을 수 없었고······"611

서광계의 가서家書와 대조해보면 알레니의 말이 사실무근이 아님을 볼 수 있다. 서광계는 명말 절강일대의 다른 사대부와 마찬가지로 생사대사 문제에 관심이 매우 많았다. 같지 않은 점은 다른 사람이 유교나 불교 혹은 참선, 해탈의 길을 택하여 생

---

610 『徐光啓集』 492쪽
611 大宗伯徐公玄扈, 博學多才, 欲參透生死大事, 惜儒者未道其詳. 諸凡玄學, 禪學, 無不拜求名師, 然于生死大事究無着 落······
陳垣校刊本 『大西利先生行蹟』 5쪽

사대사 등 문제를 해결하였다면 서광계는 많은 생각 끝에 천주교를 선택하였다는 점이다.

천계4년(1624) 당쟁의 화가 미쳐서, 양련楊漣, 좌광두左光斗, 위대중魏大中, 주순창周順昌이 연이어 위충현魏忠賢의 죄를 탄핵하였으나 모두 위충현 무리에게 해를 입었다. 그 해 위엄당魏閹堂[612] 무리인 위광미魏廣微가 서광계의 관직을 높여 예부우시랑 겸 한림원시독학사禮部右侍郞兼翰林院侍讀學士로 천거하는 교지를 보냈으나 부임하지 않았다. 원인은 서광계가 당쟁을 몹시 싫어하였고 중립을 표방하면서 "당여黨與(같은 당파 사람) 두 글자는 사대부의 정신과 재력을 소모시킨다. 그리고 국가경제와 국민생활에 대하여는 조금도 관계하지 않고" 사람들로 하여금 "혐오스러워 뒷걸음치게 한다."[613]고 생각하였기 때문이다. 뜻하지 않게 다음 해 위충현 패거리[魏黨]는 서광계가 "올가미에 걸리지 않고" "그들 편이 되지 않자" 상소하여 탄핵하고 그해(1625) 교서를 내려서 서광계의 예부우시랑 등의 직을 해임하였다. 과학연구에 몰두하던 그때 (1624) 서광계는 나이가 63세 고령임에도 전교사 프란시스코 삼비아소畢方濟와 함께 종교서 『영언여작靈言蠡勺』을 번역하였다. 이 번역서에서 아니마亞尼瑪(즉 영혼)는 "지극히 오묘하고" "자립하는 본체"로 불멸하며 "본래부터 스스로 존재하는 것"이라고 논증하였다.[614] 동시에 "영육 간의 보존과 구원의 중요성"을 제창하였다. 이 책의 번역과정에서 서광계는

---

612 엄당은 명대에 환관의 권세에 빌붙은 관료들이 결성한 정치 파벌이다.
613 『復周无逸學憲』, 『徐光啓集』 474쪽
614 『天學初函.靈言蠡勺』 1134쪽

많은 정력을 소모하였다. 진원陳垣의 견해는 이러하다.: "그 말
은 넓고 심오하고 현묘하고 신기하나 세상사와 멀리 있지 않
다."615 서광계가 이 책을 번역하면서 보인 높은 열정을 볼 수 있
다. 이는 매우 의미 있는 일이었으니, 그것은 다만 "궁하면 그
몸을 홀로 선하게 한다."616는 인생철학의 실천일 뿐 아니라 또
한 일종의 종교방식으로써 개인의 정신적 안위와 자유를 찾는
것이 가능할 수 있었다. 확실히 "종교는 아직 자기를 찾지 못하
였거나 혹은 거듭 자기를 상실한 사람들의 자아의식, 자아 감각
이며." "종교 안에서의 고난이 현실적 고난의 표현인 이상 또한
이러한 고난에 대한 항의이기도 하다. 종교는 압박당하는 인민
의 탄식이며 무정한 세계의 감정이다."617 만일 이 논리의 정확
성을 긍정한다면 우리는 어느 정도 이 결론의 보편성이 당쟁의
화에 처해 있으면서도 종교에 대한 깊은 사려와 번역에 몰두한
서광계의 고민을 묘사하는데 적합하다고 말 할 수도 있다. 그가
비록 요직에 몸 담그며 중립을 표방하였더라도 고도로 집중되
고 부패한 명말의 전제통치 중에서는 여전히 자기재능의 발휘
를 상실하거나 혹은 "거듭 자신을 상실하는" 액운을 면할 수 없
었다. 동림당인의 비참한 결과618는 더욱이 현실세계의 무정함

---

615 陳垣校刊本『靈言蠡勺』陳氏序, 1919년

616 『孟子.盡心上』窮則獨善其身

617 馬克思:『黑格爾法哲學批判』導言,『馬克思恩格斯選集』第1卷, 人民出版社 1972년, 1~2쪽

618 동림당인은 천계(天啓)초 일시 주도권을 잡았으나 언로(言路)를 개방하여 조정을 비난하자 희종 시 전권을 장악한 태대감(太大監) 위충현과 결탁한 반동림당인의 탄압을 받았다. 1625년(천계 5년) 희종은 조서를 내려 전국의 서원을 불태우고 다음해 동림서원을 완전 폐쇄되었다. 동림당인 또한 박해를 받아 양련(楊漣), 좌광두(左光斗)등 수많은 저명한 동림당인이 체포되어 옥사하였다. 1627년

을 말해주었으니 서광계가 이미 당쟁을 통한하고 있었던 이상 자연히 스스로 정통이라고 자만하는 동림당인처럼 용감히 정치투쟁을 할 수는 없었다(비록 그가 동림당인과 아주 가까이 지냈지만). 나머지 방식은 다만 함께 협력하지 않거나, 관직에 나가지 않거나, 은퇴 후 종교생활 속에서 자신을 발견하고 아니마의 지극히 귀하고 오묘함을 논증하는 방식으로써 인간의 존엄을 표명하거나 혹은 무정한 세계의 감정을 서술하는 일 뿐이었다.

三

그러나 "생사대사의 철저한 깨달음"을 시도하여, 그로써 "백성 영육靈肉 간의 보호와 구원"을 기대하면서, 물러나 은둔하는 종교생활 중에서 "자아의식과 자아감각"을 서술한다는 것은 개인주의적 색채를 띤 종교사상과 생활방식이다. 이러한 색채와 특성이 모순되기는 하나 서광계의 종교사상 중에 종속되어 존재하고 있었다. 서광계가 더욱 관심을 가졌던 것은 경세經世와 이상정치에 도달하는 방식과 수단이었는데 바로 이러한 절실한 모색이 그로 하여금 "유학을 보완하고 불교의 자리를 빼앗는[補儒易佛]" 기능적 의의를 천주교에 부여하게 한 것이다.

만력40년, 서광계는 사바티노 데 우르시스熊三拔와 함께 『태서수법泰西水法』을 번역한 후 이 책의 서문을 썼는데 그 논지는

(천계 7년) 숭정제(崇禎帝)가 즉위하여 위충현을 귀양 보내니 남은 동림당인은 비로소 위충헌의 박해를 면할 수 있었고 1629년(숭정2년) 숭정황제는 령을 내려 동림당인의 명예를 회복시키고 아울러 조서를 내려서 동림서원을 복원시켰다.

전교사의 "실심實心, 실행實行, 실학實學"이 그들이 "사대부에게 성실하고 신용 있게 행동하는" 근본원인이라고 여겼다. 또한 말한다.: "도를 논함은 형체와 색[形色]을 실천하고[619] 성性을 다함(선을 완전히 실현)[620]으로써 상제를 공경하고 받드는 것을 종지로 삼는다. 가르치고 경계하면 사람마다 모두 순종하고 통일되어서 지극히 공정하고 지극히 바른 곳에 이를 수 있으며 '올바른 길을 따르면 길할 것이요, 역행하면 흉할 것'[621]이라는 지극한 의미로 돌아와 길한 것을 좇고 흉한 것을 피하는 길을 구분할 수 있다. 나는 일찍이 천주교가 필시 유학을 보완하고 불교의 자리를 빼앗을 수 있으리라고 말하였다."[622] 여기에서 서광계는 유학이 보완될 필요가 있음을 명확히 인정하고 있다. 이 서문에서 비록 전면적이고 상세히 유학의 부족한 곳을 지적하지는 않았지만 그의 기타 저술에서 서광계는 유학의 부족한 곳을 보완해야한다고 생각하였음을 볼 수 있다.: 1) 도덕, 정치 2) 과학기술(아래 글에서 다시 서술) 3)개인의 구원문제. 이 점에 관해서는 서광계가 지은 『변학소고辨學疏稿』에서 가장 잘 서술하고 있다.

만력44년 남경의 예부시랑 심최沈㴶는 연이은 세 번의 상소를 올려 천주교를 배척하고 서양인을 몰아낼 것을 요구하였다.

---

619 『孟子.盡心上』形色 天性也 惟聖人然後 可以踐形 형색은 천성이니 오직 성인인 후에야 형색을 실천할 수 있다. 주희는 이르기를 사람의 형체와 색은 각기 자연의 이치가 있지 않음이 없으니 이것이 이른 바 천성이라고 하였다.

620 『中庸』惟天下至誠 爲能盡其性 오직 천하에 지극히 성실하여야 그 성을 다 할 수 있다. 주희는 이르기를 天下의 至誠은 聖人의 덕의 성실함이 천하에 더할 수 없음을 이른다고 하였다. *성백효 『中庸集註』 참조 이후 나오는 『中庸』역해 구절은 본서의 내용을 따름

621 『書經.大禹謨』惠迪吉 從逆凶

622 『增訂徐文定公集』卷1 『泰西水法序』

이에 서광계는 상소하여 전교사와 천주교를 위해 변호하였는데 변호하려는 그 상소에 과장된 면이 없지는 않으나 『변학소고』는 중서문화를 비교한 기초 위에서 비교적 체계적으로 중국 전통문화(유불도)를 되돌아 본 중국 역사상 최초의 연구가치가 매우 큰 문헌이다.

상소문에서 서광계는 전교사들의 품행과 학문에 대해 평가하였는데 다음과 같다.:

"신臣이 여러 해에 걸쳐 깊이 고찰해보았사온데 이 신하들은 (전교사들) 매우 진실되고 믿을만하다는 것을 알게 되었나이다. 행적뿐 아니라 마음씨도 한 치 의심할 곳이 없으며 모두가 성현의 제자들이옵니다. 또한 그 도는 심히 바르고 그 준수함이 심히 엄하며 그 학문은 매우 넓고 그 지식은 매우 정교하고 그 마음은 대우 진실 되고 그 견해는 매우 확고하옵니다. 그들 나라에서도 역시 모두가 뛰어난 영재이며 출중한 인물들이옵니다."[623]

중국에 오는 전교사는 일반적으로 모두 엄격한 선발 과정을 거치고 다방면의 훈련을 받았지만 서광계가 말하는 성현의 제자라는 말은 분명 과장된 면이 없지 않다.[624] 이러한 과장은 금

---

[623] 臣累年以來, 因與講究考求, 知此諸臣最眞最確. 不止蹤迹心事一無可疑, 實皆聖賢之徒也. 且其道甚正, 其守甚嚴, 其學甚博, 其識甚精, 其心甚眞, 其見甚定. 在彼國中亦皆千人之英, 萬人之杰, 『辨學疏稿』, 『天主教東傳文獻續編』(一), 臺北: 學生書局, 1986年, 22쪽

[624] 마테오리치는 일찍이 상사에게 보낸 보고 중에서 『七克』을 저술한 판토야 디다

교[閉關]에 반대하는 그의 절박한 심정을 말해주고 있다. 이어 서광계는 그가 이해한 바의 전교사가 중국에 온 목적을 소개하였다. 그는 전교사들은 "수만 리 길을 거쳐 동으로 온 사람들로 그쪽 나라 사람은 모두가 수신에 힘쓰고 덕과 지혜가 출중한 이上聖를 섬기옵니다. 중국 성현의 가르침 역시 수신과 사천事天으로 이치가 서로 부합됨을 듣고, 온갖 간난과 위험에 봉착하면서도 와서 이를 증명하고 있나이다. 사람마다 선하게 되게 하고자 상천上天을 칭하여 사람을 사랑하는 마음(하느님은 사랑이시다)이라 하옵니다."[625]고 하였다. 이러한 이해는 자연히 사람들의 동의를 얻어내기 어렵게 하였다. 사실 전교사가 중국에 온 목적이 결코 "와서 증명하기" 위한 것만은 아니었고 또한 "사람마다 선하게 되게 하려는데"서 그친 것도 아닌, 그들의 사명은 중국을 귀화시키고 유럽에서 종교개혁의 충격을 받은 천주교가 새로운 귀의자皈依者를 찾아내기 위해서였던 것이다. 이는 당사자인 서광계가 전교사와의 그렇게 가까운 공간, 심리적 거리 사이에서 일시에 전면적으로 인식하기는 어려운 일이었을 것이다. "이치가 서로 부합된다." 함은 의동성擬同性(차이가 없다고 생각하여 기본적으로 동의하는)을 변호하는 말이다.

그러나 『변학소고』에서 가장 중요한 사상은 서광계의 천주교에 대한 도덕과 정치적 교화이론으로서의 이해 및 이런 이론에 부여하는 의의이다. 그는 비교적 개괄적으로 천주교교리를

코(龐迪我)를 가리켜 "표현이 좋지 않고", "덕이 없고", "또한 지혜가 모자란다."고 지적하였다. 『全集』 제4冊 323쪽
[625] 『辨學疏稿』, 『天主敎東傳文獻續編』(一), 22쪽

아래와 같이 상세히 설명하였다.: "그 교리는 상제를 밝히 섬기는 일을 근본 종지로 삼고 인간 영육간의 보존과 구원을 핵심 요지로 하며 충효와 자애를 공부하고 개과천선을 입문으로 삼고 고해告解로써 양심을 안정시키고 하늘에 오르는 진복眞福을 선을 행한 영예로운 상으로 여기고 지옥의 영원한 재앙을 악을 행한 고통의 업보로 삼나이다." 여기에서 소개한 것은 천주교교리 중 가장 중요한 몇 가지 관념을 포함한다.: 예를 들어 숭배대상으로서의 상제(하느님), 영혼의 구원받음, 천당과 지옥, 정신 수양 등. 그는 천주교의 도덕기능 및 그 원인에 대하여도 진지하게 분석하면서 "그 방법은 사람에게 선의 행함을 반드시 진실 되게 하고 악의 제거를 반드시 남김없이 하게 하옵니다. 대체로 말하자면 하느님의 생육生育하심, 구원의 은혜, 상선벌악의 이치는 진실로 명백해서 사람의 마음을 놀라게 하니 사람으로 하여금 사랑과 믿음과 두려움이 내심으로부터 우러나오게 하는 이유"[626]라고 생각하였다.

위에서 분석한 종지는 천주교 윤리규범(법)의 도덕생활 중에서의 이른바 "보편적 유효성"을 심도 있게 이야기한 것이 분명하다. 서광계는 확신하였다.: 서양 사람의 마음속에는 생육, 구원의 은혜를 지닌 하느님이 자리 잡고 있고 또한 하느님 상선벌악의 이치는 명백하고 진실 되어서 그 두려운 힘의 강렬함은 "사람 마음을 놀라게 하기에 충분하니" 사람으로 하여금 사랑하게하고 믿게 하고 두렵게 하는 종교적 도덕적 감정은 허위가 아

---

[626] 『辨學疏稿』, 『天主敎東傳文獻續編』(一), 23, 26쪽

니요 진실 되게 내심으로부터 우러나오는 것이며 사람으로 하여금 "다만 실추하여 천주께 죄를 얻을까 두려워 항상 두려운 마음과 조심스런 태도로 임하게 한다."[627] 천주교 윤리규범은 이로 인하여 보편유효성을 갖게 되었고 사람으로 하여금 "선의 행함을 반드시 진실 되게 하고 악의 제거를 반드시 남김없이 하게 하며." "서양에는 인접한 삼십여 개의 나라가 이 교를 받들어 믿고 천수백년 전부터 지금에 이르기까지 크고 작은 일을 서로 도와주면서 위아래가 서로 평안하니 사회질서가 오랫동안 안정되고 태평스럽다."[628]고 하였다.

서광계의 "서방낙토西方樂土"에 대한 묘사와 의심 없는 태도는 분명 전교사들의 과장된 선전에 의한 것이다. 그러나 어찌되었든 우리는 다음과 같은 점을 볼 수 있다.: 서광계는 실천생활 중에서 보편유효성을 갖추어 사람으로 하여금 "선의 행함을 반드시 진실 되게 하고 악의 제거를 반드시 남김없이 하게하는" 윤리규범체제의 구축을 강렬히 갈망하였다. 더욱 놀라운 점은 서광계가 비교연구의 기초 위에서 아래와 같은 결론을 얻어냈다는 사실이다.: 그의 목표는 중국의 전통 도덕철학에서는 달성할 수 없었고 그의 갈망은 만족에 이를 수 없었다. 그는 말한다.:

"신臣은 일찍이 예로부터 내려오는 제왕의 상벌과 성현의 시비를 논하였사온데 모두가 사람에게 선한 모범이 되고 악을

---

[627] 『辨學疏稿』, 『天主教東傳文獻續編』(一), 23, 26쪽
[628] 『天主教東傳文獻續編』(一), 23~26쪽

금하도록 지극히 상세하였나이다. 하오나 상벌과 시비가 사람의 외적 행위에는 미칠 수 있으되 사람의 내적 감정에는 미치지 못하니 또한 사마천은 이르기를 '안회顔回의 요절과 도척盜跖의 장수는 사람들에게 선악에는 보답이 없는가라는 의심이 들게 하였다. 그러므로 방비를 더욱 엄히 하고 남을 속이는 일은 더욱 심해졌다. 한 가지 법이 나오면 백가지 폐단이 생겨났다. 헛되이 다스리려는 마음만 있을 뿐 다스려야하는 수단이 없다.'(가운데 불교와 도교에 대해 한 비판은 생략)고 하였나이다. 사람으로 하여금 반드시 선을 다하게 하고자 하시면 섬김을 가르쳐 전하는 전교사들의 천학이 불법佛法을 바로잡을 수 있겠나이다."[629]

이는 과거로 20여 년을 소모한 사대부가 유학의 지존을 대표하는 제왕 앞에서 황제 본인을 포함한 옛 제왕의 상벌에 대한 비판이며 수천 년 간 전승되어 내려온 성현의 시비에 대한 비판이기도 하다. 이는 서광계의 "선의善疑"의 비판 정신을 다시 한 번 공개적으로 표현한 것이나 실은 이지 등의 비성비현非聖非賢[630]과도 유사하다. 그래서 우리는 서광계의 사상에는 명말의 비판적 사조가 들어가 있다고 말할 수 있는 것이다. 통치계급

---

[629] 臣嘗論古來帝王之賞罰, 聖賢之是非, 皆范人于善, 禁人于惡, 至詳極備. 然賞罰是非, 能及人之外行, 不能及人之中情. 又如司馬遷所云:顔回之夭, 盜跖之壽, 使人疑于善惡之無報. 是以防范愈嚴, 欺詐愈甚. 一法立, 百弊生. 空有愿治之心, 而無必治之術(中爲對佛道之批判, 略). 必浴使人盡爲善, 則諸陪臣所傳事之天學, 救正佛法者也
『天主敎東傳文獻續編』(1), 23~26쪽

[630] 이지는 정주이학에 대해 비판하였고 공맹학설이 만세의 이론임을 부인하였다.

내부로부터 성현제왕에 대한 시비와 상벌, 당시 학자에 대한 비판과 경세치용의 탐구에 이르기까지 "훌륭하나 더욱더 완벽함을 추구하고[求精], 실제를 추구하는[責實]" 두 정신이 서광계의 사상 속에서 통일되었다. 당연히 서광계의 비판의 각도는 달라서, 그의 출발점은 중국사상 전통 중의 유교, 불교, 도교와 서양 중세의 종교윤리 및 전교사들에 의해 선양된 기능, 효과에 대한 비교와 반성의 기초 위에서 세워졌다. 다시 말해 그는 천주교도의 신분으로써 종교적 시각으로부터 유학에 대한 비판을 전개하였다. 뿐만 아니라 그가 유학과 천주교 도덕의 효과를 검증하는 표준은 일종의 상상 속의 현실 곧 전교사들이 묘사한 허황된 서방낙토였다. 이러한 방식은 그의 비판을 또한 비비판성을 띠게 하는 즉 신앙의 경신輕信과 맹종에 기초하게 하였으니 이것이 바로 서광계가 실수한 부분이다. 그러나 서광계의 옛 제왕성현의 시비와 상벌에 대한 비판은 당시 상당한 이론과 정치적 용기를 가졌던 것으로 그가 당쟁 중에서 일을 그르치지 않으려고 유연한 태도를 취했던 바와는 크게 다르다. 그밖에 그의 비판은 서양수학, 과학 중에서 얻은 조목조목 상세히 분석하는 즉 조분루석條分縷析적 특색을 띠고 있다. 다음과 같이 서술할 수 있다.:
첫째, 서광계가 보기에 전통적 유가윤리, 정치규범(시비와 상벌)이 비록 "지극히 상세히 갖추어졌을"지라도 그 목적은 "마음 속 적을 쳐부수는데"[631]에 있을 것인데 그 객관적인 효과는 "사람의

---

[631] 『王陽明全集與楊仕德薛尙謙書』破山中賊易 破心中賊難 산속의 도적은 쳐부수기 용이하나 마음속의 사악함은 극복하기 매우 어렵다는 뜻으로 왕수인(王守仁)은 이 문제를 지행합일(知行合一)에서 해결하였다.

외적 행위에만 미칠 수 있을 뿐 사람의 내적 감정에는 미칠 수 없다." 그것과 비교해 천주교의 도덕규범은 사람으로 하여금 "사랑과 믿음과 두려움이 내심으로부터 우러러나게" 할 수 있다.; 둘째, 현실생활 중 선악에는 인과응보가 없어서 안회가 요절하고, 도척이 장수한 것처럼 더욱 사람으로 하여금 제왕과 성현이 한 상벌시비의 유효성과 공정성에 의심을 품게 한다. 이로 인하여 도덕과 사회정치 생활 중 보편적으로 존재하는 허위현상이 초래되며 "이 때문에 방비를 더욱 엄히 하고 남을 속이는 일은 더욱 심해졌다. 한 가지 법이 나오면 백가지 폐단이 생겨났다.[632]" 그러나 천주만을 신봉하는 천주교의 서양은 천백년이래 "패역과 반란이 없는" 낙토가 되었다.[633] 전교사의 선전에 대한 경솔한 믿음 혹은 이상국에 대한 설계 및 이상(혹은 서양에 관한 그릇된 "사실")과 현실 사이의 큰 차이는 적어도 옛부터 내려오는 제왕과 성현의 상벌과 시비에 대한 보편유효성이란 꿈에서 서광계를 깨어나게 하였다.

    서광계의 기독교와 유학의 윤리, 정치규범 혹은 체계에 대한 비교와 사고에서 우리는 그에게 있어 도덕이성은 이미 더 이상 완벽하고 자족할 만한 것이 아니었음을 볼 수 있다. 이러한 인류 도덕이성의 향선능력向善能力(선의 추구, 선량한 마음씨, 선한 일을 하는 능력)에 대한 낙관적 신념은 이미 절대적 상선벌악의 능력을 가진 상제에 대한 경건한 신봉과 공경에 의해 대체되

---

[632] 一法立 百弊生 *헛되이 다스리고자하는 마음은 있으되 반드시 다스려야할 방법이 없음을 표현하였다.
[633] 『天主敎東傳文獻續編』(一), 23~26쪽

었다. 혹은 서광계가 보기에 전자는 적어도 후자의 보완을 필요로 한다고 이야기한다. 도덕이성으로 판별, 인식되는 시비로써 사람들의 행위를 단속하고 사람으로 하여금 악을 피하고 선으로 향하게 하는 것은 더 이상 절대 유효한 것이라고 인식되지 않았다. 서광계가 보기에는 반드시 어떤 외재하는 도덕지상신(상제)과 이 지상신에 대한 신앙으로 만들어진 종교에 대한 두려움(소위 "사람의 마음을 움직이는")을 보증해야만 "실심實心, 실행實行" 즉 진실하고 거짓되지 않은 도덕적 마음과 실천이 비로소 나타날 수 있는 것이었다. 이것은 세속적, 이성적 윤리로부터 종교윤리로, 내재초월로부터 외재초월로의 자각적 혹은 비자각적 전환이다. 서광계는 이러한 전환이 "왕화에 도움이 되고 불법佛法을 바로잡을 수 있다."고 보았다. 서광계 사상 중의 비판적 성분과 비비판적 요소는 모두 이러한 전환 중에서 포함되었다. 객관적으로 말해 이 두 요소는 모두가 오류를 보완하고 잘못을 교정하기 위해 만들어진 절박한 탐색의 산물이었다. 이와 같은 탐색의 산물은 종교에 대한 순정성純正性 수호에 엄격한 연구자들이 비난하는 공리 혹은 실용주의적 경향을 지니고 있다. 앞에서 서술한 서광계의 개인구속을 위한 종교적 열정은 단지 빙산의 일각에 지나지 않으며 그 견실한 기초는 곧 위에서 말한 양호한 도덕정치를 탐색하려는 현실감이었다. 이는 종교의 순정성이란 시각에서 비난할 수 없는 탐색이며 이런 탐색은 또한 서광계가 "천학"에 비교적 중요한 의미를 부여한 기초이기도 하다. 이러한 탐색에 대해 긍정 혹은 비판을 부여하는 전제는 곧 종교의 본질 및 그 작용에 대한 객관적이고도 정확한 인식을 요한다.

四

서광계 종교사상(신앙 포함)의 객관존재客觀存在[634] 및 당시의 역사적 의의를 긍정하는 것이 그의 과학 분야에서의 위대한 공헌을 일방적으로 무시, 폄하한다는 의미는 결코 아니다. 사실상 후자가 서광계를 더욱더 역사에 빛내주고 있다. 이러한 공헌에는 그의 천문, 역법, 수학, 농학 등 영역 안에서 실행한 서학의 도입, 소개, 소통과 독립적 연구가 포함되며 또한 그의 명말 구국운동 중 군사영역에서의 기술 도입과 조직 작업도 포함된다. 이러한 탁월한 공헌은 바로 서광계가 전교사들과 실질적 관계를 맺은 뒤 "천학"의 작은 것(과학)을 부지런히 전한 결과이다. 서광계가 이들 영역 안에서 한 구체적 공헌을 상세히 탐구하는 일은 본문에서 완성할 수 있는 과제가 아니다. 우리의 과제는 서광계가 당시의 역사적 조건 아래서 중국과 서양과학의 차이에 대한 인식, 그가 서양과학에 부여한 방법론적 의의, 그가 서양과학(앞에서 서술한 종교, 신앙도 포함)을 도입하려던 이상 그리고 이런 작업의 중국 과학기술사와 사상사에서의 의의를 고찰하는 일이다.

전통적 중국과학은 예를 들어 수학, 천문, 역법이 비록 서양과 다르기는 할지라도 그러나 또한 탁월한 공헌과 풍부한 성과를 가지고 있었으니 이는 서양의 전문가도 인정하지 않을 수 없는 사실이다. 그러나 여러 가지 원인으로 말미암아 명대에는 쇠

---

[634] 주관정신의 인식능력은 존재를 인식의 대상으로 하는데 이는 서로를 대상으로 하는 의존관계를 구성한다. 따라서 주관적 인식 행위와 상호작용이 발생하는 존재가 곧 객관존재이다.

퇴하고 낙후하는 추세를 나타냈다. 천문 분야에서는 "1400년부터 1500년 사이에 주의를 끌만한 저작이 거의 한 부도 없었다." 수학 분야에서는 "예수회전교사가 역사무대에 올랐을 때 아무도 과거 중국수학의 찬란한 성취를 그들에게 알릴 사람이 없었다."635 서광계는 이 때문에 "우리는 당대唐代의 『십경+經』을 본 적이 없을 뿐더러 또한 마테오리치와 동지 선생들이 말하는 역법의 여러 가지 일 즉 그 수학의 정묘함은 한당漢唐 시기에 비하여 열 백배는 낫다."636라는 잘못된 판단을 내린 적이 있다. 『십경』이란 당대唐代 관학에 두었던 "십부산경+部算經"637으로 전해지지 않은지 오래되었고 서광계는 이를 구해서 보지 못했다. 그가 과학을 유학聖敎의 내용으로 열거하였을지라도 그러나 중국 과학기술 성취의 전승은 절대적으로 형이상形而上의 길을 (협의로 성학 전승의 유리한 조건) 갖추지 못하였으며 장인, 기예의 전승과 유사하여 종종 쉽게 학문의 전통이 끊기게 되었다. 서광계의 착오(서양수학이 한당 시기의 것보다 열 백배는 낫다는 성급한 판단)는 당연히 이해할 수 있다.

훌륭한 점은 서광계가 진심 어린 환영의 태도로 서학을 빌려서 끊긴 학문을 이어가려한 결심이다. 일찍이 말하였다.: 내 마음을 그대로 말하겠다.: "고학古學(여기서는 기하를 가리킴)이 없어진 지 2천 년이 되도록 말하지 않다가, 홀연히 당우삼대唐虞三代의 부족하고 잃었던 것을 보완하게 되었다. 그 보완은 당세

---

635 李約瑟: 『中國科學技術史』 第3卷. 111, 343쪽
636 『刻同文算指序』
637 한, 당 천수백 년간 10부의 저명한 중국 전통 수학 저서

에 이익이 되고 회복됨이 작지 않다. 그래서 몇몇 동지와 함께 각인하여 이를(『기하원본』을 가리킴) 전하는 바이다."[638]

이와 같이 진심어린 환영은 서양과학의 "의혹으로부터 믿음을 얻는 것"에 대한 의심 없는 태도를 나타내는데 이런 의심 없는 태도는 또한 서양과학에 대한 이지적 인식을 기초로 하고 있다. 그는 "선생의 학" 중에 작은 것(과학)은 "심오하고 확실해서 의심 가는 바가 없으며 분류와 해석 또한 사람들을 의심할 수 없게 한다."[639]고 생각하였다. 서양수학의 공리화公理化된 연역적 체계 즉 그 안에 포함된 분석("미시 분석적 이해", "분류와 해석")방법은 그에게 아주 강렬한 인상을 주었다.

『역〈기하원본〉인譯幾何原本引』에서는 서광계의 서양과학 중 이와 같은 분석정신에 대한 인식, 찬양과 흡수를 충분히 서술하였다. 여기서 반드시 지적할 점은 『역〈기하원본〉인』은 마테오리치가 서명하였으나 마테오리치의 자술에 의하면 실제 그 작자는 서광계라고 한다. 그 말은 이러하다.: 서광계는 『기하원본』을 간행하기 전 "두 편의 서문을 썼는데 제1편 서문은 이마 두 이름으로 썼다. 그 내용은 먼저 원저자를 이야기하고 마테오리치 신부의 수학 선생 크라비우스 신부柯拉維; Fr. Clavius(즉 정선생丁先生)가 해석하고 주해한 이전 판본을 칭찬하였으며…… 또한 풀기 어려운 문제의 응용, 정리定理와 수학 상의 자료를 포함하였다. 제2편 서문은 서광계의 유럽 과학과 문학에 대한 흠숭

---

638 『刻幾何原本序』
639 위와 같음

과 칭송이다."⁶⁴⁰ 마테오리치의 성실한 진술과 『역〈기하원본인〉』내용은 서로가 부합되며 또한 그 중 논한 기하의 10가지 효용은 후에 서광계가 『조의역법수정세차소條議曆法修正歲差疏』(숭정 2년)에서 열거한 "도수방통십사度數旁通十事"⁶⁴¹이다. 또한 『역기하원본인』의 앞부분에서 서광계는 처음에는 마테오리치 식 어조로 "우리 서국[吾西國]"이라고 칭하였으나 뒤에 가서는 "그 선비[彼士]"로 마테오리치 등 서양인을 칭하고 있는데 이는 서광계가 그 글을 쓰면서 인칭을 아직 통일하지 못했음을 나타내므로 역시 그 글을 쓴 사람이 실은 서광계임을 말해준다. 왕중민王重民은 『서광계집徐光啓集』을 편찬하면서 이 글을 수록하지 않았고 양가면梁家勉의 『서광계년보徐光啓年譜』역시 수록하지 않았으나 나광羅光은 『이마두전利瑪竇傳』에서 『역기하원본인』은 "마테오리치 자신의 서문"⁶⁴²이라고 말한다. 미국 학자 조나단 스펜서史景遷; Jonathan D. Spencer(1936.8.11 -)는 그의 저서 『The memory palace of Matteo Ricci(利瑪竇的記憶之宮)』에서 『역기하원본인』중의 군사와 병법에 관한 말을 인용하며 마테오리치 자신이 유럽에서 체험한 전란에 근거하여 쓴 것으로 보았는데⁶⁴³ 실은 어릴 적부터 병서 읽기를 좋아하고 후에 실제로 군사

---

640 『利瑪竇全集』第2冊, 459쪽

641 度數旁通十事. 도수는 십사에 두루 미친다. 도수는 즉 數學이고 십사는 천문기상, 수리(水利), 음율, 군사, 이재(理財), 건축, 기계, 지리측량, 의약, 시계제조를 가리킨다.

642 羅光 『利瑪竇傳』 164쪽

643 史景遷(Jonathan Spencer), 『利瑪竇的記憶之宮』The Memory palace of Matteo Ricci, 필자는 이미 다른 분과 합작하여 이 책을 중문으로 번역하였다. Spencer 논리의 구체적 출처는 중역본 『利瑪竇的記憶之宮』臺北: 輔仁大學出版社, 1992년, 31쪽

적 체험을 했던 서광계의 핵심 논리임을 알지 못했다. 위와 같은 정황은 모두가 마테오리치의 진술에 주의하지 않았기 때문에 발생한 것이다. 대륙판 『이마두중국찰기利瑪竇中國札記』의 역자는 주석에서 이 사실을 밝혔으나 연구자들의 주의를 일으키지는 못했다.644 본문에서는 『역기하원본인』을 서광계 작품으로 연구하고자 한다. 이 글은 매우 길어서 모두 2,600자에 달하는데 서양과학의 방법에 대해 비교적 알기 쉽고 정확하게 서술하였다. 이 서문의 첫머리에서는 완벽한 이해에 도달하는 방법은 "이미 분명한 것으로 아직 분명치 않은 것을 추론함"에 있다고 천명하였는데 이는 사실 아리스토텔레스의 삼단론三段論을 중세서양의 신학과 수학, 과학에서 응용한 것이다. 이 방법은 이미 알고 있는 대전제(이미 분명한)로부터 출발하여 일정한 결론(아직 분명치 않은)을 연역하여 증명하는 것으로 근대과학에서 베이컨이 제창한 실험귀납법과는 많이 다르다. 그러나 역사조건의 제한으로 서광계는 이런 희랍과학에서 발전해 온 서양과학의 정수를 접촉할 수 있을 뿐이었고 게다가 이런 방법을 지극히 떠받들어서 "그 선비가 주장하는 종지는 다만 이치를 중시하는데 근거하는 바," 그런 까닭에 의견만이 아닌 의심 없는 참된 지식에 도달할 수 있으며 사람들로 하여금 이를 읽고 "한 마디도 의심이 들지 않게 한다."645고 생각하였다. 이러한 연역법을 『기하원본』에서 구체적으로 응용하였을 때 서광계는 서양의

---

644 『利瑪竇中國札記』, 下冊, 518쪽
645 『幾何原本引』, 『徐光啓著譯集』 第5冊

수학, 과학 중 엄밀한 논리증명에 대하여는 의심 없이 추앙하는 마음으로 충만 되어 있었다.:

"오늘 이 책을 자세히 살펴보니 법칙과 순서가 참으로 기이하다. 논제論題 앞머리에 먼저 이 책의 내용을 밝히 정의하였고 다음에 그 원리를 설명하여 논제의 근거를 삼았다. 다음에 비로소 논제를 열거하였는데 논제에는 그 해설이 있고 문장 작법이 있고 추론推論이 있다. 앞에서 검증된 바는 반드시 뒤에서 믿을 수 있다. 앞이 뒤가 될 수 없고 뒤가 앞이 될 수 없다. ……(이것은 올바르게) 처음으로 참된 이치를 말하였고 지극히 쉽고 지극히 명확하며, 점차 쌓여서 종국에는 심오한 뜻을 나타내 보인다. 만약 잠시 살핀 후 한두 가지 명제의 요지로 삼는다면 그 말한 바를 사람이 헤아리기 어렵고 또한 믿기 어렵다. 그러나 앞의 논제를 근거로 여러 차례 검증하고 거듭 개발하면 곧 그 뜻은 의심 가는 바가 없어서 마음이 후련해지고 저도 모르게 웃음이 툭 터져 나올 것이다."646

서광계가 『십경』을 본 적이 없었을지라도 그가 중국수학을 완전히 이해하지 못한 바는 아니었다. 그는 전통적 중국수학에서 이론(계통화, 공리화)적 기초가 결핍된 결점에 대해 "그러게

---

646 今詳昧其書, 規摹次第洵爲奇矣. 題論之首先標界說, 次設公論, 題論所據. 次乃具題, 題有本解, 有作法, 有推論. 先之所徵, 必後之所恃. 一先不可後, 一後不可先……(*這正) 初言實理, 至易至明, 漸次積累. 終竟, 乃發奧微之意. 若暫觀後來一二題旨, 卽其所言, 人所難測, 亦所難信.及以前題爲據, 層層印證, 重重開發, 則義如列眉, 往往釋然而失笑矣.
『幾何原本引』『徐光啓著譯集』第5冊

된 이유를 알지 못한다."면서 개괄하였다.:

"(내가 중국에 들어와서 가만히) 기하 하는 학자를 보니 그 사람과 책은 확실히 부족치 않으나 다만 원본의 가르침이 있다는 것을 아직 보지 못했다. 기초가 완전치 못하니 새로운 성과를 이루기내기 어렵다. 곧 재능 있는 저작자는 많아도 역시 그러게 된 이유를 미루어 밝힐 수 없다. 옳은 것을 자신 역시 명백히 분별치 못한다.; 잘못된 것을 남들 역시 시비를 분별하여 바로잡지 못한다.…… 학자가 되려고 모두가 암암리 모색할 뿐이다."647

서양수학과 중국 전통수학의 우열과 장단을 비교, 분석하는 기초 위에서 서광계는 "마음이 후련해지고 저도 모르게 웃음이 툭 터져 나올 듯" 매우 기쁜 태도로 서양과학을 수용하고 운용하고 전파하였다. 그는 수학의 기초이론이 어쩌면 잠시 실용에는 부적합할지 모르나 모든 응용과학의 기초라고 생각하였다.: "사용하지 않던 것이 사용되어서 사람들이 사용하는 기초가 됩니다." "더군다나 우리 역산曆算의 학을 점차 널리 알리면 또한 백 천만 가지의 유용한 학이 나올 것입니다."648 그 후 서광계는 방대한 역법 수정작업을 지도하면서 또한 "도수度數(수치)를 기

---

647 (竇自入中國竊見) 爲幾何之學者, 其人與書信自不乏, 獨未睹有原本之論. 旣闕根基,遂難創造. 卽有斐然述作者, 亦不能推明其所以然之故.其是者, 己亦無從別白;有謬者, 人亦無從辨正…… 爲其學者皆暗中摸索耳.
『幾何原本引』,『徐光啓著譯集』 第5冊
648 徐光啓『致老親家書』,『徐光啓集』 497쪽

준으로 하는" 기초 작용을 매우 중시하였다. 『숭정역서崇禎曆書』
는 총 137권으로 되었는데 그 중 "법원法源" 부분이 40권으로 거
의 3분의 1을 차지한다. 주위 사람들이 이 방대한 이론 정립작
업의 "어려움을 두려워하듯 할" 때 그는 여전히 정확하다는 소
신을 견지하면서 "이치가 밝지 않으면 법을 세울 수 없고 뜻이
가려지지 않으면 수數를 드러낼 수 없어서 이치를 밝히고 뜻을
가리는 규명이 자못 어려워도 법이 세워지고 수가 드러나면 매
우 쉽게 따를 수 있다."[649]고 하였다.

　　서광계는 또 실증적 정량분석定量分析을 중시하여 과학과 사
회문제에 대한 분석에 도입하였다. 그는 "무릇 사물에는 형체가
있고 질료가 있어서 도수로 삼을 만하지 않는 것이 없다."[650]고
생각하였다. 그런 까닭에 "도수의 작용은 통하지 못할 바가 없
다."[651] 명대의 종록宗祿(종실이 받는 녹봉)문제에 관한 조서에서
서광계는 이런 "통하지 못할 바 없는" 정량분석을 도입하였다.
그는 통계 수치의 수집을 통하여 명대의 종실 인구는 30년이 지
날 때마다 한 배씩 증가하고, 종록의 수 역시 이로 인하여 같은
증가율을 나타낸다는 규칙을 증명하여 사람들로 하여금 믿게
하였다. 만일 효과적 방법으로 이 문제를 해결하지 않는다면 장
차 백성들에게 심각한 부담을 줄 것이며 그리하여 "천하의 힘을
다 쓴다 해도 충분치 않을 상황"[652]을 초래할 것이었다. 서광계

---

[649] 『測候月食奉旨回奏疏』, 『徐光啓集』 258쪽
[650] 『條議曆法修正歲差疏』, 『徐光啓集』 338쪽
[651] 『勾股義序』, 『徐光啓集』 83쪽
[652] 『處置宗祿查核邊餉義』, 『徐光啓集』 13쪽

의 분석은 중국 역사상 과학적 인구학의 귀중한 문헌이 되었다.

　더욱 의미 있는 것으로 서광계는 서양과학 중 "사실을 모아 본래의 참으로 돌아가고[跕實返本]" "심오하고 질박한 불변의 법칙[精實典要]"이란 분석적 해석방법을 수단으로 명말 사상계에 존재하던 허황된 학풍을 비판하는데 진력하였다. 그는 중국과학 – 우선은 수학 – 의 낙후 원인에 대하여 총괄적으로 평가한 적이 있다. 그 결론은 일부 위에서 인용한 조세프 니드햄李約瑟의 논리와 유사하며 즉 "산술 학문이 특히 근세 수백 년 사이 폐기되었다."는 것이다.; 그리고 "폐기된 원인은 두 가지로 그 하나는 송대 이학자名理之儒들이 천하의 실제적인 일[實事]을 천시하였고 다른 하나는 요망한 술수로 수에는 신묘한 이치가 있다고 망령되이 말하면서 능히 (주역의) 신묘로써 미래를 알고 밝은 지혜로써 지나온 일을 마음속에 감출 수 있다고[653] 하나 효용이 없는 바를 모른다. 신묘한 것은 하나의 효용도 없이 끝나고 실제적인 것은 하나 남겨진 것이 없어……학술, 기예와 정사政事는 옛날과 멀어진 지 오래되었다."[654] 전자는 헛되고 후자는 망령되어, 그 결과로 둘이 합해 하나가 되니 즉 효용도 없고 실제적이지도 못한 것이다. 훌륭하나 더욱더 완벽함을 추구하고[求精], 실제를 추구하며[責實], 유학의 효용을 찾는[求儒効] 서광계로서는 이런 학풍을 극도로 혐오하였고 동시에 힘을 다해 실학을 제창하면서 사대부들이 서양의 실학을 빌려 배워서 이와

---

653 『周易.繫辭上』神以知來 知以藏往
654 『刻同文算指序』, 『徐光啓集』80쪽

같은 허황된 학풍을 모두 쓸어 없애버리고 "일체의 허황되고 허망한 학설을 끊기를" 희망하였다. 말한다.: "과학을 배우는 공부[下學工夫][655]에는 이치[理]가 있고 일[事]이 있다. 이 책(『기하원본』)은 유익하여 이치를 배우는 이에게는[學理者] 헛된 바람기를 없애어 그 치밀함을 익힐 수 있게 하고 일을 배우는 이에게는[學事者] 그 방법을 얻어서 융통성 있고 정교하며 높은 수준의 생각을 얻을 수가 있게 한다. 그러므로 세상에 어느 누구도 마땅히 배우지 않으면 안 된다."[656] 20세기의 교육적 실천은 서광계의 논리가 참으로 미래를 내다보는 탁월한 식견이었음을 증명하고 있다.

서광계가 창도한 사실에 의거하여 본래의 참으로 돌아가자는 "반본척실返本蹠實"의 학은 명말 실학사상 중에 유입되었다. 그리고 그가 도움을 빈 것이 중국의 전통적 치학治學의 길과는 다른 서양과학이었으므로 더욱 특성이 있다. 서기徐驥는 『문정공행실文定公行實』에서 부친의 치학정신을 이야기할 때 서광계는 "하나의 일 하나의 물건이라도 반드시 정밀하게 연구하셨고 끝까지 궁구하지 않으면 그치지 않으셨다."고 한다. 이런 "정밀하게 연구하고 끝까지 궁구함은" 실제로 서학 중의 서광계가 감탄해 마지않던 "정교하고 조리 있게 나누고" "나누어 해석하는" 분석방법과 정신에서 표현된다. 상술한 바와 같이 서광계는 이런 기하정신에 대해 열정적인 창도와 치밀한 운용을 진행하였

---

[655] 서광계는 과학을 하학공부(下學工夫)로 여겼다.
[656] 『幾何原本雜議』, 『徐光啓集』76쪽

는데 일찍이 말하였다.:

"이 책(『기하원본』을 가리킨다.)에 정통한 이는 그 어떤 일에도 치밀하지 않을 수 없고 이 책을 배우고자 하는 이는 어떤 것도 배우지 않을 수 없다."

다시 말해 서광계가 보기에 기하정신의 운용과 기능은 경계가 없는 것이었다. 기하정신으로 무장된 과학적인 두뇌는 "어떤 것도 치밀하지 않을 수 없고" "어떤 것도 배우지 않을 수 없다"[657] 계몽철학의 특징을 논술할 때 철학자 에른스트 카시러卡西勒[658]는 아래와 같이 지적한다.: "18세기…… 인정하기를, 오직 '기하정신'을 순수한 분석정신으로 이해하면 그것의 용도는 절대적으로 제한을 받지 않고 어떠한 특수한 지식영역에서도 운용할 수 있다."[659] 서광계가 창도한 과학방법과 정신은 현저히 이런 특징을 가지고 있다고 설명할 수 있다. 그가 기하정신의 기능적 무한성을 견지하면서 이런 정신을 전통문화, 사상(옛 제왕과 성현들의 상벌과 시비)에 대한 "분류와 해석"에 응용하고, 일체의 실용과학(예로서 '도수방통십사')에 응용하였을 때에 그가 창도한 실학을 명말 기타 사상가들이 창도한 실학과 비교한다면 확실히 뚜렷한 개성을 지니고 있다. 이것이 바로 그 안에 과학의 색채를 지닌 계몽적 의의이다. – 과학방법상의 계몽적

---

657 『徐光啓集』 76쪽
658 Ernst Cassirer(1874~1945) 독일의 신칸트주의 철학자
659 卡西勒 : 『啓蒙哲學』, 濟南: 山東人民出版社, 1988년, 14쪽

의의가 있고 사상문화상의 계몽적 의의도 있다. 종교적 귀착 및 존재 가능한 과학과 종교의 절대 대립의 관념은 우리가 상술한 결론을 내릴 때 망설이게 할지도 모른다. 확실히 서광계가 수용한 종교 신앙에는 반이성적 신앙주의 관념을 포함하고 있지만 그러나 그것이 서광계에게 주는 영향은 제한적이었다. 마테오 리치에게 "덕 없는" 인사라고 질책 받은 디에고 데 판토하龐迪我는 일찍이 종교적 수양의 제고에 관한 저작『칠극七克』을 썼는데 첫 번째 조목이 교만의 극복이다. 그 내용은 인류의 이성역량과 지식욕을 신학적 독단론으로써 인류의 교만이라고 물리치고 인류가 타락한 원인이라고 배척하였다. 서광계가 전적으로 이러한 종교 신앙주의를 수용한 것은 아니다. 서양 과학의 충격과 영향을 받은 후 그는 위에서 서술한 종교적 관념과는 다르고 또한 중국 전통철학 중의 지식론과는 다른 관점으로 자연과 인간사에 대한 정량적이고 분석적 연구를 강조, 창도하면서 "지식에 모자람이 있으면[一物不知] 유학자의 수치"라고 생각하였다.[660] 각 영역 안에서의 그의 과학 활동과 성취는 두루 그가 인류의 이성역량을 고양시킨 선진적 선비였음을 표명한다.

또 반드시 지적해야 할 점은 서광계가 의심 없이 전교사가 들여온 서양종교를 수용하고 열정적으로 서양과학을 수용하고 전파했다고 해서 그가 최초의 전면적으로 서양화한 사람이라고 생각한다면 이 또한 매우 경솔하고 위험한 결론이다. 여기에서 서광계가 서학을 수용한 방법과 포부를 고찰해볼 필요가 있다.

---

[660]『〈幾何原本〉引』

설령 서광계가 과학 분야에서 전교사가 들여온 서양과학 중 분리해석의 기하정신과 기타 구체적 성과를 흔쾌히 수용하였다 하더라도 때로는 이런 분석방법에 정신이 빠져서 거의 맹목적인 상태에 이르기도 하였다. "대체로 서학과 부합되는 것은 이치에 부합되지 않음이 없고 서학과 맞지 않는 것은 이치에 어긋나지 않음이 없다."[661]고 보았는데 서양과학과 부합하느냐 않느냐를 진리의 표준으로 여겼다. 그러나 일생 과학을 실천하는 중에서 그는 또한 독립적 사고의 창조정신을 가지고 있었다. 비록 서양과학 중의 논리적 연역과 증명을 추앙하였어도 그는 동시에 실험과 실천을 매우 중시하였다. 그 아들 서기의 『문정공행실』에서 서광계는 "물질에는 관심이 없이 오직 경제에 관심을 보이셨고 고대의 경험과 교훈을 연구하여 현실 속의 일들을 증명하셨으며 널리 묻고 알아보셨다. 사람을 만나면 언제나 물어보시되 지극한 마음으로 물어보셨고 묻고 나서는 듣고, 기록하셨다."며 찬양하였다. 그는 일찍이 천진天津 등에서 직접 둔전하며 많은 농작물을 재배 실험하였는데 『농정전서農政全書』는 널리 듣고 친히 실천한 기초 위에서 편찬한 것이다. 역법편찬 작업 중에서 그가 서양 수학, 천문학 기초이론의 도입과 소개를 중시하였을지라도 그러나 관측의 중요성 또한 매우 강조하였다. 일찍이 말하였다.: "천 번 듣는 것이 한 번 보느니 보다 못하니 목격하지 못한 채 입으로만 싸우고 자주 글로써 전하나 비록 입이 닳고 몽땅 붓이 될지언정 도움이 되지 않는다.……반드시

---

661 『刻同文算指序』, 『徐光啓集』, 81쪽

관측해 살펴보아야 한다."662 기초이론의 연구와 도입을 중시하고 동시에 실험과 관측을 강조하면서 그는 실제로 한 시대 새로운 형태의 과학 전통을 열었다. 중국 기술사에서 그의 지위와 영향은 실제로 서양 사상사, 과학사에서 베이컨의 지위, 영향과 유사하다. 확실히 서광계 등이 한 작업은 이후의 연구방법과 학계 분위기에 두루 영향을 미쳤다. 명말, 청초 시기 많은 사상가들은 모두 천문, 역산에 관한 연구를 중시하였고 또한 대개가 서광계 등이 조성한 학풍의 영향을 받았다. 양계초는 말한다.: "후에 청대 학자는 역산學算學에 대해 모두 흥취가 있었고, 경세치용의 학 논하기를 좋아하였는데 이는 대체로 마테오리치와 서광계의 영향을 받은 바가 적지 않다."663 이 견해 역시 매우 정확하고도 합당하다.

　　서광계는 일찍이 글을 써서 수학 등 연구영역 중의 "봉쇄閉關적 방법"664을 명확히 반대하였고 서양과학의 성과를 겸허히 받아들였다. 그러나 맹목적으로 따르지는 않았고 중국과 서양이 소통함으로써 서양을 앞서자는 원대한 뜻을 품고 있었다. 일찍이 말하였다.: "신 등의 어리석은 마음은 서양을 앞서려는 생각이오니 반드시 소통해야 하옵니다."665 "만약 지식과 기술을 널리 구하고자 했던 선비들이 겸허히 외부와 논의하여 3천 년 동안 점차 발전시켜왔다면 지금에 와서 이런 상황에 처하지는 않

---

662 『日食分數非多略陳議據以待候驗疏』, 『徐光啓集』 388쪽
663 梁啓超 : 『中國近三百年學術史』, 北京: 中國書店1985년, 9쪽
664 『刻同文算指序』, 『徐光啓集』 80쪽
665 『曆書總目表』, 『徐光啓集』 374쪽

앉을 것이다."⁶⁶⁶ 이와 같이 다른 사람의 장점을 받아들이고 소통함으로써 서양을 앞서려는 원대한 이상이 지속적인 평화와 개방의 교류 중에서 자발적으로 실현되었다면 중국근대사의 운명이 그 정도로 곤경에 처하지는 않았을 것이다.

서광계가 종교적으로는 경건한 천주교도의 한 사람이 되었지만 그 목적은 그가 생각하고 있던 실행 가능한 천주교 도덕체계를 빌려서 "왕화王化에 도움이 되고 유가를 보완하고 불법佛法을 바로잡아" 그로써 유가의 이상인 삼대지치三代之治⁶⁶⁷에 도달하고자 하기 위함이었다. 그는 일찍이 건의하였으며 동시에 진심으로 이를 믿었다.: "만일 불교와 도교를 받들듯 하느님上主를 받들고 승려와 도사를 용납하듯 전교사들을 용납한다면 도리가 흥하고 넓혀져 반드시 당우삼대가 나타날 것이옵니다."⁶⁶⁸ 이런 이상적인 삼대의 정치는 한 폭의 유토피아 식 그림이었다.: "법이 세워지니 반드시 행하옵고 령이 나오니 범하지 않사옵니다. 안팎 어디에도 속이는 신하가 없고 백성은 돈독한 풍속을 이루옵니다. 성궁聖躬(성체)께옵서는 오래도록 행복하시고 국운은 영원히 태평할 것이옵니다."⁶⁶⁹ 이런 기독교를 빌려서 유학을 보완하는 방법과 최종목적의 전통적 특색은 모두 그가 여전히 유학의 구조 안에서 서학을 접수, 용납하고 그가 서학을 이해하고 접수하는 전제로서의 유학을 완전히 포기한 것이 아니었음을

---

666 『增訂徐文公集』 卷1 『簡平儀說序』; 『徐光啓集』 74쪽
667 삼대는 중국 역사상 하, 상, 주 3개 왕조 년대의 합칭.
668 『辨學疏稿』, 『徐光啓集』 433쪽
669 『辨學疏稿』, 『徐光啓集』 433쪽

표명한다. 이해와 창조의 역사성은 그가 맹목적인 전반적 서양화 논자가 아님을 결정지었다. 그러나 그의 사상문화, 과학상에서 명확한 폐관 반대, 겸허한 수용태도 및 냉정한 회통작업의 창도는 곧 이질적인 과학성과, 사상방법 그리고 일부 관념에 대한 그의 민감한 적응성을 나타내며 뿐만 아니라 우리를 깊이 생각하게 한다. 그는 자신을 초월하고 시국에 민감하게 잘 대처한 과학자이며 사상가였다. 현대의 무신론자가 그의 종교 신앙을 전적으로 질책하고 비판할 수는 있겠으나 그의 외래 사상, 과학에 대응한 사상방법 및 그 구체적 공헌을 중시하고 연구하지 않을 수는 없을 것이다.

2. 과학진리로부터 '계시진리'로

마테오리치 등 전교사는 자연이성과 과학진리를 통하여 사대부를 "계시진리啓示眞理"로 이끌기를 희망하였는데 이지조가 유학에서 기독교로 입교하여 "천학"을 수용하는 과정은 위에서 이야기한 전교책략이 성공한 예 가운데 하나이다. 당연히 우발적 요소(병) 또한 이지조의 심리 변화의 과정에서 눈여겨보지 않을 수 없는 작용을 발생시켰다.

이지조(1565 – 1630)는 자가 진지振之, 아존我存이며 호는 양암凉庵, 양암거사 등이다. 만력 26년에 급제하였고 관직은 공부수사낭중工部水司郎中에 이르렀다.

완원阮元은 『주인전疇人傳』에서 말한다.: "서양인의 책과 기구가 중국에 퍼졌는데 지조가 앞서 소개하였고 서광계, 이천경

李天經이 후에 이를 번역하였다. 세 사람 모두 서양인에게서 배웠고 절실히 그 기술을 알고자 하였으며 잃을까 두려워했다."670 완원의 분석은 비교적 정밀하고도 자세하다. 이지조와 서광계가 맨 처음 공개적으로 발행한 과학번역서는(모두 마테오리치와 함께 번역한 책으로 전자는 『혼개통헌도설渾蓋通憲圖說』, 후자는 『기하원본』이다) 만력35년(1607) 동시에 간행되었는데 서광계의 저서는 그해 봄에 이지조의 저서는 가을에 나왔으니 서광계 저서의 간행이 조금 이르다. 그러나 이지조는 서광계에 앞서 전교사와 과학 작업의 실질적 접촉이 있었다. 서광계가 만력23년(1595) 소주韶州에서 강학할 때 그는 일찍이 소주의 교당을 방문하였다. 그러나 마테오리치는 만나지 못하고 카트피노郭居靜; Lfizaro Catfino(1560 – 1640, 이태리 예수회 전교사) 신부와 이야기를 나누었을 뿐이며 그에게 인상을 남겨준 것은 교당 가운데 걸려 있던 천주상(십자고상)이었고671 이것 외에 얻은 바는 그리 많지 않았다. 서광계가 고향에서 가르치며 과거시험 준비에 바쁠 즈음 이지조는 이미 만력29년 북경에 갓 도착한 마테오리치와 교유하였다. 이지조의 자술에 의거하면 다음과 같다.: "만력 신축辛丑 마테오리치 선생이 손으로 와서 나는 동료들을 따라 그를 방문하였다."672 이 방문이 그에게 남겨준 깊은 인상은 천주 혹은 성모상이 아니라 마테오리치가 그린 『곤여만국전도』와 마테

---

670 阮元 『疇人傳』 卷32 『李之藻』
671 徐光啓 『跋二十五言』, 『徐光啓集』 86쪽
672 李之藻: 『刻職方外紀序』(1623), 『增訂徐文定公集』 卷6 『附李之藻文稿』, 이하에서는 『文稿』에 수록된 이지조 서문과 발문의 편명만 표기한다.

오리치가 그에게 이야기한 천문학이론과 구체적인 지식이었다. 서광계가 만력31년 남경에서 『천주실의』를 읽고 쟝 데 로차羅如望 신부로부터 세례를 받을 때 복건학정福建學政[673] 부시험관 직을 맡고 있던 이지조는 이미 북경과 복건을 오가며 서양 천문학의 진위를 조사하고 있었다.:

"지난번 북경에서 마테오리치 선생을 알게 되었는데 그는 유럽인이다. 내게 천문 관측장치인 평의平儀; planispheric(구체평면도의)를 보여주었다. 그 양식은 대략 혼천渾天과 비슷하며 거기에는 중첩된 원(上重盤, 中重盤, 下重盤)을 쌓아놓았다. 윗면은 하늘 아랫면은 땅으로, 별의 궤적[星程]을 널리 펼쳐놓았고 뒷면은 긴 망원경[規筒] 모양의 관측기를 붙여놓았는데 모양은 곧 개천蓋天[674]이다. 그 도수度數는 혼천설渾天說을 따랐다. ……복건福建에 다녀오라는 사명을 받고 만 리 길을 왕복하면서 측정, 검사하였으나 시원치 않다."[675]

대개 이러한 "측정, 검사가 시원치 않은" 결과는 이지조의 서양과학에 대한 흥취와 믿음을 증강시켰다. 만력33년 이지조는 마테오리치를 좇아서 『혼개통헌도설渾蓋桶憲圖說』을 번역하

---

[673] 학정은 고대 교육과 과거를 관리하던 학관(學官) 명.
[674] 하늘은 삿갓 모양이고 땅은 덮어놓은 쟁반 모양으로 평평하다는 중국 고대의 천체학설. 하늘은 별들이 매달려있는 둥근 뚜껑 모양으로 되어있어 일월성신은 천개(天蓋)를 따라 운동하며 그 아래 평평한 땅이 있다는 동양의 원초적 우주관.
[675] 昔從京師識利先生, 歐羅巴人也, 示我平儀, 其制, 約渾爲之, 刻畵重圖, 上天下地, 周羅星曜, 背綰睨箾貌則蓋天, 而其度 仍從渾出…… 旋奉使閩之命, 往返萬里, 測驗無爽. 李之藻『渾盖通憲圖說序』

였다. 그리고 서광계는 32년 진사가 된 후 한림관 수업에 바빴고 34년 비로소 마테오리치와 함께 『기하원본』을 번역하기 시작하였다. 완원은 『주인전』에서 『이지조전』을 『서광계전』의 앞에 놓았으며 또한 이지조가 먼저 소개하고 서광계가 후에 번역하였다고 구분했는데 이는 실제로 사실적史實的 근거가 있다. 의미 있는 것은 이지조의 세례 받은 시기(1610)가 서광계보다 오히려 많이 늦다는 점이다. 만력36년 마테오리치는 한통의 서신에서 이지조가 세례를 받지 못한 원인이 그에게 첩이 있기 때문이라고 하였는데[676] 줄리우스 알레니는 이지조의 세례 받는 과정을 다음과 같이 서술하였다.:

> "이공李公 아존我存은 오랫동안 마테오리치로부터 배웠고 그의 도량과 견식을 믿고 따랐다. ……갑자기 병이 들었는데 북경 집에는 가족이 없어 마테오리치가 조석으로 옆에서 돌봐주었다. 병이 위독해지자 먼저 유언을 남기며 이를 주관해 주기를 청하니 마테오리치는 그에게 뜻을 세워서 천주교를 믿고 따르도록 힘써 권하였다. 생사가 오갈 즈음 세례를 받고 금 백량을 성당에 봉헌하였으며 이공의 병 또한 나았다."[677]

이지조는 병으로 위독했을 때 "급히" 세례를 받았고 병이 나

---

[676] 『利瑪竇全集』, 第4冊, 366쪽

[677] 李公我存, 久習利子, 服其器識. ……忽患病, 京邸無家眷, 利子朝夕于床第間, 躬爲調護. 及病苦篤, 已立遺言, 請利子主 之. 利子力勸其立志奉教, 得幡然于生死之際而受洗, 且奉百金爲聖堂用, 而李公之疾亦痊矣
陳垣校刊本『大西利先生行蹟』6쪽

은 뒤 20여 년 동안 천주교인으로서 종교생활을 하였다(당연히 관직에도 나갔다). 그의 세례가 완전히 병이란 우발적 사건에 원인이 있다고 판단할 수는 없을 지라도 마테오리치에 대한 존경과 감격이 아마도 중요한 요소가 아니 될 수 없었을 것이다. 순수하게 심리학적 의미상에서 이지조가 서양과학을 일찍이 수용하고 종교는 늦게 받아들인 원인을 탐구하는 것은 쉽지 않을 수 있다. 만약 우리가 이지조가 서양과학과 종교에 대해 의의를 부여한 방식 혹은 그의 이 양자에 대한 이해를 고찰해 본다면 더욱 의미가 있을지도 모른다.

一

마테오리치는 양정균에게 이지조와 서광계의 재능을 칭찬한 적이 있다.: "내가 상국上國에 와서 총명하고 사리에 통달한 선비를 본 바로는 다만 이진지李振之와 서자선徐子先 두 선생뿐이더이다."[678] 마테오리치의 칭찬은 매우 진실 되다. 마테오리치는 친구에게 쓴 서신에서 이지조의 과학 분야에서의 성과를 소개한 다음 감탄하며 말하였다.: "중국인의 능력은 탁월하니 우리가 소개한 과학을 배운 뒤에 많은 성과를 낼 수 있지 않겠는가!"[679] 서광계와 이지조는 뜻이 같고 목표가 일치하여 진정한 벗이라 일컬을 수 있다면서 또한 아래와 같이 칭찬한 적이 있다.:

---

[678] 楊廷筠 『同文算指序』
[679] 『全集』, 第4冊, 357쪽

"나의 친구 이수부진지李水部振之[680]는 재능이 탁월하고 식견이 넓다."[681]

이지조의 "총명하고 사리에 통달하며", "탁월하고 식견이 넓은" 재능은 최초 서양 과학에 대한 소개와 연구에 더욱 많이 이용되었다. "동료를 따라 여러 차례" 마테오리치를 방문한 후 그가 한 첫 번째 일은『곤여만국전도坤與萬國全圖』의 각인과 이를 위해 쓴 발문이다(1602). 마테오리치의 기록에 의하면 이지조는 청년시절 지리 등 과학에 매우 큰 흥미를 가졌다고 한다. 일찍이 스스로『천하총도天下總圖』를 제작하여 그 안에는 중국 15성의 지도가 있고 매우 상세하였는데 "그는 이것이 곧 전 세계"라고 생각하였다. 그는 마테오리치의『산해여지전도山海與地全圖』(북경에서 각인할 때는『곤여만국전도』로 이름을 바꿨다.)를 보고 나서야 중국이 단지 세계의 한 작은 부분임을 발견하였다. 그는 매우 총명하였기에 빨리 이해하였고 신부가 말하는 것은 모두 참된 것으로 여겼다.: "지구는 둥글고 매우 크다.; 하늘에는 십층十層이 있고 태양과 별들은 지구에 비해 크며 및 기타 사실들."[682]

확실히 이지조는 서양 지리학의 일부 특이한 요소에 대해 많은 흥미를 가지고 있었다. 그가 보기에 중국의 통지統志(관에

---

[680] 수부는 중국봉건시대의 관서 명으로 수리(水理)를 담당하였다. 진지는 이지조의 자(字)
[681] 徐光啓『刻同文算指序』,『徐光啓集』80쪽
[682]『利瑪竇全集』第2冊, 370쪽

서 편찬한 지리 총서), 성지省志(한 성의 地方志)는 결점이 매우 많았으니 그 원인은 제가諸家의 학설에 있다고 생각하였다. "(찬술가는) 기재에 근거치 않고 수레를 타고 조사하였으며, 기재는 연혁에 그칠 뿐이어서 지리의 험요도 상세치 않다. 수레 길은 멀리 돌아나가고 바른 걸음을 헤아리는데 적합하지 못해 어렵다." 그는 서양지도 중 "바닷물이 육지와 붙어서 함께 원형을 이루고 주변에 모두 사람들이 있다는 사실이 매우 놀라웠고" 서양 지리과학에서 지구의 동서남북 거리의 계산방법 역시 "모두 오랜 세월동안 발견하지 못한 비밀"[683] 이라고 생각하였다. 그러나 그는 마테오리치가 서술한 것처럼 그렇게 경솔히 "신부가 말하는 것은 모두 진실된 것"이라고는 믿지 않았다. 사실 세례를 받기 전 이지조는 비슷한 사고방식으로 서양과학(종교에 대해서도 마찬가지이다.)을 검증하고 비평하고 수용하였다. 『혼개통헌도설』을 번역할 때 이지조는 "간혹 그것(전교사가 들여온 천문학)이 천박하고 고루함을 드러내나 조금은 회통하고… (중국의 역법을 존중하였다.)"[684]라 하였다. 이런 "천박하고 고루함을 드러내는" 작업의 기초는 자연 그가 예전에 수용했던 중국 고대의 자연과학지식일 수밖에 없었다. 그는 서학에서 말하는 "땅이 둥글고 모양은 일산과 같다는 말은 채옹蔡邕의 『주비周髀』에 이미 하늘과 땅은 각각 가운데가 높고 바깥은 낮다고 나와 있다.; 『혼천의주渾天儀注』 역시 땅은 계란 노른자위와 같고 황도黃道는 하

---

683 李之藻『坤輿萬國全圖跋』, 禹貢學會重刻『坤輿萬國全圖』1936년 참조.
684 李之藻『渾盖通憲圖說序』

늘 안에 홀로 자리 잡는다고 이른다.; 이는 각처의 낮과 밤의 길고 짧음이 같지 않다는 말로 원나라 사람의 측경測景 20개소에서 이미 명백히 기록하고 있다."685고 생각하였다. 그래서 그는 서학은 "하늘을 가장 잘 논하는" "옛 유학"과 더불어 "뜻이 잘 통하며" "동해와 서해(동양과 서양)는 마음이 같고 이치가 같다.: 이에 그렇게 믿지 않을 수 있겠는가?"686 때문에 서양과학을 배우는 것은 "예를 잃어버리고 그것을 민간에서 찾는 격"687에 지나지 않는다고 생각하였다.688 비록 그가 지리학적 의의에서 중국이 천하가 아님을 이미 알았을 지라도 이지조가 서학과 더불어 접촉한 초기 이렇게 차이가 없다고 생각하는 의동擬同 관념의 내부적 기초는 여전히 중국 즉 천하, 화하문명은 곧 세계 문명이라는 문화주의였다. 조셉 레븐슨勒文森689은 일찍이 "명실상부하게 시대에 뒤떨어진 중국문화주의자들은 경쟁관념이 없으니" 그 원인은 "경쟁적 관념은 국가주의의 본질"690이기 때문이라고 생각하였다. 확실히 사람들이 화하문명은 포용하지 않음이 없다는 보편성을 다시 고집하지 않을 때에만 비로소 차별적 인식의 기초 위에서 경쟁적 관념을 과학 혹은 사상문화의 실천

---

685 李之藻『坤與萬國全圖跋』, 禹貢學會重刻『坤與萬國全圖』1936년

686 위와 같음

687 禮失而求之于野禮는 禮制, 野는 民間을 가리킨다. 전통적 예절, 도덕, 문화 등을 잃어버리고는 부득불 민간에 가서 이러한 것들을 찾는다는 말로 일상적으로는 잃어버린 것을 다른 곳에 가서 찾는다는 것으로 이해된다.

688 李之藻『坤與萬國全圖跋』, 寓貢學會重刊『坤與萬國全圖』1936년. 그 말은 이러하다.: "육합(六合)의 내용은 논하지 않아도, 이치는 우선 헤아릴 수 있으니, 민간에서 천상의 밝음을 구한들 무슨 상관이 있겠는가?"

689 Joseph R. Levenson 중국명 約瑟夫 阿 勒文森 미국의 중국 근대사 연구 권위자.

690 勒文森: 『梁啓超與近代中國思想』成都: 四川人民出版社1986年, 148쪽

활동 속으로 끌어들일 수 있을 것이었다.

천계3년(1623) 이지조는 『각직방외기서刻職方外紀序』에서 화하문명이 보편적 세계문명이라는 관념을 다시는 견지하지 않았다. 다년간의 과학연구와 전교사들과의 사상, 관념의 교류를 통하여 그는 "사람의 인식에는 한계가 있고" "땅이 이렇게 큰 것 같으나 하늘에 비하면 한 알의 좁쌀에 불과할 뿐이니 내 나라와 고향 또한 좁쌀 한 알의 일부분에 불과하다는 것"을 인식하게 되었고 "다른 나라(서방)의 말"은 "터무니없어 받아들일 수 없다."고는 할 수 없음을 인식하였다.[691] 전교사가 들여온 지리관에 대한 반성을 통해 만들어진 문명관은 차별과 경쟁 관점을 끌어들이는 출발점 혹은 기초가 되었다. 일찍이 만력41년(1613) 이지조는 보다 체계적으로 중국과 서양과학 중 천문, 역산의 우열의 차이에 대한 결론을 내리기 시작하였다. 『청역서양역법등서소請譯西洋曆法等書疏』에서 서학이 "천문역수"와 "우리나라 옛 현인들이 미치지 못한" 14사事[692]를 이야기한다고 개술하였는데 (하나하나 열거하지 않는다. 여기에서 이지조는 이미 "옛 유학이 하늘을 가장 잘 논하였다는" 관념을 포기하였음에 유의해야 한다.[693]) 이 14사의 내용은 확실히 "스콜라체계의 범위와 프톨레마이오스의 체계를 벗어나지 못하였다."[694] 그러나 이지조는 금

---

[691] 李之藻: 『刻職方外紀序』.

[692] 14사는 땅과 하늘은 둥글고 모두가 360도로 그들을 계산한다는 사실, 일식 월식이 생기는 이유, 태양의 각도와 춘분 추분과의 관계 등 14가지 사항의 천문이론.

[693] 『皇明經世文編』 卷483 『李我存集』.

[694] 侯外廬主編 『中國思想通史』 第4卷下冊, 1264쪽.

세기 연구자들처럼 근대과학을 기초로 서학의 우열을 평가할 수는 없었다. 그는 "우리 중국의 옛 현인들이 미치지 못한 바를" 평가의 표준으로 삼을 수밖에 없었는데 비교의 결론은 이러하다.:

> "무릇 이 14사에 대하여 신臣이 예전의 천문, 역법 등 여러 책을 보았으나 모두가 전문적으로 담론하지 않았나이다. 혹 모호하게 추측하여서 자못 서로 비슷한 점은 있으나 또한 처음부터 일정한 견해는 없사옵니다. 몇몇 신하(전교사를 가리킴)들만이 이를 상세히 서술하였는데 단지 그 도수度數를 논하지 않았을 뿐이며, 그렇게 된 까닭의 이치를 논할 수 있사옵니다. 이러한 이유는 그 나라에서는 천문역학을 금하지 않았고 5천 년 나라를 다스린 이래 무리를 이루어 이를 연구하였기 때문이옵니다. 살펴 짐작하고 자세히 살펴보니 연구 또한 주도면밀하옵니다. 우리 중국은 수백 년 만에 한 사람이 나와 봐야 스승도 없고 벗도 없어서 스스로 깨달으며 스스로 옳다고 하니 이것으로 어찌 그 섬김과 뻑뻑함[疏密]을 비교할 수 있겠나이까!"695

여기서는 중국과 서양의 천문, 역산의 우열을 비교하는 데만 그치지 않았으니 즉 그 차별(차이)은 소밀에 대한 구분에 있는 것뿐 아니라 그렇게 된 까닭의 이치를 얻어낼 수 있는지 없

---

695 凡此十四事者, 臣觀前此天文, 曆志諸書, 皆未論及. 或有依稀揣度, 頗與相近, 然亦初無一定之見. 惟是諸臣(指傳敎士)能備論之, 不徒論其度數而已, 又能論其所以然之理. 蓋緣彼國不以天文曆學爲禁, 五千年來通國之後, 曹聚而講究 之. 窺測旣核, 硏究亦審, 與吾中國數百年來始得一人, 無師無友, 自悟自是, 此豈可以疏密較者哉!

는지에 있다는 것이며 또한 중국과학이 낙후한 원인을 이야기 하였다. 즉 정치의 학술에 대한 속박으로 역산을 연구할 수 있는 사람이 수백 년 만에 한 사람 나와 봐야 스승도 없고 벗도 없어서 스스로 깨달으며 스스로 옳다고 생각하므로 이 때문에 어설플 뿐만 아니라 일정한 견해도 없어서 그렇게 된 까닭의 이치를 논할 수 없었다는 것이다. 이러한 결론은 2년 전 1611년 서광계가 『간평의설서簡平議說序』에서 내린 결론과 매우 유사하다. 서광계와 이지조 두 사람은 공통된 과학의 실천 중에서 중국과 서양과학의 우열의 차이 그리고 중국과학이 낙후한 원인에 대하여 냉정히 그리고 비교적 과학적으로 비교, 반성하였다. 조셉 레븐슨이 말했듯이 근대 국가주의 관념이 아직 그들 사상에 두드러지게 나타나지 않았을지는 모르나 그들 두 사람은 모두 차별 관념의 기초 위에서 민감하고 극히 통찰력 있는 경쟁 관념을 이끌어냈다. 서광계는 "소통하여 서양을 앞서자[會通以求超勝]"를 제창하였고 이지조는 "다른 내용, 다른 성질의 것을 전부 받아들여서 아울러 보존하고[幷蓄兼收]"[696] "자기와 다른 사물을 빌려서 본래의 진성眞性을 불러일으키며" "마침내 참되게 상생하는" 창조적 결과의 달성을 주장하였다.[697] 『희종실록熹宗實錄』은 천계 원년(1621) 10월 이지조가 "오랑캐로 오랑캐를 무찌른다[以夷攻夷]"는 책략을 올렸다고 기재하였으나 (아쉽게도 유실되었다.) 이러한 선진적인 서양과의 경쟁적 관념과 구체적 책략이

---

[696] 李之藻『同文算指序』
[697] 李之藻『代疑篇序』,『天主敎東傳文獻』473쪽

명청 시기 사대부 사상 중에서는 특별히 강렬한 반응을 일으키지는 못했다. 다만 "존망의 안위" 문제가 급선무로 되었을 때 이런 관념이 비로소 근대 애국주의 운동 중에서 여러 가지 강력한 방식으로 그 생명력을 드러냈다.

二

이지조는 과학과 종교분야의 사상에서 서광계에 비해 비교적 선명한 특색을 지니고 있는데 이것이 바로 그의 형이상학적 경향이다. 『이지조문고李之藻文稿』중 각 편의 서문 및 그 안에 수록되지 않은 기타 저서에서도 모두 이런 경향을 지니고 있다. 그는 있는 그대로 사물을 논하지 않고 항상 부단하게 깊이 파고들기를 좋아하였으며, 현묘하고 심원한 논리를 즐겼다. 그의 과학 사상 중에서 이러한 경향은 상술한 사물이 그렇게 된 까닭의 이치를 탐구하는 이론적 흥취에서 표현될 뿐 아니라 그의 "원圓"과 "수數"에 대한 몰두와 형이상적 깊은 사고에서 표현된다.

만력 술신년(1608), 이지조는 마테오리치로부터 전수받은 『원용교의圓容較義』를 번역하여 북경에서 이 책을 출간하였고 갑인년(1614) 이 책의 중간본重刊本에 서문을 썼다. 서문 중에는 자연과 사회생활 가운데 수많은 사물 예를 들어 하늘과 땅, 빗방울과 눈, 눈동자와 귓구멍, 퉁소와 북, 수레 등등을 열거하였는데 논점은 "하늘의 자연현상에서 나는 소리(바람소리, 물소리, 새소리 등), 땅에서 나는 소리, 사람이 지어내는 소리는[698]

---

[698] 『莊子.齊物論』人籟, 地籟, 天籟 籟(뢰)는 구멍에서 나오는 소리를 말한다.

구멍과 부딪혀 나오니 모두가 둥글다." "무릇 형태가 있는 것으로는 오직 원이 가장 크다.; 형태가 있어 받은 것으로는 오로지 원이 가장 많으며" "하늘이 둥글고 땅이 둥근 것은 자연적이고도 필연적"[699]이라고 보았다. 이지조가 당시(1608) 원에 대해 이렇듯 몰두하고 애정을 가진 것은 마테오리치의 영향을 받아서인데 "원형을 인식하지 못하면" "천체의 현상을 보기에 부족하다"고 생각하였다.[700] 만일 이러한 생각이 아직 과학 운영의 편리성에 기초한 것이라면 이십년 뒤(1628) 이지조와 전교사가 함께 번역한 『환유전寰有詮』은 더욱이 이지조가 왜 원에 대하여 이토록 몰두했는지를 설명해 준다. 『환유전』 권3에서는 다음과 같이 말한다.: "천체의 영속과 불변에 의거하여 그 형체는 반드시 둥글고 반드시 원을 이루어 움직이며 …… 천체는 확고부동하고 변화를 받아들이지 않아서 그 덕은 모자람이 없고 멈춤이 없으며 멈춤이 없는 움직임은 둥글게 움직이는 것만이 그것을 가능케 하니 하늘의 움직임은 반드시 일주 운동을 할 것이다." 원래 이지조는 스콜라철학의 사변적 방법의 영향을 받아서 사물에 대한 부분으로 전체를 판단하려는 관찰과 추론을 통해 우주에서 가장 완벽한 존재형식과 가장 완벽한 운동형식을 줄곧 찾고 있었다. 그는 가장 완벽하고 자연적이고 필연적인 존재와 운동형식은 원형과 원주운동이라고 생각하였다. 이 같은 결론은 분명 스콜라철학이 중세과학에서 표현한 선험先驗적 가설이

---

[699] 李之藻 『圓容較義序』
[700] 위와 같음

다. 이지조는 『원용교의서』에서 확실한 근거가 있는 듯이 이를 경험적 관찰의 기초위에 내세우고 그 중에서 전교사들과는 달리 측정을 즐기는 치학정신을 드러냈으나 다만 이런 측정과 관찰방법의 운용이 철저하지는 못했다.

이지조의 수에 대한 몰두 또한 조금도 손색이 없다. 계축년(1613) 이지조는 『동문산지서同文算指序』를 썼는데 다음과 같이 말한다.: "예藝701에서 수數는 마치 오행에서 토土와 같아 어디든 담겨져 있지 않는 곳이 없다. 이목이 접한 바에는 이미 그 흔적이 있으며 수가 없이는 기록하지 못한다. 미치지 못한 것을 보고 들으며, 육합六合과 그 한계의 밖, 천만세千萬世 앞과 뒤의 필연적인 검증은 수가 없이는 미루어 짐작할 수 없다. 이미 그렇게 되어 필연적이니 손익계산은 거짓으로 가릴 수 없고 우매한 학업으로 속일 수 없다." 이지조에 있어서 수의 보편성과 그 작용은 기묘한 것이고 어디서나 존재하고 있으며 이미 존재한 사물이나 발생한 사건은 수 없이는 기록할 수 없다.; 필연성을 갖는 참된 지식은 수 없이는 검증할 방법이 없다.; 그리고 수의 정확성은 더욱이 궤변으로 덮을 수 있는 것이 아니다. 전교사들의 목적은 본래 수학적 진리를 빌려서 사대부들을 계시진리로 이끄는 것이었지만 객관적 결과는 오히려 일부 사대부로 하여금 치학의 작용에서 수학의 확정성을 인식하게 하였다. 만일 우리가 조금 후의 데카르트(1596 – 1650)나 스피노자(1632 – 1677)가 수리과학數理科學적 방법을 진리를 탐구하는데 인용한 것과 이

---

701 예(禮), 악(樂), 사(射), 어(御), 서(書), 수(數) 여섯 가지의 고대 교육과목

지조가 이 분야에서 창도하고 실천한 것을 비교해 본다면(아래에서 다시 논한다.) 우리는 이지조(또한 서광계와 그가 창도한 "도수방통십사")의 중국사상사에서의 계몽적 의의를 인정하지 않을 이유가 없다.: 지식 확정성에 대한 추구를 일부 사대부의 정신생활 가운데 끌어들임으로써 검증할 방법이 없어 해명할 여지가 없던 현허학풍玄虛學風에 대한 비판적 요소를 구성하였다. 당연히 이런 계몽적 관념은 또한 이지조가 형식의 완전성과 보편성을 추구하던 서양 중세의 형이상학적 경향과 뒤얽혀졌는데 우리는 인내심을 가지고 찾아야 비로소 그 가치를 발견할 수 있을 것이다.

형이상학적 경향은 우주의 존재, 운동 그리고 지식체계 형식의 완전성을 극히 중시하므로 이 때문에 그 또한 "천학(과학, 종교)" 중 "점차적으로 이치를 밝혀내는[步步推明]" 방법을 특히 좋아하였다.702 그래서 그는 천계 7년(1627)부터 몇 년에 걸쳐 전교사 후타도傳汎際; Futado F.와 함께 중국 역사상 처음으로 아리스토텔레스의 논리학을 소개하는 『명리탐名理探』을 번역하였다. 이 책은 미완의 작품이고 또한 심오하고 이해하기 어려워서 역사에서 그것이 발휘해야할 중국 과학의 형식화, 공리화公理化, 계통화로의 발전을 촉진하는 역할을 발휘할 수 없었고 동시에 사람들로 하여금 자각적으로 자기사유방식의 작용에 관심을 기울이게 할 수 없었다. 그러나 그것은 한 시대의 종사宗師인 이지조가 이미 매우 자각적으로 사유思惟 그 자체에 대한 연구에 유

---

702 李之藻『譯〈寰有詮序〉』

의하였고 동시에 서양의 "보보추명"식 논리 방법을 인용하여 지식과 사상의 확정성 추구에 이론적 기초의 제공을 바랐다는 점을 드러내보였다.

만일 이지조의 사상 중 형이상학적 경향을 강조함으로 인하여 그의 사상이 명말 반실학사조로 향했다고 단정한다면 이는 매우 경솔하고도 확실치 못한 논리다. 확실히 이지조는 노장老莊의 현묘한 이야기를 즐겼고 지식의 형식성을 중시하였다. 또한 그가 애착을 가졌던 일부 관념, 방법은 대부분 중세 스콜라철학 중의 지식론적 패턴을 아직 벗어날 수 없었고 소수의 관념을 제외한 대부분 도두가 근대 과학과는 어울리지 않았으나 그러나 한편으로는 이지조가 애착을 가진 일부 관념, 방법의 수입은 매우 필요한 것이었다. 다른 한편으로 이지조는 과학연구와 실천 중에서 스스로를 형이상학의 울타리 안에 국한시키지는 않았으며 결코 중세 스콜라철학자들의 사변思辨 중 허황되고 사실적 근거가 없는 구렁으로 걸어들어 가지는 않았다.

이지조는 명말에 공론을 일삼으며 심성을 논하는 현허학풍의 비판에 참가하였다. 그는 호불자好佛者의 "혹세무민하고 눈앞의 일용지사에 관심을 두지 않으며 대체로 보아 막연하기 그지없는" 학풍을 매우 싫어하였고 철저히 거부하였다.[703]; 그는 장구지학에 빠져 한걸음도 나아가지 못하는 "편협한 유생"에 대해서도 이러한 생각을 가졌다. 이런 부류 사대부의 정신적 풍모와 그 치학의 위험성에 대해 아주 생동감 있게 묘사하면서 비판을

---

[703] 李之藻: 『譯〈寰有詮〉序』

가하였다.: "지금의 선비가 경서는 헤아리나 부끄럽게도 근본은 잘못 다스린다. 재능은 넘쳐도 법도의 종지에는 익숙하지 못하여 수로水路와 역법을 막론하고 방법의 잘못을 드러낸다.; 관리가 민생을 다스리려고 깊이 생각하나 가만히 그 해를 입으니 아, 개탄스러울 뿐이다."704 이러한 서술과 비평의 배후에서 국가 경제와 민생에 대한 최고의 관심을 드러내고 있다. 그의 "역법" 등 과학에 대한 열정은 정통적 유가관념에 근거한 것으로 즉 "삼가 사람들에게 때를 알려주는 것"705은 "요전堯典 첫머리에 기록하였고" "나라의 첫째 대사."라고 생각하였다.706

허황되고 허무한 현허학풍에 대한 불만에 기초하여 이지조는 실학을 크게 제창하였다. "유학자의 실학은……요전이 역법을 반포하였으니 실로 가장 중요한 것이다."707 사대부가 실학을 연구하는 목표는 무엇보다 먼저 세상을 선하게 하고, 외람되이 천지를 욕보게 하지 않는 것이다.: "우리 유학이 세상을 선하게 하고 바라는 바가 하늘과 땅의 뜻에 어긋나지 않으면 곧 실학은 더욱 스스로 자리할 곳이 있다."708 실학에 대한 절실한 탐구와 당시 학문에 대한 강한 불만, 그리고 "고학古學은 아득하여 그 실용성을 볼 수 없으니"709 다시 말해 고유古儒(선진유학)와 근유近儒(송명이학)의 학으로는 모두 그의 실학에 대한 열렬한 마음을

---

704 李之藻 『同文算指序』
705 『書.堯典』敬受人時
706 『皇明經世文編』卷483 『李我存集』
707 李之藻 『渾蓋通憲圖說序』
708 위와 같음
709 李之藻 『譯〈寰有詮〉序』

만족시킬 수 없었다. 이런 요소는 자연히 그로 하여금 탐구의 시야를 서학으로 향하게 하였다. 사실상, 실학의 각도에서 "천학"에 의의를 부여하였는데 적어도 이는 그가 "천학"을 수용한 출발점 혹은 중요한 원인의 하나이기도 하다. 과학 분야에서 그는 만력41년 상서를 올려 서양의 각종 과학, 예를 들어 역산, 수법, 산법, 측량, 의상儀象, 일궤日軌, 도지圖志, 의리醫理, 악기, 격물궁리의 학, 기하 등을 열거하며 이들 과학은 "대부분 우리나라에서는 전해지지 않았고" "모두 실학에 도움이 되고 세상에 쓸모가 있다."고 생각해 두루 서학의 번역을 요구하였다.[710] 숭정2년, 서광계가 『조의역법수정세차소條議曆法修正歲差疏』에서 열거한 "도수방통십사"는 『역〈기하원본〉인譯〈幾何原本〉引』중의 일부 견해에 대한 더욱 구체적인 전의轉義이며 또한 위에서 서술한 이지조가 창도한 것에 대한 응답일 수도 있다. 다만 서광계가 열거한 것은 더욱 상세하여 군사, 기상, 재정, 회계, 건축 등 분야에서 수학의 응용을 포함하고 있다. 만일 서광계와 이지조 두 사람의 창도가 실천에 옮겨지고 인력을 조직하여 이런 과학에 대해 집단적으로 협력, 연구할 수 있었다면 최초의 과학원은 서양에서가 아니고(베를린 학원은 1622년에 건립되었다.)[711] 중국에서 가장 먼저 출현하였을 것이다. 그러나 중국의 봉건전제 통치는 본질상 이런 계통적이고 개방적인 과학연구를 배척하였으니 이는 마치 중세의 신권神權 통치가 우매함을 요구하며

---

710 『皇明經世文編』 483卷 『李我存集』
711 Christian Wolff 沃爾夫: 『16,17世紀 科學, 技術和 哲學史』 81쪽

유지되었던 것과 같다.

수에 대한 몰두는 이지조로 하여금 전교사가 들여온 서양 산법을 더욱 소중히 여기게 하였는데 원인은 서양 산법의 우월한 점이 "주산을 사용하지 않고도 붓을 들어 쓰기만하면 가능했기"[712] 때문이었다. 비록 그 "가감승제加減乘除가 전체적으로 중국의 것과 다르지 않지만" 그 "우수리의 분류는 특히 오묘해서 막힘이 없으니 옛 현인들이 미처 발견하지 못한 내용이다.; 루트, 원주율(3.14…)의 계산에서 옛 방법은 매우 어렵고 새 방법은 더한층 빠르다." 이지조는 "일용日用에서 그 편리함을 즐겼으므로 음식을 물리치면서까지 번역하였고 오랜 시간 끝에 책을 만들었다."[713] 이 책이 바로 중국에서 처음으로 서양 산법을 소개한 과학기술 전문서인 『동문산지同文算指』다. 이지조가 이 책을 번역한 것은 그가 "일용에서 그 편리함을 즐길 뿐만 아니라" 더욱이 "그 도리는 사람의 마음을 참으로[實] 돌아가게 하고 거짓과 교만의 기운을 없애고 사람으로 하여금 즐겁고 감동적으로 이성[靈]을 품게 하고 변화의 이치를 완전히 이해하게 하는 재능을 점차적으로 일깨우기"[714] 때문이었다. 거짓을 몰아내고 착실히 행하여서 사람의 지혜를 개발시키는 이것이 곧 그가 서양과학을 소개하고 연구하고 창도한 가장 중요한 목적이었다.

우리는 위에서 서술한 정황에 근거하여 이지조의 형이상학적 성향과 그의 "일용에서 편리한" 실학의 추구는 상호 배척이

---

712 『皇明經世文編』 483卷 『李我存集』
713 李之藻 『同文算指序』
714 李之藻 『同文算指序』

아닌 이론과 실천이 상호 결합하는 형식으로써 서양을 향해 진리를 추구하는 선구적 실사구시實事求是의 학풍으로 표현되었다고 볼 수 있다.

三

형이상학적 경향과 흥취는 이지조의 "천학" 중 종교에 대한 이해와 수용과정에서도 동일하게 나타나고 있다.

마테오리치의 진술에 따르면 이지조는 만력38년 세례를 받기 전, 이미 천주교교리를 받아들였다고 한다. "천주교의 사정에 관해 그는 많은 것을 알고 있다.; 본래 세례를 받고자 하였으나 그에게 첩이 있다는 것을 신부가 알게 되니 그는 첩을 내보내겠다고 답하였다. 그는 마치 교우인 양 우리의 종교가 참되다 인정하였고 사람들에게 선전하면서 교를 믿도록 권유하였다."[715] 혹은 이지조가 만력 35년에 편찬된 『〈천주실의〉중각서重刻序』에서 이미 천주교도임을 표명하였다고도 본다.[716] 마테오리치 등이 진술한 것 또한 사실일 수도 있으나 이지조가 세례를 받기 전과 후 천주교에 대한 이해에 미세한 차이가 있음에는 주의하지 못했다. 이와 같은 차이는 그가 서양과학을 이해하고 인식하는 과정과 유사한데 즉 차이가 없다고 생각하며 기본적으로 동의하는 의동擬同으로부터 그런 차이에 순응하면서 이를 접수하였던 것이다.

---

[715] 『利瑪竇全集』第2책, 372쪽
[716] Paul A Rule, K'ung-tzu or Confucius? 64쪽

만력30년(1602) 이지조가 쓴 『곤여만국전도발坤輿萬國全圖跋』에서는 "천학"의 요지를 "사람으로 하여금 덧없는 인생을 편안케 하고 흐르는 물과 같이 지나는 시간을 소중히 여기게 하고 안정되고 도탑게 하고 더없이 높은 공로를 생각하게 하고 힘써 살펴서 밝게 섬기게 하고 함께 대도大道에 조화시키는 것"717으로 결론지었다. 이 말이 비록 심원하나 천주교의 실제내용에 대하여는 언급하지 않았다. 주로 하늘과 자연조화에 대한 중국식 상상이며 이 기초 위에서 "동양과 서양은 마음도 같거니와 이치도 같다"는 결론을 얻어냈다. 그 취지는 이성의 공통성 혹은 전술한 화하문명이 포용하는 가치관의 동일성普世性을 설명하고 있다. 35년(1607) 이지조가 쓴 『〈천주실의〉중각서』는 마테오리치가 고유에 부회하고 불교와 도교를 배척함으로써 사대부들로 하여금 천주교를 수용하도록 희망했던 시도를 이 서문에서 재차 현실화하였다. 이지조는 서문에서 그가 받아들이고 이해한 천주교교리를 열거하였는데 예를 들어 천주를 대부모大父母로서 공경하고 심지어 "천주를 섬기지 않으면 사람이 될 수 없다"고 생각하였다. 또한 선을 행하여 천당에 오를 것을 창도하고, 천당지옥의 "실제적인 이치實理"에 대해 한 차례 철학적 논증을 하였다. 그러나 그의 이러한 교리에 대한 이해와 수용은 주로 기독교와 유학이 상호 결합된 기초 위에서 이루어진 것이었다. 서광계가 일찍이 "천지만물은 모두 창조된 것이다. 우리 중국이 천주를 알게 된 것은 마테오리치가 온 뒤로부터이다."718라는

---

717 禹貢學會重刻本 『坤輿萬國全圖』 1936年版

결론을 내렸을 때 이지조의 이해는 완전히 그와는 달랐으니 "천주의 뜻은 마테오리치 선생으로부터 시작된 것이 아니리라."[719]고 생각하였다. "옛 우리나라의 공자가 말씀한 수신은 먼저 어버이를 섬기고 미루어 나가서 하늘을 아는 일인데 맹자의 존양存養[720]과 하늘 섬기는[事天] 논의에 이르러 이 뜻이 크게 갖추어졌다. 앎에 있어서나 일을 함에 있어서, 하늘 섬김과 부모 섬김은 같은 한 가지 일로, 하늘은 그 섬김의 큰 근원이다. 하늘을 말한 것으로 주역보다 잘 말한 곳이 없다. 주역은 문자의 시조가 되며 (주역의 첫 괘에 나오는) 건乾의 크나큰 양기陽氣는 천도天道를 통어하는 근원이니[721] 곧 임금[君]이요 아버지[父]가 됨을 말하였다. 또한 말하기를 '신神의 작용은 진震에서 출발한다.[722]'고 했는데 주희는 이를 해석하여 하느님[帝]이란 하늘[天]을 주재하는 것으로 생각하였다."[723] 이로써 보면 서양 천주교 중 "삼가 밝게 섬기라는[小心昭事] 큰 뜻은 바로 (유교)경전에 근거한 바와 신표(의 두 쪽)처럼 꼭 합치한다."[724] 이 시기 이지조의 인식은 이러하였다.: 유학과 기독교는 서로 합치하니 유학의 하늘을 알고 하늘을 섬긴다는 설은 "지극하다." 그가 유학은 "보완이 필요치 않다"고 명확히 말하지는 않았으나 이런 지극하다

---

718 徐光啓『唐景教碑記』, 『徐光啓集』531쪽
719 李之藻『〈天主實義〉重刻』序』
720 存心養性. 본성을 보존하고 선성(善性)을 배양하는 유가의 수양방법
721 『易.乾』乾元統天
722 『易. 說卦傳』帝出乎震
723 李之藻『〈天主實義〉重刻』序』*서울대학교출판부『천주실의』22쪽 참조
724 李之藻『〈天主實義〉重刻』序』*서울대학교출판부『천주실의』25쪽 참조

는 설에 대해서는 충분히 인정하였고 나아가 이 때문에 사천설의 원천은 중국에 있다는 우월감을 만들었다. 그러나 그는 결코 서양에서 온 "천주의 뜻[天主之義]"을 배척하지 않았다. 반대로 그는 이러한 서로 합치한다는 우월감의 기초 위에서 이해하고 수용하였다. 서양에서 온 "천주의 뜻"의 기능과 용도에 있어서는 심지어 유학의 보완에 있지 않고 다만 고학古學과 "소리 없이 서로 통한다."고 하였는데 그 말은 이러하다.: "진실로 고심을 하며 리치의 책을 일찍이 읽어 보니, (그 뜻이) 종종 근세의 유학자(성리학자)들과 같지 않으나 (중국) 상고 시대의 (자연과학적 고전들) 『소문素問』, 『주비周髀』 『고공考工』 『칠원漆園』 편 등과 소리 없이 서로 통한다."[725]

홍치에서 만력 연간에 이르기까지 문학계에는 전후7자前後七子[726]가 창도한 복고운동이 있었는데 이 운동은 사대부의 학풍에 큰 영향을 주었다. 마테오리치의 고유에 부회하려는 책략은 이 운동과 형식상 서로 비슷한 면이 있다. 이지조는 전교사들과 접촉한 초기에 마테오리치 책략의 성공적이고 모범적 예가 되었고, "천주의 뜻"과 고유가 서로 일치한다는 관념이 그가 최초로 "천학"을 이해하고 수용하는 이론의 기초가 되었다. 다음해 (1608) 마테오리치의 『기인십편』을 위해 쓴 서문과 발문에서, 서학에는 "중국의 선대 유학자가 여러 대에 걸쳐 상세히 밝혀내

---

725 李之藻『〈天主實義〉重刊序』*서울대학교출판부『천주실의』26쪽 참조
726 전후칠자는 명대에 출현하였는데 李夢陽, 何景明, 李攀龍, 王世貞 등을 영수로 한 앞뒤 일곱 사람으로 14인을 일컫는다. 이들은 復古를 표방하며 "文은 반드시 秦漢, 詩는 반드시 盛唐"이라는 구호를 제기하였다.

고 그리고 아직 밝히지 못한 것들"이 있음을 인정했을지라도 여전히 "천주의 뜻" 중 "절반 이상은 옛 성현들이 이미 말한 것"으로 보았다.727 천당지옥설에 이르러 "경전에서는 아직 보지 못한 바이나" "이치로 보아 마땅히 있어야 하는 것"이며 또한 "진나라 정치가 혹독하여 그 의미가 보존될 수 없을 가능성이 있는" – 즉 분서갱유焚書坑儒가 고학古學을 불완전하게 만들었다는 것이다. 그래서 이때 그는 천주교의 효용에 관한 견해를 조금 바꾸었는데 마테오리치는 불교에서의 천당지옥설에 대한 비판을 통해 "빼앗아 그것을 우리의 유학으로 돌려 유학의 부족한 점을 보완하고 무지몽매함을 일깨웠다"728고 생각하였다. 그리고 "천학"은 "세상의 잘못을 고치는 뛰어나고 정확한 이론이며" "마음을 구해주는 약"으로 삼을 수 있다고 여겼다.729 바로 천주의 뜻에 대한 효용을 인식하는 과정에서 이지조는 기독교와 유학의 다른 차이점을 느끼기 시작하였지만 이는 첫 실마리일 뿐이었고 그 논점의 취지는 여전히 분서갱유를 통해서 고유가 사천지학事天之學을 완비하였다는 점을 설명하는데 있었다. 이 시기 이지조의 형이상학적 경향은 "천주"를 부모 섬기는 윤리원칙의 근원과 기초라고 이해한 것으로 표현된다. (하늘 섬김과 부모 섬김은 같은 한 가지 일로 하늘은 이런 섬김의 큰 근원이다.)730 그리고 천당지옥설은 이치상 반드시 있어야 하는 바의 "선을 가르치고 악을

---

727 李之藻『〈畸人十篇〉序』
728 李之藻『〈畸人十篇〉跋』
729 李之藻『〈畸人十篇〉跋』
730 李之藻『〈天主實義〉重刻序』

막으며"731 "욕망을 억제하고 인仁을 온전케 하며" 또한 "충효의 주요 내용"과 관련된 도덕, 설교의 이론적 기초였다. 다시 말해 신비한 계시 "진리" 즉 "초월성"(초자연적)의 "진리"는 그가 갖는 관심의 요점이 되지 못하였고 그의 흥미를 일으키지도 못했다. 오랜 동안 인본사상에 젖어있던 비교적 냉정한 이성주의자로서 그가 신앙하던 바는 종종 그가 신앙해야 하는 것이 아니라 그가 신앙할 수 있는 것이어야 했다. 이때 이지조가 할 수 있고 동시에 이해하고 수용하고자 했던 것은 오히려 "인성因性"(비초자연)에 속하는 이치 즉 과학지식과 유학의 "상호 합치"였다. – 실은 철학, 윤리 원칙인 듯하다.

    세례를 받고 1년 뒤(1611) 이지조는 부친상을 당해 고향으로 돌아갔다. 1613년 『동문산지서同文算指序』를 썼는데 마테오리치가 만 리 먼 길을 마다 않고 중국에 온 목적이 과학 전파에 있을 뿐 아니라 더욱 중요한 것으로는 사람들로 하여금 『기하원리』, 『천주실의』등 여러 책들 중에서 "수數에 근거하여 이치를 찾게 하는 것이며" "만일 기술, 셈 따위만을 말한다면 마테오리치가 9만 리 멀리까지 와서 힘쓴 것이 아니다."732라고 생각하였다. 지적한 바가 명확치는 않으나 그는 마테오리치 등이 중국에 온 더욱 중요한 목적이 "천주의 뜻"을 전하는 일이고 그 방식은 사람들로 하여금 "수에 근거하여 이치를 찾아내도록 하는" 즉 과학진리에 대한 파악을 통하여 "계시진리"의 영역에 도달케

---

731 李之藻『〈天主實義〉重刻序』
732 李之藻『〈同文算指〉序』

하는 것이라는 인식을 표명하였다. 전교사가 중국에 온 목적에 대한 분명한 인식은 결코 그에게 거리감이 들게 하지는 않았고 반대로 그 후 이지조는 더욱 자각적으로 "초월성"의 진리로 나가기 시작하였다. 이 발전과정의 기초는 더 이상의 의동擬同이 아닌, 차이에 대한 뚜렷한 순응이었다.

천계天啓733 원년, 이지조는 광동 포정사좌참정布政司左參政734으로 좌천되었다. 그 해 이지조는 『〈대의편서代疑篇序〉』를 썼는데 이 책에 보이는 그의 사상은 이전과는 달랐다. 그가 이전에 인식한 고유 중의 "易曰 乾元統天 역은 이르기를 건의 크나큰 양기는 천도를 통어하는 근원이다"라고 한 것 등이 하늘을 알고 하늘을 섬기는 "지극한 도"라고 생각하는 관념을 포기하였다. 다음과 같이 말한다.: "대저 도는 옛적에 지극히 갖추어졌고 경전은 성인에서 다하였은즉 『易』과 『書』가 나온 뒤로는 마땅히 다른 책이 없어야함에도 경전과 사서史書가 만들어졌으니 어째서인가? …… 이는 도리[義理]는 원래 스스로 궁구한다는 것을 보여준다."735 다시 말해 후대 유가 저작의 출현은 도가 옛적에 지극히 갖추어지지 않았고 경서는 성인에서 다하지 않았음을 표명하니 이것이 그 하나이다. 둘째로, 이지조는 기독교와 유학의 구체적인 차이에 대해 명확히 지적하지는 않았지만 차이의 존재를 인정하였고 기독교와 유학의 이동점異同点을 추상적으로

---

733 명 희종(熹宗)의 연호 1621~1627
734 포정사(布政司)의 장관은 포정사(布政使)이고 관품은 종2품인데 한 성의 민정, 전부(田賦), 호적의 일을 맡아서 관리하였다. 명대 각 성의 포정사(布政使) 아래에는 좌우 참정 즉 지방장관의 부현장(副縣長)을 두었다.
735 李之藻『〈代疑篇〉序』,『天主教東傳文獻』474쪽

설명하였는데 다음과 같다.: "하나의 새로운 해석으로 들추고, 하나의 토론으로 들추고, 하나의 서로 다른 차이점으로 들추고, 하나의 의심으로 들춘 다음에야 진정한 도리가 이로부터 나온다. 마치 돌을 마찰하면 불이 생기고, 옥을 연마하면 빛이 드러나듯 모두 자기와 다른 사물과 대비함으로써 본래의 참된 성질[眞性]을 불러일으킨다. 처음은 비록 어그러졌어도 결국에는 상생한다. 어찌 대이大異를 보는 것이 대동大同이지 않겠는가?736"737 이지조가 보기에는 각종 사상의 이동점에 대해 토론하면서 크게 의심을 가지고 변론하면 더욱 참된 도리를 찾아낼 수 있는 것이다. - 자기와 다른 것을 빌려서 각자 본래의 진성을 불러일으키면 대이점은 장차 대동점을 불러올 것이니 이는 최종적으로 참된 도리를 만드는 것과 같다. 그리고 이동점을 분명히 한 후, 개방적 사상을 통하여 다른 유익한 것을 만들어낼 수 있는 것이다.: "위선적인 자가 나를 칭찬하는 것은 원수가 나를 질책하느니만 못하고" "그 참으로 같은 것[眞同者]은 이전의 성인 가르침의 책이 되어 보존되었고, 동양과 서양이 모두 같음

---

736 사물의 같은 것과 다른 것(同異)의 관계를 논한 명제이다. 『莊子.天下』편에서 혜시(惠施)가 제기하였다. 그는 "사물은 대동(大同)이 있고 또한 소동(小同)이 있다. 대동은 즉 소이(小異)이고 소동은 즉 대이(大異)이니 대동소이와 소동대이는 같지 않은 것이다. 그러나 이런 같지 않음(不同)이 어떠한 부동이든 간에 모두가 크게 보면 같다가도 작게 보면 다르니(大同而與小同異) 이를 소동이(小同異)라 하며 만물은 모두 같기도 하고 다르기도 하니(萬物畢同畢異) 이를 대동이(大同異)라 한다."고 보았다. 왜냐하면 이들 동(同)과 이(異)는 모두가 구체적 사물 간 상호 비교하는 사이에서의 "同" "異"일 뿐이기 때문이다. 그는 어느 정도까지 이야기한 동과 이는 상호 연계되었으며 동과 이 사이에는 통일성이 있음을 이야기하였다. 그래서 후세 사람들은 혜시의 이러한 동과 이에 대한 견해를 '合同異'이라고 칭하였다.

737 李之藻 『〈代疑篇〉序』, 『天主教東傳文獻』 472~473, 481, 473~474, 481~482, 471~472쪽

을 안다.; 참으로 다른 것[眞異者]은 깨달은 뒤 진보의 등불로 남았다."[738] 여기에서 만약 이지조가 빌려서 대비하고자 한 다른 것이 전적으로 문예부흥시기 이후의 근대 신사상이었다면 우리는 당연히 그의 개방적이고 통찰력 있는 태도에 대해 찬사를 아끼지 않거나 적어도 이해심을 가지고 연구해야 할 것이다. 그러나 역사의 한계로 서양 중세의 종교사상을 접촉할 수 있었을 뿐이었을지라도 이지조가 자기와 다른 것을 빌려서 본래의 진성을 불러일으키려 했던 태도는 어떤 면에서 긍정적으로 보아야 할 것이다.

셋째, 이지조의 형이상학적 경향은 이때 종교에 대한 이른바 초자연적[超性] 이치를 인정하는 데서 표현되기 시작하는데 그 말은 이러하다.: "다만 낡은 학설을 완고히 지키고 스스로 지극한 가르침이라 자부하면서 망령되이 이르기를 세상에는 나라 밖 경계가 없고 사람에게는 초성의 이치가 없다하니 도량은 마음을 작게 만들고, 영적인 실마리는 살아나지 못한다. 성인이 다시 나와도 그렇게 생각하시겠는가?"[739] 지극한 가르침 그리고 "스스로 지극한 가르침이라 자부하며" "스스로 그 이성적 재능[靈才]을 속박하는 것"[740]에 대한 비평과 어느 정도의 이견, 부정은 이지조로 하여금 역외의 세상이 존재하고 있음을 인정하게 하였고 동시에 종국적으로 그를 "초성관념"의 품안으로 들게 하였다. 그러나 초성관념에 대한 인정은 중국 고유古儒의 "천도天道

---

[738] 위의 책
[739] 위의 책
[740] 위의 책

는 멀고 인간의 도리[人道]는 가깝다."⁷⁴¹는 인본주의 사상의 부정에 기초한다. 그는 도리에 가깝다고 지극한 도리는 아니라고 보았다.: "대개 도리에 가까운 것이 지극한 것은 아니다. 그런고로 지극함에 이르러서는 비록 성인이라도 알지 못하고 능하지 못한 바가 있다."⁷⁴² 2년 뒤(1623) 이지조는 이런 논조를 극단적으로 발전시켰는데 이는 그를 "천학"을 이해하는 과정에서 자아 모순에 빠지게 하였다(다음 단락에서 논함). 인간은 "조물주가 홀로 인간에게 후하다는 것을 똑똑히 알고" "극기克己하고 밝히 하늘을 섬김으로써 명을 받아 근본으로의 회귀를 바라야 한다."는 점을 천명하기 위해 진일보하여 인정하였다.: "우리가 아직 천도를 듣지 못하고 먼저 인간사를 말하는 것"은 앞뒤가 뒤바뀐 잘못된 제시이다.⁷⁴³

또한 5년 후(1628) 이지조는 이런 천도관天道觀을 구체적으로 밝혔다. 그는 공자가 수신을 논한 취지는 사람으로 하여금 사람이 사람 되게 하는 원인을 인식하게 하는데 있으며 이로부터 "부모를 욕되게 해서는 아니 되고 또한 근본을 캐서 근본을 앎"에 이른다고 생각하였다. 그러나 그가 여기에서 말한 천은 유형적인 자연으로서의 천상이 아니고, 하늘의 도리[天理]가 아닌 "사람을 이와 같이 존재하게 하는 원인의 곳"으로 그 묘하고

---

741 天道遠人道邇. 춘추 시대 사상가 자산(子産)이 제기한 하늘과 사람을 서로 구분한 사상. 천도와 인도는 서로 관계가 없으며 하늘과 사람은 분리되어서 소위 창천(蒼天), 자연(自然), 무위(無爲)의 운행은 인류사회에 대한 영향이 전혀 없고 간접적이라는 견해.
742 李之藻 『〈代疑篇〉序』, 『天主敎東傳文獻』 472~473, 481, 473~474, 481~482, 471~472쪽
743 李之藻 『〈職方外紀〉序』

그 능하고 그 은덕이 무한한 "조물주"로 인식하였다. 그런 후 그는 자못 불만스럽게 유학에 대한 비판을 전개하였다. "유학자가 천을 근본으로 하나 2천 년 이래 추론 해보았어도 밝혀진 바가 없다. 말하지 말라면서 미룬 채 논하지 않고 논하여도 따져서 가리지 않는다.; 대저 따져 가리지 않으니 논한다한들 어찌 밝힐 수 있겠는가? 논하지 않은 즉 말하지 않고 미룬 것을 어찌 믿고 기댈 수 있겠는가? 하찮고 보잘 것 없는 일에 막히고 보면 속된 부류에 갇힐 뿐더러 허무하고 기괴하고 변하기 쉽다. 고명한 이에게 크나큰 해를 주고 신령한 마음을 묻어버리고 근본으로 돌아가려 않으니 한번 살펴보아야 할 일이다."[744] 이지조가 서술한 천도관은 본질상 유학 중 자연물질의 "천" 및 도덕원칙(천리)의 근원으로써의 천, 이 두 가지 비종교적인 의의를 본질적으로 파괴하였다. 동시에 그는 사람을 이와 같이 존재하게 하는 원인의 곳으로서의 천(주)에 대하여 논하지 않고 따져 가리지 않는 모호한 태도를 배척하였다. 이로써 보건대 그가 종교 신학의 길로 들어선 것은 그가 적극적으로 서양과학을 소개, 연구한 것과 마찬가지로 이미 전교사들로부터 영향을 받았고 또한 자각적으로 사상적 적응을 하고 순응하였음을 볼 수 있다.

앞에서 서술한 소위 "자아모순" 부분은 이지조가 일방적으로 먼저 천도를 말하고 후에 인간사를 말해야 한다고 주장한데 있다. 즉 먼저 형이상학적인 천도를 구하여 천에 대한 종교적 심사숙고와 설명을 진행한 후 세속의 일과 인간사를 논한 것이다.

---

[744] 李之藻『譯〈寰有詮〉序』

그러나 그의 주된 경향은 "인성因性(비초자연)으로부터 초성超性에 도달하는" 즉 자연이성에 대한 체험과 관찰[體察], 인식과 탐구를 통한 초자연 이성에 대한 인식[體認]에 도달하는 것이었으니 이 점은 중국인의 "자연이성"에 대한 마테오리치의 평가와 매우 부합된다. 그는 "천학" 중의 이와 같은 "진리" 탐구의 과정과 방법을 충심으로 신복한 듯하다. 다음과 같이 말한다.: "그곳에서 옛 성인과 후세 성인이 천지만물의 이치를 논한 바는 사물의 근원과 그 결말을 밝힘에 있어 점차적으로 이치를 밝혀내고 유형에서 무형으로, 인성에서 초성에 이르기 때문에 대저 의혹이 있으면 반드시 깨우치고 주도면밀하지 않음이 없다. 인성의 학이 있어 이에 상고 시 개벽의 기원을 추측할 수 있고 초성의 지식이 있어 강생과 구원의 이치를 추측할 수 있다. 내 자신 영혼이 있으니 그로써 조물주를 인식해야한다."[745] 매우 분명한 것은 이지조는 종교에 대한 열정을 천주의 "강생과 구원의 이치" 탐구에로 전환하였고 또한 사람에게 영혼이 있다는 "사실"을 통해 상제(천주)를 인정하고 신앙하기에 이르렀다. 그는 이와 같이 초성의 이치에 대한 인식에 이르는 길은 마땅히 유형에서 무형으로, 인성에서 초성에 이르는 점차적인 추리, 규명의 방법으로 인해서라고 보았다. 이러한 논리방법에 대한 몰두는 서광계가 꿈속에서 계시를 통해 삼위일체, 천주강생과 구속의 이치에 다다른 인식과는 본질적으로 다르다. 동시에 또한 그로 하여금 이전에 "먼저 천도를 말하고 후에 인간사[地員]를 말한다."고 한 말

---

[745] 李之藻 『譯〈寰有詮〉序』

을 부정하는 모순된 상황에 빠지게 하였다.

    같은 시기(1628년) 이지조는 『각〈천학초함〉제사刻天學初函題辭』를 쓰면서 천주교가 "하늘을 알고 하늘을 섬기라하나 육경六經의 취지에 어긋나지 않는다."는 견해를 가졌을지라도 천주교 혹은 천학을 "최초의 가장 참되고 가장 보편적 종교"라고 칭하였는데 이는 천학이 "스스로 본받을 도리를 보이고 생명의 근원을 심오하게 언급하고 도리에 막힘없이 뜻이 오묘하여 지금까지 없었던 것을 얻었기" 때문이었다. 확실히 이지조에게 여전히 존재하는 의동擬同 관념이란 온건한 경향의 배후에는 차이에 대한 인식("지금까지 없었던 것을 이제야 비로소 얻었다.") 및 그 기초위에서 소위 "최초로, 가장 참되고 가장 보편적인 종교"에 대한 수용을 감추고 있었으며 동시에 재차 자신의 종교적 열정을 천국의 행복에로 기울였던 것이다.: "만일 참된 종지를 알고 직접 하늘로 가는 길을 찾아서 초성에 이르려면 모름지기 그 자신 배우고 실천하는 수행[實修]를 해야 하며 본디 말과 글을 통해 함부로 구할 수 있는 것이 아니다."[746] 여기에서 말하는 실천하는 수행은 또한 그가 창도하는 실학 중의 윤리사상의 요소가 된다.

    천주교에 대한 이해와 수용 중에서 이지조는 또한 일종의 독특한 독립적이고 종합적인 창조정신을 보였다. 그는 마테오 리치 등 전교사가 전교하는 천주교 인성론人性論을 수용하여 천주께서는 은혜로워서 인류에게 가장 돈독하시며 사람은 영혼이 있으므로 이에 추리할 수 있고 사람이 되는 것으로 생각하였다.

---

[746] 李之藻『刻〈天學初函〉題辭』

이러한 기초 위에서 그는 만물일체, 천인합일이라는 전통적 중국사상을 명확히 부정하지는 않으면서 "사람은 초목, 새, 짐승과 같이 어리석지 않고 썩어 없어지지 않는다."747고 하였다. 그러나 의미 있는 것으로 이지조는 이러한 종교적 인성론에 기초한 지식진화론을 세웠는데 다음과 같이 말한다.: "원래 사람은 영성을 가지고 참된 이치를 미루어 생각할 수 있기에 소천지小天地라고 일컫는다. 또한 사람은 하늘과 땅에 참여하여 도울 수 있고 하늘과 땅이 그 위치를 설정하니748 사람은 그 능력을 이룬다. 옛 사람이 보고도 알지 못한 바를 지금 사람은 알 수 있다; 지금 사람이 아직 모르는 바를 후세 사람이 또한 혹 알 수 있다.; 새로운 지식은 다함이 없으니 참으로 사람의 능력이 무궁함을 입증할 수 있다."749 이러한 지식 진화론은 천주교교리에 어긋날 뿐만 아니라 – 천주교는 오직 하느님의 능력만이 무한하다고 여기는데 "사람의 능력이 무한하다"함은 즉 인류 이성의 오만이요 모든 죄악의 근원이다. – 또한 어느 정도 그가 고유 및 당시 학문과 견해를 달리하고 비평하는 이론적 기초가 되었다. "도는 옛적에 지극히 갖추어지지 않았고 경전은 성인에서 다하지 않는다."는 말은 바로 이와 같이 "새로운 지식은 다함이 없음"을 설명해준다. 이지조가 묘사한 명말 유생의 "눈앞에 일용지사는 내버려두고 대체로 모호한 말만을 하며" "재주는 많아도 법도의 종지에는 능하지 않고" "별자리의 위치, 하천과 산으로는 방위

---

747 李之藻『〈職方外紀〉序』
748 『易.繫辭 上』天地設位
749 李之藻『譯〈寰有詮〉序』

를 바르게 측정할 수 없고 천체 운행의 변화를 걸음짐작할 수 없어······이에 농사의 수확에 이로움을 얻지 못하고 의료와 운기運氣[750]가 조화롭지 못하고······"[751] 등등은 사람이 무한한 능력을 사용하고자 하지 않고 "즐겨 추론하지 않은" 나쁜 결과[752]라고 하였다. 이러한 고유와 당시 학문 및 얼마간 "순정한" 천주교리에 대한 일탈과 비판 그리고 이 기초 위에서 서양과학에 대한 적극적인 수용과 연구가 곧 이지조의 사상과 실천 중 가장 창조성을 지닌 긍정적인 요소이다.

만력46년 이지조의 문하생 풍시래馮時來 등은 이지조가 저술한 『반궁예악소頖宮禮樂疏』[753]를 각인하였는데 이 책은 『사고전서四庫全書』에 수록되었다. 명말 일부 사대부의 눈에는 이 책이 "육경을 고취시키고 학교교육을 성화聖化시키는데 보조로 쓰일 만한" 저작으로 보였다.[754] 이지조 본인 역시 이 책의 『범례』에서 그 일부 내용을 개술하기를 "제사에 필요한 참고사항과 일체 전례의 연혁은 모두 여러 역사, 연대기, 기록에서 검출된 것이다"[755]라고 하였다. 이로써 보건대 세례를 받고 입교한 여러 해 뒤에도 이지조는 유가의 예악규범에 대해 여전히 뚜렷한 흥취

---

[750] 5운(五運)과 6기(六氣)의 합칭. 5운은 즉 金, 木, 水, 火, 土 5행을 6기는 風, 寒, 濕, 暑, 澡, 火를 말한다.

[751] 李之藻 『譯〈寰有詮〉序』

[752] 위와 같음

[753] 이 책의 각인에는 馮時來 외에 林欲輯이 있으며 이 두 사람은 만력40년과 35년에 각각 진사가 되었다. 『福建通志』 36권 『選擧』에 보인다.

[754] 『頖宮禮疏』 林漢儒序 및 『凡例』에서 각각 볼 수 있다., 北京大學圖書館善本室에 해당 만력각본이 소장돼 있다.

[755] 위와 같음

를 보였고 장구지학은 여전히 그의 학문의 일부분이었다. 그러나 이로써 이지조가 서광계보다 더욱 유가적 기질을 갖고 있다고 판단할 수는 없다. 앞글의 분석에 근거하여 우리는 이지조 만년(천계 원년으로부터 시작하여 1621년)의 사상이 더욱 종합성, 창조성을 표현하였으며 그 귀착점은 유학이기도 기독교이기도 하거나, 유학도 기독교도 아니라고 생각하는데 이는 서양 문화와 실질적으로 접촉하고 교류한 대다수 사대부들이 사상적인 면에서 지니고 있던 매우 보편적인 최종 귀착점일 수도 있다.

    죽기 1년 전(1629) 이지조는 일생 최대의 업적을 완성하였다. 즉『천학초함』을 편집하여 인쇄하였는데 이는 중국 역사상 최초이며 전면적으로 서학을 소개한 책이다. 이 책 목록의 내용을 여기에서 일일이 서술하지는 않는다. 우리에게 흥미를 끌게 하는 것은 이 책의 편집체제로 자못 의미가 있다. 이 책은 이지조에 의해 "리理와 기器 두 편으로 나뉘었고 편마다에는 각각 열 가지 부류가 있다." 리편 중 모든 서적에는『천주실의』같은 "예비 복음서"를 포함하였을 뿐더러 서양의 학술개황, 풍속, 정치 등 상황을 소개한 저작도 포함하고 있다. 기器편은 서양 과학기술을 소개한 책이다. 이러한 분류 방법은 유가에서 말하는 "형상이 있기 이전의 형상을 있게 하는 것을 무형의 도道 곧 법칙이라 하고, 형상이 갖추어진 이후의 것을 도道를 담는 그릇 곧 기물器物"[756] 이라고 하는 관념의 구현이 분명한데 그것은 이지조가 서양문화도 도道를 가지고 기器를 가진 총체로 인정하고 있

---

[756]『易.繫辭上』形而上者爲之道 形而下者爲之器

음을 암시해 주고 있다. 근대사에서 일부 사대부들은 서학은 단지 기의 문명이고 화하문명은 도의 문명이라 생각하였다. 그런 까닭에 "중학中學은 본체[體]가 되고 서학은 방법[用]이 된다."고 주장하면서 실질적으로 서양문화가 체와 용을 가진 총체임을 부정하였는데 이는 오히려 이지조의 인식보다 분명하고, 주도면밀하지 못하다. 체가 있고 용이 있는 서양문화에 대해 어떤 태도를 취하느냐는 다른 하나의 큰 문제이기는 하나 위에서 서술한 서광계와 이지조 등에 대한 분석연구에서 일부 계시가 드러날 수 있을지도 모른다.

3. 경건한 신자의 집착

강직하고 바르며 명분과 절의를 지키는 정통사대부 신분이라고 그가 동시에 경건하거나 혹은 세속을 따르는 불교도가 되지 말라는 법은 없다. 그러나 이와 같은 이중적 신분에서 한 사람의 경건한 천주교도로의 전환은 쉬운 일이 아니다. 물론 이러한 전환은 기독교와 유학이 서로 만나 결합하는 형식으로 출현하든 불교를 거절하고 기독교로 들어가는 순결한 자태로 출현하든 모두가 전교사 혹은 교회안 사람들의 찬양과 찬미를 받을 일이었다. 양정균의 역정은 교회안 사람들에 의해 그를 명말 천주교 "세 큰 대들보" 중의 하나로 불려 지게 하였고 그 사상의 전환과정 및 경건한 신념은 마찬가지로 당시 역사상황에 근거하여 분석하고 연구할 가치가 있다.

一

　　양정균楊廷筠(1562 - 1627)의 자는 중견仲堅, 호는 기원淇園이며 절강 인화浙江 仁和사람으로 만력12년 우순희와 같은 해 과거에 급제하였고 20년에는 심최와 같은 해 진사가 되었으며 관직이 올라 순천부승順天府丞에 이르렀다.

　　만력30년(1602) 양정균은 북경으로 불려 올라가 사천장도사 호광도어사四川掌道事湖廣道御史에 제수되었다.[757] 대체로 그 해 북경에서 마테오리치와 왕래하였을 것이다. 양정균은 스스로 말하기를 "나는 서태 이공西泰 利公을 그의 북경 저택에서 만나 여러 날 동안 명칭과 이치[名理] 등을 논하며 자못 두터운 우정을 나누었다."고 하였는데 모두 그 때를 가리켜서 한 말이다. 그러므로 양정균과 이지조는 거의 같은 시기 전교사와 얼마간의 접촉이 있었다고 하겠다. 다른 점은 이지조는 마테오리치를 만난 후 줄곧 서양과학에 대하여 뚜렷한 흥미를 가지며 동시에 만력38년 세례를 받았지만 양정균은 자신의 지식과 능력의 부족으로 과학 문제에 있어서는 전교사들과 실질적인 교류를 진행하기 어려웠다. 그 자신도 이 점에 대하여 솔직히 인정하고 있다.: "더불어 며칠 간 명리를 논하며 자못 두터운 우정을 나누었으나 다만 기하의 원과 현弦의 여러 논리에 대해서는 이해할 수 없었다."[758] 비록 그가 마테오리치와 도를 논하며 견해가 서로

---

[757] 董其昌編『神廟留中奏疏匯要』兵部類는 만력31년11월초9일『四川道掌道事湖廣御史楊廷筠題爲水西最爾疆界等事疏』를 수록하였다. 楊振鍔著『楊淇園先生年譜』는 양정균이 만력32년에 道御使에 임명되었다고 하나 틀린 말이다.
[758] 楊廷筠著『同文算指通編序』, 臺灣影印本『天學初函』

잘 맞았을지라도 꽤 오랜 기간 서학 중의 "명리문제"에 대해 연구하려는 강렬한 흥취는 아직 없었다. 반대로 북경을 떠난 뒤 양정균은 다른 사대부와 마찬가지로 장구지학 속에 빠져있었다. 그의 역경과 역사에 대한 흥취는 더욱 농후해졌고 이 방면에 관한 저작 또한 풍부해서 총 20여 종에 달한다.[759] 비록 이런 저작이 거의 흩어져 없어지고 년대도 많이 고증할 수 없지만 우리는 그들 중 대부분 저작은 그가 진사에 급제(1592)한 뒤로부터 세례를 받은(1611) 사이에 쓰여 졌으리라고 생각한다. 역사가의 양정균 저작에 대한 논평에서 우리는 양정균 치학 정신의 일부분을 대략 짐작할 수 있다. 『사고제요四庫提要』[760]에는 양정균의 『완역미언적초玩譯微言摘鈔』를 수록하였는데 이 책은 "제가諸家가 역易을 이야기한 것들을 모아 책으로 만들었기에 적초摘鈔라 하였다"[761]고 밝히고 있다. 그 책의 격식 중 일부는 이내조李鼐祚가 여러 가지 해석을 모은 집해集解의 예를 모방하였으니 그 책은 심장적구尋章摘句한 작품이라고 볼 수 있다. 주이존朱彛尊(1629-1709)의 저서『경의고經義考』는 양정균의『역현易顯』(6권, 주석이 있음)과『역총易總』(1권, 주석이 없음)을 수록하였고 동시에 손지방孫枝芳의 말을 인용하였다.: "기원淇園 선생의『주역현의周易顯義』는 한 학파만을 주장하지 않고 또한 점치는데 얽

---

759 Standaert는 양정균의 각종 저작을 상세히 열거하였다, Yang Ting yun, Confucian and Christian in Late Ming China, His Life and Thought, 17~21, 50쪽. 아래서부터는 간단히『楊廷筠』으로 줄이고 작자명을 열거하지 않는다.
760 중국 고대 관에서 편찬한 것 중 가장 규모가 큰 도서목록. 이 책은 건륭38년(1773) 편수를 시작하여 건륭46년 초고가 완성되었다.
761『四庫全書總目提要』上冊, 60쪽

매이지 않았다. 그가 저술한 『역미易微』『역총易總』『역현易顯』은 모두 자기 뜻대로 역을 해석하였고 훈고訓詁나 옛 전적 혹은 전고 등으로 역을 해석하지 않았다."762 손지방의 기술에 의하면 양정균은 자신만의 견해를 좋아해서 자기 뜻대로 역경을 이해하였다고 한다. 그러나 『사고제요』의 평론과 주석에 따르면 양정균이 "책은 곁으로 내버려둔" 임의의 독창적 부류에 속하지 않음을 알 수 있다. 양정균의 부친 양조방은 『양씨숙훈楊氏塾訓』(만력31년에 출판된 책으로 『사고제요』에 수록되었다.)을 저술하였는데 이 역시 심장적구한 도덕교화의 책에 속한다. 양정균은 부친의 저서를 높이 평가하면서 그것을 삼강오륜 등 유가의 가르침을 회복시키는 본보기로 삼았다.763

세례를 받고 천주교에 입교하기 전 2년 동안 양정균은 불교에 대해 매우 깊은 흥취를 가졌다. 일부 저명한 거사나 승려 예로써 동기창董其昌, 원굉도袁宏道, 풍몽정馮夢禎 등과 교류하고 접촉하였다. 천주교도인 장갱張賡은 『제천석명변題天釋明辯』에서 양정균을 "선禪의 이치에 매우 밝은 사람"의 부류에 넣었다."764 정지린丁志麟(복건, 晋江사람으로 알레니의 제자), 알레니의 『양기원선생초성사적楊淇園先生超性事跡』(알레니가 구술하고 정지린이 기록하였다.)은 양정균이 불교를 옹호한 원인에 대해 다음과 같이 서술하였다.:

---

762 朱彝尊『經義考』卷60
763 『楊廷筠』60쪽
764 徐宗澤『提要』113쪽

"독학督學[765]을 사직하고 돌아와(만력37년) 서적에 둘러싸인 채 손에서 책을 놓은 적이 없다. 주공朱公[766]을 더욱 따르며 경모하였고 모든 인사에게 존경을 받았는데 그들은 서호西湖 경치 좋은 곳을 골라 호피虎皮를 깔고서 공을 천거하여 강론의 자리에 앉혔다. 공이 도학道學을 일으키고 진실사眞實社라는 모임을 만들어 부지런히 학문을 토론하니 사방에 이름이 알려졌다. 우파優婆와 비구比丘[767]는 불법을 따르고 전하면서 항상 수행방법과 교의를 마음에 두는 사람이므로 이에 공의 집에는 승려를 예우하는 방이 있었다."[768]

절강浙江은 명대에 걸출한 문인들이 모인 곳이며 항주 또한 동남문화의 중심으로 불교가 발달하였다. "병을 핑계로 낙향하여" 집으로 돌아온 양정균은 사대부, 명승과 교류하는 과정에서 자연스레 유학에서 불교로 들어갔다. 양정균의 시문은 더욱이 그의 불교에 대한 이해를 명확히 전달하고 있다. 『무진선생 유마경무아소를 읽고 난 소감讀无盡老師維摩无我疏有感』에서는 다음과 같이 말한다.

---

[765] 명청 시 교육행정을 지도 감독하고 시험을 주재하기 위해 각 성에 파견하였던 전문 관원
[766] 도주공(陶朱公) 즉 범려(范蠡)를 말한다.
[767] 우파(優婆)는 집에서 수행하는 남녀 불교 신도로 남자를 우파색(優婆塞), 여자를 우파이(優婆夷)라고 하며 비구(比丘)는 출가하여 구족계(具足戒)를 받은 남자 승려이다.
[768] 其自督學解組歸也(按時爲萬曆三十七年), 左右圖書, 手未嘗轍帙. 越撫朱公深相敬慕,將使都人士矜式, 爰選西湖佳勝, 藉皋比而推公講席. 公倡道學, 結眞實社, 討論勤修, 遐邇知名. 其優婆比丘, 襲竺乾衣鉢之傳者, 恒以禪乘中之, 于是公之門有禮僧之室 『徐家匯藏書樓明淸天主教文獻』(一)臺北: 輔仁大學神學院, 1996年, 217쪽

身世浮沤里 年华驹隙过

몸은 덧없는 세상에서 떠돌고, 인생은 유수와 같이 흐른다.

了知神不灭 離却幻如何

영혼 불멸을 깨닫고, 해탈에 현혹됨은 어떠한가.

遂妄迷尘劫, 耽空亦爱河

속세에서 헤매다가, 공에 빠지니 또한 좋구나.

西来秘密义, 无复问维摩[769]

서쪽에서 온 비밀스런 교리, 다시 유마[770]에게 묻지 않으리.

이 시는 인생을 덧없는 "물거품"으로 보면서 공에 빠지는 것을 좋다고 보았는데 도공출세逃空出世의 의미는 "불교 이치에 대한 깊은 깨달음"과 또한 벼슬길이 험난한 사대부의 인생에 대한 환멸감을 드러낸다. 그러나 이러한 출세 경향은 그가 적극적으로 입세入世한 실천적 생활과 함께 상호보완적인 한 부분에 불과하였다. 정치생활 중에서 양정균은 "영달하면 천하 민중, 만물로 하여금 모두 은혜를 입게 하는"[771] 적극적이고 진취적이며 나라의 일과 백성의 고통에 관심을 가진 사대부였다. 그는 상소하여 만력황제가 각지에 광감세시鑛監稅使[772]를 파견하는데 반대

---

[769] 『天台山方外志』 권28

[770] 유마힐(維摩詰)은 고인도 비사리(古印度 毘舍離) 지방의 대자산가로 초기 불교의 저명한 거사이며 재가보살인데 대승불교의 묘리인 공 반야(空 般若)에 정통하였다고 한다. 유마경은 대승불교의 재가주의(在家主義)를 천명하고 있다.

[771] 『孟子.盡心上』達則兼濟天下 참조

[772] 명조 만력황제는 역사상 재물 축적에 열중하여 이익을 꾀한 것으로 유명하다. 그는 궁중 토목공사와 변방에서의 끊임없는 군비의 증가로 국고가 수입보다 지출이 늘어나 위급한 지경에 처하자 가능한 많은 재물을 긁어모았는데 그 중 가장 중요한 것이 각지에 수많은 광감세사를 파견하여 재화를 수탈하는 일이었

하였고 당시 환관인 "진봉陳奉, 마당馬堂, 진증陳增 등의 간사함을 고발하였다."773 그의 정치생명은 동림당인과 서로 밀접한 관계가 있어서 은을 기부해 고헌성의 양귀산楊歸山 사원 개축과 동림서원의 건립 활동에 참가하였다.774 만력37년 고향으로 돌아간 지 십여 년 후 동림당인 "추원표鄒元標의 천거로 복상服喪을 마치고 하남안찰사부사河南按察司副使가 되었고 나중에 순천부승順天府丞이 되었다."775 당쟁 중에서 양정균은 물론 정치적 희생물이 되었으나 그래도 천수를 다했다고 할 수 있으니 그 결말이 양련楊漣, 좌광두左光斗 등처럼 처참하지는 않았다. "천계4년 가을 양정균이 제조提調776 관직에 있을 때 환관 위충현이 정권을 장악하고 있었는데 그 무리는 밤낮으로 흉악한 일을 자행하였다. 시험 보는 날 큰 비가 오므로 궁궐 문을 닫아 시간이 조금 늦어지자 제조에게 죄를 물었다. 양정균은 사태가 변함을 보고 마침내 사직하고 고향으로 돌아가기를 청하였다."777

전술한 바와 같이 만력37년 양정균이 상소를 올려서 강남지방에 대한 중세의 중지를 요청하여 "고관들이 그를 원망하므로 병을 핑계 삼아 고향으로 돌아갔다."778 집에서 강학할 때 유학

다. 이때 환관은 경제영역에서 많은 행패를 자행하여 사회 각층에 심대한 재난을 초래하였다.

773 『杭州府志』 卷30 『人物.風節』
774 光緒辛巳重刊本 『東林書院志』 卷17, 楊廷筠 『上孫柏潭少宰書』
775 『杭州府志』 卷30 『人物.風節』
776 사무 처리를 하는 관리인으로 그 직권의 대소는 각 기구에 따라 달랐다.
777 『杭州府志』 卷30 『人物.風節』
778 위와 같음

에서 선禪의 길로 들어갔다. 그러나 그 기간은 길지 않았으며 만력39년 양정균의 정치생애 중 가장 밑바닥에 처해있던 시기 극적으로 세례를 받고 천주교에 입교하였다. 그 해 이지조는 카트피노郭居靜, 니콜라스 트리고 신부가 항주로 들어와 전교해주기를 청하였다. 양정균은 이지조 부친의 조문을 갔다가 우연히 카트피노, 트리고 두 전교사를 만나자 "흔연히 그 종지를 물어보고는 천주상을 보더니 두려워 숨을 죽이며 절을 하는데 마치 천주가 임하여 그에게 명하는 듯하였다. 이에 선생을 집으로 청하여 후히 예로서 대하였다."779 양정균은 "본래 세례를 요청하였으나" 첩이 있다는 이유로 거절을 당하자 매우 괴로워하며 불만을 털어놓았다.:

"공은 한참을 주저하다가 가만히 아존我存(이지조의 자)공에게 말하였다.: '서양 선생은 참 이상합니다. 저는 어사御使로서 선생을 따르는데 어찌 안 된다는 말입니까? 첩 한 사람을 용납할 수 없다는 말입니까? 불가 승려라면 반드시 이러하지는 않을 것입니다!'"780

트리고, 카트피노 신부가 양정균의 부탁을 거절한 것은 그들의 교리와 계율에 대한 엄격함과 신도의 "질質"을 중시하였음

---

779 『徐家匯藏書樓明淸天主教文獻』(一), 218쪽
780 公躊躇已久, 私謂我存公曰:'泰西先生乃奇甚, 僕以御史而事先生, 夫豈不可, 而獨不能容一妾耶? 若僧家者流, 必不如是!
   위와 같음. 221~222쪽

을 말해주는데 양정균의 불만은 사대부들의 전통적 생활방식이 종종 그들의 입교에 큰 장애가 되었음을 설명해준다. 그래서 최종적으로 영향력 있는 신도가 된 이들 사대부들의 이러한 장애를 없애는 과정과 방식은 곧 전교사와 천주교도들의 과장된 "초자연적 사적[超性[781]事跡]"으로 되었다. :

"아존공은 (양정균에게) 긴 한숨을 내쉬더니 탄식하며 말하였다.:'이에 서양선생은 불교승려와는 비교할 수 없음을 알겠습니다. 거룩한 가르침은 천주께서 반포하셨고 옛 성인이 받들었으니 이를 받듦이 덕입니다. 이를 거스르면 벌을 받습니다. 덕과 벌은 분명한 것인데 좋아하는 바에 영합한다면 그 질책과 경고가 어떠하겠습니까?'하고 말하니 공(양정균)은 문득 깨우치며 지난날의 잘못을 철저히 고쳐서 첩을 물리쳐 따로 살게 하고 친히 가르침을 실행하였다. 이에 선생은 그 성의를 보고 세례를 받게 하였다."[782]

양정균이 "중국 전교의 세 큰 대들보" 중 한 사람으로 칭송받은 것은 그가 세례를 받고 입교하는 과정에서 많은 "영적 감

---

[781] 초성(초자연성)이 드러내는 내용은 다음 세 가지를 포함하고 있다. 하나는 천주 자신이 부여하는 은혜성(恩惠性) 즉 천주와 인간의 친밀한 왕래는 천주께서 대가없이 거저 주시는 은사이며 은총이다. 둘은 천주 자신이 부여하는 자유성(自由性) 즉 절대적 자유를 인간에게 베풀어주는 천주의 은총 셋은 천주 자신이 부여하는 내재성(內在性) 즉 하늘과 인간의 내왕은 인간의 내재생활에 속한다.

[782] 我存公喟然(對楊氏)歎曰:'于此知泰西先生非僧徒比也. 聖教誡規,天主頒之,古聖奉之,奉之德也,悖之刑也. 德刑昭矣,阿其所好,若規誡何?'公(楊廷筠)猛醒,痛改前非,屏妾異處,躬行教誡. 于是先生鑑其誠,俾領洗焉
『徐家匯藏書樓明淸天主教文獻』(一) 222쪽

응"을 받았을 뿐 아니라 물질적으로 전교사에게 도움을 주었고 (주택을 제공하고 교회를 개축하는 등) 자발적으로 다른 사람들에게 천주교를 믿도록 권유하였으며 또한 더욱 중요한 것으로 제1차 배교排敎 활동 기간 중 전교사에게 도움을 제공하였기 때문이다. 그는 일부 전교사를 자신의 집에 숨겨주었고 동시에 그와 같은 해 진사가 되고 개인적 친분이 있던 심최와 공개적으로 다투기도 하였다. 『양기원선생초성사적楊淇園先生超性事迹』은 다음과 같이 기록하였다.:

"(심최가) 공에게 고하였다: '서양 선비의 일은 이제 그만 내려놓으세요.' 공은 빙그레 웃으며 말하였다.: '나는 오히려 공이 내려놓지 말고 나를 대신해 그들과 친해지기를 바라오.'"[783]

양정균은 "세 큰 대들보" 중에서 호교와 전교에 관한 저작이 가장 많은데 주요 저서로는 『대의편大疑篇』, 『대의속편大疑續篇』, 『천석명변天釋明辯』, 『효란불병명설鴞鸞不幷鳴說』, 『서학십계전해西學十誡詮解』(전하여지지 않음), 『성수기언聖水紀言』(손학시孫學詩가 양정균의 "천학"을 논한 말 등을 편집한 것) 이 있다. 양정균의 천주교에 대한 이해, 그리고 그가 유학과 천주교를 조화, 융합하려던 시도는 주로 이상의 저작을 통해서 볼 수 있다. 위에서 말한 양정균의 이해와 시도를 분석하고 연구하는 작업이 본문의 주요 과제이다. 이 일을 착수하기 전 반드시 지적할 점이 있다.:

---

783 (沈)告公曰:'西士之事, 今置之矣'. 公莞然曰: '某却要公不置, 猶且望于公代某親之也'."
위와 같음. 231쪽

양정균의 지식 구조상의 결함, 고유의 회복을 시도하고 유학을 순화純化하려던 그의 기대, 개인생명의 가치에 대한 관심과 탐구(그의 불교에 대한 이해 중에 포함되어 있다.), 그가 현실생활 중에서 적극적으로 몰입했던 생각 및 정치, 학술상 동림당인과 얼마간의 일치는 그가 "천학"(주로 천주교)을 이해하고 수용한 중요한 배경이 되는데 우리는 그의 천주교에 대한 이해 과정 중에서 이런 요소들이 주는 영향을 보게 될 것이다.

二

양정균의 종교에 대한 지극한 열정은 흔히 그를 "타고난 천주교도"로 묘사되게 하였으며[784] 그가 천주교를 수용하는 과정 또한 사람들에게 "과학을 선택하고 정치와 사회개혁(비록 그가 동림서원의 지지자임에도)을 갈망한 사람이 아닌 처음부터 끝까지 종교인으로, 진리를 추구하는 사람"으로 인식되게 하였다."[785] 확실히 서광계, 이지조에 비해 양정균은 전교사, 천주교도, 그리고 기타 종교적 배경을 지닌 사람들에게 이상적인 천주교도의 한 사람으로 찬양받는 것이 더욱 적합하다. 그는 서양과학의 연구와 전파에는 둔해서 오직 천주교 전파에 모든 열정을 쏟았는데 이러한 전파에서 가장 중요한 기초는 신앙이다. 이지조가 과학진리로부터 "계시진리"로 나아갔다면 양정균은 이와는 전혀 다른 무엇보다 먼저 종교 신앙의 접수자였다. 그는 신앙을

---

[784] 『楊廷筠』56쪽
[785] Paul A Rule, K'ung-tzu or Confucious? 66쪽

인생의 버팀대로 생각하였다. 『대의속편.정기代疑續篇·定基』에서 양정균은 공자의 말을 인용하여 말한다.: "사람이 만약 미더움[信]이 없으면 그가 무엇을 할 수 있을지 알 수 없다."[786] 틀림없이 그는 이 신信 자를 신앙으로 해석하였고 이 신앙의 대상은 당연히 천주였다. 그가 보기에 신앙은 천주의 은총을 받기위한 전제이고 인간 세상의 선과 악, 괴로움과 즐거움은 오직 천주에 대한 신앙의 기초 위에서만이 비로소 각자 그에 상응하는 의미를 얻을 수 있었다. 만일 서광계 등이 상제를 주로 도덕신道德神 즉 윤리규범의 원천으로 신봉하였다면 양정균은 무엇보다 먼저 상제(천주)에 대한 신앙을 인생가치의 원천으로 생각하였다.: "사람이 천지의 주를 믿지 않으면 이미 스스로 천주와 단절된 것이니 이미 다른 아름다움이 있을지라도 그것으로 속죄 받을 수 없다."[787] 사대부와 불교도가 비록 고통을 몸에 익혀서 자신을 이겨낼지라도 "천주 공경의 마음이 없으니 고통이라 해도 또한 헛된 고통이다."[788] 이 같은 경건한 믿음의 기초 위에서 양정균은 천주의 칠일 창세설, 말씀이 사람 되심[道成人身], 삼위일체 등의 계시진리를 받아들였다. 이런 신비한 계시진리에 대하여 하나하나 해석하기 어려울 때 그는 언제나 한마디 말로 이를 덮어버렸다.: "사람의 생각으로는 미루어 헤아릴 수 없다."[789] "영혼으로만 만날 수 있을 뿐 말로써는 전하기 어렵다."[790] 이와 같

---

[786] 『論語.爲政』人而無信 不知其可也.
[787] 楊廷筠『代疑續篇』, 我存雜誌社1936年, 25~26쪽
[788] 楊廷筠 『天釋明辨』, 『天主教東傳文獻續篇』(一)에 수록, 學生書局1986年第二版, 368쪽. 이하로는 『楊廷筠』 저서의 쪽수만을 기재한다.
[789] 위의 책 367쪽

은 신학적 독단식의 신앙주의 관념은 그의 저작 가운데서 자주 나타난다. 특정한 종교적 배경을 갖춘 사람에 대해 말하자면 이러한 경건한 믿음은 당연히 환영받을 것이고 "양정균의 삼위일체에 대한 수용이 그의 삼위일체에 대한 해석 그 자체보다 더욱 중요할 것이나"[791] 그러나 우리들에 대해 말하자면 양정균의 천주교에 대한 이해가 오히려 더욱 중요하고 더욱 깊이 검토할 가치가 있는 것이다.

양정균은 줄곧 그의 천주교에 대한 신앙과 해석으로 유학과의 조화와 회통을 시도하였는데 이런 조화가 종종 인위적 조작과 부자연스러움을 드러내고는 있으나 그는 진실로 천주교가 본래 중국 유가의 도덕정신[聖學道統]이라고 믿었다. "선비[儒者]는 하늘[天]을 근본으로 한다. 그러므로 하늘을 알고, 하늘을 섬기고, 하늘을 두려워하고, 하늘을 공경함이 중화 옛 성인의 학이다. 시서詩書는 칭하기를 (옛 성인의 가르침이) 밝게 빛남은 일월성신과 같아서[792] 거울로 삼을 수 있을 뿐이라고 한다. 진秦으로부터 하늘의 존귀함이 나뉘기 시작하였다; 한나라 이후에는 하늘의 존귀함이 쇠퇴하기 시작하였다. 천육백 년 동안 천학은 거의 가려졌고 그렇지 않음을 밝히려하지 않았다."[793] 복고 논리가 양정균 사상에 끼친 작용은 천주교 신앙의 정통성을 논증하기 위해서이거나 혹은 그의 종교적 신앙을 위해 예로부터 이미

---

[790] 楊廷筠『代疑篇』,『天主敎東傳文獻』506쪽
[791] 『楊廷筠』124쪽
[792] 宋 陸九淵『貴溪重修縣學記』: 先聖先師之訓 炳如日星
[793] 楊廷筠: 『刻〈西學凡〉序』,『明淸間耶蘇會士譯著提要』292쪽

존재하고 있다는 안도감을 주기 위해서였다.

양정균의 논리에 따르면 하늘을 알고, 하늘을 섬기고, 하늘을 두려워하고, 하늘을 공경함이 모두 중국 옛 성현의 학문인만큼 이 때문에 동림당인인 고반룡과 유사한 즉 공맹성학에는 본래 모자람이 없어서 모름지기 보완할 필요가 없다는 결론을 얻을 수 있었다. 그러나 그가 선진 이전 가르침[古教]의 회복을 주장하며 "학문을 탐구하면서 어찌 3대(夏, 商, 周) 이전의 학문을 존숭하지 않는가? 인품을 바로 세우고자하면서 어찌 3대 이전의 인품을 본받지 않는가?"라고 크게 제창하였을지라도[794] 고반룡의 고교가 완전무결하다는 논리를 지지하지는 않았다. 그가 비록 "서학은 만물이 하늘에 근본을 둠으로써 하늘에는 하나의 주님만이 계시고 주님만이 존귀하다고 한다. 이 이치는 지극히 바르고 지극히 밝아서 우리의 경전과 모두 부합된다."[795]고 보았을지라도 천주교가 "중니仲尼의 삶과 죽음을 앎[知生死], 하늘을 두려워함[畏天], 하늘의 법칙을 즐겨 스스로 천명을 안다[達天]는 의미와는 부합되지 않으며 더하여 전반적으로 상세하고 빠짐이 없다."고 생각하였다.[796]

천주교의 상세하고 빠짐이 없다함은 자연히 반대로 고유의 흠결을 부각시킨다. 양정균이 보기에 고유의 흠결은 무엇보다도 먼저 천의 정의定義에 대한 불명확함에서 나타났다.: "예로부터 경전은 사람에게 하늘을 흠숭하고[欽天] 하늘을 받들고[奉天],

---

[794] 『代疑續篇』 24쪽
[795] 위의 책 45쪽
[796] 위의 책 11쪽

하늘을 알고[知지] 하늘의 뜻에 순종하여 스스로 천명을 안다는 것[達지]을 가르쳤을 뿐 하늘이 무엇인 가에 대하여는 언급하지 않았다."[797] 양정균은 전교사들의 천에 대한 해석을 받아들였고 자각적으로 중국철학 중 자연으로서의 천의 의미를 포기하였다. 그는 천을 푸르고 드넓은 형질로서의 천이 아닌 전능하신 조물주로 인식하였다. 이 전능하신 조물주는 성부, 성자, 성령의 삼위이면서 한 몸을 이룬다. 이는 "초성超性의 이치"이며 "말로서는 다 이해할 수 없고 비유 역시 완전할 수 없다."[798] 만일 이지조가 말하는 상제[終極實在]에 대한 관심과 그 종교적 귀착점이 "인성因性(비초자연)으로부터 초성超性(초자연)에 이르고", "점차적으로 이치를 밝혀내는" 철학적 추리(토마스 아퀴나스 신학)의 성질을 지니고 있다고 한다면 양정균의 신앙은 더욱 신앙주의적 색채를 띠고 있다.

양정균이 보기에 유학은 천도天道를 말하는데 있어 흠결이 있을 뿐 아니라 인도人道를 말하는데 있어도 역시 완전치 못한 점이 있으며 이런 완전치 못한 점은 무엇보다 먼저 유학의 인성론에서 나타난다고 보았다. 양정균이 비록 전면적으로 천주교의 각종 교리를 수용하였다 하여도 그러나 원죄설에 대하여는 그다지 언급하지 않았으며 성선론에 대한 논증에 더욱 관심을 가졌다. 그러나 그의 논증은 자연주의 인성론에 호소하는 인성론이 아니라 인성의 객관적이고 외재적인 근원을 찾으려는 시

---

[797] 위의 책 12쪽
[798] 위의 책 12쪽

도였다. 이러한 점에서 그는 여전히 『중용』으로부터 송명이학에 이르는 천명이라는 전통개념을 계승하였으나 송명이학[近儒]에 대한 비판에서는 이 개념에 다른 의미를 부여하였다.:

"정자程子가 인성 이상의 말을 용납하지 않는다고 하여 후세의 선비는 단지 본성 이하인 수도의 일만을 말하였고 천명이라는 말에 대하여는 이제껏 한 번도 그 심오함을 분석하거나 들추어내지 않았다. 정자의 말이 특히 천명의 오묘함을 형용하고 가벼이 헤아릴 수 없다고 한 것임을 알지 못한다."[799]

사실 "본성과 천도를 말씀하시는 것은 들을 수 없다."[800]는 말은 유학에서 공자로부터 명확하게 표현되기 시작한 하나의 전통이었지 특별히 정자로부터 시작된 것은 아니다. 양정균은 이 전통에 대해 자못 불만을 가지고 있었다. 그는 단지 천명 이하의 일로 말하자면 "이름이 있어 평가할 수 있고, 귀가 있어 들을 수 있고, 눈이 볼 수 있고, 입이 말할 수 있고, 마음이 사유할 수 있는" 아래로 인간의 일을 배우는[下學] 데만 얽매일 뿐이라고 생각하였다. 그는 "(천리를) 통달하고[上達]"[801] "초성을 밝힐 것[明超]"을 요구하였다.[802] 그래서 근유들의 "말하는 것을 용납

---

[799] 程子言人性以上不容說,後儒因此言性以下修道之事,而天命一語從無剖抉精微,揭而示之.
不知程子之言,特形容天命之妙,不可輕擬
『代疑篇』536쪽
[800] 『論語.公冶長』性與天道 不可得而聞也
[801] 『論語.憲問』不怨天 不尤人 下學而上達
[802] 『代疑續篇』11쪽

하지 않는" 천명 이상의 것에 대하여도 한번 탐구할 필요가 있다고 보았다.: "역에 이르기를 (옛날 성인이 주역을 지을 때에) ······사물의 이치를 구명함과 동시에 인성을 꿰뚫어 알아 하늘이 부여한 수명을 누릴 수 있기에 이른다고803 하였다. 설사 그런 말이 없더라도 사물의 이치를 구명함과 동시에 인성을 꿰뚫어 알기에 족할 것인데 어찌 반드시 하늘이 부여한 수명을 누릴 수 있기에 이르러야하는가? 지금은 다만 하늘이 명하신 것을 성性이라 이른다는 한 마디에서 실마리를 찾을 뿐이다."804 양정균의 하늘이 명하신 것을 성이라 이른다는 구절에 대한 해석은 자못 독특한 바가 있다. 한편으로 그는 『천주실의』중의 설교를 받아들여서 인간의 본성[人性]은 하늘이 준 것이라고 생각했지만 마테오리치처럼 천주가 낳은 인혼人魂(사람들의 혼)의 기능만을 – 이치를 추론 할 수 있는805 – 인성으로 생각하지 않고 천주에게서 받은 모든 영성靈性을 천명 즉 인성이라 생각하였다.:

"사람은 본성을 가지고 있고 하늘에서 그것을 내리셨다고 말한다. ······ 혹 천명은 무엇을 이르느냐고 물으니 말한다.: 서양 선비가 말하기를 사람은 만물의 영장이며 아니마亞尼瑪; Anima를 가지고 있기 때문에 사람과 사물과는 완전히 다르다고 한다. ······ 아니마를 번역하여 영혼이라 하는데 사람이 금수와 다른 것은 바로 이 때문이다. ······ 천주께서 만들어

---

803 『易.說卦』窮理盡性 以志於命
804 『代疑篇』536쪽
805 『天主實義』7편

내게 주셨으니 …… 깊이 생각지 않고 밝히 가르쳐 전하지
않고서는 믿고 깨닫기가 수월치 않다."806

양정균은 아니마(영혼)를 인성으로 여겼는데 이는 실로 마
테오리치의 "이치를 추론할 수 있음이 인간을 본래 자기의 부류
로 정해준다."807는 설에 대한 더욱 폭넓은 의미의 융통성[變通]
이다. 비록 변통이 있을지라도 여전히 일종의 수용이다. 일찍이
전통적 장구지학에 탐닉된 사대부의 한 사람으로서 유학전통은
그로 하여금 이러한 피동적 수용에 완전히 만족할 수 없게 하였
으며 그의 성선론은 최종적으로 이 때문에 하나의 종합적 소산
물로 표현되지 않을 수 없었다. 그가 비록 영혼은 천주에게서
부여받았고 이성[明悟], 의지력[愛慾] 등의 기능을 지니고 있으며
영원히 흩어져 없어지지 않는 불멸의 정신실체라고 보았을지라
도 이것으로는 아직 충분치 않다고 생각하여 한 조목을 더하였으
니 즉 천주는 "만 가지 도리[理]를 부여하여 사람의 영성을 키우
신다."808고 생각하였다. 양정균은 근유의 가장 중요한 범주인
'리'를 그의 인성론에 개입시킨 것이 분명하다. 이 점에 대해 양
정균은 더욱 명확히 설명하였다.:

---

806 言人有性,從天降之……或問天命云何?曰:西儒言人爲萬物之靈,故所具亞尼瑪,人與物迥
然不同……亞尼瑪譯言靈魂,人之所以異于禽獸者,全在于此……天主造以予之……非深
思,非明傳, 未易信而悟也
『代疑篇』536~538쪽
807 『天主實義』第7篇
808 『天釋明辨』359쪽

"천주께서는 영성을 사람에게 주셨는데 원래 극히 광명한 것으로 그 광명 안에는 만 가지 도리가 있다. 그러므로 인의예지를 성性이라 이른다. 천주께서 내게 주신 이것을 나는 원래부터 가지고 있다. 성경은 이를 명덕明德이라 이르고 유자는 이를 양지良知라고 하는데 어찌 불선不善함이 사람 몸에 부여되었다고 할 수 있겠는가?"[809]

유가 도덕규범으로서의 인의예지가 리理로써 양정균의 영혼성선론에 융합돼 들어갔는데(그러나 이는 마테오리치가 명확히 배척했던 것이다.) 그 취지의 하나는 혹 도덕규범의 객관적 내원來源을 탐구하면서 선험적 방법으로 도덕규범의 지상성과 보편 유효성을 논증하려는 것이었을 지도 모른다. 명대에 자못 유행한 양명심학과 비교해 말하자면 이는 일종의 자율도덕으로부터 타율도덕으로의 전환이다. 주자학의 한 중요한 특징은 리를 강대한 객관적 권위로 구성하여 유가 윤리규범을 위한 객관적 논거를 제공한 것인데 그 역시 사람이 선을 알고 악을 인식하는 능력을 하늘로부터 부여받은 양지양능이라 하였다.[810] 이런 점에서 볼 때 양정균은 이론상 그와 유사한 면이 있으나 다른 점은 도덕규범과 도덕능력의 내원을 지상신至上神으로 해결한데 있다.

천주교와 유학을 융합하여 일궈낸 양정균의 영혼성선론은

---

[809] 天主以靈性付人, 原是極光明之物, 光明中萬里有. 故云仁義禮智性也. 天主所與我者, 我固有之也. 聖經謂之明德, 儒者謂之良知, 何嘗有一不善賦在人身?, 위의 책 366쪽
[810] 陳來『朱熹哲學研究』352쪽; 朱熹『四書集注.孟子章句.盡心上』

개인의 구속救贖을 탐구하려는 그의 이론적 기초가 되었다. 이런 개인구속에 대한 탐구는 그 자체가 어느 정도 중국 전통사상과의 결별을 내포하고 있다. 양정균이 보기에 개인구속에 대한 탐구의 결핍은 동일하게 신학적 인성론을 결핍한(영원불멸한 영혼은 사람이 천주께로부터 받는 영성, 천명이다.) 유학, 불교, 도교의 결함이었다.:

"지금 중국에서 말하는 인륜, 심성, 생전의 일들은 전적에 모두 적을 수 없고 장서는 너무 많아서 다 읽지 못한다. 사후에 관한 이야기를 다만 불교, 도교에서 언급하나 참되지 못하다. 하늘의 오묘한 이치를 선대 유학자가 발하지 않은 것[未發]은 곧 총명한 지혜와 분별이 있어서이니 어찌 근거하는 바 없이 시작하여 말할 수 있었겠는가? 서학 만이 이를 자세하고 확실하고 지극히 말할 수 있을 뿐이다. 드물게 하는 말[罕言]811은 지극한 말이 되니 때로는 반드시 버릴 수 없을 것이다."812

유학 중 공자로부터 시작된 "삶을 모르거늘 어찌 죽음을 알 겠느냐"813는 그 존재함을 알고 있으나 그에 대해 말하지 아니하는 태도 그리고 후유後儒(二程과 朱子)의 인륜과 심성에 대한 비초월성, 비신학적 탐구는 사후의 일에 관심을 갖고 있는 양정균

---

811 『論語.子罕』子罕言利與命與仁
812 今中國言人倫, 言心性, 言生前之事, 鉛槧不勝採, 充棟不勝讀矣. 獨死後之說, 二氏言而未眞, 天載之微, 先 儒引而未發, 卽有聰明才辨, 安能無據創開爲之言, 西學獨能言之詳確且盡也.罕言之言, 是爲至言, 有時乎 必不可廢矣, 『代疑續篇』65쪽
813 『論語.先進』未知生 焉知死

에게는 힘껏 비판의 대상이 되었다. 그리고 불교와 도교의 사후에 관한 관심과 탐색은 양정균이 보기에는 참된 말이 아니었다. 일찍이 불교를 옹호하던 양정균이 유교로부터 불교로 들어간 대다수 사대부의 관심이 다름없이 생사대사라는 것을 이해하지 못할 리 없었다. 이 점에 관해 양정균은 자신의 체험과 이해를 기초로 유학과 불교를 비교하여 논술한 적이 있다.:

> "대개 유학은 사회생활의 유지[持世]를 말하고 불교는 세간의 속박에서 벗어나 세상을 등지는 것을[出世] 말한다. 지세는 살아생전을 말하고 출세는 사후를 말하는데 사후를 탐구해나 간다고 그 의미가 선하지 않은 것은 아니다. 만약 지금 불학을 배우는 이가 생사에 관한 일의 중요함을 밝히 알려고 절박하게 나아가 물어보는 것을, 사후를 믿지 않고 평범히 유유자적을 다하는 이[儒生]와 비교한다면 분명 그보다 훌륭하다고 할 수 있으리라. 애석하다. 그 향하는 곳을 살피지 않아서 종국에는 귀착점이 없으니!"[814]

분명한 점은 일찍이 유학에서 불문으로 들었던 양정균은 유학과 불교의 생활 취향의 차이(즉 지세와 출세)에 대한 명확한 인식을 가졌고 또한 후자인 출세 곧 생사대사(즉 사후 탐구)에 관심을 갖는 동기를 취할 수 있는 것을 유학에서 말하는 지세

---

[814] 夫儒言持世, 佛言出世. 持世者言生前, 而出世者言死後, 持尋死後, 其意未嘗不善也. 倘今學佛者明知生 死事大, 汲汲然就而問焉, 則較之不信死後, 而泛泛悠悠以至于盡者, 定當勝之. 惜哉, 其不審于所向而究竟 無着落也!
『代疑續篇』 23쪽

곧 살아생전을 말하는 것과 비교해 볼 때 불교도는 최소한 인간의 최종적 귀결점(귀착점)에 관심을 가지고 있으며 유생처럼 평범하게 유유자적을 다하는 것과는 같지 않다고 생각하였다. 이러한 비교로 볼 때 양정균은 확실히 종교적 기질이 비교적 강한 사대부였다.

그러나 양정균은 도리어 생사대사에 관심을 갖는 불교를 참되지 못하다고 말한다. 그렇게 말하는 까닭은 그가 인식한 불교의 윤회, 천당지옥론은 단지 인간의 육신을 말하는 것이니(사실 어떤 불교 유파에서는 정신불멸을 윤회설의 이론적 기초로 한다.) 이는 천주교의 영혼불멸론을 수용하고 그 기초 위에서 인성론을 세운 교인으로서 당연히 그의 생사대사, 개인구원의 종극적 관심을 만족시킬 수 없었다. 양정균은 이에 대해 명확하게 서술하였다.:

"내가 말하는 천당은 불가의 천당이 아니다.; 이른바 지옥은 불가의 지옥이 아니다. 대체로 불문에서 가리키는 두 곳은 육신이 향유하는 곳인 듯하다. 그러므로 세계[境界]가 앞에 드러나 매우 피상적이며 복福은 다하고 업業도 다한다. 사람이 죽으면 육신은 붙어 다니지 않는 단지 하나의 영혼임을 알지 못한다. 한 영혼이 향하는 바의 세계와 인간세상은 같지 않아서 향유 받는 것은 끊어지고 육신과 각각 달리한다. 천당에 오르는 자는 지극한 선의 경지에 들어서 다만 그 선을 더하고 다함없는 복을 기약받는다.; 지옥에 드는 자는 모두 악으로 가득 찬 곳에 처하여 다만 그 악을 더하고 다함없는 업을 치르는 법이다."[815]

양정균이 관심을 가졌던 것은 인간 사후의 신체적 고락이 아닌 영원불변한 영혼의 고락으로 그가 보기에 사람이 죽은 뒤, 정신적인 영혼이 받는 영원한 쾌락과 영원한 고통은 불교에서 말하는 육신의 고락에 비할 바 아니었다. 천주교가 신도들에게 약속한 천당에서의 영원한 복락은 양정균에게 강렬한 흡인력을 가지고 있었다. 그래서 그는 매우 기쁘게 천주교의 금욕주의, 천주교의 육체와 육체적 욕망에 대한 억제를 "초성超性의 즐거움을" 얻는 좋은 방법으로 생각하였다.: "진심으로 생사를 생각하는 자가 이 방법을 얻으면 특별한 처방을 얻는 것과 같다."[816]

영혼의 구원 받음에 대한 부지런한 탐구는 양정균을 철저한 천주교도가 되게 하였는데 이러한 경건한 탐구는 그가 천주교리로부터 접수하고 자각적으로 배양하였던 것으로 유교나 불교, 도교와는 다른 종교적 갈망과 열정이었다. 그러나 양정균의 이런 종교적 열정에 대한 성격의 이질성이 극단적으로 과장되어서는 안 된다. 확실히 그는 영원불멸하는 영혼이 천당에 오를 때의 지극하고 영원한 복락을 과장되게 묘사하였고 경건하게 천당은 "말로 표현할 수 없을 만큼 아름답고 없는 것이 없으며 세상의 그 어떤 것과도 비길 수 없다"고 믿었다.[817] 그러나 그가 이 같은 최종 귀착점의 의미를 철학언어로 상승시켰을 때 그의

---

815 吾所謂天堂, 非佛之天堂;所謂地獄, 非佛之地獄. 蓋佛氏所指二處, 似乎肉身享用. 故境界現前, 俱極粗淺, 而福盡業盡. 不知人死不帶肉身, 止是一靈. 一靈所向, 境界與人世不同, 受享絶與肉身各別. 升天堂者入至善之鄕, 止增其善, 無福盡之期; 入地獄者, 處全惡之地, 止增其惡, 無業盡之理
『代疑篇』 514쪽
816 위의 책 574쪽
817 위의 책 517쪽

이해 또한 전통 중국철학 중의 한 가지 경계관으로 표현되었다. 그는 천주교도의 종교생활과 그 귀착점을 "살아서는 인간사에 충실하고 죽어서는 평안히 쉰다는 평안하고 초월적인 생사에 대한 마음의 태도[存順歿寧]와, 오고감이 자유롭고, 헛되이 살기를 바라지 않으며, 또한 어찌 죽음을 두려워하겠는가?"의 인생경계人生境界로 서술하였다.[818] 이는 본문 상편에서 언급했던 장재의 인생이상人生理想의 경계이다. 양정균이 부지런히 찾고자 했던 종교적 귀착점에 대해 이와 같은 해석을 내렸을 때 그가 수용하고 창도한 천주교 금욕주의 중 이러한 영혼과 육체의 긴장된 대립은 곧 평안하고 온화한 철학 경계와 인생이상 속에 용해되었다. 이러한 해석은 그가 일찍이 그 안에 깊이 빠져들어 떠돌았던 유학이 비록 그가 보기에 사후 문제에 대해 상세히 언급치 않았거나 "감춰두고 말하지 않았을" 지라도[819] 어느 정도는 그를 위해 아쉬워 버리지 못할 만한 답안을 제공했던 것이다.

三

양정균은 일찍이 밝힌 바가 있다.: "대저 사람이 도를 닦는데 생사문제보다 더 중요한 일이 어디 있겠는가?"[820] 그의 영혼의 구원 받음에 대한 강렬한 갈망은 확실히 그가 언제나 생사대사를 인생의 첫 번째 대사로 보고 있었음을 말해준다. 그가 보기에

---

[818] 楊廷筠『〈七克〉序』,『明淸間耶蘇會士譯著提要』53쪽 참조
[819] 『代疑續篇』 2쪽
[820] 위의 책 27쪽

"서양 현인들의 가르침은 생전을 간단히 사후를 상세히 이야기 하였고……그 도리는 인성을 초월하는 그 이상"[821]이었으므로 이는 자연히 그의 정신적 종교 갈망을 만족시킬 수 있었다. 종교적 귀착점을 열렬히 찾는 상황에 빠져든 그는 금욕적 생활방식을 창도하고 세상의 쾌락과 공로를 가벼이 보도록 고취하면서 다음과 같이 말한다.: "세상 사람들은 다만……눈코 뜰 새 없이 바삐 보내고 일생동안 육신만을 돌볼 뿐 지극히 존귀한 영성은 오히려 한쪽으로 내팽개치니……어찌 슬프지 아니한가?"[822] 또 말한다.: "설령 논설이 푸른 하늘처럼 높고 공적이 백일하에 드러날 지라도 인간세상에서는 한 명사에 불과하고 청사에 한 흔적을 남길 뿐이니 하늘의 덕성天德을 이루고 하늘나라天國와 연분이 있다고 하는 말은 아직 감히 허용할 수 없다."[823] – 그는 확실히 이로부터 출세금욕적 중세 천주교도의 길로 나아갈 가능성이 있었다. 이처럼 예수회 창시자 이냐시오 데 로욜라洛耀拉가 창도한 "영신수련(精神訓練 혹 "神操"로도 번역)"은 그의 생활의 주요내용이 되었다. 『양기원선생초성사적楊淇園先生超性事跡』에서는 양정균이 "말과 행위를 진실 되고 아름답게 닦으며 죽을 때까지 이를 게을리 하지 않았다."고 말한다.: 양정균의 천거를 완곡히 거절한 은사隱士 진계유陳繼儒는 『백석초진고白石樵眞稿』에서 다음과 같이 말한다.: "공(양정균)은 고향에 살면서 욕심을 없애고 평온히 지냈다.……호수와 산 아래서 강학하고 도를 논

---

[821] 위의 책 28쪽
[822] 『代疑篇』 200쪽
[823] 위의 책 573쪽

하였는데 벼슬에 나아가고 물러남에 욕됨이 없었고 고결한 마음씨와 행실은 속세에 때 묻지 않았다."824 이러한 논술은 모두가 다른 시각에서 양정균 종교생활의 면모를 반영한 것이다. 그러나 이는 단지 천주교도로서의 생활의 일면에 불과하였고 유학의 영향을 지극히 깊이 받은 사대부로서, 설령 세례를 받고 입교한 이후라도 또한 실천과 사상 면에서 세속에 얽매이는[入世] 다른 한 측면을 피할 수는 없었다.

출세금욕적 종교생활은 세상의 공적과 복리를 배척한다. 상술한 바와 같이 양정균은 이에 관해 자신의 관점을 명확히 밝힌 바가 있는데 만일 이러한 종교생활 방식과 사상으로 일관하였다면 마땅히 국가와 민생에 유익한 과학기술에 대해서는 무시하는 태도를 취해야 했겠으나 이와는 상반되게 비록 과학연구에서는 보잘 것 없어도 그 실용적이고 세상복리에 중요한 기능에 대하여는 높이 찬양하였다. 그는 일찍이 수학 연구가 "세상 사람들에게 좋은 점을 부지런히 깨우쳐 일으키니 역시 중요한 것"이라고 지적한 바 있다. 그런 후 그가 일찍이 몰두하였던 주역을 인용하여 그의 견해를 철학의 높이로 끌어올렸다. "역은 말한다.: '(기물을) 제작하여 그것을 사용하는 것을 법이라 하고', 또한 말한다.: '기물을 이용하고 문을 출입하는데 백성이 모두 활용하는 것을 신묘한 법'825이라 이른다.' 그러나 사용하는데

---

824 양정균이 진계유를 천거한 일은 董其昌의 『神廟留中奏疏滙要』吏部類 卷4 『直隷巡按楊廷筠題爲薦擧隱逸眞才等事疏』에 보이고, 진계유의 완곡한 거절은 『陳眉公十種藏書.白石樵眞稿.尺牘』 卷3 『上楊淇園侍御』와 『答楊侍御』에 보인다.
825 『周易.繫辭傳上』利用出入 民咸用之 謂之神法

적절치 않고 사용하나 사용에 이롭지 않으면 신묘를 다했다하기에 족하지 않다. 이 편 (『동문산지同文算指』)이 전하는 바는 산가지[籌]도 아니고 술잔에 양을 재는 기구[觚]도 아니며 오로지 세 치 붓에 의지하여 그것으로써 천지사물 이치의 분별을 다하는데 도수(수치)를 규정하거나 무게를 재고, 표준과 준칙을 잡고, 흩어지고 합치는 변화의 이치에 힘쓴 즉 보는 바에 따라 보이지 않는 바의 작용[用]을 측정하고 혹은 어긋남의 차이가 없으니 이것이 이른 바 신묘인 것이다."[826] 양정균은 보편적 응용의 기능을 구비한 신묘의 법을 얻어내어 갖기를 갈망하였다. 서광계는 일찍이 수가 신묘로써 미래를 알고 밝은 지혜로써 지난 일을 마음속에 감추어버릴 수 있다고[827] 보는 신비주의 수학관數學觀을 비판한 적이 있었는데 양정균은 역학을 애호하고 전통 수학관의 영향을 많이 받은 사람으로서 수학을 묘한 효험이 끝도 없는 신묘한 법[神法]으로 보았으니 이 말은 자연히 과학에 무지한 사람의 논리에 속한다 하겠다. 하지만 양정균이 "기물을 이용하고 문을 출입하는데 백성이 모두 활용하는" 신법을 추구했던 이러한 동기는 오히려 주목할 만한 가치가 있다.

더욱 의미 있으며 이해하기 어렵게 만드는 것은 양정균이 비교적 독특한 시각으로 그가 수용한 천주교를 하나의 실학으로 해석하였다는 점이다. 『대의속편』에서 그는 『척실蹠實』장을 따로 만들어 그의 이러한 이해를 자세히 설명하였다.

---

826 楊廷筠『〈同文算指通編〉序』
827 『周易,繫辭傳上』神以知來 知以藏往 『周易』에서 성인이 주역의 신묘로써 미래를 알고, 밝은 지혜로써 지나온 일을 마음속에 감춘 것을 말한다.

주희는 일찍이 정자程子의 말을 인용하여 『중용』은 "공문孔門에서 전수해온 심법心法" "이것을 풀어놓으면 우주를 가득 메우고 거둬들이면 물러나 은밀히 감추어져 그 맛이 무궁하니 모두가 진실한 학문[實學]"828이라는 논리를 세웠다. 양정균은 이러한 관점을 계승하여 "중용의 도는 진실하지 않음이 없으므로 이를 일컬어 지성至誠이라 한다."고 생각하였으며 그 후 사람들에게 허虛를 가르친 까닭은 인간 세상에 집착하여 변화를 알지 못하는 사람을 겨냥하여 한 말이다. 불교와 도교가 유행하면서 허와 무가 하나의 도덕적 준칙으로 만들어져 "교활하고 사악한 소굴"을 이루었다. "거짓된 자는 이를 빌어 명성을 이루고 간사한 자는 그것을 지름길로 받아들임에 따라, 한 사람이 노래하면 그에 화합하고 그 풍조를 좇으니 마침내는 강물이 돌아오지 못할 형세를 이루고 말았다."829 『천석명변天釋明辨』에서 양정균은 이미 돌아오지 못할 형세를 이룬 "직지심성直指心性인 종문宗門"830을 "허로 도피하고 거짓으로 넘어가는" "성종의 적[性宗之賊], 곧 점오漸悟의 적"이라고 보았다.831

---

828 朱熹: 『四書集注.中庸章句』岳麓書社本, 29쪽

829 『代疑續篇』42~43쪽

830 『천석명변』에서 양정균은 더욱이 불교이면서 유학인 직지심성의 종문(불교의 종파 여덟 가지 즉 三論宗, 瑜伽宗, 天台宗, 賢首宗(華嚴宗), 禪宗, 淨土宗, 律宗, 密宗 중 선종을 또한 宗門이라 칭하며 그 핵심 사상은 직지심성이다. 사람이 마음을 바르게 깨달을 때 그 심성이 바로 부처의 실체라는 직지심성은 돈수돈오(頓修頓悟)한다는 조사선(祖師禪)인데 梁나라 때 보제달마(菩提達摩) 조사는 1.불교의 진수는 경전 문구에 의하지 않고 마음에서 마음으로 직접적인 체험에 의해 전해진다는 교외별전(敎外別傳) 2.교리로는 부처님의 진리를 알지 못한다는 불립문자(不立文字) 3. 사람의 마음을 곧바로 가리킨다는 직지인심(直旨人心) 4. 본성을 보면 부처가 된다하였고 견성성불(見性成佛)을 곧 선종이라고 불렀다.) 인 왕학 말류를 허로 도피하고 거짓으로 넘어간다고 하여 유학에 해가 지극히 크다고 하였다.

유학은 본래 "성실함에 뜻을 두고[立誠] 홀로를 삼가며[愼獨]"[832], "착실하고 공개적으로 행동하였으나" 허로 도피하고 거짓과 연루하여 이미 돌아오지 못할 형세를 이루게 되었으니 양정균이 보기에 혼란을 없애고 바르게 되돌리는 가장 좋은 방법은 곧 "서양에서 온 천학을 취해서 우리 유학과 함께 서로 보완하여 행하는 것이다."[833] "서양 현자가 행하는 것은 모두가 실제로 행하는 것이고[實行] 그 학은 모두가 실제로 소용되는 학문[實學]이기 때문이다." 이런 실행실학의 내용에는 아래와 같은 것이 포함된다.:

"천지의 주 공경을 종지로 함은 곧 두려워하고 하늘을 받든다[昭事][834]는 취지이다.: 남을 자기 몸처럼 사랑하는 일은 곧 남을 이루고 자기를 이루는[835] 공적이다.; 십계+誠로 단속하니 이는 곧 천주를 공경하고 이웃을 사랑하는 조건이다.; 잘못을 반성하고 죄를 뉘우쳐서 착하게 살다가 착하게 죽으니 곧 개과천선은 복을 내려주고 재앙을 내리는 명확한 훈계이다. 이

---

831 『天釋明辨』414~415쪽
832 『중용』은 이르기를 "성실한 자는 하늘의 도요 성실히 하려는 자는 사람의 도"라고 하여 "성(誠)"은 하늘의 근본 속성이며 노력하여 성(誠)을 탐구함으로써 성의 경지에 부합하는 사람의 도를 달성한다고 하였다. 홀로를 삼가는 신독(愼獨)은 유가의 중요한 개념으로 개인의 도덕 수준의 수양을 중시하고 개인 품행의 자질을 중시하는 유가 품격의 최고 경지이다. 그 담겨진 의미에 대하여는 일반적으로 "홀로 지내는 곳에서는 주의할 사람이 없어도 자기의 행위를 또한 신중히 하고 함부로 해서는 아니 된다."고 이해한다.
833 『代疑續篇』43쪽
834 『詩經.大明』
835 『中庸』25장 成己成物

를 가까이 하면 우매하거나 어리석은 사람도 더불어 능히 행할 수 있다.; 이를 지극히 하기에는 현자와 성인도 다하지 못할 바가 있다. 때마다 공부하고 날마다 헤아리고 달마다 돌아보고 해마다 정밀히 관찰하여 점차로 쌓으면 모두가 실제적 성과가 있으며 한 걸음 실수는 곧 옥에 티 일뿐으로 이와 같은 것이 바로 실학인 것이다."[836]

위에서 말한 실학의 내용은 실제로는 다만 천주교의 일부 교리와 정신수련 방식이다. 양정균이 보기에 천주교의 학은 근본(천주 공경과 이웃 사랑)과 계율이 있고 또한 점차적으로 발전, 심화하며 한 걸음 한 걸음 성실하므로 실학인 것이다. 이로써 본다면 이른바 명말의 실학사조는 사실상 내용이 명확치 않은 광범한 개념으로 볼 수 있다. 고헌성, 고반룡이 제창한 실학의 주요 내용이 도덕영역 안에서 실행 가능한 진실 되고 거짓 없는 이론과 실천이라 말하고, 서광계 등이 이해한 실학이 과학으로서 공리공담의 심성을 무시하고 사회문화 영역에서 실학을 제창하는[崇實黜虛] 풍부한 내용을 증가시켰다고 말한다면 양정균이 이해한 실학 또한 "책은 곁으로 버려둔 채, 헛되이 심성만을 이야기하는 것"에 대한 반발이라 할지라도 그러나 그 내용은 기본적으로 일종의 종교생활 방식이었다. 그가 비평한 직지심성의 "성종의 적"과 비교하면 이런 종교생활 방식의 특징은 점차

---

[836] 以敬天地之主爲宗, 卽小心昭事之旨也; 以愛人如己爲事, 卽成己成物之功也; 以十誡爲約束, 卽敬主愛人之條件也; 以省愆悔罪爲善生善死, 卽改過遷善降祥降殃之明訓也.近之, 愚不肖可以與能; 極之, 賢智聖人有所不能盡. 時有課, 日有稽, 月有省, 歲有簡察, 循序漸積, 皆有實功, 一步蹉跌, 卽爲玷缺, 如是乃爲實學耳,『代疑續篇』43쪽

적 수행[漸修]이며 그 종지는 일순간 깨달음을 얻어 부처가 되는 것[頓悟成佛]이 아닌 영혼의 구원을 얻는 일이었다. 당연히 부인할 수 없는 점은 양정균 또한 세상사에 절실하고 민생에 이로운 과학기술을 소홀이 하지 않았고 이웃을 네 몸과 같이 사랑하라[愛人如己]는 천주교리를 유학화의 방식인 성기성물成己成物의 공로로 이해하였으며 심지어 때로는 천주가 사람에게 주는 마음(실은 영혼)을 키워서 "수신, 제가, 치국, 평천하" 할 것을 제기하였다.[837] 그러나 그에게 있어 이들은 그가 영혼구원의 조건이나 방식으로써 빌렸을 뿐이지 종지는 아니었다. 이로 인하여 우리가 위에서 이야기한 양정균이 사대부의 한 사람으로서 입세入世한 일면은 이에 최종적으로 출세出世한 그의 종교열정 속에 매몰되었고 그가 이해한 실학의 내용은 서광계 등이 이해한 것에 비해 많이 빈약하고 부족하다.

양정균은 천주교는 실제적일 뿐 아니라 참되다고 생각하였다. 그가 견지한 진리의 표준은 학문 혹은 교리가 영구성을 갖고 있는지 아닌지의 구분이었다.: "관찰해보니 도리가 참된 것은 오랜 세월이 지나도 반드시 변치 않는다."[838] 그는 눈앞에 분분히 나타나는 다른 학설들을 실제적 근거가 없고 참되지 못한 논리로 보았다. 이 점에서 고헌성이 유학의 정통지위를 지키면서 이지의 "(유가와 묵가의 시비는) 한편에서 긍정함을 다른 한편에서 부인하고 또 부인함을 긍정한다.(남의 그릇된 바이고 남

---

[837] 『天釋明辨』 376쪽
[838] 『代疑續篇』 43쪽

의 옳은 바가 아니다.)"⁸³⁹는 말을 비평할 때 주장하던 방법과 유사하다. 다른 점은 양정균이 지키려한 것은 고유와 "하나하나 모두 부합하는" 천주교였다. 아래와 같이 말한다.:

"불교와 도교[二氏]에서 말하는 터무니없는 설에는 본래 명확한 이치가 없다. 그 오랜 폐단은 그 길이 어긋나서 갑은 긍정하는데 을은 부정한다. 전에 옳은 바가 후에는 그르다. 지난날의 신기함이 다른 날에는 진부하다. 이쪽은 맛이 옅고 저쪽은 맛이 좋다. 즉 일인의 몸, 일가의 학문, 또한 시종 다른 형태이니 굳게 주장할 수가 없다. 실제적 근거 없이 한갓 기이한 모양을 드러내므로 그 까닭을 물으면 또한 스스로 안정하지 못하고 그 말이 매번 다르다. 매번 말이 다르니 이는 지극히 합당한 도가 아니다."⁸⁴⁰

학설이 변하여 자리 잡지 못하니 이는 발전, 진보의 특징이 아니며 참되지 않다는 표현이다. 불교와 도교를 주장하는 이들은 더욱이 그러하므로 양정균이 보기에 "서양 현자의 학"은 영원불변의 진리였던 것이다. 그 "경전이 그러하고 널리 교화함이 역시 그러하다. 처음 와서 그러했고 세월이 오래도록 흘러도 여전히 그러하다. 한 사람이 그러하고 동료들 역시 그러하다. 원래 다름이 없으니 처음부터 마지못해 끌려갈 필요가 없다. 원래

---

839 『莊子.齊物論』是人之所非 非人之所是
840 『代疑續篇』 43쪽

부족하거나 모자람이 없으니 역시 다른 것으로 보완하지 않아도 된다."[841] 전교사가 교리를 전할 때 모든 사람의 견해와 의견이 일치하고 세월이 오래도록 흘러도 변치 않는다함은 그들이 전하는 종교가 체계적이며 신학적 독단의 배타성을 가지고 있음을 확실히 설명해주나 양정균이 보기에는 도리어 그 진리성의 완전무결한 외재적 표현이었다. 이른바 "양정균은 시종일관 진리를 탐구하는 사람"이란 말은 적어도 글자 그대로 양정균 본인의 사상적 특징을 표현한다.: 그가 탐구한 것은 한 번의 노고로 영원히 편안하고 변경과 보완이 필요 없으며 종속적으로 끌려 다니지 않는 최초의, 가장 보편적인 참된 종교[眞敎]였다. 그가 얻고자 하는 "진리"의 본질은 말하지 않아도 알 수 있는 서양 중세의 신학이론, 교리와 종교 생활방식이었는데 만일 사대부들 모두가 이른바 최초의 가장 보편적인 진교를 신봉하였다면 유학중국은 서양의 중세기화 된 중국으로 대체되었을 것이었으니 이것이 진리로 향해 나가는 진보라고 말하기는 어려울 것이다.

　　양정균이 탐구하고 접수한 이른바 서양 현자들의 실학에 있어서의 종교적 특성은 그의 신법神法과 인법人法에 대한 자각적 구분과 선택에서 나타난다. 양정균은 도덕규범의 객관적 근거를 찾고자하였는데(앞에서 이미 서술한 바 있다.) 그가 최종적으로 얻은 답안은 신법이었다. 천주교가 보편성을 띤 공변된 종교 公敎임을 논증할 때에 양정균은 12가지 진위 식별의 표준을 제

---

[841] 위의 책 43~44쪽

시하였다. 그 중 첫 번째 조항은 "참된 주님[眞主]의 종교가 참된 종교"라 주장하면서 스스로 주석을 달아 말한다.: "세상의 종교는 모두가 사람에 의해 세워져 부족함이 없을 수 없으나 하느님이 참된 주인이 되어서 세워진 종교는 사람이 세운 종교와는 같지 않다."[842] 같지 않은 이유의 하나로 천주교는 "예수께서 세우고 명命은 천주께서 정하셨으니 스스로 상상해서 미칠 바가 아니므로 즉 그 이치를 통해 알 수 없으며 천주의 명은 의심할 수 없다"[843]는 것이다. 다시 말해 천주의 명은 십계 등과 마찬가지로 상상과 이해의 범주를 초월하더라도 역시 의심해서는 안 되는, 말하자면 인법人法은 이러한 의심을 용납하는 절대적 율령의 성질을 갖고 있지 못하다는 것이다. 그리고 천주가 세운 명에 대해 의심을 용납하지 않는 원인은 즉 "천주께서 세운 법은 지존 지엄하여 세상의 법[敎法]과는 자연 같지 않다."는데 있고 이렇게 같지 않다는 점은 주로 "세상의 상과 벌은 사리에 맞지 않는 점이 많아서 반드시 천주께서 주고 빼앗아야 바야흐로 어긋남이 없다."[844]는 말에서 표현된다.

　양정균이 교법敎法(주로 도덕규범과 종교적 계율)의 객관 유효성을 절대 초월적 인격지상신인 천주로써 해결하였을 때 그는 확실히 자각적으로 자율도덕에서 타율도덕에로의 전환을 실현하였다. 그가 보기에는 이러한 전환을 거쳐야만 비로소 진교와 실학을 획득할 수 있고 아울러 진실 되고 거짓되지 않는 실

---

[842] 『代疑篇』 613, 510쪽
[843] 위의 책 612쪽
[844] 위의 책 569쪽

행으로 변화시킬 수 있었다. 이러한 점에서 말한다면 양정균이 이해한 실학은 또한 일부분 천주교와 함께 나누거나 가를 수 없는 도덕적 내용을 용납하였다.

또한 반드시 지적해야 할 점은 양정균의 전환에는 여전히 기독교와 유학을 융합한 성분이 포함되어있는데 이러한 융합은 외관적으로 볼 때 주희가 외재적으로 강대한 윤리규범을 세운 시도와의 유사성에서 표현되며 또한 주희의 "심구중리心具衆理"[845]사상을 수용하고 동시에 이러한 기초 위에서 일종의 자각적 도덕을 세운데서 표현된다.[846] 그가 비록 도덕적 율령 혹은 넓은 의미에서의 교리는 천주에게서 받았고 예수의 가르침[命]에는 "사람의 마음을 두렵게 하는 경건한 믿음"의 효능을 지니고 있다고 강조하였지만 그러나 또한 예는 마음에서 근원하므로[847] "세상 사람들에게 억지로 시키는 것이 아니다."라고 생각하였으니[848] 이는 실제적인 "심구중리"의 구체적 표현이다. 그리고 전술한 "천주께서 만 가지 이치[理]를 부여하여 사람들의 영성을 양육시킨다."라고 말한 바는 곧 이러한 관념의 종교적 표현 방식으로 마테오리치가 기독교와 유학을 조화하여 얻어낸 결론이다. "심구중리"하므로 사람은 반드시 자각적으로 선을 택하고 동시에 도덕 행위의 후과에 대하여 책임을 지게 되니 천주

---

845 『孟子集注,盡心章句上』朱子說 '心者 人之神明 所以具衆理而應萬事者也' 심(心)은 사람의 신명이니 모든 리(理)를 갖추고 있어 만사를 응하는 것이다.
846 주희 철학은 자유의지와 자각(自覺) 그리고 스스로의 선택을 부인하지 않는다. 陳來『朱熹哲學硏究』348쪽
847 『孟子,告子章句上』仁義禮智非由外鑠我也 인의예지가 밖으로부터 나를 녹여서 들어오는 것이 아니다.
848 『代疑篇』566쪽

교의 자유의지 이론은 바로 이와 같은 기독교와 유학의 회통 방식으로 양정균의 사상에 진입하였다. 양정균이 보기에 사람과 사물[物]의 근본적 구분은 자유의지를 가지고 있느냐 없느냐로, "천주는 사람을 낳고 홀로 만물과 다르게 하셨는데 그 재능을 자유의지대로 하게[自專] 하고자 하셨다. 자전하는 자는 선과 악이 자기로 말미암아 만들어지는 바로 공과 죄를 매길 수 있다. 자전할 수 없는 자는 선과 악이 자기로 말미암아 만들어지지 않는 바로 그에게 공과 죄를 가할 수 없다."[849] 진실로 선의 근원은 천주께 있어, "이미 하늘에 주님[大主]이 계심을 알고 있으며, 나에게 이성[明悟]을 부여하여 선의 당위성을 알게 하시고 나에게 의지[愛欲]를 부여하여 선의 능력[能爲]을 따르게 하셨다."[850] 그러나 천주는 결코 사람이 선하도록 강박하지는 않으시니 만약 그렇다면 사람은 사물과 더불어 비천해진다. "천주께서 사람을 낳아 그들로 하여금 선하도록 강제하고 이에 만물과 함께 자전하지 않게 하는 등은 사람을 대함이 오히려 야박한 것이요 조물주가 사람을 귀하게 여긴 처음의 취지가 아니리라."[851] 이 때문에 사람이 악을 짓고 선을 행하지 않음은 모두가 스스로 지은 것이니 반드시 스스로 감수해야 한다.[852] 도덕행위에 대한 책임을 지우는 기초는 자유의지(자전)이론이고 그 방식은 최종적으로 천당의 영원한 복락 혹은 지옥의 영원한 고통을 받는 것이다.

---

[849] 『天釋明辨』 365쪽
[850] 『代疑續篇』 53쪽
[851] 『天釋明辨』 365쪽
[852] 위와 같음

양정균이 자각적으로 인용한 자유의지 이론은 사실 토마스 아퀴나스 신학사상의 유학화 된 표현이다. 유학 중 "마음은 사람의 신명이니 모든 리를 갖추고 있어 만사를 응하는 것이다.[心具衆理]", "인을 하는 것은 자기 몸에 달려있다.[853]"고 하는 자각적 도덕전통은 양정균의 종교인성론과 도덕관념 안으로 융합되어 들어갔다. 만약 양정균이 객관적 외재 도덕규범의 근원[神法] 탐구를 강조함으로 인하여 동림당인과 같이 의지의 자유를 배척하는 경향을 가지고 있었다고 생각한다면 이는 양정균 본인 사상에도 부합되지 않는 것이고 또한 동림당인(주로 고헌성, 고반용 등의 사람)의 철학사상의 실제정황과도 부합되지 않는다.

양정균이 수용하고 이해한 천주교가 자못 전면적이고 번잡하기는 하나 본문에서는 양정균이 추구한 개인의 구속, 인생 의의의 근원적 모색 그리고 이른바 실학 등 방면에 대하여 탐구해 보았다. 그 목적은 양정균이 명말 가장 중요한 천주교도의 한 사람으로서 어떻게 일부 분야에서 유학을 벗어나 최종적으로 기독교와 유학의 조화된 방식으로 천주교를 수용하고 이해할 수밖에 없었는지 와 동시에 명말 일부 사대부들이 향한 종교 귀착점은 분석하고 연구할만한 가치가 있는 역사적 현상임을 설명하는데 있다.

---

853 『論語.顏淵』爲仁由己

6장
이해, 수용과 융합(하)

명말 제1세대 천주교도 중 왕징王徵[854]과 한림韓霖[855] 두 사람 또한 천주교를 수용하고 전파하는 과정 중에서 이론상 기독교와 유학의 회통작업을 적지 않게 하였고 심지어 자각적으로 본토화된 신앙을 실천에 옮겼다. 본 장에서는 이 두 사람이 후세에 남긴 사상에 대해 간단히 서술하고 명말 천주교 중국화의 이론적 심도 및 그 어려움에 대해 알아보고자 한다.

---

[854] 명대 관리이자 과학자(1571~1644). 자 良甫 호 葵心, 了一道人, 了一子, 支離叟. 서안부 경양현(西安府 涇陽縣) 사람으로 남직예광평부추관(南直隷廣平府推官), 산동안찰사첨사(山東按察司僉事) 등의 벼슬을 지냈다. 관리가 되어 경세치용의 학문에 뜻을 두었으나 후에 고향에서 산술(算術)을 가르쳤다. 서양학문을 가르치는데 진력하였으며 최초의 산시성(陝西) 출신 천주교도의 한 사람이다. 그는 서양과학전파와 문화교류촉진에 탁월한 공헌을 하여 "남서북왕南徐(光啓)北王"으로 칭송받았다.

[855] 1596?~1649. 자 雨公 호 寓庵居士 본명 토마스. 한림은 일찍이 서광계로부터 병법을 배우고 고일지(高一志)에게서 총에 관한 기술을 배운 당시 유용한 사람이었다. 한림 일가는 모두가 천주교를 받들었는데 그의 형 한운(韓雲)이 만력 48년 가장 먼저 세례를 받았다. 태창(泰昌) 원년(1620), 알레니(艾儒略) 신부가 한운의 요청으로 강주(絳州)에 와서 전교할 때 한운의 어머니, 한림을 포함한 두 형제, 두 자매가 세례를 받았는데 한림은 입교하고 나서 첩을 내보냈다고 한다.

1. 인애(仁愛)와 성애(聖愛)의 융합

사랑은 인류가 사고하는 영원한 주제 중 하나이고 세계의 각 대문명들이 모두 관심을 갖는 보편성을 띤 논제이다. 그러나 각각의 대문명은 각자의 특성을 가지고 있고 특히 각 문명 중의 종교적 전통은 각자의 특색을 가지고 있음으로 인하여 각종 문명의 대변인이 사랑이라는 논제에서 표현해내는 사고방식 또한 이 때문에 상당히 서로 같지 않거나 내지는 그 취지를 달리한다. 예를 들어, 신과 인간의 개념에서 사랑의 논제를 성찰하는 일은 곧 기독교의 한 큰 특색이 되지만 그러나 고대 중국의 유가사상에서는 이를 그다지 논하지 않았거나 혹은 특별히 언급되는 내용이 아니었다. 유학과 기독교에서의 이 큰 차이는 필연적으로 유자儒者이면서 또한 기독교도인 옛 중국 사대부로 하여금 이 논제에 대해 사색하고 논할 때 많은 이론상 난제에 봉착하게 하였다. 본 절에서는 명말의 유자이면서 기독교도인 왕징의 원전原典을 넘어서는 관련 논술을 예로 들어 아래 문제에 대한 해답을 얻고자 한다.: 그는 천주교의 "네 마음을 다하고 목숨을 다하고 뜻을 다하여 주님이신 너희 하느님을 사랑하라."와 "네 이웃을 네 몸과 같이 사랑하라."[856]는 가장 큰 계명에 대해 어떻게 이해하고 서술하였나? 또한 이 계명을 실천에 옮기려고 어떤 시도를 하였나? 필자의 관련 자료에 대한 집중적인 연구에 근거하면 이 두 가지 큰 문제는 다시 아래의 몇 가지 구체적인

---

[856] 『마태오 22:37-40』, 『신명기 6:5』, 『레위기 19:18』

문제로 나눌 수 있다.: 왕징은 어떻게 유학의 "외천명畏天命"을 그의 성애관 안에 집어넣어서 창의적인 생각으로 "하늘을 두려워하고 이웃을 사랑하는[畏天愛人]" 명제를 설명하였나? 성애 중의 두려움을 부각시키는 요소가 천주교 안에서 그 정당성 혹은 이론적 근원이 있는가? 그렇지 않으면 일종의 유교화된 견해인가? 왕징이 『인회약仁會約』에서 체계적으로 천주교의 사랑의 공적과 덕행[功行]에 대한 이해를 서술할 때 그 중 명말 유행되었던 공과격功過格[857]과 향약鄕約의 영향을 볼 수 있는가? 그리고 이러한 공행에 대한 중시가 개인의 궁극적 구원을 유일한 귀착점으로 하였는지 아니면 일종의 유학과 기독교를 융합하는 사회사상 혹은 이상을 표현한 것인지? 마지막으로 우리는 또 하나의 문제에 대해 답하여야 한다.: 기독교의 성애관이 전통 중국사상의 환경에서 본토화의 가능성이 있는지?

1) 왕징의 귀의 과정 및 그 숭교(崇敎) 문헌

왕징(1571~1644)은 자가 양보良甫, 호가 규심葵心으로 1571년 섬서경양노교진陝西涇陽魯橋鎭에서 출생하였고 열 번의 응시 끝에 급제하여 52세(천계2년)에 비로소 진사가 되었다. 공거公車[858]

---

[857] 중국 고대 민중의 도덕을 권장하던 기록부. 개인의 일상적 행위를 공(선행)과 과(악행)로 나누고 수량화하여 그 각 행위의 항목(格)에 점수를 주었다. 구체적으로 산정, 분류하여 매일, 매월 소계하고 연말에 총계산하는데 그 결과에 상응하여 화와 복이 주어진다고 하였다. 공과격은 일종의 권선의 책(善書)이고 내용상으로는 도교의 적선(積善), 유교의 윤리사상, 불교의 인과응보를 융합하였다. 공과격은 송대 도교의 정명도(淨明道)가 지은 것이 최초로 명말, 청초에 가장 유행하였다.

[858] 거인(擧人)이 과거시험에 응시하는 것

30년의 군색함과 집착은 여러 해 동안 과거의 험난한 길을 거친 서광계에 비해 더하면 더했지 못하지는 않았다.; 그리고 왕징이 각 방면에서 만들어낸 탐구의 심도는 서광계에 비해 못지않은데 왕징의 일생은 탐색의 일생이라 해도 결코 과장된 말이 아니다. 관련 사료들을 종합해보면 왕징이 탐구한 영역을 아래와 같은 몇 가지로 기술할 수 있다.

(1) 유교종법 가치를 실현하는 길을 탐구. 왕징은『외천애인극론畏天愛人極論』에서 토론자의 입을 빌려 서술하기를 그는 일찍이 20여 년 도교에 탐닉하면서 그 기간 황제黃帝와 노자에 관한 책을 찾아보지 않은 것이 없었다고 한다. 그리고 고본에 의거하여『주역삼동계주周易參同契注』등의 책을 수정하였고 더욱이『변도편辯道篇』,『원진인전元眞人傳』,『하학료심단下學了心丹』등의 책을 저작하였으며 한때는 옛 득도한 이[859]의 부류로 여겨지기도 하였다.[860] 일반적으로 이는 왕징이 최종적으로 천주교에 귀의하면서 진정한 종교로의 귀속을 획득하기 전 한 단락의 종교적 에피소드로 생각된다. 그러나 역사사실을 고증한 결과 왕징이 20여 년을 도교에 탐닉한 것은(전에 그는 불교도 믿은 적이 있었다.) 실은 완전히 개인적인 종교적 동기에서가 아니라 주로 효도를 실행하는 유교가치를 획득하기 위한 수단이었다. 왕징이『양이략兩理略』에서 쓴 서문에 따르면 24세 때, "향시에 붙은 지 몇 달이 지나지 않아 어머님이 돌아가셨다. 슬프고 고

---

[859]『莊子.讓王』古之得道者
[860] 宋伯胤:『明涇陽王徵先生年譜』, 西安:陝西師範大學出版社, 1990年, 238쪽.

통스럽고 늘 허전하여 세상 살아갈 마음이 없다가 우연히 도가 경서 안에 있는 '자식 중 하나가 신선이 되면 조상 모두가 승천할 수 있다.'[861]는 구절을 보고 이로써 부모님께 은혜를 갚으려 생각하였다. 곧 시서詩書 낭독에 권태를 느끼고 오직 양생가養生家의 말을 참고해 터무니없이도 반드시 이처럼 되고자 하였으며 일체의 태도와 마음은 담백하였다."[862]고 한다. 바꿔 말해 왕징은 부모 은혜에 보답하기 위해 죽은 어머니가 하늘에 오르도록 20여 년 도교에 탐닉하였다. 이러한 점으로부터 고대 유생들은 그 마음속에 이미 뿌리깊이 박혀있는 유교 가치를 실행하기 위해 유교 이외의 길로 나아가는 것도 개의치 않았음을 볼 수 있다. 그리고 유교의 사후세계에 대한 경시는(삶을 모른다면 어떻게 죽음을 알겠는가?)[863] 또한 유생들로 하여금 유교 밖에서 유교 가치를 실현하는 수단을 탐구하지 않을 수 없게 하였다. 바꿔 말해 유교의 결점은 유생들이 유교와 다른 종교를 탐구하여 귀속되는데 상당한 심리적, 정신적 공간을 남겼다.

(2) 경세제민經世濟民의 실학을 탐구. 왕징의 자술에 의하면 그는 17세에 "학교에 들어가[入庠][864] 역사서적을 읽으면서 범문정공范文正公(북송의 정치가, 사상가, 范仲淹 989~1052)이 생원 시 나라의 흥망성쇠와 치란治亂을 자신의 책무로 여긴 것을 보고 탄복하여 즉시 그의 사람됨에 뜻을 두었다."[865]고 한다. 그리 대

---

861 一子成仙, 九祖昇天
862 李之勤輯: 『王徵遺著』, 西安:陝西人民出版社, 1985年, 12쪽.
863 『論語.先進』未知生 焉知死
864 명, 청시 시험을 쳐서 부(府), 주(州), 현(縣)의 학교에 선발되어 들어가 생원(生員)이 되면 이를 일컬어 입상이라 하였다.

단치 않은 벼슬길(廣平府 推官, 揚州府推官을 지냈다.) 생애에서, 관리가 되어서는 청렴하고, 예와 정악正樂을 논하고, 백성을 대표하여 청원하고, 수문을 열어 치수하고, 운수運輸를 유익하게 하고, 백성을 구제하였는데, 모든 면에서 유교의 백성을 사랑하고 세상을 구제하는 이용후생의 정신을 체현하고 있다. 그리고 그러한 여러 가지 실행 또한 모두 실학에 대한 탐구와 실천으로써 학문의 원리를 배우는 기초로 삼았고 천주교도가 된 뒤 숭정 원년(1628)에는, 『사약士約』에서 명확히 실학을 호소하며 말하였다.: "여러 선비들에게 바라는 바는 천하와 국가를 마음을 두고……학문을 함이 곧 실학이니, 언어문자 공부는 그만두십시오."[866] 실학에 대한 갈구는 왕징이 당시 중국에 온 예수회전교사들과 적극적으로 교유하게 된 원인 중의 하나이다. 그는 니콜라스 트리고金尼閣 신부를 도와서 『서유이목자西儒耳目資』를 완성하고 등옥함鄧玉函과 함께 『원서기기도설遠西奇器圖說』을 번역하였는데 배움에 있어 실사구시하고, 백성을 인仁하게 하며 사물(금수, 초목)을 사랑하라는[867] 원칙을 모두 관통하고 있다.

(3) "하늘이 나에게 명한 것" 등 궁극終極]문제에 대한 해답을 탐구. 이러한 문제의식 함양의 근원이 결코 유교 바깥에 있지는 않았다. 다시 말해 유교 천명론은 전적으로 고대 유생이 이러한 문제의식을 갖도록 배양할 수 있었다. 그러나 유교는 고대 유생이 이러한 문제의식을 갖도록 배양한 후 오히려 그들에

---

865 『王徵遺著』 12쪽
866 위와 같음. 174쪽
867 『孟子.盡心上』 仁民而愛物

게 만족할 만한 답안을 주지 못했던 듯하다. 왕징 자신의 말로는 이러하다.: "명민하지 못한 저는 청소년 때로부터 성현의 책을 읽으며 하늘이 나에게 명한 것을 찾아서 사람으로서의 명분을 저버리지 않기를 바랐으나 찾지 못하였다."[868] 왕징이 젊은 시절 불교를 믿은 것은 부모의 은혜를 갚기 위해서였고 또한 위에서 언급한 종극문제에 대한 답안을 얻기 위해서였다. 왕징은 스스로 솔직히 인정하였다.: "나는 오로지 하늘이 나에게 명한 것을 탐구하였으나 얻지 못하였다. 누차 이를 배웠어도 찾을 수 없었고 이를 탐구한다는 것은 실로 쉬운 일이 아니었다. 이에 불교 경전을 열심히 탐구해보았으나 지금껏 그 요지를 찾지 못하였고⋯⋯그러므로 부득이 양생가의 말을 찾아보았으며⋯⋯역시 막연하고 근거가 없었다." 후에 맹자의 삼낙설三樂說을 읽고 나서 왕징은 "위로는 하늘에 부끄럽지 않고 아래로는 인간에게 부끄럽지 않다"[869]는 취지에 깊은 사상적 공감을 가져 유교성현의 가르침이 그의 종극문제에 일시적으로 만족하는 답안을 제공하는 듯했으나 구체적인 조목과 실행 방법을 얻지는 못하였다. 판토하 디에고龐迪我 신부의 『칠극七克』이 1614년 출판되고 얼마 되지 않아서(같은 해 연말 혹은 이듬해 봄) 왕징은 이 책을 얻어 읽게 되었는데 그의 읽은 후 감회는 다음과 같다.: "읽으며 여러 가지를 마음에서 깨달았고 또한 말마다 살을 에는 듯하였다. 나는 기뻐서 펄쩍 뛰었다.: "이것이야말로 하늘과 사람

---

[868] 宋伯胤:『明涇陽王徵先生年譜』, 237쪽
[869] 『孟子.盡心上』仰不愧於天 俯不怍於人

에게 한 점 부끄럽지 않은 준칙準繩이 아닌가?!" 판토하에 의해 천학의 "하학"으로 불린『칠극』을 읽은 후, 왕징은 그 준승을 얻은 사상적 쾌감을 획득하였을 뿐 아니라 고대 유생 중에서는 매우 보기 드물게 "정말 부끄러운" 죄악감을 갖게 되었고 그리고 그 전 "반평생 공을 들였어도 결국 천명의 소재를 찾을 수 없음"[870]을 체득하였다. 다시 말해 판토하의『칠극』만이 그동안 고민해오던 종극문제에 완전히 만족스러운 답안을 제공해주었다는 것이다. 이때 여전히 과거시험으로 고생하던 왕징은 1616년 북경에서『칠극』의 저자 판토하를 만나 이때부터 전교사와 교유, 연구를 시작하였고 또한 천주교로 통하는 대문을 열었다.

왕징이 세례를 받고 입교한 구체적인 시기는 고증할 수 없으나 일반적으로 1616년부터 1622년 사이로 보여 진다.[871] 왕징의 귀의과정을 통해 우리는 다음과 같은 결론을 내릴 수 있다.: 전통 유생의 일부 종극성 문제에 대한 추구과 종교 분야에서 유교의 일부 결점은 일부 유생들이 최종적으로 천주교에 귀의하게 된 중요한 동력과 원인의 하나였고, 명말 인쇄술의 발달이 초래한 전파속도의 신속함, 마테오리치가 시작한 벙어리식 전교방법(서적으로 전교)의 뚜렷한 효과는 일부 유생으로 하여금 천주교를 접촉하고 동시에 최종적으로 이지理智, 윤리형식의 귀의 가능성을 제공하였다.

---

[870]『明涇陽王徵先生年譜』 239~240쪽

[871] Nicolas Standaert, Wang Zhen's Ultimate Discussion of the Awe of Heaven and Care of Human Beings, in Orientalia Lovaniensia Periodica, 29, 1998, p.187

왕징은 천주교에 귀의한 후 천주교를 존숭하고 알리는데 자못 능력을 발휘하였다. 그는 『외천애인극론畏天愛人極論』, 『인회약仁會約』, 『두오정선생동래도해고적杜奧定先生東來渡海苦迹』, 『숭일당일기수필崇一堂日記隨筆』을 저술하였을 뿐 아니라, 『인회약』을 저본으로 한 기독교 공동체를 건립하고자 시도하였다. 아래에서 우리는 방향을 달리하여 왕징의 성애관 및 그의 사랑에 대한 실행을 분석하고자 한다.

2) 성애관: 하늘을 두려워하고 이웃을 사랑함[畏天愛人]

주지하는 바와 같이 천주교의 첫 번째 계명은 "네 마음을 다하고 목숨을 다하고 뜻을 다하여 주님이신 너희 하느님을 사랑하라" 와 "네 이웃을 너 자신처럼 사랑하라" 이다. 이 때문에 사랑은 기독교의 핵심교리이다. 역사적으로 기독교의 많은 사상가들은 모두가 하느님(God)은 곧 사랑이시고 사랑은 하느님의 본질적 특징이며 하느님의 사랑은 그의 창조와 구속의 행동 중에서 체현된다고 굳게 믿는다. 천주는 무로부터 세계와 모든 것을 창조하였으며 이는 모두 사랑에서 비롯되었다.; 천주는 창조 시, 자신과 일체의 선을 피조물에게 내려주셨으니 이 또한 사랑에서 비롯된 대가없이 부여한 은총이다. 인류 시조의 타락이 인간으로 하여금 천주의 사랑을 단절케 하였을지라도 천주의 사랑은 영원불변한 것이다. 천주는 인간이 다시 그의 사랑 안으로 돌아오게 하기 위해 인간을 위한 구속계획을 준비하셨다. 천주는 우선 이스라엘 민족을 자기 백성으로 선택한 후 또한 그의 사랑하는 외아들 예수그리스도를 보내어 세상을 구원토록 하셨다. "하느님은 이 세상을 극진히 사랑하셔서 외아들을 보내 주시어 그를 믿는 사람은 누구든지 멸망하지 않고 영원한 생명을 얻게 하여 주셨다."(요한복음 3:16) 십자가상의 사랑은 곧 충만 되고, 겸손 되게 낮추며, 이웃을 위한 자신의 희생에서 비롯된 사랑이다. 이와 같이 위로부터 아래로 주는 사랑이 곧 성애聖愛이다. 성애는 하느님의 인간을 위하고 자신을 희생하는 사랑이다. 물론 성애의 의미는 이에 그치지 않는다. 일반적으로 말해서 성애가 가리키는 것은 기독교 전통 중 하느님의 창조와 구원계획을 통하여 인간에게 선명히 보여준 사랑과 인간의 이러한 사랑에 대한 반응을 말하는데 그 안에는 하느님의 인간에 대한 사랑, 인간의 하느님에 대한 사랑 및 인간의 이웃에 대한 사랑이 포함된다.[872] 나중 두 가지는 기독교의 첫 번째 계명에 포함된다. 위의 서술로부터 우리는 인간이 창조론의 시각에서 천주교에서 말하는 사랑에 관한 교리를 충분히 이해하고 수용할 수는 있으나 만약 그리스도론[基督論]을 전적으로 고려치 않는다면 기독교에서 말하는 사랑에 대한 전반적 이해는 매우 어렵다고 볼 수 있다. 왜냐하면 그리스도가 강생하여 육신을 취하기 전, 인류는 하느님이 죄인을 위해 자신을 희생하는 이러한 성애의 전체적 의미를 참으로 알 수 없었기 때문이다.

명말 천주교 인사들 중 왕징의 몇몇 숭교 저술에서만 기독교의 성애관에 관해 서술하였는데 이 점은 매우 독특하므로 우리가 깊이 분석할 가치가 있다. 우리는 왕징의 성애에 대한 이

---

[872] 이상은 북경대학 철학과 유관휘(遊冠輝)의 박사논문(2001년) 『欲愛與聖愛 – 基督教思想史上兩種愛的關系類型研究』 8쪽, 1쪽 참조

해와 서술은 주로 기독론에서 출발한 것이 아니라 창조론에서 출발한(극히 개별적 부분에서만 그다지 완전치 않게 기독론에 대하여 언급하였다.) 것임을 보게 될 것이다. 그러나 우리는 이로 인해 그 가치를 완전히 부인할 수는 없는 것이 실제로 그의 성애관은 그 독특한 사고운용의 방향과 의미를 가지고 있기 때문이다.

왕징의 성애관이 성애의 첫 번째 부분 즉 천주의 인간에 대한 사랑을 집중적으로 서술한 것 같지는 않다. 그가 더욱 중요시한 것은 인간의 천주의 사랑에 대한 호응이었고 또한 인간의 천주에 대한 흠모 혹은 믿음과 사랑 및 인간의 인간에 대한 사랑이었다. 인간의 천주에 대한 믿음과 사랑을 설명할 때 왕징이 말하는 가장 큰 특징은 천주교의 "주님이신 너의 하느님을 사랑하라."를 "하늘을 두려워하라."로 개조한 점이다. 이러한 개조는 의동擬同적 방법을 채용한 것인데 전술한 바와 같이 의동이란 이질적 종교사상, 교리를 수용할 때에, 수용하는 주체가 이미 존재하는 개념구도를 개조하지 않고, 이미 존재하는 개념구도로써 외래사상(이러한 방법은 불교 전파과정에서 일부 승려들에 의해 처음 만들어진 격의格義[873]법과 유사하다.)을 비교하여 맞춰 넣는 것이다. 구체적으로 말하면 왕징의 성애관은 유교 성인인 공자의 세 가지 두려움(즉『논어論語 계씨季氏』중의 군자는 세 가지 두려워함이 있으니 천명을 두려워하고 대인을 두려워하고 성인

---

[873] 한나라 때 전해진 불교용어로 남북조시기 유행한 불교해석학을 말한다. 한문으로 번역한 불교 경전에 기술된 사상이나 교리를 노장사상이나 유학사상 등 전통 중국사상의 개념을 적용하여 비교, 유추함으로써 사람들로 하여금 불교사상을 쉽게 이해하게 하려던 방법. 格은 비교, 측정의 의미이고 義는 개념.

의 말씀을 두려워한다.) 중에서의 천명을 두려워함을 천주교의 사랑, 천주 흠숭과 비교하여 맞춰 넣었다. 그리고 왕징이 보기에 이러한 두려움[畏]이라는 종교적 감정의 함양은 반드시 앎[知]을 전제로 하였다. 왕징은 일찍이 지와 외의 관계를 반복하여 분석하였는데 그는 만약 천명을 두려워하지 않으면 천(주)을 앙모할 수 없다고 생각하였다.; 그리고 천명을 모르면 천명을 두려워할 수 없다. 그의 말대로 이야기하자면 "천을 두려워하지 않고 어찌 천을 앙모할 수 있겠는가? 또한 천을 모르면서 어찌 천을 두려워할 수 있겠는가?" "알지 못하면서 어찌 두려워하겠는가?"[874] 이다. 왕징은 또한 공자가 50이 되어서야 천명을 알게 되었다는 예를 통해 앎이란 쉬운 일이 아님을 설명하였다. 안다는 것의 난이도와 그 내용은 밀접한 관계를 가지고 있다. 진정으로 천을 두려워하는 자는 곧 천이 처음에 하늘을 낳고 땅을 낳고 사람을 낳고 사물을 낳은 대주大主임을 반드시 알아야 한다(또한 믿어야 한다). 이 대주는 즉 전능하신 하느님(Deus), 천주성부이지 송명이학에서 말하는 천리, 도道, 푸르고 드넓은 하늘[蒼蒼之天]이 아니며 더군다나 중국의 기론파氣論派에서 말하는 기로 쌓인 하늘이 아니다.; 진정으로 천을 아는 자는 또한 모름지기 천주께서 부지불식간 상선벌악의 권세를 행사하고 계심을 알아야 한다.[875] 앞부분에서는 사실 마테오리치와 판토하 디에고 등 전교사들의 상제(천주)의 존재에 대한 증명을 수용, 되풀

---

[874] 宋伯胤:『涇陽王徵先生年譜』244쪽
[875] 『涇陽王徵先生年譜』244~247쪽

이하였을 뿐 새로운 내용은 없다. 그러나 뒷부분에서 왕징은 천주의 전능하신 권세에 대한 믿음과 천당지옥의 상벌설에 대한 적극적인 진술을 함께 연결시켰다. – 비록 이러한 진술 또한 전교사의 저작을 많이 답습하였을지라도[876]. 왕징이 이처럼 천당의 복락과 지옥의 고통을 서술한 것은 한편으로 고대중국에서 선행의 인과응보로 덕행과 복[德福]의 관계를 설명하는 신의론神義論[877]문제를 천주교로써 해결하고, 내세로 돌아감을 금생의 선악에 대한 최종적인 상벌로 여겨 현실생활 중에서 일부 덕복이 상응하지 않는 현상을 겨냥한 하나의 의미체계意義系統(meaning system)를 제공하기 위해서였다.; 다른 한편으로 사람들의 종교에 대한 두려움을 불러일으킴으로써 사람들이 선으로 나아가고 악을 피하도록 고무격려하기 위해서였다. 필자가 보기에 왕징이 말하는 "천명을 두려워함"은 더욱이나 지옥의 고통을 두려워함을 가리키는 듯하다. 그는 공자의 말을 인용하여 일찍이 다음과 같이 말하였다.: "하늘에 죄를 얻으면 빌 곳이 없다."[878] 또한 분명히 말하였다.: "진실로 그것(천당지옥)이 반드시 있음을 안

---

[876] Nicolas Standaert(鍾鳴旦)의 고증과 분석에 따르면 왕징의 천당지옥에 대한 토론은 56% 이상의 부분이 마테오리치의 『천주실의』, 『기인십편』과 판토하 디에고의 『칠극』에서 답습한 것이라 하며 앞서 게재한 Nicolas Standaert의 글 168쪽에서 볼 수 있다.

[877] 이 세상에서는 올바른 사람, 좋은 사람이 반드시 행복하다고는 말할 수 없다. 올바르게 살고 좋은 일을 한 사람이 괴로움을 받고 불행한 일이 많을 수 있다. 그렇다면 과연 정의는 있는 것인가? 신이 있는가의 소리가 나오게 된다. 유교와 도교에서 주장하는 행복의 신의론은 인간이 어떻게 하면 행복해 질 수 있는 가라는 주제에서 당연히 이 세상에는 의가 있다고 한다. 행복의 내용 즉 자녀의 복, 금전의 복, 장수의 복을 구하는 일에 주저할 필요가 없으며 그것을 위해 열심히 공부하고 수양해야 한다고 보았다. 고영복『철학사상과 사회과학의 만남』 참조

[878] 『論語.八佾』獲罪於天 無所禱也

다면 천당에 가기를 바라지 않더라도 어찌 지옥을 두려워하지 않을 수 있겠는가?" "지옥의 고통은 인간 세상에서의 형벌보다 극히 엄중하고 극히 빈틈없고 극히 길므로 한층 두려워할만하다."[879] 그래서 왕징이 창도한 천명을 안다함은 실제로는 주로 사람들이 지옥의 영원한 형벌의 고통을 믿게 하려는 것이었다. 지와 외의 관계에 관하여 왕징은 개괄적으로 논술한 적이 있다.: "그러므로 하늘에 명이 있음을 알고 천명은 천주에게서 나왔음을 알고 천주의 명은 선하지 않음이 없고, 거스를 수 없고 빌 곳이 없음을 안 즉 비록 두려워하고 싶지 않더라도 어찌 감히 두려워하지 않겠는가?"[880]

천주에 대한 믿음과 사랑을 종교의 두려운 감정으로 전환한다는 것이 명말 천주교를 접수한 사대부 중에서 보기 드문 일만은 아니다. 서광계는 윤리적 기능의 시각에서 기독교와 유학의 차이를 비교할 때 천주교의 법은 "사람으로 하여금 선을 진심으로 행하게 하고 모든 악을 반드시 없애게 할 수 있다. 대개 하느님이 생육하고 구원하시는 은총과 상선벌악의 이치를 말하자면 명백하고 진실해서 사람의 마음을 움직이기에 족하니 사람으로 하여금 사랑하고 믿게 하고 두렵게 함을 마음속으로부터 우러나게 하는 이유."[881]라고 확신하였다. 서광계는 서양인은 그들 마음속에 존재하고 있는 이 같은 사람을 양육하고 구원하는 은총의 천주 관념으로 인하여 그들은 비로소 도덕적 실행 중에서

---

[879] 앞서 게재한 Nicolas Standaert의 글 248, 264, 258쪽
[880] 위와 같음. 246쪽
[881] 徐光啓:『辨學疏稿』,『天主教東傳文獻續編』, 23쪽

"근면하고 성실하게 일하고 다만 실추하여 하늘에 죄를 얻는 것을 두려워하므로" 그런 까닭에 선을 진심으로 행하고 모든 악을 반드시 없앨 수 있다고 굳게 믿었던 것이다.

논자는 이르기를 명말 중국에 온 전교사가 전교하고, 사대부가 수용한 천주교 교리 중에서는 천주론이 절대적 우세를 차지하고 기독론은 그다지 중시 받지 못했다[882]고 한다. 당시 사대부가 수용하고자 한 것은 상벌의 대권을 조종하는 위엄 있는 분, 곧 사람으로 하여금 두려움을 갖게 하는 위격신位格神 천주였다.[883] 왜냐하면 그들이 보기에 이와 같은 위격신은 명말 퇴락한 사대부의 풍조와 도덕을 구원하는데 절대적으로 필요하기 때문이었다. 그들이 천주는 지극한 인[至仁]을 가진 분임을 부인하지 않더라도 그러나 지인의 주요 의미는 상주上主가 무조건적으로 겸손 되게 낮추어서 세상 사람을 사랑하는 것이 아니고 주로 세상사람 혹은 그들의 영혼에 상벌을 내리는 올바름[公義]에서 비롯되었다. 천주의 인애仁愛는 공의로 전환되었고 그리고 전환한 주체는 이러한 전환에는 어떠한 모호함이나 불통이 있다고도 생각지 않은 듯하다. 왕징이 보기에 천주의 이러한 지인은 유교 경전에서 기록한 "상제께서는 한결같이 않으시어 선을 행하면 100가지 복을 내리지만 선을 행하지 않으면 100가지 재앙을 내리신다."[884]는 말과 합치하였다. 사대부들의 성애에 대한 이러한

---

882 鍾鳴旦의 글 174쪽에서 확인할 수 있다. 柯毅霖의 최근 연구는 이와 같은 설이다만 17세기 20년대 이전에 적용되었음을 표명한다. 柯毅霖:『明末基督論』, 成都: 四川人民出版社, 1999년.
883 왕징은 다음과 같이 밝힌 바 있다.: "진정한 큰 상벌은 오로지 하늘의 하느님만이 다루실 수 있다." 宋伯胤:『涇陽王徵先生年譜』 256쪽 참조

이해는 자연히 우리에게 다음과 같은 의문을 일어나게 한다.: 왕징이 천주에 대한 믿음과 사랑을 종교의 두려운 감정으로 전환하였을 때 이러한 전환은 천주교전교사들이 전교한 교리의 본뜻을 완전히 상실하였는가? 혹은 왕징이 힘써 서술한 외천론 畏天論은 천주교의 성애관과 전혀 무관한가? 첫 번째 문제에 관해서 우리가 마테오리치의 『천주실의』와 『기인십편』 중 지옥의 영원한 형벌의 고통에 대한 상세한 서술을 고찰하고 다시 왕징의 상관된 논술이 당시 읽을 수 있었던 예수회전교사의 저술을 대부분 답습한 것이었음을 주의해 본다면 아래와 같은 결론을 얻을 수 있을 듯하다.: 왕징의 전환은 유교 경전에 따라 만들어진 억지 춘향의 개조가 아니다. 두 번째 문제에 관해서 우리는 먼저 성경 중에서 상관된 가르침을 볼 수 있다. 구약에서 천주가 행하는 "놀라운 일"(출애굽기 34:10)이 유태인들에게는 일종의 경외감을 일으키게 하였는데 이러한 경외가 소극적이고 맹목적인 공포감정은 아니었다. 왜냐하면 천주의 자아현시 또한 그 구속 목표에 대한 계시였기 때문이다. 그러므로 『신명기』에서 천주에 대한 두려움은 경외와 경건에 상당하며 이러한 경외와 경건은 천주에 대한 사랑 그리고 죄악에 대한 미움(신명기 6:1 – 5)을 포함한다. 바로 이러한 의미에서 하느님에 대한 두려움은 슬기 혹은 지혜의 시작(욥기 28:28 등)으로 불리었다. 신약에서 사도들은 예수가 행한 기적 때문에 항상 경외의 감정으로 충만 되었다. 비록 신약에서의 두려움이 구약에서처럼 강조되

---

884 『書經.伊訓』 惟上帝不常 作善降之百祥 作不善降之百殃

지는 않았지만 그러나 그것은 여전히 기독교도의 생활태도에서 없어서는 안 될 특성이었다. 신약은 사랑을 더욱 강조하였고 사랑에는 두려움이 없으며 완전한 사랑은 두려움을 몰아낸다고 (요한1서 4:18) 하였지만 그럼에도 기독교도는 항상 천주에 대한 두려움 중에서 생활해야 한다(로마서 11:20).[885] 다음 우리는 예수회 창시자 이냐시오 데 로욜라聖依納爵의『영신수련神操』에서 관련된 논술을 찾아 볼 수 있다. 지옥의 고통을 명상하며 영신수련을 진행할 때 로욜라는 다음과 같이 지적하였다.: "만약 나의 잘못으로 영원한 하느님의 사랑을 잊는다면 이들 징벌에 대한 두려움은 최소한 내가 죄악에 떨어지는 것을 막을 것이다."[886] 바꿔 말해 지옥의 영원한 형벌의 고통에 대한 두려움에서 비롯돼 하느님에 대한 두려움을 생기게 하는 것이 천주교의 성애관에서 요구하는 하느님을 믿고 사랑하게 하는 최고의 정신경계는 아닐지라도 최소한 사람들이 죄악에 타락하지 않도록 보장할 수는 있는 것이다. 다시 말해 성경과 천주교의 전통에 근거하면 특히 영신수련의 대가로 알려진 예수회 창시자 이냐시오 데 로욜라 성인의 말에 근거하면 왕징의 성애관에서 믿음과 사랑을 두려움으로 전환한 것이 전혀 정당성을 갖지 못한 방법은 아니다. 또한 왕징은 이러한 전환을 하면서 다음과 같은 신념을 품고 있었다.: "하느님을 진정으로 사랑하는 이는 반드시 두려움을 통해 더욱 공경하고 공경을 통해 더욱 사랑한다."[887]

---

[885] Cf. New Catholic Encyclopedia, New York, McGraw-Hill.1967, p.864
[886] The Spiritual Exercises of St. Ignatius. A new translation by J, Paul, S. J., The Newman Press, 1960, p.32

이 때문에 외천畏天이 천주교의 성애관에 수용되어 그 독특한 구성부분이 되었다고도 말할 수 있다.

상술한 성애 중 마지막 항목의 내용에(사람의 이웃에 대한 사랑) 관해 왕징은 『외천애인극론畏天愛人極論』에서 아직 심도 있게 설명하지 않고 적은 편폭을 할애하여 천주를 사랑하는 이는 반드시 이웃을 사랑하고 이웃 사랑은 반드시 진실 되게 사랑하라고 논술하였을 뿐이다. 동시에 십계 중 뒤에 7계를 개술하여 "모두 천주를 사랑하는 마음으로 이웃 사랑을 널리 시행하라."(천주가 사람을 사랑하는 마음으로 이웃을 사랑하라가 아니다.) 하였고 후에 또한 『외천애인극론기언畏天愛人極論記言』에서 재차 단언하기를 "하늘은 두려워하지 않을 수 없고 사람은 사랑하지 않을 수 없다."고 하였다.[888] 어째서 천을 두려워해야하는가에 대한 상세한 기술에 비해 어째서 이웃을 사랑하고 어떻게 이웃을 사랑해야하는가 등의 문제에 대한 서술은 그다지 구체적이지 못한, 다시 말해 『외천애인극론』에서 이웃 사랑에 관한 도리는 확실히 적고 짧은 편이다. 다만 『인회약』중에서 우리는 왕징의 유관한 도리에 대한 비교적 심도 있는 설명을 볼 수 있다. 이 두 저술의 차이가 이처럼 큰 원인에 대해 탐구해보면 아마도 전자는 교회 밖 인사를 대상으로 썼고(교리문답에 가깝고) 후자의 대상은 교우에 그 원인이 있는 듯하다. 『인약회』에서는 성경을 다량으로 많이 인용하였는데 이것이 가장 좋은 설명이

---

887 宋伯胤: 『涇陽王徵先生年譜』 276쪽
888 宋伯胤: 『涇陽王徵先生年譜』 274~278쪽

되겠다.

『인회약』에서 왕징은 우선 사랑의 교리를 천주교의 핵심적 중요 요소로 부각시켰다. 그는 서양 선비가 전하는 천주교는 이치가 뛰어나고 뜻이 참되나 그 근본 요지는 결국 하나의 인仁으로 "인의 사랑의 작용[用]에는 두 가지가 있다고 보았다.: 하나는 만물 위에 계시는 한 천주를 사랑함이요 하나는 네 이웃을 너 자신처럼 사랑함이다." 그는 또한 성 요한이 만년에 항상 서로 사랑하라相愛는 두 글자를 그 제자들에게 권했던 일을 예로 들어 사랑의 핵심적 성질을 부각시키는 것이 천주교의 중요한 전통임을 설명하였다.[889] 왕징의 천주교의 근본요지에 대한 서술은 명말 교회 안 세 큰 대들보 중의 하나인 서광계와는 상당히 다르다. 서광계는 『발이십오언跋二十五言』에서 천주교의 근본요지는 "성실히 하느님께 귀의하여 힘써 쉬지 않고 밝게 섬기는 것을 종지로 한다."[890]고 지적하였다. 볼 수 있듯이 서광계가 강조한 것은 믿음이고 왕징이 부각시킨 것은 사랑이다. 『신요리종합문답新要理綜合問答』에 따르면 "믿음의 덕[信德]을 빌어서 우리는 천주를 믿고, 천주를 믿으니 우리에게 일체를 계시하시며, 동시에 교회를 믿으니 우리가 믿어야할 일체를 알려주신다."; 그리고 "사랑의 덕[愛德]을 빌어서 우리는 만물 위에 계시는 천주를 사랑하고, 동시에 천주사랑을 위해 네 이웃을 너 자신처럼 사랑한다.; 사랑은 '모든 것을 하나로 묶어 완전하게 하며'(골로

---

[889] 『仁會約引』, 宋伯胤:『明涇陽王徵先生年譜』 280~281쪽 참조
[890] 徐宗澤:『明清間耶穌會士譯著提要』 328쪽

사이 3:14) 모든 미덕의 존재형식이다."⁸⁹¹ 왕징과 서광계 두 사람의 천주교교리에 대한 이해에 불확실한 곳은 없어도 양자에 각각 편중점이 있다는 사실은 의심할 여지가 없다.

다음, 왕징이 『인약회』에서 사랑의 대상을 사람으로 전환하였을 때 그는 그 원인 혹은 도리에 대해 비교적 철저히 분석하였다. 예로써 그는 네 이웃을 너 자신처럼 사랑하라[如人愛己]의 궁극적 원인에 대해 분석하였는데 인간에 대한 사랑의 근원을 천주의 계명에서 찾았다. 그 말은 이러하다.: "진심으로 천주를 사랑할 수 있는 이는 자연히 이웃을 사랑할 수 있고 ……대개 천주는 본래 우리 인간의 대부모大父母이며 이웃 사랑의 인仁은 궁극의 진리이다."⁸⁹² 또한 왕징은 일종의 독특한 기독론을 사랑의 도리에 끌어들여 서술하였다. 그는 천주는 지극한 선과 자애를 명확히 증거하기 위해 강생하여 사람이 되셨다고 생각하였다. 처음 태어났을 때는 구세를 명분으로 하였으나 후에 또한 믿는 이들에게 타일러 훈계하기를 "내가 바라는 것은 동물을 잡아 나에게 바치는 제사가 아니라 이웃에게 베푸는 자선이다."⁸⁹³ 라고 하였다. 일반적으로 사람들은 십자가상의 사랑을 주 예수 그리스도가 그 자신을 사랑하는 사람을 '끝까지 사랑하는' 집중적 체현으로 본다.⁸⁹⁴ 다시 말해 그리스도의 수난이 성애의 최고 표현형식인 것이다. 그러나 왕징은 주예수가 강생하여 사람이

---

891 『新要理綜合問答』, 臺北: 三智出版社, 1995年, 85~86쪽
892 宋伯胤: 『明涇陽王徵先生年譜』 280쪽
893 위와 같음 310쪽. 이 말은 『마태오 9:13』에 나온다.
894 『新要理綜合問答』 22쪽

된 것을 성애聖愛와 지선자비至善慈悲의 명확한 증거로 하였을 뿐, 그의 기독관은 강생하여 사람이 된 데에 멈추고, 다시 나아가지는 않았다. 이는 명말 중국에 온 전교사가 처음부터 그와 관련된 교리를 전하지 않은 것과도 유관한 듯하다.[895]

『인약회』에서 왕징은 또한 애인愛人은 응당 천주의 무조건적인 애인을 본받아야 한다고 제창하였는데 다음과 같다.: "천주께서는 본래 인간이 천주를 믿든지 않든지, 은총에 감사하든지 않든지 여부를 논하지 않고 다만 사랑의 마음으로 두루 더해주신다. 사람은 어찌 우러러 본받아 그 사랑을 넓혀야하지 않겠는가?" 요컨대, 사람은 응당 "그(천주, 대부모) 사랑의 마음을 체험하고 그 애긍의 행위를 본받아야한다."[896] 그리고 이런 사랑은 응당 남의 보답(세상의 보답)을 바라지 말아야 하니 "베풀고 보답을 바란다면 이는 은혜를 베푸는 주님이 아니요 빚을 받으려는 주님이리라."[897] 그러나 설명해야 할 점은 왕징이 창도한 사랑이 무조건적인 것으로 보이는 듯해도 사랑을 위해 일정한 질서를 규정하였는데 이는 곧 "친근한 가족으로부터 벗으로,

---

[895] 마테오리치는 북경에 갔을 때 환관 마당(馬堂)의 계략에 빠진 적이 있었는데 마당은 예수의 십자고상을 보고 크게 놀라며 괴이쩍어 하였다. 관직이 내각수보에 이르고 예수회전교사와 상당한 친분이 있었던 섭향고 조차도 천주가 강생하여 사람이 된 것은 불가사의한 일이고 '괴이함을 이야기하는 논리'로 보았다. 이는 예수회 전교사들의 초기 전교단계에서 전체적인 기독론을 전교하지 않은 데에 원인이 있다. 그러나 알레니 등은 이미 17세기 20년대 이후 여러 중문저작에서 예수가 수난 뒤 부활한 복음을 전하였고 왕징의 『인약회』의 서문이 숭정7년(1634년)에 쓰인 것을 고려한다면 우리는 왕징의 성애관은 대체로 단지 그가 수용할 수 있었던 것을 수용하고 전하였을 뿐 교회가 그에게 믿도록 알려준 모두는 아니었다고 말할 수 있을 듯하다.
[896] 宋伯胤:『明涇陽王徵先生年譜』292쪽
[897] 위와 같음. 294쪽

벗으로부터 대중으로"이다.[898] 이러한 사랑의 질서에 대한 규정은 유교의 종법인륜의 기초위에서 건립된 사랑에는 차등이 있다는 전통[899]과 서로 조화하려는데 취지가 있는 듯하다. 그리고 이 중에 함축된 문제로는 사랑이 무조건적인 동시에 차등이 있을 수 있는가 등인데 왕징은 아마도 이는 문제가 아니라고 생각한 듯하다.

이외에 왕징은 『인약회』에서 판토하 디에고 신부의 『칠극』 중 사랑이 만들어지는 유형학에 대한 분석을 수용하여 사랑을 습애習愛, 이애理愛, 인애仁愛 세 가지로 구분하였다. (배워서 쌓은) 습애는 같이 살거나, 같이 사업을 하거나, 같은 감정이거나 같은 의견으로 인해 서로를 잘 알아서 생긴 사랑으로 새와 짐승 또한 이 습애를 가지고 있다. 반드시 악은 아니지만 천주계명에서 요구하는 이웃을 사랑하라는 애인의 덕은 아니다. 소위 이애는 이지理智가 계산해 만들어 낸 사랑에서 비롯되는데 사람들은 "서로 우애롭고 돕지 않으면 세상을 올바르게 다스리는 도리[世道]를 이룰 수 없고, 세상사를 바로 세울 수 없고, 세상의 변화를 준비할 수 없기에 항상 자기가 사랑하는 사람과 자기를 사랑하는 사람을 필요로 할 줄" 안다. 이러한 사랑은 "사사로운 사랑으로, 덕으로서는 미약하며 악인 역시 그러한 사랑은 있으니 천주께서 내게 바라는 바가 아니다." 인애만이 성애의 범위 안에 포함될 수 있으니 이러한 사랑은 "인자仁者는 이웃을 천주의 자녀

---

[898] 위와 같음. 285쪽
[899] 친근한 사람으로부터 그렇지 못한 사람에게 미치며 제 마음을 미루어 남의 마음을 미루어본다(由親及疏推己及人)는 유가 윤리사상의 방법론.

로, 자기와 본성이 같다고 보며" 그래서 생긴 사랑은 다시 말해 "인자는 먼저 스스로 천주를 진심으로 사랑하고 전환하여 천주의 사랑으로 이웃을 사랑하니" 그래서 생긴 사랑이 곧 천주의 계명 중에서 요구하는 사랑이다.[900] 왕징의 이러한 유형학적 분석의 의미는 인간과 신의 관계의 배경 중에서 세속의 사랑과 성애의 한계를 분명하게 구분한 데에 있다. 이러한 구분에 따라 유교의 종법인륜의 기초 위에 세워진 세도의 유지를 목적으로 한 차등이 있는 사랑은 이애의 범주에 속할 것이다. 그렇다면 유교의 "인애"는 천주교의 성애와 대립되는 관계에 처한다. 그러나 우리는 왕징이 사랑의 질서에 대한 규정을 통해 유교에서의 차등 있는 사랑을 성애의 범위에 이미 포함시켰음을 볼 수 있다. 확실히, 만일 유교의 인애를 "먼저 스스로 천주를 진심으로 사랑한 다음 천주의 사랑을 애인"으로 전환하고 다시 천주교의 십계 중에도 부모에게 효도하고 부모를 존경하라는 계명이 확실히 포함돼 있는 것을 고려한다면 군주에게 충성하고 부모에게 효도하고 윗사람을 존경하는 것을 성애의 범위에 포함시키는 것 또한 전혀 불가능한 일만은 아니었다. 왕징은 이와 같이 기독교와 유학 사이에서 소통을 진행하였고 천주교를 신봉하는 유럽 각국에서 사랑의 "공적과 덕행功行"을 실행하는 정황을 소개할 때에 천주를 사랑하고 군주에게 충성하고 부모에게 효도하고 윗사람을 존경하는 것을 하나로 묶어 모두 성애의 범주에 포함시켰다.[901]

---

[900] 宋伯胤,『明涇陽王徵先生年譜』314~315쪽

3) 사랑의 실행

왕징 성애관의 가장 큰 특색은 그가 사랑의 "공행"을 강조하고 사랑의 실행에 치중한 데에 있다. 왕징의 이러한 경향과 명말 사대부 중에서 일시적으로 유행되었던 실학사조의 "실심實心" "실행實行"에 대한 추구 사이에는 적어도 정신적 친화성을 가지고 있다. 그러나 우리가 더욱 관심을 갖는 바는 왕징의 견해가 종교 혹은 신학 방면에서의 고려를 그 전제로 하였는지의 여부이다. 여기에서 우리는 먼저 왕징의 천주의 사랑에 대한 견해를 고찰해볼 필요가 있고 다시 그의 행위[行]와 보답[報] 사이의 관계에 대한 이해와 서술을 알아볼 것이다.

전술한 바와 같이 왕징의 성애관 중에서 천주의 인간에 대한 사랑은 무조건적으로 인간이 천주를 믿든지 않든지 천주의 은총에 감사하든지 않든지 여부를 논하지 않고 다만 사랑의 마음을 두루 더해주신다. 하지만 『인약회』와 『숭일당일기수필崇一堂日記隨筆』(숭정10년, 즉1637년에 썼다.) 중에서 왕징은 최소한 두 차례 상반되게 논술하였다. 서양인의 이웃사랑의 공행을 담론할 때에 그는 지적하기를, 서양인은 모두 "내가 이웃을 사랑하지 않으면 천주 역시 나를 사랑하지 않음을 알기에 사람마다 가난한 이에게 베풀기를 좋아한다."[902]고 하였다. 그리고 『숭일당일기수필』에서 왕징은 더욱 명확히 지적하였다.: "대저 천주를 믿고 사랑하지 않는데 천주께서 또한 어찌 그를 믿고 사랑하

---

[901] 위와 같음, 318쪽
[902] 위와 같음. 319쪽

시겠는가?"[903] 바꿔 말해서 천주의 사랑을 얻는 조건은 반드시 천주를 믿고 사랑하고 동시에 이웃을 사랑하는 일이다. 그리고 천주를 믿고 사랑하고 또한 이웃을 사랑하는 가장 좋은 표징은 곧 남의 이성적 정신[靈神]을 사랑하고 남의 육신을 사랑하는 사랑의 공행 중에 몸을 던지는 일이다. 그래서 천주의 성애가 조건적이라 믿는 것은 왕징이 사랑의 실행을 매우 중요시한 종교적 원인 중의 하나라고 말할 수 있을 듯하다. 비록 왕징이 천주를 믿고 사랑하며 이웃을 사랑하는 것이 인간이 천주의 사랑을 얻을 수 있는 가장 중요한 조건이라 굳게 믿고 있었어도 때로는 행위가 성애(보답)를 얻을 수 있다는 극단적 중요성을 강조하기도 하였다. 그는 "주님의 종교를 신봉치 않으면 참된 선행을 행할 수 없고 천주의 총애와 천당의 영복을 얻을 수 없다는 점"을 인정하였다. 그러나 그는 또한 성경 중의 관련된 글을 인용, 곡해하면서 은총을 얻는데 대한 행위의 극단적 중요성을 부각시켰다. 그는 먼저 『종도대사록宗徒大事錄; 사도행전』에 나오는 고르넬리오科尔乃略에 관한 사적을 인용하였다.: "옛날에 고르넬리오라는 장수가 있었는데 그는 마음이 선하여 매일 가난한 이에게 선행을 베푸는 일을 자기의 임무로 삼았다. 어느 날 갑자기 천사가 집에 들어와서 이름을 불렀다. 그는 천사를 바라보자 겁에 질려서 물었다.: 주님, 무슨 일이십니까? 천사는 말하였다.: 하느님께서 너의 기도와 자선[仁功]을 받아들이시고 너를 기억하고 계신다. 이제 나로 하여금 네게 명하여 사람을 요빠로 보

---

[903] 위와 같음. 342쪽

내서 베드로라고도 하는 시몬을 데려와 그의 가르침을 받고 행하라고 하셨다."⁹⁰⁴ 왕징이 이 단락을 인용하여 기술한 목적은 사람이 "혹 애긍의 마음이 있으면 또한 주님을 움직일 수 있으니, 묵묵히 그 마음을 열어서 주님을 알고 흠숭토록 함"과 "주님은 그 선행에 감동을 받으시어 천사를 보내 그에게 알렸으니 이 또한 애긍에 대한 보답의 증거가 아닌가?"⁹⁰⁵를 설명코자 하기 위해서였다. 왕징의 서술에는 다음과 같은 의미를 포함하고 있다.: 사람이 설령 천주를 믿고 사랑하지 않더라도 만일 꾸준히 계속하여 애긍(자비)의 선행을 하면 천주를 감동시킬 수 있고 성애의 보답을 받을 수 있다. 왕징의 이러한 선행으로 성애를 얻을 수 있다는 굳은 믿음에는 일반 계시와 인간의 자연이성에 대한 낙관적 신념이 내포되어 있다. 그러나 우리가 왕징의 서술에서 성경에 대한 곡해가 포함되었다고 말하는 이유는 『종도대사록』 10장의 기록에 의함인데 이탈리아 부대 로마 군대의 백부장인 고르넬리오는 그의 온 가족과 함께 하느님을 경외하는 사람으로 백성에게 많은 자선을 베풀며 하느님께 늘 기도를 드리고 있었다. 그러나 베드로가 설교한 도리는 "(하느님께서는 사람을 차별대우하지 않으시고) 당신을 두려워하며 올바르게 사는 사람이면 어느 나라 사람이든지 다 받아 주신다."(사도행전 10:35)는 것이다. 여기서는 근본적으로 고르넬리오가 하느님을 믿지는 않았으나 오히려 선행을 베풀어 하느님을 감동시키고

---

904 『사도행전 10: 1~6』 참조
905 宋伯胤: 『明涇陽王徵先生年譜』 292~293쪽, 필자는 인용문의 구두점을 조금 수정하였다.

최종적으로 애긍의 보답을 받았다는 의미는 없다. 그러나 명말에는 중문으로 번역된 성경이 없었고 발췌되어 번역된 것도 적었다는 점을 감안하면 우리는 전교사들이 그에게 그다지 정확하지 않는 성경 구절을 설교하였거나 혹은 왕징이 고의로 정확한 성경구절을 그릇되게 이해하였거나, 성경의 권위를 빌어서 자신의 선한 공적에 대한 이해를 밝혔을 것이라고 추측할 수 있다. 왕징은 심지어 그의 사랑에 대한 공행의 중요성을 극단화하여 그로부터 아래와 같은 결론을 얻었다.: "사람은 죽은 뒤에 보답을 받으니, 생전에 공행을 해야 한다." 왕징의 이와 같은 결론은 성경에 근거한 것으로 성경에서 이르기를 "적게 뿌리는 사람은 적게 거두고 많이 뿌리는 사람은 많이 거둡니다."[906]고 하였기 때문이다. 여기에서 우리는 성경 가운데 뿌리고 거두는 관계를 이렇게 해석하는 것이 정확한 지의 여부에 대하여는 논의하지 않겠다. 우리가 주목하는 바는 왕징의 결론이 유교의 선한 자에게 복을 내리고 악한 자에게 화를 내린다는[907] 관점으로 덕과 복의 관계에 대한 해석의 원칙을 관철했으리라는 점이다.

유교의 선한 자에게 복을 내리고 악한 자에게 화를 내린다는 가르침 중에서, 특히 송명 시대 한때 유행하였던 사대부의 도덕실천 중에서, 나아가 선한 자에게 복을 내리고 악한 자에게 화를 내린다는 이 하나의 훈계를 관철한, 종교적 의미를 가진 공과격功過格은 실제로 다음과 같은 내용을 내포하고 있다.: 사

---

906 宋伯胤:『明涇陽王徵先生年譜』293쪽, *『Ⅱ 고린도 9:6』
907 『書經.湯誥』福善禍淫

람은 덕행을 쌓음으로써 자신이 "입명立命[908]"할 수 있고 자신의 최종 운명에 결정적인 영향을 줄 수 있다. 그래서 어떤 학자는 단언한다.: "공과격은……인류를 위해 업보의 과정을 조종할 수 있도록 정밀하게 설계되었고, 이성적이며, 두루 완비된 방법 즉 공덕 축적의 방법을 확립해주었다."[909] 왕징은 아마도 그가 보기에 조건적인 천주의 성애(천주의 인간에 대한 사랑)와 유교의 입명 원칙을 그의 성애에 대한 이해 속에 통일시키고자 한 듯하다. 그러나 전자는 천주를 믿고 사랑하고 네 이웃을 너 자신처럼 사랑할 것을 후자는 절실히 사랑의 공행을 쌓을 것을 요구한다. 그는 자신이 추구한 이러한 통일에 어떠한 내적 문제가 있다고는 생각지 않은 듯하며 그러한 유교식의 사람에 대한 도덕주체성을 부각하는 중에서 다음과 같은 점을 잊거나 근본적으로 인지하지 못한 것 같다.: "인간의 행위는 그 자신을 위해서는 이러한 은총을 얻을 수 없으며" 인간이 그 밖의 선공을 행하고 그리스도와 성도란 지극히 거대한 보물 창고[善功庫][910]를 위해 자신의 미약한 일부 공덕을 보탤 수 있는 것은 모두 천주의 은총을 받아야만 완성할 수 있다.[911] 직설적으로 말해서, 왕징의 사랑의 공행에 대한 부각으로 인하여 동기와 정신상에서 공과격 중의 유교원칙과 상통하는 부분이 많았으며,[912] 그의 이러한

---

[908] 『孟子.盡心上』注. 立命謂全其天之所付 不以人爲害之 입명은 하늘이 부여해 준 것을 온전히 보존하여 인위로써 해치지 않음을 이른다.
[909] 包筠雅: 『功過格:明淸社會的道德秩序』, 杭州:浙江人民出版社, 1999年. 31쪽
[910] 신명기 28:12 보물 창고 요엘 1:17 곳간, 이사야 39:2 보물 창고
[911] 여기 서술한 것은 천주교 전통 중에서 가장 영향력이 있는 아퀴나스의 관점이다. 威利斯頓. 沃克尔(*Williston Volcker: 『基督敎會史』, 北京:中國社會科學出版社 1991年, 312~313쪽)

살아있는 동안의 공행으로써 사후에 복을 받을 수 있다는 유교식의 입명원칙은 천주교의 은총의 우선성[913]에 대한 인정과는 쉽게 회통하고 융합될 수 없었다. 이 문제에서는 아마도 마테오 리치의 "유학 넘어서기[超儒]" 정신을 관철해야 할 것이었다. 구체적으로 말해, 여기서는 은총의 절대 우선성을 강조하며 유교의 입명원칙을 대체하여야 했다.: 이 전제 아래에서만이 천주교도의 종교생활 중에서 사랑의 공행에 대한 진정한 의의를 부각시킬 수 있는 것이었다. 우리는 왕징이 어떤 때는 겉으로 보기에 천주의 성애(은총도 포함한다?)를 조건적으로 인정하고 거듭 표명함으로써 은총의 우선성을 인정하는데 접근하였으나 그의 사랑(네 이웃을 너 자신처럼 사랑함)에 대한 공행이 인간의 최종적 운명에 주는 중요성을 너무 과장한 나머지 그가 인식한 천주교의 참된 의미의 빛을 가려버린 것 같음을 부인할 수 없다.

그러나 기능적 시각에서 보면 왕징『인회약』의 사회학상의 진정한 의미는 다음에 있다.: 비록 당시에는 비현실적 이상에 불과했을 지라도 중국의 전통적 향약 형식으로써 하나의 천주교 지역사회[社區]를 건립하였다는 점이다.

---

[912] 증거에 의하면 왕징은 아마도 공과격을 연습했을 것이라고 한다. 그는 일찍이 『사약(士約)』에서 선비들에게 도덕을 증진하고 허물을 바로잡음으로써 서로 환기할 것을 권고한 적이 있는데 "즉 진덕부(進德簿)에 기록 하고 그 밖의 기록부에 적어 넣었다."고 한다. 이 방법은 공과격과 아주 비슷하다.
李之勤輯:『王徵遺著』170쪽

[913] 은총은 하느님께서 당신 자녀로 불러주시고 그 부르심에 맞게 살 수 있도록 우리에게 베풀어 주시는 은혜이다. 성화 은총으로 하느님께서는 그 신적 생명과 친교를 우리와 나누시어, 우리가 하느님과 함께 살며 하느님의 사랑으로 살 수 있게 하신다. 조력 은총으로 하느님은 우리가 당신 뜻에 따라 살 수 있도록 도와주신다. 성사 은총과 특별 은총(特恩:은사)은 우리가 그리스도인의 소망을 실천할 수 있게 하는 성령의 선물이다.한국 천주교 주교회의 편찬『간추린 가톨릭 교회 교리서』참조.

왕징과 명말 중국에 온 전교사들은 향약에 대해 모두 생소하지 않은 듯하다. 아담 샬湯若望과 왕징이 함께 저술한 『숭일당일기수필崇一堂日記隨筆』에서 우리는 향약에 대한 명확한 정의를 볼 수 있다.: "향약은 한 고을에 규약을 정하여 선을 행하는 것이다. 향촌에 일이 생기면 모두 묻고 따져서 바로잡는다."[914] 왕징에게 있어 향약은 곧 생활에서의 크고 작은 위기(변고)에 대비하여 세운 일종의 선을 행하는 향치鄕治 형식이라고 볼 수 있다. 실제로 명대에 이르러 향치 제도의 내용은 발전하여 보갑保甲, 향약鄕約, 이사里社, 사학社學, 사창社倉 다섯 부분을 포함하기에 이르렀다. "보갑은 농촌조직을 엄밀하게 하고 향약은 농촌도덕을 창도하여 향치의 기초가 된다.; 이사는 종교를 대표하고 사학은 교육을 대표하고 사창은 경제를 대표한다." 그 중 향약을 당연히 첫째로 간주하였는데 "향약의 의의는 한 고을의 사람을 규제하여 함께 사학으로 나아가고, 함께 보갑으로 나아가고, 함께 이사로 나아가게 하는 것이다."[915] 송나라 사람 여대균呂大鈞(자가 和叔)이 창시하고, 주희가 첨삭, 증보하여 만들어낸 향약은 대체로 아래의 네 가지 큰 강목綱目을 포함한다.: 좋은 일은 서로 권장하고[德業相勸], 잘못을 서로 고쳐주고[過失相規], 서로 사귐에 있어서 예의를 지키고[禮俗相交], 환난을 당하면 서로 구제한다[患難相恤]. 그 중 덕업상권이 주로 향치의 형식으로 유교의 도덕교화 기능을 이행하였는데 내용은 당연히 유교로부터

---

914 宋伯胤: 『明涇陽王徵先生年譜』 335쪽
915 楊開道: 『鄕約制度的硏究』, 北平: 燕京大學社會學系, 1931年, 11쪽

왔다.; 환난상휼은 주로 공동체 생활 중 발생하는 다음과 같은 위기를 대비하기 위해서이다.: 재난, 도둑, 질병, 사망, 외롭고 연약함, 억울한 누명, 빈곤. 향약에 언급되는 대상은 일반적으로 그다지 제한이 없으며 그 조직으로는 통상 약정約正(일반적으로 덕망이 높은 이가 맡는다.) 한 사람을 정하고 부약정副約正 두 사람을 두는 등등이다. 그 설립 동기는 현대의 지역공동체(community) 원리에 완전히 부합되는데 여씨향약 발문을 인용하여 말한다면 이러하다.: "사람이 향당鄕黨에 의존하는 것은 마치 몸에 손발이 있고 집에 형제가 있는 것처럼 선악善惡과 이해利害가 모두 그것과 더불어 한가지이니 하루라도 없을 수 없다." 향약은 본디 자발적인 민간조직으로 명대에 이르러 왕양명이 제독提督(무관명)의 신분으로 남강南贛에서 힘써 창도함으로써 국가에서 감독하고 민간에서 운영하는 조직이 되었다.[916]

왕징의 인회약은 형식상 향약과 대동소이하다. 그가 인회약을 위해 세운 규정에는 향약 중의 약정이 회독會督(한 명 내지 세 명으로 향약 중의 약정보다는 조금 많다)으로 되고 부약정은 회보會輔로 되었다. 비록 조직상에서 조금 변화가 있으나 형식은 서로 통한다.; 그러나 향약은 참가자[約衆]와 봉사 대상에는 별 제한이 없으나 왕징의 인회약은 봉사 대상에는 별 구분이 없지만 참가자[會衆] 자격에는 제한을 두었다.: "무릇 천주 사랑과 이웃 사랑을 염두에 두고 약속대로 본 회와 함께하기를 원하는 사람은 문무 관리, 종족과 제후, 부자 그리고 농업과 상업, 기술에 종

---

[916] 위와 같음. 19~25쪽

사하는 사람을 막론하고 모두 가능하다. 단 승려와 도사는 안 된다." 보다시피 인회약은 천주를 믿고 사랑하며 또한 네 이웃을 너 자신처럼 사랑하라는 계명을 실행하는 교우나 천주교를 우러르는 자를 약중으로 하는 기독화된 종교단체로써 승려와 도사 등 이교도를 배제하고 동시에 부녀자도 약중에서 배제하였다.(왕징은 그 원인에 대해서는 설명하지 않고 단지 규정하였다.: 만약 어떤 부녀자가 풍문을 듣고 천주 사랑과 이웃 사랑을 위해 베풀기를 바란다면 그 희사한 물품을 거두어서 따로 그 금액을 장부에 기록하고 성씨를 적어서 그 덕을 표창함이 마땅하나 회會에 참여시켜서는 안 된다.[917]) 인회약은 "회지자會之資" "회지핵會之核"을 설립하였는데 전자의 취지는 재원을 충실히 하는데 있고 후자의 취지는 단체의 사무에 대해 민주적인 감독을 진행하는데 있다. 그리고 이들 모두는 인회약의 기능과 밀접한 관계가 있다.

인회약의 기능에는 두 가지 큰 강목이 있으니 왕징 자신의 말을 빌리면 이러하다.: "인회仁會는 불쌍히 여김(애긍)을 실행하는 총괄적 명칭이다. 애긍의 덕에는 두 가지가 있다.: 하나는 육신 애긍形哀矜이고 하나는 정신 애긍神哀矜이다." 형애긍의 실행에는 칠단七端이 있다.: 굶주린 이에게 음식을 주고, 목마른 이에게 마실 것을 주고, 헐벗은 이에게 옷을 주고, 병든 이를 돌보고, 여행하는 이를 재워주고, 포로를 풀어주고, 죽은 이를 장사지내 주는 일이다. 이 7단은 향약에서 환난상휼이 초점을 둔

---

[917] 宋伯胤: 『明涇陽王徵先生年譜』 287~288쪽

지역사회의 생활위기(재난, 도둑, 질병, 사망, 외롭고 연약함, 억울한 누명, 빈곤)의 숫자에 상응하나 내용에 있어서는 같거나 혹은 다른 점이 있다. 그리고 신애긍의 실행 7단은(어리석은 이를 지도하여 가르치고, 남에게 선을 권하고, 근심하는 이를 위로해주고, 과실이 있는 이를 나무라고, 나를 모욕한 이를 용서하고, 남의 잘못을 너그럽게 봐주고, 산 자와 죽은 자를 위해 천주께 기도한다.) 더욱 천주교의 윤리정신을 체현하였다. 그러나 왕징이 심각하게 인식했던 점은 명말의 이 같은 중대한 사변의 시대에 신애긍이라는 완만한 행보로는 긴급한 상황을 대처할 수 없었으므로 이에 따라 긴급하고 중요한 일로써 형애긍을 주장하였다. 구체적으로 말하자면 "전쟁으로 굶주린 자, 병든 자, 죽은 자들이 많으므로 이 세 가지에 대한 애긍이 가장 급하기"⁹¹⁸ 때문이었다.

당연히 인회약과 향약의 가장 다른 점은 후자는 유교의 도덕교화를 널리 보급하여 시행할 것을 목적으로 한 향치 형식이고 전자는 천주를 믿고 사랑하며 애인여기라는 종교적 계명의 실행을 동기로 하는 기독화 된 친교단체[團契]인데 그 현실적 목적은 아마도 친교단체의 확대로 기독화 된 지역사회의 건립일 것이며⁹¹⁹ 그 종교적 목적은 약중에게 하늘의 보답(즉 천당에서

---

⁹¹⁸ 위와 같음. 283~284쪽

⁹¹⁹ 왕징은 이러한 기독화 된 지역사회 건립에 웅대한 포부가 있었다. : "인회약의 추진: 이 회가 과연 행해진다면 한 쪽이 궁핍해도 잠시 의지할 데가 없지 않다. 추진하여 행하면 작게는 일향(一鄕), 크게는 일읍[邑], 더 크게는 일군[郡], 일성[省]에 이르기까지 사람마다 이 마음을 같이 하고, 곳곳에 이 회를 세워 도처에서 이 인을 행하면 민생에 이로운 바가 또한 적지 않을 것이다."『明涇陽王徵先生年譜』289쪽

의 영원한 행복)을 받을 수 있는 계단을 제공하기 위해서이다. – 이런 사랑의 실행은 "사람이 죽은 뒤 받는 복락은 살아 있을 때의 공행을 보아야한다."는 종교적 신념의 기초위에 세워진 것이다.

사료의 한계로 인해 우리는 왕징이 시행한 노력의 객관적 효능 및 그것이 전통 중국사회에 준 영향을 고찰할 방법이 없으나 우리가 긍정할 수 있는 것은 왕징의 성애에 대한 이해 및 그와 관련한 실천 과정 중에서 이론상 일부 사람들을 당혹케 하는 부분이 존재하고는 있지만 그러나 그것이 중국 천주교사에 있어서는 분명 하나의 독특한 유산이 아닐 수 없다는 점이다. 왕징이 사랑에 대해 만든 체험과 실천은 향토중국에서 본토화된 향치 형식으로써 천주교의 사랑에 관한 계명을 봉행하고 동시에 기독화 된 친교단체와 지역사회를 건립하는 것이 전적으로 가능함을 표명한다.

2. 중서(中西)의 대소 전통을 하나의 화로 안에 용해시키다

당대 독일의 저명한 신학자 볼프하르트 판넨베르크潘能伯格의 견해에 의하면 현대성(modernity) 혹은 근대 세속문화의 원천은 문예부흥도 아니고 종교개혁 혹은 프랑스대혁명도 아닌 16세기 종교전쟁을 겪은 후의 유럽 17세기에 있어야 한다고[920] 주

---

[920] 볼프하르트 판넨베르크는 관념사(觀念史)에서 현대성의 근원을 찾는 것에 반대하였는데 그의 이러한 결론에 대한 구체적 논증을 아래와 같이 간략하게 개술할

장한다. 판넨베르크에 있어 현대성은 당연히 그 지방성을 띤 유럽현상이 아니라 매 국가에 적용되는 가치관의 보편성이다. 판넨베르크의 논리가 옳다면 필자가 본서에서 심도 있게 연구한 16세기말을 기점으로 17세기에 성행한 천주교 예수회전교사를 주요 매개체로 한 서학동점西學東漸 및 더 큰 범주 안에서 중서문화의 교류는 바로 두 시대(중세시대와 근대)와 두 세계(신성화 세계와 세속화 세계)의 전환점 상에서 발생하였다.

유럽에서 이 같은 중대한 역사의 전환이 발생한 시기에 동방의 중화제국에서는 오히려 또 한 번이자 마지막 한 번인, 봉

수 있다.: 16세기 유럽의 종교 전쟁을 거친 후, 사람들은 종교적 감정이 사회평화를 파괴할 수 있음을 인식하게 되었고 이에 따라 일종의 주류적(主流的) 신념이 나타났으니 다음과 같다.: 사회통일의 기초로서의 종교통일은 절대적으로 필요한 것이다. 16세기 말에 이르기까지 종교적 관용과 자유의 관념은 정치사상과 행위 중에서 한자리도 찾아내지 못했다. 개신교와 천주교 모두 이러하였는데 루터마저도 정치상 다른 신앙을 관용하는 그러한 관념과는 거리가 멀었다. 네덜란드인 또한 마찬가지 여서 그들은 진정한 관용을 위해 싸운 것이 아니라 진정한 신앙을 위해 싸웠다. 1572년에 이르러서야 종교의 관용과 자유의 관념이 형성될 수 있었고 1581년 비로소 네덜란드 독립선언 중에서 명령형식으로 확립될 수 있었다. 종교통일을 기초로 하는 사회통일과 안정에 대한 강조와 추구로 초래된 결과는 오히려 역효과를 낳았는데 이는 곧 자신의 신앙을 남에게 강요하는 것이었다. 네덜란드인이 가장 먼저 이를 간파해냈고 이어서 영국인이 1688년의 명예혁명과 뒤이은 시기에 종교자유의 원칙을 확립하였다. 종교적 통일은 절대적으로 필요한 것이고 또한 사회 안정의 유용한 기초라는 관점에 대한 의문(이는 16, 17세기의 종교전쟁의 영향 아래서 생성된 의문이다.)은 17세기 일부 대사상가들이 전환하여 자연법 및 이와 관련한 모든 인류가 공유하는 자연종교 중에서 사회질서와 국가 간 화평의 기초를 찾게 하는 결과를 낳았다. 이에 빌헬름 딜타이(狄尔泰)가 말한 "자연적" 체계가 시대의 요구에 따라 나타났다.: 보편적 인성의 기초 위에서 법률, 종교, 정치와 도덕에 관한 기본관념을 형성한다. 이 때문에 모든 인류가 공유하는 인성은 전통적 권위의 기초위에 세워진 종교를 대체하여 공공질서와 사회 안정의 기초가 되었고 유럽 세속문화의 출발점이 되었다. 판넨베르크의 결론은 이러하다.: 진보적 관념 – 스토아학파의 자연법, 문예부흥 및 종교개혁을 한 기독교의 자유 관념 – 과 얼마나 큰 관계가 있었나를 막론하고 세속사회로 나아간 전환은 종교전쟁 이후 사회적 필요의 촉진으로 나타난 것이지 문예부흥과 종교개혁의 관념이 아니며 기독교의 하느님에 대한 배반에서 생겨난 것도 아니다.Wolfhart Pannenberg: Christianity in a Secularized World, Tran. by John Bowden, New York: The Crossroad Publishing Company, 1989, 11~19쪽

건사회의 새로운 왕조를 체험하고 있었다. 17세기 초엽의 중화제국(명 왕조)은 여전히 국민총생산액이 세계 제일이라고 해서 자만하여 세계를 업신여길 수도 있었겠으나 그러나 내부로부터 관찰해보면 그 병폐는 이미 만회할 수 없는 지경에 이르렀다. 그 당시 사회 변천의 격렬함은 실제로 의심할 여지없는 주지의 사실이다. 또한 만력과 숭정 연간 북쪽지방의 연이은 자연재해와 기근이 야기한 끊임없는 민란의 고유 사회질서에 대한 전복을 말하지 않더라도, 또한 새로운 경제요소의 출현이 초래한 농촌 전통경제 형태와 고유 사회구조 관계의 파괴 및 이로 인하여 초래된 빈곤인구의 대량 유동이 가져온 일련의 사회문제를 논하지 않더라도, 명 중엽이래로 상품경제의 상대적 발전이 가져온 사치와 방종한 기풍으로 인한 사회생활 중 고유 도덕질서에 대한 해체[921]만으로도 당시의 사대부와 관리를 몹시 근심케 하기에 충분하였으니 이러한 도덕적 마지막 노선의 상실은 당시 중국에 온 예수회전교사 마테오리치 등조차도 심히 통절케 하였다. 이외에 줄곧 국가와 문화의 운명은 밀접히 연결되었다고 여기던 사림학풍(특히 왕학말류 학풍) 또한 사상의 비판과 해방의 예리함을 모두 소진한 후에는 선문으로 도피하여 세상을 등졌다.(당연히, 이때 왕학 중 일부 인사는 서학에 대해 매우 개방적이었다. 그러나 서광계 등 같은 사람은 왕학 말류와는 생각이 전혀 맞지 않았다.) 당연히 위에서와 같은 여러 가지 격변과 기타 아

---

[921] 명말 사회 전환 혹은 변천의 정황에 대한 학계의 서술이 많을 수 있겠으나 여기서는 다음의 책을 참조하였다.: 梁其姿 『施善與敎化 - 明淸的慈善組織』, 石家庄: 河北敎育出版社, 2001년, 55~69쪽

직 언급되지 않은 변화의 최종적 결과는 명, 청 시기의 지식인을 "하늘이 무너지고 땅이 갈라지 듯" 매우 가슴 아프게 하였고 또한 후세 사람들이 말하는 "도둑이 안에서 일어나고 오랑캐가 밖에서 다가왔다. 어느 날 갑자기 기세가 꺾이면서 기와가 깨어지고 흙이 무너지듯 와해되었다. 아름다운 강산이 또다시 이민족에게 멸망되었다. 참으로 애석한 일로 무엇이 이보다 더 하겠는가!"922 이었다. 명청 교체기의 많은 사대부는 모두 이를 가슴 찢어지는 고통의 역사로 보았다.

전통중국사회에서 수신, 제가, 치국, 평천하를 천직으로 하는 지식인은 격렬한 사회변천 중에서 늘 변화하는 시국에 순응하며 최선두에 모여서 있었다. 전체 중국역사에서 가늠해보면 그들은 대체로 두 가지 기능을 이행하고 있었다고 말할 수 있다.: 고유의 문화전통을 극력 전승하고 선양하여 기존의 사회질서가 추락하지 않도록 유지하는 "교사敎士(여기서는 이 단어에서 유추된 의미만을 취한다.)"의 기능이다.; 혹은 사회문화의 폐단을 터놓고 말해서 각종 방식으로 새로운 사회문화의 이상을 만들고 동시에 현실과 이상의 일치에 이르도록 시도하였으니 이는 곧 "선지자"의 역할과 유사하다. 그러나 전통중국의 대체로 안정된 사회구조에서는 첫 번째 부류의 역할을 맡고 있는 지식인이 더욱 많았을 것이다. 『탁서鐸書』의 저자인 명말 천주교도 한림韓霖은 첫 번째 부류에 속하는 지식인으로 볼 수 있을 듯하다. 그가 『탁서』를 쓴 중요한 목적의 하나는 바로 격렬히 변화

---

922 蕭公權:『中國政治思想史』, 臺北:中國文化大學出版部, 1980년, 570쪽

하는 시대 속 사회질서의 재구성에 직접 참여하거나 혹은 향치에 참여하는 형식으로 사회질서가 추락하지 않게 유지하는 사대부로서의 기능을 실행하기 위해서였다. 그러나 유자로서 천주교도의 신분 및 『탁서』의 내용은 그에게 극적인 사명을 결정지어 주었다.: 천주교에서 숭배하는 유일지상신(천주)과 중국 황제(성유육언聖諭六言을 반포한 명 태조 주원장)가 조우하는 한편의 사상적 연극을 연출하였던 것이다. 다시 말해 한림이 질서의 재구성에 참여한 사상적 자원은 전통 사대부에 비해 선명한 특징을 가지고 있었는데 이는 곧 고금의 중국과 서양을 하나의 화로 안에서 용해시키는 일이었다.

명말 청초의 중서문화 교류가 비록 예수회전교사의 전교를 주요목적으로 한 까닭에 마땅히 농후한 종교적 색채를 띠고 있었다 할지라도 그 객관적 결과에 있어서는 예수회전교사의 주관적 의도를 훨씬 넘어섰으니, 당시 유럽의 천문학 등 서양과학 기술의 수입만으로도 근대인 양계초는 이를 중국 학술사상 가장 높이 평가할 만한 대서특필의 사건으로 보았던 것이다.[923] 기타 분야 혹은 영역에서 중서문화교류 범위의 광대함과 영향의 심원함(중학서점中學西漸을 포함)은 모두 의심할 여지가 없다. 그러나 여기서는 거대한 역사서술을 구성할 수도 없고 더욱이 전면적이고 상세히 『탁서』 원전 자체의 전 내용을 소개, 분석하기를 기대할 수도 없다. 그리고 여러 해에 걸쳐 형성된 사상사연구 성향의 한계는 필자로 하여금 관심을 『탁서』 중의 유학과 기

---

[923] 梁啓超: 『中國近三百年學術史』, 北京: 中國書店, 1985年, 8쪽

독교의 상호해석과 상호작용 및 그 윤리구성에 집중할 수밖에 없게 하였다. 그리고 이 주제를 다루기 전 먼저 한림 그 인물과 행적, 『탁서』를 쓰게 된 원인 및 그 취지에 대해 소개할 필요가 있을 듯하다.

1) 한림 그 인물과 행적

명말 유자 천주교도 중에서 한림의 일생은 의문점이 가장 많다. 아래의 한림, 그 인물과 행적에 대한 개술은 주로 황일농 교수(대만청화대학)의 최신 연구 성과를 참고하였다.[924]

한림은 자가 우공雨公, 호가 우암거사寓庵居士, 산서 강주山西絳州 사람으로 천주교에 귀의한 후의 세례명은 토마스多默이다. 천계원년(1621) 산서 향시에 급제하였으나[擧시] 명조에서는 벼슬하지 않았다. 그는 만력24년(1596)에 출생하였으며 집안 형편은 부유하고 소장도서가 많아서 사가私家 장서각이 있었다. 15세 때 한림은 형 한운韓雲(만력40년, 산서 향시에 급제)을 따라 운간雲間(松江府) 일대에서 유람하며 많은 인사를 사귀었다. 일찍이 서광계에게 병법을 배웠고 알폰소 바그노니高則聖(곧 예수회 전교사 高一志; Alfonso Vagnoni, 1566~1640)에게 총 사용법을 배운 까닭에[925] 『수어전서守圉全書』 14권, 『신수요록愼守要錄』 2권,

---

[924] 黃一農: 『明淸天主教在山西絳州發展及其反彈』, 載 『中央研究員近代史研究所集刊』, 第26期, 1996年12月; 『天 主教徒韓霖投降李自成考辨』, 載 『大陸雜誌』, 第93卷第3期, 1996年9月; 『明末韓霖〈鐸書〉闕名前序小考』, 載 『文化雜誌』(澳門), 第40~41期. 아래 글에서 한림의 일생에 대한 서술은 특별히 출처를 밝히지 않은 한 모두 위의 세 논문에 근거하였다.

[925] 북경대학도서관에서 소장한 『中國地方志叢書』중에는 『新絳縣志』이 있는데, 그 중

『신기통보神器統譜』,『포대도설炮台圖說』등과 같은 군사에 관한 여러 저작물이 세간에 유행하였는데 처음에 한림은 실제로 군사에 능한 사람으로 사림에 명성을 날렸다. 명말 천재, 인재人災가 기승을 부리는 불안한 세월 속에서 한림은 농정農政으로 기근을 구제하는 일 등에 또한 많은 관심을 두었고 동시에 서광계에게서 많은 영향을 받았을『구황전서救荒全書』12권을 저술하였다(유실됨).

한림의 천주교 귀의는 아마도 가족행위의 일부일 것이다. 한씨 가족 중 가장 먼저 천주교에 귀의한 이는 한림의 형 한운일 것이며 세례를 받은 시기는 만력48년 보다 이른 시기이다. 태창泰昌 원년(1620) 연말, 명말 저명한 예수회전교사 알레니는 한운의 요청으로 강주에 가서 선교하였고 뒤이어 한운의 어머니와 그 두 아들, 두 딸이 세례를 받았는데 한림은 분명 이 세례자들의 대열에 있었을 것이다. 황경방黃景昉의『녹구영.한우공

『文儒傳』卷五(404쪽)에서는 말한다.: "한림은 자가 우공(雨公)이고 호가 우암(寓庵)이다. 천계 신유(天啓 辛酉)에 거인(擧人)이 되었다. 문장이 자못 평범치 않았고 서법은 소식(蘇軾), 미불(米芾)과 견줄 만하다. 15세에 형 한운을 따라 루동(婁東; 지금의 강소성 동남부) 지방을 떠돌다가 부동발(傅東渤), 문태청(文太淸) 두 선생을 알게 되었고 황석재(黃石齋), 마소수(馬素修), 동사백(董思白) 제공은 모두 그를 칭찬하였다. 후에 더욱 유람을 즐기면서 서적을 수집하기 위해 남쪽 금릉(金陵)에 갔다. 봉황대에 올라 연자기(燕子磯; 금릉 48경 가운데 하나)를 보며 즐기고 동으로 가서 호구(虎邱)와 진택(震澤)을 구경하였다.; 배를 타고 남쪽으로 내려가 무림(武林), 서호(西湖)에 이르러서는 육교(六橋), 삼축(三竺; 항주 天竺山)에 올랐다.; 서남쪽 여산으로 가 오룡담(烏龍潭)과 여산(廬山) 폭포를 구경하고 다시 화남에서 북쪽으로 향해 공자의 묘를 참배하며 수식회(手植檜; 대성문 안 동쪽 돌계단을 둘러싼 전나무)를 어루만졌다. 그 때를 전후하여 많은 서적을 구매하였는데 집으로 돌아와 삽승루(卅乘樓)를 지어 소장하였다. 매일 문하생 수십 인과 수업을 멈추지 않았다. 또한 서광계에게서 병법을 배우고 고칙성(高則聖)에게서 총법을 배웠다. 세상일에 뜻을 두고 한번이라도 시도치 못한 것이 아쉽다. 갑작스레 도적을 피하다가 작은 산성에서 조난을 당했으니 군자는 이를 애석히 여긴다. 쓴 글은 저술에서 보이며, 향현(鄕賢)으로 제사 지낸다."

유향곡영鹿鳴詠,韓雨公幽香谷詠』은 기재하기를 한림은 입교하기 위해 첩을 버린, 즉 "學道特遣瑤姬 도를 배우려고 특별히 요희(중국 고대 신화 중의 선녀)를 보내버렸다."는 것이다. 천계 7년경 예수회전교사 니콜라스 트리고가 또한 강주에 와서 한씨 가족 중 기타 사람들에게 세례를 주었다. 이와 같이 한씨 가족은 명말 집단으로 천주교에 귀의한 가족 중 하나이다. 이런 집단적 성격을 띤 귀의는 천주교를 더욱 믿고 따르면서 한씨 가족의 신앙심을 깊게 해주었고, 적극적으로 천주교를 홍보하고 그곳에서 적극적으로 전교를 추진하는데 도움을 주었다. 한림의 스승 서광계가 쓴『경교당비기景教堂碑記』는 기재하기를 한씨 가족이 천계7년 기부금을 내어 강주성 동남쪽에 두 채의 큰 집을 사서 개축하여 천주당을 세웠다고 한다.[926] 이는 중국의 천주교도가 지방에서 자금을 마련하여 천주당을 지은 첫 번째 사례이다. 이외에 한림은 숭정12년과 15년에 잇따라 예수회전교사 알폰소 바그노니와 니콜라스 트리고를 도와 평양부성平陽府城과 태원太原에 집을 사서 천주당을 세웠다. 이 몇 가지 사례만으로도 한림의 천주교 포교의 열성과 적극성을 볼 수 있다. 문서사역 방면에서도 한림은 매우 칭송받을 만한 부분이 있는데 호교와 포교에 관한 여러 저작, 예로써『성교신증聖教信證』(장갱張賡과 공동저술),『변교론辨教論』(산서의 다른 저명한 천주교도 단곤段袞과 공동저술),『탁서』,『야소회서래제선생성씨耶蘇會西來諸先生姓氏』,『경천해敬天海』(소실됨) 등이 있다.[927]

---

926 『徐光啓集』, 531~533쪽

상술하였듯이 한림은 향시에 급제하였으나 명조에서는 출사하지 않았다. 산서순무 송통은山西巡撫 宋統殷의 천거를 받았으나 바로 벼슬길로 나아가지는 못했다. 숭정16년 산서순무 채무덕蔡懋德은 위권중魏權中, 한림, 상공양桑拱陽, 부산傅山 등을 태원의 삼립서원三立書院에 초빙하여 각각 "전술, 방어, 화공, 재정, 치수사업"을 강의케 하였는데 한림은 주로 전쟁에서의 방어와 화공에 대해 강의하였다. 채무덕은 또한 매월 모여서 명태조가 반포한 "성유육언"(즉 孝順父母 부모에게 효도하고, 尊敬長上 윗사람을 공경하고, 和睦鄉里 이웃과 화목하고, 教訓子孫 자손을 가르치고, 各安生理 각각 편하게 생활하고, 毋作非爲 옳지 못한 일을 하지 말 것)을 강의하였는데 한림『탁서』의 취지는 중국과 서양의 윤리사상을 융합하여 "성유육언"을 강의하고 명말 사회와 도덕질서의 유지에 힘쓰는 일이었다. 흥미로운 것은 한림이 마지막에는 이러한 질서를 뒤엎는 길로 나아갔다는 점이다. 숭정17년 한림과 같이 천계 원년 산서 향시에 급제하고 또한 관계가 친밀했던 대학사 이건태大學士 李建泰는 자원하여 군사를 거느려서 이자성李自成을 공격하였는데 이건태는 예수회인사인 아담 샬湯若望을 선발하여 "화공과 수리공사[火攻水利]"의 일을 책임지고 수행토록 한 것 외에 삼립서원에서 강학하고 있던 한림에게 군전찬화軍前贊畫(명대 관직명)를 맡아주도록 초빙하였으나 한림은 일 때문에 태원에 남아 부임하지 않았다. 필자가 보기에 그 원인은

---

927 한림은 『탁서』에서 스스로 일컫기를 일찍이 『경천해』를 저술하였다고 한다. 한림의 『탁서』는 鐘鳴旦, 杜鼎克, 黃一農, 祝平一등이 편찬한 『徐家滙藏書樓明清天主教文獻』(二), 臺北:輔仁大學神學院, 1996년, 826쪽에 수록되어 있다. 이하 이 책에서 인용한 부분은 주석에 그 쪽수만을 표기 하였다.

아마도 한림이 명왕조의 멸망을 의식하고 관망하고 결정하지 않은 듯하다. 얼마 후 한림은 틈군闖軍(이자성 군대)에 투항하여 "참모"의 직위로 이자성을 따라 북경을 공격해 들어가 정부에 몸을 담고 직무를 맡았다. 오래지 않아 이건태 또한 보정保定에서 이자성 군대에 투항하였고 아담샬은 북경으로 돌아갔으며 대순大順(1643~1645. 이자성은 서안에서 건국하고 국호를 대순이라 하였다.) 관원들과 긴밀히 왕래하였다. 숭정17년 4월, 이자성은 북경에서 철수하였고 한림도 오래지 않아 틈군에서 나왔다. 그러나 이때 한림은 고향사람들 볼 면목이 없어 온 가족을 데리고 인근 현인 직산稷山에 피해 살다가 순치順治 6년(1649) 두 아들과 함께 토적土賊에게 살해되었다. 봉건도덕에 따르면 한림의 틈군에로의 투항은 명왕조에 대한 배신으로 불충이라 말할 수 있다. 바로 이러한 원인으로 인하여 후세 천주교와 관련된 역사가들은 항일전쟁이라는 특수한 환경에서 민족 절개에 대한 고려로 이 일을 감추고 누설하지 않았거나 혹은 왜곡되게 이야기한 듯하다. 같은 시기 중국 천주교의 역사적 사실을 헤아려보면 당시 왕징, 진우개陳于介 등 중국 천주교도는 의연히 명나라를 위해 목숨 바칠 것을 선택하였고 또한 줄리오 알레니, 프란체스코 삼비아시, 안드레 코플러瞿紗微, 응천수庞天寿[928] 등 전교사와 중국 신도는 남명南明 조정을 위해 분주히 힘썼으며, 아담 샬은 명나라와 협조하여 이자성과 청병에 저항하였으나 후에 청조에 귀순하여 흠천감欽天監을 담당하기도 하였고 또한 예수회전교사

---

[928] 庞天寿(1588~1657), 順天府 大兴县사람, 명말 저명한 환관, 崇祯, 弘光, 隆武, 永历에 걸쳐 御马太监, 司礼太监 등 직책을 역임하였다.

가브리엘 마갈하에스安文思[929], 로도비코 불리오利類思[930]는 사천에서 장헌충張獻忠의 대서大西(명말 장헌충이 영도하여 창건한 농민혁명정권) 정권을 위해 힘써서 "천학국사天學國師"라는 칭호를 받기도 하였다. 상술한 인사들의 선택이 어떤 경우는 부득이해서였고(마갈하에스와 로도비코 불리오는 강요당했다.) 어떤 경우는 황일농이 말하는 바처럼 자신의 이념과 발전에 대한 생각에 서이거나 혹은 천주교가 중국에서 전파되고 발전하는 새로운 국면으로의 전환을 위해서였다. 이러한 왕조교체의 특수상황에서 한림이 틈군에 투항한 행위를 비교의 시선에서 바라본다면 천주교 안팎을 막론하고 특별히 질책을 받아야만 할 경우라고는 할 수 없다.

2) 『탁서』의 저술 동기와 중심 사상

한림의 종교 저술 중에서 『변교론辨敎論』과 『성교신증聖敎信證』이 주로 천주교적 관점에 의심을 품는 회의론에 대한 소극적 의미의 호교론적 저술이라면 『탁서』는 천주교를 널리 보급하기 위한 적극적 의미의 저술이다. 여기에서 우리는 이 책의 저술 동기와 주요 사상자원 및 관련된 상황에 대해 소개할 필요가 있다.

『탁서』는 숭정14년(1641)에 책이 만들어졌으며 명을 받아

---

[929] 安文思(Gabriel de Magalhães, 1609~1677), 포르투갈 예수회전교사
[930] 利類思(Lodovico Buglio 1606~1682), 이태리 예수회전교사. 1638年 중국대륙에 도착하여 활동하였고 성도(成都)에서 전교하며 1640년 교당을 건립하였다.

서 썼다. 당시 매월 삭망 다음날, 강주에서는 모두 향약을 거행하였는데 지주知州(각 주의 장관)는 사대부, 학관學官과 생원을 소집하여 성유聖諭를 읽고 해설하였다. 강주 지주 손순孫順이 한림에게 명하여 책을 저술하여 명태조의 "성유육언"을 강의토록 하니 한림은 기꺼이 명을 따르고 이 기회를 빌려서 원전을 넘어서는 해석방식으로 천주교의 윤리사상과 중국 윤리사상 중의 대전통(유가의 뛰어난 정영윤리精英倫理, 소전통(불교와 도교의 영향을 받아 유, 불, 도 삼교를 융합한 선서윤리善書倫理을 하나의 화로 속에 용해시켜서 남은 흔적 없이 본질상 천주교를 위한 윤리구조를 진행코자 시도하였다. 이 책의 사상적 자료는 자못 복잡한데 가장 먼저 다량의 전교사 중문저작을 인용하였으니 예로써 알폰소 바그나노의 『제가서학齊家西學』, 『수신서학修身西學』, 『동요교육童幼敎育』, 『달도기언達道紀言』과 『신귀정기神鬼正紀』그리고 판토하 디에고의 『칠극七克』, 알레니의 『척조정규滌罪正規』, 쟈코모 로羅雅谷[931]의 『애긍행전哀矜行詮』등이다. 다음은 유교 경전과 일부 역사문화 명인의 말을 많이 인용하였으며 특히 놀라운 것은 명말에 매우 유행된 선서善書『료범사훈了凡四訓』을 대량으로 인용하였다는 점이다.(저자는 명말 인사 袁了凡 즉 袁黃)

여기서는 앞부분에서 언급한 향약과 "성유육언"을 간단하게 다시 소개할 필요가 있다. 명말의 또 다른 저명한 천주교도인

---

[931] 罗雅谷 Giacomo Rho 혹은 Jacques Rho. 1593~1638. 자는 味韶. 이태리 예수회전교사로 명나라에서 활약하였다. 강주 등지에서 전교활동을 하였다. 수학, 천문학에도 조예가 깊어서 『숭정역서(崇禎曆書)』 편찬 사업에도 종사하였다.

왕징은 아담 샬이 역술하고 왕징이 기록한『숭일당일기수필崇一堂日記隨筆』에서 향약의 정의를 다음과 같이 내렸다.: "향약은 한 고을에 규약을 정하여 선을 행하는 것이다. 한 향에 일이 생기면 모두 묻고 따져서 바로 잡는다."[932] 왕징에게 있어 향약은 곧 생활에서의 각종 크고 작은 위기(변고)에 대비하여 세운 일종의 선을 행하는 향치鄕治 형식이라고 볼 수 있다. 실제로 명대에 이르러 향치 제도의 내용은 발전하여 보갑保甲, 향약鄕約, 이사里社, 사학社學, 사창社倉의 다섯 부분을 포함하기에 이르렀다. "보갑은 농촌조직을 엄밀하게 하고 향약은 농촌도덕을 창도하여 향치의 기초가 된다.; 이사는 종교를 대표하고 사학은 교육을 대표하고 사창은 경제를 대표한다." 그 중 향약을 당연히 첫째로 간주하였는데 "향약의 의의는 한 고을 사람을 규제하여 함께 사학으로 나아가고, 함께 보갑으로 나아가고, 함께 이사로 나아가게 하는 것이다."[933] 송나라 사람 여대균呂大鈞(자는 和叔)이 창시하고, 주희가 첨삭, 증보하여 만들어낸 향약은 대체로 아래 네 가지 큰 강목을 포함한다.: 좋은 일은 서로 권장하고[德業相勸], 잘못을 서로 고쳐주고[過失相規], 서로 사귐에 있어서 예의를 지키고[禮俗相交], 환난을 당하면 서로 구제한다[患難相恤]. 그 중 덕업상권이 주로 향치의 형식으로 유교의 도덕교화 기능을 이행하였는데 내용은 당연히 유교로부터 왔다.; 환난상휼은 주로 공

---

[932] 宋伯胤:『明涇陽王徵先生年譜』, 西安:陝西師範大學出版社, 1990年, 335쪽

[933] 楊開道:『鄕約制度的研究』, 北平: 燕京大學社會學系,1931年, 11쪽. 근래 향약을 연구한 저서들이 자못 많은데 이와 연관한 저술과 논문 하나씩을 열거하니 독자는 참고하기 바란다. 趙秀玲:『中國鄕里制度』,北京: 中國社會科學出版社,1998年; 王日根:『論明清鄕約屬性於職能的變遷』,『廈門大學學報』, 載 2003年第2期

동체 생활 중 발생하는 다음과 같은 위기를 대비하기 위해서이다.: 재난, 도둑, 질병, 사망, 외롭고 연약함, 억울한 누명, 빈곤. 향약에 언급되는 대상은 일반적으로 그다지 제한이 없으며 그 조직으로는 통상 약정約正(일반적으로 덕망이 높은 이가 맡는다.) 한 사람을 정하고 부약정副約正 두 사람을 두는 등등이다. 그 설립 동기는 현대의 지역공동체(community) 원리에 완전히 부합되는데 여씨향약 발문을 인용하여 말한다면 이러하다.: "사람이 향당鄕黨에 의존하는 것은 마치 몸에 손발이 있고 집에 형제가 있는 것처럼 선악과 이해가 모두 그것과 더불어 한 가지이니 하루라도 없을 수 없다." 향약은 본디 자발적인 민간조직으로 명대에 이르러 왕양명이 제독提督(무관명)의 신분으로 남강南贛에서 힘써 창도함으로써 국가에서 감독하고 민간에서 운영하는 조직이 되었다.[934] 여기에 상존하는 문제는 즉 "성유육언"과 향약이 어떤 관계가 있는가이다. 역사학자들의 고증과 연구를 통하여 명조明朝 시 "향약에서 말하는 내용은 ……주원장의 육언 성유를 으뜸으로 하였고"[935] 그리고 향약과 법률, 선서善書의 서로 결합하는 추세 또한 출현하였음을 발견하였다.

명조 시 성유육언을 해석하고 강의하는 저술은 많았다고 말할 수 있다. 그러나 『탁서』서문을 쓴 이건태는 이러한 저술들이 대부분 별로 이야기할 가치가 없고 한림의 『탁서』만은 군계일학과 같이 생각하였는데 그 말은 이러하다.: "성유를 풀이한 사

---

[934] 楊開道: 『鄕約制度的硏究』19~25쪽
[935] 周振鶴: 『〈聖諭〉, 〈聖諭廣訓〉及其相關的文化現象』, 載『中華文史論叢』, 2001年第2輯, 上海:上海古籍出版 社, 2001年, 第331쪽

람이 수십, 수백에 이르나 모두 상투적인 말이고, 뒷골목 저속한 말이고, 딱딱하여 재미없는 말이며, 해석이 충분치 못한다. 우공雨公의 책을 읽고 보니 마치 꿈속에서 문득 깬 듯, 술이 깨어 정신이 든 듯, 열흘을 굶다 큰 잔치를 벌이는 듯, 오랜 방랑객이 집에 돌아와 부모형제를 보는 듯, 더위의 고통을 차가운 깊은 못에 씻은 듯하다. 이 사람은 고황제高皇帝의 공신으로 삼가 오교五敎를 편[936] 계승자이다."[937] 이건태의 서문이 과분하게 치켜세운 부분이 많지만 이는 진심에서 나온 말인데 왜냐하면 그의 마음속에 한림은 사상적 자원을 널리 찾고 탐구한 사람일 뿐 아니라 또한 몸소 체험하고 힘써 행하는 경건한 종교정신을 가지고 있는 사람이었기 때문이다. 그 말은 이러하다.: "우공은 수많은 서적에 극히 박식하고 만 리를 두루 돌아다녔다. 무릇 나라 안팎의 스승, 거유巨儒로 위로부터 아래에 이르기까지 성유육언을 논하지 않음이 없으나 우공은 이를 몸으로 체험하고 마음으로 살핀다. 스스로 깨달아 이해하고 예전에 없던 새로운 사상은 반드시 그리된 까닭을 밝힌 후에야 그친다. 그렇지 않으면 오랜 정설이었어도 그것을 취하지 않는다." "우공은 수신하고 하늘을 섬기며 집에는 이단의 가르침이 없다.; 평생 글을 쓰며 집안에는 잡스런 손이 없다."[938] 이로부터 볼 수 있듯이, 명말 사대부의

---

[936] 『尙書.舜典』敬敷五敎: 五敎는 父義, 母慈, 兄友, 弟恭, 子孝 다섯 가지 윤리도덕 교육을 말한다.

[937] 『鐸書』 605~606쪽 참조. 본 서문은 원래 저자가 누락되있는데 황일농의 상세한 고증을 기초로 저자가 이건태임을 확인하였다. 黃一農: 『明末 韓霖〈鐸書〉闕名前序小考』, 載 『文化雜誌』(澳門),第40~41期. 이전에는 진원(陳垣)이 먼저 이 설을 주장하였다.

[938] 이 두 부분은 『鐸書』, 607쪽과 609~610쪽 참조

마음속에서 한림의 『탁서』가 두드러졌던 이유의 하나는 그 사상자원의 풍부함과 강렬한 종교성이었든 듯하다.

3) 『탁서』 중 본토화된 천주교 윤리구조

한림의 평생 업적과 『탁서』를 쓰게 된 동기 및 그 취지를 간단히 소개한 후 이제 본론으로 들어간다. 아래에서 필자는 많은 편폭을 할애하여 『탁서』의 윤리사상을 중점적으로 분석해 볼 것이다. 우리가 관심을 가지는 주제는 다음과 같다.: 한림은 원전을 넘어서는 해석방식으로써 기독교로 유교를 해석하거나 혹은 유교로 기독교를 해석하는 중에서 천주교의 윤리사상과 중국 윤리사상 중의 대전통과 소전통을 하나의 화로 안에 어떻게 용해시켰는지? 이렇듯 다방면의 도리와 이치를 체계적이고 철저하게 이해하는 중에서 또한 오늘날 보아도 자못 문제가 되는 이론의 주제들을 어떻게 해결하였는지? 우리는 그의 탐색 과정에 대한 질적인 평가를 어떻게 진행해야 하는지? 그는 천주교의 윤리신학을 전파하였는지 아니면 천주교의 윤리철학의 구조에 몸담았는지? 이러한 시도가 중국 천주교사상사 또는 중국사상사에서 또한 어떠한 의의가 있는지? 필자는 이들 문제에 대한 탐구는 우리가 중국 천주교사상사의 진정한 모습을 분명히 밝히고 동시에 그 복잡성과 그 가치를 발굴하는데 도움이 되리라고 믿는다.

명말 대다수 천주교도는 수많은 저술 중에서 경천애인敬天愛人이 천주교의 요지로 파악되기를 원하였다. 흥미로운 것은 한림이 유교의 근원을 탐구할 때 자고이래로 성현과 제왕의 교화는 곧 하늘이 사람을 가르치는 것이고 그 종지 또한 경천애인이며 명 태조 주원장의 성유육언 역시 이와 같다고 단정하였다는 점이다.939 혹 어떤 논자는 이는 고대유교 중에 숨겨진 기독성基督性의 선명한 계시이자 유교와 기독교 사이의 공통분모의 발견이라 생각할 지도 모르나 그러나 해석학의 시각에서 보면 유교의 교화敎化에 대한 일종의 기독화적 해석이 아니겠는가? 다시 말해 만일 예수회전교사가 중국에 와서 천주교라는 참조물을 제공하지 않았다면 한림 또한 여전히 경천애인을 유교의 종지로 파악하였을 터이고 그 천이 천주교의 전선, 전지, 전능의 인격신 천주는 아니었을 것이다. 송유宋儒는 천을 천리天理라고 해석하지 않았던가? 우리는 어떤 종교를 판단하는 입장에서 출발하여 중국 철학의 주류인 송명이학이 천을 상제가 아닌 천리로 해석하였다고 잘못된 길로 빠졌다고 판정할 수는 없지 않는가? 필자가 보기에는 한림과 같은 유교와 기독교의 상호적인 해석이 있어야만 전통유생에게 수용될 수 있을 것이었다. 이는 유교 중에 이러한 전통은 즉 군주와 스승[君師]을 신성화 하고 동시에 군사의 사명을 종교적인 것으로 인정하는 것인 즉 "상제를 도와서 천하를 거느리고 편안케 하기 위해서이며"940 『古文尙書·泰誓』, 맹자의 군사君師의 사명에 대한 구체적 해석 또한 이와 비슷하다.: "하늘이 하딘을 내리시어 그 군주를 삼고 스승을 삼아 줌은 상제를 돕기 때문에 그를 사방에 특별히 총애해서이다."941

---

939 『鐸書』 630~637쪽
940 克相上帝 寵綏四方
941 『孟子:梁惠王하』 天降下民 作之君 作之師 惟曰其助上帝 寵之四方

유교 중에는 확실히 기독교에서 말하는 하느님 나라라는 관념이 없다. 그러나 유교 중 군사에게 부여한 이러한 사명에는 기독교에서 하느님 나라를 인간 세상에 세우려 시도하는 사회복음파 이론과 적어도 표면상으로 서로 간의 유사성이 존재하고 있다.942 다시 말해 천주교의 "천"의 전체적 의미를 명확히 알기 전, 한림의 이러한 원전을 넘어서는 해석으로써 유교의 경천보민敬天保民 사상전통 및 그 교화내용을 천주교의 경천애인으로 해석하는데 있어서는 이론상으로 그다지 장애를 받지 않았다. 그리고 『탁서』중의 윤리구조를 전면적으로 관찰해보면 한림은 기본적으로 이러한 해석방법을 채용하여 천주교 신앙을 전파하고 기독화된 윤리체계를 만들어 이로부터 사회질서를 유지하는 목표에 도달하고자 하였다. 소위 중국의 기독화는 곧 전교사와 일부 중국인이 한시도 잊지 못하는 근본목적인데, 만일 중국이 본래부터 모두 기독화되었다면, 중국인 모두가 이미 천주교와 다르지 않은 유교사상을 신봉하고 있었다면 전교사의 역할이 또한 무슨 필요가 있었겠는가?

천주교교리의 근본요지를 경천애인으로 인정한 기초 위에서 한림은 이러한 생각을 그의 모든 성유육언에 대한 해석과 설

---

942 유교가 종교가 아니라는 문제에 대해서는 의견이 분분하다. 여기에서는 유교(이 개념은 아마도 가장 먼저 『史記』에 출현했을 것이다.)가 종교적 요소를 포함하고 있다는 점을 지적하는 외에 (이는 중국과 외국 학자들이 모두 수용하고 있는 온건한 판단이다.) 유교가 종교인지 아닌지의 문제에 대해서는 잠시 논하지 않겠다. 만일 독자가 계몽운동 이래의 반종교사상의 영향을 깊이 받은 중국 지식엘리트와 같이 자신의 문화 인자(因子)에 종교적 요소가 있음을 인정하는 것을 수치스러워하고 종교와 손잡는 것을 수치스러워하고 심지어 종교를 담론하는 것을 수치스러워 한다면 본문에서 사용하는 유교의 이 개념을 전적으로 유가적 교화(敎化)로 이해할 수도 있다.

명 중에 일관되게 적용하였다. 이러한 처리가 천주교를 간략화하는 것으로 보일 가능성이 있지만-신앙과 세속 사이의 관계를 어떻게 처리할 것인지, 인생의 여러 고난과 불행을 어떻게 해석하고 볼 것인지 등등에 관해, 천주교는 그 관련 교리를 모두 가지고 있으니, 경천애인 속에 이들이 전부 포함되었다고 보기는 어려울 듯하다. - 그러나 한림은 성유육언을 설명할 때 각종 구체적이고 세밀한 윤리문제에 직면해야 했고 그 자신도 천주교에 대한 이해가 그렇게 얕고 단편적이지만은 않았으므로 그가 처리한 원전을 넘어서는 해석 중 일부 세부사항에서 우리는 그 윤리구조의 풍부함과 생동감을 볼 수 있다. 당연히 그 중에는 일부 깊이 생각하게 하는 문제도 있다. 아래에서 우리는 『탁서』중 유학과 기독교의 상호 해석과 융합의 색채가 비교적 농후한 부분을 선택하여 한림이 성유육언을 설명한 사고방식을 따라 그 중 언급되는 여러 가지 복잡한 문제에 대해 일부 심도 있는 분석과 발굴을 진행할 것이다.

① "부모에게 효순하고;孝順父母"의 해석. 유교의 효도 중 효순의 대상은 주로 나를 낳고 키워준 은혜로운 부모를 가리킨다. 그러나 한림은 이 윤리원칙을 설명할 때 독창적인 지적을 하였다.: 효도에는 일반 사람이 이해하지 못하는 깊은 도리가 있으니 곧 천은 대부모大父母이다. 이 천은 푸르고 드넓은 하늘이 아닌 창조론적 의미에서의 주재자를 말하며 또한 당우삼대와 오경이 전하던 상제이다. 이 대부모는 우주만물(하늘을 낳고, 땅을 낳고, 정신을 낳고, 사람을 낳고, 사물을 낳았다.)을 창조하였을 뿐 아니라 또한 사랑과 공의公義를 널리 받아들이며 이웃 사랑의 생각에서 비롯되어 상선벌악의 권력을 행사하신다. 이 때문

에 한림의 소위 부모에게 효순하는 첫 번째 요지는 경천 즉 천을 지고무상의 주재자로 공경하는 일이다.[943] 여기에서 원전을 넘어선 해석방식은 우선 유교경전의 문구 중 상제를 기독화하여 천주교 원전 중의 Deus 혹은 천주로 하였다. 이러한 한어의 경우 Deus로 명명하는 것은 당시 전교사와 중국교도들에게 널리 수용되었는데[944] 다만 전례논쟁에 이르러 이러한 명명법이 비로소 엄중한 문제가 되었다. 그 다음 천주교에서의 하늘에 계신 아버지天父 관념을 유교 종법제도 중의 대부모관념으로 전환하였다. 후자는 당시 중국인에게 더욱 쉽게 이해되고 수용되었다. 한림은 황제를 대부모로 인정하였는데 첫째로 하늘 숭배를 설명한 외에 상제(천주)와 황제라는 두 대부모 사이의 관계를 어떻게 처리할지에 대해서는 구체적으로 설명하지 않았다. 이른 바 "카이사르의 것은 카이사르에게 돌리고 하느님의 것은 하느님께 돌려라"[945]는 관념은 근본적으로 출현된 적이 없다.[946]

한걸음 더 나아가 지적할 것은, 한림이 『탁서』중에서 경천의 의미에 대한 매우 명확하고도 구체적인 해석이 있었다는 점이다. "경천지학敬天之學을 한 글자로 요약하면 믿을 신信 자로 공로의 으뜸이요 모든 선의 근본이다."[947] 명백히 한림은 믿음을

---

[943] 『鐸書』, 638~640쪽

[944] 당대의 학자는 유교경전『尚書』와『詩經』중 인격화된 신인동형(神人同形)의 신적 관념이, 명말 중국에 온 전교사들이 표현한 것에 비해 더욱 적절히 천주교에서의 천주를 나타낼 수 있다고 본다. 鐘鳴旦:『可親的天主』, 何麗霞譯, 臺北: 光啓出版社,1998年, 130쪽. 이 말이 틀리지 않다면 한림이 인정한 오경에서 전하는 상제가 즉 천주라 한 것은 비교적 적절한 본토화 된 해석이다.

[945] 『마태오 22: 15-22』,『마르코 12: 13~17』,『루가 20:20-26』

[946] 『鐸書』640쪽

그가 구성한 유교와 기독교를 융합하는 윤리체계의 첫 번째 미덕으로 삼았으니 즉 "공로의 으뜸"이며 "모든 선의 근본"이었다. 우리가 알다시피 천주교의 윤리체계에서 믿음은 초성超性의 덕이요 사람이 구원을 받을 수 있는 전제로 『성경』은 말한다.: "믿고 세례를 받는 자는 구원을 받겠지만 믿지 않는 사람은 단죄를 받을 것이다."(『마르코 16:16』)[948] 교회전통으로 말하자면 한림과 관계가 친밀했던 예수회전교사 알폰소 바그나노高一志는 『교요약해教要略解』에서 덕의 종류에 대해 분석하면서 논증하기를 덕성에는 크게 7가지가 있으니 앞의 세 가지는 믿음[信], 희망[望], 사랑[愛]이고 뒤의 네 가지는 지智, 예禮, 의毅, 렴廉이라고 하였다.[949] 알폰소 바그나노의 여러 저서를 정독한 한림은 이에 대해 상당히 잘 알고 있었을 것이다. 그래서 우리는 한림이 천주교 전통에 대한 이해에서 출발하여 믿음이라는 초성의 덕을 그 윤리구조 중의 으뜸 덕으로 배열하고 이로써 기타 미덕을 통솔한다고 생각하였을 만한 이유가 있는 것이다.

한림의 경천 즉 천주의 신봉을 밝힌 후, 우리는 또한 한림의 사상에서 "믿음"의 구체적 의미를 명확히 밝힐 필요가 있다. 한림이 말하는 믿음은 무엇보다 먼저 "상천에는 대주재자가 있고, 우리의 대부모가 됨"을 경건히 믿으며 동시에 이러한 신앙을 통하여 내재하는 종교적 묵념 혹은 심사숙고를 일으켜서 "나의 몸

---

947 『鐸書』 859쪽

948 卡尔.白舍客(Karl H. Peschke): 『基督宗教倫理學』 (第2卷), 靜也, 商宏 等譯, 雷立柏校, 上海: 上海三聯書店 2002年, 19쪽

949 王豊肅(高一志): 『教要解略』은 鐘鳴旦, 杜鼎克編 『耶蘇會羅馬檔案館明清天主教文獻』 (第一冊)에 수록되었다. 臺北:臺北利氏學社, 2002年, 289쪽

은 어디서 왔고 나의 본성은 어디서 부여받았고 오늘은 무엇을 부지런히 섬겨야 하고 다른 날은 어디로 돌아가야 할지를 진실되고 확실하게 그리고 제 때에 부지런히 도모할 것을 세심히 생각함이다."950 "믿음"은 한림에게 있어 또 다른 의미를 지지고 있으니 즉 "삼가하고 조심하여 하늘에 신령님을 모시는 일951"이었다. 이러한 논조는 본래 유교 옛 경전인 『시경』에 근거하여 경을 한결같은 수양방법으로 하는[主敬] 송대 유학자들이 도덕을 실천하는 가운데 경계하고 삼가고 두려워함[戒愼恐懼] 또는 경외감을 배양키 위해 이 이 설을 크게 제창하였다. 한림에게 있어 이러한 "삼가하고 조심하여 하늘에 신령님을 모시는 일"은 하느님과의 만남으로 이해할 수도 있었을 것이다. 그러나 이러한 만남은 주로 삼가하고 조심하면서 답하여 상주께 감사함을 가리키는 것인데 그 안에는 순종과 찬미의 뜻이 더욱 선명하다.952

한림의 경천에는 또 다른 깊은 뜻이 있으니 즉 애천愛天이다. 한림 자신의 말에 따르면 "인생에서 첫 번째로 대할 것은 존경자尊敬者로, 천은 …… 존경자이고, 두려움과 사랑[畏愛] 두 정情이 발하는 곳이다. 그러나 두 정은 함께 용납되지 않아서 두려운 정[畏情]이 성하면 사랑하는 정[愛情]은 반드시 줄어든다. 두려움은 소인의 마음이요 사랑은 군자의 덕이다. 존경자는 마땅히 사랑의 정을 으뜸으로 삼는다."953 한림의 이 말에는 두 가지

---

950 『鐸書』 859~860쪽
951 小心翼翼 『詩.大雅.大明』, 對越在天 『詩.周頌.淸廟』
952 相遇에 관해서는 앞에서 인용한 『基督宗敎倫理學』 31~33쪽 참조.

주목해야 할 점이 있다.: 첫째, 천주 공경과 신앙에서 한 걸음 더 나아가 천주 사랑으로 전의한 것인데 이러한 방법이 천주교 전통에서는 유행하지 않았다. 독일 신부이며 신학자인 페쉬케白舍客의 대표작『기독종교윤리학基督宗教倫理學』의 견해에 의하면 (우리는 그의 신앙에 대한 이해가 상식의 궤도에서 벗어나지 않았음을 믿을 만한 이유가 있다.) 천주교의 성애관에서의 사랑 "이 단어가 가장 먼저 가리키는 것은 하느님의 인간에 대한 사랑 혹은 사람의 이웃에 대한 사랑이고 인간의 하느님에 대한 사랑으로 서술된 것은 그리 많지 않은데 인간과 천주의 관계에서 인간이 마땅히 지녀야 할 태도는 신앙이기 때문이다." 그러나 학자들은 또한 인간의 천주에 대한 응답이 "신앙"이라는 개념만으로 궁구되어질 수 없는 요소를 일부 포함하였음에 유의하였다. 그리고『성경』의 많은 구절에서도 함축적이거나 혹은 노골적으로 인간의 하느님에 대한 사랑을 이야기하였다.[954] 하느님을 사랑한다는 개념은 하느님이 인간을 사랑하고 사람이 이웃을 사랑하는 것처럼 유행되지는 않았는데[955] 혹자는 천주교에서 더욱 부각시키고자 하는 것은 그 성애관 중의 하느님이 인간을 사랑

---

[953]『鐸書』654쪽

[954]『基督宗教倫理學』105쪽

[955] 유럽의 한 한학자(예수회신부이기도 함)는 필자에게 편지를 보내왔는데 명말 천주교도의 애천설은 아주 독특하다고 말한다. 왜냐하면 일반적인 이치로 보아서 전지전능한 천주가 인간의 관심과 사랑이 왜 필요한 가이다. 그가 필요한 것은 공경과 신종(信從)이 아닌가? 이에 대해 필자는 한어 중에서 사랑[愛]은 위에서 아래로의 사랑과 관심의 뜻이 있고 평등하게 서로 사랑하는 뜻도 있으며 아래에서 위를 우러러 받드는 공경의 뜻도 포함하고 있다고 생각한다. 더구나『마태오』(22:37-40) 복음에서는 명확하게 기록하였다.: "예수께서 이렇게 대답하셨다.: '네 마음을 다하고 목숨을 다하고 뜻을 다하여 주님이신 너희 하느님을 사랑하라.' 이것이 가장 크고 첫째가는 계명이다.

하고 사람이 이웃을 사랑해야 한다는데 있다고 말한다. 우리는 한림의 애천설이 적어도 중국 천주교사상사에서는 매우 특색이 있으며, 적어도 한림과 같이 경천애인이라는 유학과 기독교가 공유하는 신념을 애천애인愛天愛人으로 전환한 천주교도가 명말에는 많지 않았다고 볼 수 있다. 둘째, 명말 중국 천주교도 중에서는 적지 않은 사람이 "외천畏天"론을 주장하였는데 왕징, 서광계가 그 전형적인 예이다. 비록 이러한 관념이 『성경』구절을 근거로 하거나 혹은 교회의 전통적 지지가 있었으나 직설적으로 말해서 이는 소극적(negative) 의미의 종교 감정이다. 그리고 한림은 두려움과 사랑이라는 두 정情은 서로 용납하지 못하는 것으로 천주를 두려워하는 정이 성하면 천주를 사랑하는 정은 반드시 줄어든다고 명확히 단언하였다. 또한 두려움은 소인의 마음이고 사랑은 군자의 덕이라고 하였다.[956] 이로부터 보면 한림이 창도한 것은 일종의 적극적(positive)인 초성의 덕으로 이는 곧 천주를 사랑하는 애천주愛天主이다. 필자는 위의 역사적 사실

---

[956] 특히 주의할 점은 한림이 "두려움은 소인의 마음임"을 인정하였기 때문에 이로 인하여 하인을 어떻게 훈계할지를 언급할 때 명백히 "두려운 감정"을 배양할 것을 창도하였다. 그 말은 이러하다.: 가르침은 반드시 바른 도리(正道)를 중히 여기니 그(하인)로 하여금 만물의 근원, 생사대사를 밝히 알아 비로소 선을 취하고 악을 피하는 길을 알게 한다. …… 다만 하늘에 주님이 계시어 그 사사로움을 밝게 비추시고, 생사를 저울질 하시고, 보답이 지극히 공평하심을 진실로 안다. 무릇 안팎과 위아래 두려운 바가 있어야 그로써 사악한 생각을 금하고 또한 선한 마음을 갖추도록 소망할 수 있다. 하늘을 두려워하니 반드시 주님께 충성하고 명을 따르고 마음을 곧게 하고 인정에 성실하고 말에 믿음이 있고 일에 부지런하고 행동을 깨끗이 하고 안팎이 한결같이 바른 마음과 사악한 마음을 바꾸지 않는다. 정도를 모르는 자는 이와 반대이다."(『鐸書』 759~760쪽 참조. 여기에서 한림은 상과 벌의 권세를 지닌 천주에 대한 두려운 감정이 도덕규범의 구속력부분에서 효과를 증강시키고 있음을 인정하였다. 그러나 여기에는 도덕 감정에 대한 차등을 진행시키는 관념도 포함하고 있는데 이는 두려운 감정은 하인 부류의 "소인"을 겨냥하여 말했기 때문이다.

을 객관적으로 서술하는 것 외에 경솔히 양자 사이에서 가치를 판단하려는 의도는 전혀 없다. 하지만 최소한 여기에서의 두려움은 일종의 종교적 감정이고 사랑은 종교적 감정일 뿐 아니라 또한 초성의 덕이라 말할 수 있다. 이런 점에서 비록 많은 명말 사대부 천주교도가 전교사가 교리를 전할 때에 모두 한 목소리를 내고, 오랜 세월동안 변치 않는 교리의 고도의 일치성에 놀라움을 금치 못하며 동시에 이 때문에 천주교는 가장 참되고 가장 널리 보급된 참된 종교라고 인정하였을지라도 그러나 당시의 중국 천주교도는 자각적으로 혹은 비자각적으로 다원화된 천주론과 기독교 윤리체계의 발전을 위해 일부 심도 있는 관념과 종교적 체험에 공헌하였음을 볼 수 있다. 역대의 교도들은 바로 이렇게 풍부하고 다원화된 종교적 감정과 심사숙고를 많은 사람들에게 유효한 방식의 하나로 간주하였고 그들이 믿는 주님을 영광스럽게 하였다고 말할 수 있을 듯하다. 그들이 남긴 사상적 유산은 교회사, 교리사 상에서 마땅한 지위를 점해야 할 것이다.

효도 중에 포함된 초성지덕超性之德의 함의(대부모를 믿고 사랑한다. – 천주)를 설명한 후, 한림은 천주교 성애관의 또 다른 의미(즉 이웃 사랑)를 원칙으로 삼는데 착수하여 세속적 의미상의 유교 효도의 윤리규범을 자세히 설명하였다. 우리가 알다시피 천주교의 성애관은 "하느님을 사랑한다고 하면서 자기의 형제를 미워하는 사람은 거짓말쟁이입니다. 눈에 보이는 형제를 사랑하지 않는 자가 어떻게 보이지 않는 하느님을 사랑할 수 있겠습니까?(『요한1서』 4:20)"[957]를 인정한다. 한림은 이에 대해 잘 알고 있어서 말하였다.: "하늘이 사람을 낳았으니 사람을 사랑해야 한다.…… 부모에게 효순함은 사람을 사랑하는 첫 번째 단서이다." 한림은 사랑의 원칙을 부모에 대한 효도로 일관시켜야 마침내 효도의 참뜻에 대한 "근원적 논리"를 얻을 수 있다고 보았다.958 천주교의 성애관을 전하는 동시에 한림은 또한 『시경』등 유교경전을 인용하여 부모에게 효순함이 혈족 간 사랑의 첫 번째 원칙임을 설명하였다. 이러한 유교와 기독교가 융합된 효도관이 한림에게는 조금도 이론적인 장애가 되지 않은 듯하다. 여러 역사적 사실을 살펴보면 천주교의 성애관 중에 일관하고 있는 평등애인의 원칙으로 인하여 전교사들이 이 원칙을 명확히 밝히면 유교의 혈친 사랑이란 차등 관념과는 불가피하게 충돌이 발생하였다. 전교사 마테오리치는 일찍이 이렇게 썼다.: "나라의 임금과 제 자신은 서로 임금과 신하가 됩니다. 집안의 가장과 제 자신은 서로 아버지와 자식이 됩니다. 만일 하느님이 만인의 아버지[公父]인 점에 비견하면 세상 사람들은 비록 임금과 신하, 아버지와 아들이라는 차별이 있지만 평등하게 모두 형제일 뿐입니다. 이러한 인간관계를 명백하게 이해하지 않으면 안 됩니다."959 여기서 인신人神 관계를 볼 때, 하느님 아버지 앞에서 사람마다 모두가 평등하다는 원리는 매우 명백하다고 말할 수 있다. 그리고 명말 반천주교 사대부는 바로 이 때문에 천주교는 반윤리적이며 본성을 갈라놓는다고 굳게 믿었던 것이

---

957 『基督宗敎倫理學』 224쪽 참조
958 韓霖: 『鐸書』 643쪽
959 『天主實義』 (The True Meaning of the Lord of Heavern, 英漢對照本), Taipei-Paris-HongKong: Ricci Institute, 1985年, 434쪽 *서울대학교출판부 『천주실의』 412쪽 참조

다.⁹⁶⁰ 오늘날 사람들이 기독교와 유교가 지니는 바의 사랑에 차이가 없다는 점을 어떻게 인정할지를 막론하고, 또한 중국 기독교종교사에서의 유사한 관념 충돌에 대하여 돌이켜보지 않을 수 없다. 역사적 사실을 이야기할 때 종종 우리는 부득이하게 자기의 주장을 숨기고 말하지 않을 때가 있다. 한림의 원전을 넘어서는 해석방식은 이처럼 충돌을 일으킬 수 있는 천주교관념에 대하여는 피한 채 논하지 않고 단지 표면상 차이가 없는 유교와 기독교 관념 간의 융합에만 진력하였다.

효도를 실천하는 구체적 방식을 언급할 때 한림은 효순한 일 역시 다양하나 가장 중요한 것으로 두 가지 항목이 있다고 개술하여 말한다.: 하나는 부모의 몸을 부양하고 하나는 부모의 마음을 편안케 하는 일로 무릇 이 모두가 일반적 의미의 효순이다. 이러한 유교의 효도를 설명할 때, 한림은 또한 기회를 놓치지 않고 명말 저명한 천주교도 양정균이 재계와 기도로 몸이 야위어진 고육계苦肉計로써 부모의 입교를 권했던 고사를 통해서 기독화 되고 세속에 얽매이지 않는 "초세의 대효[超世之大孝]"를 도입하였는데 이는 곧 부모를 바른 종교인 천주교로 인도하는 길이었다. 한림에게 이러한 "초세의 대효"는 배타적이고 일신론적인 종교적 경건함을 포함하고 있어서 즉 "부모가 돌아가시면 스님을 불러다가 불교의식을 따르지 말고, 지전을 불살라 귀신에게 속지 말고, 풍수에 미혹되어 장사葬師의 말을 믿지 말라"는 것이었다. 왜냐하면 당시 중국에 온 전교사가 보기에 이들은 모

---

960 夏瑰琦校點本『破邪集』, 香港:建道神學院, 1996년, 245~247쪽, 206~207쪽 참조

두가 우상숭배 혹은 미신이기 때문이었다. 그러나 한림은 유교의 조상제사 예의에 대해 대부분 예수회전교사와 동일한 태도를 지녔으면서도 "사당을 청결히 하고, 출입 시 반드시 고하고, 산 제물을 잡고 술을 따라서, 제사를 봉행함은 모두가 효순의 일"이라고 보았다.[961] 그는 이들 예의를 이교적 종교의식이라 하여 물리치지 않았고 그래서 이를 배척하지 않았으며 반대로 이를 앞장서서 제창하였다. 성유육언을 널리 알리고, 유교중국의 도덕과 사회질서 유지를 목적으로 하는 한 편의 교화저작물이 만일 일부 사람들이 지니고 있던 천주교의 입장에서 출발하여 조상제사 예의를 반대하였다면 그 결과는 분명 효도를 극히 중시하는 사림과 향토중국에게 버려졌으리라고 우리는 생각할 수 있다.

② "마을을 화목하게; 和睦鄕里"의 해석. 전통적인 향토중국 사회에서 유교 향치鄕治의 중요목적의 하나는 각종 모순과 분쟁을 제거하고 이웃 간의 조화와 공존에 이르러 전통적 사회질서가 땅에 떨어지지 않게 하는 것이니 이러한 향치의 대상과 천주교에서 중시하는 사람과 이웃사람과의 관계는 실질적인 일치성을 지니고 있다. 바로 이러한 원인 때문에 한림은 성유육언 중의 "화목향리"를 설명할 때에 천주교 성애관 중의 상관된 원칙을 재차 인용하였는데 이는 곧 하느님이 무조건적으로 인간에게 부여한 사랑에 대한 인간의 응답이다.: 이웃을 사랑하라 혹

---

[961] 『鐸書』 643~649쪽 참조

은 네 이웃을 너 자신처럼 사랑하라.

한림은 우선 고향의 이웃들에게 천주교의 "본원적 논리"에 대해 이야기하였다.: "옛날부터 지금까지 온 세계의 사람 수는 억조는 된다. 최초에 남자 한 명과 여자 한 명을 낳았는데……그 근원을 논하면 이러하다.: 이들은 모두 하늘이 낳았고 동시에 하늘의 사랑을 받으므로 하늘을 숭배하고 남을 사랑하는[敬天愛人] 자는 네 이웃을 너 자신처럼 사랑[如人愛己]해야 한다."962 이는 창조론적 의의에서 출발하여 인간은 모두 인류시조의 후예임을 인정하고 인류의 시조 또한 천주의 창조물이라는 것이다. 인간은 모두 천주께서 사랑하는 존재인 이상 마땅히 너와 내가 서로 사랑해야 한다. 여기서의 창조론은 조금 독특하게 나타나는데 즉 인간은 모두 하늘이 낳은 바를 긍정하나 근원적 의미에서 인간은 인류의 시조가 낳은 것이라고 하는 일종의 간접 창조론이 드러나는 즉 천주가 시조를 창조하여 낳고 시조가 인류의 후예를 낳았다는 점이다.

사람이 이웃과의 관계를 처리할 때에 마땅히 사랑으로 대하거나 혹은 네 이웃을 너 자신처럼 사랑해야 함을 논증하기 위해 한림은 천주교의 도리에만 호소하지는 않았고 여러 차례 유교문화 자원 곧 "만물일체"의 관념에 호소하였다.963 이러한 관념이 중국에서 사람들 마음속 깊이 새겨진 까닭은 거기에는 일종의 초월적 의미를 지닌 인생경계 혹은 이상이 포함되어 있고

---

962 『铎書』 678~679쪽
963 한림은 『铎書』에서 적어도 네 번이나 "만물일체"를 언급하였다. 이 책 678쪽, 682쪽, 714쪽, 832쪽참조

이러한 경계는 또한 사대부들이 오랫동안 추구한 목표 중의 하나이기 때문이었다. 예로써 장재의 기일원론이 추구하는 민포물여民胞物與(외물과 자아의 구별을 없애고, 안과 밖의 차이를 합일한다. *인류는 동포이고 만물은 벗)의 이상은 바로 사대부 생활의 최고 준칙이었다. 정이천이 말하는 "(학자는 모름지기 먼저 인을 알아야 한다) 어진 자는 만물과 일체가 되고[964](義, 禮, 智, 信은 모두가 인이다.)", 왕양명이 말하는 내가 있다는 사사로움을 버리고 물욕에 가리어진 것을 극복하여 도달한 바와 천지만물은 일체라는 함은 모두가 사물과 서로 방해하지 않는 일종의 신비한 인생경계였다. 그러나 명말 예수회전교사의 선교저서를 고증해보면 "만물일체"는 예수회전교사들이 상당히 반감해 하고 극력 비판한 유교관념 중의 하나다. 본서 제3장에서 서술했듯이 마테오리치의 『천주실의』는 이 방면에 특히 많은 편폭을 할애하였고 그 중 제2절의 내용을 "귀신과 사람의 혼이 다름을 논하고 천하 만물은 일체가 될 수 없음을 해석하다."로 하였는데 그 절에서는 송명이학 중 상술한 세 가지 형태의 "만물일체"론에 대해 전면적이고도 철저한 비판을 가하였다. 한림은 이에 대해 모를 리 없었다. 그러나 그는 "만물일체"의 유교관념을 견지하였고 동시에 천주교의 "네 이웃을 너 자신처럼 사랑하라."는 원칙을 논증하였다. 이는 명말 유자儒者 기독교도들이 중국과 서양을 회통시키고 기독교와 유교의 윤리체계를 융합할 때에 맹목적으로 전교사를 따르지는 않았고 그들 자신 해석학적

---

964 仁者渾然與物同體

의미상의 "옛 관념先見"에 대한 취사선택을 진행 시 반드시 전교사의 말만 따르지 않았음을 보여준다. 다시 말해 그들이 수용하고 버린 것은 교회가 보기에 그들이 수용하거나 혹은 버려야 했던 것이 아니라 그들이 수용할 수 있거나 버릴 수 있는 것이었다.

왜 애인여기해야 하는지의 "근원"적 이치를 명확히 밝힌 뒤 한림은 다시 애인여기라는 이 원칙을 어떻게 실현하는가의 기본방법을 분명히 지적하였는데 이는 바로 "이웃 사랑의 실제적인 부분은 반드시 남에게 자선을 베풀고 남을 선으로 가르쳐야 하며" 동시에 이 두 가지는 "마을을 화목하게 하는 근본"이라고 인식하였다. 이 설은 실질적으로 천주교의 성애관념을 향토중국의 유교적 향치에 끌어들이고 향약이라는 이러한 향치 형식에 기독화된 이념적 기초를 제공하였다. 그러나 한림은 "남에게 자선을 베풀고 남을 선으로 가르치는"데는 경중, 완급의 구별이 있다고 보았다.: "도리로 논하면 남을 가르치는 공로가 크다; 완급으로 논하면 남을 구제하는 일이 우선이다."[965] 이러한 인식에 기초하여 한림이 비록 상당한 편폭을 할애하여 왜, 어떻게 남을 가르치는 것이 좋은가를 설명하였을지라도 그는 왜, 어떻게 남에게 자선을 베풀어야하는가를 더욱 중시하였다. 여기에서 우리는 한림이 남에게 자선을 베푸는 논술 가운데 보인 일부 주목할 만한 특징에 대해 집중적으로 분석하고자 한다. 필자가 보기에 그 특징은 아래와 같은 몇 가지 점으로 나눌 수 있다.: 첫째,

---

[965] 『铎書』 681~684 참조

종교적 동기를 자선을 베푸는 이러한 선행과 희사의 활동 안에 끌어들였다. 연구에 의하면 명말 민간 자선조직의 가장 중요한 기능 혹은 동기의 하나는 "부가 야기하는 사회적 지위의 혼돈 문제 및 부 자체가 생성하는 불안한 문제의 해결이었다."[966] 그리고 한림은 하늘의 보답[天報]의 모색을 선행과 희사를 행하는 근본 동기로 평가하였는데 그 말은 이러하다.: "자선을 베푸는 일은 재물을 하늘에 쌓아두는 것과 같아서 도둑이 훔쳐 가거나 좀먹거나 하지 않으며 영원토록 썩지 않는다. 나는 보답을 바라지는 않지만 반드시 백배의 보답을 받을 것이다. 내가 소비하는 것은 유가有價의 물건에 불과하나 하늘은 반드시 값으로 헤아릴 수 없는 무가無價의 행복으로 보답해주신다."[967] 이 글의 앞부분은 『마태오 6:19 - 20』에서 인용하였다.: "재물을 땅에 쌓아 두지 말라. …… 그러므로 재물을 하늘에 쌓아 두어라. 거기에는 좀먹거나 녹슬어 못쓰게 되는 일도 없고 도둑이 뚫고 들어와 훔쳐 가지도 못한다." 이 글의 뒷부분은 분명 유교중국 전통 중의 공리성을 띤 "報"의 관념[968]을 이용하였으나 한림의 "천보"는 내용상 유교의 유사관념과 실질적으로 같지 않은 점이 있다. 후자가 더욱 추구하는 점은 세속의 현실적 보답이며 한림의 "천보"가 지향한 점은 구원론적 의미상 사후의 보답일 것이다." 한림이 자선을 베푸는 일에 관한 논술의 두 번째 특징은 독특한 신

---

966 梁其姿:『施善與教化 - 明淸的慈善組織』77쪽
967 『鐸書』689쪽
968 한림은 『탁서』에서 적어도 세 번 "天報"를 언급하였다. 『鐸書』651, 663, 827쪽 참조

의론神義論(theodicy, 辯神論)을 밝혔다는 점이다. 우리가 주지하듯이 전통적인 신학적 의미에서의 신의론은 세상에 있는 악의 존재에 관해 하느님의 의로움을 최초로 변증한 이론이다. 종교사회학 특히 베버 저작에서의 신의론은 점진적으로 불의와 인류의 고난을 겨냥하여 종교적 해석을 제공하려는 보편화된 의식형태 혹은 의미체계를 지칭한다. 베르거貝格尔; Berger, Johann Eric Von는 신의론은 사회에 이미 정해진 법칙에 근거하여 그들을 위해 필연적으로 존재하며, 의미체계에 위협이 되는 무질서 현상에 의미를 제공하는 종교적 해석이라고 보았다.[969] 명말 천주교사에서 신의론 문제에 관한 저술은 그리 많지 않으나 한림이 주목한 것은 가난하고 천한 것[貧賤]에 어떤 의미를 부여할 것인가이었다. 근래의 연구 성과는 명말 사회경제의 변화는 전통적 빈부관념에 어느 정도의 충격을 조성하였고, 일부 선비들은 명백히 전통이 부여한 가난[貧]과 청렴 간의 필연적 관계에 회의를 품었으며 "가난"은 도덕상의 부족을 의미하고 "부유한[富]" 사람은 도덕상의 우월성을 지녔으리라는 주장을 표명하였다. 그래서 선비는 예전처럼 다시는 청빈으로 자신의 덕행을 표방할 수가 없었고 빈곤은 긍지로 여길 만한 상태로 선비를 끌어들이지 못했다.[970] 이러한 사회기풍은 한림의 상관 논술 중에서도 반영돼있는데 한림은 부귀한 자와 빈천한 자의 모순이 향리에 각종 충돌을 일으킬 수 있다고 보았고[971] 동시에 사람들에게 재물을

---

969 貝格尔:『神聖的帷幕:宗教社會學理論之要素』, 上海:上海人民出版社, 1991年, 63쪽
970 梁其姿:『施善與敎化 – 明淸的慈善組織』62~63쪽
971 그 말은 이러하다.: "무릇 향리의 병은 주로 부유한 이가 가난한 이를 가엾이 여

하늘에 쌓기를 제창하였을지라도 부에는 죄악이나 부도덕함이 있다는 극단적 논리를 명백히 설명하지 않았으며, 부자가 천국에 가는 것은 낙타가 바늘구멍에 들어가는 것보다 힘들다는 성경구절을 인용하지도 않았다. 반대로 그는 "부자는 모두가 상천의 특별한 보살핌을 입었다."[972]고 인식하였다. 그렇다면 빈천은 도대체 어떠한 의미를 갖는가? 한림의 견해는 이렇다.: "혹 이르기를 하늘은 빈천을 위해 부귀한 사람을 낳았으나, 하늘이 부귀를 위해 빈천한 사람을 낳는 것은 알지 못한다고 한다. 그렇지 않다면 부귀한 사람이 어떻게 덕을 베풀고 공적을 세우겠는가?" 다시 말해 빈천한 자의 의미는 부유한 자가 덕을 베풀고 공로를 세우는 대상이 될 수 있다는 것이다. 이 설은 보기에 간단하고 기이하게 보일지 모르나 조금 뒤에 나오는 독일 철학자 라이프니츠의 신의론과 매우 유사하다. 라이프니츠는 하느님은 모든 가능한 세계에서 가장 좋은 세계를 창조하셨고 이 세계 속에서 악이 비록 실재적이고 다양하게 표현되어도 선과 하느님의 의로움을 이긴 적은 없다고 생각하였다. 이외에 악은 평소 우리의 선한 것에 대한 즐거움을 부각하거나 혹은 과장을 통해 우리에게 일부 도덕상 유익한 교훈을 가르쳐준다. 질병은 우리에게 자연적인 건강이 가장 큰 즐거운 것임을 알려준다. 간단히 말해, 하느님은 악을 전환시켜서 도덕적 지혜를 획득하는 도구로 삼으셨다.[973] 비록 한림이 라이프니츠처럼 전능하고 전선全善

기지 않고 가난한 이가 부유한 이를 질투하는 것이다." 『铎书』 685쪽 참조
[972] 『铎书』 680쪽
[973] Cf. Bryan S. Turner, Religion and Social Theory, London; Newbury Park,

하신 하느님이 왜 빈천 혹은 악을 존재하게 하였는가와 같은 전통적인 신의론 문제에 대해 직접적으로 토론한 적은 없었더라도 그러나 빈천한 사람 혹은 악에 의미를 부여하는 방식[974]은 라이프니츠와 방법은 달라도 같은 효과를 내는 기묘함이 있다. 당연히 한림은 빈천에 의미를 부여하는데 만 그치지 않았으니 그의 근본취지는 곧 부유한 자와 빈천한 자가 서로 가엾이 여기고 서로 존경하고 서로 도와주는 것이 화목한 향리의 근본 도리임을 향인에게 훈계하는데 있었다.: "부귀한 자에 대해서는 빈천의 분수를 지키며 조심스럽게 존경하여야 한다. 빈천한 자에 대해서는 불쌍히 여겨 돌보는 마음을 가지고 항상 보살펴 줘야 한다."[975] 이곳에서는 특권이 있는 자와 없는 자에 대해 각각 훈계하고 있지만 현존하는 사회질서를 유지하려는 색채가 매우 선명하다. 여기서는 근본적으로 빈부가 균등하지 않은 불공정한 현상에 대한 분명한 지적과 질책이 없으며 선지자의 자세로 사람들에게 공의의 실현을 추구하도록 호소하지도 않았다.

전술한 바처럼 화목한 향리의 창도는 곧 "화기애애하게 지내는" 이상적 향치 상태에 이르기 위해서이다. 한림의 상관된 논술을 종합해보면 그가 많은 편폭을 할애하여 명백히 밝힌 화

Calif. :SAGEPublications, 1991, p. 80~81

[974] 한림은 다른 곳에서 악에 대해 아래와 같은 의미를 부여한 적이 있다.: "선이 있으면 반드시 악이 있다. 하늘이 악인을 낳은 데는 네 가지 의미가 있다.: 악인의 죄과를 벌하는 것이 하나이고 선한 사람의 심성을 단련함이 둘이고, 선한 사람의 식견을 넓힘이 셋이고, 선한 사람의 공덕을 드러냄이 넷이다."『铎書』708쪽. 이 논의는 여기에서 토론하는 자선을 베푸는 문제, 빈천문제와는 그다지 관계가 없으므로 상세하게 논의치 않는다.

[975] 『铎書』690쪽

합학和合学[976]이 비록 전통과 유사해 보이지만 실은 선명한 특징을 가지고 있는데 이는 바로 천주교의 용서[寬恕] 정신의 도입이다.[977] 한림이 보기에 싸움(체면, 재산, 이익, 명예의 다툼)이 시작되면 악감정이 생기고 이어서 원한을 초래한다.[978] 무릇 이는 모두가 서로 사랑하지 않는다는 표현으로 그 병의 근원은 교만과 질투에 있고 사람들이 "맹목적으로 자신을 이롭게 하려고 남에게 손해를 끼치거나, 자기를 높이고 남을 멸시하는데" 있다.[979] 분쟁으로 야기된 원한은 어떻게 대처할 것인가? 한림은 향인에게 "자기를 용서하는 마음으로 남을 용서할 것"을 제창하였다.[980] 그는 일반 백성 중에서 매우 유행하던 "無毒不丈夫; 큰 사업을 이루기 위해서는 독한 마음으로 수단 방법을 가리지 않는다."는 악습을 준엄히 비판하고 천주교의 원수를 사랑하라는 용서의 정신을 소개하였다. 그 말은 이러하다.: "원수를 갚는 것은 뭇 사람들의 일이다.; 원수를 잊는 것은 관계없는 사람의 일이다.; 원수를 사랑하는 것은 성인의 일이다."[981] 한림이 원수 사랑

---

[976] 현대의 화합학은 이러하다.: 화합학은 당대 중국철학자 장립문(張立文) 교수가 처음 세운 학문 분야로 화합은 중국 사상문화 중 보편적으로 수용되고 인정된 인문정신이다. 그것은 전체 중국 사상문화 발전의 전 과정을 관통하고, 각 시대 명가각파(名家各派)의 사상문화 중에 축적되었고, 중국 사상 문화의 가장 중요한 가치와 정수를 체현하고 있으며, 또한 중국 사상문화발전 중 가장 완벽하고 가장 풍부한 생명력의 체현 형식이다.

[977] 유교 또한 충서서의 도[忠恕之道]를 극히 중요시하는데 필자가 한림이 천주교의 용서정신을 도입하였다고 판단하는 이유는 그가 매우 자각적으로 공맹의 논리가 아닌 성경 구절을 인용하였기 때문이다. 유학과 기독 교의 서(恕)가 같은지 다른지의 여부는 또 다른 문제이므로 여기서는 자세히 논하지 않는다.

[978] 『铎書』 697쪽

[979] 『铎書』 710쪽

[980] 『铎書』 707쪽

[981] 『铎書』 706쪽

을 성인의 일로 여겨서 이 때문에 이런 용서정신은 얻어내기 어려웠다는 점을 인정하였으나 이 논리는 실제로 격려의 의미도 포함할 수 있다.: 만약 사람이 원수를 사랑할 수 있다면 거의 성인에 가깝다! 그리고 천주교의 전통은 원수를 사랑하는 일을 용서하는 정신의 가장 숭고한 표현으로 본다.[982] 한림은 또한 『성경』 구절도 인용하였다.: "누가 오른뺨을 치거든 왼뺨마저 돌려대라."[983] 한림은 사람의 용서와 인내의 극치가 이에 이른다면 증오의 더러움은 자연히 남김없이 드러나고[984] 사랑과 화목은 자연히 이를 따라 이르리라고 굳게 믿었다. 매우 흥미로운 것은 한림의 화합학이 또한 일종의 독특한 천당지옥설을 천명한 점이다.: "무릇 화합하지 않는 것은 지옥의 광경이고 화목한 것은 곧 천당의 광경이다."[985] 비록 백성들의 이번 생을 중시하는 정신적 경향으로 "인간 지옥"과 "인간 천당"이라는 견해에 쉽게 동의하였을지라도 한림의 이 설에 대해 우리가 실재보다 지나친 해석을 내릴 수는 없는 것이 여기서 말하는 광경은 정경[景象]의 의미가 있기 때문에 마땅히 한림의 견해를 일종의 상징화된 묘사로 보아야 하며 그 목적은 화목의 중요성과 최고의 가치를 드러내기 위해서인 듯하다.

③ "도리에 어긋나는 짓을 하지 마라.; 毋作非爲"의 해석. 성

---

[982] 앞에서 인용한 『基督宗教倫理學』(第2卷), 233쪽
[983] 『铎書』 705쪽 『마태오』 5:39
[984] 『铎書』 706쪽
[985] 『铎書』 714쪽

유육언 중 앞의 다섯 구절은 모두 적극적인 의미에서 사람에게 선을 권하였으나 마지막 한 구절은 소극적인 의미에서 사람에게 행악行惡을 금하고 있다. 한림의 "무작비위"에 대한 해석이 편폭 상 『탁서』 전 책의 1/4이 넘는 분량을 차지하는 것으로 보아 그가 이를 얼마나 중요시하였나를 알 수 있다.

한림의 "무작비위"에 대한 해석을 종합해보면 우리는 그 주요 내용과 특징을 아래와 같이 열거할 수 있다.

첫째, 천주교의 자유의지설을 도입하여 인간이 "무작비위" 할 수 있는 종극적 근원에 대해 조사하여 결정하였다. 한림은 인간이 비록 그 분을 위해 창조되었지만[986] 마음속은 하느님께서 부여한 선성을 가지고 있으므로 ("하늘이 만민을 낳았으니 즉 경천과 애인 두 생각이 사람 마음속에 깊이 새겨진 것은 바로 본성 중에 선을 가지고 있음을 말한다.) 곧 천신에 가깝고 금수와는 구별되는데 하느님은 또한 인간에게 자유의지(자주의 권리)를 부여하시어 인간이 선을 선택할 수도 악을 선택할 수도 있게 하셨다고 생각하였다. 선악은 사람이 자유의지를 행사하여 선택한 결과이기 때문에 인간은 반드시 자기의 도덕행위에 대해 책임이 있으며 책임의 방식은 "선에는 공이 있고 악에는 죄가 있어서 화와 복이 따르는" 즉 하느님은 화와 복으로 인간들의 행위를 상주고 벌주신다. 자유의지를 진일보하여 분석해서 말할 때 한림은 매우 독특하게 마테오리치 등이 강론하던 사람의 본성 중 삼사三司(司記 곧 기억능력은 기억력으로 잊어버리지 않게 하고,

---

[986] 『골로사이 1:16』

司明 곧 이성능력은 이치에 합당한지 아닌지를 보고, 司愛 곧 의지력은 선한 것을 좋게 대하고 악한 것을 싫어하는 모든 행동의 근원이 된다.)의 관념을 운용하여 사애는 리理와 욕欲으로 향하는 두 마음이 있는데 리로 향하는 마음은 권세와 힘을 가지고 있어서 인류는 무작비위의 "큰 자루[大把柄]"(근거)를 스스로 주장할 수 있다고 설명하였다.[987] 중국 철학에서는 실천이성이 발달하여 도덕적 책임에 관한 논의가 적지 않지만 명확하게 자유의지를 도덕적 책임의 근거로 한 사상은 결여된 듯하다. 그래서 한림의 자유의지 이론에 대한 수용, 소개와 운용은 당시로는 얼마간의 새롭고 기이한 면이 있었다.[988]

둘째, 천주교에 의해 개조되고 전승된 고대희랍의 덕성이론 德性理論[989]을 도입하였는데 그 중의 요지는 아래의 두 가지로 요

---

[987] 『铎書』 799~800쪽

[988] 필자는 중국 철학사를 다루는 여러 전문가들께 자문을 청하였는데 그들은 모두 자유의지설의 도입은 당시에 있어 독특하였음을 인정한다. 여기에서 설명하고 싶은 것은 유래가 깊은 사유정세(思惟定勢; 慣性思惟 *경험과 습관에서 비롯된 정형화된 사유)를 가지고 있는 즉 서양종교 혹은 사상문화에서의 모든 성분은 유교 혹은 중국문화에도 예전에 이미 모두 가지고 있었다고 생각된다. 이런 사유정세의 이점은 과장된 차이로 인해 초래되는 놀라움과 배척을 해소할 수 있으며 그리고 그 폐단은 아마도 스스로 우월하다고 여기는 데에 있을 것이다. 명말 고반룡은 유교의 우월감에 도취되어 다음과 같이 공언하였다.: "공자의 도는 부족함이 없어서 불교와 도교의 도움을 필요로 하지 않는다."(『高子遺書』 卷4). 이 같은 사대부는 새롭고 독특한 외래사상문화를 적극적으로 수용할 수 없었으나 서광계, 양정균 같은 사람은 중국 전통문화의 결점과 폐단을 충분히 체험하고 인식한 기초 위에서 예수회전교사가 전한 "천학"을 매우 열정적으로 수용하고 전파하였다. 만일 "천학"이 과연 유교와 완전히 부합되어 어떠한 차이와 충돌이 없었다면 명말 사대부 천주교도들에게 결코 그렇게 커다란 흡인력을 만들지는 못했을 것이다.

[989] 필자가 여기서 근원을 찾아 이들 사상의 원류가 고대희랍임을 지적하는 이유는 중세기 스콜라철학(經院哲學; 대만에서는 士林哲學이라 칭한다.)이 고대희랍 사상을 계승하고 개조한 창조성을 부인하고자 하려는 취지에서가 아니라 명말 예수회전교사를 주인공으로 하는 중서문화교류의 범위와 규모가 객관적으로 볼 때 확실히 그들의 주관적 전교 의도를 벗어났음을 설명하기 위해서이다. 또 다

약할 수 있다.: (1)선악의 표준을 정하였다. 향인에게 선악은 반드시 화복과 상벌을 받게 된다고 경고한 후에는 자연히 선악을 어떻게 구분할지 설명할 필요가 있었다. 한림은 표준을 정할 때 진심으로 탄복하는 태도에서 입장을 바꾸어 고대희랍 윤리학에 대한 투철한 분석을 하였다.: "선악은 여러 단서에 의해 정해진다. 하나는(첫 번째 표준) 지향하는 사물과 관련된다.······하나는(두 번째 표준) 행위의 선은 절도[節]와 관련된다. 절도는 사물의 바깥 형세이며 일곱 가지 단서로 제약된다.: 어떤 사람 ··· 어떤 사물 ··· 어떤 장소 ··· 어떤 방식[器] ··· 왜 ··· 어떻게 ··· 언제······ 절에 부합되는 것이 선이며 절에 어긋나는 것은 악이다.······ 하나는 (세 번째 표준) 행위의 선과 악은 행위목적[爲]과 관련된다.······ 뜻의 옳고 그름으로 근본을 삼는다."[990] 여기서는 행위목적(즉 인용문 중의 "爲")이 선악을 판단하는 표준임을 명백히 밝혔다. 그리고 주의할 점은 두 번째 표준은 아리스토텔레스가 중도란 무엇인가를 답한 논술인데 아리스토텔레스는 결코 이를 선악을 판별하는 추상적 표준으로 삼지 않았을[991] 뿐만 아니라 아리스토텔레스 본인은 선악의 표준문제 자체에 대해서

른 언급할 만한 사실은 이지조가 예수회전교사 프란시스코 푸르타두(傅凡際)와 공동으로 번역한 『名理探』 중의 사상이 '희랍이 원천'임을 지적할 때에는 사람들이 그다지 문제 삼지 않았다는 점이다.

[990] 『铎書』, 837~838쪽.

[991] 아리스토텔레스는 윤리덕성은 감정(공포, 용감, 욕망, 분노 혹은 연민)과 행위에 관여한다고 말한 뒤 이르기를 "마땅히 그래야할 때, 마땅히 그래야할 일에 대해, 마땅히 그래야 사람에 대해, 마땅히 그래야할 목적을 위해서, 마땅히 그래야 할 방식으로 감정을 갖는 것은 중간적이며 동시에 최선의 일이며 또한 바로 그런 것이 덕성(탁월성)에 속하는 것."이라고 하였다. 亞里士多德: 『尼各馬可倫理學』, 苗力田 譯, 北京:中國社會科學出版社, 1990년. 33쪽. 한림은 이 "節"을 사상적 자원으로 삼았다. *다락원 『니코마코스윤리학』 106쪽 참조.

도 심도 있게 논하지 않았다. 그래서 우리는 한림이 소개한 것은 중세 스콜라철학을 개조한 후 천주교에서 운용한 아리스토텔레스의 덕성이론이라 믿을 이유가 있다고 생각하는 것이다. 확실히 현대 윤리학자 알래스데어 매킨타이어麥金太尔; Alasdair Macintyre가 언급한 바와 같이 중세의 덕성에 관한 사상이 비록 "아리스토텔레스의 『니코마코스윤리학』과 『정치학』을 교본으로 사용하였을지라도 그러나 아리스토텔레스를 완전히 답습하였다는 의미는 아니다. 왜냐하면 이는 항시 아리스토텔레스와 대화관계에 놓인 전통이었지 단순히 찬동의 관계에 놓인 전통은 아니었기 때문이다."[992] 이 사례는 또한 천주교의 사상사(윤리사상사 포함) 역시 일부 "이교" 사상에 대한 창조적 해석과 차용으로 충만된 역사임을 설명하나 "이교" 사상이라는 정황에 처한 명말 중국천주교도 한림은 뜻밖에도 천주교에 대한 수용과 전교라는 기이한 방식으로 희랍 윤리사상과 대화를 전개하였던 것이다. 우리는 이러한 여러 원전을 넘어서는 해석이 결코 공연한 헛수고만은 아니었음을 믿을만한 이유가 있다. (2) 아리스토텔레스의 중도관中道觀과 덕목의 도표[德目表]를 도입하였다. 용어 사용부분에서 한림은 대체로 서양덕성윤리 전통 중의 중도가 바로 유교의 중용이라고 생각하였다. 그러나 그 내용을 구체적으로 설명할 때 그는 분명 그 중 유교의 윤리전통과 같지 않은 새롭고 독특한 사상적 성분을 흡수했는데 그 말은 이러하다.: "중용은 덕을 아느냐에 달려있다. 하나의 덕 좌우에는 서로

---

[992] 麥金太尔:『德性之后』, 龔群,戴揚毅 等譯, 北京:中國社會科學出版社,1995年,207쪽

위배하는 극단이 있다. 용기는 비겁과 무모의 두 극단의 가운데 자리 잡고, 관후(베풂)는 인색과 방탕 두 극단의 가운데 자리 잡고 있다……사물의 중용은 혹 정해져 있거나[有定] 혹 정해지지 않는다[不定]. 6은 2와 10의 중간 숫자가 되고 10, 2와는 똑같이 4가 떨어지니 이는 산술적 비례를 따라 정해진 중간이다. 무정분수无定分數는 사람에 따라, 때에 따라, 처지에 따라 선택되므로 정해지지 않은 중간이다. 앞의 중中은 스스로 정하는 중이고 뒤의 중은 이성이 정하는 중으로 중요한 중은 뒤의 중이다."993 여기에서 중도의 서술은 모두 아리스토텔레스의 『니코마코스윤리학』에서 취하였는데 아리스토텔레스는 "윤리덕성은 곧 중도로 중도는 두 가지 극단(혹은 악)의 중간에 있으며 한쪽 방면은 과도이고 한쪽 방면은 부족이다. 그리고 감정과 행위 중 중간의 상태가 곧 중도"라고 생각하였다.994 이러한 중도관은 유교에서 제창하는 지나침은 미치지 못함과 같다거나 오로지 정신을 하나로 모아 성실한 마음으로 중정中正의 도리를 지키려는995 중용 사상과 확실히 큰 차이는 없다. 그러나 구체적으로 논술하면서 한림은 중도라는 이 덕성의 양쪽에는 모두 중도와 어긋나는 악(극단)이 있다고 명확히 지적하였는데 이는 유교에서 언급하지 않은 부분이다. 이외에 한림은 이성이 정하는 중은 스스로 정한 중보다 중요하며 실제상 중도는 절대로 기계적으로 두 숫자 사

---

993 『铎書』 839~840쪽
994 亞里士多德: 『尼各馬可倫理學』 37~38쪽. 한림이 6은 2와 10의 가운데 수라는 논조는 『尼各馬可倫理學』에 보인다. 33쪽
995 『論語.先進』過猶不及, 『書.大禹謨』允執厥中

이에서 평균치를 구하는 것이 아니라고 단정하였다. 이 점은 아리스토텔레스의 중도에 관한 윤리 사상과 전혀 다른 점이 없으나 유교의 중용관념 중 변증적, 유기적인 정신취향을 더욱 구현한 듯하다. 덕목표 문제에 있어 한림은 조금도 주저치 않고 전교사로부터 아리스토텔레스의 윤리사상을 수용하였다. 한림은 우선 덕성을 영덕靈德(지적인 덕)과 습덕習德(도덕적인 덕) 두 가지 유형으로 나눈 후 그 구체적인 내용을 자세히 설명하였다.: "영덕은 지혜[智]이며 두 가지로 나뉜다. 하나는 사람이 알아야 할 것을 알게 하고 하나는 사람이 행해야 것을 알게 한다. 습덕은 사람으로 하여금 덕을 배우게 해서 어리석은 자를 현명하게 만들고, 바른 일과 사악한 일, 선과 악이 서로 용납하지 못하게 한다. 습덕에는 세 가지 즉 청렴[廉], 강직[毅], 의로움[義]이 있다. 그러므로 덕을 논함에는 기본 덕행[宗德] 4품품을 정한다.: 지혜[智], 청렴, 강직, 의로움. 여기서의 4종덕은 즉 천주교 역사에서 언급하는 사추덕四樞德(네 가지 미덕)이다.: 지혜(현명), 절제, 용기, 정의"996 4추덕의 관계에 관하여 한림은 또한 아리스토텔레스의 결론을 완전히 수용하였다.: "덕의 최상의 평형점[適中]과 생각과 행위의 일치[合節]는 모두 지혜의 상찰에 의존하여 인도되므로 지혜는 4품 중에서 으뜸 중의 으뜸이 된다."997 유교 윤

---

996 이 4가지 덕성은 가장 먼저 고대그리스 철학자(플라톤, 아리스토텔레스)로부터 유래하였고 구약(『지혜서』 8:7)에서도 보인다. 성 암브로시우스는 이 4가지 덕성을 4추덕이라 칭하여 모든 윤리생활의 중추로 삼았다. 성토마스는 이를 모든 윤리덕성의 대강과 총목으로 보았다. 『基督宗教倫理學』 1卷, 385쪽 참조.
997 韓霖: 『鐸書』 841~842쪽 참조. 영덕과 습덕의 구분에 관해서는 亞里士多德 『尼各馬可倫理學』 114쪽 참조. 사추덕에서 지혜의 주도적 지위에 관해서는 『尼各馬可倫理學』 제6권 참조.

리학사를 고증해보면 유교 역사상 덕목표 역시 적지 않게 보임을 알 수 있는데 공자의 공관신혜민恭寬信惠敏(공경, 관용, 신망, 은혜, 영민)으로부터 맹자의 인의예지신仁義禮智信 그리고 다시 『중용』의 오달도五達道(君惠臣忠, 父慈子孝, 夫義婦順, 兄友弟恭, 朋友有信), 삼달덕三達德(智仁勇)에 이르기까지 등등 일일이 다 열거할 수 없다. 유교경전을 숙독하여 거인擧人의 공명을 획득한 한림은 이에 대해 꽤 잘 알고 있었을 것이다. 그러나 그는 천주교의 사추덕이라는 덕목표를 수용하였고 아울러 지혜[智]를 4품 중 으뜸 중의 으뜸으로 즉 "지"를 사추덕의 머리가 되는 덕으로 간주하였다. 이런 덕목 중 각종 덕성의 관계에 대한 규정 역시 유교에서는 그리 보이지 않는다. 한림의 사추덕이라는 덕목의 수용은 아마도 신앙의 원인도 있겠으나 또한 이지理智 상 이런 덕목 중의 새롭고 독특한 성분에 대한 인정에서 비롯됐을 수도 있다.

셋째, 천주교의 회개윤리와 중국의 대소전통 가운데 허물을 뉘우쳐 고치고 착한 일을 많이 하는 개과적선改過積善의 윤리 관념을 하나의 화로 안에 용해시켜서 원전을 넘어서는 죄를 뉘우치고, 허물을 고치는 윤리규범체계를 구성하였다. 선악 표준의 확립은 물론 향인鄕人이 무엇이 선이고 무엇이 악인지를 가리는 데 도움이 되나 죄 혹은 악이 구체적으로 무엇을 가리키는지 혹은 "도리에 어긋나는 짓을 하지 말라"는 말에서 "도리에 어긋나는 짓"에는 어떤 것들이 있는지 역시 명확하게 설명할 필요가 있었다. 이 문제에 관해 대답할 때 한림은 먼저 천주교의 죄의 관념을 명백하게 설명하였다. 한림이 보기에 "경천애인" 계명을 위반하는 것은 곧 하늘을 거스르고 사람을 해치는 일이니 죄이다. 그리고 "이 죄는 또한 3가지 곧 생각과 말과 행위로 나뉘며…… 마땅히 경계해야할 주요한 세 가지가 있다.: 탐욕, 간음, 살인" 한림은 기독교도의 신분으로 사람마다 죄가 있다고 단언하고 동시에 전교사 판토하 디에고의 『7극』 중 죄에 대한 설명을 수용하면서 일곱 가지 대죄[七罪宗]에는 즉 교만, 질투, 인색, 분노, 탐욕, 음란, 게으름이 있고 겸손, 용서, 은혜, 인내, 절도, 정결, 부지런함의 7덕으로 7죄를 극복함이 요구된다고 하였다.[998] 여기에서 주목할 점은 한림의 죄에 대한 논술이 모두 전교사의 저작에서 직접 인용되었더라도 그 중에는 원죄에 대한 설명이 비교적 희박하며, 그가 "경천애인"의 계명을 위반하는 것은 즉 하늘을 거스르고 사람을 해친다고 단언하였을 때 그 안에는 조금이나마 원죄의 의미를 가지고 있었을지도 모른다. 그러나 그 중 사람의 주된 죄[本罪]를 가리키는 것은 즉 사람이 현실의 도덕실천 중에서 분명히 알면서도 고의로 범하는 죄를 말한다. 한림이 천주교의 원죄관을 함부로 전교하지 않는 이유는 다음과 같은 여러 원인에서일 수도 있다.: 『탁서』가 겨냥하는 자는 기독교도가 아니다; 원죄관념은 당시 중국인이 수용하기에는 너무 어려웠다. 그리고 본죄 및 죄의 극복[克罪] 방법을 논하는 것은 중국문화 중에 자원이 풍부하다고 할 수 있기에 한림은 이에 대해 조금도 소홀하지 않았다고 말할 수 있다. 그는 이학의 대가 주희의 논술[大傳統]을 인용하였고, 천리와 인욕(송대 유학자 정호, 정이가 제기한 存天理滅人慾 하늘의 이치를 지키고 인

---

998 『铎書』 805~809쪽.

간의 욕망을 없애라.)이라는 이학의 화두를 크게 논하였고, 육상산의 성냄을 삼가고 욕심을 억제하는 징분질욕懲忿窒欲(『易.損』)과 유관한 어록을 인용하였을 뿐 아니라⁹⁹⁹ 또한 천주교의 회개윤리와 권선의 책 중 개과천선하는 윤리를 결합시켜서 서로 관련 된 윤리규범을 설명하였다. 우리가 주지하듯이 기독교도에 있어 "회개는 하느님 아버지의 집으로 돌아가는 것이요 사람을 죄악에서 회복시켜주는 도구이며 구원의 은총으로 통하는 길로" 회개의 최초 의미는 악한 일로부터 돌아서서 동시에 천주께로 향함이다.¹⁰⁰⁰ 한림은 이를 깊이 인정한 듯하다. 그는 회개를 일종의 덕성으로 규정하고 또한 인정하였다.: "회개란 정신을 보완하고 악을 잘라내는 칼이며 모든 덕의 본보기이고 참된 복의 근원이다.……양심에 거리낌이 없으면 성인이 되는 기초가 되며 회개는 하늘로 오르는 길이다."¹⁰⁰¹ 여기에서 회개에 대한 규정과 서술은 기본적으로 모두 천주교교리와 부합된다. 이 뿐 아니라 한림은 또한 천주교의 역대 교인들이 늘 사용하던 자신을 책망하고 죄를 사함 받아 회개의 목적에 이르는 여러 가지 회개방식을 향인들에게 소개해주었는데 그 중에는 "머리를 들어 하늘을 향해 탄식하면서 자신의 죄 사함을 간구하거나, 종려나무 잎 비옷을 입고 머리를 조아리고 가슴을 치면서 자책하거나……"¹⁰⁰²가 있다. 이들은 당시 유럽 천주교도 중에서 유행하

---

999 『铎書』 810, 824쪽
1000 『基督宗教倫理學』(1卷) 365~366쪽
1001 『铎書』 816~817쪽
1002 『鐸書』 817~818쪽

였고, 전교사에 의해 중국에 도입된 고해 속죄방식은 중국인이 수용하기 매우 어려운 죄의 관념을 전제로 하였으므로 명말 중국인이 보기에는 완전히 이질적이고 괴이한 종교행위였다. 명말 반교자反敎者들은 이를 "아무 일 없어도 형벌을 당하고 죄 없이 가슴을 두드리고 구원을 비는 것"으로 생각하였고 동시에 유생의 "생기 넘치는 즐거움"을 박탈하고 유교성현의 고락관념과는 완전히 역행하는 것이라고 확신하였다.[1003] 그러나 한림은 천주교도의 심정에서 출발하여 이에 대해 흥미진진하게 이야기하면서 동시에 그것을 성인이 되고 하늘에 오르는 토대로 확신하였는데, 이는 한림의 신앙의 확고부동함과 집념을 충분히 설명해준다.

그렇다면 천주교의 이러한 회개방식이 원전을 넘어서는 해석방식을 통해 중국 소전통小傳統에서의 개과천선으로 해석될 수 있는가? 한림이 참으로 양자 간 공통분모를 구할 수 있다고 믿었는지를 막론하고 그의 이론상 소통작업은 양자 사이에 넘지 못할 큰 경계선이 가로 놓여있다고는 생각지 않았음을 표명한 듯하다. 한림은 중국 역사상 성탕成湯, 공자, 안연, 자로, 대연戴淵 등 사람의 사례를 인용하여 개과의 주체를 기준으로 개과를 성인의 개과, 현인의 개과, 백성의 개과, 악인의 개과 등 몇 가지 유형으로 나누었다. 그런 후 한림은 말머리를 돌려서, 원료범袁了凡(만력14년 진사가 되었다.)의 『료범사훈了凡四訓』을 대

1003 黃貞:『尊儒亟鏡』,『破邪集』(卷三), 이 글은 일본 安政乙卯(1855) 판본의 『破邪集』에서 인용하였는데 夏瑰琦校點本(숭정12년 각본의 필사본을 저본으로 함)과는 차이가 있다. 夏本 159~160쪽 참조

량으로 인용하면서 원료범의 개과를 논한 담론은 "진지하니"[1004] 믿을 만하고 실행할 만하다고 생각하였다. 원료범은 개과의 방법을 논할 때 사람들에게 "두려운 마음"을 가져야한다고 권고하였다. 당시 전교사와 중국 기독교도가 지옥의 영원한 고통으로써 악행 하는 자를 두렵게 한 것같이 원료범은 현세의 인과응보와 내세 지옥의 업보로써 악행 하는 자에게 "두려운 마음"을 갖게 하였다.: "인간세상은 덧없고, 육신은 쉬이 죽으니, 숨 쉴 수 없으면, 뉘우쳐 고치고자 해도 고칠 수 없다. 이승에서 천백 년 악명을 짊어져야하니 비록 효성스러운 자식과 자손이라도 씻어낼 수 없다; 저승에서 천백 겁劫 지옥에 빠져야하니 비록 성현보살이라도 도울 수 없어 어찌 두려워하지 않을 수 있겠는가!"[1005] 그 중 불교사상적 성분이 아주 뚜렷하다고 할 수 있는데 한림은 거의 전부를 옮겨 쓰면서 다만 "비록 성현보살일지라도 도울 수 없다."를 "그 고통을 감당할 수 없다."로 바꾸었다.[1006] 개과 방법을 분류할 때, 원료범은 일[事]로부터 개과하고, 도리[理]로부터 개과하고, 마음[心]으로부터 개과하는 세 가지로 구분하였다. 이른바 일로부터의 개과는 외부에서 강제하고, 외부 준칙의 강박 아래서 강요를 당해 개과하는 것이다. 이른바 리로부터의 개과는 어떠한 외부의 압력을 받지 않는 상황 아래에서 먼저 그 도리를 밝히고 행위 준칙의 기초인 리를 이해하니 리는 도리에 어긋나게 행동하지 않게 확실히 보장한다. 이른바 심으로부터

[1004] 『铎書』 819~820쪽
[1005] 袁嘯波: 『民間勸善書』, 上海:上海古籍出版社, 1995년,16쪽
[1006] 『铎書』 820쪽

개과는 "허물은 이전의 실마리가 있고 오로지 마음이 지어내는 데, 내 마음이 움직이지 않으면 이 생을 편안히 보낼 수 있다."는 깨달음에 기초하여 원래의 마음을 깨끗이 하고 바르게 현전現前(욕계欲界)을 생각하게 하여 그릇된 생각의 영향을 없애는 것이다.[1007] 원료범에 있어서 이 세 가지 개과 방법의 순서는 낮은 데로부터 높은 데로의 관계이다. 한림 또한 이를 전부 수용하였고 원료범의 악행을 심하게 하는 자의 "효험"(즉 惡報)에 관한 서술을 그대로 기록하였는데 그중 "번뇌", "작업作業"(원료범의 본문은 "작얼作孼"이다.)과 같은 술어는 모두 불교용어에 속한다.[1008]

전술하였듯이 천주교 회개윤리의 요지는 사람의 마음을 돌려서 죄악으로부터 돌아와 천주께로 향하고 구속의 길로 나아가는 것이다. 신약에서 세례자 요한이 전한 메시지는 바로 회개이다. 그는 사람들에게 죄를 멀리하고 계명을 지키고 동시에 애덕의 선한 공로를 쌓아야한다고 호소하였다.[1009]; 명말 널리 보급되었던 공과격(권선서의 특수한 형식의 하나, 다른 한 형식은 경전을 강론하고 설교하는 보권寶卷이다.)[1010]이 사람들에게 개과를 권하는 목적 역시 일정한 유사성을 가지고 있으며 이는 사람

[1007] 원료범의 분류에 관한 논술은 『民間勸善書』 16~17쪽 참고: 이와 같은 분류법에 대한 현대의 해석은 包筠雅: 『功過格:明淸社會的道德秩序』, 杜正貞, 張林譯, 杭州: 浙江人民出版社, 1999年, 98~100쪽 참조
[1008] 『民間勸善書』 17~18쪽, 『鐸書』 823~824쪽 참조
[1009] 『基督宗敎倫理學』 367쪽 참조
[1010] 『民間勸善書』(前言) 7쪽

들에게 선한 일을 하도록 권장하였다. 『적선지방積善之方』에서 원료범은 사람들의 행위지침서로 열 가지 유형의 선행을 제공하였는데 다음과 같다.: 선의로 남을 돕고[與人爲善], 사랑과 존경의 마음을 갖고[愛敬存心], 남의 일이 잘되도록 도와주고[成人之美], 남에게 선을 권하고[勸人爲善], 남의 위급함을 구해주고[救人危急], 커다란 이익을 일으키고[興建大利], 재산을 희사하여 복을 만들고[舍財作福], 정법을 수호하고[護持正法], 웃어른을 공경하고[敬重尊長], 모든 생명을 소중히 여긴다[愛惜物命]. 동시에 이들의 구체적인 의미에 대해 상세히 해석하였다.[1011] 회개와 선행을 권한 한림은 전교사 쟈코모 로羅雅谷의 『애긍행전哀矜行詮』을 인용하여 사람들에게 애긍칠단哀矜七端을 행하도록 권장하였다.[1012] 당시 한림은 원료범의 열 가지 선행목록을 모두 수용하였고 심지어 명백한 불교 구호인 "정법의 보호유지[護持正法]"도 수용하였으며 동시에 아래와 같은 글을 인용하였다.: "(무엇을 호지정법이라 하는가?) 법은 만세에 이르도록 생령의 눈이니, 정법이 없으면 어찌 천지의 화육化育을 돕고 천지와 더불어 서겠는가? 어찌 만물이 성취되도록 다스려 가다듬겠는가? 어찌 속세를 벗어나 해탈할 수 있겠는가? 어찌 입세와 출세를 할 수 있겠는가?" 원황袁黃의 "위로 부처의 은혜에 보답하자"에 대해서만은 비평을 가하며 말하기를 "이른 바 위로 부처의 은혜에 보답하자 함은 곧 편견이다."라면서 천주교 신앙의 배타성을 나타냈다.

1011 위의 책 24~26쪽
1012 『鐸書』 684쪽

원료범의 공과격 체계 중에서, 선행을 하는 것만으로는 부족하였다. 그는 절대적 심령心靈의 순수함을 선행의 선결조건으로 보았고 명예와 이익을 따지지 않는 마음 아래에서만이 비로소 선행과 공덕이 증가할 수 있다고 생각하였다. 그래서 그는 8가지 서로 다른 선행을 구분하였는데 선은 참과 거짓이 있고([眞假; 남을 이롭게 하고 열과 성을 다하는데서 출발하여 추구하는 바 없이 선을 행하면 眞이고 자기를 이롭게 하고 겉으로 선인 체 꾸며 추구하는 바를 가지고 선을 행하면 假이다), 바르고 굽음이 있고([端曲; 선을 행하는데 순수하게 세상을 구하고 남을 이롭게 하는 마음에서 출발하면 곧 端이고 조금이라도 불평하고 증오하는 마음이 있다면 곧 曲이다.), 음이 있고 양이 있고([陰陽; 무릇 선을 행하는데 남이 이를 알면 곧 陽의 선이고, 남이 모르면 곧 陰의 선이다.), 옳고 그름이 있고([是非; 사람이 선한 일을 하는데 현재의 행위만이 중요한 것은 아니고 장차 이 행위가 끼칠 영향의 좋고 나쁨도 중시해야한다. 선악시비의 도리를 알아야 비로소 진정하게 남에게 유익하고 사회, 국가, 세계에 유익한 참된 선을 할 수 있다.), 치우침과 올바름이 있고([偏正; 선한 것이 正이고 악한 것이 偏임은 누구나 다 알고 있다. 그러나 선한 마음으로 악한 일을 행하면 이것이 곧 正 중의 偏이고 악한 마음으로 선한 일을 행하면 이것이 곧 偏 중의 正이다.), 반과 만이 있고([半滿; 선을 행함은 반드시 진실하고 자연스러운데서 비롯되어야 한다. 선을 행하나 그 마음이 선을 드러내지 않으면 행한 공적은 원만하고 마음이 선을 드러내면 비록 평생 부지런히 힘쓸지언정 선의 절반에 그칠 뿐이다.) 큼과 작음이 있고([大小; 자신 혹은 가정을 위한 생각이면 선이 많아도 작은 선이고 국가와 백성을 위한 생각이면 선이 적어도 큰 공덕, 큰 선이다.) 어려움과 쉬움([難易]; 선에는 어려움과 쉬움이 있어 어진 자가 되려면 성심성의껏 다른 사람을 도와야 한다. 재산과 권세가 있는 사람은 공을 세우고 덕을 쌓기 용이하나 용이하다고 하지 않으면 자포자기이다. 빈곤한 사람은 선행을 하여 복을 얻기 어려우나 어려워도 행할 수 있어야 비로소 어려움이 귀하다고 불릴 만한 것이다.)이 있다고 보았다. 한림 또한 이를 그대로 수용하였다.[1013] 이러한 현상을 초래한 원인은 천주교의 윤리체계 중에서 "회개가 단지 일종의 죄를 보상하는 선행[補贖善功]에 대한 요구일 뿐이라고 생각한다면, 천주의 회개하라는 부르심 또한 곡해되어졌다."[1014]는데 있을 것이다. 천주교의 이러한 윤리전통과 원료범의 공과격 체계에서 단지 선을 행하는 것만의 결점에 대한 인식에는 최소한 표면적 유사성이 존재하고 있다. 만일 한림이 예수회전교사의 인도 아래 천주교 신학사상을 섭렵하였다면 그는 서로 다른 종교체계 중의 윤리사상과 규범이 모두 보편적 계시의 결과임을 진정으로 믿었을 것이다.

4) 간략한 결론

총체적으로 볼 때 천주교에 대해 폭 넓은 윤리화를 부여한 해석과 설명은 명말, 청초 중국 천주교사에서 비교적 보편화된 현상이었다. 이러한 전통의 영향은 20세기 중국 천주교도들로 하여금 "천주교는 사람들에게 좋은 것을 배우도록 가르친다."는 세

[1013] 『民間勸善書』 22~24쪽, 『铎書』 824~829쪽 참조
[1014] 『基督宗教倫理學』 372쪽

속적 견해를 인정하고 선전하게 하였다.1015 이러한 천주교에 대한 윤리화는 간략화를 초래하여 보편종교로서의 더욱 중요한 역할들을 가리게 할 수도 있다. 그러나 말할 필요도 없이 전통적 중국사상문화는 범도덕적 사상경향을 지니고 있고 천주교의 윤리자원 역시 매우 풍부하기 때문에 중국 기독교도의 천주교에 대한 윤리화 해석은 새로운 길을 개척할 수 있었고 천주교와 중국 전통윤리자원 사이에서의 대화, 해석, 회통작업은 이론과 실천 중에서 모두 풍부한 효과를 얻는 결과를 불러일으켰다. 한림의 『탁서』는 중국 천주교사에서 천주교와 중국 전통윤리사상을 회통하는데 집중하였고 동시에 자못 공로가 있는 대표작의 하나라고 말할 수 있다. 위의 분석을 기초로 한림의 회통작업의 득실을 총괄하면 다음과 같다.

첫째, 상제관 혹은 천주관에 대한 문제: 한림이 유교의 득과 실을 되돌아볼 때, 민첩하게 구속론救贖論의 시각에서 유교의 결점을 지적한 바는 있으나 『탁서』의 윤리구조에서 그의 "경천애인" 사상 중 "천"에 대한 해석은 구속론의 역할을 결핍하고 있다. 이 천은 창세론적 의미상의 지상신至上神과 화와 복, 상과 벌을 다루는 권세의 주재신主宰神일 뿐이었다. 비록 우리가 여기서의 화와 복을 영원한 화, 영원한 복으로 해석하여 종교적 종극성이란 화복 의미를 부여할 지라도(즉 구속론적 의의) 그러나 『탁서』를 총괄해 보면 이러한 구속론적 의미의 천주관은 뜻이 분명치 않다. 그리고 중국 전통사회문화와 같은 독특한 환경에

1015 吳飛: 『麥芒上的聖言:一個鄉村天主教群體中的信仰與生活》』香港, 道風書社, 2001年 28쪽

서의 화복, 상벌은 백성들 생각에 유행된 인과응보의 관념을 연상케 하는데 한림이 여러 번 언급한 "천보天報"에 천주교적 의미가 있을 지라도 어느 정도는 이러한 인과응보의 관념에 영합하였을 것이다. 구속론적 의미를 결핍한 천주관이 당연히 완벽하지 않지만 그러나 한림은 오히려 이를 윤리구조의 초석으로 삼았다. 특히 의미가 있는 것은 명말 많은 사대부천주교도(한림 본인도 포함된다.) 대다수는 이 초석이 송명이학 윤리체계의 초석인 자연이성과 비교해 더욱 굳게 믿을만하다고 생각했다는 점이다. 이처럼 뚜렷이 자율도덕으로부터 타율도덕으로의 전환이 발생하였고 그 초석으로서의 천주가 비록 구속론적 의미를 결핍한 지상신至上神이었을지라도 이러한 전환의 의미는 매우 큰 바로 이는 중국 지식사회가 외재 초월적 의미를 가진 도덕의 기원과 기초를 탐구하기 시작하였음을 상징하고 있다. 이 밖에 구속을 아직 생활의 종극적 의미와 목표로 보지 않던 사람들로 말하자면, 만일 믿음, 희망, 사랑이라는 초성의 덕[超性之德]이 급격히 그 심성구조 중 없어서는 안 될 도덕적 성질로 될 수 없다면 그들에게 창세와 주재자로서의 의미인 지상신 관념을 주입시킴으로써 각종 비초성지덕非超性之德의 신성의 기원과 기초로 삼는 것 또한 일종의 '복음'을 위해 준비하는 예비대책이라 간주할 수 있다. 오랫동안 예비단계에 처해있던 당시의 중국 기독교도에 대한 교리전교에서 교회 안 인사들이 실망스러운 태도를 가지고 있었더라도 우리는 거듭 아래의 사실을 상기하지 않을 수 없다.: 『탁서』는 유교중국의 지방관리의 명을 받아 유교의 교화기능을 이행하기 위해 쓴 것이고 교회 안 전도문이 아니었으므로 작자는 부득이 천주교의 일부 "신비"에 대해 감추고 발설하지 않았던 것이다. 이로 인해 우리는 한림 천주관의 "과오"는 당시 상황에 맞추려던 객관적 요구로 그리 되였다고도 말할 수 있다.

둘째, 자유의지와 도덕책임에 관한 문제: 우리는 천주교 윤리학(윤리신학이든 윤리철학을 불문하고)의 기본전제 혹은 가설의 하나는 자유의지에 관한 이론임을 알고 있는데[1016] 한림은 이러한 이론을 충심으로 믿고 따랐으며 또한 심도 있게 소개하고 논의하였다. 전술한 바와 같이 한림이 이러한 이론을 도입한 목적은 악의 기원 문제를 분명히 하고 인간이 그러한 행위에 대해 왜 도덕적 책임을 져야 하는가라는 중요문제를 해결하기 위해서였다. 이러한 이론적 전제를 도입하여 이처럼 중요한 윤리학 문제에 답한다는 것은 중국 전통사상에서 말하자면 중대하고도 지극히 의미 있는 일이라고 말할 수 있다. 우리가 주지하듯이 이학의 집대성자인 주희는 천명지성天命之性과 기질지성氣質之性의 이론으로 인간의 선악에는 모두 그 선천적인 기원 혹은 근거가 있다고 설명하였다. 주희는 "리를 품부 받아 성性이 되었다는 설은 사람이 선천적인 선의 품질品質을 가지고 있다고 말할 수 있을 뿐이며 악의 품질이 비롯된 바를 설명할 수 없다. 만일 악의 품질이 오로지 후천적인 물욕에 이끌려 형성된 것이라면 이학에서 인정하는 이른바 천이 악인을 낳는다 함을 해석할 방도가 없다. 주희는 선천적인 악이 도덕적 수양을 통해 더욱더 바뀔 수는 있더라도 악의 품질에도 마찬가지로 선천적인 근거가

[1016] 『基督宗教倫理學』(第一卷), 引言 3쪽

있다."고 인식하였다.[1017] 주희는 또한 성을 논하고[論性] 기를 논하는[論氣] 사이에서는 반드시 미묘한 평형을 유지해야 하니 예를 들어 만약 논기를 강조하면 "사람은 모두 타고난 바탕에 맡겨버리고 더 이상 수양하지 않을 것이다."(『주자어류』 권4, 李閎祖錄)[1018]라고 인식하였다. 무릇 이는 이학의 대가들이 악의 기원과 근거문제에 있어 감지하는 바가 있었으나 그러나 사상사적 고찰을 통해보면 이러한 문제에 대해 깊은 탐구를 하지 못하였고 특히 사람은 어찌하여 자신의 도덕행위에 대해 반드시 책임을 져야 하는지의 문제를 그러한 문제의식에 포함시키지 않았으니, 이러한 중대한 문제를 해결하기 위한 이론적 기초를 다지는 것은 더욱 말할 나위가 없었다. 이로부터 우리는 다음과 같이 단언할 수 있다.: 한림 등 천주교도들이 힘써 자유의지 이론을 도입한 까닭은 유교가 강력한 도덕규범체계로써 일부 유생들이 믿고 있는 것처럼 원만하고 자족하며 조금의 모자람도 없는 것이 아닌 이론상의 맹점이 있으며 급히 보완의 필요성을 인식하였기 때문이다. 이러한 보완작업은 또한 확실히 유교 윤리체계이론의 시야를 넓혀 주고 그 사고방식의 깊이도 확장시켰다.

셋째, 덕목에 관한 문제: 한림이 도입한 천주교의 개조를 거친 고대희랍의 덕성논리는 본질상 고대중국의 전통윤리와 어느 정도 유사성을 지니고 있다. 즉 양자 모두 덕성을 함양하여 아

[1017] 陳來, 『朱熹哲學硏究』, 北京:中國社會科學出版社, 1988年 135쪽
[1018] 위의 책 137쪽

름답고 선하고 행복한 생활의 추구로써 혹은 군자의 인격 성취로써 도덕목표를 삼을 것을 강조한다. 그러나 기본적 미덕 및 여러 미덕의 으뜸 덕을 확립할 때에 아리스토텔레스가 확정한 것은 사추덕四樞德(절도[節], 용기[勇], 정의[義], 지혜[智])이었고 그 중 지혜를 으뜸 덕으로 간주하였다. 그러나 중국의 덕목표德目表는 그다지 일정하지 않았고 또한 지혜를 으뜸 덕으로 간주하는 경우는 매우 적었다. 명조 중엽이후 사상계에서 널리 유행한 양명심학은 심지어 일종의 반주지주의反主知主義적 경향을 가지고 있다. 양명의 윤리체계가 지행합일知行合一을 강조하여 "앎[知]은 행위의 요지이고 행위는 앎의 공부이다. 앎은 행위의 시작이고, 행위는 앎의 완성"[1019]으로 보았을지라도 결코 지의 작용을 등한히 하지는 않은 듯하다. 그러나 실제로 양명이 더욱 강조한 것은 행위였다.; 이 밖에 양명은 자못 반주지주의적 색채를 띤 논조를 밝힌바 있다.: "후세 사람들은 성인이 되는 근본이 천리天理에 순수한 것임을 알지 못하고, 오히려 오로지 지식과 재능의 측면에서만 성인을 추구한다. 성인은 알지 못하는 것이 없고 하지 못하는 것이 없으니, 반드시 성인의 수많은 지식과 재능을 하나하나 이해해야만 비로소 성인이 될 수 있다고 여긴다. 그러므로 천리에 나아가 공부하는데 힘쓰지 않고 헛되이 정력을 낭비하여 서책을 연구하고 명칭과 기물[名物]을 고증하며 형체와 흔적을 모방한다. 지식이 넓어지면 넓어질수록 인욕은 점점 자라나고, 재주와 능력이 많으면 많을수록 천리는 더욱 더

[1019] 王陽明,『傳習錄』(上),『王陽明全集』(上) 참조, 上海:上海古籍出版社,1992,4쪽

가려진다."¹⁰²⁰ 당대 학자는 왕양명의 이러한 논리는 매우 심오한 사상이 포함되었다고 생각하는데 그것은 왕양명이 이미 다음과 같은 공감대를 가졌기 때문이라고 한다.: "도덕은 지식으로 귀결시킬 수 없으니 도덕은 의지의 활동이고 지식은 이지의 활동이다. 도덕의 증진은 의지의 배양과 단련에 있고 지식의 제고는 이지능력의 제고와 경험의 축적에 있다. 양자를 서로 비교하면 도덕의 제고가 더욱 어렵고 …… 지식과 재능의 대소가 결코 도덕 수준의 높낮이를 결정할 수는 없다." 간단히 말해 왕양명은 도덕과 지식의 차이를 심도 있게 제시하였는데 그 목적은 사람들이 지식과 재능의 우열을 겨루면서 도덕수양을 포기하는 폐단을 바로잡으려는데 있었다.¹⁰²¹ 당대 학자의 이러한 분석은 왕양명 논리의 긍정적 가치를 확연히 말해주고 있지만 그러나 또한 아래와 같은 의문을 갖지 않을 수 없게 한다.: 지식과 성인이 되려고 추구하는 도덕활동은 물과 불이 서로 용납할 수 없듯이 참으로 대립관계에 처해 질 수 밖에 없는가? 비록 우리가 아리스토텔레스가 말한 지혜와 왕양명이 말한 지식을 완전 동일시할 수는 없지만 그러나 다음과 같은 점을 인정하지 않을 수 없다.: 고대 희랍철학자들이 "덕성이 곧 지식이다.(소크라테스)", "지혜는 모든 덕의 으뜸이다.(아리스토텔레스)"라고 단정하였을 때 그들도 다름없이 지식과 도덕의 관계에 대한 견해가 있었고 견해 또한 상당한 깊이가 있지 않았을까? 아마도 사람들이 지식

1020 위의 책 28쪽. 정인재, 한정길 역주『傳習錄』274쪽 참조
1021 張學智:『明代哲學史』,北京:北京大學出版社,2000年,82쪽

과 도덕을 대립시킨 왕양명에 대해 동의하지 않고 지식과 덕성을 동일시한 고대 희랍철학자의 방법에도 동의하지 않는 바꿔 말해 진리는 이 두 가지 극단 사이에 있을지도 모른다. 그러나 사실대로 말할 수 있는 것은 한림이 도입한 천주교를 거쳐서 개조된 고대희랍의 덕성윤리가 비록 명말 주류 윤리사상체계와 정반대의 방법이었을지라도 사상계에 지식과 도덕관계의 문제를 해결하려는 상상력을 풍부하게 하였거나 혹은 적어도 사람들이 이 문제를 해결하는 데 있어서의 정신적 공간을 넓혀주었다.

넷째, 한림이 받아들인 선서善書 윤리사상의 기원문제에 관하여: 전술했듯이 한림은 천주교와 중국 전통을 융합하는 윤리체계의 구축을 생각하면서 원료범의 선서윤리를 대량 흡수하였다. 학자들의 연구에 의하면 원료범의 공과격 체계는 "유교에서 진정한 합법성을 구하고자하는" 노력을 하였고, "유교 경전에 의존하면서 …… 불교나 도교의 전고典故에는 의존하지 않았다." 원료범 본인도 일찍이 변론하며 말하기를, 그의 공과격 체계는 여러 편의 유가 경전을 뒷받침으로 한 체계이며 그 목적은 세상 사람들에게 현재 존경받는 유학자라도 마음 편히 공과격을 사용할 수 있다는 점을 세상 사람들에게 표명하는데 있다고 하였다. 그럼에도 불구하고 한 가지 분명한 사실은 감출 수 없다.: 이 체계의 불교적 골격은 그 위에 얇게 덮인 유교를 통해서 여전히 분명히 엿볼 수 있다는 점이다. 최소한 공과격의 사용을 지도하는 예의禮儀는 주로 불교전통으로부터 왔고 이러한 불교전통은 공과격 체계 중에서 주도적 지위를 차지하고 있다. 이 밖에 원료범의 개조를 거친 후의 공과격은 사상분야에서도 질적인 변화를 발생했는데 그 관심의 초점은 종교적, 내세적 목적에서 세속적, 현실적 목적으로 바뀌었고, 공덕의 축적은 사람들이 이 생에서 자신의 운명을 장악하는 가장 중요한 방법이 되었지 신이 사람들의 행악을 방지하려는 방법이 아니었다.[1022] 『료범사훈了凡四訓』중의 사상자원인 불교적 특성이(주로 예의 방면을 가리킨다.) 지나치게 선명한 점과 동시에 추구한 목표의 현실성 혹은 탈종교성이 또한 매우 선명한 점에서 한림은 원료범의 도덕적 교훈을 인용할 때 수시로 독자에게 훈계하였다.: "신불神佛이나 경의 주문은 이단의 요사스런 술법이고 "독약"이다.; 불교는 "그릇되고 간사한 말로써 사람을 유혹하고" "부처의 은혜에 보답하라"는 설은 "편견"[1023]이다. 그러나 천주교 신앙의 배타성에서 나온 수박 겉핥기식 형태는 그가 실질적으로 선서윤리 중에서 불교 기원의 사상성분 내지는 일부 확연히 드러난 다량의 불교술어를 흡수하는데 조금도 방애가 되지는 않았다. 이 현상은 확실히 사람들을 깊이 생각하게 만드는데 이는 우리에게 종교 사이의 관계를 어떻게 해결해야 할지의 문제를 다시금 엄숙하게 사고하지 않을 수 없게 한다. 우리가 알다시피 기독교의 이단인 경교景敎(네스토리우스교)가 당대唐代 중국에 수입되었을 때 불도佛道에 견강부회한 적이 있었는데 불교의 술어를 사용하고 또한 교리 상 불교와도 융합하였다. 그러나 경교는 이 길을 너무 멀리 좇아 간 나머지 제 갈 길을 잃었으므로 그것이

1022 이상은 包筠雅:『功過格:明淸社會的道德秩序』, 109~110쪽 참조
1023 『铎書』844, 849, 836쪽 참조

당대唐代 200년간 전파되었어도, 각종 당대의 서적은 모두가 경교를 불교의 일파로 여겼고 오대五代와 송대에서는 경교에 관한 기록을 거의 찾을 수 없다. 이는 전파하는 쪽에서 보면 경교는 실제상 그 진실한 면모를 나타내지 않았음을 설명한다. 천주교가 명말 중국에 수입되었을 때 마테오리치 등 첫 전교사들은 처음에 스스로 불교에 부회하며 심지어 서양승려라고 칭하였으나 나중 여러 가지 궁리 끝에 마테오리치는 합유척불合儒斥佛의 전교책략을 제정하였던 것이다. 당시 불교에 아첨하던 일부 사대부는 마테오리치에게 조금이나마 먼저 불교를 이해해야 한다고 권고하였으나 마태오리치는 단연코 이를 거절하였다. 이때부터 천주교와 불교는 적대적 긴장 관계에 처하게 되었다. 1616년 남경교안南京敎案(천주교 박해사건)과 조금 뒤 복건과 절강에서 일어난 반교의 물결 중에서 불교의 천주교에 대한 적의로 인한 작용을 볼 수 있다. 이로부터 보면, 천주교와 유교 이외의 중국의 종교 특히 불교와의 관계를 어떻게 적절히 처리하는가의 문제는 중국에서의 천주교의 운명에 그 영향이 결코 가볍다고는 말할 수 없다. 중국문화사를 살펴보면 유교, 불교, 도교 사이에 비록 적지 않은 충돌이 있었을 지라도 충돌은 주로 정치적 지위에 대한 호소에서 표현되었고 불교와 도교가 유교의 정통지위를 흔들 수 없음을 알게 된 뒤로는 자각적으로 보조의 지위에 머물렀다.; 정치영역에서 불교와 도교의 지위 다툼은 때로 일방의 큰 재난을 초래할 수 있었으나 두 종교 사이의 피비린내 나는 전쟁은 거의 발생하지 않았고 주로 일방이 왕권의 세력을 빌려서 다른 쪽을 억제하는 일이었다. 종교적 기원[祈願]의 현저한 차이로 인하여 유, 불, 도 삼교가 이론적으로 충돌이 없지만은 않았으나 유교의 문화요구의 지상성至上性에서 비롯되어 세 종교의 이론적 관계는 융합을 주류로 하였다고 말해야 할 것이다. 이와 같은 융합은 세 종교로 하여금 모두 많은 이익을 얻게 하였다. 그러나 비교해보면 불교에서 내보낸 것은 비교적 많았고 받아들인 것은 비교적 적었다. 세 종교의 이론, 교리 상에서의 융합에는 두 가지 주요 형식이 있었는데 하나는 불교승려에게 조롱당한 "양유음석陽儒陰釋(표면적으로는 유가 학술을 논하나 속으로는 불가의 관점을 홍보)"이고 하나는 명대에 공개적으로 드러내 보인 삼교합일三敎合一이다. 천주교도로서의 한림은 『탁서』에서 불교적 특성을 함유한 사상에 대해서는 기본적으로 앞의 방식을 채용하였으니 즉 표면적으로 불교를 사설이단邪說異端이라 배척하면서도 속으로는 합리적이고 유용한 사상적 성분에 대해서는 배척하지 않았다. 만일 우리가 한림이 『탁서』에서 만들어낸 이론상의 시도를 천주교의 윤리구조로 정의내릴 수 있다면, 이러한 시도가 불가피하게 천주교신앙을 이론적 전제로 하였을 지라도 한림은 비교적 신, 구약 중의 실증적 계시(positive revelation, 그가 극히 적은 몇몇 부분에서 성경을 인용하였을지라도)에 의존하지 않고, 인류이성과 또 다른 보편적 계시(general revelation) – 우주에 널리 임하는 천주성령이 사람마다에게 부여하는 계시 – 로부터 영감을 더 많이 얻었기 때문에 이러한 시도는 당연히 천주교 윤리철학의 범주에 속해야 하며 윤리신학의 범주에 속해서는 아니 된다고 말해야 할 듯하다.[1024]

[1024] 윤리철학과 윤리신학에 대한 구분은 앞서 인용한 『基督宗敎倫理學』 머리말 2쪽 참조.

그리고 필자가 보기에 천주교 윤리철학은 전적으로 기타 종교 중 동일하게 보편적 계시로부터 얻은 사상에 대하여는 개방성을 유지할 이유가 있다. 그래서 우리는 한림의 천주교 윤리철학의 구조에서 표현돼 나온 그러한 실질적인 불교윤리에 대한 개방성은 중국에서 종교적 대화를 위한 독특한 길을 열어주었으며 참으로 중국 천주교사상사에서 매우 소중한 유산이라고 단언할 수 있는 것이다.

7장
배척과 비판

　명말 일부 사대부의 "천학"에 대한 부정적인 반응인 배척과 비판은, 앞에서 서술한 "천학"에 대한 일부 사대부의 긍정적 반응인 동정, 교류, 적극 수용, 연구와 전파에 비해 적어도 시간상으로는 많이 늦다. 마테오리치가 북경에 거주한 10년 동안 일반 사대부와 몇몇 명망 있는 권세가 각종 목적을 가지고 같지 않은 방식으로 전교사들과 우호적 교류의 분위기를 만들었다. 때로는 이를 거부하려고 시도한 사람들이(예를 들면 황휘黃輝) 있었으나 최종적으로는 제삼자의 영향으로 물러서거나 혹은 최소한 그들의 같지 않은 의견이나 비판을 보류하였으며 우순희가 마테오리치와 왕래한 서신 내용 또한 단지 훈계의 성질을 띤 토론에 불과하였다.[1025] 마테오리치 사후 6년(만력44년) 비로소 유도[1026]남경예부시랑 심최留都南京禮部侍郎 沈漼가 만력황제에게 잇

[1025] 『利瑪竇全集』 第4冊, 369쪽
[1026] 고대 왕조는 천도 이후에도 여전히 관청을 두어 머물러 지키게 하였으므로 옛 수도를 유도(留都)라고 칭하였다.

따라 세 번의 상서를 올려서 교당을 부수고 전교사들을 내쫓도록 요구하였다. 그해 말 만력황제는 금교령을 내렸지만 실질적인 성과는 없었고 단지 판토야 디 디다코寵迪我, 사브티노 데 우르시스熊三拔, 알바라 세메도曾德昭(謝務祿이라고도 불렀다), 알폰소 바뇨니王豊肅 네 사람만이 축출 당했는데 그 중 알바라 세메도와 알폰소 바뇨니 두 전교사는 후에 다시 내륙으로 몰래 들어와 전교하였다.; 기타 전교사들 대부분은 이른바 교회의 세 큰 대들보의 보호를 받으며 상해, 항주 등지에 은닉하였다. 그 뒤 계속하여 일부 사대부와 불교 승려가 글을 써서 "천학"(주굉의 『竹窓天說四端』은 만력43년에 저술하였다.)을 배척하고 비판하였다. 그 중 적극적인 자들은 사대부와 승려를 자극하여 글을 지어서 천주교를 배척하려[破邪] 하였는데 그 성과가 바로 숭정 12년(1639) 서창치徐昌治가 교정하여 간행한 『성조파사집聖朝破邪集』(『破邪集』이라고도 한다.)과 숭정 계미년(1643)에 나온 서각본序刻本 『벽사집辟邪集』(『천주교동전문헌속편天主敎東傳文獻續編』二에 수록)이다.

　엄격히 말해서 상술한 사대부의 반응이 결코 천주교를 반대하는 "운동"은 아니었으니 첫째, 사대부들이 토론하고 비판한 것은 천주교에 한정되지 않은 모든 "서학"이었고 둘째, 그 규모가 크지는 않아서 전교사가 치명적 타격을 받지 않았던 것으로부터 알 수 있다. "천학"을 반대하던 가장 급진적인 "거혹거사去惑居士(황정의 호)" 황정黃貞의 자술은 우리에게 당시의 일부 정황을 이해할 수 있게 한다. 황정은 파사를 자신의 임무로 간주하여 "몸이 가루가 되고 뼈가 부셔져도 나는 두렵지 않다."고 공언하였는데 이를 위해 그는 "미천한" 신분으로 사대부, 승도들을 널리 결집시켜서 "유교도, 불교도, 너 나를 막론하고 적극적으로 설득하여 함께 대의大義를 일으키기를 빌며 오월吳越(중국 동부, 장강 하류 지방)을 오갔다." 그러나 그는 오히려 실망스러운 상황을 맞았다.: "그런 후 또한 몸과 가문을 지키려는 사람은 많고 규탄하려는 사람은 적어 파도를 맞으며 배를 몰 듯한데 게다가 사리에 밝은 사람은 적고 저애하려는 자는 많아 이를 말하자면 헝클어진 실을 나누어 실마리를 찾는 것과 같으니 매번 생각할 때마다 나도 모르게 눈물이 흐른다."1027 황정의 자술에 의하면 급진과격한 배척자는 많지 않았고 게다가 그들은 전교사들과 교류한 사대부들과 같이 적극적이지 않았으며 지위도 높지 않았다. 『파사집』, 『벽사집』에 수록된 격문의 저자 대부분은 일반 사대부, 불교에 호의적인 거사, 승려들이다. 그리고 사대부 관료 중에는 또한 파사와는 그다지 어울리지 않게 관용적 태도를 취하는 사람 예를 들어 장덕경蔣德璟 같은 이도 있었는데 그는 『파사집』의 여러 저자 중 지위가 가장 높은 사람이었다. 『명사明史』의 기록에 의하면 장덕경은 천계2년 진사에 급제하였고 숭정 연간 시독학사侍讀學士에서 소첨사少詹事1028를 거쳐 예부우시랑禮部右侍郞에 발탁되었으며 숭정15년 6월 "정추각신廷推閣臣1029은 덕경德璟을 으뜸으로 삼았다." 이것이 바로 그의 서

1027 黃貞:『破邪集自序』, 『破邪集』 卷三. 본장에서는 日本安政乙刻本을 인용하고 권수만을 표기하였다.
1028 첨사는 즉 집사(執事)로 황후, 태자 가중(家中)의 일을 관리하였는데 명청 시기 모두 첨사부(詹事府)를 두어 첨사와 소첨사를 설치하였으며 3, 4품관(品官)이 되었다.
1029 명대 제도. 조정에 중대한 정사가 생기거나 문무대신의 결원이 생기면 황제는 정신회의(廷臣會議)에 영을 내려 함께 의논케 하였다. 그런 후 황제에게 문서로

문이 권3의 제일 앞부분에 놓인 이유다. (권1, 권2는 심최 등의 상소 초고와 남경의 전교사, 교인들을 심리한 기록이다.)『복사기략復社紀略』에서는 황도주黃道周, 황경방黃景昉, 장덕경을 복건 복사福建復社의 명망 있는 사람으로 열거하였고 복사와 동림당인의 관계(복사를 일으켜 동림을 따른다. 擧復社附東林)는 주지의 사실이니 바로 이런 관계가 장덕경과 동림당인의 전교사에 대한 태도의 일치 즉 온화한 태도를 결정지어주었던 것이다. 그의 자술에 의하면 최초 서양 선비와의 교유에서는 그 역법에 관하여만 알았지 천주교에 대해서는 몰랐다고 하며(이는 꾸며낸 말일 수 있다.) "얼마 지나지 않아 당도격소사當道檄所司는 그들을 내쫓고 천주상을 헐고 그 거처를 부수고 그 무리를 붙잡았다. 나는 마침 이를 눈여겨보고 증공曾公에게 말하였다.: '그 교는 물리쳐야합니다. 사람을 멀리하니遠人[1030] 공경할 수 없습니다!' 증공도 그리 생각하였으나 금하는 데는 조금 너그러웠다." 장덕경은 자신의 태도를 파사활동의 조직자인 황정에게 고지하였는데 그가 보기에는 이러했다.: "중국의 존왕尊王, 수많은 성현, 성천자聖天子의 일치된 성대함으로써 어찌 용납지 못하겠는가? 사이팔관四夷八館[1031]에는 현재 문자를 번역하는 관리가 있고

지시를 요청하고 뜻을 취해서 가부를 결정하였는데 그 인사와 관련된 승진 등의 임용을 입안하는 사람을 정추(廷推)라 하였다.

[1030] 『中庸』人之爲道而遠人 不可以爲道

[1031] 명대에 중국은 주변 민족, 국가와 조공, 무역 왕래를 하면서 많은 번역 인원이 필요하였다. 번역 인재를 양성하기 위해 명조는 사이관(四夷館)을 설치하여 조공국가와 왕래하는 문서를 번역하고 주변국 언어를 가르쳤는데 여진(女眞), 서번(西番), 서천(西天), 회회(回回), 백이(百夷), 고창(高昌) 등등의 8관으로 나누었다.

서승칠왕西僧七王 역시 천교闡敎1032의 호를 부여받았다. 근래에 역법의 수정을 의논하고 또한 서양 선비와 흠천감欽天監으로 하여금 양쪽으로 나누어 측정하게 하고 논의의 대안으로써 다시 한 종류를 번역하게 해보았으나 다른 점은 보이지 않았다. 원래 쫓아낼 가치가 없으나 쫓아낸들 무슨 어려움이 생기겠는가?"1033 장덕경의 논리는 전통 사대부의 중국을 중앙 대국으로 표현하여 나온 일종의 자신감이며 동시에 천학 중의 과학(주로 역법)에 대하여도 비교적 객관적인 태도를 취하면서 맹목적으로 외세를 배척하지는 않았다. 복건, 절강 등의 사대부들이 자발적으로 창도하여 조직한 파사금교破邪禁敎 활동은 장덕경의 영향을 받아서 "금교에 조금 너그러웠다."

배외排外 사대부 중 어떤 이는 불교와 도교에 대해 반대의 태도를 취하면서도 거사, 승려들과 공동으로 전교사들을 배척하였는데 일례로 추유련鄒維璉이 그러하다. 그는 "지금의 사대부는 우리 유가의 일용 행위준칙인 도는 버린 채 논하지 않고 불교, 도교를 많이 이야기하니" 이는 커다란 시대적 폐단으로, 그 폐단을 없애자고 주장하였다.1034 불교 승려와 함께 서양 전교사를 배척한 이유는 대체로 전교사의 활동 위험이 더욱 크다고 생각한데 있었다. 확실히 추유련의 배외 운동은 실제적 활동을 기

1032 명 영락 연간에 명조에서는 서장(西藏) 지역의 승려들에게 관직을 부여하는 제도를 실시하였는데 승관(僧官)은 교왕(敎王), 서천불자(西天佛子), 대국사(大國師), 국사(國師), 선사(禪師), 도강(都綱), 라마(喇嘛) 등이 있었다. 명성조(明成祖)는 사람을 서장에 파견하여 그 지역에 "천화왕(闡化王)"을 두었다.
1033 蔣德璟 『破邪集序』, 『破邪集』 卷3
1034 雛維璉: 『達觀堂遺著二種.讀史雜記』 卷下 『釋老』

초로 하였다. 『명사. 추유련전』에는 추유련이 웅문찬熊文燦[1035]을 대신하여 복건에서 순무하던 2년의 기간 중 친히 군사를 내서 "하문성廈門城을 습격하여 함락하고" 약탈하는 "홍모이紅毛夷"(화란인)를 격파하였는데 이는 그의 공로 중 하나이다.

주이존朱彝尊은 동림당인을 비교적 객관적으로 평가하였다.: "동림에 군자가 많으나 그렇다고 모두가 군자는 아니며 동림당인과 다르다하여 역시 모두가 소인은 아니다."[1036] 주이존의 동림당인에 대한 언급은 주로 도덕적 가치판단에 국한되었고 내용이 그리 풍부하지는 않아도 그 방법은 유용한 것이어서 명말 사대부의 서양전교사, 서학에 대한 태도를 평가하는데 적합하다. 서학에 반대하고 금교를 주장한 사대부 전부를 폐쇄적이고 사리에 밝지 못한 선비라고 질책하거나 혹은 애국주의자로 찬양하는 것 모두가 객관성을 잃은 간단한 결론이다. 중요하고 더욱 어려운 작업은 그들이 서학을 배척한 입장과 방법 그리고 그 역사와 현실적 기초를 분석, 탐구, 토론하는 일이다. 우리는 반서학 활동이 비교적 뒤늦게 진행되었음을 보게 되는데 그 원인은 좀 복잡하다. 주요한 것으로 아래 몇 가지 점이 있다.: 마테오리치 사후, 전교사들의 전교책략은 날로 더욱 엄격해져서 중국 풍속을 해치는 행위가 "마테오리치 규구規矩"를 대체하였다.; 중국의 교인수도 증가하여 어떤 곳에서는 이미 향토적인 중국 고유의 사회구조를 위협하기에 이르렀다.; 내우외환(예를 들어

[1035] 명 숭정 연간의 병부상서 겸 우부도어사(兵部尙書 兼 右副都御史)
[1036] 朱彝尊:『曝書亭集』卷32『上明史館總裁書』

백련교白蓮敎)의 봉기, 청나라 군사의 대규모 침범, 남중국의 해난 등)의 빈번함은 일부 사대부로 하여금 외국인에 대한 의심을 더욱 깊게 하였다.; 가장 중요한 것은 전교사가 과학으로 전교하려는 진정한 의도와 그 교리 본래의 모습이 나날이 사람들에게 인식되어졌고 천주교와 유학의 실질적인 차이와 충돌은 나날이 더욱 현저해지고 엄중해졌다.; 전교사들의 그 교리의 순결성에 대한 견지 그리고 사대부들의 국가화에 대한 의식형태 즉 유학 도통의 수호는 초기의 부회와 융합을 이단을 공격하는 파사破邪의 함성에 파묻히게 하였고 이에 동정으로부터 적대로 자리를 넘겨주었다.

당연히, 전교사들의 불교에 대한 사정없는 공격 또한 불교 승려들의 분노를 일으켰으니 이 또한 소홀히 할 수 없는 요소이다. 마테오리치는 『천주실의』에서 많은 지면을 할애해 불교를 비판하여 불교승려의 불만을 불러일으켰다. 만력36년(1608) 마테오리치와 우순희(절강의 저명한 문인으로 불교에 호의적이었다.)의 왕래 서신이 비록 피차 지지 않으려는 "승기勝氣"(마테오리치의 말)가 비교적 적었다 하더라도[1037] 명말 4대 명승 중 한 사람인 주굉은 그들의 서신을 읽어본 뒤 크게 노하였고 우순희에게 답하는 서신에서 마테오리치를 "무지몽매하게 꿈틀대는 마귀"라 악담하였으며 마테오리치의 장광설을 "뱃노래이고 목동의 노랫소리며 시끄러운 모기소리요 짖어대는 개구리소리"라고 하였다.[1038] 천주교와 불교의 날카로운 상충 특히 전교사들의

[1037] 陳垣校刊本 『辨學遺牘』 2쪽

단호한 배타성은 일부 불교승려로 하여금 거부감을 갖게 하였을 뿐만 아니라 또한 일부 불교에 아첨하던 사대부 예를 들어 스스로 "덕청후학德淸後學"이라 칭하던 허대수許大受 등을 천주교 비판과 배척의 행렬에 참가하게 하였다. 그러나 불교도들이 불교교리로써 천학에 대해 전개한 비판은 본문의 논제에 포함될 내용이 아니며 다만 불교도들이 유학과 불교가 상합하는 기초 위에서 유학 사상으로 천학을 비판할 때에만 이에 대해 연구, 고찰하고자 한다.

1. "설령 교묘하더라도 어찌 심신에 이롭겠는가?"

상술한 바와 같이 사대부들의 전교사와 그 천학에 대한 배척은 본질상 이단을 공격하고 성학도통을 지키는 형식으로 나타났다. 비록 그들이 진력하던 점이 주로 여러 측면에서 천주교를 비판하고 배척하는 것이었지만 일부 사대부는 성학에는 모든 것이 포함되어있다고 생각하고 전통적 천문과 역법도 그들이 지키고자하는 목표가 되었으므로 서양과학 또한 이치로 보아 당연히 그들이 전면적으로 배척할 대상의 하나가 되었다.

우순희는 비교적 일찍 전교사가 들여온 과학에 대해 언급하였는데 『여리서태선생서與利西泰先生書』에서 다음과 같이 말한다.: "남방에서 온 군자로 아첨하는 말을 하지 않는 이서태利西泰

1038 위의 책 4쪽

선생은 중국 사람은 아니지만 현자이며 또한 천문, 의약과 산술에 뛰어나다.……"1039 그러나 우순희는 나중에 또한 마테오리치 등이 지니고 있는 서양과학이 "예의로 보석을 바친 것보다는 후할지라도" "중국에 부족한 것은 아니다."1040라고 생각하였다. 중국 사대부를 이해하고자 한 마테오리치는 그가 "천문, 의약과 산술에 뛰어나다."는 칭찬을 사대부에게서 받았을 때 실제로는 이것이 성학과 이학[義理之學]에 서툴러서 사대부로부터 무시당하고 있다고 의미한다는 점을 매우 민감하게 의식하였다. 그래서 마테오리치는 이를 빗대어 답신에서 말하였다.: "그 기술이 교묘하다고 칭찬하는 사람은 진정으로 저를 깊이 이해한 사람이 아닙니다. 저에 대한 이해가 그런 정도에 불과하다니 이런 일은 저의 나라 학교에서는 대수롭지 않게 보는 것들입니다. 기물器物 또한 여러 공인들이 만든 것인데 팔만 리 밖 상국上國에 이런 것이 없음을 어찌 알고 바다를 건너기 삼 년, 만 리를 지나 (이런 것들 때문에) 그대 나라에 왔겠습니까?"1041 마테오리치는 약간의 진심어린 마음으로 중세과학은 확실히 스콜라철학의 노예일 뿐이며 "대수롭지 않은" 학문이라고 말하였다. 그러나 그가 적당히 중국의 "형상이 갖추어진 이후의 것을 도道를 담는 그릇 곧 기물이라고 한다."1042는 과학관에 부회하면서 하늘을 섬기는 심오한 도리를 깊이 안다고 자만할 때에 그는 도리어 사대

1039 위의 책 1쪽
1040 虞淳熙『畸人十篇序』,『虞德園先生集』卷6 참조
1041『辨學遺牘』2쪽
1042『易經.繫辭』形而下者謂之器

부들의 전면적인 서학 배척에 매우 훌륭한 구실을 만들어 주었다. 허대수許大受가 서양과학을 폄하하는 이유와 마테오리치가 과학을 과소평가하는 구실로 그 심오함을 내세우는 이유는 서로 비슷하다. 허대수는 "오랑캐 기술은 그다지 자랑할 만하지 않고 오랑캐 물건은 그다지 탐할 바 못되며 오랑캐 점괘는 그다지 믿을 바가 못 된다"고 보았는데 그 이유는 이런 부류의 보잘 것 없는 기술은 지극한 도리에는 무익하니 "설령 교묘하더라도 어찌 심신에 이롭겠는가?" 이었다.[1043]

대수롭지 않은 서양 기술이 비록 교묘하여도 오히려 심신을 닦고 천성을 기르는데[修身養性]에는 도움이 되지 않으니 후자만이 나라의 만년지계인 것이었다. 『대학』의 뜻에 따라 집안을 가지런히 하고 나라를 다스리고 천하를 평정함[齊家治國平天下]은 모두가 수신이 지선至善에 그친[1044] 결과로 유학의 이러한 전통은 일부 사대부가 서학을 배척하는 전제와 이유가 되었다. 그래서 전교사와 천주교도들이 서양인은 총포를 주조하여 조정에 큰 공적이 있다는 이유로 그들을 변호할 때 임계륙林啓陸은 단연코 이를 거부하며 말하였다.: "보잘 것 없는 한 자루 총이 나라의 만년지계가 될 수 있겠습니까?"[1045] 그러나 앞에서 말한 서광계 등은 청나라 군사가 대거 침범하는 위협 아래서 친히 실천해 본 경험으로 서양 화기의 우세를 증명하였다. 서광계와 이지조,

---

1043 許大受『聖朝佐辟』,『破邪集』卷4
1044『禮記.大學』大學之道 在明明德 在親民 止于至善
1045 林啓陸『誅夷論略』,『破邪集』卷6

양정균은 일찍이 자금을 마련하여 제자를 마카오에 보내 서양 화총을 구매토록 한 적이 있다.[1046] 천계 원년 서광계는 『근신일득이보만전소謹申一得以保萬全疏』란 상소를 올려서 "화총을 많이 만들고 확실하게 돈대墩臺를 세움은" "국가 만대의 금성철벽이 되옵니다. 이는 일시 외적을 방어하려는 이로움에 그치려함이 아니옵고 적이 이를 듣고 감히 함부로 침범해 들어오지 못하게 하려함이옵니다."[1047]라고 하였다. 병부상서 최경영崔景榮 역시 그 해에 상서를 올려 서양 무기의 이로운 점을 상세히 설명하였다.[1048] 숭정3년, 서광계는 녕원寧遠의 잔적을 섬멸하고, 경도京都를 굳게 지키고, 탁주涿州에서 적을 저지한 세 가지 성공 사례를 기초로 하여 "동사東事[1049] 이래 적을 이겨 승리할 수 있었던 것은 신기한 위력을 가진 대포 화기뿐"이라는 결론을 내렸다. 서광계는 서양 군사기술의 선진화와 그 정교한 원인을 총괄하여 다음과 같이 말하였다.: "그쪽 나라 사람이 그럴 수 있었던 이유는 국내외적으로 맞닥뜨리는 적들 예를 들어 화란인紅毛夷 같은 부류들 때문에 기술이 서로 대등해지고 서로 이기려는 마음이 절실하였으므로 점차 발전한 것이옵니다." 경쟁은 서양 병기를 더욱 정교하고 대적할 수 없게 만들었으니 이에 그는 주장하였다.: "서양의 병기가 이미 그 이로움을 보였으니 마땅히 그 쓰임을 다해야 하옵니다."[1050]

[1046] 만력 48년의 일로서 『皇明經世文編』 483편 『李我存集,制勝服務須西銃乞勅速取疏』 참조
[1047] 『徐光啓集』 175~176쪽
[1048] 『神廟留中奏疏彙要』兵部類 『制勝務須西銃,敬陳購募始末疏』
[1049] 후금이 명을 침범하려던 사건들

국가 만년대계를 위한 서광계 등의 서양 병기에 대한 편애 내지 맹신은 역사의 실천적 기초 위에서 세워졌고(그는 일찍이 친히 병사 훈련을 책임졌으며 북경성 방어에 참가하였다.) 서대수, 임계육 등의 논리는 성학도통으로부터 이끌어낸 연역적 결론으로 그것은 현실감이 결핍되었다. 심신을 보전하고[道統] 강산을 잃은 것은 그러나 "설령 교묘하더라도 어찌 심신에 이롭겠는가?"라는 이러한 관념의 실천 중에서의 결과였다. 근대 중국 인민의 굴욕적인 역사는 더욱이 임계육 논리의 무기력함을 증명해주고 있다. 바로 "보잘 것 없는 한 자루의 총"이 소위 국가만년대계의 생사존망에 관건이 되었다. 이에 비해 서광계의 결론은 선견지명을 가지고 있으며 군사기술의 발전이 "일시의 외적을 방어하려는 이로움에 그치지 않음"을 확실히 말해주고 있다.

몇몇 서양 과학기술을 심신에 이로움이 없는 보잘 것 없는 기술로 보고 이를 성학聖學 밖으로 배제한 것이 일부 사대부의 서학을 배척한 원인 중 하나이다. 성학도통 밖에서 무법하게 배제된 서양과학에 대하여 사대부들은 매한가지로 그들의 관점에서 매우 설득력 있는 구실을 내세우며 배척하였다. 이지조는 일찍이 "삼가 사람들에게 때를 알려주도록 한"[1051] 것을 "요전堯典의 머리글에 기재한 것은" "나라의 첫 번째 대사"이기 때문이라 생각하였으므로 그는 적극적으로 서양의 천문, 역산학을 흡수, 연구하였고 명말 역법 수정작업에 참가하였다. 임계륙이 역법

[1050] 이상은 모두 『西洋神器既見其益宜盡其用疏』 『徐光啓集』 288~289쪽에서 인용하였다.

[1051] 『書經.虞書』 敬授人時

을 국가의 첫 번째 대사라고 여기지 않은 바는 아니었으나 그가 보기에 전교사들이 들여온 서양역법은 의도가 매우 불순하다 생각하면서 다음과 같이 말한다.: "이런 무리가 멋대로 우리 명나라[大明]에 들여와 설령 역법을 바꾸고자 하더라도 이는 대대로 전하는 다스림[治統]에 변란을 일으키고 가만히 신기[神器](제위)를 도모하는 일이다."[1052] 청군의 무력침범에 대하여는 그다지 우려하지 않으면서 역법을 고치고 바꾸는 일에는 이처럼 민감하여 역법을 바꾸면 장차 신기를 잃으리라고 생각하였다. 이는 또한 마찬가지로 역법을 국가의 첫 번째 대사로 보는 다른 하나의 연역적 추리이다. 그 전제는 이지조 등과 완전히 동일하나 결론은 완전히 상반된다. 전자(이지조)는 역법을 국가의 첫 번째 대사로 보아서 그 정밀하고 정확함을 구하고자 한 반면 후자는 국가의 첫 번째 대사이니 조그만 이변도 있어서는 아니 되고 바꾸면 즉 신기를 잃게 됨을 의미하고 있다.

객관적으로 말해 천문역법 상에서 사대부들의 전교사들에 대한 비판은 정통을 다투고, "옛 제왕의 큰 도리와 큰 법[大經大法]"을 지키고자 하는 투쟁의 장이었는데[1053] 이런 투쟁이 돈키호테가 풍차와 맞붙어 싸우는 것 같은 허구적인 대상을 기초한 것만은 아니었다. 전교사들이 들여온 서양 천문역법은 아직 근대성(세계성)을 갖고 있지 않은 고대와 중세의 과학이었고 이런 과학은 사대부들이 지키고자 한 대경대법과 마찬가지로 "항상

1052 林啓陸:『誅夷論略』,『破邪集』卷6
1053 심최의 말,『破邪集』권1『參遠夷疏』

마멸될 수 없는 인종人種적 형식 혹은 흔적을 띠고 있었다."[1054] 비록 전교사들이 중국 과학자들을 도와서 만든 천문 관측, 역법 개정이 결론적으로 대부분 정확하였고 원나라 사람 곽수경郭守敬 이래로 통용된 『대통력大統曆』보다 우수하였지만 "전교사들에 대해 말하자면 중요한 것은 그것이 기독교 국가에서 기원되었다는 것으로, 여기에 숨겨진 논리는 곧 기독교도만이 이 같은 과학을 발전시킬 수 있을 뿐이라는 것이었다. 이로 인하여 매번 정확한 일식, 월식예보는 기독교 신학이 유일한 진리라고 간접적으로 증명하는데 사용되었다." 동시에 그것은 또한 중국인에 대한 문화, 사상 면에서의 우월감에 기초한 통치를 의미하였다.[1055] 이런 의미에서 당시의 사대부는 도리로 보아 당연히 일어나서 자기 민족의 도통을 지켜야만 했다. 이 때문에 심최는 전통적 천문역법의 기초 위에서 전교사의 역법 개정작업을 비난하였다. 비록 그의 분석이 임계륙의 단순한 논리추리보다는 좀 복잡하고 장단, 우열을 따지려는 토론의 성질을 가지고는 있으나 최종적 결론은 임계륙과 서로 비슷하다. 그가 보기에 사대부 중 "평소 역법의 원리를 연구하는 사람이 그런 부류(전교사)와 함께 번역을 시작하는 것"은 극도로 증오할 일이었다. 왜냐하면 전교사의 힘을 빌려 역법을 개정하자는 것은 "요순 이래 중국이 대대로 이어 전하는 가장 중요한 나라의 법도(三綱과 四維)를 들어 올려 바꾸어 문란케 하려 함이요" "조종祖宗이 친히

[1054] Joseph Terence Montgomery Needham 李約瑟: 『中國科學技術史』 第4卷第2分冊 672쪽
[1055] 위의 책 673쪽

정하시고 성현이 세세대대로 지켜온 대통역법大統曆法을 바꾸어 어지럽히려 함"을 의미하고 있기 때문이었다. 그는 묻는다.: "이것이 천도를 따르는 것인가? 함부로 천도를 거스르는 일은 아닌가? 명색은 의를 사모해서 왔다고 하나 이것이 왕화王化에 귀순코자 함인가? 왕화를 은밀히 해치려함은 아닌가?"[1056]

사대부들이 서양 천문역법을 배척한 이유는 당시 전교사와 정통성을 다투는 투쟁 중에서 분석하고 이해할 만하나 이러한 배척 중에 존재하는 약간의 합리성이 결코 보편, 영속적인 것은 아니었다. 그들이 이런 이유를 일반화하여 세계성을 갖추고 있는 기타 과학 기술(새로운 대수학代數學, 군사기술 – 주로 열병기熱兵器)을 배척하는데 이용하고 그들을 전부 배척하면서 심신에 이로움이 없는 보잘 것 없는 기술이라고 할 때에 그들은 곧 상술한 약간의 합리성마저 잃게 되었다. 이들 과학기술은 당시(17세기) 날로 민족 간의 단절이 불가능한 일이 되게 하였기 때문에 더는 천동설을 기초로 한 서양 천문역법처럼 뚜렷한 민족적 혹은 종교적 낙인을 띠고 있지는 않았던 것이다. 당연히 이들 과학기술을 들여온 매체는 여전히 전교사였지만 민감한 경쟁의식을 가진 일부 사대부 즉 서광계, 이지조, 왕징 같은 이들이 적극적으로 이런 과학기술을 수용하고 연구운용하고 전파함으로써 왕화에 도움이 되고 부국강병(전반적 서구화는 아니다.)의 목표를 이루고자 하였을 때에도 심최 등은 도리어 "사군자가 그리로 나아가 믿는 것"을(천학은 천주교와 과학 기술을 포괄한다.)

[1056] 심최의 말, 『破邪集』卷1『參遠夷疏』

상서롭지 못한 징조로 여겼으니 이는 적어도 하나의 적당치 못한 위기의식의 확대화라고 하겠다.

2. "오랑캐로서 중국을 변화시킨다"

유학전통 가운데 국가, 정치생활과 서로 분리할 수 있는 도덕적 교화는 존재하지 않으며 종교에 이르러서는 다만 그것이 왕화 혹은 최소한 왕화에 해가 없을 때에만 존재 가능성을 얻을 수 있다. 다시 말해 종교는 국가정치와 분리되어 독립적인 역량을 갖기가 매우 어려우며 서유럽 중세 때처럼 종교가 정치 위에 군림하는 상황의 출현 가능성은 극히 적다. 반대로 중국에서 종교는 항상 정치 압박의 대상이 되었는데 그 중 하나의 중요한 원인은 평민이 항상 종교의 이름을 빌어 봉기하였기 때문이다. 천계天啓2년(1622) 산동성 백련교白蓮敎 수령 서홍유徐鴻儒는 종교의 이름을 빌어 봉기하였는데 이는 일부 민감한 인사들로 하여금 천주교를 백련교, 무위교無爲敎[1057] 등과 같은 부류의 시각으로 보게 하였다. 양정균은 이를 위해 『효란불병명설鴞鸞不幷鳴說』을 편찬하였고 14가지 분야에서 천주교와 백련교의 다른 점

[1057] 백련교는 중국 역사상 가장 복잡하고 신비한 종교로 남송 불교의 한 지파에서 연유한 미륵불(彌勒佛)을 숭봉하였는데 미륵불이 현세에 내려와 피폐한 세상을 개벽하고 이상향을 건설한다고 믿었다. 원, 명, 청 3대 민간에 유행하였다. 송 고종 시 모자원(茅子元)이 불교 지파 백련종(白蓮宗)을 창립하였다고 전해지며 후에 점차 민간단체로 발전하여 백련교를 조직하였다. 무위교는 명 정덕, 가정 연간에 만들어졌는데 종지는 선종남파(禪宗南派)에 가까우며 문자를 쓰지 않고 불상, 사원을 부정하였으므로 오공교(悟空敎)라고도 불렀다. 그 사상은 금강반야경에 근거하여 무위해탈(無爲解脫)의 무위법을 주장하였다.

을 구별하였다. 그 중 가장 중요한 점은 바로 "사교(백련교)는 대중을 모아 선동하는 것을 시작으로 종국에는 반역을 도모하나" 천주교는 유가 인륜도덕규범의 존숭을 인간사의 첫째 주요 임무로 삼으니 중국 사회생활의 구성에 위협을 주지 않을 뿐더러 반대로 "유교의 부족한 점을 보완하고 불교와 도교의 잘못을 바로 잡을 수 있다."고 하였다.[1058] 이는 신자로서의 호교 논리이며 이러한 변호 방법은 여전히 기독교와 유학의 부합을 이론적 기초로 하였다.

전교사들이 중국에 처음 들어왔을 때 마테오리치를 대표로 하는 유학에 부회하고 유학을 보완하려던 방법은 확실히 상당한 성공을 거두었는데 이 점은 제4, 5장에서 서술한 천주교 신자의 문헌에서 볼 수 있을뿐더러 또한 천주교에 반대하던 자의 문헌에서도 볼 수 있다. 시방요施邦耀는 『복건순해도고시福建巡海道告示』에서 그가 평민신도인 황상애黃尙愛를 심문하면서 나눈 대화에 격분하여 기록하였다.: "본 도道 법정이 상애에게 천주교를 따르게 된 원인을 물으니 답하기를 중국은 중니仲尼 이후로 사람들이 중니를 배울 수 없었습니다. 천주교가 중국에 들어와서 사람들에게 선행을 하도록 권하고 사람들마다 중니(공자)를 배우게 하였을 뿐입니다."[1059] 시방요가 보기에 평민 황상애의 말은 유교의 이름을 빌려서 "성도聖道를 어지럽히는" 위험성이 이미 객관적 사실이었음을 보여준다. 사대부들의 이런 위험성

1058 『鳴鸞不并鳴說』, 楊振鍔: 『楊淇園先生年譜』, 上海:商務印書館, 1946년, 77~78쪽 참조
1059 『破邪集』 2卷

에 대한 비통한 인식과 이를 중복하여 강조한 것은 전교사의 전교책략附儒補儒超儒에 대한 날카로운 통찰력에서 나왔는데 그 중 임계륙의 논리가 대표적이다.:

"때마침 숭정8년에 마테오리치가 남겨놓은 간악한 알레니 등이 단하丹霞에 와서『천주실의』『성수기언聖水紀言』『변학유독』『효란불병명설』『대의속편』등 요사한 책들을 내게 보냈는데 그 말이 극히 천박하고 극히 허무맹랑하다. 겉으로는 불교와 도교의 터무니없고 도리에 맞지 않음을 배격하고 속으로 유교가 그릇된 길이라고 거부하면서도 유교를 반박할 부분에 대하여는 감히 입을 열지 않는다. 슬그머니 유관유복儒冠儒服에 기대코자 하니 이는 조정에 그 교를 전해서 방자히 그 간사하고 독살스러운 폐해를 불러일으키려함이리라."[1060]

임계륙의 논리는 전교사의 책략에 대하여 매우 통찰력 있는 인식에 이르렀다고 말할 수 있다. 이러한 인식은 전교사가 중국에 온 지 반세기 후에나 나타났는데 시간 및 전교, 호교 저서에 대한 광범위한 연구가 이러한 인식에 도달할 수 있는 기초가 되었다. 만일 그 중 천주교에 대한 폄하의 말을 제쳐놓고 논하지 않더라도 우리는 마테오리치가 새로이 세운 전교책략의 본질을

[1060] 適逢崇禎八年, 利妖之遺毒艾儒略輩入丹霞, 送余有『天主實義』,『聖水紀言』,『辨學遺牘』,『鴞鸞不幷鳴說』,『代疑續編』諸妖書等, 其言極膚淺極虛誕. 陽斥二氏之邪妄, 陰排儒教之歧途, 然其辟儒處, 未敢十分啓口者, 竊欲藉儒冠儒服者, 達其教于朝庭, 使得以肆其奸毒也.
林啓陸『誅夷論略』,『破邪集』卷6

임계륙의 논리에서 매우 분명히 볼 수 있다고 말할 수 있다.: 표면상 불교와 도교의 터무니없고 도리에 맞지 않음을 폄하, 배격하나 속으로는 유교에 대하여도 역시 배타성을 지니고 있다. 그러나 유교는 중국의 공적인 학문[官方顯學]이고 유교에 대한 폄하와 비판 또한 기탄없이 함부로 할 수 없었으므로 이에 유관과 유복을 빌려 사대부와 널리 교류함으로써 유학에 부합하고 유학을 보완하는[合儒補儒] 논리로 "조정에 그 종교를 전하였다."

임계륙의 통찰은 전교사들이 유학을 논박하는 내용을 아직 명확히 지적하지는 못했으나 그의 논리와 더불어 같은 해(숭정 을해년) 증시曾時가 쓴 『불인불언서不忍不言序』에서는 이를 비교적 명확히 서술하였다.:

"그 종교가 유학에 부합된다는 말인가? 『천주실의』라는 책에서는 공자의 태극지설太極之說[1061]을 그릇되다 하고 자사子思의 솔성지언率性之言[1062]을 타당치 않다 하고 맹자의 불효에 세 가지가 있다[1063]는 말을 옳지 않다 하고 주자朱子의 교사郊社에 대한 주석을[1064] 서로 통하지 않는다 하고 정자程子의 형체, 주재主宰, 성정性情에 관한 풀이를 망령되다고 하는[1065] 이

[1061] 천주실의에서 서양 선비는 태극이 단지 리(理)라고 해석된다면 그 태극은 천지만물의 근원이 될 수 없다고 하였다.
[1062] 『中庸』 天命之謂性 率性之謂道 修道之謂敎
[1063] 『孟子.離婁上』 不孝有三 無後爲大
[1064] 『中庸』 祭祀之禮 所以事上帝也에 대한 주자의 주석을 가리킨다.
[1065] 『천주실의』 제2편, 중국 선비가 정자의 『二程全書』 중 '형체로 말하면 하늘(天), 주재의 면으로 말하면 하느님[上帝], 본성의 실정(性情)으로 말하면 으뜸(乾元)'이란 구절을 인용하여 말한데 대한 서양 선비(마테오리치)의 대답을 비판한 것

렇듯 여러 문제들이 있는데 유학과 부합된다고 말할 수 있겠는가?"[1066]

『천주실의』는 또한 『천학실의天學實義』라고도 하였는데 중시가 말한 내용은 대부분 본문 상편 마테오리치의 유학에 대한 비판의 장에서 볼 수 있다. 마테오리치는 유학에 타협, 부회할 때에 천주교의 근본교리를 굳게 지키지 않을 수 없었으므로 유학과 천주교의 근본교리 상 서로 위배되는 관념과 사상에 대하여는 비판을 전개하였다. 이런 비판이 만약 유학 내부에서 발생하였다면 - 후학後學으로서 선현과 선성先聖의 논리를 비판하는 방식이 출현하면 - 이는 장차 학술이 도탄에 빠지는 외재적 표현으로, 하심은, 이지 등의 조우가 정통 도학에서는 용납하기 어려움을 표명하는 것일 텐데 하물며 비판을 전개한 사람이 "무지하고 요사한 마귀[蠢爾妖魔]" "요사스런 오랑캐[胡妖]"였으니 그야말로 안하무인이요 분수에 넘치는 일로 "오랑캐"로서 중국을 변화시키려는 그 방식과 목적은 사대부가 보기에는 음험하고 가증스러웠던 것이다.: 담벼락을 파헤치거나 혹은 솥 밑에서 타는 장작을 꺼내는 것처럼 유교중국의 도맥道脈을 파괴하는 일이었다. 종시성鍾始聲(자는 振之)은 말한다.:

이다. 마테오리치는 하느님(상제)이라는 명칭은 매우 분명하여 풀이를 용납하지 않거늘 하물며 어찌 망령된 풀이를 할 수 있겠는가라고 대답하였다.

[1066] 抑謂其教與儒合乎? 則『天學實義』一書,已議孔聖太極之說爲非,子思率性之言未妥,孟氏不孝有三之語爲迂,朱子郊社之注不通,程子形體之宰性情之解爲妄,凡此數則,可謂其合儒乎?, 曾時『不忍不言序』, 『破邪集』卷7

"이들은 요사한 오랑캐일 뿐이다. 겉으로는 불교를 배척하나 몰래 그 하찮은 것을 훔치고, 거짓으로 유학을 존숭하나 실은 도맥을 어지럽힌다."[1067]

천주교와 접하면서부터 "그 나쁘고 그릇됨[邪]을 알게 된" 황정은 파사破邪 판별의 체계적인 견해를 찾지 못해 "몇 번이나 큰 병에 걸렸다가" 인내심을 가지고 알레니의 설교를 듣고 난 며칠 후, "그 그릇되고 간사한 말의 소재를 분명히 인식하고 똑똑히 말할 수 있게 되자 심신이 비로소 경쾌해 졌다."[1068] 그는 다분히 문학적으로 과장된 필체로 전교사들의 전교책략에 대한 그의 인식을 표현하였고 동시에 일종의 공포적인 심리로 천주교가 중국에 줄 잠재적 위해성을 서술하였다.:

"그러나 오랑캐는 처음부터 바로 유학을 없애지는 않는다. 그 계략은 먼저 아첨하면서 몰래 훔치는 일이다. 아첨은 드러나게 사람을 기쁘게 할 수 있고 몰래 훔치는 일은 은밀히 사람을 놀래지 않게 할 수 있다. 기쁘니 이를 따르고 놀래지 않으니 이에 곧 섞여든다. 무기도 갖추고 힘도 세서 일단 소왕素王(공자의 별칭)의 터에 자리 잡고 들어오고 보면 포효하며 이를 멸할 터라 나는 진심으로 이것이 두려운 바다."[1069]

1067 此胡妖耳, 陽排佛而陰竊其糠粃, 僞尊儒而實亂其道脈
『辟邪集.天學初徵』, 『天主教東傳文獻續編』(二), 914쪽
1068 黃貞: 『請顏壯其先生辟天主教書, 『破邪集』卷3
1069 然夷固不卽滅儒也, 而其計先且媚與竊, 媚能顯授人以喜, 竊能陰授人以不驚, 喜焉從而卑之, 不驚遂而混之. 爪牙備, 血力强, 一旦相與蹲素王之堂, 咆哮滅之, 予小子誠爲此

황정이 보기에 이러한 유학에 아첨하고 유학을 몰래 훔치는 최종 목적은 유학을 멸하려는데 있었다. 그리고 유학을 멸하려는 주체는 "서양 오랑캐[西夷]"뿐 아니라 "중국 오랑캐[華夷]"도 포함된다.: "멸해야 할 것은 무엇인가? 서양의 오랑캐, 천주예수의 무리와 중국의 오랑캐, 천주예수를 따르는 자들이다."1070 "중국 오랑캐"인 중국 천주교도는 서양 오랑캐가 키운 "앞잡이"에 불과하기 때문에 일단 힘이 강대해지면 포효하며 중국을 멸하려할 것이다. 그래서 그는 천주교가 중국에 주는 해가 백련교, 무위교 등 보다 크리라고 생각하였다.: "백련교, 무위교 등은 그 해가 보잘 것 없어 족히 근심할 바 없다; 천주사교天主邪敎가 중화에 들어온 뒤로 천하에 그것을 반박하는 사람이 없으니 이는 통절히 눈물 흘리며 길이 탄식할 일입니다."1071

사대부들은 그들의 통절한 위기감을 그들이 관찰해서 얻은 사실의 기초 위에 세워서 사람들에게 이러한 오랑캐로써 중화를 변화시키려는[用夷變華] 위험성이 코앞에 닥쳤음을 밝혔다.

황정은 문왕文王의 사후 귀착점 문제에 대해 알레니와 논한 바 있었는데 천주교교리에 따르면 일부다처의 사람은 사후 지옥에 든다고 하였다. 황정은 다음과 같이 적었다.:

"황정이 따져 물었다.'문왕에게는 후비가 많은데 이를 어찌 보십니까?' 알레니는 오랫동안 망설이며 대답하지 않았다. 다

懼. 黃貞:『尊儒亟鏡序』,『破邪集』卷3
1070 黃貞『尊儒亟鏡序』,『破邪集』卷3
1071 黃貞『請顔壯其先生辟天主教書』,『破邪集』卷3

음날 황정이 또 물었으나 또한 침묵하고 답하지 않았다. 셋째 날 황정이 또 물었다. '이 일은 명백히 논해야 합니다. 죽음이란 중대사안을 바로 세워야 비로소 사람들로 하여금 귀의皈依를 의심 없이 이해할 수 있게 할 것입니다.' 알레니는 또 한참을 망설이다가 천천히 말하였다. '본래 말하고 싶지 않았으나 이제 말하겠습니다.' 한참 지나서 천천히 말하기를 '선생에게 말할 뿐 다른 사람 앞에서는 말하지 않겠습니다. 문왕도 아마 지옥에 갔을 겁니다.'하고는 또한 천천히 말을 바꾸어 말하였다. '이치를 논하는 것이지 사람을 논하는 것은 아닙니다. 문왕이 나중에 이를 통절히 후회하였을 것인 즉 역시 논할 수는 없겠습니다.'……"1072

알레니의 망설임은 이 문제가 사대부의 심중에는 매우 중대한 일이라 그에게 인식되었고 최종적 결론은 마테오리치의 "유학에 아첨하는"(마테오리치는 문왕은 이미 천당에 갔다고 생각하였다. *천주실의 제6편 참조) 관용적 책략이 엄격한 교리에 의해 대체되었음을 분명히 드러낸다. 황정은 단언하였다.: 이는 유가 성인에 대한 비방과 모독이다. 비방과 폄하는 다른 것으로 대체함을 의미하고 있다.: "마테오리치와 같은 자들이 꼬리를 물고 연이어 중국에 왔다. 이에 거국적으로 공모하여 오랑캐로써 중

1072 貞詰問之曰:'文王后妃衆多, 此事如何?'艾氏沈吟甚久不答. 第二日, 貞又問, 又沈吟不答. 第三日貞又問曰:'此事要講議明白, 立千古之大案, 方能令人了解皈依無疑.' 艾氏又沈吟甚久, 徐曰:'本不欲說, 如今我亦說', 又沈吟甚久, 徐曰:'對老兄說, 別人面前我亦不說, 文王亦怕入地獄去了.'又徐轉其語曰:'論理不論人, 恐文王後來痛悔, 則亦論不得矣.'……, 黃貞『請顔壯其先生辟天主教書』『破邪集』卷3

국을 변화시키고 우리 중국의 군주와 스승[君師] 두 큰 권위를 동여매고자 할 뿐이다."[1073] 소급우蘇及寓의 논리 또한 이와 비슷하다. "참으로 참담히 성인의 상을 훼손, 절단하고 사당을 파괴하니 이는 모두 우리 군사를 경멸하고 우리 조상과 단절시키고 우리 삼강오상의 학맥을 들어서 쓸어 없애려함이다."[1074]

군주와 스승이 받는 예 가운데 몇 가지 조항은 수 천 년을 이어 내려온 중요한 예제禮制이며 그 가운데 가장 민감한 부분이 곧 제례祭禮이다. 마테오리치는 그들은 단지 초상初喪에 그 예를 다하고 제사에 그 정성을 다하는[愼終追遠][1075] 윤리적인 효능을 가졌으므로 너그럽게 보아야 한다고 생각하였다. 그러나 후에 온 전교사들은 이들 사대부들이 성학도통 중에서 중요한 의의를 갖는다고 보는 예의를 날이 갈수록 더욱 용인할 수 없었다.『파사집』에서 많은 저자들은 모두 이 문제에 대한 관심과 의분을 나타냈는데 심최는 다음과 같이 말한다.:

"신臣은 또한 우매한 백성을 기만하고 미혹시키면서 늘 말하기를 조상에게는 제사 지낼 필요가 없고 다만 천주를 존숭하라고 들었사옵니다. …… 이 종교의 불효가 이러하옵니다. 앞의 말은 천하를 거느리나 군신君臣이 없고 뒤의 말은 천하를 거느리나 부자父子가 없사옵니다. 무리가 이리도 추악하여 도리에 어긋나는 말을 지어내니 무릇 유학의 대적이며 어진

[1073] 黃貞『尊儒亟鏡序』,『破邪集』卷3
[1074] 蘇及寓『邪毒實據』,『破邪集』卷3
[1075]『論語. 學而』

세상[聖世]에서는 반드시 징벌해야 하옵니다."[1076]

황문도黃問道는 말한다.:

"지극히 천주를 숭상하는 까닭에 천지를 신령하다 하고,[1077] 해, 달, 별들을 장난하는 물건 정도로 여기고,[1078] 산천사직山川社稷의 신을 사악한 마귀라 하고 조상과 돌아가신 부모제사는 지낼 필요가 없다고 하니 어찌 바른 도리이겠는가? 예기禮記에 이른다.: 천자는 천지에 제사 지내고 제후는 봉지 내의 산천에 제사 지내고 대부는 종묘에 제사 지내고 선비와 백성은 조종에 제사 지내니 상천明天과 지존至尊은 넘어설 수 없다. 지금은 사람마다 한 천주만을 믿고 한 천주상을 만들어 매일 그 옆에서 기도하며 동정을 구하니 하늘을 가로막고 하늘을 얕보고 하늘을 속이고 하늘을 모독한다는 것을 알지 못하는 가?"[1079]

[1076] 臣又聞其誑惑小民, 輒曰祖宗不必祭祀, 但尊奉天主……是敎之不孝也. 由前言之, 是率天下而無君臣, 由後言之, 是率天下而無父子. 荷物醜類, 造此矯誣, 蓋儒術之大賊, 而聖世所必誅, 沈㴶『參遠夷疏』, 『破邪集』卷1

[1077] 『천주실의』제1편에서 마테오리치는 "천지는 스스로 이루어질 수 없으며 창제하신 이, 즉 우리가 말하는 천주가 반드시 계심을 인식할 수 있습니다."라고 하였다.

[1078] 『천주실의』제1편에서 마테오리치는 해, 달, 별들, 산과 바다의 만물을 굉장한 기술자(천주)가 구리로 작은 공을 주조하여 다 갖추어 놓는 일에 비유하였다.

[1079] 至以崇奉天主之故, 指天地爲靈, 日月星辰爲頑物, 山川社稷爲邪魔, 祖宗考妣爲不必祭, 有是理乎? 禮曰:天子祀天地, 諸侯祀封內山川, 大夫祀宗廟, 士庶人祀祖宗, 以明天至尊不容越也. 今欲人人奉一天主, 塑一天像, 日日禱其側而乞憐焉, 不知邀天褻天僭天瀆天者乎?, 黃問道『辟邪解』, 『破邪集』卷5

이런 부류의 문제에 대한 관심은 종종 『파사집』에 수록된 각종 저작에서 중복되어 나타나는데 이 현상은 이런 부류의 문제의 의미를 잘 설명한다. – 상술한 예의는 유학도통 중 핵심내용의 하나를 구성하며 그들은 유가 윤리규범의 외재적 표현이다. 천주교의 이들 예의에 대한 파괴와 상해는 사대부들이 보기에 충효라는 대의를 사람들 마음속으로부터 없애려는 시도임이 틀림없었다.; 전교사들은 제례를 우상숭배의 시각으로 보면서 나날이 더욱 용인할 수 없었는데 이는 도리로 보아 당연히 정도正道 수호를 자신의 임무로 여긴 일부 사대부로 하여금 이런 부류의 "백성을 속이고 미혹시켜서" 유가의 예의에 상해를 입히는 행위에 대한 극도의 분노를 일으키게 하였다.

사대부들은 이미 그들이 접수한 성학도통 중의 예의를 수호하였고 동시에 전교사들이 중국인의 생활습속을 바꾸려는 것도 용납하지 않았다. 윗글에서 황정은 "성인을 비방한다."는 시각에서 전교사(알레니)가 문왕의 귀착점(지옥)을 결정지을 때 중국 풍습에 대한 폄하를 배척하였고 장광첨張廣湉은 직접 일부다처제를 수호하면서 다음과 같이 말하였다.:

"그 나라 남녀 배우자는 위로 나라의 임금으로부터 아래로 일반 백성에 이르기까지 오직 일부일처이고 비빈희첩妃嬪姬妾이 없다고 하며 거듭 (세 가지 불효 중에) 후손이 없는 것이 가장 크다는 점[1080]을 중시하지도 않는다. 그래서 우리나라의 요,

---

[1080] 『孟子.離婁上』 不孝有三 無後爲大

순, 우, 탕, 문왕, 무왕 등과 같은 성인들 역시 모두가 지옥불의 형벌을 면치 못한다고 한다. 물론 백성도 첩을 두거나 외도를 해서는 아니 되며 계율을 범할 수 없다 하니 즉 주례周禮에 기록된 3궁9빈三宮九嬪,[1081] 어처부인御妻夫人 등의 가속을 모두 버리고 폐한다면 사민四民(士農工商)이 취하는 한두 사람의 처와 같다는 것이 아닌가? 개탄스럽다. 어떤 요사한 오랑캐이기에 감히 그 나라 한 가지 색깔의 오랑캐기풍[一色之夷風]으로써 우리의 지존한 의식[大典]을 어지럽히려 드는가?"[1082]

천주교가 요구하는 일부일처제는 이지조, 양정균 등 사대부의 입교에 장애가 되었는데 이들 사대부와 평민이 첩을 버리고 입교한다는 것은 즉 생활습속의 변화를 의미하였다. 이는 일부다처의 생활습속을 효도(불효가 세 가지 있으니 그 중에 후손 없는 것이 가장 크다.)라는 기초 위에서 세운 사대부들이 보기에 "오랑캐"로서 중화를 변화시킨다 함은 다름없이 "그 나라 한 가지 색깔의 오랑캐기풍으로써 우리의 대전을 어지럽히는 것"을 의미하고 있었다.

[1081] 3궁은 후비(后妃)의 궁으로 황후 밑에 宸(신), 懿(의), 端(단) 3비를 두고 각각 雍化宮, 瑤華宮, 重華宮에 거주하므로 3궁이라 하였다. 3궁 밑에 9빈을 두니 곧 귀빈(貴嬪), 소의(昭儀), 숙의(淑儀), 요장(瑤章) 등 9빈으로 후비의 아래 기타 시첩의 위에 자리하였으며 비와 더불어 비빈이라 칭하였다. 또한 9빈 아래 27세부(世婦), 어처부인(御妻夫人)을 두었다.

[1082] (彼)國中男女配偶, 上自國君, 下及黎元, 止惟一夫一婦, 無嬪妃姬妾之稱, 不重無後爲大之稱. 所以我國之聖人, 如堯舜禹湯文武等, 亦皆不免于煉淸地獄也. 無論民庶不得畜姬娶妾, 以犯彼二色之誡. 卽如周禮所載之三宮九嬪. 御妻夫人之屬, 寧亦悉令遣而乏之, 若四民之單婦雙妻耶? 嗟夫, 何物妖夷, 敢以彼國一色之夷風, 亂我至尊之大典?, 張廣湉: 『辟邪摘要略議』, 『破邪集』卷5 참조

만일 "천학"에 반대하는 사대부들의 유학에 부합하고 유학을 보완하고 유학을 넘어서려는 전교사의 전교 책략에 대한 인식과 비판이 상당한 통찰력을 가졌다고 말한다면, 그들 본토문화 중의 예의와 습속에 대한 수호에는 인지의 색채는 비교적 적었으며 주로 도통道統에 대한 본능적 보호가 더욱 많았다. 그 방법은 입교한 사대부와 유사한데 이는 곧 그들이 보호하고자 하는 모든 것을 "우리나라 지존의 대전大典"에 넣고 고유성학古儒聖學의 범주 안에 넣음으로써 그들이 만드는 작업의 권위성을 보증하는 일이었다. 이러한 권위성은 고유성학의 기초위에서 세워졌으므로 말하지 않아도 이해할 수 있는 확정성을 가지고 있었다. 그것이 합리적인가 하는 문제에 이르러는 사대부들이 보기에 반드시 분석을 진행할 필요가 없었던 것이다. 동시에 주의해야 할 점은 사대부들이 천주교의 예의, 습속을 "오랑캐 기풍"으로 판정하였을 때 여기에는 그 자체의 가치판단을 포함하고 있었으니 이러한 판단의 기초는 곧 문명과 야만의 구별이었다. 사대부들이 일부다처제와 같은 풍속을 『주례』, 『맹자』등 고유성학에 포함시킬 때에 그들은 이것을 문명을 판정하는 특징의 하나로 간주하였고 소위 한 가지 색깔의 오랑캐 기풍은 명백히 예의와 은택을 받지 못한 야만인의 습속이었다. 주지기周之夔는 심지어 전교사와 천주교도는 "오랑캐[夷狄]"로만 불려 질 수 없고 금수로 보여 질 수밖에 없다고 생각하였다.: "내가 어리석어서인지 매번 천주교와 그것을 따르는 자들을 보면 금수로만 보일 뿐, 오랑캐의 예로서 대하기는 적절치 않다."[1083] 이러한 가치판단이 이성적 분석의 특성을 가지고 있다고 말하기는 어렵다. 소위 "한 가지 색깔의 오랑캐 기풍"은 본래 사유재산이 상대적인 발전을 획득한 결과이며 "그것의 최후 승리는 곧 문명시대 상징의 하나이다."[1084] 그러나 효도의 기초위에 세워진 중국의 일부다처제는 명백히 전제사회에서 사유재산의 독립성을 갖지 못하였거나 혹은 매우 취약한 결과물이었고 이러한 습속은 객관적으로 비문명적 색채를 띠고 있었다. 명말 사대부들에게 이러한 인식을 갖추도록 요구하는 것은 가혹한 일로 그들이 할 수 있었던 것은 그들이 지키고자 하는 사회제도, 예의, 풍속을 군주와 스승이란 두 개의 큰 권위에 호소하는 것 뿐 이었다. 권위의 본질을 말할 때 엥겔스는 그것은 필요한 복종을 의미하고 있다고 지적한다.[1085] 해석학은 권위가 이지理智의 포기와 주관성에 의존하지 않고 승인과 수용을 기초로 하는 것으로 보니 이는 타인의 판단과 통찰력이 자기보다 우월함을 승인하고 또한 타인의 판단이 우선권을 갖는다고 말하는 것인데 이러한 승인은 곧 자신 한계성의 체득을 기초로 한다. 이런 의미에서 권위는 맹종이 아니며 그 기초는 바로 승인이다. 그리고 가장 권위성을 지니는 것은 곧 전통과 습속이며 전해져 내려온 전통은 – 단순히 그들이 뚜렷한 근거를 가진 권위만이 아니다. – 항상 사람들의 태도와 행위에 대해 일종의 지배적 권력을 갖는다. 이 사실은 바로 인간존재의 역사성을 말해주고 있다.[1086] 사대부들이 도통을 수호하면서 항시 채용한 군주와 스승이란 양대 권위에 호

1083 周之夔: 『破邪集序』, 『破邪集』 卷3
1084 恩格斯: 『家庭, 私有制和國家的 起源』, 『馬克思恩格斯選集』 第4卷 57쪽
1085 恩格斯: 『論權威』, 『馬克思恩格斯選集』 第3卷, 3쪽
1086 『解釋學與人文科學』 70~71쪽 참조

소하는 방법 또한 외래문화와 전통문화에 대한 이해가 항상 선견先見을 전제조건으로 하고 있음을 설명해준다. 그들은 예로부터 내려오는 성현과 제왕의 판단 그리고 전해져 내려온 전통은 자기 및 외래문화보다 우수한 우선권을 갖는다고 생각하였으며 천학을 수용한 사대부도 항상 이런 방법을 사용하였는데 다른 점이 있다면 그들은 권위적 전통에 결점이 없다고는 생각지 않았으므로 항상 외래문화와 전통문화사이에서 대화, 선택, 창조, 융합을 진행시키는 정신을 가지고 있었던 것이다. 그러나 천학에 반대하고 도통을 지키고자 하던 사대부들은 권위적 전통의 흠결에 대해 그다지 조사해보지도 않고 그들의 시선을 두 문화의 차이와 충돌 그리고 이로 인하여 초래할 수 있는 사회 안정성에 대한 위해에 더 많이 집중하였으므로 대화와 융합은 그들에게 불필요하고도 불가능한 것이었다. 우리는 아래의 글에서 천학에 반대하던 사대부들이 중국과 서양의 철학, 종교에 대한 비교 및 이론분석을 진행할 때에 이와 같은 상황이 늘 발생하였고 그 중 이성 분석적 색채만이 더욱 농후하였음을 보게 될 것이다.

  천학에 반대하던 사대부들은 천주교가 중국 사회구조의 안정성에 주는 위협 혹은 "오랑캐"로써 중국을 변화시키려는 위험성이 아래와 같은 사실 중에 존재하고 있다고 보았다.: 교인 수의 증가. 더욱 걱정되게 하는 것은 교인 중 많은 수가 상당한 영향력을 가진 사대부라는 사실. 황정은 다음과 같이 말한다.:

"알레니는 말하기를 예수회 동료 신부 20인이 중국에 와서 전교를 시작했는데 모두가 큰 덕을 가졌다고 한다. 지금 남북의 양兩 직예直隸, 절강, 호광무창湖廣武昌, 산동, 산서, 섬서, 광동, 하남, 복건복주福建福州, 흥천興泉 등에는 모두 천주교 교당이 있고 귀주, 운남, 사천에만 아직 없다. 애석하다. 당당한 중국이 오랑캐에게 미혹되었으니! 곳곳에 독이 퍼지고 또한 만대로 하여금 그 해를 받게 하는구나. 그리고 오늘날 관리와 원로, 사군자가 그 사특한 말에 빠져서 천주교 서적을 간행하고 천주교 서문을 쓰고 있으니 내가 직접 본 것만도 무척 많다. 이는 걱정하고 분노할 일이다."[1087]

거사 안무유顔茂猷 역시 이와 비슷한 두려움을 나타냈다.:

"이번 가을인가는 확실치 않으나 알레니 같은 요망한 무리가 연이어 우리 장주漳州에 왔는데 많은 사람이 그들을 따른다. 또한 집터와 서까래를 사고자[1088]하니 사람의마음을 두렵게 만든다. 오호라, 오랑캐가 변하여 이에 이르렀으니 세통世統를 어지럽힐 뿐 아니라 또한 도통道統을 어지럽힌다.; 인류를 해칠 뿐 아니라 인성 또한 해친다."[1089]

[1087] 艾氏言會友二十人來中國開教, 皆大德一體也. 今南北兩直隸, 浙江, 湖廣武昌, 山東, 山西, 陝西, 廣東, 河南, 福建福州, 興泉等處, 皆有天主教會堂, 獨貴州, 雲南, 四川未有耳. 嗚呼, 堂堂中國, 鼓惑乎夷邪! 處處流毒行, 且令萬世受殃. 而今日縉紳大老士君入其邪說, 爲刊刻天主教書義, 爲撰演天主教序文, 貞目睹所及甚多. 此其可患可憤者, 黃貞:『淸顔壯其先生闢天主教書』,『破邪集』卷3

[1088]『書.大誥』構堂 집터와 서까래는 선인(先人)의 기업으로 비유된다.

[1089] 不審此秋季, 艾妖輩踵至吾漳, 卽已歸人如市. 又欲買地構堂, 幾令人目擊心怖. 嗟嗟, 夷變至是, 不惟亂世統, 兼亂道脈; 不特戕人類, 幷戕人性, 顔茂猷『破邪集序』,『破邪集』卷3

천학을 반대하던 사대부의 논리는 이러하다.: 천주교도 한 명이 많아지면 중국인 한 명이 줄어든다. "유학선비青衿儒士는 경건히 예배를 드리면서 이는 변할 수 없는 것이라 굳게 믿고 …… 즐거이 화외化外1090의 무리가 되는데 거리낌이 없다."1091 심지어 입교한 이들은 "모두가 명성과 지위가 높은 관리들로 혹 표를 올려서 성상께 알리거나 혹 문장을 지어서 발문을 쓰거나 혹 도처에서 자랑하거나 혹 무엇이든 옹호하면서, 사람들이 따르는데 부족함이 없다."1092고 하니 더욱 우려스러웠다. 이는 향토중국에서의 사대부들은 사회생활에서 도덕과 교화의 모범적 역할을 보이고 유가도덕규범과 사회계급제도의 중심 되는 사람들이기 때문이었다. 일단 그들이 유학을 버리고 기독교를 좇으면 그 결과는 매우 우려할 만한 일이 될 것이었다. "유학선비"가 천주교의 경건, 성실과 굳은 지조를 신봉한다고 소개한 후 시방요施邦耀는 다음과 같이 말한다.:

> "어떠한 이교異敎이기에 사람들을 믿고 따르게 하면서 이처럼 견고히 깨뜨릴 수 없게 하는가. 무릇 한 사람이 수십 인을 선동하여 믿고 따르게 할 수 있고 수십 인이 백 사람을 선동할 수 있어 백 사람을 선동해 미혹시킬 수 있으며 그런 즉 천만 사람을 선동하여 미혹시킬 수 있다. 그 교를 따르는 자들은 모두가 사람마다 굳은 믿음이 이와 같아서 끓는 물과 타는 불

1090 化外之民은 유가문화의 보급이 제대로 되지 않은 지역의 백성을 일컫는다.
1091 施邦耀:『福建巡海道告示』,『破邪集』卷2
1092 林啓陸:『誅夷論略』,『破邪集』卷6

에 뛰어들게 해도 역시 사양치 않을 바이니 또한 무슨 일인들 할 수 없겠는가?"[1093]

이러한 잠재적 위험성에 대한 예측이 일단 일부 사실들과 연계되면 설득력 있는 증거 앞에서는 더욱이나 사람들로 하여금 산골짜기 물이 밀어닥칠 듯 위협을 느끼게 한다. 복주福州의 이유원李維垣을 으뜸으로 하는 지방 신사紳士[1094]들이 대학사 장덕경蔣德璟에게 보낸 『양이보국공계攘夷報國公揭;오랑캐 배척과 보국에 관한 공개서한』에서는 다음과 같이 말한다.:

"또한 우리의 속국 여송呂宋(필리핀의 루손섬), 교류파咬留巴(지금의 자카르타), 삼보안三寶顔(지금의 필리핀 민다나오 섬 서부항구 Zamboanga시), 굴두랑窟頭朗 등 곳을 삼키고 다시 우리나라 향산오香山澳(지금의 마카오), 대만 계롱臺灣鷄篭(지금의 基隆). 담수淡水(지금의 대만 新北市 서북쪽 연안)에 웅거하면서 복건과 광동의 문호를 부수고 삽시간에 외부에서 침략하고 내부에서 응한다면 장차 어찌 막을 수 있겠습니까?"[1095]

[1093] 是何異教之令人信從,牢不可破如此. 夫一人能鼓數十人之信從,數十人能鼓百人,卽能鼓惑百十人,卽能鼓惑千萬人. 從其教者,人人皆堅信若斯,使之赴湯蹈火,亦所不辭,又何事不可爲哉?, 施邦耀:『福建巡海道告示』,『破邪集』卷2

[1094] 봉건사회 지방에서 재력이나 세력 혹은 관직을 얻었던 사람으로 지주와 퇴직 관료들이 대다수다.

[1095] 且吞我屬國呂宋及咬留巴,三室顔,窟頭朗等處,復據我香山澳,臺灣鷄籠,淡水,以破閩粤之門戶,一旦外犯內應,將何以御?,『破邪集』卷6

반천학 사대부들은 그들이 보기에 전교사는 기타 서양인과 다른 점이 없고 그 목적은 모두가 힘이 강해진 후 포효하며 중국을 멸망시키는데 있다고 생각하였다. 이로 인하여 그들은 전교사는 "매를 때려서 죽이거나 혹 조정에서 먼 구외口外(몽고, 신강 등의 장성 이북 지역)로 쫓아내 다시는 들어오지 못하게 하여야 하며 그 책들을 모두 없애고 일반백성들로 하여금 올바르지 않은 논설의 그릇됨을 모두 알게 하여야 한다."[1096]고 보았던 것이다.

3. "윤리에 반하고[反倫]" "본성을 갈라놓음[裂性]"

마테오리치가 설계한 유학에 부회하는 방법은 신비한 베일처럼 중국과 서양의 철학, 문화사상 간 현저한 차이점을 가려주었으나 시간의 흐름에 따라 이 베일은 결국 "천학"을 반대하던 사대부에 의해 벗겨졌다. 그들은 날로 전교사들이 들여온 종교를 핵심으로 하는 서양사상과 유학을 근본으로 하는 본토사상 사이의 본질적인 차이를 명백히 알게 되었다. 차이의 강조 및 그 차이점으로 인하여 초래될 수 있는 충돌 혹은 위해는 사대부들이 서양종교와 철학사상을 배척하는 중요한 방법이 되었다.

유럽 중세의 사상문화는 신을 본위로 하며, 세속의 일체사물과 인류활동은 오직 그들이 절대 초월적 인격신을 본위로 할

[1096] 行元 스님이 許大受의 말을 인용하였다. 『破邪集』 卷下 『緣問陳心』.

때에만 비로소 그 의의와 가치를 가질 수 있다고 말할 수 있다. 전교사들이 들여온 것은 당시 인문주의 사조와는 서로 어긋나는 이러한 신학사상으로 그것은 종법인륜宗法人倫을 본위로 하는 유가사상과 충돌을 발생시키지 않을 수 없었다. 임계륙은 그가 이해한 천주교리에 대하여 다음과 같이 개술한 바 있다.: 사람이 죽은 후, "행한 선과 악은 모두 천주의 심판에 따르는데, 선악은 다른 판정 없이 오직 천주교를 따르는 자만이 선하다. 비록 천지를 능멸하고 귀신을 모멸하고 군왕과 부모[君親]를 거스를지라도 또한 천주의 비호를 받아 천당에 오른다.; 천주교를 따르지 않는 자는 악해서 비록 천지를 공경하고 귀신을 흠모하고 군친을 사랑하여도 마침내 천주의 노염을 입어 지옥으로 간다."[1097] 엄격히 말해 임계륙의 개술은 공평성을 잃고 경솔한 바가 있다. 천주교도가 천주교를 따르는 가장 근본적 의의는 개인 구속으로 즉 원죄를 사함 받고 하느님이 주는 영원한 복락을 받아 누리는 것이다. 그러나 전교사들, 특히 마테오리치는 중국인이 선악 등 도덕문제에 대한 관심을 가지고 있다고 이해하였으므로 그들은 주로 선악과 신(천주)의 관계를 강조하는데 주안점을 두었다. 마테오리치는 천주를 도덕의 근원으로 삼고 동시에 천주 신봉을 최대의 선으로 여겼다. 이는 일부 반교 사대부로 하여금 상술한 선악 등 문제를 핵심으로 하는 천주도덕관을 도출케 하였다. 이러한 신을 본위로 하는 윤리 체계에 대하여 반교 사대부들은 그들이 수용했던 유가의 윤리체계로써만 심사하

[1097] 林啓陸: 『誅夷論略』, 『破邪集』 卷6

고 비판하고 배제할 수밖에 없었다. 황정은 "덕성德性은 소홀히 하면서 예수는 존숭하고, 사리에 밝고 성실한 것[明誠]¹⁰⁹⁸은 천히 여기면서 천주는 귀히 여기고 인의仁義는 가벼이 여기면서 천당은 중히 여긴다,"고 질책하였다.¹⁰⁹⁹ 반교 사대부는 이제까지 종교도덕과 세속도덕 사이의 심각한 차이를 일치시키려 시도하지 않았고 반대로 상술한 바처럼 큰 간격을 찾아내어 천주교를 배척하는 유력한 도구로 삼았다. 그 중의 원인은 성학 안에 포함시킬 수 없는 영역 밖 기이한 이야기[奇談]에 대한 배척이 극히 용이하게 동정과 공감을 불러일으킨 데에 있다.

세속적이며 인륜을 본위로 하는 유가도덕 체계는 일상생활 중에서 수신과 양생을 강조하고 지선至善에 그침을¹¹⁰⁰ 강조한다. 이른바 "천자로부터 서인에 이르기까지 일체 모두 수신을 근본으로 삼는다."¹¹⁰¹는 말이 바로 유가 경전『대학』의 취지이다. 그러나 천주교 종교도덕은 천주를 신앙하고, 평소 죽은 후 천당과 지옥의 상벌에 대해 묵념함으로써 천주의 의지에 어긋나는 일체의 선하지 못한 생각을 극복하고 없애기를 강조한다. 마테오리치와 천주교를 수용한 사대부 즉 서광계, 양정균 같은 이들은 모두 후자가 객관적이고 보편, 유효한 최상의 윤리규범 체계를 제공할 수 있다고 논증하였다. 그러나 일부 반교사대부들은 이러한 종교도덕 자체가 북돋우는 것은 덕성에 대한 수양

1098 『中庸』誠者 天之道也 誠之者 人之道也 "성실한 자는 하늘의 도요 성실히 하려는 자는 사람의 도이다."
1099 黃貞『尊儒亟鏡』,『破邪集』卷3
1100 『大學』大學之道 在明明德 在親民 在止于至善.
1101 『大學』自天子 以至於庶人 壹是皆以修身爲本

을 버리는 후세 복락의 추구이며 그 전제는 곧 천주의 비위를 맞추는 일(아첨)이라고 보았다. 후세 복락의 추구를 부도덕한 행위의 동기로 삼았는데 허대수許大受는 말한다.:

"어찌 덕을 닦는 외에 선을 행하고 내세와 자손의 복을 얻는 다른 방법이 있겠는가? 하물며 오랑캐가 가리키는 선과 불선은 성현과는 서로 반대되어서 …… 우공虞公[1102]이 제사를 지내고 몸을 깨끗이 하였어도 생사존망의 위기를 구하지 못한 것처럼 언제 하늘에 비위를 맞추지 않은 적이 있었는가? 하지만 오랑캐 서적은 이른다.: 만약 평생 선을 행했어도 천주에게 잘 보이지 않으면 선을 행하여도 무익하다; 종신토록 악을 행했어도 한 순간 하늘에 잘 보이면 그 악은 모두 소멸된다. 이렇다면 천주 자신과 그 감정에 따른 지나친 이기심은 또한 보통 사람보다 백배 천배는 되리라."[1103]

더욱 의미 있는 것은 마테오리치 등 전교사와 일부 사대부가 도덕적 기능의 시각으로 천주교교리를 이해하고 전파할 때에 그들은 도리어 다른 일부 사대부들에게 천주교 배척의 이론적 전제를 제공하였다는 점인데 후자는 초월적 인격지상신에게

[1102] 춘추시대 우(虞)나라의 국군(國君). 가도멸괵(假道滅虢)으로 인하여 나라를 잃고 말았다.

[1103] 寧其舍修德之外, 別有修福之法哉? 況夷所指善與不善, 與聖賢相反…… 如虞公饗祀修潔, 無求危亡, 何嘗爲其不諂. 而夷籍乃謂: 若尔畢世爲善, 而不媚天主, 爲善無益; 若終身爲惡, 而一息媚天, 惡卽全消, 若是, 則爲天主者之着我着情, 自私自利也, 且百千倍于常人矣. 許大受『佐闢』, 『破邪集』卷4

호소하지 않아도 사람들은 객관적이고 보편 유효한 윤리체계에 대한 갈구에 만족할 수 있다고 깊이 믿었기 때문이다. 진후광陳侯光은 말한다.:

"나를 알아주는 이는 하늘이실 것[1104]이라는 말은 공자가 말하였다. 아래로 (인간의 일을) 배우면서 위로 (천리를) 통달함이란[1105] 무엇인가? 하늘을 섬기는 이유는 맹자가 말하였다.; 그 마음을 보존하여 그 성性을 기른다 함은[1106] 무엇인가? 하늘에 밝히 아뢰어 받아들여진다[1107]는 서경에서 한 말이다. 그리고 이르기를 반드시 삼가고 조심하여 덕을 닦고,[1108] 학문은 정밀하고 자세하다고[精微] 하니 어느 것이 이보다 더할 수 있겠는가? 일을 하는데 있어서의 관건은 더욱이 하늘에서 찾지 않고 자신에게서 찾는다. 그러므로『역경』은 이르기를 '하늘의 운행은 강건하여 일순도 쉬는 일이 없다. 군자는 이 괘를 거울삼아 마음을 가다듬어 쉬지 않고 노력하라.'[1109]하였고『서경』은 이르기를 '하늘이 내린 화는 피할 수 있으나 스스로 만든 재앙으로부터는 달아날 수 없다.'[1110]고 하였다. 또한 '하늘의 미덕을 나타내고 자신의 명분을 이룬다면 위로 천의

[1104]『論語.憲問』知我者 其天乎
[1105]『論語.憲問』下學上達
[1106]『孟子.盡心上』存其心 養其性
[1107]『書經.益稷』昭受上帝
[1108]『詩經.大雅.大明』小心翼翼
[1109]『周易.乾卦』天行健 君子以自强不息
[1110]『書經.太甲中』天作孽猶可違 自作孽不可逭

에 합하고 아래로 인간의 국운國運을 향유할 것이리라'1111고 이르니……결연히 대학大學의 바른 길로 돌아가라는 소식이다. 이를 버리고 힘쓰지 않은 채 마테오리치가 말하는 못박혀 죽은 예수를 가리켜 상제(하느님)라 하고 부지런히 엎드려 기도하고 빌어댄다면 이는 미혹된 일이리라."1112

허대수는 다른 각도에서 유사한 생각을 서술하였다. 유학도통儒學道統이 비록 생전사후에 대하여 간략히 언급하고 말하지 않을 지라도 그것이 사후 영원한 복락 혹은 영원한 형벌을 받으리라는 과장된 묘사로 사람을 이끌어 선을 행하게 하고 악을 없애게 할 필요는 없다고 생각하였다. 반대로 일종의 비종교적 도덕체계로써 그것은 사람들의 현세의 도덕실천 중 일체의 사사로운 근심에서 나오는 문제의 제거를 보증할 수 있는 즉 유가 윤리체계의 완벽함에 대한 충분한 자신감을 가지고 있었다. 그는 말한다.:

"우리 유학의 관점은 사람들에게 현재만을 세심히 살피게 할 뿐 그 앞뒤에 대한 생각은 절대 허락하지 않는다. 대체로 전생과 후생을 이야기하지 않고 사람이 복을 받고 화를 면한다

1111 『書經.呂刑』惟克天德 自作无命
1112 知我其天,孔子言之矣. 而下學上達者, 何事? 所以事天, 孟子言之矣; 而存心養性者, 何功? 昭受上帝, 書言之矣. 而必曰小心翼翼, 學問精微, 孰過于此? 至下手樞機, 更不求諸天而求諸己. 故易云:'天行健, 君子以自强不息', 書云:'天作孼猶可違, 自作孼, 不可逭', 又云:'惟克天德, 自作無命, …… 確然大學歸本之消息也. 舍此不務, 而就瑪竇所言釘死之耶蘇, 指爲上帝, 勤拜禱以祈佑, 則惑矣"
陳候光『辨學蒭言.西學辨五』,『破邪集』卷5

는 사사로운 생각의 씨앗을 끊고서 오로지 인륜과 사물에 전념케 한다. 만약 유학의 이치를 궁구하여 스스로 미칠 수 있다고 믿는다면 불교와 도교는 말하지 않아도 역시 좋다."[1113]

사대부들은 이론상 세속생활의 의의를 위해 초월적인 외재내원外在來源을 거절하였고 또한 도덕규범의 객관, 유효성을 위한 외재내원의 설치를 반대하였다. 그들에 있어서 전승되어 내려온 유학도통이 생전사후를 많이 말하지 않고 본성과 천도를 많이 말하지 않는 이유는 그 취지가 현세의 인륜 가운데에서 덕을 닦고[修德] 지선에 그침을[止于至善] 사람들에게 가르치고 있기 때문이었다. 그들은 사후에 대한 희망도 없고 사후에 대한 두려움도 없었다. 시방요의 말은 완전히 입세入世한 사대부의 이러한 생활 태도를 가장 잘 표현해주고 있다.:

"이에 성인의 치세를 상고해보면 사람에게 다만 인륜을 가르쳤으니 요, 순 이래로 바뀐 적이 없다. 무슨 소위 천주교라는 것이 문득 나타나고 마테오리치 한 사람이 항해하여 와서 그 교를 널리 알리고부터 중국인들이 돌아서서 경모하나 그 잘못을 깨닫지 못한다. 본인이 그 책을 자세히 보니 대체로 천주를 따름으로서 견도見道한다 하고 천당지옥을 핵심 내용으로 삼았는데 인간세상은 다 돌아보지 않은 채 홀로 천주만을

[1113] 吾儒手眼, 只使人體認目前, 絶不許人想前想後. 所以前世後世總不拈起, 以絶人繳福免禍之私萌, 而專精倫物. 若精研儒理, 自信得及, 不言佛道亦可也, 許大受『佐闢』,『破邪集』卷4

지존으로 할 뿐이다……"1114

성인의 도는 다만 인륜에 관심을 가질 뿐이다. 인간세상은 돌아보지 않은 채 사후에 영원복락을 구한다면 그것은 인생을 경시하는 것이며 사대부들 생활의 의의는 금생에서의 "활기 넘치는 즐거운 흥취"에 있으니 (인간세상이) 만일 허황되고 비현실적인 환상에 둘러싸인다면 삶은 무의미한 삶이요 죽음은 헛된 죽음인 것이다. 종교적 귀착점을 찾는다 함은 곧 인생에 대한 배반으로 성인, 군자는 이 세상에서 인도仁道를 널리 알리고 정미精微를 다하고1115 덕성을 존숭하고 인생의 낙을 향유하기 때문이었다. 황정은 말한다.:

"중국의 유학은 천학天學이 없고 다만 인과 의가 있을 뿐이니 그러므로 생과 사는 그 바름[正]을 잃지 않는다. …… 요망한 오랑캐는 그 진실한 본체眞體가 있는 곳을 알지 못한 채 마음은 오로지 천주를 따르며 금생이 다하도록 아첨하기를 마지 않으니 삶은 환상에 둘러싸인 헛된 삶이다.; 뜻은 오로지 천당에 미혹되어서 금생을 버린 채 천주께 간구하기를 마지않으니 죽음은 망상에 둘러싸인 헛된 죽음이다. …… 성현은 이를 키워서 향유하며 진실로 즐기는 도다. 이런즉 교활한 오

1114 粵稽古聖人治世, 敎人唯有人倫, 自堯舜以來, 未之有改. 何忽有所謂天主敎者, 自利瑪竇一人航海而來, 闡揚其說, 中國之人轉相慕效, 莫覺其非. 本道細闡其書, 大槪以遵從天主爲見道, 以天堂地獄爲旨歸, 人世皆其唾棄, 獨有天主爲至尊……, 施邦耀:『福建巡海道告示』,『破邪集』卷2
1115『中庸』盡精微(이치를 분석함에는 털끝만한 차이가 있지 않게 하고)

랑캐가 말하는 영혼은 살아 있을 때에는 마치 감옥 속에 갇혀
있다가 죽고 나면 어두운 감옥에서 빠져나오는 것 같다고 하
면서[1116] 사람들에게 고통스럽게 살고 기쁘게 죽으라고 가르
친다. …… 대개 교활한 오랑캐는 진체의 소재를 알지 못하
는 고로 밖으로는 천주에 집착하고 안으로는 영혼에 집착하
고 감정[情]은 천당을 드러내면서 천당 오르기를 꾀하여 아무
일 없이도 형벌을 당하고 죄 없이 가슴을 두드리고 구원을 비
니 활기 넘치는 즐거움[樂趣]은 어디에 있는가? 평탄하여 여유
있는[1117] 마음은 어디에 있는가? 교활한 오랑캐와 성현의 고
락이 이렇듯 상반되니 하물며 다른 것이야 어떠하겠는가?"[1118]

천주교도는 이렇게 자기의 육체를 벌함으로써(아무 일 없이
형벌을 당하고 죄 없이 가슴을 두드리며 구원을 비는) 영혼의 승
화를 구하고 동시에 최종적으로 구속의 종교의식을 소망할 수
있었으나 반교사대부들은 결코 영혼, 육체가 긴장되게 격렬히
투쟁하는 종교체험의 의의를 구비하지 못했다. 이는 반교사대
부들에게는 완전히 생소한 경험이었고 그러므로 아무런 의미도
없었던 것이다. 반대로 그들은 외관상 성령을 받았다는 신성한

1116 『天主實義』4편

1117 『論語.述而』君子 平坦蕩 小人 長戚戚

1118 中國之儒無天學,惟有仁義而已,故生死皆不失其正……妖夷不知眞體所在,心惟天主是
逐,不嫌盡此生而媚之,則生爲抱幻想,生是虛生;志惟天堂是惑,不難舍此生而求之,則死爲
抱妄想,死是虛死……聖賢生之受用, 誠樂哉,如是則與狡夷之所謂靈魂者,生時如抱縲絏
中,卽死則如暗獄,教人苦生樂死也……蓋狡夷不知眞體所在,外執天主,內執靈魂,情著
天堂,而謀所以登,無事而捶胸乞救,活潑撥之樂趣何在? 坦蕩蕩之胸奚存?
狡夷與聖賢苦樂相背如此,矧其他乎?, 黃貞:『尊儒亟鏡』,『破邪集』卷3

광기迷狂와 괴이함으로부터 이러한 의식은 활기 넘치는 삶의 즐거움을 완전히 잃게 하는 성학과는 거리가 아주 먼 것이라고 단정할 수밖에는 없었다.

우리가 윗글에서 많은 편폭을 할애하여 발췌, 인용하고 논평한 이유는 아래의 것을 설명하기 위해서이다.: 첫째, 사대부들은 이미 상당히 풍부한 통찰력을 가지고 개인의 구원을 추구하는 서양종교와 금생에서의 행복을 구하는 유가 사상문화의 심각한 차이점에 대해 인식하였다. 황정은 천주교도가 죄 없이 가슴을 두드리며 구원을 비는 일을 책망하였는데 이는 절대죄악인 원죄관념이 유학에서는 결여돼 있음을 말해준다. 이런 차이로부터 그 밖의 많은 다른 점들을 초래하였으니 예로써 천주교는 살아서는 괴롭고 죽어서는 행복하나, 성현군자는 금생의 낙을 추구한다.; 천주교는 죽은 뒤의 영원한 복락(구원)을 중시하나, 성현군자는 이 세상에서의 수덕修德을 중시하는 등등이다. 사대부들의 이들 차이에 대한 관찰과 개술은 비교적 정확해서 설령 오늘날 사람들이 만들어낸 구원拯救과 소요逍遙(구속되지 않고 자유자재한)의 구별에 대한 개념이 일부 현대철학사상에 융합되었을지라도 그 내용은 사실 명말 사대부들의 인식에서 크게 넘어설 수 없다. 둘째, 사대부들의 위에서와 같은 차이점에 대한 개술과 사고에서 그들의 외래 사상과 관념에 대한 인식의 취향을 알 수 있다. 그들이 서양종교가 근본적으로 유가의 성학도통과 어긋나서 성학 안에 넣을 수 없다고 인식하였을 때 그들은 순수하게 유가의 도덕정신[道統]을 지키려는 입장으로부터 출발하여, 외래 사상과 문화를 흡수해 우리를 위하여 사용하던 바의 곧 사대부들이 일상적으로 사용하던 '이견은 미뤄두고 의견을 같이하는 부분부터 협력하자[求同存異]'는 그러한 방법을 포기하고 이를 단연코 거절하였으며 혹은 이단이라고 질책하면서 비판을 가하였다.

반교 사대부가 이러한 차이에 대한 인식에 기초하여 천주교를 배척한 이유는 그들이 여러 방면에서 심화된 위기감을 민감하게 느끼게 된데 있다.: 천주교는 이 세상을 버리고 인생을 경시한 채 마음은 오로지 천주를 따르고 뜻은 다만 천당에 매어있으니 이런 종교를 수용하고 전파하면 필연코 이 세상의 사회계급 구조와 이런 구조 위에 세워진 도덕규범(예의, 풍속뿐만이 아닌)과의 괴리 즉 반윤리적 현상을 초래할 것이었다. 마테오리치는 일부 유학의 핵심적 도덕관념 예로써 인, 효 등을 모방하여 썼으나 또한 기독화된 해석을 통하여 그들에게 완전히 다른 의미를 부여하였는데 그 실질은 종교 신학적 의의로써 유가 도덕규범의 세속적이고, 인륜을 근본으로 하는 의의를 퇴조시키는 것이었다. 진후광은 『변학추언辨學芻言』에서 이에 대해 하나하나 반박한다.:

"지금 마테오리치는 홀로 천주를 우러러 그를 세상 모든 사람의 하느님 아버지[大父], 우주의 공변된 임금[公君]으로 여기며 반드시 아침저녁으로 사모하고 흠숭하면서 어버이는 작게 여겨 사랑하기에 충분치 않다 하고 군주는 사사롭게 여겨 공경하기에 충분치 않다고 한다. 천하를 다스리며 불충, 불효하는 자 반드시 이렇게 말하는 도다!……마테오리치가 말하기를 '가까이 친한 이를 아끼는 것은 새나 짐승도 할 수 있고 가까이 자기나라를 아끼는 것은 소인도 할 수 있으며 유독 지극히 어진 군자만이 멀리까지 사랑을 베풀 수 있다.'1119고 하니 이는 충신, 효자가 새나 짐승, 소인과 다를 바 없다고 이르는 것으로 첫 번째 잘못이다. 또한 말하기를 '인仁이란 곧 천주를 사랑하는 것이다.'라고 하나 공자가 말한 '인仁은 사람의 몸이니 어버이(친척)를 친히 함이 크다.'1120는 취지와는 다르니 두 번째 잘못이다. 또한 말하기를 '사람들 중에 비록 부모처럼 가깝더라도 천주와 비교하면 그는 오히려 '밖의 사람'이 된다.'1121고 하나 이는 효를 멀리하고 따로 인仁을 구하는 일로 근본이 하나[一本]1122인 진성眞性에 이르지 못했으니 세 번째 잘못이다. 또 말하기를 사람은 세상 안에서 세 아버지를 가지고 있다고 한다. 첫째는 천주를 말하고 둘째는 나라의 임금을 말하고 셋째는 가장을 말하는데 (천하에 도리가 없으면) 낮은 아버지가 자기 위의 아버지에게 불순하고, 자식을 사유물 취급하여 자신만을 받들게 하나 만약 그 자식 된 이가 자기의 높은 아버지의 계명을 듣게 되면 비록 자기의 낮은 아버지에게 잘못을 범하더라도 그가 효도를 하는데 지장이 없다1123고 한다. 오호라, 이런 말과 생각 역시 참겠다. 어버이가 사나울 지라도 반드시 도로써 타이르고 군주가 난폭할 지라도 오히려 인에 이르도록 힘써 격려해야 함에도 천주께 효

1119 『天主實義』 4篇 *서울대학교출판부 『천주실의』 216쪽 참조
1120 『中庸』 仁者人也 親親爲大
1121 『天主實義』 7篇
1122 『孟子.滕文公上』 且天地生物也 使之一本 하늘이 物을 냄은 그로 하여금 근본이 하나이게 하였다.
1123 『天主實義』 8篇 *서울대학교출판부 『천주실의』 411쪽 참조

도한다는 구실로 어버이를 거스르고 임금에 맞서는 것이 옳겠는가? 이것이 네 번째 잘못이다. 또한 말하기를 나라의 임금과 '제 자신[我]'은 서로 임금과 신하가 되고 집안의 가장과 '제 자신'은 서로 아버지와 자식이 되나 하느님이 만인의 아버지[公父]인 점에 비견하겠는가? (세상 사람들은 비록 '임금과 신하', '아버지와 아들'이라는 차별이 있지만 평등하게 모두 형제가 될 뿐이다.1124) 라고 한다. 내가 보건대 지존자至尊者 (임금)가 어버이만 못하고 이제 오로지 천주만을 섬기면 마침내는 아들을 아버지에 비견하고 신하를 임금에 비견할 것이라 이런 패륜은 해서는 아니 되며 다시 말해 이런 윤리는 밝을 수 없는 것이니 무슨 윤리라 하겠는가? 이것이 다섯 번째 잘못이다."1125

유가 도덕체계와 중국 봉건사회구조는 가족 내부의 인륜관계와 구조가 확대된 것으로 그것은 이미 등급의 엄밀함을 결정해주었고 동시에 혈연관계에 기초한 친화력과 호소력을 구비하고 있는 것으로 "인한 자는 남을 사랑하고1126 어버이(친척)를 친

1124 『天主實義』 8篇 *위의 책 412쪽 참조
1125 今瑪竇獨尊天主爲世人大父, 宇宙公君, 必朝夕慕戀之欽崇之, 是以親爲小而不足愛也, 以君爲私而不足敬也. 率天下而爲不忠不孝者, 必此之言夫…… 瑪竇之言曰: 近愛所親, 禽獸亦能之; 近愛本國, 庸人亦能之, 獨至仁君子能施遠愛, 是謂忠臣孝子與禽獸庸人無殊也, 謬一. 又曰: 仁者乃愛天主, 則與孔子'仁者人也, 親親爲大'之旨異, 謬二. 又曰: 人之中雖親若父母, 比于天主猶爲外焉. 是外孝而別求仁, 未達一本之眞性也, 謬三. 又曰: 宇宙有三父, 一謂天主, 二謂國君, 三謂家君, 下父不順上父, 而私子以奉己, 若爲子者, 聽其上命, 雖犯其下者, 不害其爲孝也. 嗟乎, 斯言亦忍矣. 親雖虐, 必諭之于道, 君雖暴, 猶勉之至仁. 如拂與抗君, 皆藉口于孝天主, 可乎? 謬四. 又曰: 國主于我相爲君臣, 家君于我相爲父子, 若比天主之公父乎. 以余觀之, 至尊者莫若親, 今一事天主, 遂以子比肩于父, 臣比肩于君, 尔悖倫莫焉, 復云此倫之不可明者, 何倫也? 謬五. 『破邪集』卷5

히 함이 크다."란 말은 가장 집중적으로 위의 특징을 나타내고 있다. 이런 특징은 유가에서 설정한 도덕행위의 대상을 이 세상(지상의 나라)에 단단히 부착할 수밖에 없었고 이 세상을 대표하는 것은 곧 군주와 부모이므로 군주에게 충성하고 어버이에게 하는 효도를 곧 오륜 가운데 가장 중요한 도덕규범으로 결정지어주었던 것이다. 그러나 천주교의 첫 번째 계율은 곧 사람에게 전일하게 유일지상신인 천주를 우러러 받들기를 요구하고 사람들에게 백성의 신분으로 외재하는 만인의 큰 아버지[大公之父]에 대한 존숭에 몸을 맡기기를 요구하니 이러한 종교교리가 종교행위로 나타날 때 천국의 계율은 본질상 최종적으로 반드시 이 세상의 의무도덕과 충돌을 발생시키는 것이었다. 진후광은 천주교가 "천주께 효도를 빙자하여" 삼강오상을 위배한다고 보았는데 이런 충돌의 근원에 대해 비교적 정확히 서술했다고 말할 수 있겠으나 천주교의 "천주께 효도"는 빙자가 아닌 하느님의 뜻에 따르는 신법神法인 것이다.

　　허대수는 『좌벽佐辟.반륜反倫』조항에서 하느님 앞에서는 사람마다 평등하다는 교리가 유가의 삼강오상에 직접적인 해를 준다는 점에 관하여 중점적으로 논술하였다.:

"군신, 부자, 부부, 형제, 붕우는 모두 인륜에 속하며 주경主敬, 주사主思, 주별主別, 주서主序, 주임主任[1127] 그 사이에는 각각

[1126] 『孟子.離婁下』仁者愛人
[1127] 군신 간에는 경(敬)을 주장하고 부자간에는 은혜(思)를 주장하고 부부간에는 분별(別)을 주장하고 어른과 어린이간에는 차례(序)를 주장하고 친구사이에는

취할 뜻을 가지고 있다.…… 오랑캐들은 이에 말한다.: 그 나라 군신은 모두가 친구를 사귀는 도리[友道]로써 교류하며 지낸다.……… 그 말을 살펴서 따른 즉 다행이면 초인楚人이 함께 밭을 가는 일일 것이나[1128] 불행이면 연나라 왕 쾌噲와 자지子之의 길을 걷게 되리라[1129]. ……기記에 이르기를 '효제孝弟의 도를 다하면 그 지성이 천지의 신들에게 통한다.'[1130]하고 맹자는 이르기를 '요와 순의 도는 효제孝弟일 뿐이다'[1131]라 하였는데 오랑캐들은 이에 말한다.: '부모는 저마다의 부모일 필요가 없고 자손도 저마다의 자손일 필요가 없으며 또한 땅에 대한 하늘 역시 부모로는 부족하고 아버지 천주인 것과 같다.' 아버지와 아들 사이의 도리에는 크게 친애가 있음에도[父子大親] 명칭은 그 남자, 그 여자이고, 이 남자 이 여자를 낳고 그리고 또한……"[1132]

천주교는 교인들에게 천주의 평등한 자녀신분으로써 너와

신의(任)를 주장한다.

[1128] 초혜왕(楚惠王)은 임금과 백성이 함께 밭을 가는 군민병경(君民幷耕)을 주장하였다.

[1129] 『孟子.梁惠王下』 사기(史記)를 살펴보면 연나라왕 쾌(燕王 噲)가 상국(相國)인 자지(子之)에게 양위하니 연나라는 크게 혼란해졌고 제나라가 이 틈을 타 정벌하여 쾌와 자지는 죽음을 당하였다.

[1130] 『孝經.感應章』 孝悌之至 通于神明

[1131] 『孟子.告子章句下』 堯舜之道 孝悌而已矣

[1132] "君臣父子夫婦昆弟朋友雖是總屬人倫, 而主敬主思主別主序主任, 其間各有取義 …… 夷輩乃曰: 彼國之君臣, 皆以友道處之…… 審從其說, 幸則爲楚人之幷耕, 不幸則爲子噲子覆轍…… 記曰: '孝悌之德, 通于神明', 孟子曰: '堯舜之道, 孝弟而已矣', 夷輩乃曰: '父母不必各父母, 子孫不必各子孫, 且對地之天亦不 足父母而同父天主', 其于父子大親, 但目爲彼南彼女, 生此男此女而也……", 『破邪集』 卷4

내가 서로 사랑하거나 이웃을 내 몸처럼 사랑하거나 혹은 친구를 사귀는 도리로써 지내기를 요구하거나 더욱이 이런 신분으로써 천주를 사랑할 것을 요구한다. 한 사람의 경건한 교인에 대해 말하자면 혈육에 대한 사랑은 하느님에 대한 사랑처럼 그리 중요치 않다. 『마태오복음』에서 예수그리스도는 말한다.: "아버지나 어머니를 나보다 더 사랑하는 사람은 내 사람이 될 자격이 없다."1133 이러한 평등관과 신에 대한 사랑이 인류의 사랑보다 중요하다는 교리는 의심할 바 없이 질서정연한 순서가 있고 등급이 엄격한(사랑에는 차등이 있다.) 유가의 삼강오상에 대한 매우 커다란 파괴 작용을 가졌던 것이다. 허대수는 이를 개괄하여 '반윤리적[反倫]'이라 하였는데 이는 바로 혈연관계를 그 친화력의 기초로 삼은 유가 윤리규범체계로부터 신을 본위로 하는 종교 평등관에 대한 배척이었다.

사대부들의 천주교 배척에는 일종의 강한 세속성을 띠고 있는데 그 근거지는 현실생활 가운데 인륜관계였다. 그러나 이들 관계는 아직 17, 18세기 서양 계몽사상 중 추상적인 사람에 기초한 자연성自然性의 관계로 서술되지 않았고 또한 사람들의 현실적 생산 활동 중에서 구성된 전체적인 사회관계의 총합으로 서술되지 않은 곧 사회생활을 질서 있는 상태로 향해 나가도록 인도하는 봉건종교, 법제도 가운데 도덕관계와 규범(주로 삼강오상)이었으며 또한 기본적으로 가족 혈연관계의 확대였던 것이다. 만약 인류문명 곧 "성문成文 역사의 내용"이 부분적으로

1133 『마태오』 10:37

"혈족집단을 기초로 하는 구사회舊社會, 새로 형성된 사회 각 계급 간의 충돌로 인해 파괴된" 역사로[1134] 서술되고, 그리고 근대 해방의 역사가 무엇보다 먼저 인간이 신의 지배를 뿌리치고 벗어나와 독립자주적인 지위를 획득한 역사로 서술될 수 있다고 말한다면 우리는 동일한 표준으로 명말 사대부가 견지한 인륜규범 및 그들이 반대한 신 본위 천주교의 평등관 사이에서 가치 판단을 내리기는 매우 어렵다. 이런 배교排敎 활동을 서로 생소하고 또한 본질적으로 차이가 있는 양자의 문화가 접촉한 후 생기는 형세의 필연적인 충돌로 한정 시킨다면 아마도 더욱 타당할지도 모른다. 이 문제를 반드시 신중히 분석해야 하는 원인은 사대부들의 배교, 반교 이론과 실천적 활동은 확실히 중국의 중세기화를 저지하였기 때문이다. 그러나 그들이 세운 이론적 기초, 그들이 천주교를 비판한 출발점은 여전히 더 높은 차원의 비판을 면할 수 없다.

　삼강오상을 성학 중의 지존한 지위에서 지키려고 신을 본위로 하는 종교사상과 생활방식을 배척한 것이 사대부들이 천주교를 물리치고 도통을 지키고자 한 근본취지인데 그들의 이와 같은 작업을 위해 기초를 제공해 준 것은 국가의식형태國家意識形態로 표현되는 유학의 외재적 권위뿐 아니라 유학 중 일련의 더욱 심층적인 관념, 사상이 포함된다. 전자는 반교 사대부에게 정치적 권위를 제공해 주었고 후자는 사대부에게 이론적 권위를 제공해 주었으며 유학 중 각종 형태의 심성론心性論은 반교

[1134] 『馬克思恩格斯選集』 第4卷, 2쪽.

사대부의 저작 중에서 이러한 작용을 발휘하였다. 사대부들이 많은 지면을 할애하여 심성문제를 토론한 이유는 이 문제에 대한 태도가 직접적으로 인륜에 대한 태도와 관련되었음을 의식한데 원인이 있다.

마테오리치는 인간의 본성[人性](주로 추리능력을 가리킨다.)을 천주에 의해 창생된 것으로 해석하였는데 주희는『중용』의 '하늘이 명하신 것을 성이라 한다[天命之謂性].'를 해석할 때 성은 하늘에서 부여받은 바의 리理로 인한다고 단언하였다. 곧 두 사람이 사람 밖의 실체로부터 인성의 근원을 탐구한 것에 대해 말한다면 마테오리치의 인성론과 주희의 이학은 형식상 유사성을 갖는다. 반천주교 거사 종시성居士 鍾始聲은 방법론에 기초하여 밖을 향해 인성의 근원을 찾는 이러한 종교, 철학사상에 대해 비판하였다. 그는 단언하였다.: "天命之謂性에 대한 자양紫陽(주희)의 해석은 매우 잘못되었다." 천주교에서 말하는 "인심人心, 성명性命은 본래 천주가 부여하였다." 역시 잘못되었다. 그가 보기에 부여할 수 있는 것은 유형有形의 사물뿐으로 심성心性은 형상이 없으니 부여할 수 없다.[1135] (우리 유학이 말하는 천은 세 가지가 있다.) 인성은 사람이 "본래 지닌 영명의 성[靈明之性][1136]이고 시작과 끝이 없고 생기지도 없어지지도 않으니 이를 이름 하여 천天이라 한다. 이는 곧 천지만물의 본원으로 이름 하여 명命

1135 鍾始聲:『天學再徵』,『天主教東傳文獻續編』(二), 942쪽

1136 可知充天塞地 中間只有這個靈明『傳習錄』下. *영명은 인심의 인식작용이요 동시에 인생의 모습으로 그것은 온 세계를 지향하고 만물을 포괄하며 그리고 단순한 허무(虛無)가 아니다. 王治偉『王陽明心學中的靈明』

이라 한다. 그러므로 『중용』은 말한다.: '하늘[天]이 명하신 것을 성이라 이른다.' 천은 상제의 천이 아니요 역시 명命은 순환하는 명[諄諄之命]이 아니며 또한 특별히 내려준 것[賦異]이라고[1137] 해석하면 안 된다. 공자가 '쉰 살에 천명을 알았다'[1138]고 한 것은 바로 이 본성을 깊이 증거 하였을 뿐이다."[1139]

인성을 견지하는 것은 사람 자신이 갖춘 본성이며, 외재적 실체 혹은 역량으로부터 부여받는 것이 아닌 즉 천주, 상제와 같은 지상至上 인격신에 대한 직접적인 부정을 초래할 수 있다. 비은통용費隱通容(費隱은 字) 선사禪師는 바로 이와 같은 사고 방법을 따랐다. 마테오리치는 일찍이 외재하며 시작과 끝이 없는 천주를 탐구하는 것이 사람의 본성이라고 논증한 적이 있다. 그 논리는 "어느 누가 본분을 지키는데 밖에서 구하지 않는 사람이 있겠습니까?"라고 하였는데 이는 중세 신학사상의 외재적 초월자를 탐구하는 가장 전형적 표현이다. 비은통용은 불교와 유교의 입장에서 날카롭게 상대하며 반박하였다.: 소위 시작과 끝이 없다는 것은 천주가 아니라 사람의 진여眞如[1140] 본심이다. "이

[1137] 주희는 『論語.爲政』에서 천명은 천도가 변화[流行]하여 사물에 부여한 것이라 주석하였다.

[1138] 『論語.爲政』 五十而知天命

[1139] 鍾始聲 『天學再徵』, 『天主教東傳文獻續編』(二) 931쪽

[1140] 우주 만유의 본체인 평등하고 차별 없는 절대 진리. 진여란 일체의 존재가 진실로 그와 같다는 말로 (일체의 존재가) 오직 (진실로) 그와 같은 하나의 마음이기 때문에[三界唯心] 그 하나의 마음을 일컬어 '진여'라고 한다. 마음 바깥에 법(만법)이 있다는 입장은 진실이 아니고 또 그렇지 않으므로 거짓이고 차별된 모습이다. 따라서 『기신론起信論』에 "일체제법(모든 존재)은 본래부터 언어나 설명의 모습을 떠나 있고 명사나 글자의 모습을 떠나 있고 인식대상의 모습을 떠나 있는데, 궁극적으로 평등하며 아무런 변화나 차별도 있지 않으며, 파괴할 수 없는 것은 오로지 한마음[一心]이기 때문에 '진여'라고 한다."고 했다. 이런 의미에서 자성의 청정심[自性淸淨心]을 또 '진여'라고 한다. 『大藏經』 46, 馮友蘭

시작과 끝이 없는 대도大道의 원기元氣는 사람마다 구비하고 있어서 개개에 없지 않음이 없으니 성인이라고 더함이 없고 범인凡人이라고 없어지지 않는다." 마테오리치는 밖으로 천주를 고집하는데 이는 본심을 잃은 결과이다.: "마테오리치는 망령되이 스스로 궁구하여 사물을 헤아린다. 마음[心意識;인식작용]이 천지만물 위로 나아가 궁구하여 사물을 헤아려서는 허황되고 그 윽한 곳에 다다라 스스로 체험할 수 없음에도 천주는 시작과 끝이 없는 도량을 가지고 있다고 망령되이 고집한다."1141 비은통용 선사가 보기에 마테오리치의 이론은 이론적으로 잘못되었을 뿐 아니라 실천 가운데서 본성을 잃게 되어 "도리에 어긋나고 윤리를 거스르는" 결과를 초래하리라고 생각하였다.:

"마테오리치는 자기의 본분은 좇지 않고 밖을 향해 열심히 구하고는 오히려 다른 사람에게 말하기를 누군가 자기의 본분을 편안히 지키려하면서 그 도리를 밖에서 구하지 않는 사람은 생각이 전도되고 미혹이 생기니 그 이치는 본래 그러하다고 한다. 처음부터 사람마다 본래 가지고 있는 즉 본심本心, 본성本性, 대도大道 그리고 형상形의 유래하는 바에 대하여, 고금의 성현들이 심성心性을 다하지 않음이1142 없음을 알지 못한다. 이 도로써 그 백성을 깨우치는 까닭에 백성은 편안하고 군왕은 다스린다. …… 이런즉 군주는 군주의 자리를 편히

『中國哲學史』下 356쪽 박성규 옮김 참조
1141 釋費隱通容:『原道辟邪說』,『破邪集』卷8
1142『孟子.盡心上』盡其心者 知其性也 知其性 則知天矣

하고 신하는 신하의 본분을 편히 하고 백성과 서민 모두 편안한 마음으로 제 분수를 지키는 것이다. 모두가 편안한 마음으로 제 분수를 지키니 곧 그 사이에서 도가 흐르고 덕행으로 교화되어 진실로 자기 마음과 자기본성에서 벗어나지 않는다. 그런 즉 마테오리치는 곧 본심에서 미혹되고 본성에서 벗어나고 도리는 윤리도덕에서 어긋나고 마는 것이다. 군주를 우매하게 하고 신하로 하여금 불충케 하고 상하를 화합치 못하게 하고 무릇 천하의 일들을 모두 서로 뒤바뀌게 하니이는 반드시 마테오리치 같은 무리들이 밖을 향해 일거리를 만들고 본분을 좇지 않은 까닭이다."1143

이런 불교이기도 유학이기도 하면서 심지어 곽상郭象1144의 도가玄學적 사상 요소까지 받아들인 심성론은 밖에서 빌려 구하기를 거절하였고 본심을 명백히 밝히고 심성을 다하면 성인이 되고 성불할 수 있음을 강조하였다. 그것은 인성에는 모든 것이 갖추어져 있어서 외재적인 인격신의 도덕율령이나 감화력을 빌리지 않아도 마음을 다하고 본성을 다하는 과정 중에서 지선에 그침이 있거나[止于至善] 혹은 세속의 일체 잡념을 내던지고 잡념으로 인하여 잃어버린 본성[佛性]을 철저히 깨닫는[明心見性]

1143 瑪竇不循自己本分, 而向外馳求, 反說他人誰有安本分而不外求者, 見倒惑生, 理固然也. 始不知人人所固有者, 曰本心, 曰大道, 幷形所由來者, 今古聖賢莫不盡于心性焉. 故以斯道覺斯民, 百姓安而君王治……如是則君安君位, 臣安臣分, 而百姓庶民悉皆安分. 旣皆安分, 則道流德化于其間, 固不外乎當人自心與自性也, 則瑪竇迷于本心, 失于本性, 理必悖常逆倫.致君爲遇, 使臣不忠, 而上下不和, 凡天下之事悉皆倒置, 必 自利瑪竇輩向外多事, 不循本分之故也, 釋費隱通容:『原道辟邪說』,『破邪集』卷8

1144 AD252~312 西晉 시기의 현학가이며 관원. 대표 작품으로『莊子注』가 있다.

인격적 이상을 완성할 수 있으며 또한 몸을 닦고 집안을 가지런히 하고 나라를 다스리고 천하를 평정하는 외재적 공로를 달성할 수 있다고 믿었기 때문이다. 본심과 본성을 잃고 밖에서 구하여 찾는 것은 세상인심의 혼란을 초래하니 이는 본분을 지키지 못한 결과라고 생각하였다. 비은선사의 마테오리치 인성론에 대한 비판은 곧 내향內向과 외향外向, 인도人道와 신도神道의 날카로운 대립으로 표현된다. 그 실체적 내용은 유학과 불교의 인도는 스스로 넉넉하고 더없이 잘 갖추어져서 천주교의 신도를 거부하는 것으로 다음과 같이 말한다.: "무릇 그 마음을 밝히고 그 본성을 다하면 밖에서 빌리지 않아도 인도는 갖추어진다."[1145]

마테오리치는 일찍이 사람은 세 가지 혼(生, 覺, 靈)과 두 가지 마음(獸心, 人心)과 두 가지 본성(形性과 神性; 물질성인 형성과 정신성인 신성)이 있다는 논리로 도덕행위의 선악을 인성[靈] 가운데 내재하는 근본문제에서 해결하였는데 그 의미는 즉 사람이 만약 형성, 인심을 따르고 생혼, 각혼을 따른다면 악을 만들어 낼 것이라는 말이다. 덕청후학 허대수德淸後學 許大受(절강 덕청인)는 인성일체관人性整體觀을 주장하면서 사람의 본성[人性]은 (선과) 서로 가까우며 악은 습관에 의해 물든 결과라고 생각하였다. 그러므로 그는 마테오리치의 사람에게 삼혼三魂과 이성二性이 있다는 관념을 배척하였고 인성을 갈라놓는다면서 이를 물리쳤다. 『좌벽佐辟』의 『벽렬성辟裂性』조항에서 말한다.:

[1145] 釋費隱通容: 『原道辟邪說』, 『破邪集』 卷8

"공자께서 말하기를 '본성[性]은 서로 비슷하나 습관에 의하여 서로 멀어지게 된다.'[1146]고 하니……참으로 정론定論이다. 마테오리치, 알레니, 롱고바르디 등 오랑캐는 본성은 다만 그렇지 않다고 일컫는다. 여러 성[諸性]은 같지 않아서 금수禽獸의 성은 전생도 없고 내세도 없다고 말하니 이는 무엇인가? 천주가 생명을 창조하였으므로 죽이면 바로 없어지기 때문이라고 한다. 우리 사람의 성 역시 전생은 없고 영원한 후세만 있다고 하니 이는 무엇인가? 사람의 혼 역시 천주가 창조하였고 한번 만들어진 이후 고락의 극진함은 모두 끝이 없기 때문이라고 한다. 천주의 본성만은 극전極前에 생겼고 극후極後로 꿰어져서 시작과 끝이 없다고 하니 이는 무엇인가? 천주는 모든 것을 창조할 수 있으며 그 어떤 사물도 다른 것을 창조할 수 없기 때문이라고 한다. 또한 말하기를 위는 아래를 감쌀 수 있어 금수의 혼에는 초목의 혼이 섞여있고 사람의 혼에는 금수의 혼이 섞여있으며 천주의 혼에는 사람, 금수, 나무, 돌 등 여러 혼이 함께 섞여있다고 하니 사물마다 갈라지고 절대 통할 수 없는 논리가 이에 이르고 말았다. 그들이 말한 것을 살펴보면 다른 부류의 혼은 문득 사라져 없어지나 사람의 혼은 홀로 괴로운 것이라고 한다. 오랑캐가 들어오기 전 우리 사람의 혼이 하늘에 오른 일은 전혀 없었고 지옥으로 떨어진 자는 한 없이 많았다하니 오히려 금수가 한번 죽어서 영원히 없어지느니만 같지 못하다. 이는 천주의 금수 사랑이 우리 인

1146 『論語·陽貨』 性相近 習相遠也 천성은 본래 큰 차이가 없으나 후천적 습관에 따라 큰 차이가 형성된다.

간 사랑보다 지나친 것이리라."1147

영혼불멸론은 천주교 구원이론(교리)의 기초가 되지만 마테오리치가 영혼에 대해 만든 구분(세 가지 혼. 생혼, 각혼, 영혼), 심과 성에 대한 구분(二心; 수심과 인심, 二性; 형성과 신성)은 유학에의 부회이고 천주교 금욕주의 도덕관념에 심성론의 이론적 기초를 제공하였다. 이러한 이론은 한편으로 허대수에게는 유불儒佛 심성론의 시각에서 용인할 수 없는 "열성裂性"론으로 보였고 다른 한편으로 이러한 심성론으로부터 출발하여 만들어진 금욕주의 또한 황자신黃紫宸에게는 용인할 수 없는 "극성克性"으로 이해되었다. 그것은 마테오리치가 유학에 부회하여 세운 금욕주의이론이 도심道心과 정신성[神性]으로써 인심人心과 물질성[形性]을 극복, 억제 내지는 멸절시키거나 혹은 천주가 부여한 원성原性(original nature)으로써 타락한 후세 사람의 현실적(타락한) 본성(fallen nature)을 이겨내거나 제거하는 것으로 표현되기 때문이었다. 황자신은 그가 이해하고 접수한 유가의 인성론으로 이런 극성론克性論을 논박하였는데 그 말은 이러하다.:

"오랑캐 종교는 말한다.: 자사자子思子는 '성을 따름을 도'라고

1147 孔子曰: '性相近, 習相遠也'……允爲定論. 利瑪竇艾龍諸夷稱性獨不然. 言諸性不同禽獸之性, 無前世亦無後世, 何也? 天主創生, 殺則頓滅也, 吾人之性亦無前世, 永有後世. 何也? 人魂亦系天主創造, 一造以後, 苦樂之極皆無盡也, 惟天主之性, 生于極前, 貫于極後, 而無始無終. 何也? 能造一切, 更無一物能造彼也.又言上能包下, 所以禽獸魂混有草木魂, 人魂混有禽獸魂, 天主魂又混有人獸木石諸魂等, 其種種割裂, 萬萬不可通之論一至此. 審如彼云, 異類之魂頓空, 而人魂獨苦者, 則夷未入以前, 吾人之魂升者絶無, 墮者無量. 反不如禽獸之一殺永絶. 是天主之愛禽獸, 甚于愛吾人矣. 許大受 『佐闢. 闢裂性』, 『破邪集』卷5

이르나 나는 말하겠다.: 성을 극복함이 곧 도이다. 무릇 성의 본체는 아직 훼손되지 않았으니 그것을 따르는 것이 곧 도이다. 하지만 지금 사람들이 말하는 성은 또한 이 때문이 아니니, 극복 하지 않고 어찌 도에 이를 수 있겠는가?"[1148]

여기에서 서술한 것은 사실 천주교 원죄이론으로 인간이 타락하기 전 성의 본체는 훼손되지 않았으므로 이 성을 따르면 스스로 도를 닦을 수 있겠으나 인간은 이미 타락하였으므로 타락한 본성을 극복하고 제거해야만 비로소 도를 닦을 수 있다는 것이다. 황자신은 첨예하게 맞섰는데 다음과 같이 썼다.

"벽辟은 말한다.: 우리 중국 성현의 도덕적 맥락[道通]은 뜻이 경전으로 전해져 매 구절 매 글자마다 모두 마음과 본성[心性]으로부터 흘러나온 것인데 어찌 개나 소나 망령되게 논할 수 있겠는가? 더불어 비교해 볼만한 가치는 없겠으나 식견 없는 자가 그것에 우롱당할까 두려워 부득이 필설로서 밝힌다. 무릇 성을 따름을 도라고 이르는데 자사子思子는 다듬지 않고 그대로인 태어날 때부터 지니고 있는 본성을 들어서 이를 좇고 행하였으니 하늘의 법칙[天則][1149]이 아님이 없다. 조금이라도 사사로운 생각을 용납지 않으니 감각과 지식[情識] 속으

[1148] "夷教云: 子思子曰: 率性之謂道, 吾將曰: 克性之謂道, 夫性之體未壞也, 率之卽已是道, 乃今人之性也, 亦盡非其故也, 不克之, 又何以成道哉?
黃紫宸『辟邪解』,『破邪集』卷5
[1149]『周易.乾』乃見天則 이에 하늘의 법칙(天道)을 볼 수 있다.

로 떨어지면 마침내 참된 본성[眞性]이 아니리라. 그러므로 하늘이 명하신 것을 성이라 이르고 성을 따름을 도라 일컫는 것이다. 만일 성을 극복하는 것[克性]을 도라고 한다면 무엇을 성이라 일컫겠는가? 공자께서는 이르기를 '성性은 서로 비슷하나 습관에 의해 서로 멀어진다.'고 하였으니 즉 본성은 곧 선천적이나 후에 습관으로 인하여 물들여졌음이다. 만약 습관을 극복할 수 있다면 옳겠으나 성을 극복한다고 말하니 성은 밖에서 온 것이 아니거늘 또한 어찌 극복할 수 있다는 말인가?"1150

보다시피 천주교 원죄설 중의 성악론과 유학 성선론의 대립은 여기에서 다시 명백하게 나타나고 있다. 『중용』의 "하늘이 명하신 것을 성이라 한다."는 해석을 통해 황자신은 사람의 본성은 태어날 때부터 지니고 있는 성이며 그 내용은 천칙天則(실제로는 사회도덕규범)으로 보았는데 이는 일종의 성선론적 표현형식이다. 당연히 황자신은 악의 근원문제에 대한 심도 있는 토론을 거절하지 않았고 악은 후천적 습관에 물들어 생긴 것이라고 인식하였다.; 이로 인하여 성선性善은 극복할 수 없으며 극복해야할 것은 다만 후천적으로 물든 습관일 뿐이다. 천주교 원죄설은 육욕形性에 대한 극복을 통해 영혼과 육체의 격렬한 투쟁

1150 "辟曰:吾中國聖賢道脈, 志之經傳, 幾一句一字, 皆從心性流溢, 豈犬羊所可妄議者? 雖不屑與較, 第恐無見 識者, 爲彼所愚, 不得不以筆舌明焉.夫率性之謂道, 子思子擧未雕未琢與生俱來之性, 順而行之, 莫非天則. 少容擬議, 便落情識, 遂非眞性, 故曰天命謂性, 率性爲道. 若克性之爲道, 何以爲之性? 孔子曰:'性相 近也, 習相遠也', 則性乃先天, 習爲後染. 若云克習則可, 而曰克性, 性非外來之物, 又焉可克"?, 黃紫宸『辟邪解』, 『破邪集』卷5

속에서 영혼의 승화를 달성하고 최종적으로 구원을 강조한다. 유학은 적자지심을 보존하여 선량한 본성을 수양하고[存心養性] 사람 본래의 선한 실마리[善端][1151]의 발전을 요구하나 천주교는 인간 본래의 죄성罪性과 싸워 이겨서 극복하여 없앨 것을 요구하니 둘 사이에는 매우 큰 차이가 있는 것이다. 일부 사대부는 이런 차이점을 민감하게 의식하였고 이들 차이를 인식한 기초 위에서 급진적 반교자들은 천주교의 그릇된 학설[邪說]을 전파되게 내버려둔다면 유가의 예의, 습속, 도덕규범을 더럽힐 뿐 아니라 유학심성론 등의 체계이론인 성학도통을 무너뜨리고 말리라 생각하였다. 이 때문에 그들은 천주교를 엄격히 배척할 것을 주장하였고 온건한 이들은 전교사는 심성학心性學 등의 이론적 문제에서 '문외한'이니 주제넘게 의견을 낼만한 자격이 없다고 보았던 것이다.[1152]

만일 비은통용 선사의 불교이기도 유학이기도 한 심성론과 종시성의 주희에 대한 비판이 육왕심학에 더욱 접근하였다면 황자신이 인성의 내용을 천칙(천도)으로 해석하였을 때, 그는 아마도 더욱 주희의 심성론을 수용하였을 것이다. 그러나 이런 차이는 그들이 천주교를 배척하고 정도를 지키려는[破邪衛道] 진영 안에 함께 나타나서 외국으로부터 수입되고, 각종 형식으로 출현하여 유학과 더불어 심각한 차이를 존재하게 하는 "그릇된 학설"(전혀 이질적일뿐더러 성학도통에 위험이 미치는 종교문화사

[1151] 사선단(四善端)은 惻隱之心, 羞惡之心, 恭敬之心, 是非之心으로 맹자는 이것이 仁義禮智 "사덕四德"의 근원이며 사람을 사람 되게 하는 근거라고 생각하였다.
[1152] 陳候光『辨學蒭言』,『破邪集』卷5

상)을 최종적으로 없애려는데 방해가 되지는 않았다.

4. "하늘[天]을 곡해함"

유학은 송명이학 대가들의 쇄신, 발전을 통해 더욱 정밀해지고 체계적인 성숙단계에 진입하였으며 그 가운데 비종교적 색채 또한 고유古儒의 천론天論과 비교해 더욱 선명해졌다. 이학의 큰 영향을 받은 반교사대부들은 반교 격문 중에서 상당히 많은 지면을 할애하여 그들이 이해하고 수용한 유학으로서 천주교의 가장 핵심적인 교리 – 존재하고 있는 초이성적 인격지상신 즉 천주 혹은 상제 – 에 대해 치열하게 반박하였다.

  전술한 바와 같이 마테오리치의 유학에 부회하여 진행하는 전교방식을 반대하던 롱고바르디龍華民는 조사를 거쳐서 다음과 같은 점을 증명하였다.: 중국인은 물질과는 다른 어떠한 정신적 실체에 대해서도 알지 못하며 중국 경전에 나오는 상제, 천과 천주교의 천주는 본질적으로 다른 개념이다[1153] 라고 보았는데 롱고바르디의 결론은 상당한 설득력이 있다. 반교사대부의 천주 존재에 대한 부인은 롱고바르디가 마테오리치의 전교책략을 반대하던 때와 마찬가지로 천, 상제와 천주의 본질적 차이점을 분명히 밝히는 데서부터 착수하였다.

  반교反敎 저작 중 『파사집』에 수록된 종시성의 『천학초징天

[1153] Longobardo, An Account of the Empire of China, in A Collection of Voyages and Travels, Ⅰ, PP. 183~184

學初徵』과 『천학재징天學再徵』은 여러 각도에서 천주의 존재를 부정하는 가장 주도면밀한 비판적 저작이다. 마테오리치의 "우리의 천주는 바로 (중국의) 옛 경전에서 말하는 하느님[上帝]입니다."[1154]라는 유학에 부회하는 논리에 초점을 맞춰서 종시성은 유학 중 천의 세 가지 의미에 대해 분석하였는데 그 취지는 천, 상제는 천주가 아님을 증명하고 나아가 초이성적 천주는 존재하지 않음을 증명하려는데 있었다. 종시성의 분석을 개술하면 다음과 같다.: ① 천天은 푸르고 드넓은 하늘이고 실제는 땅[地]과 상대적인 물질로서의 하늘로 그것은 밝고 무궁하다.[1155] ② 천은 "세상을 통솔하고 선을 주장하고 악을 벌하는 천 즉 『시』, 『역』, 『중용』에서 칭하는 상제이다." 그러나 이 주재지천主宰之天은 "세상을 다스릴 뿐 세상을 낳지는 않으니 비유컨대 제왕이 백성을 다스리나 백성을 낳지 않는 것과 같다." 마테오리치는 이 주재지천을 천주교의 사람을 낳고 만물을 낳은 천주로 만들어 해석하였으니 이는 "크게 잘못된 논리"이다. ③ 천은 의리지천義理之天[1156]이니 그것은 영명지성靈明之性이요, 중中이요, 성誠이요, 양지良知요, 마음[心]이요 대도大道요 천지만물의 본원으로 그 특성은 "기쁨과 노여움이 없고, 꾸며 만듦이 없고 상벌이 없고 소리와 냄새가 없으나" 리理와 기氣와 체體와 용用[1157]을 모두 갖추고 있다. 종시성은 마테오리치의 유교에 부회

1154 『天主實義』 第2篇 서울대학교출판부 『천주실의』 99쪽 참조
1155 『中庸』 昭昭無窮
1156 주재지천은 황천상제로서 인격적인 천을 의리지천은 우주의 최고 원리로서의 천을 말한다.
1157 체와 용은 중국 고대 철학에서 짝하는 중요 범주로 본체와 작용을 가리킨다. 일

하는 논리는 유학의 천론天論에 대한 곡해라고 생각하였다. "그들이 우리 유학이 하늘의 뜻을 잇고 법칙[極]을 세운[1158] 참된 학맥임을 어찌 알겠는가?"[1159]

단지 기독교와 유학을 비교해 말한다면 종시성의 논리는 유학적 전통과 천주교에 대한 이해 위에서 세운 통찰이며 또한 비교적 체계적이다. 임계륙이 『주이논약誅夷論略』에서 서술한 천명관天命觀은 상술한 두 번째(주재의 천)와 세 번째(의리의 천)를 합한 것으로 다음과 같이 말한다.:

"역대의 선유들 역시 각각 '천명을 두려워하라'는 말로써 간곡히 타이르고 있다. 그리고 말한다.:'천이란 리理이다; 제帝란 주재로서 말하였다.'[1160] 무릇 하늘이 뭇 백성(사람)을 내시니 사물이 있으면 반드시 법이 있고[1161] 사람은 천리天理를 좇아 하늘의 법칙[帝則][1162]에 화합할 수 있으며 스스로 만물을 주재할 수 있어 건곤乾坤을 통제하고 우주의 결함을 보완하고 세세대대의 학술[世代之學]을 바르게 하니 이것이 우리 유학이 말하는바 천주이며 천하 만물은 각기 한 천주를 갖춘다. 바르고 당당하며 전적典籍은 이를 명백히 밝힌다. 어찌 우

반적으로 체는 가장 근본적이고 내재적이고 본질적인 것이며 용은 체의 외재하는 표현, 표상이다.
1158 朱熹『〈大學章句〉序』繼天立極
1159 鍾始聲:『天學再徵』,『天主敎東傳文獻續編』(二), 930~934쪽
1160 程頤. 宋『程氏遺書』
1161 夫天地生民 有物必有則『孟子.告子章句上』天生蒸民 有物有則 참조
1162 『詩經.大雅.皇矣』帝之則 천제(天帝) 혹은 천자가 정한 법칙

리가 모두 버리고 돌아보지 않은 채 오히려 잡귀의 종교에 귀 기우리겠는가?¹¹⁶³

반교사대부는 천지 만물에 그 주재자가 있음을 부인하지는 않았으나 다만 그 주재자는 인격신이 아니라고 생각하였다. 그들이 천이 곧 리이고 사물마다 각각 하나의 태극이 있다는 주장을 견지할 때 그들은 자연히 만물에는 각각 하나의 천주(실은 理이다)를 갖추고 있다는 내재론적 결론을 이끌어냈다. 이런 해석을 통해 유학 중의 천, 상제는 초이성적이거나 세계를 초월하거나 인격적 특성을 갖추지 않았다. 종시성은 비교적 많은 분량의 지면을 사용하여 천주교의 천주는 결코 순수한 정신성精神性적 인격신일 수 없음을 논증하였는데 그 추론과정은 다음과 같다.: 천주교에서 천주는 "시작이 없고 마침이 없으며 (그 크기를 미루어 생각해 보자면) 천주를 수용하고 실을 만한 공간은 없으나 또한 (천주가) 채워 주지 않는 장소가 없다."¹¹⁶⁴고 말하는데 그렇다면 그는 당연히 천당에도 있고 지옥에도 있을 뿐 아니라 천지에도 있고 귀신, 사람, 짐승, 초목, 더러운 곳 등에도 두루 있어야 하며 또한 반드시 형태와 모양이 있어야 한다.¹¹⁶⁵ 총괄해 말하자면 초자연적이고 초시공적이고 순수한 정신적 실체는 중국

1163 "卽歷代師儒亦各以'畏天命'之語, 諄諄相告誡也. 且曰:'天者, 理也; 帝者, 以主宰而言也'. 夫天之 生民, 有物必有則, 人能順天理協帝則, 自可以主宰萬物, 統制乾坤, 補宇宙之缺陷, 正世代之學, 此吾儒所謂 天主也, 而天下民物各具一天主也. 堂堂正大, 典籍昭彰. 何我輩盡棄弗顧, 而反聽于魑魅魍魎之教?", 林啓陸:『誅夷論略』,『破邪集』卷6
1164 『天主實義』第1篇 *서울대학교출판부『천주실의』69쪽 참조
1165 鍾始聲:『天學再徵』,929~930쪽

철학에서는 이해하기 어려운 관념이며 또한 사대부들이 힘을 다해 배척하는 관념이었다. 천주가 세계, 인류, 천지만물을 창조했다는 교리는 더욱 더 사대부들이 수용하기 어려운 관념이었으니 그들은 유학에서 우주생성론과 철학본체론을 얻어내어 이 세계를 초월하지 않고도 이 세계 내부에서 우주만물의 생성, 변화, 발전과 그 규율 등의 문제를 해결할 수 있기 때문이었다.

대화체로 된 저작 『변학추언』에서 논변하는 자는 전교사의 사상방식으로 묻는다.: "무릇 사물에는 운동인[作者], 형상인[模者], 질료인[質者], 목적인[爲者]이 있고 그 이치는 아주 뚜렷한데 만약 천주가 그 사이(우주)를 주관하지 않고 있다면 천지만물이 태초에 어떻게 이루질 수 있었겠는가?" 진후광이 답한다.:

"음양이기陰陽二氣가 교감하면 만물이 화생하는 바로, 묻건대 누가 주재하고 창성케 하며 바르게 다스린다는 말인가? 비록 성스러우나 말로서 묘사할 수 없기에 억지로 태극이라 이름 지었다."[1166]

음양이기의 변화를 만물 생성의 질료인質料因으로 해석하고 태극을 음양이기 변화의 말로서는 묘사할 수 없는 주재라 했으니 이학가理學家들의 우주만물 생성변화에 대한 이러한 해석은 반교사대부들에게 훌륭한 우주생성론을 제공한 셈이다. 진후광은 말한다.: "태극이 하늘을 낳고 땅을 비치고 사람과 사물을 낳

[1166] 陰陽絪縕, 萬物化生, 問孰主宰而成隆施是? 雖神聖而不得名也, 故强名太極, 陳候光: 『辨學芻言』, 『破邪集』 卷5

는 주재임을 인식하면" 곧 유학의 "근원으로 돌아가[返本還源]" 모든 "비밀"을 알 수 있으나 마테오리치는 유학의 비밀을 알지 못하니 그가 전파하는 창세설은 "사람을 기만하는 이상한" 논리에 불과하다.1167

천주가 인간 세상에 강림하여 육신을 취하고 사람이 되었다는 이런 계시진리는 사대부들로서는 더욱 이해하고 수용하기 어려운 "괴이함을 말하는"1168 논리였다. 장덕경蔣德璟은 조롱하고 비웃는 말투로 말한다.:

"내가 집에 사당을 짓고 조상에게 제사를 지내니 서양 선비는 이를 보고 내게 말 한다.:'귀댁의 신주에게는 더욱 큰 주인[大主]이 있는데 공은 이를 알고 계십니까?' 내가 웃으며 말하기를 '대주라 함은 곧 상제上帝로 내가 감히 범하지 못할 분입니다. 우리 유학은 본성과 천명의 학[性命之學]으로 하늘을 두려워하고 하늘을 공경하고 하늘 아닌 것이 없는데 어찌 얼굴[畫像]이 있겠습니까? 만약 있다 해도 깊은 눈, 높은 코와 짙은 수염을 가진 이가 아닐 뿐입니다.'라고 하니 서양 선비는 역시 말문이 막혔다."1169

전교사에게 있어 천주 강생은 초이성적인 "초성의 관념[超性

1167 위와 같음

1168 『論語.述而』語怪

1169 "比吾築家廟奉先, 而西士見過, 謂予:'此君家主, 當更有大主, 公知之乎?' 予笑謂:'大主則上帝也, 余無 敢干者. 若吾儒性命之學, 則畏天敬天, 無之非天, 安有畫像? 卽有之, 恐不是深目高鼻一濃胡子耳, 西士亦 語塞.", 蔣德璟:『破邪集序』,『破邪集』卷3

之理]"이고 불가사의한 것이었으나 사대부들은 늘 이러한 불가사의하고 신기한 일에 대해 이성적 사고를 더하고자 시도하였다.: 유학의 하늘을 섬기고 하늘을 공경하는 설은 "성명지학性命之學"을 위해 제공되는 이론적 근거인데 전교사들이 "천주는 즉 우리 중국에서 받드는 상제라고 생각한" 이상 그렇다면 그것은 또한 마땅히 소리와 냄새가 없고 형태와 모양이 없는 것이어야 했다. 설령 형태와 모양이 있더라도 그것은 또한 전교사와 같이 동일한 인종에 속해서는 아니 되었다.: "깊은 눈, 높은 코에 짙은 수염을 가진 사람은" 마땅히 보편성을 띠어야하므로 지역적 특징만을 가져서는 아니 되었다. 장덕경이 위에서 서술한 의미는 이러하다.: 천주는 서양인이 자신의 형상대로 만든 신에 불과하다. 이러한 힐문은 자연 "서양 선비의 말문을 막아버렸다."

허대수는 더욱 직접적으로 전교사들이 널리 전파한 천주가 불가사이하다는 그런 부류의 신앙주의 관념을 비판하였다.:

"또한 천주는 세상이 생기기 전에 있었는가, 없었는가 하고 물으니 말하기를 천주는 불가사의하시니 만일 이를 사람의 생각으로 미루어 헤아린다면 큰 벌을 받는다하고…… 무릇 이치에 어긋나고 말문이 막히는 곳이 있으면 이르기를 우리 천주는 이런 도리를 말씀한 적이 없다고 하니 매우 악한 사람의 생각이다. …… 이는 또한 비유컨대 어린아이에게 어두운 방에 귀신이 있으니 듣거나 보거나 하면 사람에게 해를 끼친다고 말하는 것과 같아서 조금이라도 지혜로운 사람은 이를 밝혀 즉시 깨어버린다."[1170]

전교사들이 선양하는 '계시진리'에 대한 사대부들의 힐문과 논박은 비록 그들이 우주 간에 주재자가 있다는 이러한 관념을 쉽게 수용한다 할지라도 이런 관념은 본체론 혹은 우주생성론적인 철학적 의의를 가져야만 비로소 그들이 이를 이해하고 수용할 수 있음을 표명해준다. 마테오리치가 확신한 중국인이 구비한 자연이성은 그렇게 쉽사리 사대부를 계시진리의 왕국으로 인도하지는 못하였다. 그와는 반대로 "사람의 지기志氣는 불사불멸하며(죽음에 이르러야 비로소 그친다.) 진리는 모두 검증을 거쳐야만 비로소 이를 진리라 부를 수 있다"[1171]는 이러한 자연이성의 특징으로써 수많은 사대부들이 초이성, 초자연적 신학교리를 수용하는 것을 방애하였다.

상술한 바를 종합해보면 우리의 생각은 다음과 같다.: 명말 일부 사대부의 천주교에 대한 배척을 간단히 배외적 심리로 해석해서는 안 된다. 인생에 대한 서로 다른 체험과 철학적 사유, 우주와 세계 그리고 사람과 사물에 대한 철학적 사유를 진행할 때 채택한 서로 다른 사유방식은 모두 사대부들이 천주교를 반대하던 중요한 원인이었다. 그리고 완전히 이성주의로써 서학을 반대하던 명말 사대부들 태도의 본질을 요약하는 것도 결코 역사사실에 부합되지 않는데 왜냐하면 그들이 전면적으로 서학을 반대한 중요한 원인은 유학의 도통이 유학을 보완하고 유학

[1170] 又問天主于世界未生時, 爲有爲無? 但曰天主不可思議, 若思議之, 卽獲大罰…… 凡有理礙詞窮處, 便謂我天主不曾說此道理, 最惡人思甚…… 此又譬之向黃口小兒說暗室有鬼, 不可耳間目間則禍人, 稍有智者, 炤之立破耳, 許大受:『佐闢』,『破邪集』卷5

[1171] 志盡于有生, 語絶于无驗

을 초월하고자 하는 뜻을 마음에 둔 전교사들에 의해 천학으로 대체되지나 않을까 걱정한 데에 있기 때문이다. 전면적으로 배외하는 사대부들에게 이러한 후환을 없애는 유일한 방법은 바로 폐관배외(閉關排外)였고 위험을 없애는 길은 곧 위험과 멀리하고 위험의 근원을 문밖에서 막아내는 일이었다. 이러한 이것 아니면 곧 저것이라는 형이상학 사유방식과 이지조의 "오랑캐로 오랑캐를 무찌르자[以夷制夷]" 및 서광계의 개방적 평화교류를 통한 시도로 마침내 "소통하여 서양을 앞서자[會通以求超勝]"는 탁월한 식견과를 비교할 때에 그 차이는 확연이 달리 나타나고 있다. 아편전쟁을 거친 후의 현대인은 이에 대해 더욱 명확히 인식하였다.

  명말 일부 사대부의 과장된 위기감으로 인하여 나타난 금교배외(禁敎排外) 사상은 (사유방식과 구체적 조치) 청초 양광선(楊光先)을 대표로 하는 사대부에 의한 극단화된 발전, 더욱이 전교사의 엄격한 전교노선의 실시로 인하여 옹정건륭 연간에는 사실상 전면적인 금교배외의 상황을 초래하였다. 이 시기 역사에서 가능했던 전교사를 매체로 진행된 평화적인 중서문화교류는 돌연 중지되었다. 이로써 중국은 서광계 등이 설계한 소통하여 서양을 앞서고, 서양과의 경쟁 속에서 서양을 뛰어넘어 이기고자 했던 이상적인 기회를 잃게 되었다. 평화적 교류는 불가능하게 되었고 평화롭고 안정적 폐쇄 또한 자본주의 경제와 제국주의 식민지 개척의 흐름에 따른 세계민족의 울타리에 대한 야만적 돌파로 인하여 불가능한 일이 되어버렸다. 명말 사대부의 배외사상으로부터 우리는 어쩌면 이와 같은 역사적 필연성의 실마리를 볼 수도 있을 것이다.

맺음말

문명의 비교연구와 문화교류사 연구는 두 문명이 서로 접촉할 때 만일 외재하는 물질형태 혹은 힘으로 표현되는 문화의 강약이 우열을 가리기 어려워서 더 깊은 사상, 정신 사이에 잠복하여 경쟁적 관념을 만들어내고자 한다면 이는 결코 용이한 일이 아님을 표명한다. 명말 소수의 사대부 즉 서광계, 이지조 등과 같은 사람만이 실천 중에서, 특히나 명말의 위급한 국면을 구하기 위한 과학, 정치, 군사적 실천 중에서, 중국과 서양의 과학, 사상에 대한 철저한 비교와 연구를 통해, 비로소 부국강병에 뜻을 두고, 훌륭한 도덕정치를 추진하는 경쟁관념을 예민하게 만들어냈다. 그러나 이런 관념은 당시 사대부가 도덕, 정치생활 중에서 구비했던 그런 강대한 시범적 역량을 갖지는 못하였고 반대로 단지 소수의 선각적인 선비 가운데 한정되었다. 이런 경쟁의식이 사람 마음속 깊이 들어가게 하는 길은 융통성을 유지하고 지도적 개방성을 갖는 것일 수도 있다. 그러나 이런 개방은 또한 필연적으로 어느 정도는 당시의 사회구조, 사상, 도덕규범과 예의, 습속에 충격을 줄 것이었다. 반교 배외적 사대부들은 이로 인하여 실제적으로 그 시범적 역량을 조절하고 사회 각 방면에서 안정적 임무를 유지하는 책임을 지게 되었는데 그들의 역할은 조상이 이루어놓은 것을 지키는 수성守成이었다. 그러나 실천 중에서 경쟁관념을 만들어 낸 사대부들은 창조, 종합, 발전적 기능을 부담하도록 예정돼 있었다. 순수한 문화이론적 의의에서 본다면 이 양자의 기능은 응당 상호협조 상호보완되어야 한다.: 인간 존재의 역사성은 외래 사상, 문화에 대한 이해 및 종합, 창조가 완전히 전통을 초월하는 전제하에서는 진행되고 완성될 수 없음을 결정지으며 그리고 발전 또한 완전히 불변하는 전통에서는 자기의 길을 개척할 수 없음을 의미하고 있는 이상 그렇다면 합리적 경로는 전통과 자신 내부로부터 생성된 새로운 사상 혹은 외래문화와의 사이에서 대화를 진행하고 동시에 이로부터 비교하여 선택적으로 흡수, 종합, 창조를 만들 수 있을 뿐이다. 그러나 역사는 오히려 중요한 단계에서 보수파의 사상을 선택했으니 이런 선택은 틀림없이 청대 천조제국淸代天朝帝國[1172]의 안정성을 보증하였으며 또한 "쓸데없는 짓을 하는(강희황제의 말)" 전교사들이 "전례논쟁" 중에서 통치자 개인 및 중국전통의 사회구조, 도덕규범 내지 예의가 가져온 괴로움과 위협으로부터 모면할 수는 있었으나 이런 안정성을 유지하는 방식은 도리어 배외와 폐관이었다. 서양열강이 아편으로 청대 천조제국의 의식을 마비시키고 동시에 대포로 이런 봉쇄적 안정성을 포격하였을 때 마르크스가 온갖 고통을 당하는 중국인민에게 깊은 동정을 표했을지라도 그러나 그는 그의 도덕적 감정을 잠시 참으며 냉엄한 역사주의적 이론으로 평가하지 않을 수 없었다.: "외부 세계와의 완전한 단절은 일찍이 옛 중국을 보존하는 첫째 조건이었다. 그러나 이러한 단절 상태가 영국의 노력 아래 폭력적으로 타파되었을 때 잇따른 것은 필연적 해체과정이었으니 이는 바로 밀폐된 관 속에 조심스레 보존된 미라가 한번 신선한 공기와 접촉하면 반드시 해체되는 모양과 같다."[1173]

[1172] 천조는 고대 중화문화권 국가의 중국 정통황제에 대한 호칭

만일 위의 역사주의적 분석이 중국 근대사 변화의 원인을 심도 있게 탐구하는데 설득력 있는 결론이라고 한다면 우리는 청대 천조제국의 단절상태가 폭력에 의해 타파된 것과 비교하여, 명말청초 유럽과 건립한 관계는 비교적 타당하였다고 생각할 수 있다. 사실 당시 연결의 교량적 역할은 천주교 전파를 중요 임무로 한 일부 전교사였고 그들의 중국 진입 또한 식민주의자의 무력시도가 실패한 후 다른 방식의 시도였으나 그들은 중국에 머무르며 오히려 평화적 문화사상 교류방식을 사용하였던 것이다. 중국에서의 위치를 공고히 하기 위해 전교사들은 천주교를 전파하면서 동시에 일부 사대부에게 세속적 문화사상 및 서양 과학기술을 전해주었다. 서광계, 이지조 등을 대표로 하는 사대부가 전교사들이 들여온 서학에 대해 적극적으로 흡수, 수용하는 태도를 취한 까닭은 그들의 면밀한 비교연구와 서양사회에 대한 과장된 상상을 통하여, 서학에서 그들이 생각하고 있던 곤혹스럽고 그리고 또한 급히 해결하고자했던 일련의 문제의 답안을 찾을 수 있었기 때문이었다. 이러한 문제는 정치도덕, 개인의 구원, 철학사상, 민중과 사회복지에 관한 것 등등을 포함한다. 그들은 틀림없이 서학 혹은 천학을 한 줄기 새롭고 맑은 공기로 보았고 날듯이 기쁜 태도로 흡수하였다. 그들은 현대학자들이 서양 사상문화를 "타자他者"[1174]로 보고, 객관적으로

[1173] 馬克思『中國革命和歐洲革命』,『馬克思恩格斯選集』第2卷, 3쪽

[1174] 20세기 70년대 서양 학술계에 일어난 강렬한 정치성과 문화 비판적 색채를 띤 학술 사조로 주로 종주국과 전(前)식민지 간의 관계에서 착안하여 이야기하는 서양 후식민이론(後殖民理論)에서 자주 보이는 술어이다. 후식민 이론에서 서양인은 흔히 주체성의 자아(自我)라고 불리어지고 식민지 인민은 "식민지의 타

연구하는 그러한 학술태도를 완전히 구비하지는 못했으며, 서학을 자신의 전통 안에 포함시키거나 혹은 자신이 수용했던 전통으로써 이질사상문화에 순응하면서 자신이 직면하고 있는 이론과 실천의 난처한 국면을 해결하고자 더욱 시도하였다. 이는 마치 서양의 일부 사상가들이 종종 자신이 처한 사상, 문화에 대해 곤혹을 느낄 때, 중국의 문화, 사상에 대해 많은 열정을 기울여 그곳에서 출로 혹은 퇴로를 찾으려한 시도와 같이 순수한 학리적 흥취는 존재하지 않았으며 반대로 그 목적과 동기는 모두 실용적이었다. 그러므로 우리는 서광계 등이 왜 그들이 수용한 서학에 대해 – 유학에 부회한 중세 서양종교사상과 고전과학 – 객관적 분석과 평가를 진행하지 않았나 하는 점을 지나치게 책망할 필요는 없으며 서양 중세와 거의 평행적 봉건사회에 처해 있던 서광계 등에게 역사를 초월하여 이런 연구의 진행을 요구한다면 이는 일종의 비역사주의적 태도일 것이다. 그래서 우리는 "왕화王化에 도움이 되고" "소통하여 서양을 앞서자"는 그들이 서학을 흡수한 동기와 목적을 더욱 높이 평가해야 할지도 모른다. 이는 마치 우리가 17,8세기 서양 계몽사상가가 자신들이 주장하고 선양하던 중국사상이 종법인륜을 기초로 하는 봉건문화사상임을 인식하지 못하고 그 가운데서 그들의 계몽주의 깃발을 떨치기 위한 사상적 자양분을 흡수한 것에 대해 비난할 수 없는 이치와 같다. 실용적 목적은, 정확하지는 못하나 도리어 상상력과 창조적 이해 심지어 오해조차 많이 가지고 있으며,

---

자"로 불려 지거나 혹은 직접적으로 "타자"라고 부른다. '타자the other'와 '자아self'는 상대에 대한 개념이다.

때때로 이질문화에 대한 풍부하고 건설적인 흡수 그리고 본토문화와의 종합과 그 기초 위에서의 창조를 초래할 수 있다.: 그리고 그 차이점에 대한 비교적 정확한 분석과 이해, 본토문화의 원만성에 대한 지나친 낙관적 신념은 흔히 자신의 발전에 이익이 되는 역외문화에 대한 전면적인 배척을 초래할 수 있다. 천학에 반대하던 사대부의 천주교와 유학에 대한 차이의 인식과 분석이 반드시 정확한 것은 아니었으나 그들의 천주교에 대한 비판 또한 일정한 설득력을 갖고 있지 않았던 것은 아니기에 종종 "서양 선비의 말문을 막히게 하였지만" 그들의 취지는 서광계 등과는 판이하게 달랐고 오로지 성학도통의 순결성, 원만성을 지키고자 하였으므로 또한 종합적으로 흡수하려는 열정과 "자기와 다른 것을 빌려서 본래의 진성眞性을 불러일으키려했던" 기회를 잃게 되었다. 만일 이러한 외래종교에 대한 태도가 전부 외래문화에 대한 태도로 일반화되었다면 마르크스가 말한 대로 바깥 세계와의 단절을 초래할 수밖에는 없었다. 바로 이러한 단절이었고, 서광계가 품었던 실용목적의 서학에 대한 흡수가 아니었으니, 아마도 "천학"에 반대하던 사대부들의 시도는 최종적으로 외래문화의 배척을 통해서 원만히 보존된 본토문화의 해체, 사회구조를 포괄하는 해체를 초래할 것이었다. 비록 이런 해체가 새로운 조합組合을 초래하였을지라도 그 대가는 막심하였을 것이니 평화롭고 또한 선택과 제약이 있는 교류, 대화가 만들어 내는 종합, 창조와 조합이 어쩌면 더욱 창도할 가치가 있었을지 모른다.